자
저
실
기

일러두기
이 책에 수록된 번역문은 독자의 이해를 돕기 위해 원서의 내용에 따라 4부로 나누어 구성하였다. 한자 원문은 원서의 순서를 따랐고 해당 번역문의 국문 제목을 달아주었다. 원문 가운데 '발문'(762쪽)은 본래 원서의 맨 마지막에 수록된 글이지만 원서에 대한 개괄적인 이해를 돕기 위해 3부에 '문견잡기 외편'(355쪽)으로 옮겨 실었다.

자저실기

글쓰기
병에 걸린
어느 선비의
일상

심노숭 지음 · 안대회 김보성 외 옮김

Humanist

차례

2부 이러저러한 당파가 생겨나 망하지 않는 자가 없다
―문견잡기, 그 신랄한 정치 평론

문견잡기 125

3부 문향을 찾아서

−옛사람들의 시문 속 삶과 풍류

문견잡기 외편 355

4부 선인의 일화로부터 배운다

-들은 것에서 나온 통찰

고백과 폭로의 산문

이 책은 18세기 후반에서 19세기 전반까지 살았던 효전(孝田) 심노
숭(沈魯崇, 1762~1837)이란 문인의 《자저실기(自著實紀)》를 완역한
것이다. 책의 제목처럼 본인 자신이 직접 쓴 실상의 기록에 걸맞게
사소한 것 하나라도 놓치지 않으려는 글짓기 병이 남긴 귀중한 산
문이다. 중요하고도 흥미로운 저술임에도 세상에 알려지지도, 번역
되지도 않았다. 역사와 고전에 밝은 이들도 거의 읽지 않은 책이다.

저자 심노숭은 지적 열기가 충만한 시기를 살았던 많은 명사 가
운데에서도 그만의 독특한 개성을 지닌 인물로, 다양한 사건으로
점철된 격동기의 정치와 사회, 문화의 실상들에 관한 이야기를 이
책에 담았다. 이 책은 주관이 뚜렷한 당대 지식인이 자신이 헤쳐나
간 시대를 작심하고 증언한 문제작으로, 조선 후기 지배층 사회의
심층부와 그 안에서 벌어지는 사건들을 적나라하게 폭로하고 예
리하게 분석하고 있다. 심노숭의 시선을 따라가다 보면 200여 년
전 당시 지배층 사회의 이면을 만나게 될 것이다.

심노숭의 글짓기 병

심노숭은 정조와 순조 연간의 학자이자 문인이다. 본관은 청송(靑松)이며, 자(字)는 태등(泰登), 호는 효전(孝田) 또는 몽산거사(夢山居士)이다. 영·정조 시대의 문신인 심낙수(沈樂洙, 1739~1799)의 2남 1녀 가운데 장남으로, 효종 때 영의정을 지낸 심지원(沈之源)의 7대 종손이다. 외가는 한산(韓山) 이씨로 외조부는 훈민정음 연구서인《훈음종편(訓音宗編)》의 저자이자 인천부사를 지낸 이사질(李思質)이며, 18세기의 명사를 정리한《병세재언록(幷世才彦錄)》의 저자 이규상(李奎象)이 큰 외숙이다. 부인은 전주 이씨로 이의술(李義述)의 딸이다. 경기도 포천에 집과 선산이 있었고, 서울 집은 남산 아래 주자동(鑄字洞)에 있었다.

심노숭은 전형적인 명문가 출신의 지식인이었다. 부친 심낙수는 1775년 문과에 장원급제하고 언관으로 재직한 뒤 희천군수와 제주목사, 형조참의 등을 지냈다. 큰 벼슬을 하지는 못했으나 노론(老論) 시파(時派)에서 핵심적인 인물이었다. 이 책에도 자주 나오는 서유린(徐有隣), 정민시(鄭民始) 등과 함께 벽파(僻派)와 대립하며 타협하지 않고 강경한 노선을 끝까지 이끌어갔다. 그 의지를 담아〈당역열전(黨逆列傳)〉을 지어서 당파를 만들어 반역질을 한 인물의 죄상을 낱낱이 파헤치기도 하였다.

심노숭은 1790년 진사시에 급제한 뒤 과거 공부에 열중하였으나 문과에 오르지 못하였다. 1792년에 부인과 사별하였고 1799년에는 부친상을 당하였으며, 1811년에는 아우와 어머니를 잃었다. 1797년 정조의 배려로 영희전참봉에 임명되었다가 정조가 사망하고 벽파정권이 성립되자, 그를 미워한 벽파 권력자에 의해 1801년 경상도 기장현에 유배되어 벽파가 몰락한 1806년에야 풀려났다. 그 뒤 1808년 친구인 김조순의 배려로 의금부도사에 임명된 뒤 차례로 태릉직장, 형조정랑, 논산현감, 천안군수, 광주판관, 임천군수 등의 지방관을 역임하였다.

이력에서도 보이듯이 저자는 중앙 정계에서 비중 있는 정객으로 활동하지 않았다. 그러나 부친의 강경한 정치관을 계승한 덕에 당시 정치 상황을 깊이 파악하였다. 비록 대과에 급제하지 못했고 미관말직에다 지방관을 전전하였으나 정국을 예리하게 파악하고 사회 변동의 흐름을 이해할 수 있는 능력과 조건을 충분히 갖추고 있었던 것이다. 이 책이 지닌 큰 가치는 바로 거기에서 나온다. 한마디로 정치평론가로서 그 시대 정치의 실태를 분석하고 나아가야 할 방향을 제시하였다.

이처럼 저자는 현실 정치에 대한 안목이 깊었으나 섬세하고 예민한 감수성을 지닌 문인의 성향이 훨씬 더 강했다. 나이 들어 지방관을 두루 거친 경력을 제외하고는 시와 문장을 쓰며 일생을 보냈다. 그는 자신을 문사로 자처하였다.

저자는 젊은 시절 김조순(金祖淳), 김려(金鑢), 강이천(姜彝天) 등의 친구들과 어울려 소품문(小品文)에 매료되었다. 고풍스런 창작에 거부감을 보인 부친의 영향과 당시 뜨겁게 인 소품문 창작의 영향을 받아서, 그 역시 참신하고 경쾌한 창작에 빠져들었다. 신변잡사를 가볍게 기록하고, 풍속을 세밀하고도 사실적으로 묘사하면서 자신의 감정을 숨김없이 드러냈다. 그의 정감 있고 산뜻한 산문은 그 시대의 수준 높은 시인이자 산문작가라고 부르기에 충분하다.

저자는 시와 산문 외에도 자신이 겪은 남다른 체험을 꼼꼼하게 기록해 적지 않은 일기와 필기(筆記)를 남겼다. 기장에 유배된 5년 동안에도《남천일록(南遷日錄)》20권 20책과《산해필희(山海筆戱)》3책을 썼다. 이처럼 인생에서 무언가 특별한 일을 겪으면 반드시 붓을 들어 기록하였다. 예를 들면 부모상을 치를 때 간호와 임종, 그리고 뒤처리의 일련 과정을 세밀하게 묘사하였다. '병상 일지〔寢疾記〕', '장례 기록〔喪葬記〕', '언행기(言行記)'를 각기 따로 기록한 것이 지금까지 전해지고 있다. 젊은 시절 아내가 죽었을 때도 상처로 인한 자신의 슬픔과 고인의 삶을 몇 개의 작품집으로 정리하였다.

이렇듯이 저자는 일종의 기록벽 또는 정리벽이 있었다. 자신에게 일어난 일뿐 아니라 보고 들은 것도 붓을 들어 쓰지 않으면 견디지 못하는 성미임을 스스로도 고백하였다. 그 글짓기 병은 가문의 내력과 아버지의 정치 투쟁 과정까지 낱낱이 기록하는 일로 확장되었다. 본인의 삶을 기록하는 것조차도 남에게 맡기지 못해 자신의 연보를 직접 쓴《자저기년(自著紀年)》을 남기기도 하였다.

터럭 하나라도 똑같지 않으면 안 된다

《자저실기》는 그러한 기록벽과 정리벽의 산물이다. 스스로의 인생 체험을 남의 손에 맡기지 못하고 직접 써야 직성이 풀리는 성격이 만들어낸 결과물이다. 심노숭의 나이 68세 때인 1829년에 저술을 거의 완성했으나 사건에 휘말려 그 다음 해 9월 유배지인 전라도 부안에서 완성하였다. 그가 유배 가게 된 것도 정치를 비판한 저술이 외부로 유출되어 성균관 유생들이 크게 비난한 탓이니 일종의 필화(筆禍)였다.

《자저실기》는 방대한 문집《효전산고(孝田散稿)》33책과 34책에 수록되어 있다. 용모〔像貌〕, 성격과 기질〔性氣〕, 예술(藝術)이 앞부분에 배치되어 있고, '문견내편(聞見內篇)'과 '문견외편(聞見外篇)'이 이어진다. 먼저 자신의 용모와 성격, 능력 등을 고백한 다음, '내편'에서는 한평생 목도한 현실 정치와 사회상을 묘사하였고, '외편'에서는 선배들과 동시대 사대부들의 일화와 사건을 서술하였다. 번역에서는 전체 내용을 글의 성격에 따라 다시 분류해 4부로 나누었다.

심노숭은 자신이 체험하고 보고 들은 내용을 있는 그대로 쓰고자 했는데, '용모'의 서두에서 그 이유를 간명하게 밝혔다. 있는 그대로의 자신을 묘사하고 싶어 초상화—당시에는 진실을 베긴다는 의미로 사진(寫眞)이라 불렀다—를 그리려고 했으나 몇몇 화가에게서 얻은 수십여 폭의 각기 다른 초상화는 어느 것도 자신과 흡사하지 않았다. 낙심해 초상화 그리는 것을 포기하고 그 대신 글로 자신을 묘사하였다. "터럭 하나라도 똑같지 않으면 그 사람이 아닌데" 초상화는 시시각각 변하는 자신을 제대로 묘사하지 못했기 때문이다. 그렇다면 과연 글은 가능할까? 저자는 자신의 모습과 자신이 보고 들은 것을 직접 글로 남긴다면 초상화보다 더 정확하게 자신을 드러낼 수 있다고 보았다. 그렇게 마음을 정하고 자신의 시시콜콜한 인생사와 버릇, 성질 들을 적나라하게 고백하였다. 있는 그대로를 전달하려는 묘사의 진실성에서 글이 초상화보다 더

효과적이라는 믿음은 그의 저술을 꿰뚫고 있다.

자신을 있는 그대로 드러내는 힘겨운 일을 남에게 맡기지 않으려는 이유를 저자는 이렇게 밝히고 있다. "자기가 죽은 뒤에 자제들이 쓰면 제 부모의 부끄러운 치부를 감출 테고, 남이 쓰면 왜곡하기 쉽다. 그럴 바에야 죽기 전에 스스로 진실 되게 쓰는 것이 낫다." 이같이 판단하고 진실이 아닌 말이 나오면 농부가 잡초를 뽑아내듯 솎아내어 진짜 모습을 보여주자고 다짐한 것이다.

그런데 자신을 솔직하게 묘사하는 것을 넘어 세상일을 기록하는 글쓰기도 과연 그렇게 할 수 있었을까? 저자는 똑같은 작가적 신념을 세상의 기록에도 적용하였다. "말은 믿음이 가게 해야 한다. 말을 하고 책으로 썼는데 후인들이 믿지 못한다면 이는 책이 없느니만 못하다"며, 보고 들은 그대로 쓰리라고 다짐하였다. 비슷한 시대의 어떤 저자가 남긴 저술보다 그의 저술이 흥미롭고 새로우며 신뢰할 만한 이유가 바로 여기에 있다. "이 책을 읽는 자들은 나를 어떻게 평할까?"라고 그는 스스로에게 되물어보았다. 세상을 진실 되게 묘사하려는 작가적 신념과 글의 효과에 대한 믿음이 진하게 묻어나는 질문이다. 하지만 그것은 자신과 세상의 치부를 얼마나 과감히 드러내느냐에 달려 있다. 남들이 어떻게 평가할지를 두려워하지 않고 과도한 자화자찬도, 모멸감을 느낄 치부조차도 거리낌 없이 글로 표현한 것이다.

저자가 살아온 과정을 묘사한 글은 유난스러운 점이 있다. 당시로서는 쉽게 발설할 수 없는 수치스러운 부분도 스스럼없이 쓰고 있기 때문이다. 그래서 그의 자기 고백은 놀랍다. 그가 기록한 자신의 모습 가운데 눈에 띄는 몇 장면에서 확인할 수 있다. 저자는 자기 얼굴을 요모조모 뜯어서 묘사한 뒤 요절할 관상이라고 하여 혼사를 맺으려던 집안에서 퇴자를 놓았다는 부끄러운 사연도 털어놓았다. 잘 풀리지 않은 인생도 얼굴 탓으로 돌렸다. 성질이 괴팍해 세수와 목욕을 자주 하고, 머리를 자주 빗었으며, 주변에 놓인 물건을 먼지 하나 없이 깔끔하게 정리해야 안심하는 지나친 결벽증도 고백하였다.

그가 털어놓은 치부의 하나는 정병(情病)으로, 이는 여자를 지나치게 밝히는 집착이다. 열대여섯 살부터 서른대여섯 살에 이르기까지 광적일 정도로 성에 집착해 패가망신할 지경에 이르렀다고 한다. 무뢰배들과 어울려 담을 넘어 남들의 손가락질을 받았는데 반성을 하지 않은 것은 아니나 고치지 못했다고도 털어놓았다. 선비가 자신의 치부를 그처럼 노골적으로 고백하기는 쉽지 않은 일이다.

저자의 고백에서는 가식적이고 점잔을 빼는 태도가 다른 이보다 훨씬 덜하다. 이러한 글들을 통해 잘 그린 초상화보다 더 생생하게 모습을 떠올릴 수 있다.

타협할 줄 모르는 정치판의 생생한 폭로

진실을 밝혀보겠다는 자세는 시야를 정치판으로 돌려서도 바뀌지 않았다. 오히려 날카로움이 더 심해진다. 심노숭은 영조·정조·순조 시대에 파란 많은 정국에서 시파의 선봉장인 심낙수의 아들이자 시파의 이론가로서 벽파 세력이 손꼽은 손볼 대상의 하나였다. 그 때문에 귀양도 가고, 과거시험도 관직 생활도 순탄치 못하였다. "나는 세상과 어울리지 못하는 사람으로 한평생 온갖 좋지 못한 꼴만 당하였다"고 자조와 한탄을 섞어 말한 것은 저자의 처지를 압축해 보여주고 있다. 역으로 그 조건은 정치판을 속속들이 들여다보고 판단할 능력을 길러주었다.

영·정조 시대는 조선 후기의 르네상스라 미화되기도 하지만 정치적으로는 분쟁이 격화되어 정국이 편안할 때가 거의 없던 시기이다. 사색당파의 파벌이 거듭 분화하면서 극심한 대립과 정쟁을 낳아 경쟁하는 당파를 대거 살육하는 옥사가 빈번하게 일어났다. 사도세자의 죽음은 그런 갈등과 암투의 극단적 표출이었다. 노론이 장기간 권력을 독점해 절대적 우위를 차지하기는 했으나 투쟁이 사라진 것은 아니고 새로운 형태의 권력 투쟁이 한층 격화되었다.

당대의 정치는 명분과 시비곡직을 가리는 정당한 노선의 갈등이란 측면이 없지 않으나, 실상은 그저 편을 갈라 이전투구하고 사생결단하는 싸움판으로 전락했다. 혜경궁 홍씨의 아버지인 홍봉한(洪鳳漢)과 정순왕후의 오라버니인 김귀주(金龜柱)가 남당(南黨)·북당(北黨)으로 편을 갈라 다투다가 다시 시파와 벽파로 나누어져 정치적 대립을 하였던 것이다. 이는 정조와 순조 시대의 정치판을 뒤흔든 핵심 갈등으로, 심노숭은 그 갈등의 중심을 꿰뚫어보는 위치에 있었다.

저자의 아버지 심낙수는 외척 권신의 발호를 극도로 증오해 정조 초기부터 언론과 관련한 벼슬을 주로 맡아 하면서 반대편 정객에 대한 공격을 서슴지 않았다. 김귀주가 드세게 나선 것을 막고 그에 붙은 홍국영(洪國榮)과 김종수(金鍾秀), 심환지(沈煥之)를 한

파로 몰아세워 격렬하게 공격하기도 하였다. 심환지와는 본래 일가인 데다 친분이 있었으나 결별하고 서로를 극렬하게 증오하였다. 이런 아버지의 강경하고 모난 태도를 아들 심노숭이 그대로 이어받았다. 아버지는 처가인 이규상의 집안사람들 가운데 벽파 편에 선 둘째 처남 이규위(李奎緯)와도 심각한 갈등을 빚어 의절하였다. 가까운 친척끼리 당파를 달리해 정치 투쟁하는 모습은 친분도 의리도 권력 앞에서는 뒷전이라는 씁쓸한 현실을 보여준다.

저자는 시파에 충실한 시각으로 살아 있는 정치 현장을 묘사하였다. 객관적인 시각을 내세워 정쟁의 과정을 찬찬히 설명하기보다는 직접 목도한 한 장면 한 장면을 묘사하는 방식을 취함으로써, 모의가 막 벌어지고 있는 현장을 카메라로 찍어서 우리 눈앞에 보여주는 듯한 느낌을 준다. 당연히 카메라는 벽파를 향하고 있다. 저자는 객관적인 척하는 허세를 부리지 않고 자기 입장에서는 그렇게 보고 있으며 그것이 절대적으로 옳다고 강변한다. 당파를 다룬 여느 책들과는 사뭇 다른 접근법이다.

시파의 정치론을 가끔 설파하면서도 저자는 주로 권력을 농단하는 벽파 쪽 정객의 행태를 신랄하게 폭로한다. 홍국영, 김종수, 심환지, 김귀주, 이율, 임율, 정이환, 송덕상 등 한 시대를 쥐락펴락한 정객의 추악한 실태가 폭로되고 만다. 지나치다 싶을 정도의 인신공격성 폭로도 적지 않다.

저자는 김귀주가 비굴한 자세로 재물과 미인계를 써서 선비를 심복으로 만드는 행태나 김종수·김종후 형제의 장기간에 걸친 간교한 술책, 무소불위의 권력을 남용하는 홍국영의 작태 등등 벽파 정객의 만행을 하나하나 언급하며 그들을 한 시대의 국정을 담당했다고 하기에는 추악하고 해괴한 막장의 인물로 그렸다. 김종수의 친형으로 명망 높은 학자인 김종후를 가까이 가면 입 냄새가 치오르는 악취 나는 사람으로 묘사하고, 정조 임금이 산림으로 우대해 서울로 불러들인 송덕상을 "흐리멍덩한 시골 늙은이가 뭉그적거리며 삿된 마귀처럼 주절거린다"고 묘사하였다. 정승을 지낸 조경(趙璥)이 친사돈인 이의익(李義翊)을 고발한 일을 두고, 조경이 "그의 고기를 먹고 그의 가죽을 깔고 자겠다"라고 상소를 올릴 정도로 비열한 인간임을 폭로하기도 하였다.

정치적 사안이나 관점에 대한 충돌과 비난은 충분히 예상할 수 있지만 인간 자체를 모멸하고 부정하는 기사의 수준이 놀라울 정도이다. 벽파가 시파를 역으로 모욕하는 수준도 다를 바 없다. 당파가 다르고 생각이 다른 이들과 타협할 줄 모르고 평행선을 달리며 진흙탕에서 함께 뒹구는 정치판의 실상이 생생한 화면이 되어 나타난다. 화면을 들여다보면 서로 대화가 완전히 단절되어 더 이상 회복이 불가능하다는 것을 느낄 수 있다. 권력층의 단절된 인간관계는 각 당파의 영수급 인물들이 부득이 한자리에 앉을 때 서로 보기 싫어서 사이에 병풍을 치고 앉는 모습에서 잘 드러나고 있다.

단암(丹巖) 민진원은 이광좌와 함께 정승이 되었는데, 빈청에 좌정할 때 병풍을 치고 떨어져 앉았다. 근년에 판부사 이명식(李命植) 공이 채제공과 신구 화성유수로서 인장을 교환할 때에도 이러한 예를 썼다. 집안 간의 혐의와는 다르기는 하지만 선배들은 당파 간의 금기에 이처럼 엄격하였다.

민진원과 이명식은 노론, 이광좌는 소론, 채제공은 남인으로 한 시대를 대표하는 정승들이다. 이들은 다른 당파의 정승과 병풍을 치고 앉아서 국정을 논하였다. 국정은 논해야 하겠으나 서로 마주 보기 싫어서 병풍을 사이에 두고 앉은 것이다. 한 조정에서 같은 말을 쓰며 같은 백성을 위한다는 위정자가 이렇듯 갈라져 있으니 국정이 제대로 돌아간다면 그것이 이상하다.

당시 정치의 난맥상을 상징적으로 보여주는 이 장면을 두고 저자는 오히려 그런 엄격한 금기가 사라질까 봐 걱정하는 태도를 보인다. 저자는 당파의 노선을 엄격하게 지키지 못하고 상대편에게 더 모난 태도를 취하라고 요구하는데, 이런 그에게서 심환지에게 까칠하고 모난 당파성을 요구한 정조의 모습이 엿보인다.

그렇다면 벽파를 매몰차게 비판한 수많은 사연은 당연한 것으로 보인다. 많은 당론서나 역사서는 논리를 갖춰 역사적·사상적 관점에서 당시 정치계를 분석하고 조명한 데 반해, 저자는 체계적인 서술이 아닌 한 편 한 편의 삽화를 보여줌으로써 실제 정치 현장이 어떠했는지를 생생하게 전하였다. 어떤 저술보다 가치 있는 점이다.

일그러진 양반 사회의 자화상

정치적 상대의 추악함을 폭로하는 한계를 넘어서 심노숭은 한평생 목도한 양반 사회의 이면을 폭로하는 데 적지 않은 지면을 할애하였다. 자신이 직접 견문하지 못한 앞선 세대의 이야기는 책이나 가까운 사람들로부터 얻은 견문에서 나온 것이다. 그중에는 선배들로부터 배웠으면 좋을 사연을 비롯해 마음속에 간직해두면 좋을 미담과 문향 가득한 서정적인 사연이 제법 많다. 사대부들의 다양한 관심사를 인물 중심으로 전개하고 있는데, 널리 알려진 이야기도 있지만 이 저작에만 보이는 이야기도 적지 않다. 이야기를 풀어가는 시선이 당파적임은 굳이 언급할 필요도 없다.

암행어사로 유명한 박문수나 기개와 고집으로 유명한 박세당과 박태보 부자, 호방한 기개로 유명한 정승 조현명에 관한 사연 등 각종 야사를 다룬 내용도 적지 않다. 반면, 영조시대의 탁월한 경제학자인 유수원(柳壽垣)에 관한 이야기는 이 저작에만 등장한다. 을해옥사에 연루되어 역적으로 몰려 죽지만 소론의 실질적 영도자 역할을 수행한 일화는 내용이 흥미로울 뿐만 아니라 사상사에서 매우 긴요한 기록이다. 이덕수가 벼슬에서 물러났으나 서울에서 오는 사람을 보면 혹시라도 자기를 부르는 사신이 아닐까 가슴이 설렌다는 사연이나 채제공의 외숙인 이지억이 노론을 향해 쏘아붙이는 날카로운 비난, 소북 사람인 엄숙이 노론을 비꼰 일화 등은 영·정조 시대 지식인 사회의 분위기를 파악하는 정보로서 다른 야사에서는 쉽게 볼 수 없는 내용들이다. 이 책에서만 볼 수 있는 많은 기록은 18세기 조선을 이해하는 데 자료적 가치가 높다.

그러나 저자가 큰 비중을 두어 서술한 사연은 여전히 그리 아름답지 못한 사회의 단면들이다. 이 단면들을 이어보면 당시의 지배층 사회가 얼마나 일그러져 있고, 사람들은 부패하고 열악한 환경 속에서 점차 삶의 의욕을 상실해가고 있는지 알 수 있다. 제도나 의식이 그야말로 잔양(殘陽)의 국면으로 치닫고 있다는 두려움을 갖게 만든다. 미담이나 문향은 퇴폐화하는 지식인 사회에 철지난 영광이자 잔양의 국면을 늦추려는 노력으로 보인다. 저자는 스스로가 속한 양반집단의 실상을 통해 사회의 분위기가 전반적으로 퇴조하고 있음을 드러내고자 하였다.

길거리에 굶주려 쓰러진 한형일이라는 정주 양반의 사연은 지방 지식인의 참상을 폭로하고, 근친상간과 친구 사이의 화간(和姦) 사연은 성적으로 문란한 명문가 관료들의 타락상을 보여주며, 부모나 형제와 당파를 달리하며 비열하게 다투는 작태도 여럿 등장한다. 최소한의 윤리도덕이나 인간다움도 팽개친 채 권력과 재물에만 집착하는 양반들의 도덕성과 황폐한 인간관계가 폭로되고 있다. 다음 세 가지 일화를 살펴보자.

심형지는 놀라고 두려운 나머지 광증이 발작하였다. 그리하여 손에 칼을 들고 장성한 자기 딸을 죽이고는 "이것은 여우다"라고 하였다. 병풍을 둘러 딸의 시신을 가리고는 앉아서 통곡하며 "사람으로서 차마 자식을 죽이다니!"라고 하였다. 이윽고 다시 병풍을 열고 웃으며 "여우는 여우로구나!"라고 하였다. 심환지가 서울에서 달려와 그녀를 묻어 주었다.

이십도가 과천현감이 되어 도적을 다스릴 때 도적의 두 눈을 파냈는데 그 도적은 죽지 않고 장님이 되었다고 한다. 도적은 매일 이십도가 과거에 급제하기를 하늘에 빌면서 "급제하면 기필코 재앙이 미치리라"라고 하였다. 얼마 되지 않아 과연 그는 과거에 급제하였다.

일찍이 제사 때가 되어 떡을 쪘는데, 계집종이 단속하지 않아 개가 떡을 먹어버렸다. 그러자 계집종의 위아래 옷을 벗기고 개와 함께 말을 묶는 기둥에 묶고서 개를 매질하였다. 개가 성을 내며 계집종을 물어뜯어 살점이 거의 남아나지 않았다. 그의 잔혹함이 이와 같았다.

참판 이승호 집에 불이 났는데 불이 매화 화분까지 옮겨 붙었다. 그 때 이재협이 이렇게 말하였다. "숙부님은 좋은 매화를 가지고 계시 면서 술상을 준비해 조카를 불러 시를 짓게 한 적이 없으셨지요. 다 만, 날마다 매화 곁에서 저속한 일만 하셨으니 매화가 어찌 부끄럽지 않겠습니까? 관계를 끊으려고 스스로 불살라 죽은 것이니 그 불은 매화 탓에 난 것입니다."

심형지는 심환지의 사촌으로 권력을 쫓다 처벌을 받을까 봐 미 쳐서 친딸을 죽였고, 이심도는 잔혹하게 백성을 처벌하고 노비를 다루다가 자신도 비참한 죽음을 맞았다. 또한 화재로 인해 공문서 를 잃어버린 숙부에게 건넨 이재협의 말은 곧 권력에 의해 피폐해 지는 지식인의 자화상이다. 이 밖에도 숱한 일화가 일그러진 지식 인 사회의 실상을 폭로하고 있다.

조선 후기 사회상의 이해

심노숭은 수많은 저작을 남겼다. 문집 《효전산고》는 38책이나 되 는 방대한 분량이다. 정치를 논한 편저로 〈정변록(定辨錄)〉이 따로 있는데, 부친의 초고를 대폭 늘린 당쟁 자료집이다. 역대 야사를 필사한 총서 《대동패림(大東稗林)》도 그의 저술이다.

역자는 20여 년 전 야사와 필기를 종합적으로 연구하면서 《대동패림》에 주목했는데, 편찬자가 심노숭임을 밝혀냈다. 그 과정에서 연세대학교 도서관에 소장된 《효전산고》를 열람하고 연구와 번역의 필요성을 느꼈다. 처음 열람할 때 이전에 이 책을 본 학자로 저명한 사학자인 홍이섭 교수가 유일하다는 것에 놀랐다. 홍이섭 교수의 저작 한 군데에 이 저작이 소개되어 있다.

그 후로 역자는 해제를 붙여 《대동패림》을 영인하였다. 김영진 교수는 석사학위 논문과 산문선집을 냈고, 최근에는 국사편찬위원회에서 《남천일록》을 활자화해 간행하였다. 학계에서는 점차 심노숭의 문학과 학술에 관심을 보이고 있다. 하지만 문집이나 저술이 방대해 연구나 번역을 시작하는 것이 엄두가 나지 않는다. 전체를 번역하기는 힘들어도 선집이나 중요한 일부 저작만이라도 번역해 소개하는 것이 필요하다. 문집에 포함된 내용 가운데 《자저실기》가 독립적인 저술로서 저자의 생각을 잘 드러내고 있고, 조선 후기의 지식인 사회를 이해하는 매우 중요한 저작이라고 판단해 번역해 소개하고자 하였다. 이제 그 결과물을 세상에 내놓는다.

이 책은 성균관대학교 대학원에서 한문학을 전공하는 10여 명의 대학원생과 강독회를 구성해 3년여에 걸쳐 함께 번역한 것이다. 2010년 가을부터 2012년 가을까지 2년 동안 매주 거의 쉼 없이 책을 읽고 번역했으며, 그로부터 다시 1년 동안 수정, 보완하였다. 강독회를 구성하게 된 것은 한국고전번역원에서 기획한 고전강독클러스터 지원사업 덕분이었다. 지원사업이 2년 만에 중단되어 지원이 끊겼지만 번역을 계속해 완성하였다. 그동안 지원해준 번역원에 사의를 표하고, 강독회에 참여해 고생한 대학원생들에

자저실기

게 감사의 말을 전한다. 언젠가는 심노숭의 전 저작이 번역될 날이 있으리라 희망해본다.

이 번역서가 조선 후기의 정치상과 사회상을 파악하는 데 기여할 수 있기를 기대한다. 우리 사회가 숱한 단절의 역사를 반복하고 있으나 여전히 단절되지 않은 문화가 많다. 우리의 상류층 사회, 지식인 사회의 고질적 병폐가 시대상으로는 단절되었지만 의식과 행동으로는 잠재되어 있다는 점이 번역을 하면서 자주 머리를 스치곤 하였다. 이 책이 우리 시대를 성찰하는 데 작은 계기가 될 수 있으리라고 생각한다.

2014년 1월
안대회

1부

문서더미 속 쓸쓸한 문장들

-어느 노쇠한 문인의 자기 고백

용모

터럭 하나라도 똑같지 않으면 사람의 본모습과 다르다. 그림도 그러한데 글로 사람을 온전히 묘사할 수 있을까? 그러나 그림으로 그려내지 못하는 것을 글이 그려내기도 한다. '우윳빛 얼굴에 시원한 눈썹, 아름다운 눈매에 멋진 수염'이라는 말에서 박륙후(博陸侯, 霍光)[1]를 상상해보면 천 년 전의 사람일지라도 하루 전에 본 듯하다. 시원찮은 그림으로 이런 것이 가능할까?

나는 어려서부터 초상화를 좋아해 화공만 만나면 초상화를 그려달라고 졸라댔다. 몇 명의 화가를 거쳐 수십 본(本)을 바꾸어 그렸으나 하나도 닮은 것이 없어서 제풀에 지쳐 포기하고 말았다. 그림으로 그려낼 수 없다면 글로 표현할 수밖에 없다. 글이라면 굳이 남의 손을 빌릴 필요 없이 차라리 내가 직접 써서 후세 사람에게 신뢰를 주는 편이 낫다. 소자첨(蘇子瞻, 蘇軾)은 초상화를 두고 "인물의 특징을 포착했다면 그 나머지는 덜어내거나 보태도 좋다"고 주장하였다.[2] 그림이 나을 수도 있고 글이 나을 수도 있으나 사실대로 드러내는 점에서는 글이 그림보다 분명히 낫다. 기축년(1829) 2월 12일에 태등(泰登)이 쓴다.

---

1 한(漢)나라 곽광(霍光, ?~BC 68)의 봉호이다. 선제(宣帝)가 기린각(麒麟閣)에 공신 11명의 화상을 그릴 때 곽광을 맨 앞에 그렸다. 곽광의 용모를 자세히 묘사한 글 가운데 이 구절이 나온다. 자세한 내용은 《한서(漢書)》〈곽광전(霍光傳)〉에 보인다.
2 자첨(子瞻)은 소식(蘇軾)의 자이다. 소식의 〈전신기(傳神記)〉에서 외형을 비슷하게 그리는 차원을 넘어 내면의 특징까지 포착해야 한다는 취지로 한 말이다.

孝田散稿

自著實紀

儗顙

一毫不似復非其人畫猶然也記安畫之然
而畫之所不到記或得之如白晳疎眉目美
鬚鬖髯想見博陸侯　千載如一日此豈區々丹
青之可能哉余自少日喜寫真遇有工者輒
乞之閱歲人易累十本日無一似卒焉倦而止
畫之既不浮不得不記之不必湏人不
如自記之使浚人信之子瞻論寫真得其意

심노숭의 《효전산고》 제33책 〈자저실기〉 첫째 면. 연세대학교 도서관 소장, 필사본

나의 생김새

•

내 두상은 둥글면서 넓적한데 정수리는 평평하고 넓으며 이마는 튀어나왔다. 눈썹은 어지럽게 나서 눈썹이 눈꼬리 밖으로 삐져나왔다. 눈은 크고 눈동자 밖으로 흰자위가 많이 보인다. 콧마루는 볼우물보다 높고 그 끝은 아래로 처졌으며, 콧구멍 주변의 모양은 매부리코에 콧방울이 넓고 두툼하다. 귀는 구레나룻 위로 솟았고, 귓바퀴는 두툼하며 귓불이 늘어져 구슬이 매달린 듯하다. 광대뼈는 서로 에워싸 돌출하지도 평퍼짐하지도 않다. 턱은 위로 치켜 올라가고 위턱은 하관이 빨다.

입은 작고, 입술은 도톰하며 색이 붉다. 콧수염은 입을 덮지 않는다. 구레나룻이 귀밑까지 뻗어 있는데, 듬성듬성 난 털 사이로 살진 것이 보이고 길이는 겨우 목에 닿는다. 콧대와 광대뼈에는 마마자국이 몇 개인지 세어볼 수 있다. 낯빛은 몹시 하얘서 살짝 누렇고, 목소리는 카랑카랑한 듯하면서 잠겨 있다.

'금토(金土)의 형국에 금수(金水)의 소리'라는 관상쟁이의 주장이 근거가 없지 않다. 눈썹과 눈 사이에는 모이기는 어렵고 흩어지기 쉬운 기운이 도사리고 있어 묘사하려고 해도 잘 안 되고 품평하기도 어렵다. 평생의 행적을 따져보니 뜻에 어긋나는 것이 많고 뜻에 맞는 것이 적으며, 기쁜 일이 생겨도 괴로움이 앗아간다는 것이 바로 나를 두고 한 말이다.

나의 몸

·

몸은 깡마르고 허약하며, 키는 보통 사람들보다 훨씬 작다. 등은 구부정하게 불룩 솟았고, 배는 펑퍼짐하게 아래로 처졌다. 어려서는 옷을 가누지 못할 만큼 허약해서 혼담을 하러 온 사람이 내 모습을 보고 혼사를 물렸다. 요절할 관상이라는 이유에서였다.

성격과 기질

생김새를 가지고 성격과 기질[性氣]을 살펴보면 십중팔구는 들어맞는다. 눈동자를 보면 속일 수 없다[3]는 것보다 더하니 이것은 이치가 맞다. 빈틈없어 보여도 엉성하고 방종한 구석이 있고, 거칠고 방탕한 속에도 칼 같은 강직함이 숨어 있다. 나를 아는 이는 몸과 마음이 딴판이라 하고, 모르는 이는 생김새와 성품이 일치한다고 한다. 그런 지적에 내가 무슨 말을 보태랴? 자식과 아우가 자기 아버지와 형을 형용할 때도 참모습을 잃지 않으리라 보장하기 어려운 경우가 많다. 더군다나 남에게 맡겨 자신의 참모습을 드러내도록 하는 것이 가능하겠는가? 죽기 전에 스스로 밝히되 그 말이 과장에 이르지 않도록 겸손하고, 사실과 부합하도록 간략하게 쓰는 것이 더 나을 것이다.

---

3 "그의 말을 들어보고 그의 눈동자를 관찰하면 사람들이 어떻게 자신을 숨기겠는가[聽其言也, 觀
其眸子, 人焉瘦哉]"(《맹자(孟子)》〈이루 상(離婁上)〉)라는 구절을 인용하였다. 눈동자를 보면 그
사람의 진심을 알 수 있다는 취지이다. 여기서는 생김새가 눈동자보다 사람에 대한 정보를 더 정
확히 담고 있다고 말하고 있다.

결벽증

·

어려서는 몸을 씻고 머리 빗기를 좋아해 어른이 채근할 필요가 없
었다. 옷의 띠를 단단히 묶어서 조금이라도 띠가 느슨해지면 견디
지 못하고 반드시 다시 묶어서 단정히 하였다. 부모님을 모시고 살
때에는 옷걸이, 칼, 자, 거문고, 서적, 궤안을 아침에 일어나자마자
정리하고 청소해 먼지 한 톨 남기지 않았다. 어른께서 더러 결벽이
심하다고 꾸짖었으나 곤궁해진 뒤에도 버릇을 고치지 못하였다.
돌아가신 어머니[4]께서도 "네가 딸자식으로 안방에 머문다면 제대
로 하지 못할 일이 없겠지만, 사내가 이렇게까지 할 필요는 없다"
고 말씀하신 적이 있었다.

---

4 심노숭의 어머니는 한산(韓山) 이씨로, 이사질(李思質, 1705~1776)의 5남 2녀 중 차녀이다.
  1812년 심노숭의 나이 쉰한 살에 세상을 떠났다.

자저실기

급한 성격

•

성격이 몹시 급해 눈에 거슬리거나 마음에 불편한 일을 만나면 잠시도 억누르지 못하고 부리는 종이나 동무처럼 가까이 지내는 이라도 이따금 가차없이 주먹질을 하였다. 집안 할아버지 되시는 판서공 심성진(沈星鎭)[5] 어른께서 "이는 내 소싯적 소행이다. 그래도 기로소(耆老所)에 이름을 올리는 데 걸림돌이 안 되었으니, 요절할 태도라고 말하지 마라"시며 웃음을 멈추지 않으셨다.

---

5 심성진(沈星鎭, 1694~1778)의 자는 시서(時瑞), 호는 담와(澹窩). 심노숭의 증조부인 심동진(沈東鎭, 1694~1776)의 동생이다.

아내의 보필

•

발끈하며 성질을 부려 절제하지 못하면 대부분 아내 이씨(李氏)[6]
가 바로잡아주었다. 아내는 막상 성질을 부릴 때는 말 한 마디 없
다가 지나고 나면 마지못해서 하듯 신신당부하며 타일러서 마음
으로 느끼도록 하였다. 그러면 나도 받아들여 잘못했다고 인정하
였다. 언젠가 아내에게 규방의 뻣뻣한 보좌관이라고 우스갯소리
를 했는데 허튼소리가 아니라 실제가 그랬다.

---

6 심노숭의 처 전주(全州) 이씨를 가리킨다. 이의술(李義述, 1737~1800)의 딸로 1777년 3월 시집
와 1남 3녀를 낳았으나 모두 어려서 잃었다. 1792년 5월에 세상을 떠났다.

자저실기

부족한 담력

•

생각을 펼칠 때에는 무모하리만큼 거창하지만 막상 일에 직면해서는 지나치게 서툴고 나약하였다. 공명을 이루거나 욕망을 채우는 일에 마음을 두었으면서도 상대를 밀쳐내고 쟁탈할 때가 되면 기가 저절로 꺾였다. 요컨대, 생각은 차고 넘치지만 담력이 부족하였다. 이것이 끝내 곤궁하게 살다가 일생을 마치는 꼬락서니인 이유이리라!

중년 전후가 딴판인 사람

•

재앙과 우환을 겪으면서 이치를 따져 근심을 털어내는 것은 남보다 훨씬 뛰어났다. 남들도 그렇다고 하고, 내가 살펴보아도 정말 그렇다. 그러나 이것은 이른바 치욕을 참는 공부를 안으로 다부지게 닦아놓았거나 마음을 다잡는 공력으로 밖에서 밀려오는 어려움을 이겨내서가 아니다. 나약한 생활에 젖어든 나머지 비굴하게 엎드려서 눈앞의 안일만을 구차하게 추구한 결과일 뿐이다. 중년 전과 중년 이후를 살펴보면 전혀 딴판인 사람으로 보이는 것에서 알 수 있다.

낭비벽

•

평소 물건을 궤짝에 넣고 자물쇠를 채워 갈무리하는 법이 없다. 생활에 필요한 종이·먹·담배·환약 따위는 있으면 쓰고 떨어지면 그만이다. "헤프게 써서 금방 궁색해지느니 절약하고 저축해 여유 있게 쓰는 것이 낫지 않은가?"라고 말하는 사람도 있는데, 이 말이 참으로 옳지만 나는 따라 하지 못하겠다.

장부를 보기 싫어한다

•

금전과 곡식 장부에 적힌 시시콜콜한 숫자와 무게는 많고 적거나 긴요하고 긴요하지 않고를 가릴 것 없이 생각만 해도 머리에서는 땀이 뻘뻘 나고 등에서는 땀이 줄줄 흘러 당장이라도 미칠 것만 같았다. 집에서도 그렇고 외읍(外邑)에서도 사적인 기록에는 마지못해 문서 끝에 서명만 할 뿐이었다.

호음(湖陰) 정사룡(鄭士龍)이 경연패(經筵牌)를 가리키며 "경연 패에 몇 차례의 학질이 숨어 있을까?"라고 했다던데 나도 "관하기 (官下記)[7]에 몇 차례의 학질이 숨어 있을까?"라고 말하고 싶다.[8] 그러나 공적인 장부는 억지로 꼼꼼히 뒤적거려 엄밀히 살펴보아야 하는 소임을 저버리지 않았다. 이것은 못하는 것이 아니라 하고 싶지 않은 것이다.

"이렇게 하면 부정행위를 다 막을 수 없고, 비용 손실을 다 막을 수 없다"고 하는 사람도 있다. 그것이 옳은 줄 왜 모르겠는가마는,

---

7 관부의 하기(下記)라는 뜻으로, 하기는 돈이나 물품을 내어준 내용을 적은 장부를 가리킨다.

8 정사룡(鄭士龍)은 시문에 뛰어났으나 경학에는 밝지 못하였다. 중종(中宗)이 경술(經術)을 좋아해 경연에서 반드시 경서를 외우게 하자 정사룡도 경서를 외울 수밖에 없었다. 그는 진강(進講)할 때가 되면 늘 이맛살을 찌푸리고 "경연에 한 번 들어가느니 차라리 학질에 열 번 걸리는 게 낫겠다"라고 하였다. 뒤에 김정국(金正國)이 홍문관 전한(典翰)으로 경연패 찬 것을 보고 "저 백패(白牌) 하나에 몇 차례의 학질이 숨어 있을까?(彼一片白牌中, 藏得幾度唐瘧乎)"라고 하였다(김정국, 《사재집(思齋集)》권4, 〈척언(摭言)〉).

그로 인한 내 마음의 번뇌가 천금보다 더 무겁게 느껴지니 부정이
나 낭비의 폐해가 있다고 해도 이런 상황에서 내가 어쩌겠는가?

번잡함에 염증을 내다

•

한적함을 좋아하고 시끄러움을 미워하며, 정결함을 고수하고 번
잡함을 싫어한다. 호젓한 교외에 있는 집에 머물러 하루 종일 문
두드리는 소리가 사라지면 그제야 마음이 절로 한가롭다. 그러다
가 당직에 걸려 잠깐이나마 업무가 밀려들기라도 하면 번번이 정
신이 다 나간다.

세상에서 말하는 벼슬살이와 영예로운 행사, 벽제(辟除) 소리와
길게 응답하는 등의 번잡한 모든 일들은 진심으로 싫고 괴롭다. 외
읍은 더욱 심해 관아의 문지기들이 길게 응답하고, 수청드는 시동들
이 떼지어 대답하는데 모두 그만두라 하고 싶어도 그러지 못한다.
관례라서 그만둘 수 없고, 물정을 몹시 거스르는 일이기 때문이다.

회헌(悔軒) 조관빈(趙觀彬)은 수어사(守禦使)에서 면직된 지 몇
달 뒤 곧잘 "문밖에 대답하는 소리가 없으니 견디기 어렵도다"라
고 하였다. 그분만이 아니라 옛사람들은 수레 앞에 구종배 여덟 명
은 달려야 한다는 말[9]을 해왔다. 그러고 보면 이는 인간이면 누구
나 가지고 있는 마음인데 나는 이와 반대이다. 왜 그런 것일까?

---

9 고관대작이 외출할 때 거마와 시종을 거느려서 그 위세가 대단함을 보인다는 말이다. 중국의 왕
융(王融)이 자신의 재능과 문벌을 자신해 30세 이전에 재상이 되기를 바랐는데, "수레 앞에서 인
도하는 구종배 여덟 명이 없으면 어찌 장부라고 할 수 있겠는가"라고 하였다(《남제서(南齊書)》
권47, 〈왕융열전(王融列傳)〉).

모질지 못하다

•

매질하고 꾸중하는 괴로움은 매를 맞고 꾸중을 듣는 괴로움보다 더 심하게 여겼다. 중년 이후로는 집에서 어린 계집종 하나도 매를 댄 적이 없으며, 마을에서는 어린아이 하나도 꾸짖은 적이 없다. 재직 중에 태형(笞刑)이나 곤장을 쳐야 할 때가 있었다. 그때 태형은 죄질이 무거워도 법전에 의거해 매질의 수를 절반으로 줄였고, 곤장은 10대를 넘기지 않았다.

"그렇게 해서야 억센 놈들을 어떻게 승복시키려는가?"라고 말하는 자가 있기에 나는 "옛날에 이른바 상형(象刑)[10]이라는 벌이 있었네. '상(象)'이란 '보여주다'라는 말이니 징벌의 뜻만 보여준다는 것일세. 기어코 몹시 혹독하게 다스려야만 죄를 뉘우치겠는가?"라고 대답하였다. 그러나 이는 그저 둘러댄 말일 뿐 실제로는 혹독하게 하려고 해도 되지 않는다.

---

10 육형(肉刑)을 가하지 않고, 법을 어겼다는 표시로 복식을 다르게 하여 스스로 수치심을 느끼게 하는 형벌을 말한다.

말년의 탄식

•

유교·불교·도교 셋 가운데 도교의 《노자(老子)》가 일찍부터 마음에 와 닿았다. 집에 있을 때는 석분(石奮)[11]처럼 행하고, 관직에 있을 때는 조참(曹參)[12]처럼 되기를 일평생 한마음으로 바랐건만, 그 쭉정이도 얻지 못한 채 이대로 늙어 죽게 되었다. 그저 오막살이의 탄식[13]만 나온다.

---

11 석분(石奮, ?~BC 124)은 한(漢)나라 때 사람으로, 근신(謹愼)으로 명성이 높았다. 일찍이 벼슬에서 물러나 집에 있을 때 벼슬한 자손들이 자신을 만나러 오면 항상 조복(朝服)을 차려입었고 이름을 부르지 않았다.

12 한(漢)나라 패군(沛郡) 사람으로, 소하(蕭何)와 함께 병사를 일으켜 고조(高祖)를 도왔다. 천하가 평정된 뒤에는 평양후(平陽侯)에 봉해지고, 소하가 죽은 뒤에 재상이 되었는데 조참은 정무를 처리할 때 황로(黃老)의 가르침을 따랐고, 후임자에게는 형옥(刑獄)과 시장에 대해 심하게 간섭하지 말 것을 당부했다고 한다(《사기(史記)》 권54, 〈조상국세가(曹相國世家)〉).

13 '오막살이(窮廬)'는 가난한 사람이 사는 집으로, 젊어서 공부하지 않고 노년에 이르러 탄식한들 아무런 소용이 없음을 이른다. 후한(後漢) 때 제갈량(諸葛亮)이 아들에게 보낸 편지에 "나이는 시절과 더불어 치달리고 뜻은 세월과 더불어 떠나간다. 마침내 쇠락해져 세상과 어울리지 못하고 오두막에서 비탄에 잠겨본들 무슨 수로 되돌릴까?(年與時馳, 意與日去, 遂成枯落, 多不接世, 悲守窮廬, 將復何及)"라고 한 내용이 보인다(《한위육조백삼가집(漢魏六朝百三家集)》 권22, 〈계자서(誡子書)〉).

혐오하는 것

•

근엄한 얼굴, 꾸며대는 언사, 남을 속이는 술책, 과장하는 말투 가운데 한 가지라도 보이면 몹시 미워하고 아주 싫어해 마치 기름때가 묻어 몸이 더러워지듯이 여겨 곁에서 웃통을 벗는 자가 나까지 더럽히는 것보다 더 혐오하였다. 그래서 창졸간에 더러 성질을 억제하지 못하고 심한 말투가 튀어나오기도 하였다. 정으로 사랑으로 감싸자는 사람들은 나를 문제거리로 여기고, 나 자신도 그런 줄을 잘 안다. 늙어서는 젊었을 때와 달라지기는 했어도 끝내 고치지 못했으니 천성인가보다.

지나친 친절

•

남을 맞이하고 상대할 때나 남과 어울리고 노는 자리에서 지나치
게 친절하고 관대하다보니 번번이 체통을 잃었다. 아버지께서 일
찍이 그 점을 꾸짖으셨고, 아우 제전(弟田, 沈魯巖)도 매우 옳지 않
게 여겼다. 심지어 "옛날에 이른바 '남을 대할 때 한 덩어리 온화
한 기운이 있던 분'[14]도 이렇게 하지는 않았을 겁니다. 그만두지
않으면 저속함만 드러내고 후배에게 나쁜 영향을 끼칠 겁니다"라
고까지 하였다. 그 말이 정말 옳으나 고치지 못하였다.

---

14 송나라의 정호(程顥)를 말한다.《이정외서(二程外書)》권12,〈전문잡기(傳聞雜記)〉에 정호는 석
고상처럼 앉아 있다가도 사람을 대하면 한 덩어리의 화기(一團和氣)가 뭉쳐 있는 것처럼 보였
다고 한다.

부귀를 바라거나 곤궁함을 원망하지 않다

•

남의 부귀를 부러워하는 간절한 마음이 없었고, 자신의 곤궁함을 원망하고 한탄하는 절절한 심정이 없었다. 이 말이 인정은 아닌 듯하나 평생을 돌아보면 그랬다. 한마디로 잘라 말하면 어설프고 굼뜨다보니 묵혔다가 드러내는 기운이 적고, 느리고 나약하다보니 안일하고 뒤로 빼는 습성이 많다. 그러나 잃어야 얻는 것이 있고, 단점이 오히려 장점이 되니 그것이 또한 이치가 아니겠는가?

잔인하지 못하다

•

잔인하고 가혹한 일과 격분해 남을 다그치는 말을 차마 마음에 품지 못하고, 차마 입으로 꺼내지 못하였다. 그런 짓을 하는 사람을 보면 낚싯바늘에 걸린 물고기처럼 서글퍼져 그 심정이 얼굴에도 나타났다. 이상하게 여기고 그 연유를 묻는 사람들도 많다.

남을 대하는 태도

•

잘하는 이를 높이 평가하고 잘하지 못하는 이를 불쌍히 여겼으며,
윗사람에게 대들기 좋아하고 차마 아랫사람을 함부로 대하지 못
하였다. 과장(科場)의 동학과 조정의 동료 관료에서부터 지방의
아전에 이르기까지 한결같이 이런 태도로 대해 마침내 하나의 버
릇으로 굳어졌다. 그 지나친 버릇을 고치려고 했지만 스스로는 벗
어날 수 없었다.

은인과 원수

•

"원수나 친구 모두 허망하고, 마군(魔軍)[15]이나 부처나 다 똑같다"
라는 주련(柱聯)이 아무 이유 없이 기둥에 걸려 있겠는가? "은인
과 원수를 분간해 밝히는 것은 덕 있는 자의 말이 아니다"라고 한
다. 옛말에는 그렇게 되어 있다. 그러나 밝혀서는 안 되는데 밝히
면 제멋대로 하는 잘못을 범하고, 밝혀야 하는데 밝히지 않으면 줏
대 없이 다른 사람에게 묻어가는 잘못을 범하게 되니, 다만 의로움
만을 가지고 처신할 뿐이다. 평생 나를 반기거나 홀대한 사람들을
많이 겪었는데 그들을 달리 대우하자니 그 또한 고역이다.

환란이 요동치는 사태와 세상 질서가 뒤집어지는 사이에서 온갖
악조건에서도 변치 않는 의리만을 한결같이 요구한다면 천하의
바보 멍청이이다. 변하지 않는 사람이야 감사하지만 변하는 사람
에게 유감을 품을 수 있으랴? 욕을 보이는 이에게 웃음으로 대하
는 것은 인정상 있을 수 없고, 원한의 마음을 숨기고 친구로 사귀
는 것은 성인도 경계하셨다. 남들이 성인의 말씀에 근거해 나에 대
해 이러쿵저러쿵 이야기해도 개의치 않는다. 그것은 노력해서 될
일도 아니고 내 성품도 그렇지 못하다. 옛사람은 "일곱 가지 감정
이 표출될 때 오직 노여움을 제어하기가 가장 어렵다"고 하였다.

---

15 석가모니의 득도를 방해한 악마의 군사. 불도를 방해하는 온갖 악한 일을 비유적으로 이르는 말.

자저실기

어릴 적에는 심하게 그러했는데 중년 이후에는 한결같이 그와는 반대로 하였다. 그렇게 변한 이유를 나도 잘 모르겠다.

뇌물 공여

•

물건을 취하거나 줄 때 한결같이 의롭게 하기는 옛사람도 어렵게 여겼다. 취하기를 좋아하고 주기를 싫어하는 것도 인지상정이다. 갖는 것을 주는 것보다 싫어하고, 주는 것을 취하는 것보다 좋아한다면 보통 사람보다 한 차원 높은 수준의 사람이리라.

성질이 까탈스러워 구차하게 차지하는 것에 마음이 편치 않았고, 마음이 약해서 차마 매정하게 남의 요구를 거절하지 못하였다. 그런데도 이따금 청렴하지도 못하고 은혜를 베풀지도 못하는 지경에 이르렀는데 이유가 무엇일까? 평생 가난하게 살아서 재물을 남에게 빌리는 일이 많았지만, 까닭 없이 달라고 하거나 뻔뻔하게 애걸하는 짓은 하지 않았다. 늘그막에 벼슬살이할 때 더러는 대인관계에 필요한 비용과 의롭지 않은 뇌물, 분에 넘치는 선물을 받지 않았다고는 하지 못한다. 이는 학문에 힘쓰지 않은 탓이다.

글짓기 병

•

평생 동안 병적으로 좋아하는 것이 없었다. 소싯적에 글짓기를 좋아한 것, 벼슬하려는 계획, 정욕에 사로잡힌 것 세 가지 가운데 정욕이 가장 심하였다. 늙고 난 뒤에는 모든 것에 담박해 욕망이 사라졌다. 그런데 유독 글짓기에 대한 욕구는 사라지지 못하였다. 다만, 세상 물정을 이해해 결코 성공할 수 없음을 알게 되자 드디어 욕구가 사라졌다. 이제 세상 인연을 한번 끊어 도사가 되거나 승려가 되는 것 모두 마땅치 않다. 집에 있으면 화가 나고 번민이 날마다 쌓여 마음에 드는 일이 하나도 없고, 문을 나서면 해마다 외톨이 신세가 더해 마음에 맞는 사람이 하나도 없다. 해가 가고 날이 다하도록 할 일 없이 흐리멍덩히 지내자니 되돌아와 책을 읽고 글을 짓는 것에서 낙을 찾지 않을 수 없었다. 그런데 실제로 무엇을 얻은 것도, 새로 깨달은 것도 아니다. 단지 하루하루 보내려는 심산으로 장기나 바둑, 골패노름처럼 하는 것이다. 앞으로 죽기 전까지 몇 년을 이렇게 지내야 할는지.

옷과 음식

•

옷은 몸에 맞는 것이 좋고 화려하고 멋있는 것은 싫다. 음식은 부드러운 것을 찾고 기름진 맛을 싫어하였다. 지금껏 가장 괴로운 것은 겨울철에 무거운 솜으로 만들어 꽉 끼는 바지를 입는 것인데 몸이 견딜 수가 없었다. 그때마다 따뜻하고 가벼운 비단 바지가 그리웠다. 옷감이 없어서도 아니요, 남들이 수군대는 것을 두려워해서도 아니다. 자연히 마음이 편치 않아져 몸이 편한 것을 무시하고 몇 번 입을까 생각하다가 끝내 그만두었다.

고기를 먹지 않으면 배가 부르지도 않고 거의 먹은 것 같지도 않다. 그러나 육식을 즐기지 않는 것이 젊었을 때보다 심하다. 물고기·꿩·젓갈·육포·채소 따위는 맛깔스럽고 깔끔하게 조리한 것을 얻으면 편안히 먹을 수 있다.

감에 미친 바보

•

과일을 즐겨 먹어 마치 고질병에 걸린 듯하였다. 어린 시절에 풋
과일을 몇 되나 먹었고, 잘 익은 과일은 그 곱절을 더 먹었다. 여름
철 참외 종류는 여러 사람의 몫을 먹었다. 대추·밤·배·감을 가장
좋아했는데 감은 특히 더 좋아하였다. 쉰 살 이후에도 여전히 한
번에 6, 70개를 먹자 사람들이 '감에 미친 바보[柿癡]'라고 수군거
렸다. 경호(絅好) 권상신(權常愼)이 과벽(果癖)으로 소문이 났기에
한번 만나서 서로의 과벽을 견주어보고 이야기하며 웃고 말았다.

술

•

젊었을 때에는 퍽이나 술을 좋아하였다. 술 마시는 멋은 방종에 있지 않고 절제에 있다. 임자년(1792) 처와 사별하고 평안도에 머물 때 술에 절어 살았으나 그나마 젊었던 탓에 병에 걸리지는 않았다. 바닷가에서 6년을 살고 나니[16] 갑자기 왼쪽 눈에 바르르 떨리는 증세가 생겼는데, 풍토가 나쁘고 술을 마신 탓이었다. 고질병이 될까 두려워 귀양에서 풀려난 뒤에는 단박에 끊었다. 처음에는 술이 매우 고팠으나 차츰차츰 편안해져서 지금은 억지로 마시려고 해도 마시지 못한다.

---

16 1801년(순조 1) 벽파가 정권을 장악하자 시파의 핵심 인물이었던 부친 심낙수는 관직이 추삭(追削)되었고, 심노숭도 의리에 배치되고 선한 사람을 해코지했다고 지목되어 1801년 2월에 경상도 기장현(機張縣)으로 유배되었다가 1806년 정순왕후가 승하하고 벽파정권이 무너지자 해배되었다.

저택

•

옛사람들은 "살아서는 좋은 집에 살고 죽어서는 명산에 묻힌다"고 하였다. 명산은 얻고 싶다고 해서 반드시 얻을 수 있는 것이 아니나 좋은 집은 그래도 노력하면 얻을 수 있다. 내가 일찍부터 좋은 집에 뜻을 두었으나 남들이 좋아하는 집과는 취향이 달랐다. 심씨(沈氏, 沈象奎)의 송현(松峴) 저택처럼 기이한 기술과 교묘한 제도로 도로를 넓게 점유하고 골목을 연달아 짓는 식은 아니다. 서울의 저택, 교외의 별장, 건물이 많은 가옥, 서늘한 집은 마음과 의지를 시원스럽고 여유롭게 하고 신체를 편안하게 한다. 세상을 살아가는 즐거움은 이보다 좋은 것이 없지만 누각에 거처하는 것이 가장 좋다. 젊은 날에 일찍이 '신루(神樓)'라는 호를 지었는데, 상상으로 누각을 지었다는 뜻이다. 누각을 지으려는 뜻을 끝내 이루지 못해 생각할 때마다 유감이다.

정원

•

연못과 누대, 화단과 정원, 그리고 이름난 꽃과 아름다운 나무는 사람의 심성을 기르게 한다. 따라서 그것을 완물상지(玩物喪志)라고 하면 옳지 않다. 젊었을 때 그것에 뜻을 두었고 나이가 들어 더 심해졌으나 제대로 누리지 못한 것은 재물이 없어서이다.

책 수집

•

근래에 책을 모으는 풍속은 독서를 위해서도, 널리 고증하기 위해서도 아니다. 집기나 기호품처럼 멋스럽고 보기 좋게 방 안 서가에 꽂아두기 위함이다. 위에는 먼지가 수북이 쌓이고, 그 속에서는 좀벌레들이 종이를 먹어치워 돈만 낭비한다. 책이라는 것은 지극한 보배이다. 지극한 보배를 많이 쌓아둘 수 없다는 말은 오히려 옛말이 되어버렸다. 책은 굳이 모을 필요가 없다는 것이 본래 내 생각이다. 그런데 책을 빌려주지 않는 세상 풍습이 있어서 일용하는 차와 밥과 같은 물건처럼 매우 긴요한 책은 내가 갖추어놓지 않으면 안 된다. 이런 생각이 늘 간절했으나 힘이 두루 미치지 못해 구입하지 못하였다. 구입한 책조차 저당잡혀 팔아치운 것이 많으니, 이것이 몹시 한스럽다.

물건에 무심하다

•

수레와 옷, 안장과 말, 집기와 병풍 따위에 무심한 적도 없으나 그렇다고 마음을 쏟은 적도 없다. 처음에는 그 물건들에 마음을 쏟아서 무언가를 해보려고 하다가 끝에 가서는 시큰둥해져 그만두고 말았다. 이는 좋아하는 마음이 깊지 않아서이다. 소동파(蘇東坡, 蘇軾)의 "사물에 마음을 붙이는 것은 괜찮으나 마음이 사물에 집착해서는 안 된다"라는 말이 내 경우에 딱 들어맞는 듯해 혼자서 웃을 때가 있다.

기생집 출입

·

정욕이 남보다 지나친 면이 있었다. 열네다섯 살부터 서른대여섯 살까지 거의 미친 듯 방종해 하마터면 패가망신할 지경이었다. 심지어는 기생들과 놀 때 좁은 골목이나 개구멍도 가리지 않아 남들에게 손가락질과 비웃음을 샀고, 스스로도 혹독하게 반성했지만 끝내 그만두지 못하였다. 그 정도면 정욕에 빠진 탓으로 혹한 마음의 병이 생길 법도 하다. 처음에는 깊이 빠져 돌아오지 못할 듯했으나 끝내는 대범하게 연연하는 마음이 사라졌다. 기생집에 자주 출입한다는 좋지 못한 소리는 면하지 못했으나 이는 억지로 제어할 수 있는 것이 아니다. 기생에 빠진 것은 정을 준 것에 불과하고 마음은 쉽게 동하지 않았다.

기억력

•

기억력이 남들보다 훨씬 떨어졌다. 어렸을 때에는 일과로 글을
30~40번 읽고, 《서경(書經)》의 〈우공(禹貢)〉과 〈이소경(離騷經)〉
을 100번씩이나 읽었으나 외우지 못하였다. 스물두세 살 때 성균
관에서 《시경(詩經)》을 공부하고, 전강(殿講)[17]에 나아갔으나 몇
해 동안 한 번도 뛰어난 학생으로 뽑힌 적이 없다. 이는 아무래도
타고난 자질이 부족한 탓이다.

---

17 조선 성종 때부터 경서의 강독을 권장하기 위해 실시하던 시험. 성균관 유생 가운데 실력 있는
사람을 선발해 임금이 친히 대궐에 모아놓고, 삼경(三經)이나 오경(五經)에서 찌를 뽑아 외우게
하였다.

자저실기

산수 유람

•

바둑이나 장기를 좋아하고, 노래나 음악에는 담담해 마음이 끌리지 않았다. 고적한 유배지에서 잠깐 소일거리로 삼기는 했지만 시큰둥해져 그만두었고, 벼슬살이하며 잔치 자리에서 마지못해 주고받기는 했으나 흥이 사라지면 바로 그만두었다. 젊어서도 그랬는데 늙어서는 더 심해졌다. 오로지 산수의 유람만은 지나치게 탐닉하는 경향이 있었다. 바야흐로 풍경이 내 마음에 쏙 들어 눈길로 훑고 마음이 무르녹을 때, 홀연히 이 몸이 어디에 앉아 있는지를 분간하지 못하곤 하였다. 내가 그렇게 좋아한 풍경이 모두 이름난 명승지는 아니다. 가까운 교외의 작은 산과 시내라도 뜻에 맞고 마음에 드는 곳이 있다면 앉아서 세상을 잊는 즐거움을 진정으로 즐겨 심성이 수양되는 듯하였다. 이 역시 갑자기 얻어진 것은 아닐 것이다!

예술

과거 공부와 문장 공부는 두 가지 길이면서도 한 가지이다. 어느 한쪽을 지나치게 좋아해 자연히 취향과 길이 달라지기도 하나 요컨대 서로에게 도움이 되고, 서로의 장점을 빼앗지 않는다. 이쪽에서는 오묘한 솜씨를 발휘하는데, 저쪽에서는 길을 잃고 헤매는 경우란 없다. 젊어서 이런 생각을 가지고 두 가지를 함께 공부하면 둘 다 잘할 수 있다고 여겼다. 그런데 끝내 어느 한쪽도 이루지 못하고 이제 허황한 꼴이 되어버렸다. 처음 시작할 때 한 가지에 전념하지 못함을 안타깝게 여기고, 일찍부터 품은 뜻을 영원히 저버리게 된 처지를 슬퍼한다. 대충 순서대로 글을 써서 기록한다.

외조부의 훈계

•

무자년(1768) 봄에 외조부 인천부사(府使) 이공(李公, 李思質)께서
관직을 그만두시고 서강(西江)의 복파정(伏波亭)에 살고 계셨다.
나는 친정에 가는 어머니를 따라가 처음으로 《천자문(千字文)》을
배웠다. 외조부께서 항상 말씀하시기를 "이 아이의 재능은 상지
(上智)와 하우(下愚) 사이에 있다. 부지런하면 단계를 뛰어넘어 나
아갈 수 있지만 게으르면 실패해 물러나리라. 오로지 뜻을 세우는
데 달려 있다"고 하셨다. 어머니께서 나이가 많이 드셨어도 늘 이
말씀을 해주시면서 나에게 주의를 주셨다. 이제 내가 스스로 겪어
보니 이 말씀은 내 평생을 한마디로 표현하였다. 부지런함과 게으
름, 나아감과 물러남의 사이에서 뜻을 세우지 못한 탓이다. 아! 지
금이라도 그 말씀을 실행할 수 있을는지.

동몽시 한 구절

•

기축년(1769) 봄에 당(唐)나라 시인이 지은 절구를 읽다가 매형인 권씨(權氏, 權宜仁)에게 다음 한 구절을 부쳤다.

황강(黃江, 충북 제천)을 초하루에 출발하여	黃江一日發
천 리를 물결 따라 내려왔도다	千里如波來

어른들이 이 시를 "뛰어나고 의미심장하며 웅건하고 표일(飄逸)한 의취가 스며 있다"고 자주 칭찬하셨다. 잡초더미 가운데 좋은 풀싹이 가뭄에 말라버린 꼴이 되었으니 어쩐단 말인가?

자저실기

공부의 시작

•

그해 겨울 아버지께서 파주의 산소 묘막에서 거상(居喪)하던 중
《사략(史略)》을 가르쳐주시어 하루에 대여섯 줄을 읽었다. 경인년
(1770) 겨울에 비로소 제2권을 이어 가르침을 받고 문리(文理)가
조금 통하였다. 아우는 그때 겨우 다섯 살로 일찍 문견이 트여 비
범하였다. 내가 아우와 함께 공부하며 기예를 연마한 뒤부터는 번
거롭게 어른들의 가르침을 받지 않았다.

공부 방법

•

아버지께서 우리를 가르치실 때 조금도 엄히 다그치지 않으시고 충분히 함양해 스스로 터득하게 하셨다. 몽매한 나는 이런 뜻을 잘 받들지 못하였다. 하지만 우리 형제는 공부에 각고의 노력을 기울여 자신을 연마하지는 못했어도 일찍이 공부 외의 일에 치달리지는 않았다. 일과(日課)를 간혹 빼먹기는 했지만 한 달 공부 분량은 항상 넉넉하게 완수하는 때가 많았다. 그러나 집중해서 성실하게 읽어 밑천을 두둑이 한 공부는 적고, 대강 섭렵해 보아서 터득한 공부가 많았다. 이것이 처음에는 튼실하게 쌓아놓은 듯이 보여도 결국에는 텅 빈 까닭이다. 여기저기 떠도는 명성이 있기는 하나 실제 터득한 것은 없다. 지금에 이르러 오막살이의 탄식을 하며 죽어도 속죄할 수 없는 것은 이 때문이다.

자저실기

글동무

•

우리 집의 옛 문객(門客)인 정충하(鄭忠夏)의 아들로서, 아명(兒
名)이 칠동(七童)이라고 하는 이가 나와 동갑이다. 재주가 매우 뛰
어나 공부의 과정을 잘 밟아 일찍부터 공부를 잘하였다. 아버지께
서 칠동이에게 나와 글동무가 되라고 명하셨다.

치등(稚登) 홍준모(洪俊謨)는 이웃에 사는데, 나보다 한 살 위이
지만 글 짓는 재능이 나보다 몇 배나 뛰어나 내 자신이 불만이었
다. 어린 마음에도 부끄러운 줄 알아, 과정을 정해 스스로 분발해
글을 읽었더니 몇 년 사이 학업의 성취가 거의 그와 비슷해졌다.
정칠동은 스무 살이 채 안 되어 일찍 죽고, 홍준모는 더 이상 진보
가 없었다. 근년에 내가 홍준모에게 "자네가 나보다 앞서 가는 데
는 잘하지 않는가?"라고 말하고는 서로 크게 웃었다.

독서 과정

•

몇 년 동안 《사략》과 《소학(小學)》을 다 읽고 나서 차례대로 사마
천의 《사기(史記)》 〈열전(列傳)〉 수십 편을 읽었다. 사군(四君)[18]의
열전과 〈범저채택열전(范雎蔡澤列傳)〉, 〈유협열전(游俠列傳)〉, 〈화
식열전(貨殖列傳)〉 등은 거의 400~500번쯤 읽었으며, 곁가지로
〈이소경〉과 《좌전(左傳)》까지 읽었는데 처음부터 끝까지 외운 적
도 많았다. 또한 시작품 가운데 〈유향(遺響)〉(《당음(唐音)》의 편명)
의 장편(長篇)도 외웠다. 이는 모두 계사년(1773)과 갑오년(1774)
두 해 사이의 일이다.

과정을 정해 읽는 것 외에도 당(唐)·송(宋)·명(明)의 작가들 저작
과 우리나라의 문집을 닥치는 대로 읽었으며, 시는 근체시와 고체시
(古體詩), 문장은 서(敍)·논(論)·전(傳)·기(記)를 쓰면서 대가를 모
방해 그들의 뜻과 문장법을 탐구하였다. 당시에 아버지께서 벗들을
모아 표문(表文)·전문(箋文)·책문(策文)을 연마하시며 곧 증광시(增
廣試)에 응시하고자 하셨다.[19] 내가 곁에서 모시면서 흉내를 내어 과
체(科體)의 지름길을 제법 알아가자 어른들이 칭찬하시기도 하였다.

---

18 전국시대 말 자신의 세력을 키우기 위해 많은 인재를 빈객으로 초청해 길렀던 위(魏)의 신릉군
(信陵君), 제(齊)의 맹상군(孟嘗君), 조(趙)의 평원군(平原君), 초(楚)의 춘신군(春申君)으로 모두
《사기》에 전기가 있다.
19 심낙수가 1775년 서른일곱 살의 나이로 정시에 장원급제했을 무렵의 일이다.

과시

•

아이들이 과시(科詩)를 익힐 때면 반드시 속칭 고풍체(古風體)부터 시작하는데, 나는 고풍체를 짓지 않았다. 번번이 압운(押韻)을 사용해 시를 지었는데, 근체시와 고체시를 제법 먼저 익힌 덕분이다. 정유년(1777) 봄에 처음으로 반시(泮試)에 응시했는데 남의 도움을 받지 않고 스스로 지었다. 한 편 안에서 여러 구절마다 압운을 사용해 뽑혔는데 자부하는 마음이 없지 않았다. 그 후 몇 년 동안 반상시(泮庠試)에 응시해 얻은 것은 삼하(三下)[20]에 불과하였다. 기해년(1779)에 역적 심환지(沈煥之)[21]가 성균관의 반상시를 주관할 때 내가 배율 30운을 지었으나 삼하로 판정되어 낙제하였다. 이듬해 경자년(1780) 봄에는 역적 김하재(金夏材)[22]가 반시를 주관했는데, 전편을 뽑아서 삼중(三中)으로 평가해 자못 놀랍고 절로 기뻤다. 지금 젊은 시절의 일을 생각하면 정말 웃음이 나온다.

---

20 과차(科次)의 하나. 가장 우수한 답안을 상상(上上)·상중(上中)·상하(上下)로 나누고, 그 다음을 이상(二上)·이중(二中)·이하(二下), 그 다음을 삼상(三上)·삼중(三中)·삼하(三下), 그 다음을 차상(次上)·차중(次中)·차하(次下)로 나누었는데, 삼하 이상을 뽑아서 합격시켰다.

21 심환지(沈煥之)는 노론계 인물로서 신임의리(辛壬義理)를 고수했고, 사도세자의 죽음이 정당했다고 주장하는 벽파의 영수를 지냈다. 정조 사후에 나이 어린 순조의 원상(院相)이 되어 정권을 장악하고 신유사옥(辛酉邪獄)을 일으켰다.

22 김하재(金夏材)는 1784년(정조 8) 영희전(永禧殿) 고유제(告由祭)의 헌관(獻官)으로 참여해 분향한 후, 정조의 실덕(失德)과 사람을 장살(杖殺)할 것 등을 내용으로 하는 쪽지를 예방승지(禮房承旨) 이재학(李在學)에게 주었다. 이 사실이 탄로나 대역무도 죄인으로 주살당하였다.

이광려의 작품을 좋아하다

•

과시를 연마할 때 진부하고 부드러운 말을 싫어하였다. 참봉(參奉) 이광려(李匡呂)의 작품을 가장 좋아해 작품들을 모아 책 한 권을 만들어 읽고 외웠다. 반상시에서 지은 시는 한결같이 그를 모방한 것으로, 그와 비슷하게 되면 득의양양해하며 즐거워하였다. 글공부 동무들이 나를 많이 비꼬았고, 어른들은 조심하라고 말씀하셨다. 쓴 글이 번번이 낙방을 해도 후회하지 않았다. 성심으로 너무 좋아해 갑자기 바꿀 수 없었다.

내 뜻대로 쓰다

•

과거에 응시하는 글은 사람들이 좋아하는 것을 구차하게 따르지 않고, 오직 자신의 의견과 주장을 일삼았다. 시는 반드시 고체시를 짓고, 표문과 전문은 사례를 이것저것 다 인용하되, 격식의 제약을 받지 않고 오직 내 뜻을 펼치고자 하였다. 그래서 시험에 실패한 것은 많고 합격한 것은 매우 적다. 그래도 고칠 줄 모르니 이는 한쪽으로 치우친 성격 탓이다.

글쓰기의 선배

•

표문과 전문은 임상덕(林象德)과 이일제(李日躋)의 작품을 배웠고, 그 이하는 논하지 않았다. 윤지태(尹志泰)와 박도상(朴道翔) 같은 이들의 작품도 배우지 않았다. 오직 유동빈(柳東賓)이 임상덕과 이일제의 뒤를 이었다고 생각해 그들의 작품을 사륙문(四六文)을 짓는 과정으로 삼아 글을 지었다. 시문보다 몇 배나 공력을 들였으나 결국에는 성취를 이루지 못하였다. 이것이 매우 큰 한이다.

과체의 성과

•

과체의 여러 분야 가운데 시에는 재능이 많았고, 표문에는 많은 노력을 기울였다. 재능이 많았기에 시는 힘들여 연마하지 않아도 수준 높은 작품을 얻을 때가 있었다. 많은 노력을 기울였기에 표문은 기발함은 없어도 제법 숙련되었다. 시는 초시에 급제하고 나서 반상시에서는 한 번도 장원급제하지 못한 것이 한스럽다. 진사가 되어서도 의욕이 앞서 그 뒤로 남을 위해 대신 써준 시로 장원을 하기도 하였다. 그것을 속으로 기뻐했는데 이는 정말 재능에 부림을 당한 것이다.

정시(庭試)와 초시(初試), 절제(節製)[23]와 응제(應製)[24]에서 지은 표문은 잘된 것이 많았으나 끝내 급제하지는 못하였다. 이는 운명 탓으로만 돌릴 수는 없다. 스스로는 노력을 충분히 기울였다고 생각했으나 실제로는 충분하지 않은 탓이다.

---

23 절일(節日)에 성균관에서 거재유생(居齋儒生)과 지방의 유생에게 치르던 시험.

24 임금의 특명에 의해 임시로 치르는 과거의 한 가지. 시제(詩題)를 내어 짓게 했으며, 여기에서 합격하면 품계를 올려주거나 상을 내렸다.

부와 책문

•

부(賦)와 책문은 어느 것 하나도 소싯적에 배운 적이 없어서 시험장에 들어가 요구에 따라 글을 쓸 때면 익숙하지 않아 걱정이었다. 책문은 그래도 억지로 지었으나 부는 번번이 낭패를 보았다. 소과(小科)를 본 후 절제나 어시(御試)에서 간혹 부로 선발되기도 하여 마침내 제법 노력을 기울여 100여 편의 작품을 지었다. 부는 지으면 지을수록 어려움을 알았으니, 과체 가운데 가장 어려운 것이 부이다. 책문은 오랫동안 공부하지 않았어도 그동안 연마한 문장 실력이 발휘되면 앉은 자리에서도 짓고 갑자기 응대할 수도 있었다. 그 문체가 원래 그렇다.

을사년(1785) 가을에 어시에서 대책문을 지었다. 삼등군수(三登郡守) 황인도(黃仁燾)가 옆에 앉아 내가 쓴 것을 보고 과장 밖으로 나와 남들에게 매우 칭찬하였다. 황인도는 책문 솜씨가 좋은 선비라 그의 칭찬을 받아 내심 매우 기뻤다. 지금 생각해보면 웃음이 나온다.

짓기보다 평을 잘하다

•

과체의 여러 분야 작품을 판별하는 재주가 글을 직접 짓는 것보다
나았다. 일찍이 "내게 과거시험을 주관하게 한다면 옛날 지공거
(知貢擧)처럼 10년을 넘기지 않고 문풍을 크게 변화시킬 수 있을
것이다"라고 하였다. 그 말을 듣고 사람들이 웃었는데, 실제로 그
러함을 알았던 것이다.

문장 취미

•

열대여섯 살 어린 시절부터 시와 문장을 좋아하는 취향이 있었다. 옛사람이 "아버지를 스승으로 삼고 아우를 벗으로 삼는 것이 가정의 즐거움이다"라고 했는데, 남들이 가지지 못한 행운을 얻었다고 스스로 생각하였다. 집 밖에서 벗들과 어울려 놀면서 이따금 명성을 얻게 되자 속으로 흔연히 즐거워하였다. 정말 과거에 급제한 것보다 더 즐거워해 거의 주벽이나 도박증이 있듯이 스스로 헤어나지 못하였다. 아버지께서 "문견이 트이면 스스로 후회할 게다. 좋은 세월이 아깝구나!"라며 걱정하는 말씀을 하셨다. 간곡한 말씀이 지금까지도 귀에 맴돌지만 오막살이의 탄식을 후회해도 어쩔 도리가 없다.

독서 취향

•

《장자(莊子)》나 《노자》의 제자서(諸子書)와 반고(班固)의 《한서(漢書)》, 사마천의 《사기》에다 팔가문(八家文), 사대기서(四大奇書), 《서상기(西廂記)》, 역대 총서(叢書)와 패설(稗說) 따위를 읽기 좋아하였다. 아우가 매우 심하게 질책했으나, 아우의 말을 따르지 않고 내 뜻대로 하여 한 해가 다 가도록 부지런히 읽었다. 중년 이후 갑자기 싫증이 나서 그만두었으나 지금까지도 여전히 그 해독을 입고 있다. 직업으로 삼을 기술을 신중히 택해야 한다[25]는 것이 이와 같다.

---

25 《맹자(孟子)》 〈공손추 상(公孫丑上)〉의 "화살 만드는 사람은 오직 사람을 다치게 하지 못할까 봐 염려하고, 갑옷 만드는 사람은 오직 사람을 다치게 할까 봐 염려하니, 무의(巫醫)와 장인(匠人)도 마찬가지이다. 그러므로 직업으로 삼을 기술을 신중히 택하지 않으면 안 된다"에서 나온 말이다.

젊은 시절의 취향

•

경학(經學)과 예학(禮學)은 학문의 근본이다. 젊었을 때 잡박한 학
문에 마음을 빼앗겨서 맛좋은 곡식과 고기를 버리고 풀명자나무
와 탱자를 택한 결과, 병들지 않은 구석이 없다. 풀명자나무와 탱
자에 진력나서 맛좋은 곡식과 고기를 찾게 되었으나, 늦게 깨달아
소싯적의 잘못을 고치는 데 도움이 되지 않는구나. 아, 슬프도다!

우환을 겪은 후

•

문장은 소동파를, 시는 원미지(元微之, 元稹)를 평생 동안 독실하게 좋아하였으나, 재능이 따르지 못하고 공력을 기울이지 못해 바라보지도 못하는 수준에 머물렀다. 우환을 겪으며 이리저리 떠돌아다니다보니 의욕이 떨어져 심사를 쏟아내거나 남의 부탁을 받고 지어주는 문장에 지나지 않았다. 아(雅)와 속(俗) 사이에서 절충하려고 했으나 열등한 수준으로 떨어짐을 면치 못하였다. 아우의 상(喪)을 치른 후로는 더욱 이 일에 뜻을 두지 않아 전생이나 꿈처럼 까마득하다. 게다가 대여섯 해 동안 연달아 상을 당하고 병고를 겪으며 지방관의 업무로 분주히 지냈다. 마침내 지금에 이르러서는 우매하고 방종하며 기력이 쇠해 손쓸 곳도 없이 죽음을 맞이하게 되었다. 이따금 스스로 점검해보면 대관절 어떤 사람인가? 도사가 되기도, 중이 되기도 모두 마땅치 않은 격이다. 한밤중에 자다가도 벌떡 일어나지 않을 수 있겠는가?

공문서의 병폐

•

지방의 관사(官司)에서 쓰는 일체의 공문은 이른바 이문(吏文)이다. 이문을 쓰는 것은 글이 쉽고 분명해 남도 쉽게 이해시키고 나도 바로 이해되는 장점이 있어서이다. 요컨대, 뜻이 시원하게 드러나고 말이 간절한 것이 이문의 본질이다. 근세에는 온갖 기예가 거칠어졌는데, 문자(文字)가 심하고 문자 가운데에서도 이문은 더욱 심하다. 글을 엉뚱하게 이해하지 않을 자가 거의 드물 것이다. 옛사람은 형벌과 옥사를 기록한 문서에서는 한 글자를 쓸 때도 신중을 기했는데 공연히 그랬겠는가?

지방관들이 위로는 장계(狀啓)를 올리고 아래로는 소송 판결문을 쓰는, 문서와 관련된 모든 일을 한결같이 막료(幕僚)나 아전 무리들에게 맡기고 문구나 수정하고 내용이나 살핀다. 무능한 자야 굳이 말할 것도 없지만 유능한 자도 마찬가지이다. 지난날 형조(刑曹)에 있으면서 해당 도(道)에서 올라온 검시장(檢屍狀)이나 문초(問招) 따위의 판결문을 보니 어떤 사안이며 무슨 말인지도 알 수 없는 것들이 열에 여덟아홉이었다. 이야말로 천하 국가를 무너뜨리는 일이라, 어찌 작은 사안이랴!

나는 하루 동안의 책무를 맡거나 한때의 일을 완수할 때도 오로지 이 일에 힘과 마음을 다하려고 하였다. 옥사(獄事, 刑事)의 조사나 신문 서류, 소송의 판결이나 보고 문서를 아전들이 붓을 대게 하지 않았다. 심지어 기후관찰문서나 방리(坊里)에 보내는 전령(傳令)도 내 손을 거치지 않은 것이 없었다. 일이 매우 많을 때에는 노고가 심하지만 이렇게 하지 않으면 마음이 석연치가 않았다. 남들은 더러 비웃기도 했지만 스스로 그만둘 수 없었다. 지나치면 폐단에 이른다는 격인가 보다. 내가 지은 시에 "문서더미 속에서 쓸쓸한 문장(蕭瑟文章簿領間)"이라는 구가 그 정황을 말해준다.《이독(吏牘)》4권이 있는데 살펴볼 만하다.

즐거웠던 파주 시절

•

파주에 있는 분암(墳庵)의 작은 정자는 병오년(1786) 가을에 완성되었다. 정미년(1787) 겨울 나는 아우와 함께 정자에서 독서하다가 섣달 그믐날이 다 되어서야 돌아왔다. 지금 생각해보면 한평생 이보다 즐거운 때가 없었다. 당시에는 도성 소식이 아침저녁으로 들려오고 마을의 이웃들과 밤낮으로 교유했으며, 떡과 술이 풍성하고 토란과 밤이 지천이었다. 고요한 정자에 밤눈이 내리면 다투어 책 읽는 소리가 들리고, 아침 해가 맑게 갠 창문을 비추면 이러저러한 시상이 절로 떠올랐다. 내가 지은 〈서사(書事)〉 절구 12수를 살펴보면 당시의 정경을 알 수 있다. 당시에는 그것이 즐거움인지도 모르면서 한없는 즐거움을 누렸다. 누가 생각이나 하였던가. 전광석화 같은 세월 속에 뜻밖에도 상전벽해를 겪게 될 줄을. 지금은 그저 죽음으로 돌아가기를 원할 뿐이다.

자저실기

아내의 조언

•

무신년(1788) 여름에 아버지께서 귀양을 가셨다. 어머니께서는 병이 드셨는데 봉양하고 약을 마련할 대책이 막막하였다. 때마침 조운(漕運)하는 철이라서 조운선(漕運船)이 분창(分倉, 가을에는 거두어들이고 봄에는 나누어주는 일)을 시행하느라 정채(情債, 시골 아전이 인정으로 바치는 금전)로 올라오는 쌀이 수십 포대였다. 당시 서유린 공이 호조판서를 맡고 있던 터라 말 한 마디만 하면 그 쌀을 바로 얻을 수 있었다. 그래서 아내 이씨에게 상의했더니 아내가 "안 됩니다. 쌀 수십 포대로는 몇 개월밖에 버티지 못합니다. 젊은 선비가 정승에게 청탁하는 짓과 몇 달치 쌀이 없는 것을 견줘보세요. 그 경중과 득실이 어떠한지요?"라고 하였다. 내가 부끄러워 사과하고는 그만두고 말았다. 지금도 무언가 이득을 볼 일이 없을까 하는 생각이 들 때면 당시의 일이 먼저 마음에 떠오른다. 아내는 내게 임금을 보필하는 어진 선비이자 힘센 정승과 같은 존재라 해도 지나친 말이 아니다.

나의 소과 합격기

•

나와 아우가 소과를 공부하였다. 시를 배우는 재능은 내가 조금 더 나은 듯하나 과체시는 아우가 더 나았다. 경의(經義)는 나와 아우 모두 잘하지 못해서 과장에 들어간 뒤에나 판가름이 났다. 몇 번이나 감시(監試)에 나아갔으나 나는 한 번도 합격하지 못하고 아우는 곧잘 합격하였다. 경술년(1790) 왕자 탄생을 축하하는 경과(慶科)에서 내가 아우에게 지은 것을 바꾸자고 하였다. 처음에는 바꾸지 않으려고 하다가 결국에는 마지못해 허락했는데 아니나 다를까 나는 붙고 아우는 떨어졌다. 회시(會試)는 아우가 두 번 보았는데, 모두 경의에 합격하지 못해 낙방하였다. 나는 두 번 응시해 한 번은 가까스로 붙고 한 번은 쉽게 합격하였다. 초시와 회시에서 시의 재능이 있고 없고에 따라 달라진다는 말이 정말인가 보다.

초시에 합격하고 난 뒤 회시가 곧 다가왔다. 전날의 실패는 글씨가 졸렬한 탓이라 여기고 글씨 잘 쓰는 자를 꼭 구하려고 하였다. 호남의 부호가 돈으로 서수(書手, 글씨를 전문적으로 쓰는 사람)를 사서 바치는 대신 대리 작품을 얻고자 하였다. 아버지께서 엄하게 나무라셨기에 성균관의 구실아치로부터 서수를 한 명 얻어서 썼다.

내 기질은 모가 나지 않은 제목으로는 시를 짓지 못하는데, 제목이 걸리고 보니 바로 그런 것이었다. 떨어질 것이 틀림없다고 스스로 판단하고 초고를 완성해 쓰게 하였다. 치수(稚秀) 서준보(徐俊

輔)가 시권을 가져와 보여주기에 읽어보았는데, 나도 모르게 자신감을 잃고 "자네가 또 장원을 차지할 것 같네"라고 하였다. 치수가 초시에 장원을 했기 때문이다. 아우가 시험장 문 밖에 있다가 초고를 달라고 하여 보고는 "또 떨어졌구나"라고 하기에 나는 더욱 자신감을 잃었다. 귀가하자 아버지께서 "이번에는 합격하고도 남는다. 회시에서 답안을 이처럼 한 기운으로 내달려 쓰고도 떨어진 자는 없다"라고 하셨다. 그럼에도 불구하고 그 말씀도 믿을 수가 없었다.

9월 초엿새는 내 생일이다. 성상께서 춘당대(春塘臺)에 행차해 국제(菊製)를 실시하고 회시에 참가한 유생들을 불러 기다리게 하셨다. 그 자리에서 명부를 내걸었는데 치수가 과연 장원을 했고, 나는 삼하(三下)의 성적으로 해당 시험장에서 3등으로 급제하였다. 아버지의 말씀이 결국 맞아떨어졌다.

나의 과거시험 보기

•

승학과시(陞學課試)[26]는 사대부 집안의 젊은 자제들이 학업을 닦아 이름을 떨치는 터전이었는데, 끝내 이익을 좇다가 지조를 잃는 폐단을 낳게 되었다. 아우는 그 시험을 보려하지 않았으나 나는 별 생각 없이 응시했는데 각자 주관이 있어서였다. 정유년(1777)에 처음 응시한 이후로 한 번도 좋은 성적을 얻은 적이 없었지만 몇 년 사이 학업은 꽤 진보가 있었다.

신축년(1781) 겨울에 성균관 관원인 정동준(鄭東浚)이 '대보름 날 관등 행사에 성문을 활짝 열게 하다'라는 시제를 내었다. 나는 남공철(南公轍), 유생 민극대(閔克大)와 함께 앉아 있었다. 내가 다음 1·2구를 지었다.

적이 오지 않으면 나는 근심이 없고	使敵不來吾無憂
적이 오더라도 나는 막을 수 있네	使敵必來吾可制
장군은 대취하여 보름달을 바라보니	將軍大醉看明月
먼지 한 점 안 날리고 달빛은 환하네	一塵不動天光霽

---

26 승보시(陞補試)로 조선조 때 성균관에서 유생들에게 학업의 진보를 시험하던 시험.

남공철이 불쑥 "1구를 2구로 만들고 2구를 1구로 만들었다. 왜 순조롭게 펼치지 않는가?"라고 하기에 나도 웃었다.

답안지를 제출하자 시험관이 좍 지워버리고 붉은 먹으로 두 번째 구의 상하를 바꾸라는 표시를 하였다. 내가 웃으며 남공철에게 "각신(閣臣)의 견해가 자네와 같으니 자네는 각신이 되겠구려"라고 하였다. 임인년(1782)에 대사성 서유방(徐有防)과 김희(金憙)가 번갈아 반시를 주관하였다. 일찍이 청탁한 적이 없었는데 번번이 좋은 평가를 얻었으니 일곱 여덟 번 시험[抄][27]에 받은 점수를 합하면 열에 일곱 여덟의 등수였다.

당시 아버지께서 성균관 시험을 주관하셨다. 며칠 뒤 교수 김재찬(金載瓚)이 시험을 주관할 때 소(蕭) 자 운으로 지어 올린 7언 배율(排律) 100구가 방의 말미에 붙었다. 그 시권을 규장각의 관료들이 돌아가며 보았는데 박제가(朴齊家)가 제학 심염조(沈念祖)에게 "비록 거죽과 잡곡이 섞여 있기는 하나 참다운 재주꾼이라고 칭찬할 만합니다"라고 하였다. 찰방 신경운(申景雲)이 그 말을 전하기에 저잣거리에서 회초리를 맞듯이 부끄러워 합제(合製)[28]에는 응시하지 않으려고 하였다. 이미 받은 점수[計畫][29]가 있어서였다. 대사성이 김희에서 이시수(李時秀)로 교체되어 이시수가 주관했는데, 연달아 세 차례 시험에 응시하지 않다가 부득이 합제에 응시

---

27 승보시의 차수를 '초(抄)'라고 하였다. 1년에 10차례를 보다가 뒤에 12차례로 바뀌었다.

28 서울 사학(四學)의 유생에 대해 대사성이 보이는 시험.

29 계획(計畫)은 관학유생의 시험 성적을 따져서 등급을 정하는 것으로, 승보시에 합격하면 성균관 하재생(下齋生)으로 들어와 공부하였다.

해 합격하였다. 이때도 한 마디 주고받은 말이 없었다.

그 당시 아버지께서는 평안도 강동현(江東縣)에 계셨다. 집안 할아버지뻘인 참판공 심유진(沈有鎭) 어른께서 아버지에게 편지를 보냈는데 "우리 집안에 과시(科試)에 능한 자가 있네"라는 내용이 있었다. 내가 청탁을 한 듯한 속내를 보인 것이다. 아마도 어른의 아들인 심래영(沈來永)[30]이 함께 응시해 나는 붙고 그는 떨어졌기 때문일 것이다.

계묘년(1783) 여름 강동현의 책방에서 고을의 선비 이병량(李秉亮)과 함께 과거 공부를 하면서 종이를 시권 모양으로 잘라 한 편을 지으면 한 장에 써서 거의 100수 가까이 지었다. 그해 가을에 응시했는데 꼭 붙을 것이라고 자신하였다. 시험 보는 날 큰비가 내렸다. 시권이 젖지 않도록 우산을 받치고 선 채로 써서 먹물이 번지지 않았는데, 주시관(主試官) 정창성(鄭昌聖)이 시험장 밖에서 써왔다고 의심해 떨어뜨렸다. 방이 걸린 뒤 울분을 이기지 못해 매일같이 술로 지내다가 이듬해 봄에는 하마터면 병으로 죽을 뻔하였다. 젊을 때의 일이라 지금 생각하면 우습기만 하다.

갑진년(1784) 겨울에 서유방 공이 또 성균관 시험을 주관하며 나에게 응시하라고 권하였다. 그 당시 유악주(兪岳柱)의 참소[31]가

---

30 심래영(沈來永, 1759~1826)의 자는 덕주(德冑)이며, 1783년 증광시에서 진사로 합격하였다.

31 1784년(정조 8) 11월 3일에 있었던 심낙수를 변방으로 추방할 것을 건의하는 유악주의 상소를 말한다. 1781년 윤5월 22일 심낙수는 김귀주와 사류(士流)들을 비판하는 상소를 올렸다가 삭판된 일이 있는데, 유악주의 상소는 심낙수의 이 상소를 다시 문제삼아 처벌을 주장한 것이다. 이에 심낙수는 역적과의 관련을 부정하는 상소를 올렸으며, 유악주는 추자도로 귀양을 가게 되었다.

있어 사양했더니 서유방 공이 "그 정도 일로 시험을 보지 않는 것은 심하지 않냐"고 하였다. 병오년(1786)에 20운 장률(長律)로 교수 심진현(沈晉賢)의 합제에 선발되었는데, 대사성 홍검(洪檢)이 주관하면서 세 구에 비점을 찍고는 삼하를 매겨 떨어뜨렸다. 합격자 명단에 각신의 자제들이 많았는데 대간(臺諫)들이 탄핵해 합격이 취소되었다. 그로부터는 승학시에 더 이상 응시하지 않았다. 얼추 10년 동안의 시험에 한 번 합격한 것도 다행이다. 하지만 소과 뒤에 한 번도 장원이 되지 못해 한스러워한 일은 지금 생각해보면 더욱 우습다. 그 뒤로 남을 위해 지은 글이 장원 작품이 되기도 했는데 혼자 매우 좋아하였다. 이것은 이른바 버릇이 아닐까?

과거시험 포기

•

소과를 본 뒤 반시·도기과(到記科)·응제[32] 시험을 보았는데 명성이 상당히 자자하였다. 남들도 추켜세웠고 스스로도 기대해 머지 않아 급제할 것만 같았다. 첫 벼슬이 마음에는 달갑지 않았으나 남전(南殿, 永禧殿)[33] 당직을 하면서 해마다 100편에 이르는 표문(表文)을 지었다. 여전히 천하의 일을 감당할 만하다고 여겼다. 그러나 집안의 초상과 나라의 재앙으로 떠돌다가 평생을 허송세월로 보냈다. 나라의 은혜를 입어 집으로 돌아와 아우의 강권으로 간혹 과거시험에 응시하기도 하였다. 아우가 죽은 뒤에는 현감직을 그만두고 돌아왔으며, 무인년(1818) 봄 도기과에 한 번 응시한 이후에는 마침내 영영 멀리하였다.

---

32 조선시대는 정식 과거 이외에 절제(節製)·황감과(黃柑科)·도기과(到記科)·원점과(圓點科)·전강(殿講)·응제(應製) 등의 과시가 있었다. 이 가운데 도기과(到記科)는 조선조 때 성균관 유생들이 출근해 식당에 출입한 횟수를 적는 장부로, 아침과 저녁 두 끼를 1도(到)로 하여 50도가 되면 과거에 응시할 자격을 얻었다.

33 훈도방(薰陶坊)에 있던 남별전(南別殿)으로, 공빈(恭嬪)의 사당이었다. 1690년(숙종 16)에 영희전(永禧殿)으로 개칭했고, 1748년(영조 24)에 숙종의 어진(御眞)을, 1778년(정조 2)에 영조의 어진을 봉안하였다. 심노숭은 1797년 6월 정민시의 추천으로 영희전 참봉에 임명되었다.

박정한 사람

•

노인이 어리고 예쁜 여자를 좋아하는 것은 인지상정이다. 평양감사 홍양호(洪良浩)는 평생 시문(詩文)밖에 몰랐던 사람인데도, 묘향산을 노닐다 열여섯 된 희천(熙川) 기생을 사랑해 감영에 데리고와 지냈다. 반년이 지나 돌려보낼 때 향과 귀고리, 금전과 비단 따위를 매우 후하게 들려서 보냈다. 내가 기생에게 "실제로 정을 주더냐?"고 캐물었더니 없었다고 하였다. 정도 없으면서 정겹게 대한 것이 이 정도란 말인가!

　나는 젊어서부터 정이 없다고 소문이 났고, 나이가 들어서는 더욱 심해졌다. 남들은 속내를 숨기느라 그런다고 하지만 그렇지 않다. 김맹여(金孟如)[34]가 일찍이 내가 한 말을 듣고는 자기도 마찬가지라고 하였다. 이른바 본성이 서로 가깝다는 말인가!

34　김려(金鑢, 1766~1822)를 가리키는 듯하다. 김조순,《풍고집(楓皐集)》권16에 〈하맹여수일(賀孟如晬日)〉이라는 작품이 있는 것으로 보아 김조순과 교유가 있었고, 김조순보다 한 살 어렸음을 알 수 있다.

아내 잃은 슬픔

•

아내의 상을 당해 장례를 마친 후 어머니를 모시고 집안 모두가 파주 고향집으로 내려갔다. 상심이 너무 심해 망연자실한 상태로 혼자 살아갈 수가 없었다. 희천군에 계신 아버지께서 편지를 보내 찾아뵈라 하기에 10월에 그곳으로 가서 모시고 지냈다. 그곳에서도 술과 여자에 빠져 마음을 억누르지 못하였다. 묘향산 승려 성기(聖機)는 나이가 지긋한 분으로, 시문을 잘하고 불경을 잘 알았다. 그의 처소가 내가 기거하던 대향루(對香樓)에 있어 밤낮으로 선지(禪旨)를 논했는데 새로운 깨달음이 있어서 슬픔을 이겨낼 만하였다. 지금 그때의 일을 생각해보면 웃음이 다 나온다.

성균관 유생으로서 임금을 알현하다

•

아버지께서 제주도 어사로서 연석(筵席)에 올랐다가 물러나와 승정원에서 심환지와 함께 전후의 일을 주제로 두루 이야기하셨다. 그 사실이 온 세상에 떠들썩하게 소문이 나서 임금께서도 아시기에 이르렀다. 조정을 하직하기 위해 입시하자 임금께서 "어사의 떠남이 조용하지 않은 이유가 무엇인가?"라고 물으셨다. 그 후에 상주한 글이 도착해 승지가 읽어 내려가자 임금께서 가져다 직접 보시고는 "나의 치세에 이런 문장이 있건만 내가 여태 쓰지 못한 이유가 무엇일까?"라고 하셨다. 참판 이노술(李魯述)이 직접 말씀을 듣고 전해주었다.

어사가 떠난 뒤 내가 성균관 유생으로 전강(殿講) 때문에 입시했을 때 임금께서 어사 소식을 물으시고 "볕이 나서 근래에는 동남풍이 분다. 배가 가는 데도 어려움이 없고, 물도 좋아 병이 날 조짐이 없으며 장기(瘴氣)도 적으리라. 잠시 지내다가 이듬해 3, 4월이면 돌아올 수 있으리라"라고 하셨다. 말씨가 부드럽고 온순해 어루만지고 도닥거려주심이 과히 융성하였다. 또 감귤 진상 소식에 대화가 이르자 "감귤 진상이 이르지 않으면 물고기를 대신 나누어주고 시험을 치르는데 그 관례는 그릇된 것 같다"라고 하셨다. 내게 질문을 하셨으나 감히 대답하지 못하자 "질문을 했는데 답하지 않는 이유가 무엇인가?"라고 하시기에 내가 비로소 얼굴을 들고 대답하였다. 선왕에 대한 그리움은 지금도 가시지가 않는다.

부친을 모시고 제주도에서 돌아오다

•

제주로 아버지를 뵈러 5월에 출발해 6월에 도착했는데, 100여 일 간 학질을 앓았다. 동짓달에 아버지께서 벼슬이 갈리어 돌아오시게 되어 내가 모시러 갔다. 배가 밤에 출발했는데, 도중에 큰 비바람을 만나 배가 거의 부서질 뻔하다 2시각 만에 해안에 이르렀다. 나중에 연석에서 신하들이 이 사실을 언급하며 아버지께서 신중하지 못하고 경솔히 출발했다고 하였다. 임금께서 "처신하기 어렵기가 이런 것에도 있다"라고 하셨다.

어린 소녀의 연모를 저버리다

•

꽃 보느라 병든 눈이 지루하여 싫증날 때	看花病眼厭支離
바닷가 여린 꽃에서 기이함 찾아냈네	海上稚香揀得奇
여자를 너무 늦게 만난 옛사람이 안타깝네	多惜古人遲見事
십 년이면 가지에 열매가 맺지 않으랴?	十年那不子生枝

이것은 내가 영암(靈巖) 이진성(梨津城)의 어린 소녀에게 지어준 시이다.

갑인년(1794) 6월, 나는 제주도로 부친을 뵈러 가던 중 이진(梨津)에서 수십 일 동안 순풍을 기다렸다. 광대놀음을 시골 이웃들과 모여 구경할 때 열서너 살 되는 어린 소녀가 평상복 차림에 해쓱한 얼굴로 촌티 물씬 풍기는 섬 남녀들 사이에 섞여 앉아 있었다. 그 용모가 빛이 나듯 돋보여서 사람의 마음을 흔들어놓았다. 내가 오라고 하여 몇 마디 나누다가 떡이랑 엿, 생선, 과일 따위를 주고 그 아비에 대해 물어보았다. 본진(本鎭) 소속의 아전이라고 대답하는 그 태도나 눈짓이 깜직하고 사랑스러웠다. 그 후로는 광대놀음이 없는데도 날마다 소녀가 찾아왔다. 어느 날 갑자기 허리춤에서 작은 종이를 꺼내 시를 써달라고 하였다. 내가 "시는 무엇하려고?" 묻자, "가지고 있으면 좋을 것 같아서요"라고 하기에 대충 써서 주었다.

제주도에 갔다가 돌아오는 길은 해월루(海月樓)를 거쳐서 왔기 때문에 이진에는 다시 가지 않았다. 그 일을 까마득히 잊어버렸다.

무오년(1798) 여름 내가 남전에서 근무하고 있을 때 영암 사람 최성악(崔成岳)이라는 자가 만나기를 청하였다. 불러서 보았더니 시폭(詩幅)을 바치면서 그 소녀의 오라비라며 함께 왔다고 하였다. 나는 그 말에 마음이 움직였으나 다시 생각해보았다.

'포구의 누추한 어린 소녀가 시를 달라고 하고 4년을 기다렸다가 천리 길을 찾아왔다. 천하에 보기 드문 순정이니 참으로 얻기 어려운 사람이다. 그러나 얻은 다음 감당하기란 얻은 것보다 어려우리라. 차라리 스스로에게 누를 끼치느니 거절해 보내는 것이 낫다. 거절해 보내려면 굳이 만날 필요는 없겠다.'

이렇게 판단하고는 끝내 만나지 않고 노잣돈을 마련해 돌려보냈다. 돌아가신 부친께서 들으시고 "네가 판단해 결정한 것을 내 구태여 잘못했다고 하겠느냐마는 네가 일을 너무 각박하게 처리했구나!"라고 하셨다.

그 뒤에 이 일을 알게 된 사람이 내게 남의 연모하는 마음을 저버렸다고 했고, 심지어 늙도록 이룬 것 없는 신세가 오직 그 일 탓이라고 말하였다. 그들이 말한 여자의 원한이란 것은 얄팍하고 속된 소견이기는 하나 지금 생각해보면 간간이 후회하는 마음이 없지 않다. 참으로 우스운 일이다.

과거에 급제하지 못한 운명

•

내가 소과를 치르고 나자 아우가 "반시에 응시해 3년이 지나도록 급제하지 못하면 천하의 못난 솜씨이다"라고 말한 적이 있다. 아우의 말이 아니라도 나도 그렇게 생각하였다. 그렇지만 3년이 지나도록 급제하지 못하였다. 내가 "우리들이 다 경망스러웠다. 과거 급제란 장담할 수 없구나"라고 말하니 아우도 웃고 말았다. 지금에 이르러 생각해보면 기미년(1799)과 경신년(1800) 무렵 집안과 국가의 재앙이 없었다면 끝내 급제하지 못하였겠는가? 이것이 이른바 운명이라는 것인가 보다.

남전참봉에 제수된 사연

•

정사년(1797) 여름철 정기 인사가 7월 11일로 늦춰졌다. 당시 이
조판서는 김재찬(金載瓚)으로 천연정(天然亭)[35]에서 초도목(草都
目)[36]을 만들었다는 소문이 널리 퍼졌다. 인사는 순전히 권력자의
의중에 따라 이루어졌다. 10일 밤 김재찬이 교체되고 정민시(鄭民
始) 공이 대신하였다. 우리 집은 외진 골목에 있어서 다음 날 오후
에야 그 소식을 들을 수 있었다. 야종(夜鐘)이 울린 뒤 나를 남전
참봉에 임명한다는 임명장이 도착하였다. 때마침 아버지께서 제
사가 있어 한양에 와 계셨다. 내가 아버지께 반대편에서 말들이 많
아 벼슬을 받지 않는 것이 좋겠다고 말씀을 드렸다. 아버지께서는
그런 일로 은혜로운 명령을 받지 않는 것은 의리로 보아 옳지 않다
고 하셨다.

　12일 아침, 승정원에서 남전 수복(守僕)을 불러 임금께서 "오늘
참봉이 사은숙배(謝恩肅拜)를 하지 않는데 어째서인가?"라고 하
문하셨다고 하였다. 한양 밖에 있어서 그랬노라고 대답하였다. 13

---

35 천연정(天然亭)은 영조 때 세워져 무악제를 오가는 관원들을 맞이하고 전송하는 연회장이었다.
지금의 서대문구 천연동 동명여자고등학교 자리에 있었다. 천연정은 이해중(李海重)이라는 사
람의 별장이었다가 뒤에는 경기 감영의 중영(中營)으로 사용되어 20세기 초까지 명소로 이용
되었다.

36 도목(都目) 때 벼슬을 시킬 사람의 관직과 성명을 적어서 임금에게 올리는 초본(草本).

일 사은숙배하러 입시하자 임금께서 조그만 자리를 얻었다고 해서 과거 공부를 게을리하지 말라고 하셨다. 임금께서 이 말씀을 하시자 함께 사은숙배한 이들이 놀라는 기색이었다. 뒤에 인사를 담당한 관리의 말을 들으니, 애초에 나는 광릉(光陵)참봉에 천거되었고 조학춘(趙學春)은 남전참봉에 천거되었는데, 망통(望筒)[37]이 들어가자 임금께서 후보자를 바꾸라고 명하셨다고 한다. 이는 관리가 직접 목격한 것이라고 하였다.

인사 명단이 공개되자 세상에 떠도는 말에 처음 벼슬을 하여 관청에 출근한 노론은 반편(半偏)이을 얻었다고 하였다. 나도 순수한 노론이 아니고, 자원(子元, 趙學春)도 반편이라는 말이었다. 김종수가 있는 자리에서 우리 아버지께서 인사를 담당한 관리와 편지를 주고받았음을 직접 목격하고 말해준 사람이 있다고 같은 패거리가 말하였다. 김종수는 "그 따위 말은 남들이 나를 업신여기도록 도와줄 뿐이다. 아무개(沈樂洙)가 어찌 정민시에게 구걸했겠으며, 정민시가 어찌 아무개의 부탁으로 벼슬을 주었겠는가? 이야말로 정민시가 나를 죽이려는 의중을 온 세상에 과시하는 것이다"라고 하였다. 김종수는 임금의 의중에서 나온 임명임을 다 알면서도 흉악하고 음흉한 속이라 이런 말을 내뱉었다.

---

37 어떤 관직에 임용할 후보자 3인을 기록한 추천서.

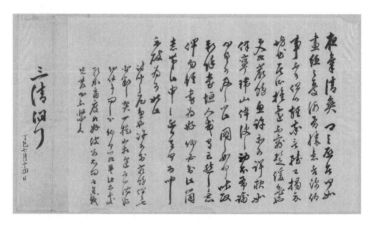

1797년 7월 14일 정조가 심환지에게 내린 어찰. 추신에 '만약 일제학(一提學, 鄭民始)을 만났는데 심(沈, 沈魯崇)의 첫 벼슬하는 일에 대해 묻거든 경은 무어라 답할 것인가? 이러한 일은 미리 생각해두는 것이 좋겠다' 라며 주의를 주고 있다. 7월 11일에 이조판서가 된 정민시의 추천으로 심노숭이 12일 영희전참봉에 임명된 사실을 두고 그대로 인정하라는 취지로 한 말이다. 정조가 심노숭의 첫 벼슬에 깊은 관심을 표명했음을 볼 수 있다.

첫 벼슬의 즐거움

•

주자동에 있는 우리 집은 남전과의 거리가 노새 울음소리가 서로 들릴 정도였다. 남전 뒤 작은 언덕에 올라서면 집마당의 마루와 창문이 보일 만큼 왕래가 편하고 가까웠다. 당직할 때 할 일이 없어서 서책을 가지고 가서 겨울이면 경전 한 권을 다 읽었고, 여름이면 표문과 전문 100편을 지을 수 있었다. 이따금 문장도 지으니 처음 나간 벼슬길이 꽤 즐거워 지금까지 잊을 수 없다.

당직의 고달픔

•

참봉 두 사람이 사흘씩 당직을 섰는데 출입하는 것을 제외하면 단지 이틀이었다. 서로 교대할 때 조금 늦게 하게 되면 그것도 어려워서 이 때문에 세상에서는 고달프다고 하였다.

옥과(玉果)현감 이보원(李普源)은 차분하고 품격이 우아해 옛 명문가의 풍모를 지녀 동료로서 서로 마음이 통했으나, 늙고 병든 것을 핑계로 몇 달 동안 번번이 신시(申時, 오후 3시에서 5시) 뒤 저녁 전에 교대하니 정말 참을 수 없었다. 내가 당직 서는 날 남전의 문이 열리기를 기다려 가서 보니 이보원이 잠에 빠져 일어나지 않았기에 창가에 걸터앉아 인사를 건넸다. 이보원이 "늙은이에게 왜 이렇게 조르시오?"라고 말하며 서로 웃었다. 그 뒤로 이보원도 감히 늦지 못하고 "저 젊은 친구의 잔꾀에 넘어갔군" 하였다.

전염병 창궐

●

무오년 섣달에 전염병이 연경에서 유입되었는데, 사흘 정도에 서울에 이르고 열흘 만에 팔도에 번져 그 기세가 마치 항우의 군대와 같았다. 내가 사도시(司䆃寺)에 근무할 때 병이 발생한 지 겨우 며칠 뒤인 기미년(1799) 정월 초하루에 아버지의 병환 소식을 듣고 파주 집으로 황급히 달려갔다. 그러나 닷새 만에 하늘이 무너지는 변고를 당하였다. 이웃 사람들이 모두 병으로 누워 있어서 일을 돌봐줄 사람이 없었다. 형제가 서로 도와가며 상복을 입고 상례를 치렀으나 결국에는 예를 치르는 기한을 놓치고 말았다. 이것이 평생의 통한이다.

아버지의 상복을 입자마자 제수 조씨가 세상을 떠났다. 그의 장례를 치르고 나니 이번에는 아버지의 첩인 홍씨가 돌아가셨다. 불과 몇 달 사이에 초상이 겹쳐 일어났다. 온 집안사람들이 파주로 가서 어머니를 받들어 모셨다. 형제끼리 겨우겨우 몇 개월을 보내며 서로 의지해 목숨을 부지하였다. 그래도 오히려 책을 저술하고 강학하며 천하의 일을 토론하였다. 이제 언제 다시 그런 기회를 얻겠는가?

농사를 지으며 독서를 하다

·

경신년 여름, 대청 앞의 10여 묘(畝) 텃밭에 담배와 나물을 심어 내가 직접 김을 매며 가꾸었고, 아우는《맹자》를 읽었다. 가을이 되어 나는 담배 100움큼과 오이, 호박 100덩이를 수확했고, 아우 는《맹자》를 100번 넘게 읽었다. 서로 누가 나은지 견주어보며 웃 었다.

정조의 승하

•

어머니께서 파주 집에서 학질을 앓으시다가 의원과 약을 구하기 위해 도성으로 들어가 필동교(筆洞橋) 막내 외삼촌 집을 빌려 잠시 머무셨다. 아우가 모시고 지냈다.

6월 보름 뒤에 임금께서 종기를 앓으셨으나 그리 염려할 정도는 아니라는 소식을 들었다. 29일 이른 아침 나는 뜰 앞을 직접 호미질해 가지를 심었다. 이웃집 이 노인이 찾아왔기에 이야기를 나누고 있는데, 하인이 언덕 밖에서부터 달려오며 "대상(大喪)이 났다"고 소리쳤다.

진실로 하늘이 무너지는 일이라 그 자리에 바로 고꾸라져 인사불성이 되었는데, 이 노인이 구해줘서 뜨거운 물을 마신 후에야 정신을 차렸다. 아버지의 영전에 고하고 그날 아침 서울로 달려가는데 큰비가 마치 송곳을 내리꽂듯이 쏟아졌다. 외삼촌 집에 도착해 아우와 손을 잡고 통곡하였다. 상복을 입고 명령을 기다렸다가 돌아왔다.

심사정의 아들 심욱진

•

집안 할아버지 심욱진(沈郁鎭)은 현재(玄齋) 심사정(沈師正) 어른의 아들이다.[38] 집안의 앙화에 연좌(緣坐)되어 폐족으로 지냈으나, 사람됨이 진실되고 줏대가 있었으며 재주가 있었다. 스스로의 힘으로 수천 금의 재산을 불리며 농사짓고 뽕나무를 기르며 먹고살았다. 아버지와는 마음이 잘 맞았다. 만년에 이웃에 살며 어울렸는데 우리 형제를 친조카나 다름없이 대해주셨고, 아버지 초상 때에는 동기간을 잃은 듯하셨다.

신유년(1801)에 변고가 일어나자 한마음으로 걱정해주셨다. 내가 유배를 가게 되자 언덕 너머 길가까지 나와 배웅하며 내 손을 부여잡고 눈물을 흘리며 말씀하셨다. "6년이 지나 돌아오면 나는 보지 못할 게야." 병인년(1806)에 내가 유배지에서 돌아왔지만 어른은 을축년(1805)에 돌아가셨으니, 정말 앞날을 내다보았던 것일까? 아들을 넷 두었는데 아버지가 돌아가신 뒤 모두 기이한 질병에 걸려 요절했고, 손자 둘이 고향을 떠나 이리저리 떠돌아다니고 있다. 생각할 때마다 마음이 아프다.

---

38 현재(玄齋)는 조선 후기 남종화(南宗畵)의 대가 심사정(沈師正, 1707~1769)의 호이다. 심익운 (沈翼雲)의 〈현재거사묘지(玄齋居士墓志)〉에 심사정이 자식을 두지 못해 사촌 형의 아들로 후 사를 이었다고 했는데, 그가 바로 심욱진이다(안대회, 《고전산문산책》, 휴머니스트, 2008, 93~95쪽 참조). 심욱진(1736~1804)의 자는 성종(聖從), 생부는 심사문(沈師文)이다.

자저실기

흉당이 나를 꺼렸다

•

흉악한 무리들이 나를 몹시 꺼려하였다. 김관주가 계해년(1803)
조정에서 "이 사람이 귀양에서 풀려나 돌아오면 세도에 크게 해악
이 될 것이다"라고 아뢴 말을 보면 알 수 있다. 귀양에서 풀려나
돌아온 뒤 김이익(金履翼)과 신기(申耆) 두 분을 마주 뵙고서 "두
분의 처지로는 이렇게 지목되지 못할 테니 이제부터는 옛날의 저
로 보지 마십시오"라고 말하며 함께 웃었다.

김노정 형제를 풀어주다

•

을축년 7월 유배에서 벗어났으나 대간의 요청이 있어서 돌아오지 못하였다. 병인년 5월에야 비로소 요청이 멈추어 유배에서 풀어주라는 감영의 공문이 도착하였다. 조보(朝報)에서 김한록(金漢祿)이 김상로(金尙魯)의 예에 따라 사후에 처벌되었다는 사실을 보았다. 김한록의 며느리는 둘째 외삼촌의 딸이라 흩어져 유배되는 가족들 틈에 포함되어 나는 마음이 몹시 아팠다. 뒤에 들으니 부녀자들은 죄를 묻지 않았다. 조령을 지나는 길에 김관주의 아들 김노정(金魯鼎)이 기장(機張)으로 유배 가는 것을 보았다. 내가 머물던 집에 머물면서 나와 가까운 친척이라 말했다고 기장 사람들이 전해주었다.

기묘년(1819) 여름에 나는 현륭원(顯隆園)에서 당직을 서고 있

---

39 1819년(순조 19)에 김재묵(金在默)이 화성에 흉서를 붙인 일을 말한다. 《순조실록》 순조 19년 7월 18일조에 의금부에 공초한 부분을 살펴보면 다음과 같다. "길에서 김노형(金魯亨)의 8촌 친척 김노신(金魯信)을 만나 서로 친숙해졌고, 이어 함께 김노형의 아우 김노정의 유배지인 기장으로 찾아가서 그 서찰을 받아 광양의 고 첨사(僉使) 강창일(姜昌一)의 아들 강주철(姜周喆)에게 전하였습니다. 강창일은 광양의 부자이므로 전화(錢貨)를 빌려 배 4, 5척을 마련하고, 또 화약·화전(火箭) 등의 병기를 만들어 바다에 띄워 군병을 일으킬 계획을 하였습니다. 김노신을 도원수로 삼고 제장(諸將)이 80명이며 대병(大兵)이 10만이라 하여 이런 뜻으로 화성에 방을 붙였습니다. 방문은 김노신이 스스로 짓고 쓴 것으로서 그가 품팔이꾼 이철(李哲)을 시켜서 붙이게 하였습니다."

자저실기

는데 화성(華城) 성문에 괘서가 걸리는 변고[39]가 생겼고, 김노정 형제와 관련된 내용이 있어 포교를 풀어 체포해 국청에서 국문을 받는다고 들었다. 나는 당직인데도 자리를 비우고 밤에 옥호산방(玉壺山房)에서 풍고를 만나뵙고 옥사의 정황에 대해 대강의 이야기를 들었다. 나는 "이 일을 혹시라도 조작해 처벌한다면 우리 당파는 후세에 할 말이 없을 것입니다"라고 하였다. 풍고가 "조정에는 강경론만 있고 온건론이 없네. 조성경(趙成卿, 趙貞喆의 字-원주)이 매우 준엄한 논의를 펼치고 있는데 자네는 왜 그런 말을 하는가?"라고 하였다. 나는 "조성경이 어떤 견해를 펼칠지는 모르겠으나, 저이기 때문에 이런 말을 하는 것이지요. 이 옥사가 계속 이어진다면 공이 그 책임을 면하기 어려울 것입니다"라고 답하자, 풍고가 "내 생각도 본래 그렇다네. 자네도 똑같이 말하는구면" 하였다. 표정과 의견에 드러난 속마음이 딱 맞아떨어졌다. 옥사가 끝나자 김노정 형제는 곤장 한 대도 맞지 않고 유배에서 돌아왔다.

이노익이란 사람

•

신해년(1791) 봄에 나는 이익모(李翊模)의 집에서 이병모의 아들 이노익(李魯益)을 처음 만났다. 이노익이 먼저 말을 건넸는데, 주인이 그를 상당히 추켜세웠다. 그의 사람됨은 글을 좀 짓는다고 우쭐대면서 표정과 말에서 자부심을 감추질 못하였다. 여러 차례 나를 찾아왔고 나도 답례하였다. 사는 곳이 가까워 간간이 오갔는데, 지은 시문이 있으면 번번이 우리 형제를 찾아와 상의하였다. 철마다 노는 모임에서 시문을 주고받은 것이 한 달에 여러 번을 헤아렸다.

을묘년(1795)에 이익모가 소원하게 대하자 이노익은 그를 매우 비난하고 비웃었다. 기미년 부친상에는 바로 조문을 왔는데 신유년 이후로는 만나지 못하였다. 병인년에 유배에서 풀려나 돌아오니 이노익은 벌써 과거에 급제해 있었다. 즉시 찾아가서 만나 지난 일을 이야기하였다. 정묘년(1807) 후에는 내게 분간해 해명할 거리가 있는 듯이 자기 집안일을 꺼내 이야기하였다. 나는 "옛사람도 초년과 만년에 견해가 달라져서 허물을 잘 바로잡는다는 말까지 생겨났는데 무슨 흠이 되겠습니까?"라고 하였다. 내가 이렇게 말하고 보니 정말로 저잣거리에서 매맞는 기분이 들었다.

기사년(1809)에는 아우의 과거 일에 힘을 써주는 듯했으나 끝내 결실을 맺지 못하였다. 이후로 그가 갑자기 벼슬이 홀쩍 뛰어 왕래

자저실기

가 예전 같지 못하였다. 이따금 만날 때에는 반가워하였다. 내가
호군(湖郡)에 있을 때[40] 그가 죽었다는 소식을 듣고 그 아들에게
부의를 하였다. 그와 교제한 시말이 이렇다.

　근래 그의 아버지 이병모가 신유년 조정에서 아뢴 글[41]을 보니
서용보처럼 더할 수 없이 참혹하게 말한 지경에 이르지는 않았어
도 그 아들과 사이좋게 지내는 것은 의리상 불가한 일이었다. 내가
원망을 품고도 사귄 것은 아니나 지금 생각하면 나도 모르게 이마
에 진땀이 절로 난다.

<hr />

40　심노숭은 이노익이 죽던 해인 1821년에 광주 판관으로 있으면서 《대동패림(大東稗林)》의 편찬
　　을 마쳤다.
41　《순조실록》 순조 1년 2월 23일조 기사에 심환지가 "심노숭이 자취를 감추고 권문(權門)에 숨어
　　서 몰래 간사한 계획을 이루고자 한 것은 세상에서 지목을 받아 숨길 수 없습니다. 성인은 간사
　　한 자와는 나라 안에서 함께 살게 하지 않는다는 뜻으로 먼 변방에 내치는 법을 시행하는 것이
　　마땅합니다"라고 말하였다. 이병모가 "심노숭·홍대협·박하원·홍지섭·심기태에 대한 일은
　　영의정이 아뢴 바가 모두 공론(公論)에서 나왔으니 신은 달리 말할 것이 없습니다"라고 하였다.

자식 단속

•

옛사람들은 자식을 단속하는 것부터 관직 생활의 절제를 시작하였다. 참판 남태온(南泰溫)이 영광(靈光)군수로 있을 때 그 아들이 과거시험을 보러 떠나는데 우산을 가지고 갔다. 이미 길을 나섰는데도 우산을 뺏어서 관아에 가져다놓았다. 근세에 풍기(豊基)군수 박선호(朴善浩)는 지방관으로 있을 때 과거시험을 보러 가는 아들에게 반드시 걸어서 가도록 하였다.

옛날 내가 평안도 강동현 책방에 머물 때 향교에 소장되어 있던 《당송팔대가(唐宋八大家)》활자본을 가져다가 보았는데 종이가 깨끗해 정말 탐이 났다. 책을 관리하는 향교의 학생에게 부탁해서 값을 곱절로 쳐주어 다른 책으로 갖추어놓게 하고 그 책을 가지고 돌아오려고 하였다. 그러자 선친께서 준엄하게 질책하시어 계획을 결국 포기하고 말았다. 지금도 아깝다는 생각이 가끔 든다.

남태온과 박선호가 한 일은 분수에 너무 지나치기는 하나 그래도 단속하지 않아 방종하고 못된 짓 하는 것보다는 낫다. 내 선친께서 모범을 세워 막은 일을 자손과 후인들은 잊어서는 안 된다.

친구의 청탁에 대처하기

•

"친구가 구걸하면 맞추기가 참 어렵지만 하나는 남을 구제하는 길이고, 하나는 액땜을 하는 길이다. 있으면 주고 없으면 주지 않되 짜증내거나 싫어하는 낯빛을 보이지 말라!"

이 글은 양파(陽坡) 정태화(鄭太和)가 통진(通津) 현감으로 있을 때 조부인 수죽(水竹, 鄭昌衍) 정승이 보낸 편지이다. 내 현조(玄祖)이신 군수공(郡守公, 沈廷耆)께서 지방관으로 있을 때 부친인 부사공(府使公, 沈益善)께서 쓰신 편지의 대의(大義)도 똑같았다. 편지가 지금까지 남아 있어 내가 일찍이 한 본을 옮겨 써서 관아 벽에 풀로 붙여놓고 늘 쳐다보았다. 괴로운 일을 겪을 때 보면 마음이 가라앉아 절로 도움이 됨을 깨닫는다.

의로운 행동과 자기 절제

•

내가 보고 들은 바로는 이 시대의 정승으로 문정공(文貞公) 김익
(金燧)을 제일 으뜸으로 추천해야 한다. 집안에서의 올바른 행동과
조정에서의 활동은 옛사람 가운데 그만한 분이 많지 않다. 그 자신
이 연로한 대신인데도 큰형을 잘 모셨다. 식사를 하거나 일상생활
을 할 때 아침저녁으로 좌우에서 받들어 꿇어앉았다가 일어서고
종종걸음으로 받드는 것이 마치 나이 어린 자제와 같았다.

　매일 조정에 나갈 때면 하인과 마부를 물리치고 먼저 큰형의 침
실로 들어가서 잠에서 깨었으면 앉아서 이야기를 나누고, 아직 일
어나지 않았으면 창밖으로 물러나왔다. 퇴근해서도 똑같이 하였
다. 큰형이 조정의 일을 물으면 큰일 작은 일 할 것 없이 싫은 내색
하지 않고 세세하게 이야기한 다음에야 집으로 돌아갔다. 매일 똑
같은 일과를 반복하였다.

　큰형의 집은 공의 집과 위아래에 있어 담장 하나를 사이에 두고
작은 쪽문을 통해 왕래하였다. 언젠가 손님과 더불어 앉아 이야기
를 나누다가 갑자기 깜짝 놀라더니 화급히 큰형의 집으로 달려갔
다. 큰형이 대청을 내려오다가 발을 헛디뎌 땅에 넘어진 것이었다.
공이 직접 부축해 일으켜서 몸을 주무르고 이부자리에 눕혔다. 큰
형이 넘어지며 외치는 소리를 다른 사람은 듣지 못했는데, 공만이
그 소리를 듣고 화급히 달려가서 일으켜 세웠다. 지극한 정성으로

큰형과 마음이 두루 통하지 않았다면 그렇게 할 수 있으랴? 청여(淸汝) 김염(金鎌)이 직접 본 것을 이처럼 내게 말해주었다.

공은 일찍이 이렇게 이야기하셨다.

"우리들이 행실을 엄히 한들 어찌 선친의 반 푼어치나 따라가겠는가? 선친께서는 한 번도 외도를 하신 적이 없으셨다. 부사로 연경에 가실 때 내가 모시고 갔다. 정주(定州)에서 잠자리에 드실 때 나에게 다른 데서 자라고 하시더니 잠시 후에 다시 불러 곁에서 자라고 하셨다. 아침에 일어나 웃으면서 막객에게 이런 말씀을 하셨다. '어제 기생 하나를 보고 자못 생각이 있어서 아들에게 따로 자게 하였네. 기생에게 꼬치꼬치 캐물었더니 지난해 내가 제관으로 왕릉에 가서 하루 밤낮 이야기를 나눈 능관이 가까이했던 기생이었네. 그 능관을 알고 있는 터라 이 기생을 가까이할 수 없어 바로 내보냈네. 내가 하는 일은 다 우습네.' 이것이 선친께서 하신 말씀이다. 그런데도 나는 늘 얼굴을 맞대고 이야기하는 처지에도 의심스러운 것을 무시하고 경계하신 말씀을 지키지 못해 가르침을 어기고 지조를 잃었다. 부끄럽게도 말씀을 저버린 일이 참으로 많다."

공은 늘 이처럼 말씀하셨다. 공의 선친은 참으로 남보다 크게 월등히 자신을 엄히 단속하셨는데, 말씀에서도 평소에 소신을 지켜 실수하지 않는 기개를 엿볼 수 있다.

정욕은 단단하게 제어하지 않으면 자신도 모르게 무너지기 쉽다. 옛사람도 더러 면치 못했는데, 이는 사람답게 사는 큰 제방이다. 그 제방을 한 번 넘어가면 부녀자가 좋지 못한 행동을 한 것과 다름이 없다. 내 소견은 본래 이렇다. 젊은 날에 공이 말한 이 이야기를 하는 어떤 자가 있었다. 나는 마음에 흔연히 그 행실을 사모해 이마에 붙이는 신표로 삼아 잠시도 마음에서 내려놓지 않았다.

옛날 평안도 희천군 책방에 있을 때 운산(雲山, 기생 이름-원주)의 미모가 농염했는데 남보다 뛰어난 자태와 용모를 지니고 있었다. 마음에 들어 그날 밤 운산에게 물어보았더니 참판 심염조(沈念祖)가 희천군에서 귀양살이할 때 시중들던 기생이었다. 심 참판어른은 내가 일찍이 찾아뵙고 평상 아래에서 절을 올렸으며, 또 집안이 같다는 의리가 있어서 마침내 사양하고 돌려보냈다. 내가 한 일을 듣고 어떤 이는 "너무 지나치다"고 말하기도 하였다. 하지만 이는 지나친 것이 아니다.

지방 수령과 기생

•

지방 수령들은 방기(房妓, 본읍 사또를 시중드는 기생)와 사사로이 간통하는 행위를 엄히 단속한다. 수령이 하는 짓이 해괴하고 형벌이 가혹해서 경내의 사방에서 웃음거리로 전해지는데도 조심할 줄 모르는 자가 많다. 대체 어째서 그런 것일까?

젊어서 기생한테 빠져 헤어나지 못하던 습관 탓에 끝내 방종한 짓거리에서 벗어나지 못하고 이따금 체통을 지키지 못하는 때가 있다. 남보다 정말 뛰어난 자라야 일체 이런 일을 마음에 두지 않고, 자기가 있는 자리에서 다른 사람이 방기를 채가더라도 돌아보지 않는다.

어떤 관기(官妓) 하나가 내게 이런 말을 하였다.

"모질게 책망하고 대뜸 의심하는 자들은 그래도 사람 축에 들어서 애정이 매우 깊은 자라고 할 수 있지요. 어르신은 이와 반대로 하시니 사람 축에 든다고 할 수도 없고 애정도 아예 처음부터 없겠지요."

그래서 내가 웃으면서 "애정이야 구태여 말할 것도 없고, 너희들은 그들이 정말 사람 축에 든다고 생각하느냐?"라고 대꾸하자 관기가 웃었다. 그 기생이 제법 지혜로워서 이처럼 말한 것이니 정말 내 마음을 이해하는 여자라고 할 수 있다. 내가 또 웃으며 "너는 나의 지기(知己)이니 어찌 애정이 없을 수 있겠느냐?"라고 말하고 다시 한 번 함께 웃었다.

   최석항(崔錫恒)이 평양감사로 있을 때 한 막객이 "통인(通引)이 방기와 간통하였다"고 보고하자 아무 대꾸도 하지 않았다. 다음 날 또 보고했으나 그래도 대꾸가 없자 막객은 하직 인사를 하며 "소인이 누차 말씀드렸는데도 사또께서는 대꾸가 없으십니다. 방기를 믿고 소인을 믿지 않으시니 무슨 낯으로 사또를 뵙겠습니까?"라고 말하였다. 최석항이 웃으며 "객기 부리지 말게! 통인 그 어린놈이 관기와 사통했기로서니 너와 무슨 상관이더냐?"라고 말하였다. 최석항 같은 이는 그 마음이 나와 똑같은가 보다.

다섯 가지 형벌과 다섯 가지 즐거움

•

"사람이 늙으면 어쩔 수 없이 다섯 가지 형벌〔五刑〕을 받게 된다. 보이는 것이 또렷하지 않으니 목형(目刑)이요, 단단한 것을 씹을 힘이 없으니 치형(齒刑)이요, 다리에 걸어갈 힘이 없으니 각형(脚刑)이요, 들어도 정확하지 않으니 이형(耳刑)이요, 그리고 또 궁형(宮刑)이다."

이것은 승지 여선덕(呂善德)이 한 말이다. 나는 그 말을 뒤집어 다섯 가지 즐거움〔五樂〕이 있다고 하겠다. 보이는 것이 또렷하지 않으니 눈을 감고 정신을 수양할 수 있고, 단단한 것을 씹을 힘이 없으니 연한 것을 씹어 위를 편안하게 할 수 있고, 다리에 걸어갈 힘이 없으니 편안히 앉아 힘을 아낄 수 있고, 나쁜 소문을 듣지 않아 마음이 절로 고요하고, 반드시 죽임을 당할 행동에서 저절로 멀어지니 목숨을 오래 이어갈 수 있다. 이것을 다섯 가지 즐거움이라고 하리라.

2부

이러저러한 당파가 생겨나
망하지 않는 자가 없다

- 문견잡기, 그 신랄한 정치 평론

문견잡기

옛사람들은 귀로 듣고 눈으로 본 사실을 모아서 책 만드는 일을 많이 하였다. 전기(傳奇)와 총서(叢書)가 그런 저작이다. 그런데 사실과 어긋나고 문장이 과장되며, 증거가 확실하지 않은 것이 많아 황당무계하기가 쉬운 단점은 고금을 막론하고 똑같다. 선생과 어른의 말씀이 실려 있다고 해도 전적으로 신뢰할 수 있는 책으로 보이지 않는다. 책을 쓰는 어려움이 이와 같다. 이른바 '그 책을 읽으면 그 사람을 알 수 있다'는 것도 불가능한 말이다. 말은 믿음이 가게 해야 한다. 말을 하고 책으로 썼는데 후인들이 믿지 못한다면 이는 책이 없느니만 못하다. 이 책을 읽는 자들은 나를 어떻게 평할까?

김귀주의 상소

•

김귀주(金龜柱)의 임진년(1772) 상소[1]가 공개되자 '모년(某年) 처분(處分)' 이하 몇 구절을 아버지께서 읽으시고는 분노가 극에 달해 눈물까지 흘리셨다. 나는 그때 어렸는데도 이상하게 여기고 말씀을 여쭈었다. 아버지는 그 뜻을 가르쳐주시며 "이런 말을 하는 자가 우리 임금님(英祖)과 세손(世孫, 正祖)을 군주로 모시겠느냐?"라고 말씀하셨다. 내 아버지가 30년 동안 빛나는 대의(大義)를 견지하시고 다른 누구보다 김귀주를 심하게 성토하신 것은 그 근본이 여기에 있다. 여러 역적들이 김귀주를 버리지 못하고 아버지와 대적한 것도 그 근본이 여기에 있다. 그 일이 기피하는 사건과 관계가 있고, 은밀하고 완곡한 일이라 이야기를 속시원히 말씀하지 못하시다가 마침내 운명하실 때 말씀하신 것이 있다. 아! 어찌 차마 말할 수 있으랴!

---

1 김귀주(金龜柱)가 1772년 공조참판으로 있을 때 청의(淸議)·명절(名節)을 중시하는 정치 결사 청명류(淸名流)가 발각되어 영조 탕평책에 대한 배신으로 간주되었다. 이를 홍봉한(洪鳳漢)의 외척정치 탓으로 돌리고자 6촌 동생 김관주(金觀柱)와 함께 그를 공격하는 상소를 올렸다. 이와 관련한 내용이 《영조실록》 영조 48년(1772) 7월 21일조에 보인다. 본문의 '모년(某年)'은 임오년(1762)으로, 그해에 사도세자를 서인(庶人)으로 폐하고 뒤주 속에 가두어 8일 만에 죽게 한 사건이 일어났다.

이규위가 홍봉한을 규탄하다

•

우리 주자동(鑄字洞) 집은 둘째 외삼촌[2]의 약산정(約山亭)[3]과 서로 문을 마주보고 있으며, 사랑채는 동네 네거리를 내려다보고 있어 왕래하는 사람들이 누구인지 살필 수 있다. 갑오년(1774) 여름 아버지께서는 벗들과 함께 과거 공부를 하셨는데, 이도문(李度文)과 심계지(沈繼之)[4] 그리고 그 종제 심위지(沈煒之)[5]도 함께하였다. 그때 한 고관이 외삼촌 집으로 들어가자 심위지가 이를 보고서 "괴이하도다! 저 김문순(金文淳)이 어찌 평서(平瑞)의 집으로 들어가는가?"라고 하였다. '평서'는 둘째 외삼촌의 자(字)이다. 얼마 뒤 김문순이 돌아가자 심위지가 외삼촌 집으로 갔다.

아버지께서 심계지에게 이유를 묻자 심계지가 이렇게 대답하였다. "요사이 들리는 소문에 평서가 임육(任焴)을 시켜 홍봉한(洪鳳漢)을 규탄하는 상소를 올렸다고 합니다. 제 사촌 형님이 귀양지에서 일을 꾸몄다는 소문이 항간에 자자합니다. 김문순은 홍봉한

---

2 이규위(李奎緯, 1731~1788)로 자는 평서(平瑞), 당호는 애오헌(愛吾軒). 아버지는 이사질이고, 《병세재언록(幷世才彦錄)》의 저자 이규상(李奎象)이 그의 맏형이다.

3 이규위의 아들이자 심노숭과 이종사촌지간인 이정재(李定載)가 소유한 정자로, 남산을 구경할 수 있는 좋은 장소였다.

4 심계지(沈繼之, 1741~1821)의 자는 덕승(德承)이며, 심환지의 6촌 종제이다.

5 심위지(沈煒之, 1738~1835)의 자는 숙장(叔章)이며, 심환지의 동생이다.

의 당파인데 평서의 집을 방문했으니 이는 필시 까닭이 있을 것입니다. 이 때문에 숙장(叔章)이 따라가서 탐문한 것입니다."

숙장은 심위지의 자로서 그는 심환지(沈煥之)의 동생이다. 당시 심환지는 어떤 사건으로 인해 북쪽으로 유배 가 있었다.

아버지께서 심계지와 근심하고 탄식하셨다. 며칠 뒤에는 날이 저물어 두서너 사람이 말을 타거나 걸어서 등불을 들고 둘째 외삼촌 집으로 들어가는 것을 보았다. 아버지께서 내게 외삼촌 집으로 가서 그들이 누구인지 살펴보게 하셨다. 그들은 김면주(金勉柱)·김화주(金華柱)·홍구서(洪九瑞)였고, 김귀주가 밤이 깊어지자 모임에 참석하였다.

아버지의 벗 김노직(金魯直)은 홍봉한의 가까운 친척이다. 홍봉한이 김노직에게 "이규위는 심낙수의 매부로서 그의 집 대문 맞은편에 살면서 음모에 끼더군"이라고 하였다. 김노직이 사연을 매우 자세하게 이야기해주었다. 아버지께서 외종형 이정재(李定載)를 불러 정황을 상세히 이야기하고 근심하며 탄식하였다. 그해 가을 둘째 외삼촌이 온 집안을 이끌고 충청도 공주로 돌아갔다. 당시 아버지께서 시를 지어 전송했는데, 시는 아버지의 문집에 실려 있다.

심낙수가 권진응을 만나 세상을 논하다

•

아버지께서 내 누이를 데리고 배를 타고 청풍(淸風)의 황강(黃江)으로 들어가 산수헌(山水軒) 권진응(權震應)과 함께 노닐면서 시세를 걱정하고 세도를 근심하는 말씀을 나누셨다. 이는 〈황강어록(黃江語錄)〉[6]에 자세하게 실려 있는데, 갑오년(1774) 봄에 있었던 일이다.

---

6 심낙수의 문집인《은파산고(恩坡散稿)》권8에 실려 있다.

심낙수가 책문으로 자신의 견해를 보이다

•

을미년(1775) 봄에 남강로(南絳老)가 사형당하고[7] 이적보(李迪輔)
가 유배를 가자,[8] 여론이 분하고 슬퍼해 온 세상이 어수선했으나
감히 그 일을 거론하지 못하였다. 그런데 아버지께서 "유배를 보
내고 사형시킨 일이 대부분 중도에서 벗어났다"는 책문을 짓자 조
야가 한결같은 목소리를 내고 귀를 쫑긋 세워 들었다. 적신(賊臣)
정후겸(鄭厚謙)[9]은 그의 당인(黨人)을 보내 엿보게 하였다. 효효재
(嘐嘐齋) 김용겸(金用謙)이 찾아와 책문을 꺼내 읽으며 슬프고 원
통함을 억누르지 못하였다. 당시 나는 모퉁이에 앉아 있어서 그 일
을 잘 알고 있다. 선배들의 본보기를 지금도 상상할 수 있는데, 그
풍류와 운치는 말세 사람의 것이 아니다.

---

7 남강로(南絳老)는 1775년(영조 51) 집의로 있을 때 이조판서 이담(李潭)을 논핵하다가 죽임을
   당하였다.
8 이적보(李迪輔)는 1775년 사간으로 있으면서 이담을 비판하고 퇴폐한 풍속을 바로잡자는 상소
   를 올렸다가 흑산도에 유배되었으나 이듬해 풀려났다.
9 정후겸(鄭厚謙)은 본래 서인 출신이었으나 영조의 서녀(庶女) 화완옹주(和緩翁主)의 양자가 되면
   서 궁에 자유롭게 출입하였다. 원래 홍봉한과 대립하는 공홍파의 입장에 있었으나, 정세가 변하
   자 부홍파로 돌아섰다. 그러나 후에 세손(정조)이 대리청정을 하면서 외척 세력을 제거하려던 홍
   국영의 탄핵을 받고 경원에 유배되었다가 사사되었다.

심낙수가 홍문록에 오르지 못하였다

•

아버지께서는 과거에 급제한 뒤 홍문록(弘文錄)[10]에 이름을 올렸어야 했다. 부제학 정상순(鄭尙淳)이 "참하(參下)의 명단이라도 이 사람을 뽑아야 하네"라고 하였다. 당시 일가 할아버지인 참판공 심유진(沈有鎭)[11] 어른은 항렬이 높고 연로해 그를 지지하는 사람들이 많았다. 일가 할아버지인 심성진(沈星鎭) 어른이 "공직 선발이니 사적인 항렬로 할 수 없네. 연로한 자를 제쳐두고 연소한 자를 올려야 하네. 홍문관 관례가 그렇다네"라고 주장하였다. 얼마 뒤에 명단이 나왔는데 참판공이 뽑혔다.

---

10 홍문관의 교리(校理)와 수찬(修撰)을 임명하던 기록으로, 홍문관의 7품 이하 관원이 후보자의 명단을 작성하면 부제학 이하의 관원이 각자 추천하는 사람의 성명 위에 둥근 점을 쳤다.

11 심유진(沈有鎭, 1723~1787)의 자는 유지(有之), 호는 애려자(愛廬子). 심노숭의 증조부인 심동진의 8촌 동생이다.

심낙수가 장원을 놓치다

•

참판 심이지(沈履之)[12]가 기묘년(1759)에 성균관 관원이 되어 시험에서 '배 안에서 소송(蘇頌)과 여진숙(呂晉叔) 두 학사를 만나 이별한 뒤의 생애를 말하다(舟中遇蘇呂二學士, 語別後生涯)'[13]라는 시제를 냈다. 아버지께서 삼상(三上)의 성적으로 부장원을 차지하셨다. 시권(詩券) 제2구에 "친구는 스스로 청운 위로 올랐건만 늙은 나는 외로이 누런 갈대 우거진 물가에서 읊조리네(故人自致青雲上, 老我獨吟黃蘆洲)"라는 구절이 있는데, 이는 읍취헌(挹翠軒, 朴誾)의 시를 조금 고쳐서 압운한 것이다.

아버지께서 원래 장원을 차지했으나 심이지는 일가 할아버지인 사간공 심중규(沈重奎)[14]를 부(賦) 갈래의 장원으로 삼았다. 그리고 "시관과 두 장원이 모두 심씨라는 혐의를 피하고자 등수를 내려 부장원으로 삼는다"고 하였다. 병신년(1776)에 아버지께서 울

---

12 심이지(沈履之, 1720~1780)의 자는 덕기(德器), 호는 소암(素岩). 심환지의 6촌 형이다.

13 송나라 최당신(崔唐臣)은 소송(蘇頌)·여진숙(呂晉叔)과 동학(同學)으로 친하게 지냈는데, 소송과 여진숙만 과거에 합격하자 의욕을 잃고 과거에 대한 뜻을 버렸다. 그 뒤 소송과 여진숙이 변수(汴水)의 둑을 지나다가 조그만 배에 홀로 앉아 있는 최당신을 보고 어떻게 지냈는지 물었다. 최당신이 "처음에 행랑 꾸러미를 뒤집어보니 돈이 천백(千百)은 되기에 그 반으로 배를 사서 강호(江湖)를 왕래하며 나머지 반으로 시중에서 잡화(雜貨)를 사서 생활하고 있네. 비록 노 젓는 대로 쑥대처럼 떠다니고 있지만, 과거를 보아 벼슬을 구하던 때보다 오히려 낫네"라고 대답하였다(홍매(洪邁), 《용재수필(容齋隨筆)》).

14 심중규(沈重奎, 1720~?)의 자는 문오(文五)이며, 1762년 문과에 급제하였다.

진현령에 제수되어 두루 인사를 다닐 때 심이지가 그때 이조참판으로 있었다. 그는 기회만 되면 그 시구를 읊었으니 속은 있는 사람이다.

심낙수의 과거 합격

•

아버지는 과거시험용 문장을 잘해 시(詩), 의(義), 표(表), 책(策) 등의 실력이 동년배들보다 훨씬 뛰어났다. 종중의 어른으로서 봉사공 심영진(沈英鎭)과 형벌을 받고 죽은 심상운(沈翔雲)[15]은 각기 시와 표에서 당시 최고의 명성을 떨친 이들이다. 그들도 아버지의 작품을 읽을 때마다 그보다 못하다고 말하였다.

계사년(1773)과 갑오년 두 해의 증광시(增廣試) 소과에서 모두 초시(初試)에는 합격했으나 복시(覆試)에서 합격하지 못했기에 대과는 초시조차 응시할 수 없었다. 을미년 초봄부터 날마다 표문을 지었는데 학습 과정이 혹독하였다. 매일 아침 일어나 자신의 소변한 바가지를 마시고는 벽 위에 붙여놓은 표제(表題) 가운데 제목을 뽑아서 작품 한 편을 지었다. 오뉴월에 이르자 지은 글이 거의 100편에 이르렀다.

6월 19일 임금께서 현량과를 시행하라고 명을 내리셨는데 마침 큰비가 퍼붓듯이 내려 나막신을 신고 유삼(油衫)을 쓰고는 대궐로 향하였다. 진사 강대진(姜大鎭), 유생 박유(朴濰)가 함께 따라갔다.

---

15 심상운(沈翔雲, 1732~1776)의 자는 봉여(鳳汝). 당시 세도가였던 홍인한(洪麟漢)과 더불어 국정을 좌지우지하던 정후겸의 심복으로, 정조가 대리청정을 하게 되자 정후겸의 사주로 흉서(凶書)를 올려 대리청정을 막으려고 했으나 삼사(三司)의 탄핵을 받고 유배형에 처해졌다. 정조 즉위 후 주살되었다.

자저실기

대궐 아래에 도착하니 문이 벌써 닫혀버렸다. 잠시 기다리고 있자 뒤에 온 자를 들여보내라는 명이 떨어졌다. 아버지께서 들어가자마자 궐문이 바로 닫혔다. 아버지께서 자리를 잡고 앉았으나 시지(試紙)가 없었다. 그러나 시제를 책문(策問)으로 내걸자 스스로 물러나는 자들이 많았다. 그들 가운데 오래전부터 알고 지낸 친구에게 종이 한 장을 얻어 붓을 멈추지 않고 답안을 작성하였다. 답안을 모두 작성하고 박유에게 제출하게 했으나 그는 책문의 내용에 나라의 금령에 저촉되는 것이 많다며 거절하였다. 아버지는 웃으시고 직접 답안을 제출하였다. 밤이 깊을 무렵 합격자를 발표했는데 아버지께서 장원을 차지했으며, 다음 날 다시 책문을 지으라는 명이 떨어졌다.

다시 책문을 짓자 입시해 지은 문장 가운데 몇 줄을 외우게 하였다. 임금께서 손으로 문지방을 두드리면서 "글의 뜻이 강개하구나! 한무제가 동중서(董仲舒)를 얻은 지[16] 몇천 년 후에 내가 이 사람을 얻었구나"라고 하시고는 직부전시(直赴殿試)[17]를 명하셨다. 그러고는 이어서 "오늘 인재를 얻었으니 탕약을 올리라"고 명하셨다. 임금께서는 그 전에 격노해 탕약을 올리지 못하도록 하셨다.

무자년(1768) 소과(小科) 회시(會試) 전날 아버지께서는 입시하는 꿈을 꾸셨는데 임금께서 "현량과의 제일인을 얻는다"라는 시

---

16 한무제(漢武帝) 때 동중서(董仲舒)가 현량과(賢良科)의 대책(對策)에서 하늘과 사람이 서로 감응한다는 요지로 답안을 작성했는데, 그 대책문이 무제의 신임을 얻어 강도상(江都相)이 되었다(《한서(漢書)》 〈동중서열전(董仲舒列傳)〉).

17 과거에서 일종의 은사(恩賜)제도로서 초시 또는 복시(覆試)를 면제받고 최종 시험인 전시에 바로 응시할 수 있는 자격을 주는 것을 가리킨다.

한 구를 내려주셨다. 을미년 봄에 비로소 현량과라는 과거가 생겼
는데, 그 시험에 답안을 제출하고 아버지는 합격을 제법 자신하셨
으나 이동형(李東馨)이 합격하였다. 그로부터 몇 달이 지나 현량과
를 다시 시행했는데 아버지께서 장원으로 합격하셨다. 아버지께
서 예전에 "꿈도 모두 허망하다 치부할 수 없겠구나!"라고 하셨다.

심낙수의 첫 벼슬

•

9월에 구일제(九日製)[18]를 시행한 뒤 문과신구제추전시(文科新舊製追殿試)를 시행하라는 하명이 내려졌다. 아버지께서는 과거에 급제하고 관례대로 전적(典籍) 직책에 제수되었다가 이듬해 병신년 정월에 비로소 낭서(郎署)[19]에 제수되었다. 당시에는 두 당파가 남북으로 자리를 잡고 있어서 강직하고 뻣뻣하게 직언하는 아버지를 꺼려하였다. 3월에 대관(臺官)에 추천받았고, 6개월이 안 되어 호서(湖西)에서 시험을 주관하는 도사(都事)에 제수되었다. 가장 처음 추천받은 이는 참판을 지낸 윤상동(尹尙東)이었고, 마지막으로 추천받은 이는 주부를 지낸 홍주영(洪疇泳)이었다. 홍주영은 음직으로 외대(外臺, 외관직)가 되었는데 음관(蔭官)으로서 가장 좋은 자리였다. 그때 이조판서는 서명선(徐命善)이었다.

임금께서 "이 사람은 문사(文士)이니 틀림없이 과거를 잘 감독할 것이다"라며 아버지를 임명하셨다. 시험 감독을 마치고 돌아와서 섣달에 울진현령에 뜬금없이 제수되었다. 이조판서 이휘지(李徽之)가 홍국영(洪國榮)의 의중을 떠받들어 내쫓은 것이다. 두루

---

18 조선시대에 행하던 오순절제(五巡節製)의 하나로서, 음력 9월 9일에 성균관에서 거재 유생과 지방 유생에게 시험을 실시하였다.

19 각 관아의 당하관(堂下官)을 가리킨다. 주로 육조의 정랑(正郎)과 좌랑(佐郎)처럼 실무를 담당하는 육품의 관원을 이른다.

하직 인사를 다니면서도 홍국영을 찾아가지 않았더니 그가 더욱
더 유감을 품었다. 몇 개월이 지나 관직을 버리고 돌아오셨다.

심낙수의 풍자시

●

말끔히 씻긴 푸른 하늘은 만리에 펼쳐지고	淨洗靑天萬里長
막 개어서 달빛은 너무도 맑구나	新晴月色劇蒼凉
뜬금없이 구름 한 조각 그대로 남았으니	無端一片雲猶在
아득히 먼 하늘을 어디에서 바라보랴	何處迢迢望帝鄕
추녀 끝에 거미들이 작은 그물 펴놓으니	簷上蛛絲小網開
새벽녘에 이슬방울 촉촉하게 맺혔구나	曉來沾濕露珠堆
주인이 총채 잡고 마루 끝에 다가서서	主人把麈樓頭立
나방을 내쫓아도 한사코 달려드네	揮却飛蛾撲撲回

아버지의 이 시는 정유년 여름에서 가을로 접어들 무렵에 지었
는데 그때는 홍국영과 김종수가 정국을 독단하던 시기였다. 시대
를 슬퍼하고 세상을 근심해 마음을 사물에 빗대어 풍자한 뜻이 무
척이나 감동을 준다.

이의윤의 인물됨

•

동몽교관(童蒙教官) 이의윤(李義胤)은 젊어서 재주를 자신해 공
명을 얻으려고 허둥댔다. 기회를 잡지 못해 뜻을 이루지 못한 뒤
로는 오직 술로 마음을 풀었는데, 술에 취하기만 하면 사람들에
게 시비를 걸었다. 그가 남산에서 꽃을 구경하다가 유생 이현모
(李顯模)를 만났다. 그를 비웃으며 "그대가 바로 암컷 수어사(守禦
使)의 아비인가! 수컷 수어사의 아비도 내가 두려워하지 않거늘
네깟놈이야?"라고 하자 그 자리에 있던 이들이 겁이 나 슬금슬금
피하였다.

그해 겨울 관료들의 근무 성과를 평가할 때 예조판서 채제공(蔡
濟恭)은 이의윤에 대해 "후일에 성과가 있기를 지켜보아야 한다"
라고 평가하였다. 그러자 임금께서 이의윤에게 어린 학생들을 이
끌고 입시하라고 명하셨다. 이의윤이 입시하자 그에게 먼저 《논
어》를 읽게 했는데, 어린 학생들을 잘 훈도하지 못하고 《논어》를
잘 읽지 못한 책임을 물어 자리에서 쫓아냈다.[20]

소론(少論)의 정승 서명선(徐命善)이 부인상을 당했을 때 이의윤
이 문상을 가서 위로하며 "다른 사람들이 부인상을 당했을 때에는
별다른 소문이 없었는데 대감의 부인상에는 왜 이리 말들이 많지

---

20 이 단락은 《승정원일기》 정조 즉위년(1776) 12월 15일조에 근거해 내용을 보충해 번역하였다.

요?"라고 하였다. 서명선이 웃으며 "치매를 앓았으니 어쩌겠는가? 그대의 대로(大老, 곧 尤庵으로 宋時烈) 집안에도 비슷한 일이 있더군"이라고 대꾸하였다. 서명선의 부인은 교각 아래 얼음 속에 빠져 죽었다.

임육과 다투다

•

무술년(1778) 연초에 외증조부의 사당을 배알하고자 안국동에 사는 정언(正言) 이홍재(李洪載)의 집으로 갔다. 마침 임육이 한자리에 있었는데 내게 이런 말을 하였다.

"그대의 장인(李義述)은 무슨 사람이 그런가? 내가 아는 사람 가운데 사론(士論)을 주도하는 자가 있는데, 천거에서 떨어졌네. 이는 그대 장인이 사론을 옳지 않게 여긴 탓이 아니겠나!"

내가 이렇게 대답하였다.

"사론이 옳은지 그른지 저는 모르는 바입니다. 다만, 그이는 술과 도박을 일삼는 자라고 하던데 이런 자를 떨어뜨려서는 안 된다고 한다면 성균관으로서도 부끄러운 일이 되겠지요."

임육이 얼굴을 붉히며 "젊은이의 주장이 모두 이렇단 말인가"라며 화를 냈다. 장인께서는 역적 이율(李瑮)[21]을 성균관 장의(掌議)에 추천하지 않고 떨어뜨리셨다. 역적 심환지가 아버지께서 시킨 일이라고 여겼기에 임육이 이렇게 말한 것이다.

---

21 이율은 1776년 성균관 유생 등과 함께 홍봉한 등을 죽여야 한다는 상소를 올렸다. 1785년(정조 9) 양형(梁衡) 등과 역모를 꾸민 사실이 발각되어 처형되었다.

노론 벽파의 인물

•

이규남(李奎南)과 임육은 김종후의 제자이고, 역적 이율은 김귀주의 결사대이다. 모두 진동(陳東)[22]과 옹합(翁合)[23] 같은 충신이라고 자부하였다. 병신년 홍봉한을 토벌하자는 주장을 김종후가 주도할 때 상소 초본이 그들의 손에서 나왔다. 임육과 이규남이 성균관의 재임(齋任)[24]이었고, 이율이 상소의 주동자로서 박소(薄昭)의 고사[25]에 따라 홍봉한의 저택에 모여 그를 조문하는 곡을 하자고 주장하였다. 마침 김귀주를 벌하는 처분[26]이 내려지자 이 무리들이 쥐도 새도 모르게 모두 숨어버렸다. 얼마 뒤 한후익(韓後翼)의 상소에 "기밀의 일은 이미 지나갔는데 기밀의 마음은 아직도 남아 있다"는

---

22 진동(陳東, 1086~1127)은 송나라 흠종(欽宗) 때 태학생 신분으로 채경(蔡京) 등 여섯 사람을 여섯 도적이라 지목하고 그들을 죽여서 천하에 사죄하라고 상소를 올렸다(《송사(宋史)》 권455, 〈진동전(陳東傳)〉).

23 송나라 이종(理宗) 때 옹합(翁合) 등이 간신 가사도(賈似道)를 처단할 것을 상소해 가사도를 순주(循州)에 안치하고 가산을 적몰시켰다(《자치통감(資治通鑑)》 〈송기(宋紀)〉).

24 성균관이나 향교 따위에서 숙식하는 유생으로, 그 안의 일을 맡아보던 임원을 말한다.

25 박소(薄昭)는 전한(前漢) 문제(文帝) 때의 대중부(大中夫)로, 문제의 어머니인 박희(薄姬)의 친동생이다. 온갖 방자한 짓을 저질렀으나 문제는 자신의 외숙을 차마 베어 죽일 수도 없고 그렇다고 법을 무시하며 그냥 살려둘 수도 없었다. 공경(公卿)들을 박소에게 보내 조문하며 곡하게 하자 박소가 어쩔 도리가 없음을 알고는 자살하였다(《한서(漢書)》 권4, 〈문제기(文帝紀)〉).

26 1777년(정조 1) 9월 9일 심야에 혜경궁 홍씨의 환후가 위독하였다. 모든 관료에게 입궐해 문안하라는 교서가 내려져 김귀주도 대궐로 달려갔는데, 그가 승정원에 도착했을 때는 벌써 불참자 명단이 통보된 뒤였다. 김귀주는 혜경궁을 위문하지 않았다는 죄목으로 흑산도에 유배되었다.

김종수(金鍾秀, 1728~1799)의 초상화. 일본 천리대학교 소장. 본관은 청풍(淸風), 자는 정부(定夫), 호는 몽오(夢梧)다. 정조 때의 명신으로 벽파(辟派)의 거두로서 시파(時派)와 대립하며 정국의 중심에 서 있었다. 1778년 정조가 발탁하여 병조판서가 되었다. 1780년에 이조판서가 되어 홍국영(洪國榮)을 축출하는 데 앞장섰고, 이후 고위직을 두루 거쳐 좌의정을 역임하였다. 문집에 《몽오집(夢梧集)》이 있다. 남인의 채제공과 함께 정조 때의 정계의 양대 거두로 활약하였다.

내용이 있었는데,[27] 김종수가 임금과 신하가 모두 모인 자리에서 훌륭한 상소라고 칭찬하였다. 그 당시 사론은 하나같이 김종수 형제로부터 나왔으며, 김종수는 홍국영을 도와 후원자가 되었다. 김종수와 홍국영은 원래 홍봉한의 가까운 친족이었다. 그런데 김종후가 선발될 때와 홍국영의 아버지가 처음 벼슬할 때 모두 홍봉한에게 저지당하였다. 이때 와서 함께 죽을힘을 다해 보복했으니 "사람에게 원한이란 매우 무서운 일이다"라고 한 것이 틀린 말이겠는가?

---

27 한후익(韓後翼)은 1776년 홍봉한을 탄핵하는 상소를 올린 김귀주를 옹호했는데, 장령 윤재순(尹在醇)으로부터 임금의 마음을 시험했다는 죄목으로 탄핵을 받았다. 처음에는 그에 대한 탄핵이 받아들여지지 않았으나 끝내 역적으로 몰려 1778년(정조 2) 형벌을 받아 사망하였다. 《정조실록》 정조 즉위년 11월 21일조에 정언 한후익의 상소가 나온다. 이 상소에서 기밀의 일은 1775년(영조 51) 겨울에 세손에게 대리청정을 시켰던 일 또는 노론에서 대리청정을 저지하려고 시도한 일을 가리키고, 기밀의 마음은 노론의 저항에 대처하는 정조의 마음이나 의중을 가리킨다.

자저실기

김종후 형제의 못된 짓

•

한양 북쪽 교외에 있는 산사의 중들이 불상을 떠메고 창의문(彰義門)으로 들어와 김종후의 집 대문 밖을 지나가게 되었다. 이때 김종후 형제는 모두 젊은 나이였는데, 사내종들을 풀어 중들을 두들겨패서 내쫓고 불상을 때려부수게 하였다. 이를 두고 굳세고 올바른 행위라고 칭찬하는 자가 있었지만, 그들의 할아버지인 참판 김희로(金希魯)는 걱정하고 탄식하였다.

그 후 김종후의 집 사당 창문에서 저절로 불이 났는데, 불을 끄면 다시 타올라 며칠 동안 꺼지지 않아 불길이 신주(神主)에게까지 미쳤다. 이 때문에 집을 옮겨 그곳을 떠났으니 이웃들은 이를 가리켜 불화(佛火)라고 하였다. 김종후가 죽어 장례를 치른 지 며칠 뒤 번개가 봉분을 때려 번갯불이 서너 차례 무덤 속으로 들어갔다. 이 일도 이른바 불화인 것인가! 온양현감 김이현(金履鉉)이 조보(朝報)[28]를 날마다 베꼈는데, 경자년(1780) 10월조에 "이달에 김종후의 무덤에 번개가 쳤다"라고 대서특필해《서경(書經)》처럼 썼는데 참으로 우스운 일이다.

---

28 조선시대 승정원에서 재결사항을 기록하고 서사(書寫)해 반포하던 관보. 조칙, 장주(章奏), 조정의 결정사항, 관리 임면, 지방관의 장계(狀啓)를 비롯해 사회의 돌발 사건까지 실었다.

정이환과 홍봉한의 인물됨

•

서자 이공겸(李公謙)은 우리 집안 서자 자손의 사위이다. 비장(裨將)으로 김귀주를 섬겨 신임을 얻었기에 그의 집안일에 대해 모르는 것이 없었다. 그가 일찍이 내게 이런 말을 하였다.

"김귀주의 손님 가운데 정 교리(鄭校理) 한 사람만이 시골에서 올라왔지요. 그 이웃에 숙소를 정해 기거하게 하고, 집안의 장식과 노비의 숫자가 귀주 자신보다 더 나았습니다. 하루에 네 끼니를 옥쟁반에 진수성찬을 차려 그 비용이 수백 전(錢)이었고, 어린 계집종 하나를 뽑아 동침시켰습니다. 그런데도 정씨는 귀주의 집에 다녀간 적이 없고 귀주가 조석으로 찾아가 문안을 올렸으니 식객이라면 이 정도 대접은 받아야 할 것입니다."

정씨는 바로 정이환(鄭履煥)[29]이다. 정이환이 그 이전 과거에 급제하자 장암(丈巖) 정호(鄭澔)의 손자라 하여 같은 당파 사람들 모두가 그에게 관심을 쏟았다. 홍봉한이 그를 만나고 돌아와서 사람들에게 말하기를 "장암의 손자는 물론이고 공자의 손자라도 그런

---

29 정이환(鄭履煥, 1731~?)은 1766년 영의정 홍봉한의 주청으로 제주도에 정배되었다가 이듬해 풀려났다. 1776년 동부승지가 되어 왕세손(정조)의 대리청정을 주장한 홍봉한의 처벌을 주장하는 상소를 올렸다. 같은 해 척신 김귀주가 화완옹주의 양자인 정후겸 및 홍인한 등과 결탁해 정조를 해치려고 한 죄로 흑산도에 유배될 때 일당으로 지목되어 예문관 제학에서 파직되었다가 10년 후 사면되었다.

외모를 어디에 쓰겠는가? 입이 삐뚤어졌으니 나팔이나 제대로 불 수 있을지 모르겠다"라고 하였다. 정이환이 입이 돌아가는 병을 앓았기에 이렇게 말한 것이다. 이 말을 전해들은 정이환은 홍봉한을 매우 미워하였다. 김귀주가 마침내 정이환을 끌어들여 기이한 물건을 얻었다고 하였다. 외모로 사람을 판단한 홍봉한의 말은 돈독하고 무게를 지닌 어른이 할 말은 아니다. 곽자의(郭子儀)가 노기(盧杞)를 만날 때 시녀들로 하여금 곁에서 보지 못하게 했던 안목[30]을 홍봉한에게 기대할 수야 있겠는가?

---

30 곽자의(郭子儀)는 당나라의 명신으로 벼슬이 태위중서령(太尉中書令)에 이르렀으므로 곽영공이라고 하였다. 그가 병이 깊어져 백관(百官)이 문병을 하러 가면 시녀들을 물리치지 않았는데 간신 노기(盧杞)가 문병하러 가면 시녀들을 바로 물리치고 안석에 기대어 접대하였다. 노기가 돌아간 뒤 집안사람이 괴이하게 여겨 그 까닭을 물었더니 곽자의가 "저 노기는 외모는 더럽고 마음은 음험한데 좌우에서 그를 보면 반드시 웃을 것이다. 그가 만일 뒤에 권력을 잡는다면 우리 가족은 한 사람도 살아남지 못하게 될 것이다"라고 대답하였다(《신당서(新唐書)》 권223, 〈노기열전(盧杞列傳)〉).

김귀주의 인물됨

•

승지 이제만(李濟萬)이 언젠가 내게 이런 말을 하였다.

"내가 은진(恩津)의 이 좌랑(佐郞) 덕분에 서울에 와서 구리개
(鍾峴, 지금의 서울시 중구 을지로 입구와 을지로 2가 일대)에 세들어
살았네. 김귀주와는 조정 반열에서 얼굴을 마주친 정도였는데 번
번이 나를 먼저 찾아왔었지. 사는 곳이 가까워 서로 왕래하며 지냈
는데 만날 때마다 그가 술과 밥을 준비했고, 명절에는 선물이 끊이
지 않았네. 내게 시집 안 간 딸자식이 있었는데 갑자기 병으로 죽
었네. 시골에서야 끼니를 잇지 못할 살림은 아니었으나 서울에 갓
올라온 처지라서 초상 치르는 일을 상의할 사람이 없었네. 그런데
귀주가 사람을 보내와 위문하고 입관과 염습에 들어가는 물품을
장부에 적어 돌아가더니 얼마 후 물품을 갖추어 보내왔다네. 당시
에 받은 감동은 말로 다 할 수 없었으니 남들이 그에게 사력을 다
하도록 만드는 수완이 다 이런 식이라네."

이제만이 말한 것처럼 귀주의 마음은 이제만의 어려움을 구제해
주는 것을 넘어서 그것을 이용해 세상을 움직이려는 것이었다. 그
렇기는 하지만 부귀한 집안에 태어나 처첩들에게 수만 냥을 아끼
지 않고 허비하는 자들과 비교하면 그래도 나은 점이 있다.

김이인과 김귀주의 작당

•

선비 김이인(金履寅)이 동대문 밖 돌곶이 마을(서울시 성북구 석관동 마을)에 살면서 성안에 사는 벗의 집에 들렀을 때 마침 김귀주가 찾아왔다. 김이인이 주인에게 "내 다시는 자네를 찾아올 수 없겠네. 자네는 그래 외척과 어울린단 말인가?"라고 말하고는 벌떡 일어나 자리를 떴다.

이튿날 아침 잠자리에서 일어나기도 전에 김 참의(金參議, 金龜柱)가 찾아왔다고 종이 아뢰는 바람에 김이인은 어쩔 수 없이 그를 맞이하였다. 김귀주가 "전부터 한 번 뵙고자 했는데 어제 뵌 것은 하늘이 내려주신 기회 같았습니다. 제 처지로 볼 때 어떤 선비가 저와 어울리려고 하겠습니까? 말씀하신 것이 진정 옳습니다만 어제 상봉한 기회를 제 스스로 놓칠 수 없어 이렇게 뒤쫓아 찾아왔으니 제발 문전박대하지 말아주시오"라고 하였다. 이리하여 성심으로 교분을 맺고 나서 "우리 집에 찾아오시는 것은 노형께서 원하시지도 않고 저도 원하지 않으니 뵙고 싶을 때에는 제가 계속 찾아오겠습니다"라고 하고는 그 후로 자주 왕래하였다. 김이인이 죄수를 죽인 사건에 연좌되어 체포당했을 때[31] 김귀주가 매일 옥문

---

31 1772년 김이인이 동리(洞里)의 일로 태형을 집행할 때 죄수가 죽는 사건이 발생하였다. 영조는 어사를 보내 조사한 뒤 해남현에 정배하도록 명하였다.

밖으로 찾아왔고, 많은 재물을 사용해 끝내 무사하도록 주선하였다. 얼마 지나 병신년에 그의 아우 김이익(金履翼)이 상소를 주도해 홍봉한을 성토하자 성상께서 입시하라고 명해 상소의 어구를 고치라며 엄하게 꾸짖으셨다.[32] 사람들이 그를 많이 비웃었다.

---

32 1776년 3월 26일 정이환이 상소를 올려 홍봉한이 영조에게 사도세자를 가둘 뒤주를 바치는데 앞장섰고, 영조가 승하하실 때에도 탕약에 농간을 부렸으므로 처벌해야 한다고 하였다. 정조는 듣기 거북한 아버지(사도세자)에 관한 화제를 꺼낸 것에 불쾌해하며 오늘날 자신이 있게 된 것은 모친과 외조부 홍봉한이 있기 때문이라면서 비호하였다. 이때 정조는 세손 시절 홍봉한을 만났을 때 홍봉한이 "수은묘(垂恩墓, 사도세자의 묘인 현륭원의 당시 명칭)를 추숭하지 않으면 무신년의 도당(1728년 밀풍군 탄을 등에 업고 반란을 일으킨 이인좌의 무리를 지칭)이 또 나오지 않으리라는 법이 없다"고 한 사실을 언급하였다. 이때부터 이 '무신년의 도당'이라는 말은 홍봉한을 공격하는 키워드가 되었다. 그가 요망한 말로 왕을 협박하고 있으며, 이런 말로 왕을 협박하는 그야말로 '무신년의 도당'에 해당한다는 논지의 공격을 받게 된 것이다. 한편, 1777년 8월 19일 김이인의 동생인 김이익(金履翼, 1743~1830)이 홍봉한 일파를 처단할 것을 상소하자, 정조는 그를 불러 직접 상소를 읽게 하였다. 김이익이 '무신년의 도당'이라는 대목까지 상소를 읽었을 때 정조는 "이는 김귀주의 상소에 있는 대목이다. 너의 형 김이인이 태형으로 사람을 죽였을 때 김귀주 덕에 살아난 것을 세상이 다 아는데도 작년에 상소로 김귀주의 편을 들었다. 너는 그의 동생이자 나의 신하로서 어떻게 이런 짓을 하느냐"라고 김이익을 꾸짖어 쫓아냈다.

자저실기

김종후의 좁은 성품

•

아버지의 외사촌 좌랑(佐郎) 김치화(金致和) 어른의 모친상이 있어
아버지께서 장례에 참석하시고 돌아와 우리들에게 말씀하셨다.

"내 외가는 사천(沙川, 모래내) 시골 사람이라, 이제껏 조상의 은
덕 덕분에 진실하고 후덕한 풍모가 없지 않았다. 그런데 지금 친족
들의 모임을 보니 절차가 복잡하고 장식을 성대하게 하여 한결같
이 옛 법도와 반대로 하였다. 이는 김종후란 놈 하나 때문이다. 젠
체하고 엄숙하고 지나치게 삼가니 그 하는 짓과 얼굴빛이 짜증스
럽더라. 내가 담뱃대를 꺼내는 것을 보더니 싫어하는 낯빛을 드러
내며 창문을 열어 담배 연기를 내보내기까지 하더라. 그래서 나는
담배를 더 피우다가 벌떡 일어나 나와버렸다. 잠깐 사이의 하찮은
예절에서도 좁은 성품과 편협한 마음을 엿볼 수 있더구나."

그때는 무술년 여름이었다.

송덕상의 한양입성

•

송덕상(宋德相)이 임금의 부름을 받고 서울에 이르자[33] 온 세상 사람들이 물밀듯이 찾아와 보았다. 명함을 먼저 들이려고 다투는 것이 과거시험장에서 시권을 먼저 내려고 덤비듯 하니 홍국영이 그 명부를 앞에 놓고 살펴보았다. 아버지께서 저녁을 드시고 난 뒤 가서 보시고 돌아와서는 우리들에게 이렇게 말씀하셨다.

"오늘 일을 보니 어느 누군들 저들에 대해 깊이 걱정하지 않겠느냐? 저들 하는 꼴을 보니 반드시 잘 되지 않을 것임을 더 잘 알겠다. 송덕상은 흐리멍덩한 시골 늙은이가 뭉그적거리며 삿된 마귀처럼 주절거리더구나. 송환억(宋煥億)이 하는 짓거리도 똑같으니[34] 패하지 않을 수 없겠다."

---

33 1778년 12월 12일 송덕상(宋德相)은 성균관 좨주로 정조를 첫 대면하였다. 이때 송덕상은 서울에 묵을 곳이 없다는 말을 하였고, 12월 15일 정조는 그에게 성 안에서 살라는 명을 내렸다.

34 송덕상은 송시열(宋時烈)의 현손으로, 정조 즉위 후 홍국영의 뒷받침으로 동부승지·예조참의·이조판서 등을 역임했으나 1779년 홍국영이 실각하자 삼수부(三水府)에 안치되었다. 그후 왕위 계승에 대해 올린 상소에 흉역(凶逆)의 뜻이 있다 하여 옥에 갇히고 많은 유생의 공격을 받다 노론 벽파로 몰려 죽었다. 송환억은 송덕상의 조카로, 홍국영에게 아부하며 빌붙었다 하여 심낙수가 그의 처벌에 대해 세 차례나 상소한 일이 있다. 1782년 송덕상과 함께 체포되어 제주 대정현에 위리안치되었다.

김종후의 악취

•

나의 셋째 외삼촌[35]은 외척의 두 도당[36]을 모두 배척하자고 주장해 아버지와 의견이 잘 맞았다. 김종후 형제가 셋째 외삼촌을 매우 심하게 배척하였다. 그런데 외삼촌의 사촌 동생 이규남과 조카 이정재, 그리고 고종사촌의 아들 임육은 김종후를 스승으로 섬겼다. 외삼촌은 성품이 농담하고 장난하기를 즐겼는데 비웃고 욕하는 것을 남이 견디기 힘들어하였다. 임육과 이규남도 외삼촌을 망령된 사람이라고 배척했으나 외삼촌은 조금도 굴하지 않았다. 일찍이 "내 종후를 보았더니 입 냄새가 치올라 악취가 나는 사람 옆에 있는 것 같았다. 사람마다 성품이 똑같지 않다. 옛사람 가운데 부스럼 딱지를 즐겨 먹는 자가 있다더니[37] 너희들도 같은 부류로구나!"라고 하였다.

---

35 이규경(李奎景)을 말한다. 송덕상의 문인으로, 1781년(정조 5) 연덕윤(延德潤), 호서지방 유생들과 함께 송덕상의 신원을 위해 서산(瑞山) 향교에 모여 통문을 보낸 일이 옥사로 이어져 추국을 당했고, 1789년(정조 13) 진산군(珍山郡)에 유배되었다.

36 영조 말 노론 외척들이 남당과 북당으로 분파된 것을 말한다. 북당은 사도세자의 처가인 풍산 홍씨의 홍봉한 · 홍인한 등이 중심이 되어 탕평책을 지지하고 세손(정조)의 안위를 내세웠다. 남당은 영조의 비 정순왕후의 집안인 경주 김씨의 김한록(金漢祿) · 김귀주 등이 중심이 되어 탕평을 반대하며 풍산 홍씨를 공격하였다.

37 상식을 벗어난 기호나 취미를 뜻한다. 《남사(南史)》〈유옹전(劉邕傳)〉에 "유옹이 부스럼 딱지를 즐겨 먹어 그 맛이 복어와 같다고 여겼다. 일찍이 맹영휴(孟靈休)를 찾아가니 그가 얼마 전에 부스럼을 앓아 그 부스럼 딱지가 떨어져 침상에 있으므로 유옹이 주워 먹었다"는 고사가 나온다.

김종후의 위선적인 태도

•

외삼촌이 일찍이 내게 이런 말을 한 적이 있다.

"내가 옛날에 사촌 동생과 함께 서울에 간 적이 있었다. 동생이 길을 에둘러서 광주(廣州) 관촌(官村) 김종후 집에 이르렀다. 나도 함께 그 마을에 이르러 문밖 시냇가의 작은 정자에 앉아 동생이 나오기를 기다렸다. 김종후가 방건(方巾)에 두루마기 차림으로 지팡이를 짚고 뜨락을 오락가락하고 있는 모습이 보였다. 잠시 후 팽인(伻人, 소식을 전해주는 심부름꾼)을 보내 다음과 같이 말하였다. '어르신께서 가까운 곳에 머물러 계시니 예의상 마중 나가야 마땅하오나 병들어 바람을 쐴 수가 없습니다. 가까이 계시니 제 집으로 들어오시는 것이 좋겠습니다.'

그 말을 듣자 나도 모르게 절로 분기가 솟구쳤다. 몸을 굽혀 나오고 싶지 않다면 '왜 바로 들어오지 않습니까? 바로 들어오십시오'라고만 해도 들어가 만나보았을 텐데 뜨락을 오락가락하면서 병들어 바람을 쐴 수가 없다니. 잠깐 사이 일어난 일에서도 진실되지 않고 위선적인 태도를 볼 수 있다. 이 무슨 대단한 일이라고 이렇게까지 거짓 술수를 부리는가! 그가 성품이 바른 사람이 아님을 더더욱 알겠다. 나는 결국 '나도 산 넘고 물 건너 먼 길 오느라 너무 피곤해 움직일 수 없습니다'라고 답하고는 동생에게 어서 가자고 재촉하였다. 그때 일을 떠올릴 때마다 이따금 홀로 웃곤 한다."

외삼촌의 평소 성향과 태도가 대체로 이러하였다.

송덕상과 외삼촌의 알력

•

기해년(1779) 봄에 둘째 외삼촌이 식구를 모두 이끌고 서울로 왔다. 셋째 외삼촌이 외할머니를 모시고 오자 나는 삼청동 집에 가서 뵈었다. 이때 송덕상이 왕명을 받들어 서울에 왔는데 성상의 예우가 몹시 융성해 기세가 홍국영에 버금갔다. 온 세상의 선비들이 앞다투어 찾아가서 한 마디 얻어들은 것을 영광으로 여겼다. 둘째 외삼촌도 친척으로 오가며 서한이 빈번하였다.

내가 셋째 외삼촌께 "외삼촌은 어찌 이리 더디게 찾아가시나요?"라고 여쭤보았더니 외삼촌이 박수를 치며 껄껄 웃고는 이야기하셨다.

"송덕상을 네가 무슨 수로 알겠느냐? 지금 그자의 벼슬이 이렇게 높고 세력이 커졌다고 해서 너희 애들이 진짜 그자를 유림의 현자로 아는 것이냐? 내가 대충 이야기해주마. 우암의 후손은 모두 우리 집안과 인척관계라서 아버지 항렬 대에 와서는 서로 항렬을 부르며 친하게 지내지 않은 사람이 없다. 그런데 유독 이 사람만 얼굴을 모른다.

예전에 내가 숙부의 서대문 집에서 공부할 때 찢어진 옷차림을 하고 못생긴 얼굴로 절룩거리며 온 손님을 보았는데 그 꼬락서니가 거지 같았다. 당시 나는 나이가 어렸는데 그를 매우 업신여겨 일어나 맞이하지 않고 앉아서 응대하였다. 그 사람이 '주인어른은 계시냐?'라고 묻기에 내가 '집에 안 계십니다'라고 대꾸하였다. 그 사람이 결국 일어나 돌아가면서 '주인어른이 돌아오시거든 송세마(宋洗馬)가 헛걸음하셨다고 말씀드려라'라고 하였다. 내가 그제야 송덕상인 줄 알았지만 이미 예를 갖추지 않은 터라 끝까지 그러마라고 대답하고 보냈다. 지금도 그 모습이 또렷하게 눈에 선하다. 마음이 넓고 몸은 뚱뚱해 풍채가 좋아야 남의 마음을 움직인다는 말은 굳이 할 것도 없이 겉모습만 보아도 그 속에 아무것도 없음을 알 수 있다. 내가 어린 시절에 앉아서 대했던 거지 하나를 지금 머리 허연 노인이 되어서 구차하게 그 앞에서 머리를 굽히겠느냐? 실제로 가진 것이 없는 자가 공연히 임금으로부터 후한 예우를 받는다면, 틀림없이 좋지 못하리란 것을 내 알겠다. 홍계능(洪啓能)[38]이 막돼먹었고 어그러진 자라도 송덕상과 비교하면 그래도 문장과 재기(才氣)가 사람을 움직인다. 그자도 이익을 탐내고 세력가에게 붙어 지내다가 끝내 큰 악행을 저질렀다. 송덕상으로 인해 장차 이 세상이 어떤 지경에 빠질지 모르겠구나!"

그 말을 듣고 내가 "둘째 외삼촌께서는 그자를 대로(大老)로 대접하시는데 외삼촌께서는 거지라고 하시네요?"라고 하자 외삼촌께서는 탄식해 마지않았다.

외삼촌이 일찍이 화양서원(華陽書院)[39] 원사로서 서원의 유생

---

38 홍계능(洪啓能, ?~1776)은 다른 풍산 홍씨 일파가 시파를 이루어 세손(정조)을 보호하려고 하자 벽파 홍인한과 더불어 세손의 즉위를 반대한 인물이다. 정조가 즉위하자 하옥되어 옥사했고, 아들 신해(信海)와 조카 이해(履海)도 모두 주살당하였다.

39 1695년 송시열을 제향하기 위해 권상하(權尙夏)·정호(鄭澔) 등 노론이 주도해 세운 서원으로 이듬해 숙종으로부터 사액(賜額)을 받았다.

　　　　　　　　　　　　　　　　　　　자저실기

가운데 집안 사람을 위해 통문(通文)을 돌린 일이 있었다. 충청도의 난민(亂民)이 유생을 자처하면서 송덕상을 위해 원통함을 송사할 때 그 집안 사람이 이 송사에 끼어서 외삼촌을 무고해 끌어들였다. 그러나 외삼촌은 실로 모르는 일이었다.

안핵사(按覈使) 이병모(李秉模)가 왕명을 받들어 옥사를 다스릴 때 사안이 가볍지 않았으나 연좌된 자들이 모두 미천한 사람들이라 이름난 집안의 사람을 끌어다 채우고자 하였다. 그래서 외삼촌이 김애의(金愛意)에게 준 글을 얻고서 잡아들여 차꼬를 채우고 가혹하게 고문하였다. 외삼촌이 대궐의 국문(鞫問)에서 "심모(沈某, 沈樂洙)와 매서(妹壻)지간으로 말과 주장이 서로 같다. 그러니까 그럴 일이 있겠는가?"라고 변명하였다. 안핵사가 "네 형과 심모의 주장이 달라서 사이가 틀어진 것은 온 세상이 다 안다. 너는 네 형과 주장이 다른가?"라고 물었다. 외삼촌이 마침내 내세울 말이 없어 더 이상 항변하지 않자 결국 섬에 유배되었다.

아버지께서 "천하에 어찌 이러한 일이 있느냐? 송덕상의 세력이 한창 왕성해 온 세상 사람이 찾아갈 때에도 홀로 '어린 시절에 앉아서 대했던 거지를 머리 허연 노인이 되어서 차마 머리를 굽힐 수 없다'고 하였다. 또 그가 반드시 패하리라 거듭 걱정했으니 특출한 선견지명이 있다고 하겠다. 그러더니 끝내 송덕상의 원통함을 하소연하는 구덩이에 빠지다니?"라고 말씀하시며 탄식을 그치지 않으셨다.

김종후 형제의 간계에 놀아난 홍국영

•

어느 나라나 권간(權奸)이 있기 마련이라 역사서에 끊임없이 등장하지만, 유사 이래로 홍국영같이 심한 자는 없다. 시정잡배 패륜아로서 국왕의 특별한 총애를 받았다. 가혹한 고문을 악기 연주하듯 가볍게 보고, 뇌물이 세금보다 더 많았다. 나라의 큰 법망을 우스갯거리로 삼아 제 눈 아래의 일로 보고 처리했으며, 정승 판서를 꾸짖어 생사가 그의 손아귀에서 좌지우지되었다. 그러므로 그가 국정을 농락했던 4년 동안 팔도 안에서 부자 형제간의 평범한 대화에서조차 어떤 사람이 곁에서 엿보고 몰래 듣기라도 하는 듯해 감히 그 이름을 대놓고 말하지 못하였다. 사람마다 넋을 잃고 마음을 빼앗겨서 왜 그렇게 되었는지를 스스로도 몰랐다.

우리 이웃의 진사 장지헌(張志憲) 어른은 박학하고 식견이 풍부한데 천하의 일을 말하기 좋아하였다. 언젠가 "우리 조선은 본래 총애하는 신하에게 큰 물건을 하사하는 은전의 관례가 없다. 설령 있다 해도 시행된 지가 오래전이다"라고 말한 적이 있다. 어른은 또 "선조 기축년(1589), 숙종 경신년(1680), 영조 을해년(1755)에 동인(東人)과 남인(南人), 소론들 가운데 잘못 걸려들어 억울하게 죽은 이들이 없지 않았다. 홍국영은 그들 억울한 넋이 환생한 자로 이른바 노론(老論)에게 통쾌하게 한 번 앙갚음하였다"라고 하였다. 그런데 말은 그럴싸하게 들리지만 사실은 그렇지 않다. 홍국영이 왜 이런 짓을 하겠는가? 홍국영에게 발판을 만들어주고 홍국영에게 올가미를 씌워서 홍국영이 힘을 쓰자 제 흉계를 휘두르다가 홍국영의 세력이 꺾이자 남은 독기를 뒤에까지 발산한 이는 따로 있다. 홍국영으로 하여금 이 일을 벌이게 한 것은 바로 김종후 형제의 주머니 속 비결이다. 남인과 소론이 환생해 원한을 갚았다는 말은 틀림없이 김종후 형제에게 있지 홍국영에게 있지 않다.

처음 본 홍국영의 인상

•

나는 홍국영을 본 적이 없었다. 기해년 가을로 접어들 무렵, 재동 둘째 외삼촌 댁으로 외할머니를 찾아뵈었을 때 나는 안채 아랫방에 있었는데 홍국영이 왔다는 말이 들렸다. 잠시 뒤 외삼촌께서 홍국영과 함께 안채로 들어와 아랫방 뒤창을 지나 윗방 툇마루에 방석을 깔고 앉았다. 외할머니 구씨(具氏) 부인과 홍국영의 아버지가 내외종 남매간이었다. 나는 창문 틈으로 홍국영을 엿보았는데 그의 키는 보통 사람에 미치지 못했으나 몸은 꽤 비대하였다. 얼굴은 모나고 뺨은 좁았으며 항상 불그레하였다. 눈은 반짝반짝 빛이 났다. 걸을 때면 바로바로 발을 옮겼고, 말을 할 때면 팔을 걷어올렸다. 가까이 있으면 쏘는 듯한 기운이 있어서 잠깐 동안이라도 남들이 똑바로 쳐다보지 못하였다. 지금 떠올려보아도 여전히 절로 두려운 마음이 든다.

자저실기

홍국영의 못된 짓

•

홍국영은 도승지 및 숙위대장으로서 궁중에 늘 거처하였다. 한 학
사가 춘첩자에 "염파(廉頗)와 이목(李牧)이 대궐을 지키고 있으니,
종규(鍾馗, 역귀를 잡아먹는다는 귀신)를 궁문에 무엇 하러 그리랴"
라고 쓴 글귀가 당시 세간 사람들의 입에서 입으로 전해졌다. 주원
(廚院, 사옹원)을 옮겨서 호조판서 구윤옥(具允鈺)이 주원까지 관
리해 숙직하면서 아침저녁으로 수라상을 올렸는데 홍국영이 먹을
음식까지 아울러 살펴서 올렸다.

　홍국영의 처소 북쪽 창문은 임금의 침전과는 불과 열 걸음도 채
안 되었다. 자색 소매 군복 차림에 붉은색 끈이 달린 정모(頂帽)를
쓰고 시도 때도 없이 마음대로 출입하였다. 방 안에 발이 높은 평
상을 놓고 그 위에 눕거나 앉아 지냈다. 집안의 어른들이나 조정의
대신들까지 모두 그 평상 아래에서 접견해야 하였다. 기로소의 한
당상관이 앉아서 소싯적에 여자와 풍정(風情)을 펼친 사연을 이야
기하자 홍국영이 누워서 듣더니 "대감께 어찌 그런 일이 있었겠
소. 나더러 웃으라고 한 이야기에 불과하지. 옛날의 소위 망발하는
귀신하고 똑같구려"라고 하였다.

　인사가 있을 때마다 이조참의가 홍국영에게 먼저 묻고 상의하는
것이 관례가 되었다. 한 이조참판이 인사 문제를 보고하려고 방 앞
에 이르렀더니 문과 창이 모두 닫혀 있어 들어가지 못하고 문밖에

앉아 있었다. 시간이 너무 오래 지나 추천자 처리가 지체될까 걱정되어 하는 수 없이 문을 열고 들어갔다. 홍국영은 아끼는 기생 가패(可珮)와 함께 한창 방자하게 온갖 문란한 짓을 벌이고 있었다. 이조참판이 들어선 것을 보고 가패와 떨어진 홍국영은 얼굴이 벌게지며 노기가 등등하였다. 이조참판은 이미 들어와 나갈 수도 없는지라 자리를 잡고 앉을 수밖에 없었다. 대화가 추천자 처리에 이르자 홍국영이 팔을 휘두르며 성난 목소리로 "추천자에 대해 묻는 놈도 개자식이요, 추천자에 대해 답하는 놈도 개자식이다!"라며 똑같은 말을 멈추지 않았다. 이조참판은 갑작스레 그런 꼴을 당하고 견딜 수 없었으나 가까스로 "영감 취하셨소?"라고 말하였다. 홍국영은 "나더러 취했다고 말하는 놈도 개자식이고, 내가 취했다면 나도 개자식이다!"라고 하였다. 이조참판은 앉아 있지도, 그렇다고 일어나지도 못한 채 쥐구멍에라도 들어가고 싶은 심정이었으나 그러지도 못하였다. 그래도 이조참판은 워낙 눈치가 빠르고 민첩한 사람이라, 종이와 붓을 가져다가 작은 종이에 글을 써서 가패에게 전해주면서 "내가 전주 감영에 있을 때 주고자 했으나 그러지 못하였네. 아무개 비장 댁에 보관된 오백 냥을 찾아서 쓰도록 해라"라고 하였다. 홍국영이 그제야 웃음을 터뜨리며 추천자 처리를 대충 언급하였다. 이조참판은 그때 막 전라도 관찰사에서 교체되어 돌아온 사람이었다.

홍낙순(洪樂純)[40]이 대궐에 입궐해 숙위소를 지나갔다. 그의 모

---

40 홍낙순(洪樂純, 1723~?)은 홍국영의 백부로, 홍국영의 세도를 업고 대제학과 강화부 유수 등을 거쳐 1779년에는 좌의정에까지 이르렀으나 이듬해 홍국영이 실각하면서 파직되었다.

습을 보고 홍국영이 겸인(傔人)들에게 "저분이 궁둥이를 아교풀로 붙인 듯 한번 찰싹 붙이고 앉으면 일어나지 않으니, 내 견딜 수가 없다. 너희들이 귀신 쫓는 굿이라도 해봐라!"라고 하였다. 귀신 쫓는 굿이란 삼태기와 빗자루를 세워놓고 부엌 사이에서 절을 하는 세상의 풍속이다. 이 정승과 앉아 있다가 광대 황일청(黃一淸)에게 이 정승의 말 더듬는 시늉을 하게 하자 좌중이 허리가 끊어지도록 웃고 이 정승도 웃었다. 경상도 관찰사가 보낸 편지의 봉함을 뜯으니 작은 쪽지가 나왔는데 옆에 앉아 있던 가패에게 던져주며 "돈 천 냥을 보냈으니 너무 소략하지 않느냐!"라고 하였다. 나이가 자신보다 몇 배나 많아 아버지와 벗으로 지내는 어른도 모두 너라고 불렀다. 출입증을 내놓고 궐 밖으로 물러난 후에도 도포와 띠를 풀어헤친 사이로 두 젖꼭지를 드러내놓고 대신들을 향해 손가락으로 가리키며 "내가 이제 국사에서 물러났으니 조정의 체통과 무슨 상관이 있겠나! 당신들은 예전에 마시던 이 젖이 그립지 않소?"라고 하였다.

김종수가 평안도 관찰사에서 교체되어 돌아와 홍국영이 있는 북영(北營)으로 찾아갔다. 마침 홍국영은 한 겸인에게 술 시중을 들게 하고는 김종수에게 물었다.

"내가 새로이 이 묘한 겸인을 얻었으나 국사에서 물러난지라 도와줄 힘이 없소. 대감께서 그 사람됨을 꼼꼼히 살펴보고서 출세하도록 힘을 써주시오."

그러자 김종수가 "좋습니다"라고 하였다. 홍국영이 껄껄대고 웃으며 자초지종을 이야기하였다. 김종수가 가까이하던 분이(粉伊)라는 평양 기생이 있었는데, 홍국영이 임금으로부터 하사받은 여

심노숭과 그의 아버지가 극도로 증오했던
벽파의 영도자 심환지의 초상화. 경기도
박물관 소장

종 명단에 넣어 데려와 겸인 복장을 하게 한 후 알아보지 못하도록
꾸미고 놀린 것이었다. 그 말을 듣고 김종수가 크게 웃었다.

홍국영이 김종수의 계집종 남편인 조덕필(趙德弼)을 불렀는데,
그는 홍국영의 겸인이었다. 늘 초립에 푸른색 도포를 입고 작은 나
귀를 타고 가마꾼과 마부들의 뒤를 따르며 밤낮으로 곁에서 시중
을 들었기에 모르는 일이 없었다. 홍국영이 망하자 조덕필이 무녀
를 데리고 서대문 밖의 전석점(磚石店)에서 살았다. 나는 고향집으
로 가는 길에 말에서 내려 그와 이야기를 나누었는데, 이 이야기들
은 모두 그때 조덕필이 내게 들려준 것이다.

심환지의 아들이나 손자가 만든 것으로 보이는
《피혐록(避嫌錄)》. 경기도 박물관 소장. 심환지를
적대시한 사람과 그 후손을 모두 기록해 그들과
상대하지 않고 원수로 삼겠다는 의중을 책으로
묶었다. 그 가운데 심낙수와 심노숭 부자가 따로
따로 기록되어 있어 서로의 원한과 적대감이 매
우 깊다는 것을 잘 보여주고 있다.

홍국영이 취은루로 이사하다

•

홍국영이 물러난 뒤 대궐문 밖에 집을 하사받았다. 이때가 한겨울이었는데도 토목과 미장일을 벌여 물을 데우고 숯을 태워 완성하였다. 취은루(醉恩樓)라 이름짓고 임금께서 연회를 하사해 낙성식을 거행하니 조정대신이 모두 달려갔다. 숙위소에 보관했던 물건을 새 집으로 옮겨오는데 장정 3, 40여 명이 얼마 되지도 않는 거리를 등짐을 짊어지고 10여 일 동안 끊임없이 날랐다. 돈이 5만 냥이고, 패도(佩刀)가 3,000자루, 접는 부채가 1만 여 자루에 달했으니 이는 대충 헤아린 수량이다. 동탁(董卓)이 미오(郿塢)[41]에 쌓아놓은 재물과 견주어 어떠한가!

---

41 동탁(董卓)이 미(郿) 땅에 진귀한 보물들과 곡식을 쌓은 뒤 만세오(萬歲塢)라고 했는데, 일명 미오라고도 하였다. 간사한 자가 재물을 쌓아두고 노년을 즐기는 장소를 이르는 말로 쓰인다.

홍국영의 손님 사절

•

손님을 사절한다는 글을 문에 붙이고 김종수 · 심환지 · 이의익(李
義翊)의 무리와 밤낮으로 모였다. 성 북쪽에서 눈을 구경하는 잔치
에는 담당 관아에서 차일을 치고 연락하는 인부들이 도로에 이어
졌다. 세상에는 "저들이 다시 들어올 거다"라는 소문이 떠돌았는
데, 사람들의 두려움이 물러나기 전보다 더 심하였다.

김종수가 홍국영을 성토하다

•

김종수가 수어사(守禦使)로 있을 때 남한산성을 순찰하다가 홍국영의 동대문 밖 저택에 들러 밥을 지어먹고 술을 마시며 종일토록 이야기하다가 돌아갔다. 그러고는 다음 날 상소[箚子]를 올려 홍국영의 죄를 성토하였다. 홍국영이 의금부에서 하명을 기다리며 사람을 시켜 김종수에게 "어제 나눈 말이 어떻다고 오늘 이런 짓인가?"라고 전하였다. 이의익은 사람들에게 "정부(定夫, 金鍾秀)는 이렇게 믿기 어려워! 이렇게 할 거면 전에는 왜 홍낙순을 성토하려던 나를 만류했으며, 지금은 우리와 함께 연명해 상소를 올리지 않는가!"라고 불평하였다. 김종수가 그 말을 듣고 "군필(君弼, 李義翊)은 끝까지 모자란 놈이군!"이라고 하였다.

홍국영이 이겸환에게 부채를 부탁하다

•

승지 이겸환(李謙煥)이 순천부사에 제수되어 두루 하직 인사할 때 홍국영이 부채 3,000자루를 부탁하였다. 이겸환이 부임하는 길에 과천에서 묵었는데 한밤중에 온 주막이 매우 소란스럽게 순천부사가 묵는 곳을 묻고는 편지와 큰 바구니 하나를 바치는 것이었다. 바구니를 받아서 열어보니 동짓달에 임금으로부터 하사받은 약이 들어 있었다. 보낸 편지에는 "잊고 있다가 뒤늦게 보낸다"고 쓰여 있었다. 이겸환이 순천 관아에 이르러 부채 만드는 장인에게 부탁한 수량을 준비시켜 보낸 지 얼마 되지 않아 홍국영이 실각하였다. 이겸환이 웃으면서 "장인들이 조금만 천천히 만들었더라면 내가 3,000냥의 돈을 잃지 않았을 텐데"라고 하였다. 부채 한 자루가 한 냥에 달하는데 받은 바구니의 약값은 그 10분의 1도 되지 않는다.

심낙수가 진사가 된 이수연을 축하하지 않다

•

경자년 봄 과거시험에 이의익의 아들 이수연(李壽淵)이 진사가 되
었다. 조정 사람 모두가 축하했으나 아버지만 가지 않으셨다. 이웃
에 사는 진사 장지헌 어른이 여러 차례 강권해도 응하지 않으셨다.
아버지께서는 "홍국영을 위해 목숨을 바쳐서가 아니라 김종수의
수족이라서 그렇습니다. 분명 나쁜 사람일 것입니다"라고 하셨다.
뒤에 이수연은 진사로서 산릉충의(山陵忠義)가 되었다.

홍국영의 세상

•

참언이 맞아떨어지는 것은 말이나 시나 똑같다. 마음속에서 우러
나와 말로 드러나는 것이 반드시 부지불식간에 일어나 마치 누군
가 시키는 것 같다. 이런 현상은 어떤 이치일까?

　홍국영은 항상 대궐 안 숙위소에서 지내고 집에 돌아가는 날이
매우 드물었다. 하루는 퇴청해 집에 있는데 그를 만나기 위해 기다
리는 사람들이 거리와 집 안을 가득 메웠다. 그는 대궐로 가려다가
사람들을 불러 앞으로 오게 하고는 "어째서 그대들은 소낙비처럼
찾아오는가?"라고 물었다. 한 무관이 바로 "공께서 회오리바람처
럼 떠나기 때문입니다"라고 대꾸하였다. 그는 대구(對句)를 잘 맞
췄다고 칭찬하였다. 이른바 '소낙비', '회오리바람'은 홍국영의 세
상을 한 마디로 묘사한 것이니 어쩌면 그리 신통한가!

심낙수가 채제공의 일을 말하다

•

경자년 2월 아버지께서 경연(經筵)에서 물러나와 우리들에게 이런 말씀을 하셨다.

"오늘 볼 만한 일이 있었다. 경연이 끝나자 지경연사(知經筵事) 채제공(蔡濟恭)이 임금께 이런 말을 아뢰더라. '전하께서는 지난 역사를 두루 보셨을 텐데, 간신의 시대에 그 군주는 어떠한 군주였습니까? 지금 간신은 축출되었으나 간신과 더불어 일을 함께 도모했던 자들이 다시 간신이 되지 않도록 해야 합니다. 곧 신하와 군주가 함께 태평하다는 것은 전하께 달려 있습니다.' 그러자 임금께서 '하나도 내 잘못이요, 둘도 내 잘못이니 무슨 말을 하겠는가' 라고 하셨다. 채제공이 '아는 것이 어려운 것이 아니라 행하는 것이 어렵다'는 것이 옛사람의 말입니다. 신은 또 그렇게 하시기를 바랍니다'라고 하였다.

물러나 편전 문밖에 이르자 채제공이 홀연히 내게 다가와 '조금 전 연석에서 내가 아뢴 것을 공은 어떻게 생각하오?'라고 묻는데 흘겨보는 눈과 말하는 소리가 거만한 것이 득의양양한 기색이었다. 내가 '공이 아뢰었으니 스스로 잘 아실 텐데 어째서 남에게 묻습니까?'라고 답하자 채제공이 웃으면서 '공이니까 묻는 것이오' 라고 하더라."

이때 홍국영이 축출된 지 며칠밖에 되지 않았었다. 일을 함께 도

모했던 자들이란 바로 서명선과 정민시(鄭民始)를 가리킨다. 얼마 뒤 채제공이 탄핵을 받아 온 세상으로부터 공격을 당하였다. 10년 만에 세력을 회복해 10년 동안 정권을 잡았는데 끝내 김종수와 함께 대립각을 세워 흉당에게 모함을 당했으니, 늘그막까지 절개를 지켰다고 할 수 있다.

서유린(徐有隣, 1738~1802)의 초상화. 일본 천리대학교 소장. 자는 원덕(元德), 정조 때의 명신으로 시파의 주동자이다. 1781년에 호조 판서, 1788년 공시당상(貢市堂上), 1792년 선혜청당상(宣惠廳堂上)이 되어 국가의 재정을 담당하였다. 심노숭의 부친 심낙수와 친밀하였다. 1801년 벽파가 집권하자 함경도 경흥에 유배되어 죽었다.

정민시(鄭民始, 1745~1800)의 서른일곱 살 때의 초상화. 일본 천리대학교 소장. 자는 회숙(會叔)으로 정조대의 명신이다. 정조의 두터운 신임을 바탕으로 육조의 판서를 두루 거쳤다. 서유린과 함께 시파의 주동자로 벽파와 대립하며 정조 때의 정국을 주도했던 인물이다.

벼슬 청탁

•

인사 담당 부서에서 인재를 천거할 때 사우(士友)들의 공론을 거치는 것은 예나 지금이나 피하지 못할 일이다. 그런데 예전에는 쉽고 지금은 어려운 이유는, 예전에는 공적이었고 지금은 사사로이 하는 데 있다.

집안 할아버지 군수공(郡守公) 심희영(沈喜永)[42] 어른은 나이가 오십이 넘었는데, 집이 가난하고 어버이가 연로해 아버지께서 근심하셨다. 이조판서 이연상(李衍祥) 공이 인사를 시행할 때 아버지께서 찰방(察訪) 신경운(申景雲)에게 뜻을 전하게 하여 홍릉참봉에 제수되었는데 경자년(1780) 봄의 일이었다. 아버지와 이연상 공은 오랜 친분이 없었는데도 남의 한 마디 말을 듣고 바로 관직을 주었다. 을사년(1785) 여름에는 인천부사를 지낸 민백준(閔百準) 어른이 선혜청(宣惠廳) 낭관이 되기를 청해 아버지께서 서유린(徐有隣) 공에게 편지를 보내자 바로 임명되었다. 지금 세상에서 선혜청 낭관에 첫 벼슬하는 것은 권세 있는 자가 여러 번 청해도 얻지 못하는 일이다. 여기에서 세상이 변한 것을 알 수 있다.

---

42 심희영(沈喜永, 1730~1794)의 자는 숙경(叔慶)이며, 심노숭의 조부인 심형운(沈亨雲, 1713~1801)의 8촌 동생이다. 1777년(정조 1) 증광시에 생원으로 급제해 영천군수를 지냈다.

홍국영의 최후

•

홍국영은 쫓겨난 뒤 사방 교외의 산사와 시골 주막을 마구 돌아다니며 안절부절못해 한곳에 머물지 못하고 허둥지둥하는 것이 미친 듯하였다. 언제나 스스로 "아무개는 죽어야 옳고, 아무개는 주리를 틀어야 한다"고 혼잣말을 하며 상소나 계사를 올린 사람들을 지목하였다. 5월에 온 집안을 거느리고 강릉으로 가서 강릉부 읍 뒤쪽에 집을 짓고, 종이·부채·환약·향을 물고기와 술로 바꿔 먹었다. 서울에서 편지가 올 때마다 편지를 읽은 뒤 손으로 찢어 바닥에 버리고는 벽 쪽으로 돌아누워 훌쩍훌쩍 눈물을 흘렸다. 포구 사이를 왕래하며 시골 무지렁이와 들사람을 만나면 총애를 받았던 일을 하나하나 이야기하였다. 그를 위로하는 자가 있으면 손으로 땅을 치며 하염없이 울어댔다. 감사가 강릉부에 순시차 들렀을 때 언덕에 올라 멀리 바라보고 팔을 걷어붙이며 말하기를 "저놈이 나를 보지도 않고 가는가?"라고 하였다. 1년 만에 감기에 걸려 죽었다. 소달구지로 고향에 돌아와 장례를 치렀는데 영정에 은마도사(恩麻道士)라고 썼다. 무덤은 고양(高陽)에 있는데 봉분이 바리때를 뒤집어놓은 듯했고, 지금은 어느 자리인지 모른다고 한다.

김종수의 무소불위

•

이른바 남당과 북당의 싸움은 홍국영의 시대에 와서 비로소 크게
결판이 났다. 그 일을 주도해 좌지우지한 자가 김종수 형제였다.
북당은 남아 있는 무리가 없고, 남당에서는 김귀주가 역적으로 몰
리면서 그 나머지 무리들은 하나같이 김종수에게 몸을 의탁하였
다. 그리하여 드디어 기해년에 송덕상이 상소를 올리게 되었다. 홍
국영이 실각하자 김종수는 자기 당파를 세우고 온 천하를 호령하
였다. 그는 "홍국영의 죄는 제멋대로 권력을 독점한 것뿐인데 소
론이 송덕상의 상소를 이용해 노론을 죽이려고 하는 것은 화(禍)
를 품은 마음이다"라고 했는데, 온 세상 사람들이 감히 입도 벙끗
하지 못하였다.

　아버지께서 송환억의 죄를 논하자 김종수가 그를 비호하였다.
송덕상의 일이 발생하자 아버지께서 화가 발생한 근원을 밝히는
상소를 올리고 역적 이율이 유악주(兪岳柱)[43]를 잡으려고 하자 김

---

43 유악주(兪岳柱, 1737~?)는 1777년(정조 1) 홍인한 · 정후겸과 반역으로 연루된 윤태연(尹泰
淵) · 홍찬해(洪纘海) · 김영(金寧) 등의 처벌을 상소했고, 1781년 홍국영에게 내린 전택과 노비
등을 환수할 것을 청하였다. 1784년 11월 헌납으로 심낙수의 "사류(士流)들은 처음부터 마지
막까지 흉악한 역적들에게 이용되었다"는 말을 문제삼아 변방으로 추방하라고 상소하였다. 이
상소로 조정에 커다란 논란을 불러일으켜 같은 해 12월에 추자도로 유배되었다가 9년 뒤인
1793년에 풀려났다.

종수가 스스로 나서서 꽁무니를 내뺐다. 얼마 뒤 이율의 역적질을 고자질해 자신의 죄를 속죄하였다. 조시위(趙時偉)의 죄를 성토해 다시 조정에 들어가 자신의 삼촌인 김치인(金致仁)을 끌어주어 명망과 세력을 크게 떨쳤다.

아버지께서 김상로(金尙魯) 이하 여러 도적들을 한 명도 빠짐없이 모두 성토하자 김종수가 "이것은 나를 죽이는 것이다"라고 하며 윤시동(尹蓍東)을 시켜 아버지를 막아 벌주게 하고, 서유린 공을 중개로 삼아 연합하자고 애걸하였다. 아버지는 그 청을 물리쳐 끝내 지방직으로 내쳐지셨다. 조진정(趙鎭井)이 아버지를 무고하고, 심환지가 김종수의 의중을 떠받들었다.

영남 유생 이우(李堣) 등이 김상로·홍계희(洪啓禧) 등의 역적들을 성토하는 상소를 올리자 임금께서 이우 등을 입시하라고 명하셨다.[44] 연석에서 주고받은 이야기가 흘러나와 김종수가 발문을 지었는데, 뒷부분의 말이 윤구종(尹九宗)의 흉언과 관련된 것이 있어서 그것을 박종악(朴宗岳)이 성토하였다.[45] 그러자 김종수가 그의 손자 김동선(金東善)에게 북을 쳐서 자신의 억울함을 알리게 하였다. 김종수는 벼슬을 내놓고 물러난 뒤에도 채제공과 다투어 제각기 자신들이 의리를 지켰다고 하므로 임금께서 그 둘을 화해시

---

44 1792년(정조 16) 4월 27일 영남 유생인 이우(李堣) 등 1만 57명은 사도세자의 죄를 신원하고 그를 모해한 무리들을 처벌해야 한다는 상소를 올렸다. 같은 날 정조는 이우 등을 불러 비답을 내렸는데, 정조가 이를 받아들이지 않자 5월 7일에 다시 1만 368명이 연명해 두 번째 상소를 올렸다.

45 박종악(朴宗岳)은 1792년 5월 24일 유성한(柳星漢)을 벌할 것을 주청하며 재차 상소를 올렸다. 이 상소에서 박종악은 유성한과 윤구종(尹九宗)을 키운 것은 다름 아닌 김종수라고 지목하며 이들을 벌할 것을 강력하게 상소했으나 정조의 윤허를 받지 못하고 파직되었다.

켰다.

　선조 임금 40년 동안 한 번 나아가고, 한 번 물러나며 시종일관 정치를 독점한 이는 이산해(李山海)이고, 한결같이 이산해에게 미움을 받은 자는 정철(鄭澈)이다. 영조 임금 30년 동안 한 번 나아가고, 한 번 물러나며 한결같이 정치를 독점한 이는 김종수이고, 한결같이 김종수에게 미움을 받은 자는 아버지이시다. 이산해는 득실을 근심하는 데 불과했지만, 김종수는 하지 못하는 일이 없는 [無所不爲] 지경에까지 이르렀으니 훗날 반드시 정론(定論)이 있을 것이다.

김종후 형제가 죄받기를 청하다

•

홍봉한이 어영대장으로 있을 때 조정에서 퇴근해 집으로 돌아오
다가 문밖에서 상복 차림으로 거적에 엎드려 있는 두 사람을 보았
는데, 알아보니 김종후·김종수 형제였다. 홍봉한이 앞으로 다가가
손을 잡고서 "이게 대체 무슨 일이요?"라고 묻자, "집안의 종놈이
어리석어 어영청 소속 산의 소나무를 베었으니 그 주인이 어찌 죄
가 없겠습니까? 주상께 보고해 법대로 처벌하십시오"라고 답하였
다. 홍봉한이 여러 번 다독이자 그제야 마지못해 돌아갔다. 홍봉한
이 자식들에게 "이자들이 끝내 어떤 위인이 될지 모르겠구나!"라
고 하였다.

조경이 사돈인 이의익을 성토하다

•

신축년(1781) 3월 3일은 아우의 혼삿날이었다. 정승을 지낸 조경 (趙璥)이 강화유수로서 청포(靑袍)에 붉은 띠를 두르고 호연건(浩 然巾)을 쓴 채 초례를 올리는 자리에 계셨다. 자태가 매우 의젓해 내 눈에는 무척 존엄해 보였다. 그 어른이 나를 불러 이런 말씀을 하셨다.

"지난번 조보에서 임금께서 정승에게 내린 윤허하지 않는다는 답서 몇 구절을 읽어보고는 자네 어르신이 지은 것임을 바로 알겠 더군. 다 읽고 나서 지어 올린 사람의 이름을 확인했더니 정말이었 네. 곁에서 보던 자들이 신기하게 여기기에 내가 '무어 신기할 게 있겠소. 어림짐작으로 맞췄을 뿐이오'라고 하였지."

이는 조 정승이 자신의 감식안을 자랑한 말씀이 틀림없다. 그러 나 지금 세상 어디에서 이런 말을 들을 수 있으랴? 그런데 뒷날 이의익을 성토한 조 정승의 상소에 "그의 고기를 먹고 그의 가죽 을 깔고 자겠다"라고 한 내용이 있었다. 아버지께서 이것을 보시 고는 눈살을 찌푸리고 천박하게 여기시며 "사돈지간이라 홍낙순 을 성토하지 않은 김이소(金履素)의 처신을 조 정승은 왜 못 한단 말인가?"라고 말씀하셨다. 이의익과 조경은 친사돈 간이다.

어용겸의 객기

•

임인년(1782) 합제(合製)에서 나는 치화(穉和) 홍치영(洪致榮)과 함께 앉아 시험을 치렀다. 시제가 걸리자 갑자기 한 유생이 "이 따위 시험을 선비가 응시할 수 있겠나?"라고 크게 소리치고는 상자와 자리를 들고는 일어나 나가버렸다. 내 앞을 지나가던 그는 또 큰 소리로 "자네같이 어린 자도 함부로 응시하는가?"라고 하기에 살펴보니 어용겸(魚用謙)이었다. 내가 "왜 그러시오?"라고 묻자 그가 "몽와(夢窩, 金昌集)의 자손이 이정신(李正臣)의 자손이 주관하는 시험에 응시해야 하나?"[46]라고 하였다. 내가 "그는 그고, 나는 나요"라고 답하였다. 어용겸이 "자네도 이런 말을 하니 세도가 통곡을 그칠 수 없는 지경이로구나"라고 하더니 뒤도 돌아보지 않고 가버렸다. 그가 말한 몽와의 자손은 김인순(金麟淳)[47]을 가리킨다. 김인순이 응시한 것은 본인이 어떻게 결정했는지 전혀 알 수 없으나 어용겸의 행동은 순전히 객기에 지나지 않는다. 지금도 가

---

46 김창집(金昌集)은 노론 4대신의 한 사람으로 신임사화 때 사사되었고, 이정신(李正臣)은 소론으로 조태구(趙泰耇) 등과 더불어 노론을 탄핵해 축출하는 데 앞장섰다.

47 김인순(金麟淳)의 친부는 김창집의 증손인 김이장으로, 김원행(金元行)의 차남인 김이직의 양자가 되었다. 김원행은 김창집의 장남인 김제겸(金濟謙)의 3남으로 김창집의 아우인 김창협(金昌協)의 장남 김숭겸의 양자가 되었다. 김인순은 1808년(순조 8)에 거창부사에 제수되었다.

48 심환지의 심복이었던 어용겸(魚用謙)과 서용보(徐龍輔)를 가리킨다.

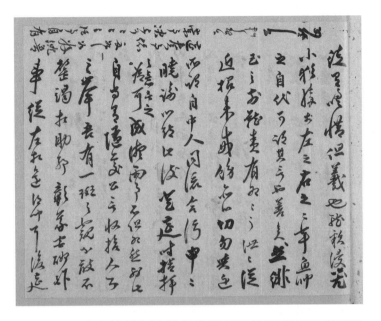

1798년 11월 27일 정조가 심환지에게 내린 어찰. 우의정 심환지의 심복인 어용겸(魚用謙)과 서용보(徐龍輔), 한용귀(韓用龜)를 언급하는 내용인데 특히 직전에 사망한 어용겸의 부재에 대해 몹시 아쉬워하고 있다. 어용겸과 서용보는 심환지의 어용굴(魚龍窟)이라고 심노숭이 지적할 만큼 벽파의 핵심 인물이었다. 어찰 말미에 "심노숭의 일은 결코 안 된다. 모든 일은 할 만한 때가 있는 법이다"라고 말한 대목이 보인다. 심환지가 심노숭을 사도시봉사(司䆃寺奉事)로 임명하려는 것에 반대하자 정조가 단호히 거부한 것으로 보인다.

끔찍 생각나면 혼자 웃는다. 어용겸은 몇 년 뒤 급제해 명성과 영광이 크게 빛나고 어용굴(魚龍窟)[48]이라 불리기까지 했으니 객기가 오히려 무기력함보다 낫단 말인가!

벽패의 도가

•

역적 이율의 집은 진고개(泥峴) 앞길에 있어서 장인(李義述)의 집
과 대문을 마주하고 있었다. 내가 왕래하면서 보면 문 앞에 안장을
갖춘 말들이 많이 서 있었다.

갑진년(1784) 8월 보름쯤에 처가에 갔는데 갑자기 큰비가 내려
귀가하지 못하고 그대로 머물렀다. 해가 저물 무렵 조정의 신하 한
명이 이율의 집으로 들어가고 말과 하인은 곧장 돌려보내는 것이
보였다. 장인이 "분명 투전꾼들이 밤에 모이는 것이라네"라고 하
였다. 알아보았더니 김이용(金履容)[49]이었다.

며칠 뒤에 선여(善如) 이돈중(李敦中)이 마침 우리 집에 왔는데,
그의 종이 선여에게 손님이 찾아와 문 앞에서 기다린다고 말하였
다. 선여가 나가기를 조금 지체했더니 갑자기 사나운 개가 짖는 듯
한 큰 목소리로 선여를 부르면서 "너는 거기서 무슨 작당을 하기
에 나와 보지 않느냐?"라고 하였다. 나는 깜짝 놀라 창문 틈으로
살짝 엿보았다. 그는 몸을 움츠린 채 문밖으로 나가더니 또 큰 소
리로 "사내대장부가 당당하게 볼 것이지 엿보는 건 무엇이냐? 내
가 이랬다고 옥당(玉堂) 패거리[50]를 내보내 잡아 가둘 테냐?" 하

---

49 1785년(정조 9) 2월에 이율의 역모를 고변한 사람이다.
50 당시 심노숭의 아버지 심낙수가 옥당의 직책인 부수찬을 맡고 있어서 이렇게 말한 듯하다.

184   자저실기

였다. 태도가 매우 험악해 급히 선여에게 나가보게 하고, 누구인지 캐물었더니 이율의 아들이었다.

당시에 파면되었던 심환지가 복직되어 용인에서 돌아와 사촌 동생 심수지(沈綏之)의 저동(苧洞) 집에 머물고 있었다. 저동과 진고개는 거리가 백 보도 되지 않아 비나 눈이 와도 심환지는 나막신을 신고 왕래하였다. 밤만 되면 이율의 집에 모여서 진고개의 술가게는 잠을 잘 수가 없었다. 얼마 후 유악주의 상소가 나오자 하인들은 모두 이율의 집을 벽패(僻牌)의 도가(都家)라고 불렀다. 도가란 공시인(貢市人)[51]이 추렴해 술을 사는 집이다.

---

51 공인(貢人)과 시전인(市廛人)을 아울러 부르는 말이다.

이단전의 과음사

•

이단전(李亶佃)은 서울에 사는 천인으로 술을 잘 마시고 시에 재주가 있었다. 스스로 필한(疋漢)이라는 호를 썼는데, '필(疋)'자가 '하(下)'와 '인(人)'으로 이루어진 점을 취해 스스로 하인놈〔下人漢〕이라고 표방한 것이다. 네 명의 검서관(檢書官)[52]을 따라다니며 시를 배웠는데 재기발랄한 시상을 종종 보여주었다. 때때로 나를 찾아오면 함께 술을 마시며 시를 지었다.

을사년 겨울 내가 정원의 정자에 있을 때 마침 눈이 많이 내렸고, 매화 화분에 꽃이 몇 송이 피었는데 적막해 아무 생각이 없었다. 이단전이 불쑥 찾아왔기에 급히 술을 내어 마셨다. 날이 저물어 머물게 하고 대화나 하렸더니 "밤에 놀기로 한 다른 약조가 있는데 어길 수 없다"며 사양하였다. 하는 수 없어 그렇게 하라고 했지만 갑자기 썰렁한 기분이 들었다.

다음 날 아침 이단전이 인근에 사는 선비 임하상(任夏常)의 집에서 죽었다는 소식이 전해졌다. 임하상과 술 약속이 있었는데, 술이 과해 갑자기 죽었다는 것이다. 만약 내가 보내주지 않았다면 죽지 않았을 텐데, 지금 생각해도 놀란 마음 가누지를 못하겠다.

---

52 사검서(四檢書). 정조 때 규장각의 검서관(檢書官)으로 뽑힌 이덕무(李德懋)·유득공(柳得恭)·서이수(徐理修)·박제가(朴齊家)를 일컫는 말이다.

한용귀와 서유린의 절교

•

병오년(1786) 3, 4월쯤 서유린 공과 자리를 함께하고 있었는데, 한 정언(韓正言)이 찾아왔다고 청지기가 알려왔다. 바로 한용귀(韓用龜)였다.

손님이 방으로 들어오자 주인은 일어나 갓을 찾아 썼다. 손님이 절을 하자 주인이 답배했고, 손님이 안부를 묻자 주인이 답하였다. 그 이후 주인은 한 마디 말도 하지 않았고 손님에게 눈길 한 번 주지 않았다. 손님도 몸을 흔들며 눈은 먼 곳을 응시하면서 손가락으로는 허공에 글씨를 쓰기만 하였다. 한참 동안 주인은 나하고만 장황하게 말을 하여 내가 정말 민망하였다. 그가 할 말이 있는데 나때문에 꺼리는 것 같아 물러가겠다고 하였다. 주인은 "좀더 머무르게. 내가 자네와 긴히 할 말이 있으니, 아이들 방에 가서 잠시 기다렸다가 꼭 다시 오게"라고 하였다. 마침내 방에서 나와 치수(穉秀, 徐俊輔)의 방으로 갔다가 잠시 후 다시 들어가니 주인과 손님이 처음처럼 마주하고 있었다. 주인은 또 나와 끊임없이 말을 하였다. 긴 하루가 저물어 손님이 인사하고 일어나자 주인도 답배하고 전송하였다.

그가 간 뒤 내가 냉큼 그 이유를 묻자 공이 말하였다.

"일이 이렇게 된 것은 차후에 저절로 알게 될 것이네."

"무슨 일이 있었는지 모르나 그가 정승이 되리라는 것은 알겠습니다"라고 내가 말하였다.

공이 "무슨 말인가?"라고 물어 답하였다.

"'코로 식초 서 말을 들이마셔야 정승이 된다'는 옛말이 있는데 방금 전 한정언이 한 일은 어렵기가 식초 서 말을 코로 들이마시는 것에 견주겠습니까? 이러고도 정승이 되지 못할까요?"

그러자 공이 말하였다.

"정승이라, 정승이라. 천지개벽하면 혹시 될까?"

내가 이어서 물었다.

"어르신의 평소 처신과 크게 다르니 심히 부득이한 일이 있었나 봅니다."

"자네 말이 맞네."

공이 웃으며 말하였다.

그 뒤에 서 공이 예전에 한용귀를 용서해주었던 일로 성상께서 매우 엄하게 나무랐다고 한다. 얼마 후 한용귀가 장문의 편지를 서 공에게 보내어 절교하였다.

한용귀의 벼슬길을 막은 김종수

•

아버지께서 예전에 "한용귀가 오래토록 벼슬길이 막혀 있는 것은 옳지 않다"라고 입버릇처럼 말씀하셨다. 한용귀가 대단히 고마워 하며 아버지를 찾아와서 이렇게 말하였다.

"김종수가 자기 손자에게 '너희는 한(韓) 청주(淸州) 집안사람 가운데 그의 아우 한정언을 보거든 반드시 피하라'고 당부했답니 다."

한 청주는 한용귀의 형인 한용화(韓用和)로 김종수의 자형이다. 한정언이 임인년에 김종수를 탄핵하는 일에 참여했기 때문이다. 한용귀가 이 이야기를 아버지께 아뢰었는데 그 의중을 알 만하다.

김이소의 사람됨

•

아버지께서 예전에 우리들에게 이렇게 말씀하셨다.

"우리 편에 굳세고 힘이 있어서 큰일을 감당하고 매우 의심스러운 안건을 결단할 능력을 가진 이로 김백안(金伯安)만한 사람이 없다. 서원덕(徐元德) 같은 이들은 그에 미치지 못한다."

백안은 김이소의 자이고, 원덕은 서유린의 자이다. 김 공이 평안도 관찰사에 제수되어 김종수에게 하직 인사를 하였다. 김종수가 "김복순(金復淳) 공은 왜 처신을 단속하지 못해 대의(大義)에 죄를 지었단 말이오?"라고 하자, 김 공이 "무슨 말씀이십니까?"라고 되물었다. 김종수가 "조시위가 자궁(慈宮, 惠慶宮洪氏)께 1만 금을 드리고서 부위(副尉)[53]의 죄상을 조사하는 방향을 바꾸었는데, 김복순이 중개한 일이오. 이것이 대의에 죄를 진 것이 아니겠소?"라고 대답하였다. 부위 정재화(鄭在和)[54]와 김복순은 내외종형제 사이이다. 김 공이 "사는 곳이 멀어 쉽게 만나지 못해 사연을 듣지 못하였습니다"라고 말하자 김종수가 "이제 들었으니 단속할 수 있

---

53 왕세자의 정실에서 태어난 딸인 군주(郡主)를 아내로 삼은 사람에게 처음 제수하는 벼슬로 정3품이다.

54 정재화(鄭在和, 1754~1790)는 1766년(영조 42) 사도세자와 혜경궁 홍씨 사이에서 태어난 딸 청선공주(淸璿公主)와 혼인해 흥은부위(興恩副尉)의 작위를 얻었다. 매부인 정조의 총애를 받았다.

겠소?"라고 물었다. 김 공이 그저 알겠다고 대답하였다. 이 이야기가 온 세상에 두루 퍼졌다.

그 일을 두고 아버지께서 이렇게 말씀하셨다.

"내가 백안에게 실망하였노라. 그자가 백안을 매우 업신여겨 감히 그런 말을 꺼낸 것이다. 마땅히 '공께서 저에게 말씀하셨으니, 그냥 듣고 말 수는 없습니다'라고 하고는 상소해 분명한 조사를 요청하는 것이 사리에 맞다. 모욕을 당하고도 그냥 있었으니 이른바 명철한 사람치고 어리석지 않은 이가 없다는 것이다. 저 흉적의 기세만 키워주었다."

김 공에 대해 개탄해 마지않으셨다.

서리의 폐단

•

남명(南冥) 조식(曺植)이 "우리나라는 반드시 서리(胥吏)의 손에서 망할 것이다"라는 말을 겪어보지 않고 하였으랴? 서리란 지방 감영이나 관아에서는 범이나 이리 같은 존재이고, 서울에서는 쥐새끼나 좀과 같은 존재이다. 이들을 바로잡을 대책을 마련하지 못한다면 실로 나라가 망해도 구제하지 못한다. 서리의 부정을 바로잡는 방법은 먼저 서울에서부터 시작해야 한다. 재정을 담당하는 아문(衙門)의 서리들은 관아에 의지해서 자손을 부양하는 것도 부족하다고 여겨 자손에게 자리를 물려주는 자가 절반이다. 젊은 시절 뚫어놓은 농간질을 탐욕을 경계해야 할 노년에까지 부린다. 선혜청과 호조(戶曹)를 잘 살펴보면 손가락으로 꼽을 수 있을 정도이다. 굳이 대책을 말한다면, 경직(京職)이나 외직(外職)의 관원과 똑같이 지방 감영과 관아에서는 정원을 줄이고 서울에서는 임기를 정해야 서리들이 오랜 기간 자리를 차지하고 제멋대로 행동하는 데 따른 농간과 폐단을 막을 수 있다.

나의 주장은 이와 같은데, 한번은 이 생각을 서유린 공께 이야기했더니 공이 매우 찬동하였다. 의관(醫官) 안재운(安在運)이 말하는데, 정민시 공이 나의 이 말을 거론하면서 병폐를 치유하는 좋은 방법이라 하였다고 한다. 정 공이 아마도 서 공에게서 들은 듯하다. 당시 두 분은 모두 나라를 경영하는 직책을 맡고 있었는데, 이

의견이 쓸 만한 대책임을 알고도 쓰지 못하였다. 그 폐단이 오래도록 고질화되고 인습이 된 탓에 대번에 바로잡지 못한 것이다. 근년에 정승 이존수(李存秀)가 선혜청의 당상관이 되어[55] 아전이 맡아보는 일을 매년 바꾸도록 제도를 정하였다. 이 또한 바라보기만 하고 목적지에 이르지는 못한 경우가 아닐까?

---

[55] 이존수(李存秀)는 1817년 선혜청 제조가 되어 선혜청 출납 업무의 폐단을 근절하였다.

정홍순의 경계

•

아버지께서 무과(武科)의 시험관이 되신 적이 있다.[56] 과거시험 장
소에 임석해 시험 성적 초본(草本)에다 합격 여부를 시험관이 직
접 쓰는 것이 관례였다. 여러 응시자 이름 밑에 원 하나를 그리고
뭉뚱그려 '불(不)' 자 하나를 쓰는데 그것도 관례였다. 명관(命官)
정홍순(鄭弘淳)이 그것을 지적하며 "한 사람 한 사람의 이름 아래
에 각각 '불(不)' 자를 쓰는 것이 무엇이 어려운가? 관례라고 둘러
대지 말라. 이는 게으른 마음이다. 이처럼 작은 일이라도 나랏일에
게으름을 피우려고 한다면 충성스러운 신하가 아니다"라고 하셨
다. 아버지께서 부끄러워하며 사죄하셨다. 아버지께서는 항상 이
일을 거론하시면서 우리에게 "나랏일을 하는 사람은 정 정승의 이
러한 뜻을 반드시 알아야 한다"고 하셨다.

---

56 심낙수는 1779년 8월 20일 국왕이 참관한 별시사(別試射)의 시험관이 되었는데, 영의정 정홍
순이 명관(命官)에 차임되었다.

시파와 벽파의 분파

•

이른바 시파(時派)니 벽파(僻派)니 하는 말은 갑진년 겨울 유악주와 이노춘(李魯春)[57]이 올린 상소의 '시(時)'자에서 비롯되었다. 영암군수를 지낸 박명구(朴命球)[58]가 그 이야기를 해주어 처음 듣고는 나도 모르게 포복절도하고 말았다. 그러자 아버지께서 말씀하셨다.

"너는 무엇이 그리 우스우냐? 나는 통곡하고 싶은 심정이다. 이러저러한 당파가 생겨나고 또 생겨나서 망하지 않는 자가 없다. 망하는 것도 물론 참을 수 없지만 그 화가 장차 어디로 돌아가겠느냐? 이것이 한때 장난삼아 웃을 일이겠느냐?"

아버지의 말씀과 안색을 살펴보니 며칠 동안 불쾌해하시기에 우리들은 감히 이 이야기를 꺼내지도 못하였다. 이윽고 골벽(骨僻)이니 육벽(肉僻)이니 심벽(心僻)이니 구벽(口僻)이니 천지개벽(天地皆僻)이니 하는 말이 생겨나더니 신유년(1801)과 병인년(1806)[59]

---

57 이노춘(李魯春, 1752~?)은 1784년 웅교로 있을 때 사도세자에 대한 영조의 처분을 온당하게 여기는 입장에 서서, 사도세자를 높이는 정책에 동조하는 인물들을 '시의(時議)'를 좇는다고 배격하는 상소를 올렸다. 그 상소는 시파와 벽파의 분립에 중요한 계기가 되는 동시에 정조의 탕평책을 강력하게 비판하는 것이었으므로 운산군(雲山郡)에 유배되었다가 1785년 흑산도에 위리안치되었다.

58 박명구(朴命球, 1731~?)의 자는 중옥(仲玉), 본관은 밀양. 1753년(영조 29) 정시 병과로 급제하였다.

에 이르러서는 극에 달하였다. 우리 아버지께서 사태의 낌새를 미리 알아차리고서 시대를 가슴아파하고 세상을 걱정하신 뜻은 하늘의 신령에게 물어보아도 확실히 인정할 것이다. 아버지께서 이런 당쟁의 물결 속에 있었다고 말한다면 아버지를 알지 못하는 자이다.

---

59 신유년은 1801년(순조 원년)에 일어난 신유사옥(辛酉邪獄)을 가리킨다. 이 옥사로 남인과 천주교도는 물론 노론 시파의 일부도 곤욕을 치렀는데, 심노숭의 아버지 심낙수도 관작이 추탈되는 화를 겪었다. 병인년은 이른바 '김달순의 옥사'를 계기로 벽파가 축출되고 김조순을 중심으로 한 시파가 정권을 장악한 일을 가리킨다.

심환지 사촌 심형지의 광증

•

역적 이율이 하동에서 반역을 모의한 일[60]에 심환지와 심형지(沈
烱之)[61]가 연루되었는데 임금께서 불문에 붙이고 죄의 기록을 의
금부에 보관하게 하셨다. 옥사가 끝난 뒤 심형지는 놀라고 두려운
나머지 광증(狂症)이 발작하였다. 그리하여 손에 칼을 들고 장성
한 자기 딸을 죽이고는 "이것은 여우다"라고 하였다. 병풍을 둘러
딸의 시신을 가리고는 앉아서 통곡하며 "사람으로서 차마 자식을
죽이다니!"라고 하였다. 이윽고 다시 병풍을 열고 웃으며 "여우는
여우로구나!"라고 하였다. 심환지가 서울에서 달려와 그녀를 묻어
주었다. 내가 선여(善汝) 이돈중을 대할 때마다 심형지를 가리켜
자네의 구범(舅犯)[62]이라고 불렀는데, 구범의 성이 호씨(狐氏)이고
선여는 심형지의 조카였기 때문이다.

---

60 정치권에서 밀려난 홍복영(洪福榮)과 이율이 1785년(정조 9) 경상도 하동에서 양형(梁衡)·문
양해(文洋海) 등과 함께 지리산에 은거하고 있는 산인(山人) 집단과 연계해《정감록(鄭鑑錄)》을
퍼뜨리며 반역을 추진한 사건을 말한다. 결국 전 현감 김이용(金履容)이 고변해 음모가 탄로나
1785년 3월 양형·문양해 등과 함께 효시당하였다.

61 심형지(沈烱之, 1744~1799)의 자는 유숙(幼肅), 호는 노주(鷺洲). 심환지의 사촌 동생이다.

62 구범(舅犯)은 춘추시대 진(晉)나라의 대부였던 호언(狐偃, BC 715?~629)을 가리킨다. 자범(子
犯)·구범(咎犯)·구범(臼犯)·호자(狐子)로도 불렸는데, 진 문공(晉文公) 중이(重耳)의 외숙이
었기 때문에 구씨(舅氏)로도 불렸다. 여기서는 구범의 성이 '호씨(狐氏)'인 점을 들어 심형지가
자신의 딸을 여우로 여겨 죽인 사실을 풍자한 것으로 보인다.

심환지 형제가 모두 과거 공부를 했는데 심형지는 과거에 합격할 가망이 없다고 스스로 판단하고 이학(理學)을 한다는 핑계로 김일주(金日柱)[63]·김종건(金鍾健)[64] 무리와 교유하였다. 역적 김귀주의 결사대인 역적 이율과 매우 가깝게 사귀다가 하동의 역모에 가담하기에 이르렀다. 얼마 후 심환지의 권세가 등등해지자 심형지를 경연관에 발탁하려는 논의가 있었는데 오래지 않아 죽고 말았다. 심형지가 죽자 그의 제자가 절효선생(節孝先生) 성수종(成守琮)의 옛일[65]에 따라 정의선생(正誼先生)이라는 사적인 시호를 올리고 명정에 썼는데, 온 세상 사람들이 비웃었다.

<hr>

63 김한록(金漢祿)의 아들이자 김귀주의 사촌 동생이다.

64 김상로의 종손이자 김종수의 족친(族親)이다.

65 성수종(成守琮)은 조광조(趙光祖)의 문인으로 1519년(중종 14) 별시문과에 병과로 급제하였다. 그해 기묘사화가 일어나 조광조가 물러나자 그의 문인이라 하여 대간의 탄핵을 받아 과방(科榜)에서 삭방(削榜)되었다. 그 뒤 다시 과거에 응시해 초시에 여러 번 합격했으나 벼슬에 뜻을 버리고 청빈하게 살았다. 그가 죽자 사람들이 절효선생(節孝先生)이라 일컫고, 김안국(金安國)이 그의 신도비에 "절효 성군의 묘(節孝成君墓)"라고 썼다(《연려실기술(練藜室記述)》 권8, 〈중종조 고사본말(中宗朝故事本末)·기묘당적(己卯黨籍)〉).

종적을 감춘 의원 정충주

•

의원 정충주(鄭忠周)는 우리 집의 오랜 식객이다. 의술이 매우 뛰어나서 그의 처방을 쓰면 열에 일곱 여덟은 효험이 있었다. 무신년 (1788) 7월에 어머니께서 설사병이 심해 드시면 바로 설사를 하셨는데, 그가 약을 쓰자 조금씩 차도가 있었다. 충주는 거의 10여 일 밤낮을 우리 집에 머물렀다. 그가 잠시 집에 갔다가 바로 돌아오겠다고 하기에 내가 허락해주었다. 그러나 다음 날 정오가 지나도록 그는 돌아오지 않았다.

걱정이 되어 내가 직접 그의 집에 가서 행방을 물어보니 부위 정재화가 불러서 갔다고 하였다. 나는 다시 발걸음을 옮겨 부위의 집으로 향하였다. 도착해보니 부위의 형인 의성(義城)현감 정재중(鄭在中)이 충주와 함께 문을 나서고 있었다. 내가 충주를 붙잡자 그는 잠시만 놓아달라고 간청하였다. 어쩔 도리가 없어 바로 돌아오라고 신신당부하고 보내주었는데 그 뒤 어디로 갔는지 알 수가 없다.

충주의 형 충은(忠殷)이 나를 보러 왔기에 그간의 일을 이야기해주었다. 그러자 충은은 정재중의 집에 찾아가 자초지종을 물었다. 돌아온 대답은 "그날 길에서 건장한 사내종 한 놈이 재갈을 물린 좋은 말에 충주를 태워서 데려갔다"고 하면서 그 뒷일은 그도 모른다고 하였다. 그날이 바로 7월 25일이다. 충주가 3년이 지나도 돌아오지 않자 처자식이 상복을 입고 발상을 하고는 그날을 기일로 삼았다. 참으로 천하의 괴이한 일이다. 충주의 아들은 이름이 신교(信敎)인데, 지금까지 우리 집에 왕래한다.

김종수의 청을 거절한 이규위

•

오익환(吳益煥)의 죄를 논할 때 김종수가 둘째 외삼촌에게 상소하도록 요구하였다. 그러자 외삼촌은 "나는 숱한 풍상을 겪었고 이제 늙어 머리가 세었으니 아무 말도 하고 싶지 않다"고 하자 김종수가 발끈하며 얼굴에 노기를 드러내었다. 결국 이홍재(李洪載)에게 죄를 묻게 하였고, 그 결과 이홍재는 명성이 자자하게 되었다.

내가 일찍이 둘째 외삼촌에게 "오익환의 죄를 논하는 것은 그다지 잘못된 일도 아닌데 왜 김종수의 심기를 건드렸습니까?"라고 묻자, 외삼촌은 웃으시면서 "내가 이런 짓을 한다면 너를 보기가 부끄럽지 않겠느냐?"라고 하셨다. 나는 그 사실을 유배지에 계신 아버지께 편지로 말씀드렸다. 아버지께서는 "네 외삼촌이 이제 돌아가시려나 보다. 어쩌면 그렇게 선한 말씀을 한단 말이냐?"라고 답하셨는데, 과연 몇 달 만에 외삼촌은 세상을 떠나셨다.

박세당을 읊은 시

•

내가 예전에 서계(西溪) 박세당(朴世堂)의 고택을 방문했을 때 다음 시를 지었다.

자식을 가르쳐 공도보(孔道輔)를 만들었고[66]	教子能爲孔道輔
벼슬을 사양하여 전담성(錢淡成)이 되었네[67]	辭官仍作錢淡成
백록동(白鹿洞) 주인 주자를 잘 알아서	終知白鹿洞中主
그 자신이 진정한 독서인이 되었네	自家要是讀書人
왕안석(王安石)의 곡학아세에 수재들 마음이 바뀌고	金陵曲學秀才變
장자가 남긴 글에 새로 주석을 붙였다네[68]	莊叟遺文賤註新

---

66 공도보(孔道輔)는 송나라 사람으로 성품이 매우 강직해 간언을 서슴지 않았는데, 특히 인종(仁宗)이 곽황후(郭皇后)를 폐할 때 극력으로 간언한 일은 유명하다(《송사(宋史)》 권297, 〈공도보전(孔道輔傳)〉). 본문에서 자식을 공도보처럼 가르쳤다는 것은 박세당의 아들 박태보(朴泰輔)가 1689년 기사환국 때 인현왕후의 폐위를 반대하는 상소를 올린 사실을 말한다. 박태보는 이 일로 심한 고문을 받고 진도로 유배 가다가 노량진에서 죽었다.

67 담성(淡成)은 송나라 사람 전약수(錢若水)의 자이다. 어떤 고승이 전약수를 "이 사람은 급류 속에서도 용감하게 물러날 수 있는 사람이다(是急流中勇退人也)"라고 했는데, 과연 그는 42세에 추밀부사(樞密副使) 자리를 버리고 과감하게 물러났다(《문견록(聞見錄)》). 박세당은 1668년 서장관으로 청나라를 다녀온 뒤 당쟁에 염증을 느껴 벼슬을 그만두고 석천동(石泉洞)으로 물러났다. 이후로 많은 관직이 제수되었으나 일절 나아가지 않았다.

68 박세당은 《장자》의 주석서인 《남화경주해산보(南華經註解刪補)》 6책을 지었다.

《사변록(思辨錄)》[69]을 굳이 다시 따질 필요 없이   不必更論思卞錄
그 자신이 진정한 독서인이 되었네   自家要是讀書人

이때가 을사년 가을 무렵이었다. 이 시가 돌고 돌아 소론의 몇몇 사람들이 접하게 되었다. 교리 성덕우(成德雨)가 아버지께 "젊은 사람의 말투가 그래서는 안 된다"고 했는데, 그 말을 듣고 아버지 께서는 웃으셨다.

나는 소론 선배 가운데 박세당을 가장 좋아한다. 그 주장의 집요함과 오류는 굳이 논할 필요도 없거니와 그의 문장과 지조는 말세에 더욱 우뚝하고, 오염된 세상 풍속에 경종을 울리기에 충분하다. 예전에 그의 문집에서 자식에게 보내는 편지를 읽은 적이 있다. 그 글에 "근래에 연명할 방도를 찾기가 매우 어렵구나. 정원에 설익은 앵두 한 말을 따서 보내니 시장에 가서 쌀로 바꾸어 보내도록 해라"라는 대목이 있었다. 그의 이런 꿋꿋한 절개와 맑은 풍모가 후대 사람들에게 비루하거나 인색한 마음이 싹트지 않게 만든다. 이런 사람을 헐뜯을 수 있겠는가? 시의 뜻이 볼 만한 구석이 있건 만 하나같이 당론으로만 몰아세우니 어찌하겠는가?

---

69 박세당이 주자학적인 고정관념을 탈피하고 공맹(孔孟)의 본지를 밝히고자 《논어》·《맹자》· 《대학》·《중용》·《시경》 등에 새로운 주석을 가하였다.

불행하게 요절한 이정재 형

•

예를 다해 상을 치르는 모습을 나는 지경(止卿) 이정재(李定載) 형
에게서 보았다. 얼굴빛과 곡하는 모습은 조문하는 이들을 흡족하
게 하는 정도에 그치지 않았다. 왼팔을 드러내고 머리를 묶는 때
부터 소상(小祥)과 대상(大祥)까지 매일같이 이루 다 닦아내지 못
할 만큼 눈물을 흘렸다. 천성이 지극한 사람이 아니면 어떻게 그
렇게 할 수 있으랴? 본래 지병이 있었는데 거듭된 상으로 몸이 상
해 초상을 다 마치지도 못하고 죽었다. 지금도 잊을 수가 없다.

둘째 외삼촌의 상을 치른 뒤 살림살이가 더욱 기울었다. 내가 형
에게 이렇게 말하였다.

"형님은 어째서 과거 공부를 하지 않나요? 녹봉을 조금이나마
받아서 조상에게 제사 지내고 가족을 봉양하는 것은 옛사람들도
많이 하던 일입니다."

형이 대답하였다.

"나도 그렇다는 생각이 없지 않으니 아우가 먼저 그렇게 하게
나. 그러나 과거 공부가 갑자기 한다고 될 일이겠나."

나는 "형님은 이미 책(策), 의(疑), 의(義)와 같은 시험 과목은 남
들이 이르지 못할 수준입니다"라고 말하고는 서로 마주보며 웃었
다. 이렇게 형님은 실제 학문을 했고, 올바르게 이치를 파악하는
사람이었다.

만약 이 형님이 신유년에 살아 있었다면 결코 그해 같은 지경에 이르지는 않았을 것이다. 서유린 공이 "정조 임금께서 평소 사석에서 '내게는 친구 같은 신하 이정재가 있다'고 하시더라"라는 말씀을 한 적이 있다. 이 말은 형님의 명성이 임금에게도 전해졌다는 충분한 증거가 아니겠는가?

부친이 쓴 제문

•

아버지께서 지으신 둘째 외삼촌의 제문(祭文)이 유배지로부터 도
착하였다. 이정재 형은 내가 영전에서 읽어 고하기 전에 자신이 먼
저 보고 싶다고 하였다. 어떤 사람이 "제문에서 평소 서로 논란했
던 것을 두루 서술하며 평정심을 잃고 격한 감정을 드러내었으니
적절히 잘라내지 않을 수 없다"고 말하였다. 제문을 본 형은 "옛사
람의 제문에도 이런 경우가 많다"고 하면서 대범하게 넘겼다. 형
은 이처럼 공정한 마음과 바른 식견을 지닌 사람이었다.

달력을 쌓아둔 김종후

•

이정재 형이 이런 이야기를 한 적이 있다.

"내가 스승의 명으로 서랍장에서 새 달력을 꺼냈다. 장 안에는 몇 년 치의 묵은 달력이 많이 쌓여 있었다. 내가 그 이유를 묻자 스승께서는 '이게 작은 일이기는 해도 분수가 있느니라. 어찌 주어서는 안 될 자에게 나누어줄 필요가 있겠느냐. 그래서 묵은 달력이 많아졌느니라'라고 하셨다. 하지만 내 생각에는 나누어주어야 하는데 주지 않은 것이다. 달력이 아무리 많다 한들 주어야 할 사람에게 모두 나누어주었다면 묵은 달력이 그렇게 많이 남아 있겠는가?"

내가 "형님의 말이 옳은데 왜 그 말을 하지 않았습니까?"라고 묻자 형은 "너무 엄한 분이라 감히 말을 하지 못하였다"라고 하였다. 스승은 김종후이다.

외사촌 형 이영재

•

외사촌 형 장경(長卿) 이영재(李寧載)는 성품이 시원시원하고 식견이 매우 올바른 사람이었다. 시문(詩文)은 패관소품(稗官小品)에 속했으나 종종 정밀한 생각과 오묘한 견해가 담겨 있었다. 우리 형제와 문장을 주고받으며 서로 가깝게 지냈다. 당론은 이견을 보이면서도 같은 점이 있었는데 마지막에는 농담하고 웃으며 끝마쳤다.

내가 바닷가 유배지에 있을 때 장경이 편지를 보내 심히 걱정하는 마음을 나타내었고 나는 답장을 보냈다. 돌아온 뒤로는 만날 때마다 반가워했고, 시문을 주고받으며 한마음으로 서로 좋아하였다. 나의 《지사록(志事錄)》[70]이 나오자 막내 외삼촌이 의리를 내세워 (반대하는) 주장을 펼쳤다. 장경은 감히 그분과 배치되는 태도를 보일 수는 없었으나 마음속으로는 심히 잘못되었다는 것을 알고 있었다.

계해년(1803)에 감역(監役)에 제수되었다. 호조판서 조진관(趙鎭寬)이 창관(倉官)[71]으로 불렀는데 몇 년 뒤에 파직되었다. 얼마 안 가서 병에 걸려 죽었는데, 아들이 없어 고양(高陽)에 임시로 장사 지냈다. 한식날 보리밥조차 올려주는 이가 없다. 그 생각만 하면 마음이 몹시 슬퍼진다.

---

70 심노숭의 저작으로 《효전산고》에 수록되어 있다. 당쟁과 관련된 정치 일화들이 기록되어 있다.

71 조선시대 군자감(軍資監) · 광흥창(廣興倉) · 의영고(義盈庫) · 장흥고(長興庫) · 양현고(養賢庫) 등의 낭관(郎官)을 이르던 말.

외숙 이규남과 의절하다

•

어머니의 막내 숙부인 참봉공(參奉公) 이사빈(李思彬)은 인륜에 독실하고 충직하며 정이 깊은 어른이셨다. 외사촌 형이 병에 걸렸을 때 공은 필히 가서 살펴보고 며칠이고 피곤해하지 않았다. 공은 내 아버지에게 매우 특별한 기대를 하고 중시하였다.

공에게는 규남(奎南)이라는 아들 한 명이 있어 일찍이 아버지와 함께 공부하게 하였다. 그 뒤에는 김종후에게 맡겨 제자가 되게 하였다. 규남이 일찍이 호서(湖西)에서 올라와 김종후를 찾아갔다. 서울에 이르러 내 외조부에게 하직 인사를 하였다. 외조부께서 다음 시를 지어주셨다.

너희 집 형편이 버티기 어려워지니	汝家形勢漸難支
몇 년이 지나면 비렁뱅이가 되겠구나	纔過數年爲乞兒
천리 멀리 스승을 찾아간들 보탬이 되랴?	千里尋師何所益
때를 어기지 말고 농사일이나 열심히 하거라!	勉渠農務不違時

시를 보면 외조부의 뜻을 바로 알 수 있다.

규남은 성품이 망령되고 천박해 김종후를 섬기면서 사론(士論)을 대변한다고 자부하며 홍봉한을 심하게 성토하였다. 병신년에는 이율·임육 무리와 더불어 김종수의 뜻을 받들어 홍봉한을 죽여야 한다는 주장을 펼쳤다. 어머니께서는 규남에게 "홍봉한은 네스승 어머니의 사촌 형제인데, 이 주장을 네 스승이 허가하였다. 내 자식들이 너를 죽여야 한다는 주장을 한다면 내가 어떻게 견디겠느냐?"라고 하였다. 그러자 규남이 "대의를 펼치고자 친척의 의를 끊는 것을 아녀자가 어찌 알겠습니까?"라고 하였다.

아버지께서 강동현감을 지내실 때 참봉공의 기제사가 되면 반드시 제수를 보태주었다. 규남이 청탁할 때에도 뜻을 받들어 후하게 도와주었다. 갑진년 유악주의 상소가 나오자 규남이 이율·임육·임형(任炯)과 함께 모의해 하는 짓이 난잡하기 그지없었다. 어머니께서는 의리를 내세워 규남과 의절하셨다.

이율의 옥사 이후 규남은 놀라 겁을 먹고는 서울에 발길하지 않은 지 여러 해였다. 과부가 된 재종 형수와 이웃에 살았는데, 남녀간의 추문이 발생해 일이 꽤 밖으로 드러났다. 형수는 글을 써서 성토하고 규남의 집을 부숴버렸다. 규남은 신주를 가슴에 안고 큰외숙의 집으로 달려갔으나 큰 외숙은 받아들이지 않았다. 형수의 남동생은 서둘러 서울로 와서 김종수를 만나 그 일을 변론해달라고 청하였다. 김종수는 "저간의 사정을 남이 어찌 알고 변론해주겠소?"라고 하였다. 소문을 들은 사람들이 명답변이라고 하였다.

그 뒤로 서울이고 고향이고 사람들이 규남을 받아주지 않았다. 하서(河西, 金麟厚)를 문묘에 배향하자는 주장이 일었을 때[72] 규남은 상소를 올렸다. 그 공으로 감역에 제수되었는데, 홍씨 집안과

---

72 《정조실록》 정조 20년(1796) 8월 8일조에 유생 이규남 등이 김인후와 조헌(趙憲)을 문묘에 배향할 것을 상소로 청했다는 내용의 기사가 보인다.

동료가 되지 않겠다는 명분으로 의리를 내세우자 그 무리들이 모두 추켜세웠다.

경신년(1800)과 신유년(1801) 사이에 명성과 위세가 높아져 여러 차례 관직을 옮겨 송화(松禾)현감에 이르렀으나 얼마 후 파직되었다. 병인년(1806) 이후 서울과 고향을 왕래하며 걸식하였다. 이서구(李書九)에게 편지를 보내고 전주 감영에서 돈을 빌렸는데, 이서구는 편지를 보지도 않고 쫓아버렸다. 한용귀는 가끔 부채와 달력을 보내면서 안부를 묻기도 하였다.

내가 일찍이 구리개 앞길에서 그를 본 적이 있는데, 겨울인데도 찢어진 갓에 다 떨어진 베로 만든 도포를 입고 두 손을 맞잡고는 어깨까지 웅크리고 절뚝거리며 걸어가고 있었다. 나이 여든에 첨지중추부사를 얻고 서울에서 죽어, 고향 선산에 묻히지도 못하였다고 한다.

식객 정수완의 집안

•

정수완(鄭守完)은 중인 이하 계층인 위항인(委巷人)이다. 어려서 고아로 자라 자신의 힘으로는 끼니를 잇지 못할 정도로 곤궁해 남의 집에 몸을 의탁하였다. 관상감(觀象監)에서 공부해 학업이 완숙해졌으나 연줄이 없어 급제하지 못하였다. 그때 판서 정상순이 시험 감독을 매우 공정하게 주관해 정수완이 급제하였다.

급제자의 이름이 공고되면 시험을 주관한 사람을 찾아뵙는 것이 관례였다. 수완은 정상순의 집 앞에서 그를 기다렸으나 열흘이 되어도 만나지 못하고 아침에 갔다 저녁에 돌아온 것이 거의 한 달이 되었다. 그제야 부름을 받아 집 안으로 들어가자 정상순이 책망하며 "주인이 손님을 보지 않으면 그냥 돌아갈 것이지 어찌 그리 귀찮게 하는가? 지금 자네를 보는 것은 이후 다시 오지 말라는 것일세"라고 하였다. 수완은 공손히 듣고는 물러나 중문 밖에서 하루 종일 기다렸다. 이러기를 한 달 남짓 하자 정상순은 또 수완을 불렀다. "내가 다시는 오지 말라 일렀건만, 구태여 내 말을 어기니 이유가 무엇인가?"라고 물었다. 드디어 수완은 몸을 기탁하고 싶다고 아뢰었다. 그러나 정상순은 대답하지 않았다. 그 뒤로 수완이 정상순의 사랑방에 머물면 한결같이 절에서의 예법처럼 오면 받아주고 떠나면 잡지 않았다.

몇 해가 흘러 추수철이 되자 정상순은 전답의 도조(賭租) 장부를 수완에게 맡겼다. 일을 마치고 돌아와 도조를 받은 장부를 바쳤는데 전에 비해 수확량이 갑절이었다. 그러나 수완은 자랑하지 않았고, 정상순도 이유를 묻지 않았다. 도조를 실은 배가 서울에 이르자 정상순은 불어난 만큼의 쌀을 갈라서 수완에게 주었는데, 해마다 그것이 상례가 되었다.

관상감에서 삼력관(三曆官)[73]은 최고 요직으로, 사망할 때까지 봉급을 주었다. 그래서 자리에 결원이 생기면 청탁이 심하였다. 정상순은 관직을 공정하게 임명했으므로 수완이 얻고 싶지 않아도 도리가 없이 그 자리를 얻었다. 주인과 손님은 관직에 대해 한 마디도 언급하지 않았다.

정상순이 평안도관찰사가 되자 수완은 그를 따라갔다. 수완은 늙은 뒤에도 매일 문안을 여쭈었으나 정상순은 말없이 바라만 볼 뿐이었다. 정상순이 죽자 수완은 슬퍼하며 천륜을 잃은 듯하였다. 몇 년이고 주인과 손님으로 하던 일을 그만두지 않았다. 아! 참으로 기이하도다!

정수완의 아들 정현좌(鄭顯佐)는 어려서부터 나를 따라 서예를 배웠는데, 남보다 빼어난 재주를 지니고 있었다. 무신년 여름 우리 집에서 글씨를 익히다가 표암(豹菴) 강세황(姜世晃)을 찾아뵙고 몇 달 만에 그의 서법을 터득하였다. 표암이 "내가 남에게 서법을 많이 가르쳤으나 정 군처럼 빠르게 성취한 자는 없었다"라고 하였다. 우리 형제의 과거시험지와 원고는 모두 그가 글씨를 썼다.

---

73 관상감(觀象監)의 벼슬로, 맡을 수 있는 직임이나 주어지는 녹봉 등에서 가장 핵심적인 지위였다. 역서를 편찬하는 일을 주로 담당하였다.

천성이 소박하고 충직해 지극정성으로 우리 형제를 섬겼다. 내가 바닷가로 유배 길에 오르자 통곡하며 나를 전송했고, 내 아우가 죽었을 때도 슬픔을 이기지 못하였다. 장례를 모두 스스로 도맡아 처리했고, 장례를 치른 지 수개월 뒤 병에 걸려 죽었다. 숨을 거둘 때 그 아내에게 "남동(南洞, 남산) 큰 서방님(沈魯崇)을 뵙고 싶소"라고 하였다. 그때 그가 걸린 병이 꺼려져 가보지 않았는데 지금까지 유감이다.

그에게는 아들 셋이 있는데 첫째는 장가들어 자식을 두었고, 둘째는 우리 집에서 일을 보고 있으며, 셋째는 남의 집에서 품팔이하며 생계를 꾸려가고 있다.

자저실기

의리 없는 노론

•

무신년(1788) 겨울 유언호(兪彦鎬)의 처분은 전적으로 임금의 격노에서 비롯되었다.[74] 성상의 덕망으로 보면 감정의 폭발이 절도에 맞지는 않으나 조정 신하들은 아무도 감히 말을 꺼내지 못하였다. 김종수가 경연에서 물러나 대청(臺廳, 사헌부)을 지나는데 대사헌 이홍재가 "유언호의 일을 어찌하시렵니까?"라고 물었다. 그러자 김종수가 소매를 저으면서 "역적이라 말하면 아무 탈이 없을 것이오"라고 하였다. 오만하고 흉포하게 내뱉는 말이 매우 흉측하였다. 유언호는 추위를 녹이는 술 한 병을 몸에 지니고 옥에 갇혔다. 이때 김종수는 판의금부사의 신분으로 의금부 관원에게 남간(南間)[75]의 죄인이 사사로이 술을 들고 가지 못하도록 명령을 내려 재빨리 그것을 빼앗았다.

을미년(1776) 김종수가 귀양에서 돌아와 광주(廣州) 사천(沙川, 모래내)에 머물 때 아들의 상을 당하였다. 경기감사 윤시동에게

---

74 유언호는 홍봉한 중심의 척신정치를 타도하려던 청명류(淸名流) 사건에 연루되어 흑산도에 유배되었다가 정조 즉위와 동시에 태도를 바꾸어 정조의 총애를 받았다. 1788년(정조 12) 판중추부사로 있을 때 조덕린(趙德鄰) 사건으로 제주 대정현에 위리안치되었다. 《정조실록》 정조 12년 12월 5일조에 정조가 유언호에 대해 한 말이 나온다.

75 조선시대 의금부 남쪽에 설치했던 감옥이다. 의금부 청사 안에 남간과 서간(西間) 두 감옥을 두었는데, 영조 때는 살인죄수 가운데 기결수(旣決囚)는 남간에 가두고, 미결수는 서간에 가두어 구별하였다. 당시 남간 죄수라고 하면 오래지 않아 처형될 자를 가리켰다.

장례에 쓸 쌀 몇 섬을 내어달라고 간청했으나 허락받지 못하였다.
이자들이 하는 짓이 다 이렇다.

정이환의 속마음

·

사도세자 묘를 현륭원(顯隆園)으로 이장할 때[76] 만사(輓詞)를 쓸
제술관에 정이환을 부른 것은 다름 아닌 김종수의 짓이다. 정이환
이 율시 한 편을 지어 단지 정조 임금을 낳은 공덕만을 노래했기에
그 속마음을 모르는 자가 아무도 없었다. 성균관 유생 유헌주(兪憲
柱) 등이 상복제도를 논한 상소를 올렸는데 주장이 올바르지 않은
것은 아니나 그 속마음은 영향을 받았다.

---

76 1776년(정조 즉위)에 사도세자 묘를 영우원(永祐園)으로 고쳤고, 1789년(정조 13)에 경기도
  화성군 태안읍 안녕리로 옮긴 후 이름을 현륭원(顯隆園)으로 고쳤다. 이에 대한 내용이《홍재전
  서(弘齋全書)》권16,〈현륭원지(顯隆園誌)〉에 자세히 기록되어 있다.

사악한 김종수와 심환지

•

김종수가 패거리를 모은다는 소문이 난 뒤 사람을 세 번 바꾸고 해를 네 번 넘겨서 드디어 조진정의 참혹한 무고가 드러났다. 김종수의 뜻을 심환지가 받들어 행하고서 끝내는 자신이 직접 뒷감당을 하였다. 유악주가 저지른 뒤 김종수가 스스로 나서는 것과 똑같다. 경술년(1790) 가을 소과의 방이 붙은 뒤 심환지가 사람을 보내 나의 합격을 아버지께 치하하였다. 아! 사악하도다.

김윤삼과 차태관의 관상술

•

평양 사람 김윤삼(金潤三)은 관상을 잘 보는 재능이 있다. 서울에 오면 반드시 내 집에 묵었다. 회시를 치르기 전에 내가 진사 시험에 장원급제할 것이라고 말하였다. 어느 날 밖에서 돌아와 "장원은 다른 사람이고, 공께서는 두 번째나 세 번째로 급제할 것입니다"라고 하였다. 그가 누구냐고 따져 묻자 치수 서준보(徐俊輔)를 가리켰다. 내가 웃으며 "초시 장원이 아닌가? 그래서 장원이라 한 것이겠지"라고 했더니 김윤삼은 "아닙니다. 새로운 기색(氣色)이 따로 나타나서 딱 맞을 것입니다" 하였다. 그 말이 과연 맞았다. 장원에게는 이른바 기색이 나타난다고 해도 두세 번째는 무엇으로 장담한단 말인가? 괴이한 일이다.

그해 겨울 아버지께서 파주에서 서울로 오셨다가 다시 돌아가려고 할 때 말과 노복, 여비를 구하지 못하셨다. 당시 평양감사 심이지(沈頤之) 어른이 돈을 보내주겠다고 약속해 오랫동안 기다렸다. 평안도 자산(慈山)의 맹인 차태관(車泰觀)이 마침 밤에 왔기에 돈이 언제 도착할지를 물었다. 점을 치더니 "군이 남이 보내주는 돈을 기다리십니까? 절로 수만 전이 생겨 내일 자시(子時, 밤 11시부터 오전 1시) 전에 얻을 것입니다. 일의 이치로는 일어날 수 없으나 효사(爻辭, 《주역》의 괘를 이루는 여섯 개의 획)가 그러합니다"라고 하였다. 닭이 울자마자 희천(熙川)군수에 특별히 제수한다는 임명장이 이르러,[77] 나도 모르게 깜짝 놀라고 경탄하였다.

나는 평생 방술(方術)을 믿지 않았는데, 김윤삼과 차태관 같은 이는 열에 대여섯이 이처럼 들어맞았다. 당(唐)나라 역술가 곽경(郭京)[78]이 이보다 나을 수 있을까? 방술이 맞고 안 맞고는 각각 때가 있어서 사람의 힘으로는 어찌할 수 없다.

---

77 심낙수는 1790년 이후 희천(熙川)군수, 제주목사 등 외직을 역임하였다. 이는 그의 언론이 과격하기에 그를 아끼는 친구 서유린이 주선하였다고 한다.

78 당나라 현종 시기에 활동한 역학가로, 그가 지은 《주역거정(周易擧正)》 3권은 지금까지도 전해 온다.

비장 심관진의 사람됨

•

서자 자손인 심관진(沈寬鎭)은 이름난 비장으로 명성이 자자해 감영에 부임하는 감사는 그를 얻지 못하면 부끄럽게 여겼다. 나는 그를 만난 적이 없었는데 신해년(1791)에 회천군으로 아버지를 뵈러 가다가 기영(箕營, 평양)을 지나게 되었다. 심이지 어른의 휘하에 있던 그가 나와 나를 보고는 묻지도 않는데 "감영 사람들이 심 사또, 심 비장이라고 부르니 이게 무엇보다 걱정입니다"라고 하였다. 내가 그 말뜻을 깨닫지 못하고 입에서 나오는 대로 "사실이거늘 왜 가장 큰 걱정이라 하는가?"라고 되물었다. 그가 "비장에게도 사또! 사또! 부르니, 비장이 왜 걱정스럽지 않겠습니까?"라고 하였다. 내가 웃으며 "요행히 성(姓)이 같군요"라고 대꾸하였다. 제 입으로 이렇게 떠벌리는 것을 보면 그 사람됨을 알 수 있는데, 그렇게 이름난 것은 왜일까? 명실상부하기가 어려운데 이 무리들조차 그러한가?

근래 심이진(沈彝鎭)도 이름이 높은데 작년에 충청도관찰사 권상신(權常愼)의 휘하에서 그를 보았다. 사람됨이 차분하고 침착한 것이 심관진보다 나은 듯하였다.

상소문의 언사

•

남학(南學) 유생의 상소는 대의에 관련된 것으로 꼭 있어야 할 것인데도 30년 동안 어느 누구도 한 마디 말조차 하지 않았다.[79] 그러다가 영남 유생들의 상소가 올라오고 나서야 그 뒤를 따라 벌 떼같이 어지럽게 일어났다. 이보다 부끄러운 일이 어디 있으랴! 내소견은 이렇다.

때마침 아내 이씨의 병세가 위독해 함께 거처를 옮겨야 하였다. 장의(掌議)인 유생 민치복(閔致福)이 나를 상소의 책임자로 추천했으나 나는 안사람의 병을 이유로 마다하였다. 그러자 공계(公戒) 홍지섭(洪志燮)이 나를 엄하게 책망하였다.

남학 유생의 상소가 있은 뒤 내가 공계에게 "상소문은 공평하고 올바름을 귀하게 여기네. '거짓으로 목을 찌른다(僞刎)'는 말을 썼

---

79 남학의 상소란 1792년(정조 16) 윤4월 27일에 경상도의 유학 이우 등 1만 57명이 유성한(柳星漢)의 일로 상소를 올린 것을 가리킨다. 여기서 30년이라고 한 것은 사도세자가 죽은 해인 1762년으로부터 30년이 지났기 때문이다.

80 홍지섭(洪志燮)은 1801년(순조 1)에 홍대협(洪大協) 등의 흉모에 찬동해 유생들의 소청(疏廳)에서 거짓으로 곡을 하는 등 국가를 음해하려는 계획을 했다는 탄핵을 당해 홍양현(興陽縣)으로 유배되었다. 《순조실록》 순조 1년 1월 15일조에 사간원에서 홍지섭 · 박하원(朴夏源) · 이우 등을 탄핵하는 글이 보이는데, 이를 살펴보면 남학 상소를 주장한 사람은 홍지섭이고, 상소의 우두머리는 박하원이었음을 알 수 있다. 같은 해 2월 26일조 기사에서 "전 참봉 심노숭을 기장현에, …… 유생 박하원을 거제부에, 홍지섭을 흥양현에 찬배하고……"라 하였다.

는데 목을 어찌 거짓으로 찌르겠는가! 이 뒤에 자네들은 반드시 이 말과 짝을 이루는 명목을 얻으리라"라고 하였다. 신유년(1801)에 사간원에서 공계가 '거짓으로 곡하였다(假哭)'고 탄핵하였다.[80] 나의 말이 등불로 환히 비추어보듯 맞아떨어져 공계에게 그 말을 해주며 서로 웃었다.

벽파들의 솜씨

•

정승 박종악의 상소가 나오자 역적의 실정을 조사해서 밝혀내고 그로 인해 나라가 의지할 세력을 얻을 것처럼 생각하였다. 그런데 터무니없는 말로 속이고 미혹하는 흉악한 무리들은 유성한(柳星漢)의 위태로운 말[81]이 뜻밖의 화를 초래했다고 한목소리로 떠들었다. 조정의 의론이 김종수를 따르고 있으니 박종악의 상소가 혼자서 한 것이겠는가! 몰래 상의하다가 그것으로는 부족해 드러내어 이야기한 것이다. 유성한의 상소는 김종수가 관여하지 않았다고 해도 윤구종의 사악한 짓은 김종수가 배후에서 조종한 것이다. 윤구종이 유성한의 성토에 등을 돌리기는 했으나[82] 어찌 김종수와 일맥상통하지 않겠는가! 서로 추켜세우다가 원수로 돌아서는 것이 이 무리들의 습성이다.

---

81 유성한은 1792년 도산서원에서 별시(別試)를 치른 것에 대해, 왕이 경연에는 참석하지 않고 유흥만 즐긴다며 노론의 불편한 심기를 우회적으로 드러내는 상소를 올렸다. 이로 인해 영남 유생들이 만인소(萬人疏)를 올리는 등 그를 탄핵하는 수많은 상소가 빗발쳤으나 정조는 그를 벌하지 않았다(《정조실록》 정조 16년 4월 18일조 참조).

82 유성한의 죄를 성토하고 탄핵할 때 간관(諫官) 윤구종은 미친병이 들었다는 이유로 함께하지 않다가 벼슬이 갈린 뒤 갑자기 병이 나았다고 하였다. 그래서 유성한을 보호하고자 병을 핑계삼았다는 탄핵을 받게 되었다. 여기에 혜릉(惠陵, 景宗의 元妃 宣懿王后의 능)을 지나면서 말에서 내리지 않은 죄까지 더해져 친국을 받던 중 죽었다.

심낙수의 상소

•

아버지께서 상소를 올려 당인의 실체를 낱낱이 밝히자 임금께서
상소를 봉해 돌려보내라고 명하시고 승정원에 단단히 일러 한 마
디라도 누설하는 자는 사형으로 다스리겠노라고 하셨다. 흉악한
무리들은 그래도 이를 퍼뜨려 전하였다. 심환지는 심계지 공에게
"아무개의 상소를 자네도 필히 보라"고 일렀고, 심 공은 더없이 안
타까워하였다. 아버지께서 상소 봉함 아래에 짧은 기록을 남겼는
데, 그 글은 문집 속에 실려 있다. 아버지께서 돌아가시자 그 상소
봉함을 관 속의 빈 공간을 채우는 데 사용하였다. 이는 예법에 없
는 일이라 마음이 매우 괴로웠다. 자손과 후세 사람들은 그 점을
잊어서는 안 된다.

홍병철의 행적과 사람됨

•

갑인년(1794) 봄 내가 아우와 함께 어깨를 나란히 하고 주자동 서쪽 골목을 지나갈 때 작은 초가집 문설주에 "차라리 뜻밖의 재앙을 받을지언정 분수에 맞지 않는 복은 바라지 않노라"라고 쓴 축문을 보았다. 아우에게 그 글을 가리키며 "뜻이야 나쁘지 않으나 말이 어찌 저리 상서롭지 못할까! 다른 글이라면 몰라도 문설주의 축문에는 어울리지 않는다. 집주인은 분명 괴팍하고 예사롭지 않은 희한한 무리일 게야"라고 말하고는 함께 웃었다.

이웃집에 물었더니 홍병철(洪秉喆)의 집이었다. 공계 홍지섭의 집에서 그 집안 가승(家乘)의 서문을 본 적이 있는데 글이 매우 뛰어나고 법도가 갖춰져 있었다. 바로 홍병철이 지은 글이라고 하였다. 보잘것없는 솜씨이기는 하지만 전통 있는 집안 사람에게서 나온 것이라 나는 마음속으로 기쁘게 여겨, 한 번 만나보고 싶은 생각이 없지 않았다. 그러나 문설주에 쓴 글이 마음에 걸려 내가 먼저 나서서 만나자 하고 싶은 마음은 생기지 않았다.

그 뒤에 이황재(李黃載) 무리가 극구 칭송한다는 소문이 들렸는

---

83 김관주(金觀柱, 1743~1806)의 자는 경일(景日). 김한록의 아들이며, 김귀주의 6촌 동생이다. 1772년 홍씨의 척신정치를 제거하라는 상소를 올렸다가 함경도 갑산에 유배되었으며, 1802년 우의정이 되어 심환지 · 정일환 · 김달순 등과 신유사옥을 일으켰다.

데 저쪽 패거리들이 그를 자신의 편으로 만들었음을 알 수 있다. 홍병철은 여강 가에 거처하며 김관주(金觀柱)[83]의 밀객(密客)이 되었다. 신유년 과거에 급제하고 선배 한림(翰林)들의 추천을 받는 등 명망이 대단하였다. 을축년(1805) 대비(정순왕후) 초상 때 만시를 짓기도 하였다.

바닷가로 유배가 10년을 겪었다고   海謫經十霜
충성스러운 넋이라며 오라비를 곡하셨네   忠魂哭阿兄

이 시를 통해서 그의 마음가짐과 행적이 어디서 나왔는지를 알 수 있다.

병인년(1806)에 관서(關西) 어사가 되었으나 추문이 있어 관직을 삭탈당하고 금고형에 연좌되었다.[84] 을해년(1815) 가을 제사에 홍병철과 이상겸(李象謙)이 대관(大官)으로 임명되었는데 이조판서 박종경(朴宗慶)이 그를 복직시켜준 것이다. 그때 나도 제관으로 제사 자리에 나아갔다. 나는 이상겸과 소싯적에 안면이 있던 터라 제사하는 자리에서 대화를 나누었는데 홍병철도 같이 앉아 있어서 말을 트게 되었다. 그때 그가 지은 가승 서문에 대해 이야기했더니 매우 기뻐하였다.

그는 작달막하고 볼품이 없었으며 어두워 보이고 허약했는데 득

---

84 홍병철은 1805년 관서 어사로 있을 때 장령 조수민(趙秀民)으로부터 명령을 체류시키고 출도 (出道)를 남발해 정체가 탄로났다는 죄목으로 탄핵을 받았으며, 1806년 장령 임업(任爗)으로부터 뇌물을 바쳤다는 혐의로 의금부에 투옥되어 문초를 당한 바 있다.

의양양하는 기색이 보였다. 문설주의 그 축문을 쓰기에 딱 어울렸고, 김관주가 인정해 발탁하기에 딱 맞아떨어졌다. 그는 얼마 지나지 않아 죽었다. 그의 형 홍병직(洪秉直)이 첫 벼슬자리로 현감에 제수되어야 했으나, 아우 탓에 자리를 얻지 못하고 끝내 면직되었다. 그 인사는 잘못이다.

서준보가임금의인정을받다

•

정동준(鄭東浚)이 실각하자 심환지가 특별히 발탁되었으니, 이른
바 '벽파가 참새처럼 날뛰자 시파는 거북이처럼 움츠러든' 격으로
'천지가 모두 벽파 세상이라'는 말까지 나왔다. 마침내 박장설(朴
長卨)과 이안묵(李安默)이 서유린·서유방 형제를 논박하는 상소
를 올리니[85] 시파가 두려워 떨며 목숨을 보전하지 못할 것처럼 여
겼다.

어느 날 치수 서준보가 사석에서 임금을 뵙고 말씀드렸다.

"신의 집안 형제와 부자(父子)가 태어나서 성장해 이곳까지 이
른 데에는 대왕의 힘이 아닌 것이 없습니다. 신에게 생각이 있는데
말씀드리지 않는다면 전하의 은덕을 저버리는 것입니다. 이안묵
의 상소가 필시 전하께 먼저 올라갔을 텐데 신의 집안에 알려주시
지 않으십니다. 신은 비록 전하의 하늘 같은 인자함에 유감이 없고
자 하오나 그럴 수 없었습니다."

---

85 이안묵이 올린 상소는《정조실록》의 정조 19년(1795) 10월 6일조에 보인다. 한편, 이안묵은 같
은 해 10월 19일에 자신을 향한 서유린의 탄핵에 대해 변명하는 상소를 올렸다. 이에 대해 정조
는 박장설의 상소로 서유방의 마음이 역력히 드러났고, 조진정(趙鎭井)의 상소로 서유린의 정
성이 확실하게 드러났다고 말하며, 남들이 화를 끼치려 한 것이 이들 형제에게는 거꾸로 복을
만들었다고 비답하였다. 이안묵은 순조가 즉위한 1800년 11월 8일에도 서유린 형제를 공격하
였다. 사도세자 신원을 주장한 1792년의 영남만인소에 동조했다고 하여 형제를 역(逆)과 사
(邪)로 탄핵하였다.

임금께서 웃으시고 새로이 말씀하셨다.

"먼저 알려주지 않았다는 말을 내가 듣지 않을 수 있을까? 그렇지만 저 무리들로 하여금 그치게 하지 못했거늘 네 집안에 굳이 알릴 필요가 있겠느냐? 내가 속으로 헤아리고 있던 터에 네가 이렇게 말을 꺼내니 네 아비들보다 훨씬 뛰어나도다!"

훗날 치수가 한 말을 서유린 공에게 들려주시고 거듭 추켜세워주셨다. 치수가 언젠가 눈물을 흘리며 이 일을 말해주었다.

이명연의 실언

•

임금께서 성덕우와 정호인(鄭好仁)에게 처분을 내린 뒤 저쪽 당파 사람들은 입김과 세력을 한층 크게 떨쳤다. 그때 여량(汝亮) 이명연(李明淵)이 망령된 말을 꺼냈다가 끝내 스스로 번복함으로써 저들의 흉악한 기염을 보태주었다. 내가 일찍이 여량에게 "노형이 언제 저들과 사이가 좋았다고 스스로를 망가뜨리며 저들에게 이처럼 은덕을 베푸십니까?"라고 말하며 서로 웃었다.

여량은 일찍이 부모님에게 병이 생겨서 서유린 어른에게 인삼을 부탁했으나 주지 않았다. 그런데 김희순(金羲淳)이 인삼을 부탁하자 상당히 후하게 주었다. 하지만 김희순은 어른을 매우 참혹하게 탄핵하였다. 온 세상에서 "인삼을 주지 않은 자도 이보다 심한 말을 어찌 할 수 있겠는가?"라고 하며 김희순을 비웃었다.

어용겸의 권력

•

병진(1796)·정사(1797) 연간에 어용굴 이야기로 대단히 떠들썩했는데, 이는 서용보(徐龍輔)와 어용겸을 이른다. 심환지가 끌어들여 포섭한 이들로서 서용보는 본래 심환지의 사람이 아니었으나 성상의 뜻을 받들어 들어갔다고 본인이 직접 밝혔다. 반면에 어용겸은 사람됨과 집안이 그들 축에 낄 수 없었는데 심환지에게 완전히 몸을 맡겨 구감(狗監, 한나라에서 황제의 사냥개를 관리하는 직책) 노릇을 하였다. 그리하여 하루아침에 서용보와 더불어 이응(李膺)과 두밀(杜密)처럼 병칭되었다.

을묘년(1795) 이전에 이익모(李翊模)가 내게 "김도이(金道而)와 어사익(魚士益) 같은 이는 우리 무리 중에는 두 사람밖에 없다"라고 했는데, 도이는 김달순(金達淳)의 자이고, 사익은 어용겸의 자이다. 내가 "공이 두 사람을 거론해 추켜세운 이유를 한번 생각해 보십시오. 문학입니까? 재능입니까? 그도 아니면 지조입니까? 의리입니까? 공께서도 네 가지 가운데 하나에 해당한다고는 분명히 말씀하지 않으시겠지만 그럼에도 두 사람밖에 없다고 말씀하신다면, 한 시대에 언변 좋고 눈치 빠른 자를 두루 살펴볼 때 이 두 사람만한 이가 없다는 것이겠지요. 이것이 사람들이 그 둘의 뒤에 굳이 서려고 하지 않는 이유랍니다"라고 말하였다. 이익모가 웃으며 "그들이 핵심 권력에 가까이 있어서 자네가 그렇게 말하는 게야"라고 하였다.

　을묘년(1795) 이후 어용겸은 단박에 이조참의와 경상감사에 올랐고, 승정원에 오랫동안 머물자 명망이 심환지에 버금갔다. 어용겸은 본래 가난뱅이 출신이라 시정(市井) 사람인 모동지(牟同知)란 자가 돈을 가지고 섬겨 수천 냥을 들여 집을 사주었다. 그런데 중문(中門)에 초헌(軺軒)이 들어가지 않자 문을 다시 세우고 사람을 초헌에 앉혀 드나들게 하여 높이를 재면서 "머지않아 초헌을 타리라"라고 하였다. 얼마 뒤 어용겸이 이질에 걸렸는데, 식객들이 요강을 돌려가며 맛을 보느라 금방 설사똥이 다 없어졌다. 그가 죽고 나자 세상에서는 "어용겸의 똥은 위숙보(衛叔寶)가 눈총 맞아 죽은 것[86]과 똑같다"라는 말이 떠돌았다.

86　위숙보는 서진(西晉)의 명사로 재주와 용모가 빼어났으나 체질이 허약해 병에 자주 걸렸다. 위숙보가 예장(豫章)에서 하도(下都)로 간 적이 있다. 그가 온다는 소문을 듣고 사람들이 담처럼 에워싸서 그를 구경하자 위숙보는 병이 깊어져 죽었다. 사람들의 시선이 그를 죽였다는 말이 돌았다.

이의술과 심환지의 절교

•

장인(李義述) 어른은 평소 심환지와 친분이 두터우셨다. 역적 이율이 낙천한 뒤로 심환지가 매우 미워해 거의 절교한 상태라 한 마을에 살면서도 왕래가 없었다. 사직령(社稷令)으로 있던 장인이 직속 상관인 심환지를 공무로 찾아뵈었다. 마침 벽에 작은 초상화가 걸려 있었다. 심환지가 "닮았는가?"라고 묻자 장인이 "닮았다고 하면 아첨하는 것이지요. 낭관(郎官)의 눈에는 전혀 닮지 않았습니다"라고 대답하였다. 심환지가 웃으며 앙심을 품었다. 장인이 현감에 임명될 차례였으나 여러 해가 지나도록 심환지가 꽉 붙잡고 있었으니 우리 집안 탓이다.

심능정이 뇌문을 돌려보내다

•

판중추부사 심이지가 연경에 가다가 도중에 죽었다. 영구가 양산
(揚山)에 이르자, 아버지께서 뇌문(誄文)을 지으시고 나를 보내 애
도를 표하게 하셨다. 유청(惟淸) 심능직(沈能直)[87]이 자리에 있다
가 읽어 영전에 아뢰었다. 심이지의 아들 심능정(沈能定)[88]은 처음
볼 때에는 순박하고 차분해 보였다. 서로 이야기를 나누고 하룻밤
을 묵고 돌아왔다.

　5개월이 지난 뒤 심능정이 내게 편지와 함께 글을 돌려보냈다.
그 편지에는 "뇌문의 문장과 내용이 평소 집안에서 들은 것과 달
라서 어쩔 수 없이 돌려보냅니다"라고 쓰여 있었다. 내용은 지나
온 일들을 서술한 것에 불과하였다. "기해년(1779)에 심환지가 김
귀주 일당을 모아 송덕상을 위해 상소를 올리니 아버지께서 심 공
을 만나 근심하고 탄식하였다"[89]라는 것과 "갑진년(1784)에 심 공
이 월출산에 유배되었을 때 세도(世道)를 근심해 아버지에게 서찰
을 보냈다"는 두마디 말을 했을 뿐이다.

　이 문장이 알려지자 심환지가 노발대발하면서 심능정에게 "돌
려보내지 않으면 너를 보지 않겠다"고 하여 이런 짓을 한 것이다.
글이 이미 알려졌으니 거절하고 돌려보낸들 널리 퍼진 상황을 어
쩌지 못하고, 이미 읽어 영전에 고했으니 돌려보낸들 스스로 속죄
하는 데 무슨 도움이 되겠는가? 심환지와 심능정이 한 짓은 똑같

이 매우 어리석다. 내가 답장을 보내면서 월출산에서 보낸 편지도 돌려보내겠다고 하자 아버지께서 엄하게 책망하시며, "저들이 도리에 어긋난 짓을 한다고 너도 흉내내다니! 양오(養吾, 沈頹之)는 아들을 두었다고 못할진대 나도 똑같게 하려느냐?"라고 하셨다.

기미년(1799) 부친상과 임신년(1812) 모친상에 심능정이 제문을 보내 조문했고, 경진년(1820) 내가 천안에 있을 때 심능정이 함양군수가 되어 지나다가 역사에 머물렀는데 관동(官童) 편에 조보를 빌려달라고 부탁하였다. 내 의중을 떠보려고 한 짓이었다. 내가 몹시 미워서 핑계를 대어 거절하였다. 심 공의 아들로서 새로운 당인이 되었으니 천하에 하지 못할 짓이 있겠는가? 아버지 영전에 읽어 바친 뇌문을 돌려보내는 놈이 오히려 먼 친척을 보살핀단 말인가?

---

87 심능직(沈能直, 1760~1804)의 자는 유청(惟淸). 심이지의 7촌 조카이며, 김조순의 부인과 사촌 지간이다.

88 심능정(沈能定, 1760~1821)의 자는 정이(靜而), 호는 소재(塑齋). 심이지의 아들이며, 심능직과 8촌지간이다.

89 《정조실록》 정조 17년 5월 12일조에 역모에 연루되었다는 비판에 대해 자신의 결백을 주장한 수찬 심낙수의 상소가 보인다.

심노승에게 원한을 품은 신씨

•

우암(尤庵) 송시열(宋時烈)의 신주가 회덕(懷德)으로부터 그 봉사
손(奉祀孫) 송흠서(宋欽書)[90]의 황해도 재령군 관아로 옮겨가게 되
자 사림(士林)의 많은 사람들이 한강 나루까지 영접을 나갔다. 우
리 형제가 심일(心一) 이지연(李志淵), 언도(彦道) 임이주(任履周),
다경(多卿) 홍익문(洪益聞)과 동무가 되어 가다 쉬다 하였다. 청파
의 주막거리에 앉아 잠깐 쉬고 있는데 신(申)씨 집안의 이른바 팔
조(八朝, '朝' 자 돌림 항렬의 여덟 명)가 나귀와 말을 이끌고 나란히
가고 있었다.

　내가 "저기 가는 자들은 오늘 강가에서 절하고 돌아가 또 그 조
상의 사당에 절할 테지. 그 이마에서 피땀이 흐르지 않을까? 저자
들과 함께하는 것은 의리상 옳지 못하다. 우리 형제는 여기서 돌아
가리라!"라고 하였다. 여러 사람들이 말렸으나 따르지 않았다. 훗
날 들으니 많은 신씨들이 크게 화를 냈고, 신유년(1801) 우리 부자
를 무고할 때 신귀조(申龜朝)가 특히 강력하게 처벌하자고 주장하
였다고 한다.

90　송흠서(宋欽書, ?~?)의 자는 계문(稽文), 호는 호은(湖隱). 우암 송시열의 7대손이다.

정주 선비 한형일

•

병진년(1796) 동짓달 내가 한양에서 파주로 가기 위해 신원(新院, 지금의 경기도 고양시 덕양구 신원동 일대) 앞길을 지나는데 밭두둑에 어떤 사람이 삿갓으로 얼굴을 가린 채 쓰러져 있었다. 하인을 시켜 살펴보니 죽은 시체라고 하였다. 내가 가서 살펴보니 미약하게나마 숨이 붙어 있었다. 하인에게 둘러업게 하여 객점 봉놋방에 눕혀놓고는 물을 데워서 먹이자 한참이 지나서야 깨어났다. 물어보니 본래 정주(定州) 사람으로 문과에 급제해 좌랑(佐郞)을 역임했으며, 이름은 한형일(韓珩一)[91]이라고 하였다.

몇 년 동안 한양에서 버텼으나 추위와 굶주림으로 죽을 지경에 이르러 개성에 있는 정주 상인을 찾아가 돈을 꾸려고 하였다. 그러나 만나지도 못하고 돌아오는 길에 이틀이나 굶어 길바닥에 주저앉아 자신도 쓰러져 누운 줄을 몰랐다고 하였다. 상의와 하의는 솜옷이 아니었고, 수없이 기운 베로 만든 도포를 걸치고 있었다. 누운 채로 숨을 헐떡이며 정신을 차리지 못하였다. 객주에게 부탁해 며칠이 걸리든 얼마가 들던 차도가 있을 때까지 돌봐주게 하고 움직일 만하면 우리 집으로 보내라고 부탁하였다.

---

91 한형일(韓珩一, 1746~?)은 유학(幼學)으로 문과에 급제해 이조가낭청(吏曹假郞廳)을 지낸 적이 있는 인물인데, 좌랑(佐郞)이라고 한 것은 이조가낭청을 말하는 것으로 보인다.

자저실기

며칠이 지나 과연 그가 파주 집으로 찾아왔다. 몇 날을 머무르며 쉬는 동안 그에게 해어진 옷가지를 주었다. 나와 함께 한양에 이르러 우리 집을 오가며 숙식을 하기도 했는데, 조철영(趙哲永)이 솜을 넣어 만든 옷가지를 주었다. 그때 마침 훈련원 보직에 임시로 문반직(文班職)을 만들어 벼슬에 떨어진 지 오래된 사람들을 채워 넣으라는 명이 내려졌다. 그래서 한형일이 훈련원 판관 자리를 얻게 되었다. 몇 년 뒤 그는 고향으로 돌아갔는데 다시는 서울에 발을 들이지 않았다. 뒤에 들으니 그는 평안도 변란에서 의병을 일으켜 도적을 토벌하다가 끝내 순직했다고 한다. 자세한 행적을 알 수 없어 안타깝다.

서유린과 김종수의 화성 싸움

•

김종수가 다섯 가지 일에 관한 장서(長書)[92]를 올린 뒤 유람을 빙자해 호서로 내려갔다. 돌아오는 길에 화성(華城)에 들러 수원유수 서유린 공과 만나 대화를 나누었는데, 그 이야기가 온 세상에 퍼졌다. 서유린 공이 죄를 인정하고 성심으로 복종했다는 것이었다.

공이 한성으로 돌아오자 내가 찾아가서 뵈었다. 좌중에 손님이 있었는데 음관으로 보였다. 공이 손님에게 잠깐 자리를 피해달라고 눈짓하였다. 손님이 나가자 공이 내게 말하였다.

"첫 벼슬한 뒤 처음 만나는 거지?"

내가 대답하였다.

"이런 시국에 아무리 어른이라고 한들 제가 어떻게 찾아뵈러 올수 있겠습니까?"

공이 말하였다.

"내가 정회숙(鄭會叔, 鄭民始)이 이조판서가 된 것을 보고 아들 (서준보)에게 '아무개(沈魯崇)가 아마도 틀림없이 첫 벼슬하겠구나'라고 이야기하였다네. 아들이 '왜요?'라고 하기에 내가 '회숙

---

92 《정조실록》 정조 20년(1796) 7월 2일조에 편지 내용이 실려 있다. 김종수는 내각에 장문의 편지를 보내 호남과 호서 지방에 자신이 다섯 가지 조항의 상소를 쓰고 있다는 유언비어가 나돌고 있다며 무고함을 주장하였다.

이 평소 마음먹은 소신 때문이지'라고 하였네. 그렇게 이야기를 주고받았는데 내 말이 과연 맞았구나."

내가 말하였다.

"그렇다면 어른께서 이조판서가 되셔도 제가 관직에 제수될 수 있습니까?"

공이 웃으면서 대답하였다.

"그렇고말고, 그렇고말고."

"그깟 일이야 굳이 입에 올릴 것도 없고, 근래 좋은 소식이 들리던데 어른께 축하드립니다."

"자네도 들은 소문이 있나보군."

"큰 손님이 화성을 지나갈 때 어른께서 나와 맞이해 후하게 접대하고는 손을 잡고 옛일을 이야기하며 기쁜 마음으로 서로 원한을 풀고 원만히 함께 돌아갔다고 하였습니다. 저들(벽파)이 '아무개도 항복하였다'고 하면서 박수치며 서로 축하했다고 하더군요. 이제 만사가 무사히 잘 마무리된 셈입니다."

"요즘 내가 변명하느라 바쁜데, 자네도 그렇게 말하는군. 그때 주고받은 대화는 내 한 번도 다른 사람에게 이야기한 적이 없고, 정회숙에게만 살짝 귀띔을 하였지. 지금 내가 자네에게 모두 이야기해주겠네. 겉으로만 봐도 지금 내가 무엇이 두렵겠는가? 저자(김종수)가 항복하기를 구걸했는데, 회숙이 나에게 '저자에게 항복했으니 지금부터 당신하고 의절이다'라고까지 말하더군. 이는 다 저들의 허황되고 과장된 말이라네. 서로 털끝만큼도 의심하지 않는 회숙까지 나를 의심하게 만들었네. 내 곧 다시 회숙을 만나 속내를 모두 털어놓을 생각이네."

"어른께서 정말로 항복했다손 쳐도 정 공이 의절까지야 하겠습니까? 제가 보기에는 그분의 말씀도 정말 그럴까 싶습니다."

"회숙이 어찌 그리 말하지 않겠는가? 종전에 마음먹은 소신이 있는데 하루아침에 항복을 구걸한다면, 내가 입장을 바꿔 생각해보아도 마땅히 가차없이 배척하고 끊어버릴 걸세."

드디어 화성에서 김종수와 만난 일을 자세히 이야기해주었다.

"그가 지나간다는 소식을 우연찮게 듣고 내 형편상 과객을 맞이하는 게 옳지 않았으나, 채 정승(蔡濟恭)이 지나갈 때에는 나가 영접하고 지금은 나가지 않으면 또 무슨 말이 나올지 모르겠기에 부득이 나가서 만나보았네. 과연 그가 반갑게 맞이하면서 성곽 위를 돌아보자고 하더군. 성벽을 구경하고 돌아온 후 그가 조용히 '우리 무리(노론)가 두 글자 시벽(時僻)을 내세운 것은 망국의 근본이지요. 나는 이야기하고 싶지 않지만 어찌하여 이 지경까지 이르렀는지 모르겠습니다'라고 하기에, 내가 '대감이 아실 일인데 소인이 어찌 안다고 도리어 소인에게 물으십니까?'라고 대답하였지.

그자가 이렇게 말을 이었네. '이렇다 저렇다 따지지 말고 지금부터는 서로 거리감 없이 오로지 국사(國事)와 의리(義理)만을 생각하는 것이 좋지 않겠습니까? 더러 대감을 헐뜯는 자가 있던데 나는 일찍이 대감은 한 점의 흠도 없고 만 가지 장점만 두루 갖추고 있다고 하였습니다. 다만, 임자년(1792) 여름의 상소[93]는 남인

---

93 《정조실록》 정조 16년 5월 5일조에 "서유린이 유성한(柳星漢)과 윤구종의 일로 상소하다"라는 기사가 보인다. 1792년 윤4월 영남 유생들이 사도세자의 누명을 벗겨줄 것을 주장하는 상소를 올렸고, 서유린도 이에 동조하는 상소를 올렸다.

과 소론 패거리에 휩쓸린 것이라 애석합니다. 지금이라도 그 잘못을 아신다면 더할 나위 없이 좋지요.'

그래서 내가 대답하였네. '소인은 평생에 한 가지도 취할 점이 없지만 임자년 상소만은 내 소신으로 아홉 번 죽어도 후회하지 않겠다고 스스로 다짐한 것이니 남인과 소론의 주장에 휩쓸린 탓이겠습니까? 예전에 소인이 상복을 입고 있을 때 성묘 길에 대감이 장수원(長水院)에서 만나자고 하여 소인이 이미 이러한 뜻을 자세히 말씀드린 적이 있습니다. 그 뒤로 이판돈(李判敦)[94]이 대감의 말씀을 저에게 전해주며 임자년 상소의 잘못됨을 안다면 두 사람이 화해할 수 있다고 하였습니다. 이에 소인은 장수원에서 이미 얼굴을 맞대고 분명히 이야기한 적이 있는데, 지금은 뜻을 굽히고자 해도 그럴 수 없으니 이른바 적흑자(翟黑子)를 저버릴까 두렵다[95]는 경우와 같다고 답하였습니다. 이 말이 필시 대감에게 전달되었을 것이니 소인은 더 할 말이 없습니다. 남인과 소론 탓이라 말씀하시나 위에 계신 임금님의 지극히 정밀하고 은미한 의리를 누가

---

94 이명식(李命植, 1720~1800)을 가리키는 듯하다. 이명식의 자는 건신(健伸), 본관은 연안. 이조참의, 병조판서 등을 역임하고, 1788년 평안도 관찰사가 되었다. 1797년(정조 21)에 판돈녕부사, 봉조하를 지냈다.

95 위(魏) 태무제(太武帝) 때 요동공(遼東公) 적흑자(翟黑子)가 뇌물을 받은 일이 발각되었다. 저작랑 고윤(高允)에게 상의한 적흑자는 그의 말에 따라 사실대로 자백하지 않아서 처형되었다. 그후 고윤이 국서(國書)를 지을 때 사실 그대로 적어 위태롭게 되자 태자가 약간의 거짓말을 하도록 권유하였다. 하지만 그는 사실대로 자백해 황제로부터 정직하다는 칭찬을 받고 죽임을 모면하였다. 그는 물러나와서 "내가 태자의 권유를 따르지 않은 것은 적흑자를 저버릴까 염려해서였다"고 하였다.

96 1784년(정조 8) 11월 29일 이노춘은 자신이 올렸던 상소(김하재가 추천한 윤득부를 성토한 상소)의 내용을 부정하고 시파인 서명선(徐命善)을 공격하는 상소를 올렸다.

감히 그 사이에서 이간질하겠습니까? 그러자 그는 그렇다면 내가 사람을 잘못 의심하였군요라고 하더군.'

내가 그 말에 이어 이렇게 말하였네. '대감께서 소인을 의심하고 노여워하시며 늘 갑진년(1784) 사건을 거론하는데 그 일과 소인이 무슨 관계가 있겠습니까? 공연히 유악주를 불러내 심모(沈某, 沈樂洙)를 논박하게 하고, 또 이노춘을 불러냈습니다.[96] 대감도 이형규(李亨逵)의 상소로 인해 뒤따라 일어나셨으면서[97] 소인과 무슨 관계가 있다고 심낙수·이명식(李命植)[98]과 싸잡아 지금까지 의심하고 노여워하는 것입니까?

갑진년 이후에는 소인도 어르신께 별다른 죄를 지은 것이 없습니다. 정미년(1787)에 대감께서 지금 말씀하신 것처럼 우리들(노론)의 분열이 걱정이니 더불어 무리지어 모여야 하고, 심낙수와는 반드시 다시 당을 합쳐 손을 잡고 함께 가야 한다고 하였습니다. 그러나 소인이 단호히 심낙수는 듣지 않을 것이라고 하였으니, 대감도 잘 아시는 바입니다. 그런데 이제 와서 무슨 새로운 죄가 생겼겠습니까?'

내가 일부러 자네 집안일을 거론해 그의 답을 듣고자 한 것이네. 그러자 김종수가 '이명식이라. 그때 그자는 줄을 잘 서서 요행

---

97 《정조실록》 정조 8년 11월 22일조에 이형규가 상소를 올려 유악주를 귀양 보낼 것을 건의하며 심낙수와 유악주의 다툼에 김종수의 이름을 등장시킨 내용이 나온다. 김종수는 자신의 이름이 심낙수와 함께 거론되자 그해 12월 1일 상소를 올려 심낙수와 자신은 관련이 없음을 주장하였다. 이로 인해 김종수 역시 논쟁에 휘말리게 되었다.

98 원문은 '이건중(李建仲)'인데, 건중(建仲)은 이명식(李命植, 1720~1800)의 자인 건신(健伸)의 오기인 듯하다.

히 기회를 잡아 약간의 자급(資級)을 얻은 것에 불과하오. 나중에 자세히 알게 되었는데 의리는 우리들(김종수네)과 조금도 차이가 없다고 하더군. 그러나 그대 집안에 대해서는 더 이상 언급하지 않았네'라고 하였네.

그래서 내가 다시 이야기하였네. '오늘 대감을 만나 소인이 드릴 말은 이뿐입니다. 다만, 대감께서 화성을 벗어나면 반드시 세상에 떠들썩하게 말이 퍼져 없는 사실을 있다고 하며 소란스러워지겠지요. 이것만은 대감께서 조정해주시기 바랍니다.'

내가 이렇게 말한 것은 세상에서 이른바 뿌리뽑는다(煎根, 뒷말이 나오지 않게 자른다)는 것이었지.

정미년(1787) 겨울에 자네 집에서 내게 보증을 서달라고 한 일이 있었는데 김종수가 '대감의 말씀이 그렇다면 저도 이런 염려가 있으니 아무쪼록 대감께서도 보증을 서주셔야겠지요'라고 하더군. 그와 내가 주고받은 대화가 대략 이러한데 밖에서 '항복을 구걸하였다'고 하니 정말 무슨 말인가? 일전에 이제만이 찾아와서 근래의 일을 이야기하며 '화성유수에 새로 제수되신 뒤라 저들이 반드시 크게 의심하고 겁낼 것입니다. 또 다섯 가지 일을 다룬 편지 때문에 호서지방을 진정시킨다는 명분을 내세워 유람하며 두루 둘러본 뒤 돌아오는 길에 화성에 들렀습니다. 그 취지가 겉으로는 원한을 풀며 은덕을 베풀었음을 자랑하는 모양새이지만, 서유린이 항복했다고 허장성세하려는 것이라 그 계책은 필시 여기에서 나왔을 것입니다'라고 이르더군. 이제만의 생각에 일리가 있네."

공이 또 말하였다.

"떠도는 소문에 내가 준 선물이 과하다고 일컫지는 않던가?"

"그 말은 들어보지 못하였습니다."

"내가 달리 준 것은 없고 밀과 50개, 술 5통, 포 여러 점으로 이 것 말고는 없었네."

"내가 자네의 무너진 집을 고치는 공사와 첫 벼슬하는 도구를 부조하고 싶네만, 지금 화성의 소문이 떠들썩한 처지에 또 자네에 게 돈을 주었다는 구설수에 오를까 싶네. 염려하지 않을 수 없으니 조금 진정되기를 기다렸다가 보내겠네."

"대화를 주고받을 때 그이가 또 사람이 없다고 탄식하더군. 그 래서 내가 '휘(輝, 심환지의 자가 휘원輝元) 대감께서 국정을 주도하 시는데, 사람이 없다는 건 무슨 말입니까?'라고 물었네. 그러자 그 가 바로 머리를 외로 틀고는 대꾸하지 않으며 마땅치 않은 의중을 보였네. 분명히 틈이 벌어진 모양일세. 예전에는 매번 '나와 심환 지는 하나이면서 둘이다'라고 하더니 지금 이처럼 말하니 무슨 일 인지 모르겠군."

"저들은 회숙(會叔)을 대북파(大北派)라며 몰아붙이니 두려워할 일이 아니겠나?"

나도 모르게 놀라 눈을 휘둥그레 뜨고 물었다.

"이건 대체 무슨 말입니까? 어째서 대북이라 하는 것이지요?"

"갑인년(1794) 봄에 올린 상소에서 대북이라 일컬었다고 하더군."

"이 설을 지어낸 것은 저 패거리들이 책임져야 할 것입니다. 저 들도 사람인데, 차마 그런 말을 하다니요."

"사리야 그렇지만 저놈들이 일찍이 사리대로 하던가?"

마침내 서로 얼굴을 맞대고 한숨을 쉬며 한바탕 대화를 나누고 돌아와 아버지께 말씀드렸다. 그러자 아버지께서 말씀하셨다.

"원덕(元德, 徐有隣)이 친구도 참 어렵게 생겼는걸. 이는 모두 스스로 자초한 일이다. 김종수가 일찍이 상소를 올려 이렇게 말한 적이 있다. '미천한 신은 만 번 죽었다 살아난 몸이라, 조정에 몸뚱이를 의탁하고 성은을 입어 위태로운 목숨을 보전하고 있습니다. 그러나 한 무리의 근신들이 끝내 저를 소원하게 대하므로 신은 하루도 죽음을 잊은 적이 없습니다.'"

김종수가 서유린을 무함하다

•

임금께서 서유린을 불러 화성 이야기가 어째서 나오게 되었느냐고 엄히 꾸짖으셨다. 서유린이 황망해 어찌할 바를 몰라 감히 대답하지 못하였다. 뒤에 김종수가 다른 사람에게 "서유린이 임금께 책망을 듣고는 눈물 콧물을 흘리며 변명했다고 하던데, 물러나와 나를 쳐다보는 눈가에 눈물 자욱이 없더라. 참 괴이한 일일세!"라고 하였다. 이 말이 온 세상에 다 퍼졌다.

이것은 저 흉악한 놈(김종수)이 스스로 다져놓은 잔꾀를 임금과 신하에게 썼는데, 필시 서유린이 그를 대신해 홀로 물줄기를 터주었다. 자기와 합해지기를 구걸한다고 사이에 끼어 소문난 이도 서유린이고, 임금을 협박한 그놈을 위해 증거를 남겨준 이도 서유린이었다. 만약 서유린이 대들지 못할 당찬 기세를 무섭게 얼굴에 드러냈다면 저 흉악한 놈이 감히 이따위 짓거리를 벌였겠는가! 안으로도 유약하고 밖으로도 매섭지 못해 저들이 업신여길 거리와 우리를 모함할 빌미를 제공하였다. 지금 또 어쩌면 이리도 심히 꺼리고 겁을 내는 말을 하는가? 아! 안타깝다.

이익모와의 친분

•

판서 여간(汝幹) 이익모는 연배가 거의 아버지뻘인데, 젊어서부터 나와 교유하였다. 성격이 악착스럽지 않고, 본보기가 될 만한 시문이 자못 많아서 내가 매우 좋아하였다. 이 판서도 내가 문학을 좋아한다고 여겨 한 편의 작품이 완성되면 내게 보여주지 않으면 즐거워하지 않았다. 이 판서 댁이 남대문의 생사당골[生祠洞]에 있었기에 산등성이를 넘어 서로 왕래하며 하루 내 있다가 돌아가고는 하였다.

을묘년(1795) 정월 이후에는 갑자기 나와의 연락을 일체 끊었다. 임언도(任彦道, 任履周)에게 "안타깝다. 태등(泰登, 沈魯崇)과 다시는 어울릴 수 없네"라고 하여 내가 듣고 웃었다. 병진년(1796) 이 판서가 연경(燕京)에 사신(서장관)으로 갔다 돌아왔기에 내가 편지로 안부를 물었다. 그의 답장에 "오가는 길에 파주의 그대 집 앞을 지나 담장과 지붕이 보였으나 갈 길이 바빠 대화를 나누지 못하였네"라고 하였고, 또 "평양의 연광정(練光亭)에 이르러 '사람의 마음이 평탄하기가 적어 늘 유감이라, 대동(大同)의 물결에 얼굴 비춰보길 바라노라'라는 시구를 하나 얻었네. 자네 의견은 어떠한가?"라고 하여 내가 또 웃었다.

무오년(1798) 추석 때 영희전 전향(殿享, 2월 10일과 8월 10일)에서 이 판서가 대축관(大祝官)으로 왔기에 만나서 평소처럼 반가워하였다. 내가 "지난번 보여주신 연광정 시는 사물에 빗대어 풍자하는 옛사람의 정신과 부합하니 정말 좋습니다. 다만, 말씀하신 '대동'이 공께서 뜻을 굽혀 저와 함께하려는 것입니까? 아니면 저에게 공과 함께하자는 것입니까?"라고 말하였다. 이 판서가 껄껄 웃으며 피차는 논하지 말고 바라는 바는 대동이라 하였다. 나 역시 웃으며 "선생의 뜻이 크기는 크다는 격이군요"라고 하였다.

이 판서가 "근무 중에 조용히 앉아 지난날처럼 나를 위해 연행에서 쓴 시문을 비평해줄 수 있겠는가?"라고 물었다. 내가 "감히 청하지는 못하지만 할 수 있다면 다행입니다"라고 답하였다. 다음날 과연 큰 권축(卷軸) 하나를 보내왔기에 며칠 동안 비평하고 돌려주었다. 後에 소장(召丈) 이노술(李魯述)이 마련한 자리에서 이 판서를 만났다. 그가 시평을 먼저 이야기하며 요즘 견해가 예전보다 낫다고 하여 내가 "견해가 시평뿐이겠습니까?"라고 답하였다.

그는 기미년(1799)의 부친상에도 조문하지 않았다. 신유년(1801) 이후 이 판서가 임언도를 볼 때마다 번번이 내 안부를 물으며 귀양지에서 얻은 것이 반드시 많을 텐데 볼 수 없다고 하였다. 병인년(1806) 임금의 은혜를 입어 내가 돌아왔으나 이 판서는 곧 귀양을 갔다.[99]

무진년(1808) 내가 함경도로 갈 때 함흥의 낙민루(樂民樓)에 오른 적이 있다. 그곳에서 "너른 들판을 멀리 보도록 먼 허공에 높은

---

99 이익모(李翊模, 1747~?)는 1806년(순조 6) 대사헌에 임명되었는데 정조의 뜻에 위배되는 말을 하여 사사된 우의정 김달순과 친했다는 이유로 양사의 탄핵을 받아 파직되고 광양현에 유배되었다.

누각 세웠구나"라고 쓰인 시판(詩板, 시를 걸어놓은 현판)을 보았는데, 이 판서의 작품이었다. 뜻과 고아한 정취가 매우 뛰어나 외울 만하였다. 나는 안타까운 마음이 들어 돌아와서 그 말을 이노익(李魯益)에게 하였다. 이때 이 판서가 귀양 갔다 돌아와 동대문 밖에 머물고 있었다. 이노익이 내게 "이 대감께서 어떻게 하면 다시 볼 수 있느냐고 묻는다"는 말을 전하였다. 내가 태릉(泰陵) 참봉으로 당직을 서느라 왕래했는데, 오가는 길이 이 판서 거처에서 멀지 않아 한 번 방문하고자 하였다. 그런데 아우가 안 된다고 고집하였고, 서치대(徐稚大)를 비롯한 여러 사람이 "이는 명예와 지조가 걸려 있다. 구구하게 하찮은 시 때문에 그를 잊지 못하고 이러는가?"라고 하였다. 얼마 지나지 않아 이 판서가 죽었다. 지금도 가끔 생각날 때가 있는데, 이는 진실로 인정상 그만둘 수 없는 일이다.

이익모의 큰 집 욕심

•

이익모가 청나라에서 돌아와 집을 구하려고 남촌과 북촌의 집주름들을 불러 "남촌과 북촌, 집값의 높고 낮음은 상관하지 말고 꼭 내 마음에 드는 곳을 찾아달라"고 하였다. 집주름들은 그가 구하는 집이 어떤 것인지 알 수가 없었다. 이익모가 곰곰이 생각하다가 한참 만에 "대안동(大安洞)과 소안동(小安洞)[100] 사이에 남향으로 문이 난 그 집은 얼마면 살 수 있는가?"라고 물었다. 여러 집주름들이 서로 얼굴만 쳐다보면서 알아내지를 못하였다. 이익모가 "그 집 검은색 후문이 대안동 길로 나 있고, 회화나무와 버드나무, 삼나무, 잣나무 등이 울창하게 그늘을 드리우고 있는데 어떻게 모를 수 있는가!"라고 하였다. 한 집주름이 "그곳은 왕자의 궁입니다"라고 하자 이익모는 자신도 모르게 겸연쩍어하였다.

이런 일이 있은 지 얼마 뒤 청주목사 홍선양(洪善養)의 상동(尙洞)[101]에 있는 고택을 7,000냥을 주고 사들였으나, 몇 년 살지 못하고 귀양 갔다 동대문 밖으로 돌아와 살다가 죽었다.

---

100 대안동(大安洞)은 서울시 종로구 소격동과 덕성여중·고, 풍문여고 일원에 걸쳐 있던 마을이며, 소안동(小安洞)은 대안동 동쪽에 있는 마을로 작은 안동이라는 뜻에서 붙여진 이름이다.
101 지금의 남대문 부근 북창동과 남창동에 걸쳐 있던 동네 이름. 상진(尙震, 1493~1564)의 집이 있던 동네를 그의 성(姓)을 붙여 상정승동(尙政丞洞)이라고 했는데, 이를 줄여 상동(尙洞)이라고 불렀다.

이익모는 본래 진위(振威, 지금의 경기도 평택) 촌놈으로 가난한 집에서 태어나고 자랐다. 사동(祠洞) 집에 바깥사랑 한 칸이 문간방 옆에 있었는데 좁아서 거처할 수 없었다. 그는 한평생 큰 집에 사는 것을 부러워해 돈이 생기자 집에 대한 욕심이 앞서 왕자궁을 문기까지 했던 것이다. 하는 짓이 이렇듯이 황당하기는 했으나 이 사람을 소인이라 평가하는 것은 맞지 않다.

오회연교-벽파의 발호

•

초계문신(抄啓文臣) 김기은(金箕殷)이 의리를 내세워 심영석(沈英錫)과는 같은 자리에 있을 수 없다고 말하였다. 심영석은 심단(沈檀)의 증손자로 심단은 신축옥사(辛丑獄事)를 주도해 대의를 해친 죄를 저질렀다. 임금께서는 심영석의 죄를 씻어주고자 김기은을 심하게 질책하셨다. 얼마 후 수찬 김이재(金履載)가 이조판서 이만수(李晚秀)의 사직 상소에 있는 몇 마디 실수를 논박하자,[102] 임금께서는 엄히 꾸짖으시고 김이재를 귀양 보내셨다. 드디어 5월 그믐날의 연석에서 천 마디 만 마디에 달하는 긴 말씀을 하셨다. 성쇠가 일어나는 계기와 조물주가 만물을 살리고 죽이는 의리는 하늘이 말씀하시는 바라서 우리가 알 수 없는 것이다.

을묘년(1795) 이후 임금께서 지나치게 한쪽으로 치우쳐 의지하는 국면이 전개되자, 당인(벽파)들이 더욱 기세를 펼쳐 성상의 속내를 듣지 않고서도 들었다고 말하였다. 오회연교(五晦筵敎)가 반포되자 고슴도치처럼 가시를 세우고 참새처럼 날뛰며 조수처럼 밀려들고 언덕처럼 무너지는 형세라서 마치 하루도 기다리지 않

---

102 김이재(金履載, 1767~1847)는 1799년 수찬으로 있을 때 정처(鄭妻)의 석방 명령을 거두어줄 것을 네 번이나 아뢰었고, 이듬해 이조판서 이만수(李晚秀)의 사직 상소가 마땅하지 않다고 상소를 올려 언양현(彦陽縣)에 유배되었다가 다시 고금도(古今島)에 안치되었다.

으려는 듯하였다. 그리하여 이서구의 상소가 마침내 올라왔다.

당초 임금께서 김기은에게 엄하게 하교하신 후 홍낙임(洪樂任)은 봉서(封書)를 올려 처벌이 너무 지나쳤다고 아뢰었다. 임금께서는 김기은과 홍낙임이 인척관계이므로 그들이 내통했다고 의심하셨다. 또 김이재가 이만수를 논박했는데, 이만수는 본래 소론 사이에 벽파라고 알려졌다. 그리하여 임금께서는 이른바 시파와 벽파의 다툼에서 홍낙임이 홀로 물길을 터준다고 판단하셨다.

임금께서는 속으로 더욱 괴로워 마침내 오회연교를 반포하셨다. 임금께서 벌을 내린 것을 후회하지 않으시면 사람(시파)들이 곧 모두 죽게 될 처지였다. 그로부터 한 달 사이에 임금께서 갑자기 승하하셨다. 벽파들이 오회연교를 받들어 유명(遺命)이라고 하면서 대역 죄인을 처벌한 안건을 뒤집어 "연교를 밝혀야 한다" 하고, 다른 편에 선 옛 신하들을 모함하면서 "연교를 받들어 행해야 한다"고 하였다. 그러나 오회연교가 어찌 한쪽으로 편중된 내용이 있었겠는가!

흉악한 사람들은 연교를 왜곡시켜 선왕(정조)은 무능하고, 어린 임금은 나라의 형세를 모른다고 하였다. 역적 도당이 보이지 않고 들리지 않는 가운데서 서로들 다투었으나, 대비(정순왕후)의 넓고 큰 덕과 더없는 인자함에 힘입어 400년 종묘사직을 오늘날 보존할 수 있었다. 당시 흉악한 역적의 무리는 "자성(慈聖, 정순왕후)께서 지나치게 어지셔서 시사(時事)를 어떻게 해볼 도리가 없다"고 말하였다. 지금 생각해보면 심장과 뼈가 아직도 놀랍다.

저 홍낙임은 자기 잘못으로 죽은 것은 아니나 죽임당할 짓을 하긴 하였다. 그 집안(혜경궁 홍씨) 사람으로서 스스로 일을 만들었

다. 제 아무리 가까운 사람이라도 사람다운 마음이 있다면 어떻게
시사나 조정 일을 거론하겠는가? 김기은이 엄한 하교를 받아 꺾
인 것이 자신과 무슨 관계가 있다고 편지글 사이에 정법(政法)을
주장할 수 있는가? 어려워하고 두려워하는 마음은 전혀 없고 제
멋대로 구는 습관이 여전히 남아 있었다. 이렇게 하고서도 자신의
몸이 무사할 자는 아무도 없다. 그렇기는 하나 홍낙임의 봉서가 아
니더라도 어찌 오회연교가 없었을 것이며, 오회연교가 아니더라
도 어찌 신유년의 화가 없었겠는가! 이는 인력으로 어떻게 할 수
없는 일이다.

　　　　　　　　　　　　　　　　　　　　　　　　자저실기

윤행임의 건릉지문

•

동짓달에 인산(因山, 국장)의 곡하는 반열(班列)에 동참하기 위해 도성으로 들어왔다. 비로소 도적놈의 신하 윤행임(尹行恁)이 지은 건릉지문(健陵誌文)에 아버지의 이름이 섞여 들어갔다는 흉한 모함을 듣게 되었다. 임언도가 소문을 매우 상세하게 이야기해주었다. 나는 이렇게 말하였다.

"인용한 말이지 본문도 아닌데다가 떠도는 말이 꼭 집어 가리키는 것도 없네. 저들은 용의주도하게 처리했다고 생각하겠지만, 내 굳이 나서서 일을 만들 것까지야 있겠는가? 조경(趙絅)이 숭릉지문(崇陵誌文)[103]에서 우암 송시열의 예설(禮說)을 배척했는데, 조경은 끝내 임금의 묘정(廟庭)에서 내쫓긴 반면 우암은 정론의 자격을 잃지 않았네. 백세(百世)의 공론을 왕릉의 지문으로 빼앗을 수는 없네."

임언도가 "작자에게 질문한 사람이 있었는데 매우 자세하게 지적하고 대답하였다네. 본문이 아니라는 핑계로 따지지 않아서는 안 될 것일세"라고 하였다.

---

103 김석주(金錫冑, 1634~1684)가 지은 현종의 왕릉 지문이다(김석주, 《식암유고(息庵遺稿)》 권 19, 〈현종대왕숭릉지문(顯宗大王崇陵誌文)〉). 조경은 인조의 왕릉 지문을 지었으므로 착오가 있었던 듯하다.

나는 이렇게 대꾸하였다. "따질 방법도 없고, 따질 뜻도 없네. 그자가 남들에게는 자세히 말한 것을 문장을 쓰면서 없앤 이유가 무엇일까? 문리(文理)와 어조를 살펴보면 원래의 문장이 완성되고 나서 이 단락이 추가된 것임을 알 수 있네. 급히 받들어 행하느라 글자가 와전되었다고 판단하면서도 현격하게 상반됨을 살피지 못한 것이 아닌가?"

훗날 산행할 적에 포천을 지나가다 송우리(松隅里)에서 서유린 공을 찾아뵈었다. 어른께서 이런 말씀을 하셨다.

"어떤 사람이 자네가 왕릉 지문에 있는 구절 때문에 곧 징을 쳐서 변론할 것이라는 말을 하기에, 내가 그들이 내게 알리지 않고 이런 일을 할 리가 없으니 이것을 두고 속담에서 '불난 집에서 불이야 외치는 격'이라고 답해주었네."

내가 대답하였다.

"말씀하신 대로입니다. 흉악한 무리는 신축년(1781) 처분을 기어코 왕릉 지문에 새겨 넣고 싶었겠지요. 그런데 윤행임이 아버지를 배척해 말하기를 원치 않아서 자구(字句)를 지우고 고쳐 어지럽게 만들었습니다. 그러고서도 우리 집안에서 징을 치며 변론할 것이라고 떠들었으니 그 심보가 대단히 고약합니다."

김귀주가 충신으로 둔갑하다

•

임금의 무덤에 흙을 덮자마자 상소문이 날마다 빗발치고 유배형을 받거나 관직을 삭탈당하는 자들이 잇달아 나왔다. 조정이 혼란스러워 길을 가는 사람마저도 탄식하였다. 경신년(1800) 섣달과 신유년(1801) 정월 무렵에 서용보의 상소와 이병모의 상주문이 올라왔는데,[104] 이른바 하늘과 인간의 기강이 땅바닥에 떨어져 달리 구제할 길이 없어졌다. 자식으로서 백골이 된 그 아비의 몸뚱이를 두 조각으로 절단하고, 신하로서 그 임금이 와신상담해 만든 안건을 한 마디 말로 뒤집었다. 바로 '김귀주가 충성스런 절개를 지키다 남쪽 변방에서 병으로 죽었다'는 것이다.

김문순은 할아버지 김창집(金昌集)을 김귀주와 나란히 부르고 예찬함으로써 할아버지를 팔아먹었다.[105] 서용보와 이병모 두 사람보다 심보가 더욱 고약하고 생각은 더욱 각박하다. 저들은 하늘

---

104 1800년 12월 29일에 영의정 심환지가 김귀주의 포장을 요청했는데, 이병모와 이시수가 심환지의 주장에 동조했고, 우의정 서용보도 상소를 올려 그들과 뜻을 같이하였다. 또 1801년 1월 4일에는 영부사(領府事) 이병모가 상주문을 올려 김귀주의 추증을 요청하였다.

105 《순조실록》 순조 1년 1월 23일조에 다음 내용이 보인다. "신축년과 임인년 당시에는 신(김문순)의 조부 충헌공(忠獻公) 김창집과 같은 두세 명의 대신들이 몸을 바쳐 순국해 세도(世道)의 빛이 되었습니다. 신이 조부의 손자로서 불초해 이미 을미년과 병신년 사이에 목숨을 바쳐 보답하지 못하고, 오로지 고 재신(宰臣, 金龜柱)으로 하여금 혼자 흉역의 무리를 막다가 패망하게 하였습니다. 스스로 돌아보건대 부끄럽고 분해 몸둘 바를 모르겠습니다."

로부터 본성을 부여받아 나란히 사람이 되었건만 하루아침에 이 지경에 이르렀으니 이것이 대관절 무슨 도리인가? 후세의 천하 사람들은 그때를 떠올려볼 수 있으리라. 내가 유배 가다 서울을 지나며 다음 시를 지었다.

대지를 덮는 흙먼지 일어나 해도 흐릿한데   捲地浮塵日欲微
저녁 바람 비를 몰아 길손의 옷깃에 몰아치네   夕風吹雨落征衣
성곽만은 늘 예전처럼 남아 있으라!   但敎城郭長依舊
떠났던 정령위(丁令威)가 다시 돌아오도록[106]   莫恐令威去不歸

　이백사(李白沙, 李恒福)의 시에 차운하되 원뜻과는 반대로 하여 성곽도 예전과 똑같지 않음을 염려하였다. 이는 사실을 기록한 것이다.

---

106 도잠(陶潛)의 《수신후기(搜神後記)》〈정령위(丁令威)〉조에 나오는 표현이다. "정령위는 본래 요동인(遼東人)인데, 영허산(靈虛山)에서 도(道)를 배웠다. 후에 학(鶴)으로 변해서 요동으로 돌아가 성문 화표주(華表柱)에 내려앉았다. 그때 한 소년이 활을 쏘아 맞추려고 하자 학이 날아오르며 공중을 이리저리 돌다가 '새여, 새여, 정령위여. 집 떠난 지 천 년 만에 이제야 돌아왔네. 성곽은 옛날 그대로인데 사람은 변했구나. 선도(仙道)를 배우지 않아 무덤만 즐비하구나(有鳥有鳥丁令威, 去家千年今始歸, 城郭如故人民非, 何不學仙塚壘壘)'라고 하였다."

벽파의 보복

•

경신년(1800)과 신유년(1801)의 화변에 당인(벽파)의 의도가 은인
에게 보답하고 원수를 갚기 위해 충신과 역신을 뒤집어버린 데 그
쳤겠는가! 이전에 권유(權裕)가 상소를 올렸는데 몇 년 동안 이 상
소에서 잠시도 잊지 않은 계책과 목표가 바로 김씨들 여럿이었다.
기어코 해치려는 지경에 이르자 '이 계책을 성공시키면 우리 뜻을
이룬다'고 판단하였다. 김이도(金履度)를 모사의 주동자로 몬 뒤
곁에서 때리고 옆에서 공격했고, 김려(金鑢)에게는 은밀한 길을 물
으며 혹독하게 심문하고 이익으로 꾀었다. 이는 모두 해서는 안 될
일이었으나 하면 뜻을 이룬다고 여긴 것이다.

　세상에는 자세히 살펴보아야 실정을 파악할 수 있는 일이 있고,
그 자리에서 열어보고 바로 판단할 수 있는 일이 있다. 이른바 김
한기(金漢耆)의 유소(遺疏)는 자세히 살펴볼 필요도 없이 펼쳐보
면 바로 드러나기에 그를 대역률(大逆律)로 처단하더라도 세상에
는 이견이 없다.

　김한기가 죽었을 때 즉시 이 유소를 선대왕(정조)께 올리자 선대
왕께서 보시고 내치셨다. 선대왕에게 내침을 당한 것을 이안묵이

107　이안묵(李安默, 1756~1804)은 1801년 1월 6일 홍낙임을 탄핵하는 한편, 김한기의 유소에 관
　　해 상소하였다.

그날 다시 올렸다.[107] 10여 년을 보관해두고 기다린 것이 어느 때
인가? 다른 일을 캐묻지 않아도 이 짧은 글만으로도 미루어 판단
할 수 있다. 백 명, 천 명이 주둥아리를 놀려 변론하더라도 받아들
여지지 못할 것이다. 이안묵의 본건과 다음 안건에 대해 특별히 극
형에 처한 성상(순조)의 의중은 명확한 분부가 없더라도 잘 알 수
있다.

벽파의 흉계

•

흉악한 무리들이 김한기의 유소를 바쳐서 선대왕을 모함하고 한쪽 편(시파)에 재앙을 조장하였다. 인간의 마음을 갖춘 자라면 어느 누군들 피로 얼굴을 적시고 눈물을 삼키지 않겠는가? 그러나 죄안을 바로잡아서 선대왕의 영정에 고하지도 못했고, 사실을 분명히 밝혀 여러 신하들의 원통함을 바로잡지도 못하였다. 선대왕의 처분을 읽을 길도 없고, 신하들의 원통함을 호소할 길도 없는 채로 그럭저럭 5년이 흘렀다.

을축년(1805) 판중추부사 심이지가 다시 복권되고 여러 사람들이 차례로 사면되었지만, 큰 경사에 관례대로 시행되는 사면에 불과하였다. 그 일과 무슨 큰 관계가 있다고 일을 이렇듯 구차하게 거행하니 무슨 수로 천하 후세의 논란을 막겠는가!

흉악한 무리들의 간계와 말은 하나같이 군신과 상하를 한데 몰아 차마 입에 올릴 수 없는 흉악한 무고를 저지르는 것이었다. 신유년(1801)에 저들의 실상을 밝혀내지 못한 것은 형세 탓이 크지만 그들로부터 얻은 죄명은 일절 사면해야 하고, 처벌받은 본래 안건도 완벽하게 풀려야 한다. 겨우 30년 세월이 지난 정도이므로 분명히 이전 신하들이 목도한 사건이 한두 건에 그치지 않을 것이다. 게다가 전해오는 말이 전혀 없겠는가? 조정에서 사신 한 명을 보내 조사관 두세 명과 함께 하루 이틀 모여 안건을 살피고 조사해 실상을 파악한다면 선대왕을 모함한 일도 밝혀내고, 신하들의 원통함도 바로잡을 수 있을 것이다. 흉악한 무리의 참혹한 계책과 교활한 말도 폭로하고, 천하 후세에 의심하고 논란하는 것도 속시원히 풀 수 있을 것이다. 이 일을 하지 못한다면 생각이 얇고 식견이 짧다고 하리라.

노루 때린 몽둥이

•

당인들은 사류(士類)임을 자칭하고 의리(義理)를 자처하며 50년 동안 소굴을 만들어 온갖 못된 짓을 자행하였다. 끝내 천고의 불행한 때를 만나 천고에 없을 흉악한 짓을 저질렀다. 남들이 따라오지 못할 튼튼한 기틀을 세우고 불후의 명성을 쌓을 것처럼 하더니 고작 이루어놓은 것이라고는 신묘년(1771)에 김한기가 고변한 것[108]을 입증한 것에 불과하다. 이것이 세상이 좋아지고 나빠지는 계기와 저들의 잘잘못에 영향을 끼칠 거리가 되겠는가? 단지 사람을 마구 죽였다는 헛된 명성만 한껏 얻었고, 긴요한 이득이 전혀 없다. 저들도 왜 모르랴마는 사방을 돌아보아도 손쓸 데가 없어서 하는 수 없이 노루 때린 몽둥이[109]를 다시 찾은 것이다. 참으로 천하

---

108 《정조실록》정조 즉위년 9월 11일조에 정조가 "김귀주의 죄를 내가 다시 유시하겠다. 신묘년의 궁성 호위는 실로 김한기가 한 일에서 연유되었다"라 하고, 어영대장 김한기를 삭직하도록 명하였다. 또 이튿날 정조가 "신묘년 2월 5일에 이르러 대가(大駕)가 옛날 사저로 나간 밤에 김한기와 정후겸(鄭厚謙)은 내가 따라가지 않은 틈을 엿보아 사사로이 임금을 뵙고 현혹시켜 못 하는 짓이 없는지라 바로 대궐로 호위하는 조처를 취하였다"고 하였다.

109 '노루 때린 몽둥이 삼 년 우린다', '노루 때린 막대기 세 번이나 국 끓여 먹는다'와 같은 속담으로, 조금이라도 필요한 것을 두고두고 우려먹는다는 뜻이다.

110 이담(李湛)은 사도세자의 손자이자 정조의 조카이다. 은언군 인(䄄)의 장남으로, 1778년 정조비 효의왕후(孝懿王后)가 소생 없이 갑자기 승하하자 홍국영의 뜻에 따라 원빈(元嬪)의 양자가 되어 완풍군(完豊君)에 봉해졌다. 이어 상계군(常溪君)으로 이름이 바뀌어 책봉되어 정조의 후계자로 추대되려 했으나, 홍국영의 마음에 들지 않아 모반죄로 몰려 유폐되고 1786년 음독자살하였다. 이 일로 은언군은 강화에 이주하게 되었다.

에 가소롭다.

그럼에도 이담(李湛)을 옹립하려는 계책[110]은 저들이 김귀주의 원수를 갚고자 벌인 일임을 사람들이 다 알고 있으니 천하 후세의 눈과 귀를 가릴 수 있겠는가? 역적을 치는 장계(狀啓)에서 '홍낙임이 고양에, 이인(李䄄)이 강화에 있을 때 이어진 물줄기로 서로 내응하였다'고 했고, '홍낙임은 동대문 밖에 있던 자이니 이인과 서로 이어지지 않겠는가?'라고 했으니 저들이 하는 말이 대개 이렇다. 홍낙임을 치는 장계를 대비가 인가하자, 김맹여(金孟如)가 박종보(朴宗輔. 순조의 외가) 형제에게 이렇게 말하였다.

"임금의 가까운 외가가 우스운 일로 죽임을 당하게 생겼는데 그대들이 도와주지 않는다. 그대들도 훗날 이런 처지가 될 수 있지 않는가?"

그러자 박종보가 "그대의 말이 정말 옳다. 그러나 우리가 어디다 손을 써보겠나?"라고 답하였다. 김맹여가 "그대의 지위로 권세가에게 이야기한다면 어쩌면 움직일 수도 있을 겁니다"라고 하였다.

박종보는 그럴 생각이 있었으나 동생이 끝내 반대했다고 한다.

자저실기

청나라에 추문을 보고하다

•

청나라 조정에 보내는 상주문에 인(絪)과 담(湛)의 부인들이 사옥 (邪獄)에 관련되었다는 내용이 포함되어 있었다. 종친 서춘군(西春 君) 이엽(李燁)이 공적인 자리에서 사람들을 앞에 두고 "당신들은 집안사람들의 불미스러운 일이 있으면 이웃집에서 알게 될까 봐 두려워한다. 그런데 주상의 가까운 친척의 일을 3천리 밖 오랑캐 조정에까지 알리는 것은 무슨 의리인가?"라고 하였다. 모두들 낯 빛이 변하였다.

심환지의 극적과 악역

•

심환지가 훈련도감 도제조(都提調)가 되었을 때 순령수(巡令手)[111]를 끌어내어 뜰에서 이루 말할 수 없이 심하게 욕을 보였다. 전에 독기 어린 원망이 있었던 것도 아니고, 술에 취한 주정도 아니었다. 조용히 서서 꾸짖되 다만 "극적(劇賊)이다, 악역(惡逆)이다"라고만 계속해서 반복했는데, 샘물이 솟아나고 바람이 불어오듯 하였다. 좌우에서 그를 끌고 나오자 그자는 "내 죽으라면 죽겠다. 통쾌하고도 통쾌하다!"라고 하였다. 해당 군영에 명을 내려 장살(杖殺)하였다. 이것이 임술년(1802) 여름 사이에 있었던 이른바 극적과 악역이다. 이는 죄명만 있고 구체적인 죄상이 없다. 그자의 말은 마치 귀신의 주문과 같아 예정평(禰正平)이 나체로 꾸짖은 일[112]과 단태위(段太衛)가 홀을 들어 때린 것[113]이 어찌 이러하였으랴? 괴이하다 하겠다.

---

111 대장의 전령과 호위를 맡고, 깃발 따위를 받들던 군사.

112 예정평(禰正平)은 후한 때의 예형(禰衡)을 말한다. 예형이 조조의 연회 때 북을 치러 나가면서 헌옷을 입고 갔는데, 그것을 나무라자 옷을 다 벗고 북을 쳤다고 한다.

113 단태위(段太衛)는 당나라 사람으로 이름은 수실(秀實)이다. 단태위가 사농경(司農卿)으로 있을 때 주자(朱泚)가 모반을 일으켰는데, 단태위의 인망이 높은 것을 생각해 자신을 맞이하도록 하였다. 단태위가 거짓 협력하는 체하면서 하루는 일을 논하는 척하다가 갑자기 상홀(象笏)을 빼앗아 내리치고 그의 얼굴에 침을 뱉으며 크게 꾸짖으니 홀이 이마에 맞아 유혈이 주자의 얼굴을 뒤덮었다고 한다.

조상을 팔아먹은 김문순

•

평안도 관찰사 김문순이 명절에 황주목사 조영경(趙榮慶)에게 선물을 보낸 일이 있었다. 조영경이 사양하며 "저 사람의 조상이 곧 우리 조상이다.[114] 저 사람이 조상을 팔아 자리를 얻었다. 나는 차마 우리 조상의 자손으로 자신의 조상을 팔아 보낸 물건을 받지 못하겠다"라고 하였다. 사람들이 듣고는 통쾌하게 여겼다.

내가 조용히 풍고(楓皐, 金祖淳) 공에게 "종조부 형제[115]는 매우 가까운 친척이니 김문순의 상소에 대해 공은 그 책임을 피할 수 없을 것입니다"라고 하였다. 풍고는 "상소를 바친 뒤에야 부본(副本)을 보여주었기에 만류하려야 할 수 없었네. 상소를 바치지 않았다고 해도 그가 목숨을 걸고 하겠다는 것을 종조부 형제간은 말할 것도 없고 친형제인들 무슨 수로 막을 수 있겠는가?"라고 하였다. 내가 "말씀하신대로겠지요. 조상도 파는 자가 종조부 형제의 말을 들을 리가 있겠습니까?"라고 하였다.

김문순이 약관의 나이에 급제했을 때, 청주목사를 지낸 아버지 김이신(金履信)이 축하연에서 당시 정승인 홍봉한에게 "이 아이는

---

114 조영경의 조부인 조태채와 김문순의 고조부인 김창집은 같은 노론으로, 신임사화로 인해 함께 사사되었다.

115 아버지의 사촌 형제를 말하는데, 김조순의 아버지인 김이중(金履中)과 김문순의 아버지인 김이신(金履信)이 사촌지간이다.

제 아들이 아니라 공의 아들입니다"라고 한 적이 있다. 아비가 그
아들에게 다른 사람을 아버지라 부르라고 시켰으니 그 아들이 어
떻게 조상을 팔지 않겠는가? 신재명(申在明)과 김문순은 내외종
간이다.[116] 상소를 올린 일은 신재명이 개입해 벌인 일인데 신재명
이 아니어도 김문순이 상소를 올리지 않았겠는가?

---

116 김문순의 고모가 신재명의 아버지인 신광익(申光益)에게 시집갔다(김원행,《미호집(渼湖集)》
권15,〈종형교관공묘지(從兄敎官公墓誌)〉). 따라서 김문순과 신재명은 내외종 친척 간이다.

노비제도의 혁파

•

내수사(內需司) 노비를 혁파하는 안건은 일반 관아의 노비와는 달리 보아야 하지만, 우리 왕조 500년의 오랜 법도이다. 훌륭하신 선왕께서 노비제도에 지나친 점이 있다고 여기시고 하소연할 데 없는 노비들의 실정을 염려하셨다. 그리하여 편한 자리에서 신하들과 대화를 나눌 적에 노비제도의 존폐를 두고 상의한 적이 있었지만 구체적인 말씀을 하신 적은 없었다. 점잖고 신중하신 선왕의 의중이 국가의 경비 한 가지에만 있지 않았음을 그 일을 통해서도 엿볼 수 있다.

그런데 저 윤행임이란 자는 춘명문(春明門) 밖에서 노비문서를 태워버리고는 한마디로 선왕의 뜻이라고 하였다. 겉으로는 선왕에게 공을 돌리는 것처럼 보이지만 사실은 사적인 은혜를 심어놓고자 한 것이다. 문서를 태운 날은 그의 생일이라 방생해 복을 비는 행위와 같아서 더욱 가소롭다. 다른 죄는 제쳐두고 이 일만으로도 죽임을 당해 싸다.

윤행임의 죽음

•

'초(楚)나라 감옥에는 죄 없이 갇힌 사람이 많고, 한(漢)나라 문제(文帝)는 은혜를 적게 베풀었다'[117]는 말은 윤행임이 사형에 처해질 때의 안건이다. 윤행임이 시종일관 이 말을 고수했다면 후세에 변명할 말이 있을 것이다. 그런데 마음과 입이 똑같지 않고, 속내와 행동이 어긋나서 아침에 이 사람 만나서 이렇게 말하고, 저녁에 저 사람 만나서 저렇게 말하였다. 변장자(卞莊子)[118]의 심보로 사람을 농락하는 간계를 썼고, 밖으로는 명성을 얻고 안으로는 실속을 차려 두 가지 모두 독차지하려고 하였다. 이런 마음으로는 남도 속이지 못하고, 하늘의 노여움마저 사게 마련이다. 목숨을 보전하려고 한들 될 일이겠는가? 기묘사화를 일으킨 심정(沈貞)의 죽음은 그의 죄 탓은 아니다. 그러나 그의 죄 탓이 아니라고 해서 그의 죽음을 억울하다고 볼 수는 없다. 윤행임도 똑같다.

---

117 《순조실록》 순조 1년 9월 6일조에 이병모·심환지·이시수·서영보 등이 윤행임의 처형을 독촉하며 한 말이다.

118 변장자(卞莊子)는 중국 노나라의 대부이다. 그가 한번은 호랑이를 찌르려고 하자 관수자(館竪子)가 말리며 말하기를 "두 호랑이가 지금 소를 잡아먹고 있으니 곧 저희들끼리 싸울 것이다. 그렇게 되면 큰 놈은 상처를 입게 되고 작은 놈은 죽게 될 것이니, 그때 찌르면 한 번에 두 마리를 다 잡을 수 있다"고 하였다(《사기(史記)》 권70, 〈진진열전(陳軫列傳)〉).

서용보가 윤행임을 탄핵하다

•

윤행임이 전라도 관찰사가 되어 조정을 떠날 때[119] 덕여(德餘) 조득영(趙得永)이 한양성 밖에서 전송하였다. 윤행임이 그의 손을 잡고 눈물을 흘리며 "자네가 나를 위해 여중(汝中) 상공에게 살려달라는 뜻을 전해주게"라고 부탁하였다. 여중은 서용보의 자이다. 그 말 속에는 보답을 요구하는 뜻이 담겨 있었는데, 예전에 서용보의 일에 윤행임이 힘을 써준 일이 있었다. 덕여가 서용보를 만났더니 서용보가 이미 서슬이 퍼래서 말을 하는 바람에 덕여는 입도 뻥긋하지 못하였다. 그로부터 며칠 뒤에 서용보가 은언군과 홍낙임을 법에 따라 처리하고 윤행임을 처벌하라는 상소를 올렸다. 덕여가 내게 이와 같이 말해주었다.

---

119 윤행임은 1801년 신유박해 때 신지도에 유배되었다가 풀려나 예조판서와 전라도 관찰사를 역임하였다. 전라도 관찰사로 재직할 때 김조순의 사주를 받은 옥당(玉堂)으로부터 서학(西學)을 신봉했다는 탄핵을 받아 신지도에 안치되었다가 참형당하였다.

서용보와의 악연

•

내가 덕여에게 "대감께서 서용보를 탄핵한 상소[120]에서 '김귀주의 관직이 복구되지 않은 날은 곧 그의 아비가 눈을 감지 못하는 날입니다'라는 표현이 보이는데, 군자의 문장이 이래서야 되겠습니까?"라고 물었다. 그러자 조덕여가 "자네의 말도 옳지만 이는 내가 한 말이 아니라 그자(서용보)의 말을 내가 인용한 것일 뿐이네"라고 답하였다. 말이 나온 김에 계해년(1803) 임금 앞에서 우리 집안을 무고한 서용보의 처사[121]에 대해 "아들의 일에 아비까지 끌어들이니 이것이 인정상 할 짓인가?"라고 하였다.

그 말에 나는 이렇게 대꾸하였다.

"제 아비도 알지 못하는데 무슨 수로 남의 아비를 알겠습니까?

---

120 《순조실록》 순조 10년(1810) 6월 10일조에 "형조판서 조득영이 상소해 교서 가운데 자신의 일이 억울함을 변명하다"라는 기사가 보인다.

121 《순조실록》 순조 3년 1월 29일조 기사에 따르면, 김관주와 서용보가 심노숭이 죄인 심낙수의 아들이므로 석방해서는 안 된다고 논하면서 "이와 같은 무리를 만약 석방한다면 도리어 세도(世道)에 무궁한 해가 될 것이니 엄중하게 막지 않을 수 없습니다"라고 하였다.

122 이회광(李懷光)은 말갈 사람으로, 당나라로부터 이씨 성을 하사받고, 여러 주(州)의 절도사를 지내면서 많은 공을 세웠다. 후에 이회광이 모반을 꾀하자 아들인 이최는 덕종(德宗)에게 아버지가 배반할 것이라고하고 스스로 목숨을 끊었다.

123 치초(郗超)는 치감(郗鑒)의 손자이다. 치감은 진(晉)나라 때의 명신인데, 치초는 역적 환온(桓溫)의 참모가 되어 역모에 가담하였다. 치초가 죽은 뒤 그의 부친인 치음(郗愔)은 아들의 죽음을 접하고서도 일찍 죽지 않았다고 탄식하며 곡을 하지 않았다.

자저실기

대감께서는 인간의 도리로 그를 꾸짖으니 어찌 그리 후하십니까?
남들은 이회광(李懷光)과 이최(李璀) 부자[122]나 치감(郗鑒)과 치초(郗超) 부자[123]에 견주어 논하기도 하지만 어울리지 않습니다. 이최는 죽은 뒤에 이회광을 고발하지 않았고, 치감은 아들이 미처 죽기 전에 치초를 알지 못하였습니다. 죽기 전에 한 마디 말이 아비의 입에서 나오고, 죽은 뒤에 아들의 손에 둘 사이가 단절된 것은 유사 이래 없었던 부자관계입니다. 산이 무너지고 바다가 마르며 해와 달이 서로 가려 희미해지는 변고에 비할 일이겠습니까? 대감께서 그와 위아래로 논의하고 전후로 따져 변론하니 제가 보기에는 부끄럽습니다."

  이렇게 말하고 함께 웃었다.

서용보와 한 조정에 서다

•

김귀주의 관직을 삭탈하라는 이진숭(李鎭嵩)과 이위달(李渭達)의
상소[124]가 올라오자 내가 김이익 공에게 "이야말로 당당한 정론
(正論)인데 왜 어그러지고 벗어나는 말을 고생스럽게 만들어내어
저들(벽파)이 세력을 확장하도록 돕습니까?"라고 하였다. 김 공은
대답하지 않았다. 후에 서용보가 다시 정승이 되고, 나는 복직되어
원관(園官, 참봉)에 제수되었다. 옛사람의 철저하게 정의로운 처신
이라면 그자와는 한 조정에서 함께 설 수 없었다. 열흘을 지내고
벼슬을 버리려고 했으나 며칠 동안 혼자 고민하다가 결국 실행하
지 못하였다. 이것이 내 평생의 한이다.

---

124 1806년(순조 6) 정언 이진숭과 장령 이위달은 각각 상소를 올려 김귀주의 관작을 추탈할 것
을 청했으나 결국 이진숭은 삭주(朔州)로, 이위달은 남해(南海)로 유배되었다.

병인경화 이후 세 가지 급선무

•

병인경화(丙寅更化)[125] 이후 마땅히 시행해야 했으나 시행하지 못한, 서둘러 해야 할 세 가지 급선무가 있었다. 귀양 간 죄인을 풀어주는 것, 김귀주의 종통(宗統)을 옮기는 것, 이병모·서용보·김문순 세 사람을 조사해 처단하는 것 등이다. 이담을 옹립하려는 계책과 홍국영·송덕상의 음모를 주도한 자가 김종수 형제였음을 어느 누가 모르겠는가? 그러나 병오년(1786) 이후 김종수는 불쑥 은언군(恩彦君, 李裀)을 성토하는 주장으로 돌변하였다.[126] 우리 선대왕께서는 어진 마음과 지극한 덕으로 형제의 원수라는 말씀까지 하시고 온 나라가 성토하는 은언군을 온전히 보호하셨다.

15년이 흘러[127] 산릉(山陵, 정조의 왕릉)에 흙을 덮자마자 홀연 창칼을 수풀처럼 세워서 은언군을 사학(邪學)으로 몰아세우고, 홍낙임과 공모한 관련자로 얽어 마침내 함께 죽여버렸다. 이는 선대왕의 큰 덕과 지극한 인자함을 배반하고 김귀주를 역적으로 처단한 옛 안건을 반대하는 죄악이다. 인심이 다함께 분노했고, 하늘의

---

125 1806년(순조 6) 노론 벽파에서 노론 시파로 정권이 넘어가게 된 사건을 말한다.

126 《정조실록》 정조 10년 12월 17일조를 보면, 김종수는 은언군의 처벌을 완화하려는 것에 이의를 제기하는 상소를 올렸다.

127 1786년 김종수가 은언군을 성토하는 상소를 올린 이후 정조가 사망한 1800년까지의 15년을 말한다.

도리상 용납할 수 없는 일이었다.

많은 흉인들이 쫓겨나고 국시(國是)가 크게 정해진 날, 선대왕의 의지를 밝히고 흉악한 도적들의 실체를 성토하였다. 의리는 은혜와 더불어 시행하고, 시혜는 국왕의 친척으로부터 시작해야 하므로 유배 보낸 죄수의 석방보다 홍낙임을 신원하는 일부터 시작해야 했었다. 선대비(先大妃, 정순왕후)의 숨은 공과 자애로운 덕이 위태로운 나라의 형세를 반석에 올려놓고, 칼날 앞에 선 신하의 목숨을 안전히 지켜낸 것은 나라 사람들이 눈과 귀로 또렷하게 확인하였다. 김용주(金龍柱)가 "정순왕후가 지나치게 관대해 국사를 볼 수가 없다"고 말한 것을 보면 미루어 짐작할 수 있다.

작은 공훈에도 자손 대대로 죄를 용서받는 은혜를 베풀었고, 보잘것없는 공덕에도 보답할 길을 생각하였다. 반면에 면류관 쓰시던 존엄한 선왕께서 세상을 떠난 지 얼마 되지도 않아 은혜를 입은 집안에서는 제사를 받드는 사람이 사라졌다. 이는 정녕 예전의 악행이 쌓인 것에 새로 범한 죄상이 더해진 것이라, 은혜로 의리를 덮거나 인정으로 법을 멸시해서는 절대 안 된다.

영조 임금께서 심유현(沈維賢)의 가문을 처분한 고사[128]는 성인께서 판결한 정밀한 의리로서 후세에 법으로 삼을 만하다. 김귀주를 내쫓고 그 동생 김인주의 아들에게 제사지내라 한 것은 마치 심성(沈鋮)을 회인현감에 제수해 효성스러운 국모를 위로하고 국모

---

128 심유현(沈維賢)은 경종의 왕비 단의왕후(端懿王后)의 동생으로, 1728년(영조 4) 이인좌의 난에 동참한 역적으로 물고(物故)되었다. 심유현은 심필(沈鉍)을 양자로 들여 제사를 받들게 하였다. 여기서는 김귀주가 종손을 바꾸는 일을 논하면서 김귀주가 정순왕후의 오빠였기 때문에 영조가 심유현을 처분했던 사실을 선례로 삼아야 한다고 말한 것이다.

의 은공에 보답한 것과 같다. 그러나 김귀주의 친족이 끊어졌으니 김귀주를 성토하는 것은 더욱 엄한 것이다.

하늘이 낸 윤리를 하나라도 범하는 자가 있으면 의리를 내세워 그를 잡아죽일 수 있다. 그런데 군신과 부자가 서로 이별해 전송하는 사이에 말 한 마디로 안건을 번복해 손바닥을 뒤집는 것보다도 어렵지 않게 했으니, 천하에 하지 못할 일이 어디 있으랴! 왕망(王莽)을 기리고 신(新)나라를 찬미하는 말을 어디 간들 듣지 못하랴! 저들은 말을 할 때마다 기필코 제 조상을 끌어다 김귀주를 칭송해 역적의 욕망을 채워주고 역적의 환심을 사려고 하였다. 어쩌면 그렇게도 주도면밀하고 생각이 깊을까! 이런 짓은 진군(陳群)[129]과 풍도(馮道)[130]도 하지 않는다. 어린아이라고 해서 무시할 수 없다.

정사가 다시 새로워지고 인륜이 밝아졌으나 이 무리들은 여전히 옛날의 높은 벼슬과 후한 녹봉을 차지하며, 종묘와 조정을 여유 있게 오갔다. 심지어 김귀주를 다시 반역자로 되돌리려는 상소가 나와 "신이 당시에 상주한 것이 있으니 성상께서는 분명히 기억하실 것입니다"[131]라는 말까지 하였다. 그 말은 다른 사람이 먼저 따질까 봐 겁을 먹고 선수를 쳐 제압하려는 것이라, 이른바 '네 주둥이

---

129 처음에는 유비의 신하였으나 유비가 대패하자 떠돌다가 조조의 부름을 받아 벼슬하였다.

130 당나라가 멸망하고 오대십국 시대가 열리면서 왕조가 난립했지만 뛰어난 처세술로 다섯 왕조의 재상을 지냈으며, 뛰어난 현실주의 정치가로 평가받는다.

131 1806년(순조 6) 6월 15일에 올린 영의정 이병모의 상소 내용을 말한다. 이병모는 정조 재위 당시에 있었던 김귀주의 처분과 관련한 일을 순조에게 보고하며 다음과 같이 이야기하였다. "신이 연전에 증직을 청한 것은 놀랍고 송구함을 참지 못하겠습니다. 성상께서 분명히 이것을 기억하셨으리라 생각합니다. 지금은 역적의 정상이 밝혀지고 흉론(凶論)이 마침내 드러나서 김귀주와 김한록은 두 몸이면서 같은 창자라는 것은 다시 의심할 만한 단서가 없으니 서둘러 밝으신 명을 내리소서." 이병모가 김귀주의 복권에 힘썼다가 형세가 변하자 입장을 바꾼 것이다.

에도 고깃덩어리'라는 속담으로도 이들의 작태를 설명하기에 부족하다.

어영부영 그들을 봐주고 대충대충 처리해 한 사람, 한 마디도 저들을 논란의 대상에 올리지 않았다. 조정 전체가 오랑캐와 짐승의 상태로 빠져들어도 벗어나려는 노력이 없었다. 세 사람을 보호하고 아껴주는 마음이 있다고 해도 모름지기 한 번이라도 잘못을 조사하는 과정이 있어야 하건만, 마치 가볍게 처벌하고 사소하게 꾸짖듯이 중도부처(中途付處)하거나 귀양 보냈다가 한두 달 만에 돌아오게 하였다. 조정의 조치에는 명분이 있어야 하는데 이런 일을 하지 못한다면 나라에 군신과 부자가 있다고 하겠는가! 이렇듯 서둘러 해야 할 세 가지 일은 내 말이 아니라 나라 사람들의 말이자 천하 후세 사람들의 말이다.

세 가지 급선무의 처리

•

귀양에서 풀려나 돌아온 날 새벽녘에 아우와 함께 누워서 이야기하다가 서둘러 해야 할 세 가지 급선무에 말이 이르렀는데 의견이 일치하였다. 눈앞의 가장 시급한 일이라고 여겨 뒤에 김이익과 신기(申耆) 두 분을 뵙고 말씀드렸다. 김 공은 듣는 둥 마는 둥 하셨고, 신 공은 바로 좋다고 칭찬하시며 "그런데 종손을 바꾸는 근거가 될 만한 사례가 옛날 일에 있는가?"라고 물으셨다. 내가 심유현 집안의 일을 아뢰었더니 충분히 이해했다는 의사를 내비치셨다. 신 공이 심유현 집의 일을 모를 정도이니 요즘 사람들이 우둔하고 무지하기가 이 모양이다. 얼마 지나지 않아 신 공이 병으로 돌아가셨다. 설령 살아 있다 해도 상의해 일을 이룰 수 있으랴!

김종수의 처벌이 준엄하지 못하다

•

김종수의 산적한 죄악과 수많은 악행은 귀(龜, 김귀주)·영(榮, 홍국영)·덕(德, 송덕상)·율(瑮, 이율)의 안건에서 드러나지 않고, 경(敬, 이경양)·호(鎬, 유언호)의 공초(供招)에서 처음 드러나는데 이 공초는 이경양·유언호와 함께 김귀주를 칭송한 것에 불과하다. 따라서 저들을 성토해 그 안건을 조사하려면 철저히 따지고 한결같이 설명해 범을 때려잡고 뱀을 쳐죽이듯이 이치가 맞아야 하고 정곡을 찔러야 한다. 그렇게 해도 저들의 명성과 습성은 묵은 고질병에 깊이 오염된 터라 굴복할 줄 모르고 모함이라 주장하며 사납게 대들 것이다. 그런데 저들을 성토한다는 것이 어린아이의 앵앵거림이자 눈먼 무당의 경 읽는 소리이다. 그 주장은 가죽신을 신고 긁는 꼴이요, 그 거사는 썩은 밧줄로 말을 모는 격이다. 그렇게 하고서 더할 수 없이 무서운 도끼를 휘둘렀고, 사라지지 않도록 금석(金石)에 죄를 새겨놓았다고 한다면 질지(郅支)가 곁에서 낄낄거리며 비웃을 것이다.[132]

일찍이 김맹여가 이야기하였다.

---

132 질지(郅支)는 한나라 시대의 흉노 초대 선우인데, 한나라 진탕(陳湯)이 황제의 명을 사칭해 그의 목을 베었다. 후에 진탕은 죄 없이 참소를 받아 늙도록 돈황(燉煌)에 버려져서 질지에게 비웃음을 당하였다.

자저실기

"김종수부터 시작해서 이경양·유언호를 다스리는 것이 옳다. 이경양·유언호부터 시작해서 김종수를 다스리다니, 천하에 어찌 이런 이치가 있겠는가! 차라리 이미 결정된 김종수의 안건을 취소하고 그에게 시행한 법을 면제시키자. 그런 뒤에 다시 그 안건을 조사하고 법을 시행하는 것이 더 좋겠다."

그의 말이 장난이기는 하지만 저들에 대한 성토가 준엄하지 않고, 안건의 조사가 꼼꼼하게 이루어지지 않았음을 극단적으로 이야기한 것이다. 어찌 맹여 혼자만의 말이랴! 이른바 크게 정한 국시나 이미 시행한 제왕의 성토가 이렇게 지리멸렬해졌다. 아아, 더 이상 무슨 말을 하겠는가!

김종수 형제의 성토

•

김종수가 김종수인 이유는 그의 형 김종후가 있어서이다. 김종후의《본암집(本庵集)》속집에는 병술년(1766)과 정해년(1767) 연간에 그의 숙부 김치인에게 "팔순의 임금께서 위에서 홀로 애쓰고 계시나 400년 종사는 아래로 의지할 데가 없습니다"라고 쓴 편지가 실려 있다. 영조 임금 재위 초기인 무신년(1728) 이후부터 을묘년(1735) 이전의 상황에서 한 말이라면 괜찮다. 이때(1766)는 동궁(정조)의 나이가 벌써 열다섯 살이 되었건만 '아래로 의지할 데가 없다'니 이게 무슨 말인가! 김한록의 말[133]이 흉언이라는 증거는 다른 데 있지 않고 바로 여기에 있다. 얼마 지나 그의 아들 김관주가 올린 상소에서 "깊은 산중에 홀로 앉아 호랑이를 풀어놓아 스스로 지키고 있다. 탑전(榻前, 어전) 밖에는 적이 아닌 자가

---

133 1761년 봄 김한록이 김의행(金毅行)과 김교행(金敎行)에게 당나라 중종(中宗)에 관한 일을 거론하였다. 김한록은 중종을 폐위했어야 했다는 장식의 설을 지지하는 발언을 하였다. 이는 사도세자를 중종에 빗대어 폐위해야 하며, 죄인의 아들은 왕통을 계승할 수 없다는 주장으로 해석되어 순조 때에 이르러 시파들에 의해 문제가 되었다(권오영, 〈김한록(1722~1790)의 사상과 정치적 歷程〉,《조선시대사학보》33, 조선시대사학회, 2005, 221~225쪽 참조).

134《영조실록》영조 48년 7월 21조에 김관주의 상소가 실려 있는데, 관련 부분은 다음과 같다. "전하께서는 만사가 귀찮은 나이에 깊이 구중궁궐 안에 계시고 탑전(榻前) 밖은 모두 도적 편이 아닌 자가 없으니 그 형세의 위태로움이 마치 깊은 산속에 홀로 앉아 호랑이를 풀어놓아 자신을 호위하게 하는 것과 같습니다. 장차 난리가 난들 누구에게 듣겠으며 위망(危亡)이 급박해진들 누가 알려주겠습니까?"

없다"[134]라고 한 말도 똑같은 뜻이다.

심환지가 《본암집》에 서문을 쓰면서(1797) 이제 의리가 크게 밝혀졌다고 한 말도 모두 거기에서 싹튼 것이다. 한 가지 비결을 이어받아 전후와 원근의 다름이 없음을 잘 알 수 있다. 천 세대가 앞에 있고 백 세대가 뒤에 다가올 텐데 내가 흠집만 꺼내어 부합하는 말만을 골라냈겠는가! 김종수의 안건을 만들고 김종후를 논의에 부칠 때 이것을 가장 큰 근거로 내세우지 못하고, 한 것이라고는 홍국영을 그대로 두자고 요청한 것뿐이었다.

내가 계직(季直) 권비응(權丕應)에게 "홍국영을 남겨두자는 요청은 모두 성토해야 한다. 그때 조정에 있는 자로서 모면할 자가 누가 있겠는가!"라고 하였다. 계직이 "그자가 유생이므로 더더욱 성토하지 않을 수 없네"라고 하였다. 나는 "김종후를 유생으로 대우하다니, 자네 말이 너무 후하군"이라고 하였다.

김한록의 안건

•

역적 김한록의 죄안(罪案)은 선대왕께서 덮어두신 것[135]이라 신하들이 감히 드러내지 못하였다. 덮어두신 것은 참으로 잘못이나 그렇다고 죄상을 드러내지 않은 것도 잘못이다. 김이성(金履成)이 연석에서 김한록의 죄를 아뢰고 나서는 팽개쳐두었으니 김이성은 조정에 있던 신하들보다 죄가 더 무겁다. 소론의 여러 신하들이 말한 것처럼, 그 일을 알고 있는 자 모두는 실상을 알고 있는 죄를 면치 못할 것이다. 그 말이 좋지 않은 뜻이기는 하지만 김이성은 무슨 수로 해명할 것인가!

충신과 효자가 50년 동안 하루같이 피가 끓는 뜨거운 눈물을 흘렸다. 그 진상이 드러난 후 인간의 가슴을 가진 자라면 어느 누가 다른 생각을 하겠는가! 그런데 흉악하고 사특한 한 무리가 옛 고질병에 새로 물들어서 곁으로 붙고 옆으로 연결되어 버젓이 한 당색(黨色)을 이룬 채, 한결같이 김한록의 죄안이 의심스럽다고 떠들고 있다. 권중집(權中緝)이 권계직(權啓應)에게 준 편지까지 나와 산

---

135 《순조실록》 순조 6년 5월 13일조에 "고 참판 신 김이성이 무신년과 기유년 사이에 이 일을 조정에서 아뢰었는데, 선대왕께서 참고서 드러내지 않으시고 끝내 처분이 없으셨다"라 하였고, 같은 해 5월 17일조에 "김희순이 '신의 족숙(族叔) 김이성이 일찍이 이 일을 선대왕께 아뢰었으나, 선대왕께서 덮어두고 드러내지 않았습니다'라고 하였다. 임금이 '아뢴 때가 어느 해인가?'라고 묻자, 김희순이 '일이 기유년 무렵에 있었습니다'라고 하였다"는 내용이 보인다.

수헌 권 공(權震應)은 일찍이 김한록을 성토하자는 논의를 한 적이 없고, 내 선친께서 지은 묘지문의 글은 모두 무고라고까지 하였다.

산수헌을 위해 어쩔 수 없이 변론할 수밖에 없었다고 해도, 그가 역적 김한록을 성토한 것이 그의 위신을 손상시키는 일이겠는가! 산수헌을 위해 기어코 변론하려고 한다면 어찌 내 선친을 배척하는 것에 그치겠는가? 김한록의 안건이 번복되어야만 그를 위한 밑거름이 된다고 생각하는 것은 권중집 한 사람만의 견해가 아니다. 저들이 이처럼 의견의 일치를 크게 보았기에 김기서(金基叙)가 그를 위해 중개한 것이다. 얼마 후 김한록의 증손 김성길(金聖吉)이 임금에게 글을 올렸고,[136] 몇 해가 지나서는 약속이라도 한 듯 홍찬모(洪燦謨)와 유칠재(柳七在)의 옥사[137]가 일어났다.

자취를 더듬어보면 실정을 파악할 수 있을 텐데 처음부터 끝까지 김한록의 안건을 뒤집기 위한 명맥으로 삼았다. 그 안건을 뒤집는 것이 이들과 무슨 관계가 있다고 이자들이 이런 짓까지 하는지 모르겠다. 홍찬모와 유칠재의 옥사가 일어난 후 10여 년 동안은 숨을

---

136 《순조실록》 순조 16년 3월 6일조 기사에 형조에서 김성길(金聖吉)이 그의 증조 김한록을 위해 징을 쳐서 신원한 상소가 나온다. 이 상소에서 김성길은 김이양(金履陽)·김희순(金羲淳)·김이교가 반대하며 올린 상소의 문제점을 낱낱이 지적하며 신원하였다. 권오영은 〈경주김씨학주공파세보(慶州金氏鶴洲公派世譜)〉에 김한록의 증손자로 김성길이라는 이름은 보이지 않는다면서 김성길은 김한록의 장증손(長曾孫)인 김덕재(金德載, 1806~1878)를 가리키는 것 같다고 하였다. 김덕재의 자는 후지(厚之), 호는 학헌(鶴軒)이다. 1867년 감역(監役)을 지냈고, 수(壽)로 돈녕부도정(敦寧府都正)이 되었다(권오영, 앞의 논문 231쪽 참조).

137 1817년 홍찬모와 유칠재가 역적 김한록의 자손 김성길에게 상언(上言)하도록 사주한 배후로 이도중(李度中)과 홍병철(洪秉喆)을 지목해 무함하고, 홍석주(洪奭周)까지 끌어들인 사건이다. 이 일로 유칠재는 추자도에, 홍찬모는 흑산도에 안치되었으며 홍찬모는 옥에서 나오자마자 죽었다.

죽이고 스스로 알아서 삼가는 듯하였다. 정해년(1827) 이후로 조금씩 자취를 드러내고 세력을 불리더니, 기축년(1829) 여름 도목정사 때는 열에 여덟 아홉이 자립하였다. 마침내 이인부(李寅溥)와 신의학(愼宜學)이 앞서거니 뒤서거니 상소를 올린 일이 일어났다.[138] 이로부터 나라와 더불어 병존할 수 없는 것이 김한록 안건이다.

영조 임금 때 을해옥사(乙亥獄事) 이후 임시 부서를 설치해《천의소감(闡義昭鑑)》[139]을 편찬하였다. 신사년(1701) 이후의 남(南)·유(柳)·윤(尹)[140] 세 정승을 가장 중요한 근거로 내세우자고 논의가 모아져 조재호(趙載浩)가 원경하(元景夏)에게 이야기하였다. 원경하가 "이렇게 하면 화합시키려는 임금의 고심과 다르고 당동벌이(黨同伐異)하는 고질적 작태에 불과하다"고 하였다. 임금께서 신하들에게 준엄하게 하교를 내려 그 논의가 중단되었다. 지금의 김한록 안건이 그때의 세 정승보다 훨씬 더 중요하건만 이 의리를 아는 자가 매우 적다. 조재호와 원경하의 논의가 몰래 세력을 불려 크게 회자된다면 결국 어떻게 될지 나는 모르겠다.

---

138 이인부(李寅溥)가 1829년(순조 29) 8월 24일에 올린 상소와 신의학(愼宜學)이 11월 17일에 올린 상소를 말한다. 신의학의 상소는 당시의 정치가 요순시대에 미치지 못한다는 내용과 '의리(義理)'를 언급하면서 정조 때 있었던 이서구의 상소와 '오회연교'의 일을 들추어내며 당시의 조정을 비방하는 내용을 담고 있다. 이 상소로 신의학은 추국을 받았으며, 같은 해 11월 28일에 역적 부도의 죄로 처형당하였다.

139 1755년(영조 31) 왕명에 따라 김재로(金在魯) 등이 편찬한 왕세자 책봉의 의의를 밝힌 책. 활자본. 4권 3책. 노론과 소론의 당쟁이 치열하던 1728년·1730년·1748년 등의 화란(禍亂)과 을해옥사 사건이 소상히 적혀 있다.

140 조재호(趙載浩)와 친분이 있던 남태량(南泰良)·유채(柳綵)·윤광소(尹光紹)를 가리키는 듯하다.

자저실기

이심도의 잔인한 짓

·

천하에 매우 어리석고 어두운 자는 이심도(李審度)이다. 나와 같은
해에 태어났고, 진사도 함께 되었다. 성균관에서 강제(講製)할 때
부(賦)나 표(表) 등 그의 작품들은 제대로 흉내도 내지 못하는 것
이었다. 시가와 문장을 논하기 좋아했는데 남들을 염증내게 했고,
성격이 괴팍해 평범하지 않았다. 우리 형제는 그가 좋은 사람은 아
니라고 여겼으나 까닭 없이 배척해 관계를 끊을 수도 없었다. 때때
로 왕래하며 근세의 당론에 대해 이야기하기도 했는데, 흉악한 무
리를 배척할 때는 조금도 용서함이 없었다. 종종 남들이 모르는 바
를 알아 만나기만 하면 서로 좋아하였다.

　나중에 들으니 이심도가 과천현감이 되어 도적을 다스릴 때 도
적의 두 눈을 파냈는데 그 도적은 죽지 않고 장님이 되었다고 한
다. 도적은 매일 이심도가 과거에 급제하기를 하늘에 빌면서 "급
제하면 기필코 재앙이 미치리라"라고 하였다. 얼마 되지 않아 과
연 그는 과거에 급제하였다.

　일찍이 제사 때가 되어 떡을 쪘는데, 계집종이 단속하지 않아 개
가 떡을 먹어버렸다. 그러자 계집종의 위아래 옷을 벗기고 개와 함
께 말을 묶는 기둥에 묶고서 개를 매질하였다. 개가 성을 내며 계
집종을 물어뜯어 살점이 거의 남아나지 않았다. 그의 잔혹함이 이
와 같았다.

과거에 급제해 자궁(資窮, 당하관의 최상품계)으로 통정대부 승지에 올랐는데, 홍낙임을 자세히 조사하라는 왕명을 쓰지 않았다. 대사간으로서 홍봉한을 흉악한 역적이라고 따지고 아울러 김귀주까지 언급하였다. 근세의 이른바 시파와 벽파의 색목(色目)도 언급하며 양쪽을 다 배척하는 듯했으나 사실은 흉악한 무리를 비호하는 데로 치우쳤다.

섬으로 유배된 그를 다시 잡아와 임금께서 친히 심문하셨다. 나는 의금부도사로 국문에 참여하였다. 국문법에 의금부도사는 죄인 가까이 서서 곤장 수를 헤아려야 하였다. 피가 옷에 튀고 곤장을 한 번 칠 때마다 머리를 한 번 치켜드는데 차마 보지 못할 일이었다. 곤장을 몇 번 친 뒤 사주한 자를 캐물었더니 "이 곤장을 맞고선 아버지건 삼촌이건 간에 감히 숨기겠습니까?"라며 진술하였다. 나는 나도 모르게 입에서 "너도 사람인데 사람으로서 차마 이런 말을 하느냐?"라는 말이 튀어나왔다. 그의 조급하고 허황되기가 이와 같았다.

그는 끝내 법에 따라 사형을 당하였다. 홍봉한이 악역임을 논한 자가 한유(韓鍮)·정이환·이율 이래 몇이나 되는데, 이 일에 연루되어 죽은 자는 이심도 한 사람뿐이다. 처벌이 그리 온당하지 않아서 불평하는 사람도 있기는 했으나 실상은 하늘이 그를 죽인 것이다. 오늘날이 말세이기는 하나 제멋대로 억측하고 주제넘게 판단해 양쪽을 쓸어 한 판을 독점하고 제 손아귀에 장악하려 들다니. 욕심이 한 번 싹트자 하늘이 그를 미워함이 사람들이 그를 꺼리는 것보다 더 심하였다. 그가 모면할 도리가 있겠는가?

관리의 연좌법

•

감조관(監造官) 서격수(徐格修)와 부도사(部都事) 이윤상(李輪祥)
은 법으로는 마땅히 6품직에 기용되어야 하나 서매수(徐邁修)와
이회상(李晦祥)의 사촌 아우라서 이조에서 추천하지 않은 지가 몇
년이 지났다. 나는 "두 사람의 죄는 법을 적용할 수준이 아니고,
법에도 사촌 아우를 연좌시키는 조문은 없다. 기용하라는 나라의
법률을 폐기하고 시행하지 않으니 사리에 크게 어긋난다"라고 하
였다. 여러 번 이야기해도 모두 받아들여지지 않았다. 이윤상은 얼
마 후 죽었다. 뒤에 들으니 서격수가 내 말을 매우 고맙게 여겼다
고 하는데 내가 그에게 사사로이 그랬겠는가? 다 가소롭다.

　김매순(金邁淳)의 아버지 김이수(金履鏽)는 나이 일흔이었다. 법
전에 시종하는 신하의 아버지는 당연히 품계를 올려주어야 하지
만, 김달순의 친숙부라는 이유로 이조에서 보류하는 바람에 끝내
품계가 오르지 못하고 죽었다. 후에 김매순은 춘방(春坊)과 옥당
(玉堂)에 임명되었다가 외직인 안변부사로 부임하였다. 옛사람이
일을 처리했다면 의리를 이렇듯이 적용하였을까? 근년에 대역죄
인 이노근(李魯近)[141]의 친조카와 사촌들은 모두 기용되어 가로막

---

141 이노근(李魯近, ?~1829)은 이병모의 서자로, 본집에서 쫓겨나자 흉서를 지어내는 등 몇 가지
　　죄를 지어 처형되었다.

힘이 없었다. 나라에 올바른 법이 있어도 시행되기도 하고 시행되지 않기도 하니 내가 감히 알 바가 아니다.

윤광안이란 인물

•

"파주의 솔밭은 우리 집안 묘지인데, 윤관의 묘가 그 가운데 있다더라"[142]는 시구는 내가 의금부도사로 함경도에 갈 때 시중대(侍中臺)에서 지었다. 그때 압송하던 유배객 지돈녕부사 윤광안(尹光顔)[143]이 "있다더라 한 이유가 무엇인가?"라고 묻기에 내가 "추정과 사실 사이에서 심씨와 윤씨 선배들이 확정한 설이 아직 없고, 또 50년이 지났으니 우리 후생들은 각자가 들은 것만 존중할 뿐입니다"라고 대답하고서 함께 웃었다.

윤광안은 소론 가운데에서도 명성이 매우 높았다. 사람됨이 지조가 굳건하고, 문학의 자질도 높았다. 그와 주고받은 편지가 있는데 볼 만하다. 그의 집은 임천(林川) 금강 가에 있는데, 묘지의 소나무 숲과 연못의 정자가 완벽히 중장통(仲長統)이 〈낙지론(樂志論)〉에서 묘사한 경지[144]였다. 본래 서울 남쪽 골목의 가난뱅이였는데 벼슬로 이룬 가업이 이 정도인가!

---

142 윤관(尹瓘, ?~1111)의 묘는 현재 파주시 광탄면 분수리에 있다.

143 윤광안(尹光顔)이 경상도 관찰사로 있을 때 주자와 송시열을 배향한 영양 운곡서원(雲谷書院)의 사당을 헐고 영정을 철거한 일이 있었는데, 이것이 문제가 되어 1808년(순조 8) 암행어사 이우재(李愚在)의 탄핵을 받아 사문난적(斯文亂賊)이라는 죄명으로 함경도 무산부에 유배되었다.

144 중장통(仲長統)은 후한 때의 학자로, 학문을 좋아하고 문사(文辭)에 능했으며, 직언(直言)을 즐겨 당시 사람들이 광생(狂生)이라 부를 정도로 비판정신이 투철하였다. 그의 대표작으로 〈낙지론(樂志論)〉이 있는데, 한가로운 산속에서 자연과 벗하며 살아가는 모습과 노자(老子)의 현묘한 도를 추구하는 생활을 그리고 있다.

홍경래 난의 허슬한 대비

•

홍경래의 변란은 농민들이 일으킨 난에 불과하다. 오랜 세월 수령들의 수탈과 곤궁에 지치고, 하늘이 내린 기근에 시달리며 정처 없이 떠돌아다니며 빌어먹던 자들이 호걸스런 역적이 한 번 외치자 사방에서 호응하였다. 그들 모두가 임금을 몰아내려는 뜻을 가진 도적떼는 아닐 것이다. 한 번만이라도 배부르게 먹고 따뜻하게 살 수 있다면 목숨과 바꾸어도 후회하지 않을 사람들이다. 그들이 처리하고 선동한 행위를 보거나 산과 바다의 변방이 아닌 지역 중심지에서 일어난 것을 보면 그들이 큰일을 하지 못할 것임을 잘 알 수 있다. 변란 소식을 처음 듣고서 나는 속으로 이렇게 판단하였다. 얼마 후 그들이 지었다는 격문을 보고 나도 모르게 크게 웃고 말았다.

아무리 조정에 신뢰가 없고, 아무리 백성들의 뜻이 굳세지 않더라도 이 따위 시골구석의 보잘것없는 한낱 계모임 통문(通文)에 꺾이고 선동되겠는가! 평민들이 걱정하고 겁을 내기에도 부족한 것이라서 나는 더욱 편안하고 태연하였다. 내가 무슨 특별한 소견이 있어 남들이 모르는 비밀을 파악해서 그런 것이랴! 이 몇 가지 일은 많은 것을 고려하다 핵심을 놓치는 꼴이다.

그로부터 5개월 동안 군사들은 두 갈래 길에서 지치고, 군량이 고갈되어 하마터면 위태로울 지경에 처했다가 요행히 해결되었

자저실기

다. 이것은 조정이 적절하게 처리하지 못해 평안도에서 제압할 갈피를 못 잡아 '겁(怯)'자 하나에 무너진 것이다. 사령부에서 수령을 임명하고 감영에서 장사를 숙위케 했는데, 발은 땅에 붙어 있지 않고 눈은 허공에 떠서 허둥대느라 심지어 조정에서는 한양의 성문을 닫자는 논의까지 있었다.

그때의 조치를 뒤에 와서 상상해보면 잘 알 수 있다. 다행히 정말로 근심할 지경에까지 이르지 않았기에 망정이지 조정이 저들을 제압한 방법이 적절한 것이 아니었다. 바로 도적이 난을 일으킨 계략이 실패한 탓이다. 변란 소식을 들은 즉시 대군을 동원하자고 주장했으니, 예전에도 이런 일이 있었던가! 산과 들에서 도적들이 일어날 때마다 번번이 서울의 대군을 동원한다면 지방의 관찰사와 절도사는 어디에다 쓸 것인가?

역적 이괄(李适)이 반란을 일으켜 임금의 수레가 서울을 떠나 피난 갔을 때에도 대군(大軍)은 임진강을 한 발짝도 건너지 않았다. 당시에 조정의 고관들이 적을 가벼이 여기거나 반란군을 깔보았겠는가? 소중하게 여긴 것은 나라의 체통이었다. 도성 안에 대책기구를 마련하고, 중군(中軍)을 출정시킨다는 것은 법례(法例)에서 더욱 들어보지 못한 것이다. 이런 주장이 누구에게서 나왔는지 모르겠다.

여기에서 논한 것은 모두 큰일만을 이야기한 것이다. 절목과 조례가 열 가지가 어긋나고, 백 가지가 잘못된 것은 조보에 실린 내용을 살펴보고, 출정한 장교와 사졸들에게 들으면 자세히 알 수 있다. 한 시대의 이목을 집중시키지 못하고 단지 사방의 체제를 해체시킨 것으로는 공훈을 포상하지 않은 일보다 더 심한 것은 없다.

논공행상을 잘못하다

•

충렬공(忠烈公) 정시(鄭耆)의 드높은 절개와 위대한 공훈[145]은 무
신년(1728) 청주의 세 충신[146]과 함께 아름다움을 겨루고 훌륭함
을 나란히 일컬을 만하다. 조종영(趙鍾永)이 안주(安州)에 주둔하
자 사납게 봉기한 자들이 감히 더 이상 가담하지 못했고, 한상묵
(韓象默)이 영변(寧邊)으로 들어가자 안에서 호응하던 자가 그 자
리에서 목을 내놓았다. 명장의 풍모를 넉넉히 지니고 있다고 해도
과언이 아니다. 관할지를 통제하는 능력을 완전히 잃은 자는 성을
버리고 달아난 이근주(李近冑)와 왕명을 따르지 않은 김처한(金處
漢)이 가장 두드러진다. 하나같이 법령으로는 용서할 수 없는 자
들인데, 의금부에서 체포했으나 법령이나 의리상 근거가 없다고
하여 영남 해안가로 유배 보냈다. 형벌의 기강을 이처럼 완전히 무
너뜨리고서야 어떻게 아픈 몸을 이끌고 수레에 올라 토벌에 나서
며 논을 거두고 땅을 떼어가게 놔두기를 바라겠는가! 그때의 일에
대한 조정의 처리가 모두 이런 식으로 하나도 마땅하지 않았다.

---

145 충렬(忠烈)은 정시(鄭耆)의 시호이다. 1811년(순조 11) 정시가 가산군수로 있을 때 홍경래의
난이 일어났는데, 봉기군이 항복할 것을 회유하자 대항하다 목숨을 잃었다. 순조는 그의 의로
운 죽음을 기리는 뜻에서 병조참판·지의금부사·오위도총부 부총관을 추증하고, 1813년 정
주성 남쪽에 사당을 세워 당시 싸우다 죽은 6인과 함께 제사를 지내도록 하였다.

146 1728년(영조 4)에 이인좌 등이 난을 일으켜 청주성을 침범하자 이에 대항하다 순절한 충청 병사
이봉상(李鳳祥), 영장 남연년(南延年), 비장 홍림(洪霖)을 말한다. 이들의 충절을 기리기 위해 1731
년(영조 7)에 청주읍성 북문 밖에 삼충사(三忠祠)라는 사당을 세웠고, 1736년에 사액되었다.

자저실기

강화도 죄수 탈출사건

•

의금부도사 가운데 상경력(上經歷)[147]은 사신으로 출장가지 않는
것이 의금부의 관례이다. 내가 이 직책을 맡고 있을 때 의금부 하
례가 달려와 "지금 출사하셔야 합니다. 본사(本司) 회의에서 조정
에 숙배하지 말고 속히 떠나라는 품계가 윤허되었습니다"라고 고
하였다. 그때 평안도 변란 소식이 날로 급박해져 국문이 한창 진행
되려고 하였다. 평안도 도적 가운데 우두머리를 잡아들이면 삼엄
한 변란이 왕정주(王庭湊) 반란군 속을 헤쳐 들어가는 것[148]과 다
를 바 없다고 여기던 터였다. 본사로 달려가다가 길에서 판당(判

---

147 경력은 조선시대 종4품 관직으로 초기에 의금부(義禁府)·개성부(開城府)·강화부(江華府)
등에서 행정 실무를 맡아보았다. 본문에서 '상경력(上經歷)'이라 한 것은 경력보다 우위에 있
다고 인정되는 직임을 나타낸 표현인 듯하다.

148 당나라 목종(穆宗) 때 진주(鎭州)에 난이 일어나 성덕군절도사(成德軍節度使) 전홍정(田弘正)
이 진주 사람과 싸웠다. 그때 왕정주가 진주에 들어가 민중을 선동해 전홍정을 죽이고 유후(留
后)라 자칭하였다. 당시 심기절도사(深冀節度使) 우원익(牛元翼)이 전홍정의 군대를 거느리
게 되자, 왕정주가 노해 우원익을 공격해 그를 단단히 포위하고 있었으므로 목종이 당시 병부
시랑인 한유(韓愈)에게 진주를 안정시키라고 명하였다. 한유가 진주에 당도하자 왕정주가 삼
엄하게 군대를 배치하고 한유를 맞았으나 한유가 왕정주의 비행을 준절히 꾸짖었다《신당서
(新唐書) 권176, 〈한유열전(韓愈列傳)〉》.

149 보통 판서(判書) 또는 한성부판윤(漢城府判尹)의 별칭으로 쓰이나 여기서는 판의금부사(判義
禁府事)를 가리킨다. 심상규는 1812년 1월에 판의금부사가 되었다. 《효전산고》 권22, 〈자저
기년〉 임신(壬申)조에 의하면 심노숭은 1812년 2월 1일에 금오랑으로 강화도에 갔다가 2월 3
일 서울로 돌아왔으니 이 대목은 그때의 기록이다.

堂)[149] 심상규(沈象奎)를 만나 그와 함께 그의 집에 이르렀다.

판당이 다음과 같이 말하였다.

"강원도 관찰사의 밀계(密啓)에 '금성현(金城縣)의 보고에 자칭 강화도 죄수 은언군인데 탈출했다는 자가 있어서 감영의 옥에 가두었다'라고 하여 본사에서 사실을 조사해 품계하고, 의금부도사를 강화도에 파견해 상세히 조사하되 반드시 상경력이 맡아야 한다고 품계를 올리자 왕이 재가하셨소. 그만큼 일을 중하게 여기신 것이오."

내가 말하였다.

"이는 사리상 결코 있을 수 없습니다. 설령 있다 해도 강화도 죄수의 얼굴 특징을 적은 기록도 없는데, 의금부도사가 무슨 수로 진위를 정확히 알아내겠습니까! 그 진위를 밝히지 못하면 의금부도사는 가족을 보지 못할 것입니다. 게다가 지금 같은 때 이 같은 조치를 취한다면 사실은 드러나지 않고 소문이 먼저 퍼져 사방의 이목을 놀라게 하므로 염려치 않을 수 없습니다. 조사의 한 방법은 본사에서 비밀 공문을 하나 내려보내 강화유수로 하여금 거행토록 하는 것이 의금부도사가 처음 당하는 생소한 일을 맡는 것보다 낫습니다. 이치를 잘 생각해보십시오. 제가 일을 회피하려는 것이 아니라 일의 사정이 안타까워서입니다."

판당이 답하였다.

"비밀 공문이 불가한 것은 아니나 품계가 벌써 재가가 났으니 지금 바꿀 수는 없소. 서둘러 달려가서 유수와 함께 합동으로 거행하시오."

즉시 출발해 새벽까지 말을 달려 도착하였다. 강화유수 홍의호

(洪義浩), 경력 이강중(李綱重)과 함께 죄인을 안치한 가시나무 문 밖에 이르러 나를 따라온 의금부 하례와 강화부의 아전을 시켜 봉표(封標)를 살피게 하여 조사를 마쳤다. 유수가 "죄인이 질문을 하면 사실대로 알려줍시다"라고 하였다.

내가 "적의 실정을 적에게 일러줘서야 되겠습니까? 둘러대어 답하는 것이 좋겠습니다"라고 답하였다. 문을 열고 세 명의 죄인을 나오라 하여 문 안쪽에 서게 했더니 죄인들이 과연 "왜 그러시오?"라고 물었다.

내가 하례를 시켜 "봉표한 지 10년 가까이 되어 봉해놓은 안쪽의 모든 것에 대해 주상 전하께서 깊이 마음 쓰고 계십니다. 의금부도사를 시켜 직접 살펴본 후에 회답하게 하셨습니다"라고 말을 전하게 하였다. 죄인들이 "주상 전하의 은혜 덕분에 요행히 이렇게 살아왔소. 다만, 지붕을 덮은 지 오래되어서 비와 눈이 걱정되오"라고 말하였다. 내가 하례들로 하여금 죄인 앞에 다가가 각자 얼굴 특징 1본씩을 적게 한 다음 전처럼 봉표를 하고 서명을 한 뒤에 마쳤다.

강화부 유수영(留守營)으로 돌아와 가시나무 문밖에서 죄인을 지킨 3년 이내의 포교들 이름을 꺼내어 적기(籍記)를 살펴 하나하나 불러들이자 수십 명이 일제히 이르렀다. 그들에게 다음과 같이 분부하였다.

"오늘의 일은 조정의 명령에 따라 철저히 조사해 돌아가 보고할 것으로 일이 매우 중대하다. 너희들이 여러 해 동안 아침저녁으로 보아왔으니 너희가 말한 바가 아니면 무엇으로 증거를 삼겠느냐? 너희들이 하급 직책이기는 하나 또한 가족이 있으니 사실대로 진술해 조정에 아뢰도록 준비하여라."

마침내 이름들을 적어 다짐을 받은 후 유수로 하여금 다짐받은 것을 함께 기록해 조정에 보고하였다. 나는 초벌로 부본 1통을 써서 돌아가 판당과 대신에게 보고하였다. 판당이 "이런 까닭으로 관례에서 벗어나 상경력을 보낸 것이오"라고 하였다. 그 말에는 고맙게 여기는 기색이 있었으니 정말 우스운 일이다. 그 뒤 강원도 감영에서 인천 백성 천(千) 아무개가 간교한 꾀로 왕족을 사칭한 일을 자세히 조사하고, 잡아다 국문해 사형시켰다.

경직된 당론

•

을해년 4월 내가 병조정랑이 되어 사은숙배하러 대궐에 들어갔을 때 금호문(金虎門) 밖 길가에 여인이 타는 가마 하나를 여종이 빙에워싸고, 한 선비가 짚자리를 깔고 가마 뒤에서 고개를 숙이고 엎드려 있었다. 괴이하게 여겨 그 이유를 알아보니 이노춘 부인이 시아버지의 병세가 위중해 당직자에게 이노춘을 유배에서 풀어달라고 호소를 했으나 해당 부서에서 받아들이지 않았다. 이곳에서 저녁에 돌아갔다 아침에 나오기를 한 달씩이나 하며 고관들이 왕래할 때마다 가마 속에서 하소연하는데 정부인(貞夫人)인 것을 살피지도 않았다고 한다.

당직자에게 호소하는 것은 법에서 허락한 것이다. 받아들인 뒤에 용서한다는 명령이 내려지면 해당 부서에서 집행해 돌아오게 하면 된다. 그런데 호소를 받아들이지 않아 대궐 밖에서 여인이 하소연하게 하니, 법례상 잘못이라 듣고 보기에 너무 놀랍다. 내가 의금부 당상 김노경(金魯敬) 대감을 만나 그에 대해 이야기하였다. 대감이 "사리는 그렇지만 이노춘의 용서를 비는 하소연을 우리들이 어떻게 받들 수 있겠소?"라고 답하였다. 여러 차례 이야기해도 끝내 들어주지 않았다. 사리가 그렇다는 것을 알았으면 사리를 따르면 그만이다. 우리들이니 저들이니 말할 필요가 있으랴! 이것은 붕당으로 판단할 것이 아니니 풍습이 착하지 못하다.

심환지의 당질을 천거하다

●

정언 심능서(沈能恕)[150]가 과거에 급제해 당후가관(堂后假官, 假注書)에 임용되어야 했으나 수십 번 추천해도 대상자가 되지 못하였다. 마지막에는 서북 사람들과 함께 대상자로 올렸으니 한림 김도희(金道喜)[151]의 짓이다. 내가 유일(唯一) 김노응(金魯應)을 만나 그에 대해 이야기하자 유일이 "내 아들이 한 일이 아니고 소론 한림의 짓인 듯하다"라고 대답하였다. 내가 "누가 한 일인지는 따질 필요 없고, 뒤에 낼 명단에서는 바로잡는 것이 좋겠습니다"라고 하였다. 그 뒤에 과연 고쳐졌다.

심능서의 아버지 심계지 공은 나이 팔십이라 품계를 올려준 지가 오래되었다. 아들이 6품에 올랐고, 대간에 추천되었으니 공은 마땅히 시종하는 신하의 아비로서 한 등급을 높여주고 추증도 보태야 하는데, 이조판서 김노경 대감이 이것을 저지하였다. 내가 누차 "심능서가 대간에 추천되는 것을 끝까지 막을 수는 없으며, 심계지의 품계를 올리는 것은 때가 급합니다. 구십 노인이 끝내 혜택을 받지 못한다면 대감이 남에게 악업을 끼치지 않겠습니까!"라고

---

150 심능서(沈能恕, 1783~1847)의 자는 일여(一如)이며, 심계지의 아들이다.
151 김도희(金道喜, 1783~1860)의 자는 사경(士經), 호는 주하(柱下), 본관은 경주. 아버지는 김노응(金魯應)이며, 삼촌 김노익(金魯翼)에게 입양되었다.

하였다. 그러자 김노경이 "역적 심환지의 당질을 내 손으로 추천할 수 없소"라고 답하였다.

그 말에 "대감이 추천하려고 하지 않는 일을 제가 이야기하니 이상하군요. 다만, 역적 심환지를 엄중하게 성토할수록 이 사람을 더욱 무겁게 써야 합니다. 그래야 의리를 완성할 수 있습니다. 왕돈(王敦) 탓에 왕도(王導)에게, 이자겸(李資謙) 탓에 이자현(李資玄)에게, 허목(許穆) 탓에 허후(許厚)에게, 조태억(趙泰億) 탓에 조태만(趙泰萬)에게 연좌해 죄를 물었다는 말은 듣지 못하였습니다"라고 이야기하였다.

내가 광주판관에 임명되어 하직 인사를 올리고 비를 피해 예문관에 들어갔다가 한림 김정희(金正喜)를 만나 또 힘주어 이야기했는데, 그 아비와 똑같이 끝내 듣지 않았다. 몇 개월 뒤에 심계지 공이 별세하였다. 그 이후 나는 관원을 뽑는 일에는 김노경 대감에게 한 마디도 하지 않았다.

심능서가 삼년상을 마쳤을 때 대간에 추천되기가 매우 힘들어져 홍문록(弘文錄)에는 물론이고 춘방(春坊)에도 뽑히지 못하였다. 내가 풍고 공과 유한(維翰) 심능악(沈能岳)에게 이야기했으나 아무도 살펴주지 않았다. 나는 늘 그것을 안타까워하였다. 병조의 군색랑(軍色郎)에 자리가 비었을 때 내가 판서 치수 서준보에게 강력하게 이야기해 첫 번째로 추천되어 임명되었다. 온 세상이 시끄럽게 "역적 심환지의 당질을 심노숭이 서준보에게 이야기해서 관직을 얻게 했으니 도리가 아니다"라고 떠들어댔다. 이런 말을 하는 자들이 모두 역적 심환지의 옛 무리들이니 사람의 마음이 이렇다.

죽은 정승이 산 정승만 못하다

•

신사년(1821) 가을, 괴질이 번져 감역 자리에 결원이 많이 생겼다. 이조판서 김노경이 주재하는 자리에 참판 이문회(李文會)도 자리하였다. 판서가 참판에게 "소론 몫의 감역은 누구로 내세우는 것이 좋겠습니까?"라고 묻자 이문회가 몇몇 사람을 이야기하였다. 나는 "저도 추천하겠습니다. 대감께서 쓰시면 귀신과 사람이 서로 기뻐하고 오랑캐와 중국인이 다 칭송할 것입니다. 그런데 대감께서 이런 좋은 일을 하실지는 모르겠습니다"라고 하였다. 판서가 "누구요?"라고 묻기에, "지천(遲川) 최명길(崔鳴吉)의 신주가 노성현(魯城縣, 지금의 충청남도 논산) 시골집 두 칸 건물 벽에 붙은 시렁 위에 모셔져 있는데, 한 해가 다 가도록 한 번도 제삿밥을 얻어먹지 못하였습니다. 제가 직접 보았습니다. 봉사손 최대영(崔大榮)은 선대왕 때 성균관 유생으로 입시해 여러 번 은혜를 입었으니 이 사람을 얻는다면 대감께서 영광을 함께 누릴 것입니다"라고 답하였다. 판서가 "참으로 좋소! 참으로 좋아!"라고 하였다. 나는 "전형을 맡은 부서의 근래 사정이 스스로 자리를 만들지 못하고 반드시 남에 의해 자리가 만들어지더군요. 대감도 예외가 아닐 것입니다. '참으로 좋다!'라고 말만 하면 무슨 보탬이 되겠습니까?"라고 하였다. 임용 명단이 나왔는데, 우의정 임한호(林漢浩)의 아들이 자리를 차지하였다. 판서를 만났을 때 나는 "'죽은 정승은 산 정승만 못하다'고 하더니 이치가 본래 그렇군요"라고 하며 서로 껄껄 웃었다.

홍희택이 심노승을 책망하다

•

내가 형조정랑으로 납패(納牌)하기 위해 승정원에 갔는데 심일 이
지연과 홍희준(洪義俊)이 마주보며 당직을 서고 있었다. 마침 평안
도 관찰사 이상황(李相璜)[152]의 장계가 승정원에 도착하였다. 예방
승지(우승지)인 이지연이 살펴보니 용강현령(龍岡縣令)의 연임을
요청하는 장계였다. 이전 현령이었던 한용의(韓用儀)[153]가 재임한
지 몇 년이 지나 내직으로 옮기려고 할 때 감영에서 연임을 요청해
몇 년이 지났다.

또 내직으로 옮긴 현령 대기자로 새로 현령이 된 김난순(金蘭
淳)[154]이 임금께 하직 인사한 지 하루가 되지 않아 부임하려고 할
때 감영으로부터 장계가 도착한 것이다. 내가 이 승지에게 "현령
한 자리에 두 명이나 연임을 요청했다는 말은 들은 바가 없습니다.
담당 승지께서 다스려 마땅히 말씀하셔야 할 것입니다. 본래의 장
계를 돌려보내는 것이 직무를 저버리는 것이 아니겠군요"라고 하
였다. 이 승지가 웃으며 "내가 어찌 감히 이렇듯 모난 일을 하겠
소?"라고 하여 나도 웃어넘겼다.

---

152 이상황(李相璜, 1763~1841)은 1816년 평안도 관찰사로 나가 장중위(壯中衛)를 폐지하고, 별
　　친기위(別親騎衛)를 설치하였다.
153 한용의(韓用儀, 1772~?)는 1815년 4월에 용강현령으로 임명되었다.
154 김난순(金蘭淳, 1781~1851)은 1816년 1월 용강현령으로 임명되었다.

며칠 후 첨정(僉正) 홍희택(洪羲宅) 어른이 내게 들러 이렇게 말씀하셨다.

"일전에 자네가 승정원에서 주고받은 말이 왜 그리 주제넘은가? 그것이 우리 음관들이 할 말인가? 앞으로 이런 일을 삼가지 않는다면 내 생각에 자네도 화를 면하기 어려울 것일세."

나는 이렇게 대답하였다.

"말씀이 맞습니다만 눈에 거슬리는 일이라서 입에서 자연스럽게 나왔고, 또 상대가 이 승지라서 말이 그렇게 나온 것입니다."

홍 공께서는 탄식하고 꾸짖기를 멈추지 않으셨다. 나중에 들으니 세간에서 말이 상당히 떠돌았다고 한다. 이것은 분명 나의 서투른 실수인데, 선배에게 삼가고 근신하는 풍모와 후배에게 꾸짖고 책망하는 의리를 홍 공은 모두 갖추었다.

오치규의 쓸데없는 고집

•

율곡(栗谷)을 이자(李子)로 불러야 한다는 논쟁은 우리 유학에서 하나의 큰 소란거리이다. 이자로 칭한다고 해서 더 높이는 것도 아니고, 이자로 칭하지 않는다고 해서 높이지 않는 것도 아니다. 이 일로 다투면서 비난하며 관계를 단절하고, 그마저도 부족하면 욕까지 하며 마치 장차 재난이 닥칠 것처럼 급박하게 여기니 도대체 무엇 때문인가?

오씨네 아들 오치규(吳致奎)가 형조의 동료가 되었는데, 내가 이에 대해 언급하자 군이 따지며 대답하였다. 오치규는 내가 모르던 사람인데, 이지연 대감은 젊을 때 면식이 있었다. 그 사람의 성품과 기질이 완벽히 호서우도(湖西右道, 지금의 충청북도)의 기풍이 있어 남을 끼워주지 않으려 하고, 남에게 이유 없이 굽히려 하지 않았다. 그래서 이런 괜한 논쟁을 하게 되었다. 의금부에 체포되어 옥 안에 있을 때 밤에 《맹자》 '호연장(浩然章)'을 암송했는데 그 소리가 밖에까지 울려 퍼졌다고 한다. 이를 보면 그 사람의 됨됨이를 알 수 있다.

김기유 집안의 귀신

•

김기유(金基有) 집안에 귀신이 내려와 서로 대화와 문장을 주고받기까지 하였다. 자칭 고려 때의 청로장군(淸虜將軍) 정씨(鄭氏, 鄭得揚)라고 한 귀신을 그 집안에서는 방을 비워 맞이하였다.[155] 사람들이 찾아가 물으면 길흉을 이야기해주었는데, 종종 신기할 정도로 맞아 평구리(平邱里) 미음(渼陰) 지역[156] 사람들이 앞다투어 달려갔다. 김기서가 주도해 강변에 제단을 세워 돼지와 양으로 제사를 지냈고, 김매순이 치뢰문(致酹文)을 지었으며, 홍우섭(洪遇燮)이 전작례(奠酌禮)를 행하였다. 당시 나는 광주통판(通判)으로 있었는데, 교졸들을 풀어 제단을 허물고 그들을 쫓아내려고 하였으나 그 지역이 관할 구역 밖이라서 결행하지 못하였다. 이윽고 대간이 상소를 올려 김기서는 유배형에 처해졌고, 김매순과 홍우섭은 의금부에서 조사를 받고 풀려났다. 치뢰문이 세상에 퍼져 나도 보았는데, 결구가 정연하고 문체가 뛰어나 참으로 훌륭한 작품이었다. 다만, 안타까운 것은 이치가 아닌 불경한 일에 쓰여졌다는 점이다. 이는 신사년(1821) 봄에 있었던 일이다.

---

155 《순조실록》 순조 22년 4월 8일조, '음사에 제사를 지낸 김기서 등을 처벌하자는 대사간 구강의 상소'에 관련 내용이 자세히 보인다.
156 지금의 경기도 남양주시 와부읍 미음리이다.

자저실기

평생 겪은 네 가지 큰 변고

•

세상일에 눈을 뜬 뒤 나는 네 가지 큰 변고를 겪었다. 그 첫 번째가 갑진년(1784) 역적 김하재(金夏材)의 변고이다. 김하재의 변고 이전에도 이천해(李千海)와 신치운(申致雲)의 변고[157]가 있었으니 그것에서 유래해 점차 확대된 것이다. 그러나 의젓하게 예복을 갖춰 입고 궁궐 섬돌 위에 점잖게 있다가 종이쪽지에 쓴 몇 줄의 글로 일을 벌인 것은 천고에 없던 바이다. 짧은 시간 동안 심문했으나 만 번 죽여도 오히려 가볍다. 천지가 개벽한 이래 없던 일이며, 일식과 월식에 비교할 바가 아니라고 성토한 언사가 참으로 알맞다.

갑진년 7월 그믐 소보(小報)[158]에 순창군수 김두공(金斗恭)[159]을 갈아치웠다고 했는데, 어떤 사람은 순창에 변고가 일어났다고 생각하였다. 얼마 지나지 않아 금영(禁營)에서 친국이 있었고 김하

---

157 이천해와 관련해서는 《영조실록》 영조 4년 3월 28일조에 "을사년에 임금이 의릉(懿陵)을 알현할 때 이천해란 자가 두다리 길목에서 앞으로 나와 흉언을 했는데, 살벌하기 짝이 없어 국문해 죽였다"라는 내용이 보인다. 신치운은 경종 때 소론의 신예로서 노론의 거두 권상하 등을 축출하는 데 앞장섰으며, 1755년 나주괘서사건 직후 심정연(沈鼎衍)·김인제(金寅濟)·박사집(朴師緝) 등과 함께 모반사건에 연루되어 경상북도 흥해군에 유배되었다가 처형당하였다.

158 소식을 전하는 짧은 글로, 조선시대 승정원에서 그날 처리된 일을 간추려 각 벼슬아치에게 알리던 문서를 이른다.

159 김두공(金斗恭)은 김하재의 조카로 김하재 사건에 연좌되어 거제로 귀양 갔다가 그곳에서 "내가 서울로 돌아간다면 상할 사람이 많을 것"이라는 등의 말을 하여 재차 추국을 받은 뒤 대역부도 죄인으로 처형되었다.

재가 법에 따라 처형되었다. 서울과 지방에서는 무슨 일인지 모르다가 다음 날 아침 비로소 판결 내용을 보고는 살이 떨리고 간담이 서늘해지지 않은 사람이 없었으며, 마치 악몽에 넋이 빠진 것 같았다.

무릇 인간의 마음을 가진 이라면 누군들 그렇지 않겠는가마는 어떤 이들은 역적 김하재가 미친병이 들어서 그렇다고도 하였다. 이윽고 다음 해 봄에 역적이 나타났고[160] 공적 · 사적 운운하는 이율의 공초가 있었다. 이 변고가 어찌 한때의 흉언(凶言)과 반역의 작태로 그치겠는가! 글자가 만들어진 이래의 역사에서 찾아보고, 문자를 쓰는 세계에서 두루 찾아보아도 없는 일이다.

두 번째는 기미년(1799)과 신사년(1821)의 전염병[161]이다. 나쁜 기운이 퍼져서 전염병이 돌았으니, 그해의 운명이 그랬던 것인가? 아니면 정해진 운수를 피하지 못해서인가? 홍역과 마마가 유행했던 일은 고금을 막론하고 셀 수 없이 많다. 그러나 이 전염병은 무오년(1798) 12월 20일에 발병해 기미년 1월 20일에 끝이 났는데, 한 달 동안 전국을 통틀어 병에 걸리지 않은 사람이 열에 두셋이었고, 병에 걸려서 살아남은 사람이 열에 두셋이었다. 증세는 감기와 비슷하고 일정한 발병 기간이 있었는데, 이는 영조 정해년(1767)의 질병과 비슷하였다.

그런데 신사년의 전염병은 8월에 열흘간 발생했는데 시작과 끝

---

160 1785년(정조 9) 2월 경상도 하동에서 일어난 반란 음모 사건인 '이율과 양형' 사건을 말한다.
161 1799년(정조 23)과 1821년(순조 21)에 전국에 괴질이 돌아 많은 사람이 사망했는데, 관련 기사가 《정조실록》과 《순조실록》에 적지 않게 보인다.

이 한 달을 넘지 않았고, 죽음이 짧은 시간에 찾아와 한 번 설사를 하면 다시 일어나지 못해 이웃집에서 객사한 경우도 있었다. 사망 자 수는 기미년의 갑절이었는데, 바람처럼 일어나 조수처럼 퍼져 항우의 군대가 휩쓸고 지나가는 것보다 더 빨랐다. 의서에도 없던 일이고 약으로도 어쩔 방도가 없어 결국 괴질이라 불렀다. 앞뒤 두 해의 질병이 모두 서쪽(중국)에서 온 것은 또 무슨 연유인가?

세 번째는 신유년(1801)에 있었던 서용보와 이병모가 일으킨 옥 사로, 앞에서 이미 상세하게 이야기하였다. 종합해서 이야기하면 하늘이 백성을 내고 군신과 부자의 관계가 생긴 이래 없던 일이 었다.

네 번째는 병인년(1806)에 있었던 김달순의 주청과 기축년 (1829) 신의학의 상소이다. 두 가지 발언은 하나같이 역적의 당을 위해 원수를 갚고, 나라 편의 당(國邊, 시파)을 도륙내려는 목적에 서 나왔다. 대의(大義)는 말할 것도 없고 사적인 뜻으로 이야기하 더라도 역적의 당에는 왜 그리 후하고, 나라 편의 당에는 왜 그리 각박하였을까! 김달순의 계책은 피와 살을 나눈 친척을 향해 숨어 서 화살을 쏘는 것이며, 신의학의 말은 자신을 품어준 은혜로운 집 안에 과녁을 세운 것이므로 천리상, 인정상 있을 수 없는 일이다. 25년 사이에 앞선 사건을 준엄하게 처벌하지 않았기에 결국 은밀 하게 번져나가는 구실을 만들어주었고, 뒤에 일어난 사건이 더 무 서워졌는데도 숨겨진 사실이 드러나지 않도록 내버려두었다.

신의학을 근본적으로 처리하는 것이 김달순을 처리하는 일보다 준엄하지 않았다. 그래서야 나라 편의 당이 자리를 깔고 편안히 잘 수 있는 날이 없을 것이다. 승냥이와 이리가 길가에 널려 있는데

묻지도 않고[162] 제비와 참새가 집에서 편히 있다니[163] 나는 이해할
수 없다.

이 네 가지 변고에 임신년(1811) 평안도 변란이 포함되지 않은
것은 그것이 역적의 난리보다 더 심각하기 때문이다.

---

162 《한서(漢書)》〈손보전((孫寶傳)〉의 "승냥이와 이리가 길을 가로막고 있을 때에는 여우와 살쾡
이에게 다시 물어서는 안 된다"라는 말에 출처를 둔 표현이다.

163 제비와 참새가 지붕에서 안전하다고 여기고 있을 때, 부엌에서 화염이 일어 마룻대가 불에 타
는데도 화가 자신에게 미칠 줄 모르고 있다. 위험한 상황에 처해서도 스스로 알지 못하는 경우
를 비유한다. 《공총자(孔叢子)》〈논세(論勢)〉가 그 출전이다.

극에 달한 과거의 폐단

•

우리나라 과거의 폐단은 광해군 때 극에 달하였다. 친족과 당파 무리를 두레박으로 물을 퍼내고 갈고리로 당기듯 끌어주어 시골의 변변치 않은 이들까지 약속 자리에 가듯이 과거에 응시하였다. 그 재앙이 마침내 집안과 나라가 함께 망하는 지경에까지 이르렀다. 반정이 일어난 뒤 하나같이 새롭게 바뀌고 모든 질서가 바로잡혔으나 오직 과거 한 가지만은 입으로는 그 일을 성토하면서 손으로는 답습하였다. 훈신과 척신들은 집안을 위하고, 사림은 지조를 잃어서 앞서거니 뒤서거니 똑같은 한통속이 되었다.

당시 기옹(畸翁) 정홍명(鄭弘溟)이 시험을 주관하며 사람들에게 이렇게 이야기하였다.

"임금의 명을 받들어 선비를 시험하는데 사사로운 마음을 하나라도 품는다면 역적이 되기에 충분한 심보이다."

이 말은 너무 지나쳐 과격한 점이 없지 않으나 실제로 이치가 그렇다. 그러나 온 세상이 미친 듯이 휩쓸려가는데 기옹 한 사람의 말 한 마디로 어떻게 바로잡을 수 있으랴! 지금까지 200여 년 동안 후대로 가면 갈수록 과거는 더욱 사사로이 흘러 당색으로 진퇴를 가리고, 그 종류가 늘었다 줄었다 한다. 과거시험의 합격자 명부를 살펴보면 확인할 수 있다.

기옹이 말한 역적이란 말은 과거를 사사로이 이용한 자도 모면하지 못하고, 사사로운 과거의 덕을 본 자도 모면하기 힘들다. 과거의 종류가 늘어나면서 역적도 많아졌다. 근세에 한 정승이 과거를 앞에 두고 상소를 올려 기옹의 말을 인용했는데,[164] 그의 마음도 괴로웠던 것이다.

---

[164] 《조선왕조실록》 순조 8월 25일조에 보면, 당시 좌의정이던 김재찬(金載瓚)이 과거의 폐단을 논하면서 정홍명의 말을 인용하였다.

자저실기

감식안이 뛰어난 시험관

•

감식안이 뛰어난 과거 시험관으로 옛날에는 사재(思齋) 김안국(金安國)을 들었고, 그 뒤로는 죽천(竹泉) 김진규(金鎭圭)를 든다. 죽천은 여러 해 시험을 주관해 이진망(李眞望)·조문명(趙文命)·윤순(尹淳)·이덕수(李德壽)와 같은 선비들을 배출했는데, 그들 모두가 대제학이 되었다. 숙종 신묘년(1711) 국제(菊製)[165]에서는 송(宋)나라 소식(蘇軾)이 사마광(司馬光)의 신도비명(神道碑銘)을 지었다는 제목의 표문(表文)을 내걸었다. 이때 남인 가운데 글재주가 있던 강해(姜楷)가 절일제(節日製)에서 연달아 장원을 차지해 이름을 크게 떨쳤다. 지은 작품이 정교하게 단련되었고, 또 일찍 답안을 제출해 장원에 뽑힐 가능성이 높았다. 그런데 저녁 뒤에 제출된 시권 중에 1권 첫 항(답안에서 처음 두 항을 지칭함–원주)에 "사마광의 사람됨을 보니 참으로 기(夔)·용(龍)[166]에 짝이 된다"라는 대목이 있었다. 함께 평가하던 이가 크게 칭찬하자 김진규가 살펴보고 "옛날에는 높은 풍모를 지닌 이를 흠모했으나 지금은 나도 부끄러운 기색이 없노라"라는 마지막 구절을 보고 비점을 찍으

---

167 고대 중국의 제왕 신농씨(神農氏)의 성이 '이기'라고 한다《오주연문장전산고(五洲衍文長箋散稿)》.

168 영조 29년(1753) 식년시 진사 1등 급제자이다《사마방목(司馬榜目)》.

며 "이 사람이 아무래도 대제학이 되고 싶은가보다"라고 하고는 일등 자리에 올렸다. 이 사람이 바로 서당(西堂) 이덕수였다.

영조 계유년(1753) 감시(監試)와 회시(會試)에 대제학 남유용(南有容)이 시험을 주관했는데, 제목이 '하늘에는 뜨거운 바람이 불지 않고, 바다에는 큰 파도가 일지 않으니 중국에 성인이 나타난 줄 알겠다'였다. 한 시권의 첫 구에 "푸른 거북과 상서로운 주문(籒文)이 광주리에 담긴 지 오래이니, 평양현의 성인은 이기(伊祈)[167]가 그 성이라네"라는 내용이 있었다. 시험관이 이구동성으로 괴상하다며 내쳤다. 승지 정하언(鄭夏彦)이 "버리긴 버리되, 제가 가져가서 제 아이들에게 보여주렵니다"라고 하였다. 그러자 남유용이 다시 살펴보고는 지운 것을 취소하고 비점을 찍어 장원으로 뽑고 나서 이름을 펼쳐보니 신사권(申史權)[168]이었다. 남유용의 감식안이 어찌 정하언에게 뒤지겠는가? 이 글을 처음에는 내쳤다니 참으로 이상하다. 다만, 정하언이 이미 버려진 것을 다시 뽑았다고 해서 남보다 뛰어나다고는 할 수 없다.

---

165 9월 9일[九日製]에 성균관 유생을 시험하는 시험. 절일제(節日製).
166 중국 순(舜) 임금의 신하인 기(虁)와 용(龍)을 말한다. 훌륭한 신하를 비유하는 말로 쓰인다.

자저실기

남구만의 평가

•

소론 편에서는 정승 남구만(南九萬)의 기개와 국량을 칭송한다. 모친상을 당해 아버지 묘에 합장(合葬)할 때 묘혈(墓穴)을 뚫어 살피자는 논의가 나오자 남구만이 극구 말렸다. 삽이 틈을 지나자 물이 끊임없이 솟아오르는 것을 보고 남구만은 "물은 땅속을 흐르니 땅속에 물이 없을 수 있겠는가!"라 하고 마침내 혈을 막고 합장하였다. 이는 사람의 도리와 인정상 결단코 해서는 안 되는 일이다. 남구만이 설마 이런 짓을 했을까마는 정말 그렇게 했다면 차마 해서는 안 될 일을 한 자이리라. 후대 사람들이 그를 기개와 국량이 있다고 칭송하는 것은 당론으로 그를 평가한 것에 불과하다.

남구만에게 보낸 김창협의 편지

•

갑술년(1694)에[169] 약천(藥泉) 남구만이 영의정이 되었다. 농암(農
巖) 김창협(金昌協)이 편지를 써서 아버지의 원수를 갚아달라고
애걸하며 "무게가 있는 한 마디의 말로 또렷하게 말씀해주기를
바랍니다"라는 말까지 하였다. 편지의 글이 애달파서 어진 사람이
나 효자라면 차마 들을 수가 없었다. 남구만이 편지를 죽 읽어본
뒤 내동댕이치면서 "이놈이 무식하기가 이 정도인줄은 몰랐다. 설
령 내가 그 말에 따라 원수를 갚아준다고 해도 날짜를 먼저 정해
승낙한 것을 통보해야 한단 말이냐!"라고 하며 결국에는 답장도
하지 않았다. 농암이 "이 사람은 사납고 인정머리 없는 인간이다"
라고 하였다.

　농암의 말이 그렇게 지나친가? 국정이 새롭게 시작되어 그동안
의 잘못된 조치들이 이미 바로잡혀지고 있었다. 죄를 물어야 할 대
상이 한 개인의 사적인 원한이 아닐진댄 농암이 사적으로 편지를
써서 말해달라고 요청한 것은 잘못은 잘못이다. 그렇지만 일을 막
시작하는 초기라서 남구만이 자신의 마음가짐과 입장을 벌써 정

---

169 1694년 남인 세력이 서인을 제거하려다 실패해 실각당하고 소론과 노론이 정권을 잡은 갑술
옥사를 말한다. 소론의 영수 남구만이 영의정이 되었기에 남인에 의해 사사된 농암의 아버지
김수항(金壽恒, 1629~1689)의 신원을 농암이 요구한 것이다.

해놓은 줄 모르고, 원수가 같으므로 반드시 원수에게 상해를 입힐 의향을 남구만이 가지고 있을 것이라고 판단한 것이었다. 이른바 분명하게 말해달라는 것은 먼저 승낙해달라는 것이 아니라 쓰라린 억울함을 스스로 드러낸 것이다. 처단하는 논의를 듣고자 한 것은 인정상 어쩔 수 없는 일이다. 이것을 무식하다고 말했다니, 그렇다면 그의 말은 과연 유식한 것인지 나는 모르겠다.

죽은 벗에게 관직을 주라고 상소한 남구만

·

문과(文科)에 직부(直赴)[170]되었다가 합격자 명단이 발표되기 전에 사망할 경우에는 홍문관 정자(正字)나 승정원 주서(注書)를 내려준다. 나라의 법전에도 실려 있다고 알고 있다. 근래 약천이 상소를 올려 친구인 한오상(韓五相)에게 관직을 주자고 다음과 같이 요청하였다.

"신은 한오상과 젊어서부터 공부를 함께 하던 사이로 그가 일찍 죽어 세상에 능력을 발휘하지 못한 것을 가슴 아프게 생각합니다. 올해(1694) 별시(別試)에서 직부하기로 되어 있는데 황천의 귀신이 되어 이미 이승과 멀어진 것을 홀로 슬퍼합니다. 바싹 마른 물고기가 황하를 지나가듯 눈물을 흘리고,[171] 낙엽이 봄을 만나듯 한이 더해집니다. 이에 죽은 벗을 그리는 상수(向秀)[172]의 정이 간절해져 감히 영호(令狐)처럼 요청합니다."

이 글로 그의 문장을 알 수 있다.

---

170 과거시험에서 전강(殿講)·절일제 등의 시험에 합격한 사람을 곧바로 문과의 복시나 전시에 응시할 수 있는 자격을 주는 것.

171 원문은 '枯魚過河泣'이다. 악부(樂府)의 시 제목으로 말라죽은 물고기가 헤엄치던 황하를 지나며 눈물을 흘린다는 뜻이다.

172 진(晉)나라 상수(向秀)가 혜강(嵇康)과 산양(山陽) 땅에서 절친하게 지냈다. 혜강이 죽은 뒤 상수가 그곳을 지나다가 이웃집에서 들려오는 피리 소리를 듣고 옛일을 추억하며 눈물을 흘리면서 〈사구부(思舊賦)〉를 지었다.

외골수 당론과 사치

•

외골수 당론의 재앙은 사치보다 더 위험하다. 지금은 외골수 당론
이 이미 사라졌지만 사치는 극심하니 그 잘잘못이 앞으로는 어찌
될까?

죽천 김진규가 판서 윤지인(尹趾仁)과 함께 대궐에 있었다. 윤지
인의 집에서 점심밥을 가져왔는데, 맑은 간장으로 조리한 두부 한
모였다. 잠시 뒤에 김진규의 오찬이 도착했는데, 흰 소금 한 술을
친 메밀수제비였다. 죽천이 점심을 먹으면서 "우리는 정승판서인
데 이렇게 소박하니 나라가 망하지는 않겠소"라고 말하자, 윤지인
이 "오직 외골수 당론을 하지 않은 뒤에야 그리 되겠지요"라고 하
였다.

이이와 이준경

•

율곡 선생이 정승 동고(東臯) 이준경(李浚慶)을 논하면서 "죽음에
임해서도 그 말이 악하다"라고 평가하였다. 말이 너무 거칠기는
하나 이 말을 근거로 당파를 중재하려는 율곡의 태도가 편파적이
라고 말하는 것은 율곡의 본심을 모르는 것이다. 율곡은 중재를 주
장하며 진실한 마음과 온갖 성의를 다했으니 그가 한 말을 보면 그
마음을 잘 알 수 있다. 동고를 평가한 말도 중재가 이루어지지 못
할까 염려한 데서 나온 것이니 여기에 조금이라도 사적인 호오(好
惡)의 감정이 개입되어 있겠는가? 율곡이 편파적인 마음을 가졌
다고 말하는 자들은 자손도 키우지 못할 것이다.

　동고의 후손인 이이만(李頤晚)이 철원군수였을 때 율곡서원(栗
谷書院)에서 도움을 요청하는 통문(通文)이 돌다가 그에게까지 전
해졌다. 그가 통문 끝에 "백세토록 잊기 어려운 원한만 있고 한 푼
도 도울 만한 의리가 없다"라고 쓰고 큰 글씨로 수결해서 돌려보
내자 당시 사람들이 비웃었다. 백세의 원수라고 말한 것은 너무 지
나친 것이 아닌가!

우암을 몰아세운 이웅징

•

"신하의 이름을 부르지 않는 경우는 다음과 같다. 은(殷)나라에는 아형(阿衡), 주(周)나라에는 주공(周公)이 있다. 관중(管仲)은 중보(仲父)라 했고, 왕망(王莽)은 재형(宰衡)이라 했으며, 적인걸(狄仁傑)은 국로(國老)라 했고, 곽자의(郭子儀)는 상보(尙父)라 하였다. 송나라의 가사도(賈似道)를 일러 사상(師相)이라 했고, 명나라의 장거정(張居正)을 일러 원보(元輔)라 했으며, 고려의 최충헌(崔忠獻)을 일러 은문상국(恩門相國)이라 했고, 우리나라의 우암 송시열을 일러 대로(大老)라 하였다."

이는 동고 이준경의 후손인 이웅징(李熊徵)이란 자의《검호지림(黔湖志林)》이란 책에 쓰인 말이다. 역대 선인과 악인을 열거하면서 우암을 그 뒤에 놓아 우암을 몰아세우고 있다. 하는 짓이 참으로 가소롭다.

권이진의 행실

•

친손자와 외손자는 차이가 있지만 아버지의 아버지와 어머니의 아버지가 무슨 현격한 차이가 있겠는가? 외손자가 외할아버지를 친할아버지와 똑같이 보지 않을뿐더러 외할아버지가 외손자를 친손자와 똑같이 보지 않는다.

판서 권이진(權以鎭)은 우암의 외손이다. 우암은 외손자가 자기를 닮았다 하여 매우 사랑해 잠잘 때나 밥을 먹을 때도 꼭 곁에 데리고 있었다. 권 공이 곁에서 잠을 자고 있는데, 우암이 손님과 시사를 논하였다. 손님이 비밀스러운 일을 말하려고 하자 우암이 손가락으로 가리키며 "이놈이 아주 흉악하오"라고 하였다. 권 공이 남인(南人)이기 때문이었다. 권 공이 몸을 옆으로 뉘면서 "이 할아버지는 아주 흉악해요"라고 말하였다. 우암은 웃고 말았다.

갑술년(1694)에 권 공이 증광회시(增廣會試)에 응시하였다. 이때 남인이 크게 세력을 잃어 방(榜)이 걸려도 보기가 어렵자 바로 서인(西人) 재상집으로 가서 방을 보여달라고 부탁하였다. 주인이 방을 보여주자 보고 난 뒤 일어나 자리를 떴다. 아무런 티도 내지 않아서 주인이 그가 누구인지를 알아보지 못하였다. 좌중에 권 공을 알아본 자가 있어 "이번 방에 붙은 장원입니다"라고 하니, 주인이 "난적이구나"라고 하였다.

경상도 관찰사였을 때 유생 가운데 우암의 초상을 본떠서 그려

자저실기

와 서원을 건립해달라고 청하는 자가 있었다. 권 공이 그 초상을 받들어 안으로 들여놓고 벽에 건 뒤 서서 바라보더니 "이 꼴은 그 을음에 더럽혀진 것보다 못하다"라고 하며 물을 가져다 씻었다. 유생이 따지자 권 공은 "너희들만 선생을 존경하고 나는 외조부를 존경하지 않는단 말이냐"라며 화를 내고는 초상을 씻으라 재촉하고 유생들을 쫓아버렸다.

　나는 예전에 권 공의 행적을 꽤 상세하게 논한 적이 있다. 권 공은 명재(明齋) 윤증(尹拯)의 처조카로서 아버지의 분부에 따라 명재에게 학문을 배웠는데, 명재의 의서(擬書)[173]가 이미 나온 뒤였다. 그로부터 몇 년이 지나 명재가 죽고 제문(祭文)을 지어 애통함을 표하며 "자식처럼 돌봐주셨다"라고까지 했는데, 이는 인륜상 절대 하지 말아야 할 말이었다. 의서가 외조부를 모함하는 것이 아니라고 보았는지는 모르겠으나 외조부를 모함한 것으로 보았다면 자기 어머니의 아버지를 모함한 자를 그 자식이 스승으로 섬길 수 있단 말인가? 아버지의 명이라고는 하나 명에도 바른 것과 그른 것이 있는데, 한결같이 받들려고만 한단 말인가? 어머니가 살아 계셨다면 자기 아버지를 모함한 자에게 자기 아들을 보내 스승으

---

173 윤증의 〈신유의서(辛酉擬書)〉를 말한다. 이 글에서 윤증은 송시열이 지나치게 윤휴(尹鑴, 1617~1680)와 남인을 몰아붙여 정치적 실효는 하나도 거두지 못한 채 당쟁만 격화시켰다고 하였다. 또 그가 평생을 바쳐 주창한 대의도 실효가 없다고 했고, 심지어는 그의 편벽된 기질까지도 논박하였다. 이 편지를 본 박세채는 파문이 일 것을 예상해 보내지 말도록 극구 만류하였다. 그러나 1682년경 박세채의 사위이자 송시열의 손자인 송순석이 그것을 몰래 베껴 송시열에게 보이고야 말았다. 편지의 사본을 본 송시열은 "윤증이 기어코 나를 죽이려고 한다"며 대노하였다. 이렇듯이 더욱 격화된 회니시비는 1684년에 조정의 논란거리로 떠오르기까지 하였다(이성무,《조선시대 당쟁사》〈회니시비〉, 아름다운날, 2007, 51~58쪽 참조).

로 섬기게 하겠는가?

명재가 우암의 문중과 적당히 관계를 유지한 것과 권 공이 명재에게 귀의한 것은 모두 부모의 원수를 잊은 행위이다. 스승에도 도가 있고, 도란 인륜으로부터 펼쳐지는 것이다. 인륜이 펼쳐지지 않는데 스승이라 하고, 도라고 하는 것은 어째서일까?

권 공이 과거시험을 볼 때 시험관으로 참여한 사람이 일찍이 우암을 비판한 적이 있었다. 그런데도 권 공이 그 시험에 응시하자 대관(臺官)들이 논박하였다. 그 논박에 맞대응하는 상소에서 권 공은 이렇게 말하였다.

"신이 비록 모자란 사람이나 부모 없이 나지는 않았습니다. 대관으로부터 이 같은 탄핵을 받으니 차라리 땅이라도 뚫고 들어가고 싶습니다. 시험관으로 참여한 자가 누구이고, 논한 것이 무슨 내용인지는 모르겠으나 틀림없이 명재의 의서에 불과할 것입니다. 시권을 들고 시험장으로 가는 것은 피해야 하고, 옷자락 걷고 스승의 문하에 드나드는 것은 피하지 않아도 된다는 것은 천하에 있을 수 없는 일입니다."

권 공의 재능과 태도는 한 시대의 빼어난 훌륭한 신하이지만 이치를 밝히고 인륜을 펼치는 측면에서는 잘못함이 있어서 이렇게 본분을 다하지 못하였다. 이른바 당론이 그런 고질병을 만들었다. 권 공은 내 6대조(沈益善) 외사촌 동생의 아들이어서 우리 집과는 가까운 친척간이기도 하고, 자주 오가며 친하게 지낸 증거가 집안에 보관 중인 오래된 편지에 보인다. 후손들이 지금까지도 친척간으로 잘 지내고 있으므로 굳이 이처럼 배척하는 논의를 해야 하겠는가마는, 마침 그 유집(遺集)을 보고서 탄식과 애석함이 없지 않아 대충 말을 꺼냈다. 만약 권 공이 무덤에서 일어난다면 내 말에 무엇이라고 말씀하실까?

황희와 상진의 정치철학

•

삼교(三敎)를 삼재(三才)에 연결시켜 보면 도교는 하늘이고 유교
는 사람이며 불교는 땅이다. 이 견해를 배척하는 사람이 "도교를
믿는 자들은 천하의 간사한 백성인데 어떻게 하늘에 비유하느
냐?"고 한다. 그 주장은 피상적이라 굳이 따져 말할 거리도 안 되
므로 그저 다음과 같이 대답하면 된다.

"하늘의 바탕은 비어 있고, 하늘의 쓰임은 포용인데 도교는 그
덕을 모두 가지고 있다. 하늘의 덕을 어기지 않으니 그에 비유하지
않겠는가? 천고에 천하와 국가를 다스리며 오래도록 위대한 국가
를 이룬 이들을 두루 살펴보면 도교를 귀결처로 삼았다. 내가 어찌
도교에 아부해서 그런 말을 하겠는가!"

이것이 내 평생의 정론(定論)이다.

우리나라를 세우고 법도를 만든 것은 익성공(翼成公) 황희(黃喜)
이다. 공이 한평생 견지한 태도를 대강 살펴볼 수 있다. 젊었을 때
길을 가다가 농부가 소 두 마리에 멍에를 메우고 가는 것을 보았
다. 공이 소의 우열을 묻자 농부는 밭을 갈다 말고 와서 귓속말로
그중의 한 소가 낫다고 말하였다. 공이 "어째서 귀에 대고 말하는
가?"라고 하자, 농부는 "동물도 사람처럼 똑같이 마음이 있습니
다. 우열을 평가하는 말을 소가 듣는다면 어찌 불평하는 마음이 없
겠습니까?"라고 대답하였다. 공이 크게 깨닫고 이때부터 다시는

자저실기

남의 장단점을 말하지 않았다. 농부는 아마도 장저(長沮)와 걸익(桀溺)[174] 같은 부류로 도가의 뜻을 깊이 터득한 자일 것이다.

정승 성안공(成安公) 상진(尙震)은 남의 허물을 말한 적이 없었다. 어떤 사람이 "아무개는 한쪽 다리가 짧다"라고 말하자 상진은 "남의 단점을 말하는 것은 옳지 않다. 왜 다리 한 짝이 길다고 말하지 않는가?"라고 하였다.

---

174 장저와 걸익은 춘추시대 초나라의 은자로,《논어》〈미자(微子)〉편에 이들과 관련된 내용이 나온다. 장저와 걸익이 밭을 갈고 있었는데 공자가 지나가다가 자로(子路)를 시켜 그들에게 나루터를 묻게 하였다. 장저와 걸익은 나루터는 가르쳐주지 않고 자신들과 함께 도피하는 것이 나을 것이라며 계속 밭을 갈았고 이를 전해들은 공자는 "천하에 도가 있다면 내가 세상을 개혁하는 데 참여하지 않았을 것이다"라고 하였다.

이귀와 최명길의 공적인 마음

•

이괄이 반란을 일으키자 연평부원군(延平府院君) 이귀(李貴)가 임금의 명령을 받들어 임진강 나루터를 단속하는 임무를 맡았다. 나루터에 이르러서 보니 지키는 군졸들은 달아나 흩어지고, 적은 이미 임진강을 건넌 뒤였다. 부제학 장유(張維)가 임금께 대면하기를 요청해 군율을 시행해야 한다고 했으나 임금은 이를 윤허하지 않았다.

부제학은 이귀의 아들인 연양부원군(延陽府院君) 이시백(李時白) 형제와 친했지만 개의치 않았던 것이다. 연평이 두 아들에게 "내가 군기(軍機)를 그르쳐 법률상 당연히 죄를 면할 수 없으므로 장유의 말은 자신의 직분에 충실한 것이다. 너희들이 그를 미워한다면 내 죄를 더욱 무겁게 하는 것이다"라고 하였다. 두 아들이 감히 어기지 못하고 예전처럼 장유와 교제하였다.

병자호란 이후 임금께서 역로(驛路)가 피폐한 것을 걱정해 사신에게 일산을 받친 수레 사용을 금하셨다. 완천군(完川君) 최내길(崔來吉)이 연위사(延慰使)로 가면서 그 법을 어기자, 감사 양파(陽坡) 정태화(鄭太和)가 그에게 죄를 묻고 관리를 엄중히 처벌하라고 요청하였다. 완천군의 아들인 완성부원군(完城府院君) 최명길이 처음에는 화를 내다가 얼마 후 "저 사람이 집행한 것은 법이고, 내가 화를 낸 것은 사심이다. 사심으로 공적인 일에 화를 냈으니 어찌 한마음으로 국가를 위하는 사람이랴?"라고 말하고는 다시는

마음에 두지 않았다. 이귀와 최명길 두 분의 일은 오늘날 사람들이
하지 못할 것이 분명하다.

이광좌가 노론 이조참판을 욕보이다

•

의정부에서 관원을 추천할 때 이조의 당상관(堂上官)이 관원 명부와 종이·벼루를 가지고 현임 정승의 집으로 찾아가 배알하는 것이 관례였다. 율곡이 이조의 당상관으로서 현임 정승을 배알할 때 종이와 벼루를 깜박하고 잊어버렸는데, 현임 정승이 실수한 책임을 물어 수행한 아전을 옥에 가두었다. 어떤 이가 율곡을 편들어 그 처사에 불만을 토로하자 율곡은 "내가 관례를 어겨서 저 사람이 법에 따라 한 일이다. 이런 일로 유감스러워하는 것은 도리가 아닐세"라고 하였다. 그 말을 들은 이들이 감복하였다.

이광좌(李光佐)가 영의정으로 있을 때 노론 판서로서 그를 사납게 성토하던 자가 이조참판이 되어 그에게 천망(薦望)을 받으러 갔다. 천망하는 법에 수망(首望)과 부망(副望)은 이미 추천된 자로 하고, 말망(末望)은 한 사람을 따로 추천하도록 되어 있었다. 이광좌가 이미 추천된 자를 부르자 이조참판이 받아 적었다. 이광좌가 이조참판의 이름을 말망으로 호명하자 이조참판이 머뭇거리며 바로 적지 못하였다. 이광좌가 목소리와 낯빛에 노기를 띠면서 "내가 아무리 꼴같지 않아도 영의정이 부른 천망을 이조참판이 어찌 감히 쓰지 않소? 사리와 체면을 왜 돌아보지 않는가?"라고 소리쳤다. 이조참판이 끝내 받아 적고 나왔는데 같은 무리로부터 비웃음을 샀다. 이광좌는 거듭 욕을 보이려 의도한 것이다.

이광좌(李光佐)의 자화상. 박영철(朴榮喆)의 구장품
이었으나 현재는 소장자가 불명이다. 《조선사료집
진(朝鮮史料集眞)》 제5집, 104쪽.

그 이조참판이 누구인지는 모르겠으나 평소 이광좌에게 얄보이
지 않았다면 그가 이렇게까지는 하지 않았을 것이다. 설령 그렇게
했더라도 목소리를 높이고 낯빛이 바뀔 때 마땅히 "대감께서 법례
를 들어 을러대신다면 소인 또한 마땅히 염치로 따져야겠습니다.
오늘의 일은 추천은 있었지만 천망은 없었습니다"라 말하고 곧바
로 인사하고 나왔어야 하였다. 면전에서 할 도리가 바로 이런데 구
차하게 받아 적고 하릴없이 받아들고 나왔다. 사람됨이 이 정도이
니 이광좌를 성토한 것을 그가 우습게 여기지 않았겠는가?

내직이 가벼워지고 외직이 중시되다

•

내직이 중시되면 사대부들이 권력을 다투는 폐해가 생기고, 외직이 중시되면 백성들이 고통을 당하는 재앙이 생긴다. 사대부들이 권력을 다투다가 난이 일어나고, 백성들이 고통을 당하다가 도탄에 빠진다. 똑같이 나라에 못된 해를 끼친다. 명분과 의리를 빙자한 권력다툼은 올바른 논의를 놓고 다투는 것이지만 염치를 잊는 것은 이욕을 탐하는 일만 일삼는다. 이와 같이 외직은 갈수록 중시되고 내직은 갈수록 경시된다. 100년 내외를 비교해보건대 계곡으로 쏟아지는 급류처럼 절대 돌이킬 수 없다.

경연이나 성균관의 관직은 누워서 차지하기도 어렵지 않은데 영변(寧邊)과 순천(順天)의 부사 자리는 찾아다니며 구걸해도 얻지 못한다. 심지어 녹봉의 많고 적음으로 품계의 고하를 정하고 있으니 이 화가 앞으로 어디까지 미칠까? 영조 임금 초중반까지만 해도 물망에 오른 이가 감사나 유수가 되었고, 크고 이름난 고을 원은 집에서 놀고먹던 이가 되기는 힘들었다. 판윤(判尹), 총관(摠管), 서연관(書筵官), 집의(執義)와 사간(司諫) 같은 내직 또한 쉽게 될 수 없었다.

승지 강일규(姜一珪)가 봉산(鳳山)군수를 지낼 때 필선(弼善) 자리에 추천되었다. 강일규가 아전 우두머리를 불러다가 "자네! 필선이 어떤 관직인지 아는가? 동궁시강관(東宮侍講官)이라네"라며 스스로 자랑스러워하였다.

노 장령(盧掌令)이란 이가 있었는데 장동(壯洞)에 사는 문곡(文谷) 김수항(金壽恒)의 집 이웃에 살았다. 길가의 두어 칸 오두막에서 빈궁하게 살면서도 독서를 즐겨 글 읽는 소리가 밖에까지 들렸다. 문곡이 조정에 나갈 때마다 글 읽는 소리를 들었다. 며칠 동안 글 읽는 소리가 들리지 않자 이상하게 여겨 시종들에게 물었더니 "그 집에 연기가 나지 않은 지 오래되었으니 굶주려서 글을 읽지 못하나 봅니다"라고 대답하였다. 문곡이 속으로 측은히 여겼다. 그때 마침 이조판서 노봉(老峰) 민정중(閔鼎重)이 찾아왔기에 그 일을 이야기한 뒤 고을 원으로 제수해달라고 부탁하였다. 노봉이 "제수하는 것은 어렵지 않으나 마음에 들어 하지 않으면 어쩔 건가?"라고 묻자 문곡이 "죽을 사람을 살려주는데 무어 서운하겠는가?"라고 하였다.

며칠 후 성천(成川)부사로 제수한다는 임명장이 도착하였다. 노장령이 어린 여종을 보내 이조의 아전을 불러다가 꾸짖기를 "너희 당상관이 뜬금없이 나를 외직에 보임했는데 내가 무슨 죄가 있어서이냐? 빈한하고 세력 없는 처지라고 본 모양인데 사람을 이렇게 야박하게 대우하는 것은 옳지 않다. 속히 바꾸거라!"라고 하였다.

판서 이하원(李夏源)이 옥당 관리로서 외직을 청했는데, 괴산이 고향 충주와 가깝다고 하여 이조 아전에게 지시하였다. 이조에서는 괴산은 이미 다른 사람이 긴하게 청탁한 자리이므로 성천부사에 제수하였다. 이하원이 "나는 기름진 땅을 바라는 것이 아니다"라고 하며 부임하지 않았다. 뒤에 순흥(順興)에 제수하자 그제야 부임하였다.

이는 숙종 임금 중엽과 말엽에 있었던 일이다. 그 당시 조정에서는 아직까지 명예와 행실을 돌아볼 줄을 알았고, 골목에서는 근심과 탄식이 떼지어 일어나는 소리가 들리지 않았다. 그래서 국운이 오늘날까지 이어졌다. 그런데 영조 임금 말엽 이후 갑자기 변하더니 급속히 이 지경에 이르러 돌이킬 수가 없다.

세상에 보기 드문 뛰어난 인재가 나타나 폐단을 바로잡는다면 혹시라도 방법이 있으려나? 그러나 알 수 없는 일이다. 어떤 이는 생원시험과 진사시험에서 장원급제한 자를 한림(翰林) 전랑(銓郞)에 앉혀 옛 제도를 회복한 뒤에야 내직이 중시되고 외직이 가벼워질 것이라고 말한다. 그럴 듯해 보이나 실제로는 물정 모르는 소리이다.

자저실기

그릇된 법의 집행

•

옥사를 신중하게 처리한 관리에 대한 보답이 구양수(歐陽脩)의 〈상강천표(瀧岡阡表)〉[175]에 보이는데, 이는 과장된 말이 아니라 실제 이치가 그렇다. 관리가 된 자는 이 마음을 하루라도 잊어서는 안 된다. 그 미묘한 차이가 몹시 두려워할 것이기 때문이다.

한 음관 출신이 충청도 고을 원으로 재직할 때 어떤 광대가 이웃집 청상과부와 간음해 임신을 시켰다고 소장을 제출하였다. 사실 그것은 무고였다. 수령의 청지기가 광대와 친해 관아에서 청지기의 말을 증거로 광대에게 문서로 입증해주자 청상과부는 대문을 나와 옷을 벗고 스스로 배를 그어 창자를 꺼내 보였다. 그 뒤로 수령의 집안사람은 병에 잘 걸렸는데, 칼이 배에 박혀 피를 흘리며 서 있는 나체의 여인을 본 집안사람은 병에서 회복되지 못하고 죽었다. 여러 해 만에 후사가 마침내 끊어졌다.

한 재상이 경상도 관찰사였을 때 친하게 지내던 경산(京山) 땅의 승려가 찾아왔다. 그는 재상이 젊어서 책을 읽던 산사의 주지로 감영에 여러 달 머물렀다. 어느 날 저물녘 공무가 끝난 한가한 시간에 청지기와 손님들이 농담을 주고받을 때 재상이 승려에게 젊은 시절 남녀 간에 있었던 일을 물었다. 승려가 없다고 했으나 몇 번

---

175 구양수(歐陽脩)가 그의 부친을 기리며 지은 표문이다.

이나 권하자 다음과 같은 사연을 이야기하였다.

"거창과 안의(安義, 지금의 함양) 지역을 탁발하며 다닐 때 날은 저물고 주막은 먼데 산비탈 따비밭 가의 오두막집 등불 빛이 보였습니다. 가서 문을 두드렸더니 방 하나에 부엌이 하나 있는 집이었는데, 한 여인이 홀로 앉아 고치를 짓고 있기에 하룻밤 재워달라고 부탁하자 허락하였습니다. 부엌에 누웠는데 밤이 되자 눈이 내린 추위를 견딜 수 없었습니다. 여인이 저를 방으로 들어오라고 하더군요. 등불이 꺼지려고 하자 여인이 벽에 걸어둔 기름을 꺼내는데 기름 주발이 높이 있어 팔을 뻗자 두 젖가슴이 드러났습니다. 저는 욕정이 불같이 일어 가슴을 만졌습니다. 여인은 아무 말도 하지 않고 표정도 바뀌지 않은 채 문밖으로 나갔는데, 오래도록 돌아오지 않았습니다. 이상한 생각이 들어 뒤를 쫓아가 찾았더니 그녀는 칼로 가슴을 도려내고 엎드려 죽어 있었습니다. 넋이 빠져 뒤도 돌아보지 않고 한밤중에 100여 리를 달렸습니다. 50년 전 일인데, 경상도에 오니 문득 그때 일이 생각납니다."

재상이 듣고는 "아! 그래요, 그래요" 하는 말만 하였다.

다음 날 아침 포정문(布政門)에 아좌(衙坐, 관아에 앉는 것)를 설치하라고 반포하였다. 감영의 관례에 따르면, 감사가 포정문에 정식으로 앉는 것은 사형수를 처단하는 일이 아니면 행하지 않았다. 온 감영이 벌벌 떨었다. 좌정을 하고 나자 명령을 내려 승려를 체포하게 하고, 승려가 앞에 이르자 다음과 같이 이야기하였다.

"내가 우스개 이야기를 하라 해놓고 네 목숨을 끊는 일을 하다니 참으로 가슴아프다. 그러나 내가 법을 집행하는 자리에 있기에 순절한 행적이 사라지도록 내버려두기가 어렵구나. 열녀를 찾을 수 있도록 최선을 다해야 할 터이므로 열녀의 죽음을 보상하는 형벌을 어찌 면하리오? 내가 불행히도 들었으니 너는 죽어도 유감을 갖지 말라!"

승려의 목숨을 뺏고 난 다음 두 고을에 관문(關文)을 띄워서 기한을 정하고 과부가 죽게 된 내용을 탐문해 보고하라고 하였다. 실상을 조사해 예조에 포상할 것을 요청하였다.

재상의 청지기가 자신이 본 것을 이같이 내게 말해주었다. 장주(莊周)가 이른바 "시서(詩書)를 이야기하면서 무덤을 도굴한다"[176]는 것이 이런 경우를 말한 것이 아닐까! 여자는 포상할 만한 절개가 없고 승려는 죽을 만한 죄가 없는데, 재상이 우스개 이야기를 하다가 사단을 일으켜 옛 친구를 사형에 처해버렸다. 이른바 법을 집행하되 사사로움이 없고, 사적인 감정에 얽매이지 않고 의를 펼쳤다고 했으나 법과 의가 이런 것을 두고 하는 말이라!

깊은 산 홀로 있는 밤에 승려가 여인을 마주하니 아난(阿難)[177]이라도 계율을 무너뜨릴 텐데, 하간(何間) 같은 이가 정숙한 마음을 지키겠는가? 부엌에서 방으로 들어오라고 한 것은 바보 아니면 멍청이이다. 여자가 이미 스스로 정조를 잃은 것이다. 손을 가까이 가져다대기는 했으나 의리상 더럽힌 것은 없는데 갑자기 가슴을 도려내고, 또 왜 그리 급히 죽는단 말인가? 심하게 겁탈을 당할 것이 염려되면 멀리 달아나는 것이 옳다. 죽어야 할 일도 아

---

176 말과 행동이 맞지 않음을 뜻한다. 《장자(莊子)》 〈외물(外物)〉에 나온다.
177 석가모니의 종제(從弟)로서 십대제자(十大弟子)의 한 사람이다. 음탕한 여인 마등가의 유혹을 받았으나 부처의 힘으로 물리친 일이 있다.

닌데 죽었으니 굳이 절개라 평가할 수 없다. 손을 댄 것은 본래 억지로 겁탈한 것이 아니고, 가슴을 자른 것이 위협 탓인가? 법률상 연좌할 일이 아니고, 그 목숨은 보상할 이유가 없다.

죽여서는 안 되는데 죽였으니 잘 지킨 법이라 할 수 없고, 50년 동안 정들고 친했던 친구를 한 가지 이유로 처단했으니 의라 할 수 없다. 재상이라는 자는 그리하여 법과 의를 모두 잃었고, 얻은 것이라고는 헛된 이름과 부질없는 칭송뿐이다. 사람은 속일 수 있을지언정 하늘의 꾸짖음을 벗어날 수는 없었다. 감사의 후손이 결국 끊어졌다. 충청도 여인의 원통한 죽음과 경상도 감영 승려의 죄 없는 죽음은 목적지는 같지만 가는 길은 다른데, 하늘이 증오한 것은 똑같다.

어떤 이가 옥사를 결정하는 방법에 대해 이원익에게 묻자 공이 말하였다.

"사람의 재주와 분수는 똑같지 않다. 실제로 일을 당하지 않았는데 미리 예상하고 판단해서는 안 된다. 다만, 판결할 때에는 반드시 공정한 마음을 가져야 한다. 우레와 벼락이 치더라도 부끄러워하거나 두려워해서는 안 된다. 돌이켜 자기 마음에 물어야 할 뿐이다."

그 말씀이 참으로 옳다.

　　　　　　　　　　　　　　　　　　　　　　자저실기

정철은 최영경을 죽이려고 하지 않았다

•

기축옥사(己丑獄事)¹⁷⁸가 일어나자 송강(松江) 정철(鄭澈)이 위관 (委官, 임시로 뽑힌 재판관)으로서 최영경(崔永慶)을 국문하였다. 송 강은 술에 몹시 취해 손으로 목을 스윽 그으면서 "저자가 내 목을 이렇게 베려고 하였다"라고 말하였다. 동인(東人)들은 지금까지도 정철이 겉으로는 최영경을 구하려는 주장을 펼쳤으나 이 말에 따 라 묵은 원한을 가지고 큰 화를 끼치려 했으며, 최영경의 죽음이 정철의 소행이라고 말한다. 하지만 이는 아이들의 소견이다. 나는 이 말에서 송강이 최영경을 해치고자 하는 마음이 없었음을 면밀 히 따져보지 않고도 알 수 있다고 본다. 사람을 죽이려는 뜻을 품 은 자가 죄수를 신문하는 옥사를 주관하면서 상대가 일찍이 나를 죽이려 했다고 많은 사람들에게 큰 소리로 터놓고 말한다면, 이는 둘 사이에 틈이 있다는 혐의를 스스로 뒤집어쓰고 죄수에게 사적 인 독기를 부렸다는 비난을 자초하는 짓이다. 이는 바보나 멍청이 도 하지 않는다.

  송강이 그런 일을 했다고 한다면 송강이 자신의 본심을 드러낸

---

178 1589년에 정여립의 모반을 계기로 일어난 옥사. 정여립이 대동계를 조직해 난을 일으키려다 가 발각되어 그 일당이 처형된 사건이다. 이로써 동인(東人)이 몰락하고 서인(西人)이 정국을 주도하게 되었으며, 호남 출신의 관직 등용에 제한을 가한 계기가 되었다.

것뿐이다. 나는 송강을 보지 못했으나 마치 직접 본 듯하다. 뱃속 가득 들어찬 것이 성인의 마음이라 유리처럼 훤히 비춰 보여 티끌 하나도 들어 있지 않다. 그는 마음으로 최영경이 매우 원통하다는 것을 진정 알고 있었기에 힘써 그를 구하고자 하였다. 그렇기 때문에 그런 장난기 어린 말을 문득 느닷없는 사이에 한 것이다. 여러 도적을 죽이고 말〔斗〕만큼 큰 인장을 갖겠다고 한 주의(周顗)의 말[179]과 같다. 주의[180]가 만약 진정으로 왕도(王導)를 죽일 생각이 있었으면 구태여 이 말을 하지 않았을 것이다. 동인들이 백사(白沙, 이항복)의 문집을 증거물로 삼아 강릉본(江陵本)과 진주본(晉州本)의 상반된 내용에 무게를 두는데,[181] 목을 그으며 한 말 한마디로 단번에 판가름하는 것보다 못하다.

---

179 진(晉)나라 때 왕돈(王敦)이 반란을 일으키자 상서좌복야(尙書左僕射) 주의(周顗)가 좌우 사람들에게 "금년에 도적놈들을 죽이기만 하면 말만큼 큰 금인을 취해 팔뚝에 걸겠다"라고 하였다.

180 주의(周顗, 269~322)의 자는 백인(伯仁). 왕돈이 왕도(王導)를 역적으로 몰 때 주의는 왕도의 충성됨을 임금에게 아뢰고 또 표(表)를 올려서 그가 억울하다고 주장하였다. 임금은 그의 말을 받아들여 왕도를 놓아주었는데, 왕도는 그 사실을 몰랐다. 왕돈이 정권을 잡은 뒤에 주의가 어떤 위인인지 왕도에게 물었는데 왕도는 아무런 대답도 하지 않았다. 그래서 왕돈은 주의를 죽였다. 뒤에 왕도가 주의의 표를 보게 되었는데 "내가 백인을 죽인 것은 아니나 백인은 나로 말미암아 죽었다"라고 하였다(《진서(晉書)》 권69 참조).

181 《백사집》은 1629년 강릉에서 처음 간행된 이후 여러 차례 출간되었다. 7년 후인 1636년 진주에서 중간본이 나오고, 다시 90년이 지난 1726년에 영영(嶺營) 신간본이 나왔다(임형택, 《우리 고전을 찾아서》, 한길사, 2007). 허목의 《미수기언》 권56 속집, 유림(儒林), 〈우득록서(愚得錄序)〉를 보면 "최영경과 정개청 두 어진 분도 모두 화를 면치 못하였다. 백사(白沙)가 《기축록(己丑錄)》을 지어 원통한 옥사를 상세히 기록하였다. 저들은 이를 골칫거리로 여겨 진주본 개간 《백사집》에서 《기축록》을 빼고 위작(僞作)을 채워 넣어 그 자취를 없애버렸다"라는 내용이 보인다.

자저실기

율곡의 동인·서인 조정론

•

선조 임금 계미년(1583)과 갑신년(1584)에 율곡(栗谷) 이문성공(李
文成公)이 동인과 서인을 조정하는 주장을 펼쳤다. 어떤 이가 오리
(梧里) 이원익(李元翼)에게 "율곡이 동인과 서인을 조정하는 주장
을 펼치고 있는데 선비들이 서인 편에 서서 도와준다며 비난합니
다. 그 이유가 무엇입니까?"라고 물었다. 오리가 한참 있다가 슬
며시 비웃으며 "지금 여러 사람이 평지에서 싸움을 한다고 해보
세. 높은 곳에서 구경하던 한 사람이 멀리서 양쪽에게 멈추라고 소
리를 치는데 그래도 양쪽이 멈추지 않으면 포기해야 하네. 만약 참
지 못하고 직접 내려가서 싸움을 말린다면 싸움을 해결하기는커
녕 끝내 함께 뒤엉켜 싸우게 될 걸세"라고 하였다. 국포(菊圃) 강
박(姜樸)이 "오리의 이 말씀은 두루뭉술하여 날카롭지는 않지만
당시의 광경을 잘 묘사했으니 참으로 좋은 비유이다. 율곡이 들었
다면 무슨 말로 변명했을까?"라고 하였다.

오리의 말은 당시 상황에 딱 들어맞는 논의라 할 수 없고, 강박
의 주장은 뒷시대의 고질적인 당론을 잘 보여준다. 두 사람은 모두
율곡이 조정을 표방했으나 실제로는 한쪽에 치우쳤다고 보았다.
이는 율곡의 마음을 전혀 모른 것이다. 율곡이 한쪽을 편드는 마음
을 가졌다면 왜 고생하며 조정하는 논의를 펼쳤겠는가? 이미 조
정하려고 마음먹었다면 한 방에서 싸움을 벌이는 것을 보고서 아

무리 머리도 묶지 못한 채 갓끈을 매고서 가서 말리고 싶지 않아도 그렇게 할 수 있겠는가? 머리를 묶지 못한 채 갓끈을 매고서 가서 구원한 것을 가지고 끝내 더불어 뒤엉켰다고 말하고, 높은 곳에서 소리만 치다가 멈추지 않으면 포기해야 한다고 말하였다. 이는 교묘하게 책임을 회피하려는 짓에 불과하다. 요컨대 멀리 피하려는 자의 행태다. 가슴 가득 피 끓는 정성으로 반드시 바로잡으려는 본심이 어디에 있는가?

율곡을 이렇게 평가한 것은 오리의 얕은 식견이다. 이를 두고 "두루뭉술하여 날카롭지는 않지만 당시의 광경을 잘 묘사했다. 율곡이 들었다면 무슨 말로 변명했을까?"라고 국포가 말한 것은 오리가 어진 정승인 줄만 알고 율곡이 군자인 줄은 몰랐던 것이다. 그러니 그들이 이렇게 나오지 않을 수 있겠는가? 당론이 나온 지 거의 300년인데 피차의 잘잘못이 하나로 정해지지 않은 것이 많다. 그러나 율곡을 배척하여 군자가 아니라고 하는 자는 참으로 소인이다.

자저실기

폐고된 남인들의 처지

•

남인 일당이 갑술년(1694) 이후로 약 100년 동안 관리가 될 수 없게 되어 재능이 걸출하고 집안이 좋은 선비라도 모두 파리한 평민의 처지에서 벗어나지 못하였다. 이중환(李重煥)의 문장 솜씨와 기개 및 국량으로도 낭관을 전전하다가 끝났고, 참판 오광운(吳光運)만 홀로 문학과 언론으로 조정에 진출하였다. 판서 이지억(李之億)은 젊어서 곤궁하게 지내며 과거 공부를 하던 중 을해옥사에 연루되어 잡혀갔다. 의금부 관리들이 찾아왔을 때 이지억은 한창 밥을 먹고 있었다. 그는 "사흘 만에 처음 먹는 밥이다. 이 밥을 먹지 못하면 진술할 힘이 없다"라고 하였다. 의금부도사가 허락하니 끝까지 그릇을 다 비웠다. 그의 언사와 행동거지가 영조의 마음에 들었다. 영조는 그를 정직하다고 여겼는데, 구일제(九日製, 菊製) 합격자 명단에 이지억의 이름이 두 번째에 있어 특별히 전시(殿試)에 응시하게 하였다. 이때부터 유례없이 빠르게 승진해 병조판서에 이르렀다.

이지억의 집은 나동(羅洞)의 우리 집 이웃에 있었다. 내가 어렸을 때 그가 초헌에 걸터앉아 시종들을 따르게 하고 초립(草笠)을 쓰고 삼으로 만든 띠를 두른 채 상복 차림으로 왕래하는 것을 보았다. 큰아들의 상(喪)이 있어서였다. 얼굴이 크고 키가 우람해 걸출한 위인의 풍모를 지니고 있었다. 그 생질인 정승 채제공과 닮았다는 생각이 들었다.

예전에 내의원 제조(提調)로 있으면서 도제조 홍봉한과 마주앉아 있었다. 홍봉한이 과거 합격자의 방(榜)을 보고 "남인 급제자가 나왔군"이라고 말하자, 이지억이 "급제자가 나오면 뭘 합니까? 비단 이불 속에서 난초 사향의 향을 피우고 낳은 아이는 급제하면 이조와 병조 판서, 정승을 하지만, 저녁을 굶고 멍석 바닥에서 추위를 피하며 키운 아이는 급제해봤자 전적(典籍)이나 도사(都事) 정도이니 급제하면 뭘 합니까?"라고 하였다. 홍봉한이 대꾸를 하지 못하였다.

뱃속 가득한 분노와 입에 붙은 거칠고 사나움이 느껴지니 그 말을 들어보면 그 사람을 알 수 있다. 그렇지만 관리가 될 수 없게 함이 정도에 너무 지나쳤고, 저들을 심복시키지 못한 조치가 많았다. 저들 창자 속에 따로 한 덩이의 피가 담겨 있어서 저 한 마디를 내뱉지 않을 수 있으랴? 옛날에 이른바 "잘못을 둘로 나눠 갖는다"[182]라고 한 말이 이것을 가리킨다.

---

182 문제의 책임이 상대(남인)뿐 아니라 자신(노론)에게도 있다는 말이다. 《승정원일기(承政院日記)》 영조 20년 12월 15일 마지막 기사에 영조가 "이것이 당론이 만들어지는 까닭이니, 명도(明道)가 '우리들은 잘못을 둘로 나눈다'라고 한 말이 어찌 성인의 말씀이 아니겠는가?"라고 말한 것을 보건대 정호(程顥)의 말로 보인다.

당론은 부모형제도 갈라놓는다

●

당론의 앙화에는 친형제도 사촌형제도 제각각 갈라진다. 이를테면 북계(北溪) 이세백(李世白)과 이세응(李世膺), 충익공(忠翼公) 조태채(趙泰采)와 조태구(趙泰耉)·조태억은 서로를 양극단에 떨어진 나라처럼 멀리하고 원수처럼 죽였다. 심지어 청원군(淸原君) 한성보(韓聖輔)와 그 아들 한배하(韓配夏)는 천고에 없는 인륜의 극변(極變)이다. 우암의 편지에 자세히 실려 있다.[183]

노론인 북계가 소론인 이세응에게 자고 가라고 만류한 적이 있었는데, 한사코 사양하기에 할 수 없이 보내면서 "너는 오도일(吳道一)·조지겸(趙持謙)과 만나기로 하였느냐?"라고 물었다. 또 조태채의 할아버지 판서 조계원(趙啓遠)은 "손자 셋이 내 이불 속과 내 품안에서 잤다. 말을 배운 뒤로는 싸움박질을 멈추지 않아 때때로 나를 편히 잠들지 못하게 만들었으니, 이상하기도 하지"라고 말한 적이 있었다. 당파가 나뉠 조짐이 아이 때부터 이처럼 나타났으니 천성으로 타고난 것이다. 왜 그랬을까?

감과(柑科) 때 몽와 김창집이 명관(命官)이 되었는데, 제학은 조

---

183 송시열의 문인 한성보는 계자(系子)인 한배하가 송시열을 배척하자, 선생을 죽이려면 자신을 먼저 죽이라고 준엄하게 꾸짖었다. 그러나 한배하가 말을 듣지 않자 한성보는 파양(罷養)을 결심했는데, 이에 송시열은 한성보에게 아버지로서 자식의 잘못을 포용해주라고 타일렀다. 이에 대한 내용이《송자대전(宋子大全)》〈답한여석(答韓汝碩)〉에 보인다.

태억이었고 승지는 회헌(悔軒) 조관빈(趙觀彬)이었다. 조태억이 시권 하나를 보고 칭찬해 마지않았다. 등수를 쓰기 전에 조태억이 소변을 보러 나가자 회헌이 몽와에게 "이자는 제학의 피붙이일 테니 살펴봐야 하지 않나요?"라고 하였다. 조태억이 병풍 뒤를 지나가다가 그 말을 듣고서 들어와 "감히 시험을 주관하지 못하겠다"라고 하며 사유서를 올리고 나갔다. 회헌을 돌아보며 "제학이 누구냐? 네 아비의 사촌 아우이다. 피붙이, 피붙이라고 하는데 피붙이란 게 대체 누구냐?"라고 하였다. 그리고 그 시권을 집어 봉한 것을 직접 뜯어보니 노론의 유명한 사람이었다. "이자가 내 피붙이냐?"라고 하였다. 회헌이 대꾸할 말이 없었다. 몽와가 두 사람을 화해시켰다. 임인년(1722)에 사화가 일어나자 조태구가 매우 온건하게 처리하고 조태억과 힘을 합쳐 조관빈을 구해주기로 약속하였다. 조태억은 "우리 할아버지의 후손인데 어찌 칼에 피를 묻히겠는가?"라고 하였다.

엄숙의 거친 행동

•

기분 내키는 대로 스스럼없이 행동하는 사람은 중대한 안건을 처리할 때 윗사람의 심기를 거스르는 말을 하더라도 대부분 허물을 용서하고 심하게 벌하지 않는다. 판서 엄숙(嚴璹)이 의금부 당상관으로 임금을 뵙고 이찬(李襸)을 사사하라고 요청하려고 하였다. 숙위소를 먼저 찾아가 홍국영에게 "우리들의 요구는 명분 있는 의리이자 직무상의 책임입니다. 성상의 말씀을 그대로 따르지 않는 것이 성상에게도 큰 덕이 됩니다"라고 하였다. 홍국영이 눈을 휘둥그레 뜨고 크게 소리쳤다.

"공이 아니었다면 대계(臺啓)를 모면하기 어려웠을 겁니다!"

인조반정의 공신들

•

"인헌왕후(仁獻王后)께서 융숭한 봉양을 누리시기에 합당하시니 사람들이 송나라 황제[184]에 대해 이의를 제기하지 않으며, 광해군이 천수를 온전히 누렸으니 한나라 황제도 하지 못한 일입니다." 이것은 포저(浦渚) 조익(趙翼)이 지은 〈장릉시책문(長陵諡冊文)〉이다. 사실을 잘 드러내 묘사했고, 문장 또한 전아하다. 이 한 구절에서 인조의 성대한 덕과 지극한 선행이 천고의 세월을 뛰어넘고, 인조반정의 공신들 또한 천하와 후세에 할 말이 있음을 알 수 있다.

동계(桐溪) 정온(鄭蘊)이 사간으로서 광해군의 폐세자(廢世子) 이지(李祬)[185]에게 법을 적용하자는 의론에 참가하였다. 인조가 "폐조(廢朝)에서 골육을 해치는 변고가 없는 해가 거의 없었다. 이것이 아름다운 일이냐?"라는 비답을 내렸다. 동계가 사직을 청하면서 "성상의 비답을 엎드려 보고서 성인의 덕망을 하마터면 그르칠 뻔한 제 큰 죄를 알았습니다"라고 하였다. 대사헌 오윤겸(吳允謙)과 대사간 박동선(朴東善), 집의 조희일(趙希逸) 등이 연이어 사직을 청하며 "임금의 뜻을 받들어 따르는 신들의 미덕이 남들에게

---

184 송나라 휘종(徽宗)과 흠종(欽宗)을 가리킨다.
185 광해군의 아들로 세자로 책봉되었으나 인조반정 뒤 교동도에 위리안치되었다. 위리안치된 상황에서 땅굴을 70여 척이나 파 울타리 밖으로 통로를 낸 뒤 밤중에 빠져나가다가 나졸에게 붙잡혔다.

뒤처지겠습니까?"라고 하였다.

옥당(玉堂)에서 차자를 올려 그들에게 조정으로 나오라고 청하였다. 그런데 그 뒤에 역적 김자점(金自點)이 논의를 전개해 결국 이지는 죽임을 당하였다. 많은 이의 선량함이 이렇듯 악한 이 하나를 이기지 못한다. 인성군(仁城君)[186]에게 은혜를 온전히 베풀어야 한다는 의론이 동인에게서 나오자 서인이 대거 공격하였다. 청음(淸陰)과 우리 선조 만사공(晚沙公, 沈之源)도 함께 참여하였다. 내가 일찍이 풍고(金祖淳)에게 "천하에 은혜를 베풀자고 주장하는 소인도 없고, 그 주장을 배척하는 군자도 없습니다. 우리 두 선조께서 하신 일은 끝내 덕이 부족한 것이 아닌가요?"라고 말하고는 함께 웃었다.

---

186 선조의 일곱째 아들인 이공(李珙)이다. 호는 백인당(百忍堂). 1623년 인조반정이 일어나자 왕은 숙부의 예로써 대우했으나, 이듬해 이괄의 난이 일어나고 그때 잡혀 들어온 자들이 모두 혐의를 뒤집어씌웠으므로 왕도 할 수 없이 간성으로 귀양 보냈다. 후에 다시 돌아왔으나 1628년 유효립(柳孝立) 등이 대북파의 잔당을 규합해 모반을 기도할 때 왕으로 추대되었다고 하여 다시 진도에 유배되었다가 자살을 강요받고 죽었다.

소론 윤씨의 성품

•

충청도 영동현(永同縣), 팔송(八松) 윤황(尹煌)의 사당에는 우암이 배향되어 있는데, 지돈령부사 윤광소(尹光紹)가 옥천군수가 되었을 때 사당을 참배하고 돌아가서 신위마다 기름종이를 보냈다. 그중 하나만을 쏙 빼놓고 보냈으니 우암의 신위에는 보내야 할 의리가 없음을 표시한 것이다. 속좁은 성품이 이와 같았다. 역신 신치운이 우암이 살던 화양동(華陽洞)을 지나면서 시를 지어 "나는 무심히 달빛을 보건만, 옆 사람은 달빛을 좋아한다고 오해하네"라고 했는데, 윤광소도 이와 같다.

노성(魯城, 충청남도 논산)의 오강서원(五岡書院)[187]은 윤황을 주향(主享)으로 하고 그 자손들을 배향하였다. 이곳은 윤씨 집안의 사당으로 현감이 소론이면 봄과 가을에 제사 지낼 때 관아에서 제수를 제공했고, 노론이면 제공하지 않았다. 내가 노성현감으로 있을 때(1816) 제사가 다가왔다. 서원의 유생들이 "제수로 쓸 마름열매를 직접 마련하기가 매우 어려우니 관아의 물건을 얻고자 합니다"라고 하기에 허락하였다. 나는 합당하게 일을 잘 처리했다고 생각하지만 남들은 어떻게 볼지 모르겠다.

---

187 노강서원(魯岡書院)으로, 노강서원이 충청남도 논산시 광석면 오강리(五岡里)에 있으므로 이렇게 쓴 것이다. 이 서원은 1675년 김수항의 발의로 윤황의 학문과 덕행을 추모하기 위해 세워졌다.

3부

문향을 찾아서

– 옛사람들의 시문 속 삶과 풍류

문견잡기 외편(外編)

나는 세상과 어울리지 못하는 사람으로 한평생 온갖 좋지 못한 꼴만 당하였다. 젊었을 때에는 그래도 소동파(蘇東坡)가 말한 가정 안에서의 기쁨을 누려서 아우와 천하 고금의 일을 토론하며 의견이 일치되면 마주 보면서 웃기도 하였다. 천하의 즐거움 가운데 이보다 나은 것이 없어 가난과 질병, 죽음과 고난도 방해를 놓지 못하였다. 남들은 얻지 못한 즐거움이었다.

그런데 아우가 죽고 나서는 이 즐거움마저 잃어 그 뒤로는 죽은 사람이나 다름 없었다. 마음속에 생각나는 것이 있어도 입으로는 말하지 못했고, 입으로 말하더라도 남들은 알아차리지 못하였다. 살아 있는 사람의 정리상 견딜 수 없는 일이었다. 이윽고 몇 년 사이에 집안의 우환과 세상일로 분주하게 일에 시달리느라 예전에 들은 것도 눈 녹듯이 사라지고, 새로 알게 된 것은 거칠고 쓸모없었다. 옛 기억을 떠올려보려고 했지만 명명하니 아무 생각도 나지 않았다. 남이 알아주기를 기다릴 필요도 없이 스스로 말을 할 수 없었다.

그렇지만 의욕을 내어 《자저실기(自著實記)》를 짓고 목차도 거칠게 만들었으나, 《문견(聞見)》〈내편〉과 〈외편〉을 미처 탈고하기도 전에 갑자기 원수들로부터 무고를 당해 왕명을 받들어 바닷가로 유배를 오게 되었다.[1] 그 재앙의 사단이 문자 탓이라고 보고 나를 각별히 사랑하는 사람들이 그 일을 그만두라고 하였다. 유배

---

1 《조선왕조실록》 순조 30년(1830) 윤4월 기사를 참고하면, 심노숭이 지은 《효전산고》의 내용 가운데 사리에 어긋나는 내용이 있다고 해서 성균관 유생들이 권당(捲堂)해 당시 사복시 관관이었던 심노숭을 탄핵한 일이 있는데, 이 일로 인해 심노숭은 전라도 부안으로 유배를 가게 되었다.

書而戒之皆深切感入余且不自省一意續成彜

氣昭病之中手一管終日矻矻不知函誣之在身

痼祟之填骨其心亦太苦矢內編屬見外編屬間

要甘以實心紀實蹟一有或近扵不實者黙之如

農夫之去莠稂讀者知之死且無日若可以質之

扵弟田而烏余與弟田之子孫者不可不知此意

也庚庚九月二十二日泰登書于扶安謫舍之雲

半亭

심노숭, 《효전산고(孝田散稿)》 제34책 〈자저실기(自著實紀)〉 발문. 연세대학교 도서관 소장, 필사본지로 떠나는 내 손을 붙잡고 타일렀고, 유배 길에 오르고 나서는 편지를 보내 경계를 하였다. 모두가 너무 간절해 사람을 감동시켰다.

그럼에도 나는 자신을 되돌아보지 않고 한결같은 뜻으로 이어나가 완성하였다. 바닷가의 장독(瘴毒)과 당뇨병을 앓는 외중에도 붓 하나를 손에 잡고서 종일토록 부지런히 써서 흉악한 무고가 몸에 닥치고 고질병이 뼛속까지 파고드는 것도 전혀 신경 쓰지 않았다. 그 마음씀이 정녕 괴로웠다.

〈내편〉은 눈으로 본 일을 기록한 것이고, 〈외편〉은 귀로 들은 내용을 기록한 것이다. 요컨대, 모두가 진실한 마음으로 진실된 사실을 쓰고자 하였다. 조금도 진실이 아닌 것을 다루고 있으면 마치 농부들이 가라지를 제거하듯 잘라냈으니 글을 읽는 사람들은 잘 알리라. 죽을 날이 멀지 않아 이제는 지하의 아우에게 질정(質正)을 받을 수 있을 듯하다. 나와 아우의 자손된 자들은 이 뜻을 몰라서는 안 될 것이다.

경인년(1830) 9월 22일 태등(泰登)은 부안 귀양지의 운반정(雲半亭)에서 쓰노라!

퇴계와 남명

•

우리나라의 당론은 조정에서 심의겸(沈義謙)과 김효원(金孝元)이 대립하면서 발생하였다. 그러나 조정에서 대립하기 이전 산림(山林)에 묻혀 있던 퇴계(退溪) 이황(李滉)과 남명(南冥) 조식(曹植) 사이에서 이미 싹텄다는 사실은 전혀 알려지지 않았다.

퇴계는 이(理)를 주장하고, 남명은 기(氣)를 주장해 각자 스스로가 알고 있는 것을 높였는데, 그들은 자신들이 익힌 학문을 그릇되게 이용하지는 않았다. 실리(實理)에 부합하려고만 했을 뿐 쓸데 없이 함부로 서로 경쟁하려고 애쓰지 않았다. 두 현인의 학문이 근본은 같고 쓰임새는 달랐으나 천하를 공적으로 대하는 마음에 핵심이 있었다.

그 문하에서 배운 제자들은 서로 갈라지려고 애쓰지도 않았고, 독자적인 세력을 만들고자 하지도 않았다. 두 현인의 국량과 기상, 유풍과 여운을 지금도 영남 좌도와 우도의 사대부에게서 찾아볼 수 있다. 그 풍모와 습성의 차이가 300년 동안 한결같다. 붕당의 외형은 보이나 붕당의 재앙은 없다. 천리(天理)의 순수함이 살아 있어 욕심이 섞여 틈을 벌려놓는 일이 일어나지 않았다.

소재(蘇齋) 노수신(盧守愼)이 남명의 죽음을 애도하며 만시(輓詩)를 지었다.

바라만 보아도 대장부인 줄 알겠고	一望知爲大丈夫
비루한 생각 싹트지 않게 만드네	能令鄙吝不萌于
소탈한 풍채는 동년배보다 훨씬 뛰어났고	風神灑灑空餘子
당당한 논의는 늙은 선비조차 굴복하였지	論議堂堂伏老儒
산골에서 가난해도 몸은 편안하고	身與簞瓢着邱壑
태평시대 구현에 뜻을 두었어라	志回天地入唐虞
학자를 또 잃었으니 뉘에게 호소하랴	斯文再喪堪誰訴
늦은 봄 서울에서 병든 몸으로 곡하네	春晚皇都哭病盧

퇴계가 죽은 뒤라서 '학자를 또 잃었다'고 말한 것이다. 시를 읽어보면 남명의 풍모를 상상할 수 있다. 그런데 수우당(守愚堂) 최영경(崔永慶)은 소재가 퇴계를 언급하지 않았다고 하여 "이 어른의 침은 종기만 치료할 수 있다"라고 비꼬았다. 최영경은 남명의 문인이라서 이렇게 말하였을까?

동고와 남명

•

동고(東皐) 이준경(李浚慶)은 젊어서 남명과 함께 수학하였다. 일찍부터 종묘사직을 안정시킬 대신이 되겠노라고 자부한 동고는 남명에게 "자네는 바위 동굴에서 비쩍 말라 죽으리라"라고 하였다. 재상이 된 동고가 처사로서 조정에 불려온 남명을 여러 번 찾아가 만났다.

그 뒤 남명이 사지(司紙)의 벼슬로 부름을 받고 올라왔을 때는 동고가 가서 보지 않고 "대신이 낮은 벼슬아치에게 먼저 굽힐 순 없지"라고 하였다. 남명이 고향으로 물러가자 동고가 편지를 보내 "한 마디 말에 흡족하지 못해 구름 위로 훨훨 날아가버렸네. 땅강아지가 하늘을 나는 학을 슬프게 사모한들 어쩌랴?"라고 하였다.

남명은 산천재(山天齋)²에 머물렀는데, 청학동(靑鶴洞)에서 온 손님이 "산에 불을 놓아서 화전을 일구기에 온통 민둥산이 되었다"라고 하였다. 그러자 남명은 "산 스스로가 불러들인 재앙이다. 깎아지른 듯 높이 솟아 있다면 어느 누가 감히 범하겠는가?"라고 대꾸하였다.

남명이 동고에게 약을 구하려다 "내 몸의 병이 이 세상과 무슨 상관이라고 관청의 약을 구하랴?"라고 말하고는 그만두었다.

---

2 조식이 제자들을 가르친 곳으로, 경상남도 산청군에 있다.

자저실기

남명의 인품과 학문

•

찬성(贊成)을 지낸 이장곤(李長坤)은 기묘사화에 남곤(南袞)과 함께 많은 선비를 해쳤다. 그 뒤 남명을 만나 제 입으로 함경도의 굶주린 백성을 구해준 공적을 자랑하였다. 남명은 느린 말투로 "사람을 참 많이도 살리셨군요!"라고 대꾸하였다. 이장곤이 남명의 말뜻을 알아차리고는 하늘 위로 손을 들어올리며 "죽고 싶습니다! 죽고 싶습니다!"라고 하였다.

남명은 일찍이 "나는 학생에게 단지 흐리멍덩한 잠에서 깨어나도록 할 뿐이다. 눈을 뜨기만 하면 스스로 하늘과 땅, 해와 달을 볼 수 있다"라고 말하였다. 남명은 "내 문장은 비단을 짜다가 한 필도 완성하지 못한 것이고, 퇴계의 문장은 깁을 짜되 법도대로 짠 것이다. 다른 점이 있다면 세상에 쓰이느냐 쓰이지 못하느냐는 것이다"라고 하였다.

남명이 다음 시를 지었다.

바른 선비 사랑하는 사람들 태도	人之愛正士
범 가죽을 아끼는 심보와 똑같다	愛虎皮相似
살아서는 죽이려고 대들다가도	生前欲殺之
죽은 뒤에 아름답다 칭송이 높네	死後皆稱美

명종 임금 재위 초기에 남명은 "대비께서는 깊은 궁궐의 과부에 지나지 않고, 전하께서는 선왕의 하나뿐인 후사이십니다"라는 상소를 올렸다. 그것을 두고 퇴계가 "옛사람의 말을 가져다 쓴 것에 불과하나 지금 사람은 이 말을 하지 못한다"라고 하였다. 두 현인의 학문을 여기서 확인할 수 있다.

이계가 죽은 이유

•

'문서를 삼킨다'는 속담의 유래는 오래되었다. 병자년(1636) 이후 가도(椵島)에 주둔한 모문룡(毛文龍)이 식량을 요청하였다.[3] 선천 부사(宣川府使) 이계(李烓)가 감영에 보고하자 보내줄 것을 허가한 다는 결정이 났다. 그러자 청나라가 이 소식을 듣고는 노하여 조사 하고자 하였다. 이계가 "감영에서 결정한 것이니 나는 화를 면하 겠지"라고 하였다. 평안감사 양파(陽坡) 정태화(鄭太和)가 그 말을 듣고 이계를 불러 상의하였다. 양파가 "내가 정말 잊어버려서 그 러는데 결정문을 볼 수 있겠소?"라고 하자 이계가 주머니에 넣어 두었던 결정문을 꺼내 보여주었다. 양파가 그 종이를 씹어 삼키고 서 "둘이 함께 죽느니 자네 한 사람만 죽는 게 낫지 않겠나?"라고 하였다. 이계의 낯빛이 변했으나 어쩔 도리가 없었다. 그는 결국 죽음을 면치 못하였다.

인조반정 후에 인성군(仁城君, 李珙) 역모사건[4]이 발생하였다. 서인 공신들은 당연히 죽여야 한다고 주장했고, 남인 우복(愚伏) 정경세(鄭經世)는 은혜를 베풀어야 한다고 주장하였다. 분사(分

---

3 1621년 후금(청)이 요양을 공격하자 명나라 요동도사였던 모문룡이 쫓겨나 국경을 넘어와 철산 과 선천 사이에 주둔하였다.

4 유효립(柳孝立)이 광해군을 상왕으로 삼고 인조의 숙부인 인성군(仁城君) 공(珙)을 추대하려는 모반을 계획했다가 허적과 최산휘 등의 고발로 인해 인성군과 함께 죽임을 당하였다.

沙) 이성구(李聖求) 형제는 남인으로서 서인에게 붙었고, 만랑(漫浪) 황호(黃㦿)는 서인으로서 남인에게 붙었다. 이계가 "붕새가 남쪽으로 가니 푸른 바다가 드넓고, 대원(大宛)의 준마가 서쪽으로 오니 달의 궁전이 비었네"라는 시를 지어 읊었다. 구법(句法)이 매우 절묘하지만 경박한 사람임을 잘 알 수 있다.

차천로의 문장

•

우리나라 500년 역사에서 인재의 융성함은 목릉성세(穆陵盛世, 선조시대)를 제일로 꼽는다. 도학가와 문장가, 장수감과 정승감에서부터 글씨·그림·거문고·바둑·방기(方技)와 술수에 이르기까지 모두 오묘한 능력을 발휘해 입신의 경지를 이룩하였다. 그들을 하나하나 헤아려 알 수 있으나 특히 문장과 글씨가 융성하였다.

제독(提督) 이여송(李如松)이 평양대첩 후에 득의양양해 기세가 대단하였다. 승전문을 잘 쓰는 사람을 엄선하게 하자 준재들이 빽빽이 늘어선 당시에도 다들 나서기를 머뭇거렸다. 오산(五山) 차천로(車天輅)는 사양하지 않고 한석봉(韓石峰)을 데리고 나아가 앞에 섰다. 오산의 용모가 볼품없자 제독이 "이 사람이 잘 할까?"라며 화려한 비단을 던져주었다. 오산이 그 자리에서 이미 지어놓은 글처럼 부르고, 석봉이 나는 듯이 빠르게 받아 적었다. 제독이 다가가 살펴보다가 "출병하는 말의 울음은 봉새 등에 일어나는 바람소리를 토해내고, 기뻐하는 기운은 소 눈망울까지 쌓인 눈을 녹였네"라는 구절에 이르러 크게 놀라며 "천하의 기재(奇才)로다"라고 하였다. 평양성을 격파한 날 마침 큰 눈이 내려서 그렇게 지은 것이다. 오산은 고금에 드문 준재로서 나라를 빛낸 공이 이러했으나, 관직이 봉상시첨정(奉常侍僉正)에 불과하였다. 옛 조정에서 좋은 관직을 무척 아낀 것이 이와 같았다.

시참과 운명

•

시참(詩讖)은 들어맞기도 하고 들어맞지 않기도 하며, 알 수 있기
도 하고 알 수 없기도 하다. 정승 정홍순(鄭弘淳)이 꿈에서 다음 시
구를 얻었다.

발굽 높은 전마는 삼천 필이요   高蹄戰馬三千匹
해지는 평원은 만 그루 숲속일세   落日平原萬木中

   꿈에서 깨어나 양주목사(楊州牧使) 정경순(鄭景淳)에게 보여주
자 정경순이 웃으며 "군문(軍門)의 제조(提調)⁵가 되려나 보오?"
라고 하였다. 하지만 다음 날 정홍순이 갑자기 죽었다. 이것은 과
연 무슨 까닭인가?
   옛날 내가 평안도 강동현의 책방에서 지낼 때 아버지를 모시고

---

5 조선시대에 중앙의 각 사(司)나 원(院)의 체계상 우두머리가 아니지만, 높은 품계에 있는 고위직
   을 겸직으로 그 관아의 제조(提調)로 임명해 지휘하고 감독하게 하였다.

6 평안남도에 있던 현으로, 지금의 평양시 강동군 삼등면에 해당한다. 삼등현의 황학루(黃鶴樓)는
   관서팔경(關西八景)의 하나로 일컬어진다.

7 이 시구는 그의 문집인 《죽하집(竹下集)》 권4에 〈학루설후구점(鶴樓雪後口占)〉이라는 제목으로
   실려 있다. 전문은 다음과 같다. "積素凝華夕景遒, 淡烟踈木俯長洲, 携將李子三登興, 來上胎仙百
   尺樓, 芳草已違前後度, 白雲空惹古今愁, 萍蹤欲學龍蛇蟄, 氷底寒江寂寞流." 저본의 '어룡(魚龍)'
   이 문집에는 '용사(龍蛇)'로 되어 있다.

이웃한 삼등현(三登縣)[6]에 가서 정승 김익(金熤)이 황학루(黃鶴樓) 현판에 쓴 시구[7]를 보았다.

부평초 인생이 물고기처럼 숨고자 하는데   萍蹤欲學魚龍蟄
얼음 아래 찬 강물은 적막 속에서도 흘러가네   氷底寒江寂寞流

내가 아버지께 "이 어른은 틀림없이 머지않아 크게 될 것입니다"[8]라고 말씀드리자 아버지께서 웃으셨다. 몇 년이 지나 과연 정승의 반열에 올랐다.

---

8 원문은 대주(大做)이다. 바로 앞의 칙에서도 조문명·조현명·송인명 등이 "크게 될 기상을 지녔다"고 한 대목이 있는데, 이것에 해당하는 원문도 마찬가지로 '대주기상(大做氣像)'이다. 이 인물들의 관력(官歷)을 참조하면 '대주'라는 말을 '정승이 되다'는 의미로 썼음을 알 수 있다.

큰소리와 잘난 체

•

큰소리치다 쉽게 밑천이 드러나고, 잘난 체하다 곧잘 망신을 당하
니 군자가 삼가지 않을 수 없다. 정승 남구만(南九萬)은 자학(字學)
에 자신이 있었다. 한 무관이 동료들과 모인 자리에서 "내가 자학
으로 정승을 곤경에 빠뜨려보겠다"고 하니, 동료들이 그의 바보짓
을 비웃었다. 무관이 남구만을 찾아가 "소인이 우연히 어려운 글
자 하나를 보았는데 여러 식자들에게 물어보니 다들 모른다고 합
니다. 정승께서는 자학에 조예가 깊으시니 삼가 여쭤보지 않을 수
없습니다. 초두(草頭) 아래에 만날 우(遇) 자의 몸으로 받은 것이
무슨 글자입니까?"라고 물었다. 남구만이 한참 동안 깊이 생각하
다가 "이것은 마늘 산(蒜)과 공경할 옹(顒)을 풀이한 글자이다"라
고 하였다. 무관이 "어떤 이는 이것이 일만 만(萬) 자라고 하던데
요"라고 하자, 남구만이 웃으면서 "내 자네한테 놀림을 당했군"이
라고 하였다.

  지평 이척(李惕)은 문장으로 이름이 매우 높았는데, 읽지 않은
책이 없다는 말을 언젠가 한 적이 있다. 남이 "어떤 책이 좋더라"
고 하면 곧바로 "나는 벌써 다 읽었다"라고 하였다. 누군가 "목자
역심(木子易心, 李惕)이라는 책이 있는데 참 기이한 문장이더군요"
라고 하자 이척이 "나는 벌써 여러 번 읽었다"라고 하였다. 남구만
과 이척의 일은 천하의 멋진 짝이라고 일컬을 만하다.

재담, 말 속에 뼈가 있다

•

세상에서 말하는 재담(才談)은 옛사람 가운데 소동파와 유공보(劉
貢父, 劉攽) 같은 이들이 매우 좋아하였다.[9]

임보신(任輔臣)이 악정(樂正)이 되었을 때 자식을 두었는데, 이
름이 극(克)이었다. 누군가 "극 자는 좋지 않네"라고 하니, 이홍남
(李洪男)이 "악정자(樂正子)의 아들 이름을 극(克)이라고 하는데[10]
안 될 게 있나!"라고 하였다.

영남 사람 도영하(都永夏)가 황해도도사(都事)로 있을 때 어떤
기생을 희롱해 "너는 날마다 여러 사내를 거치니, 자식을 낳으면
그 성을 무어라고 할 것이냐?"라고 물었다. 기생이 "여러 성을 합
쳤으니 '도(都)'가라고 해야 옳겠지요"라고 답하였다.

나라의 풍속에 윷놀이는 감탕나무를 쪼개어 네 쪽을 만드는데,

---

9 소동파와 유반 둘 사이의 재담 이야기로는 '효반취반(膮飯毳飯)'의 고사가 있다. 유반이 소동파
에게 '효반'을 대접한다며 초대해 한 움큼의 소금, 한 접시의 무, 한 주발의 밥(三白, '皛'을 가리킨
다), 즉 '효반'을 대접하였다. 다음 날 소동파가 유반을 초대해 '취반'을 대접하겠다고 했는데, 때
가 지났는데도 밥상을 차려오지 않았다. 그러고는 소금도, 무도, 밥도 없으니(三毛, 毛는 無의 뜻
임) 이것이 곧 '취반'이 아니겠느냐고 했다는 이야기이다. 그런데 송나라 사유신(謝維新)의 《고금
합벽사류비요속집(古今合璧事類備要續集)》 권39에는 이 이야기가 곽진(郭震)과 임개(任介)의
이야기로 실려 있고, 《고재만록(高齋漫錄)》에는 소동파와 전협(錢勰)의 이야기로 실려 있다.
10 원문은 '樂正子名克'이다. 《맹자(孟子)》〈양혜왕 하〉에 맹자와 악정자의 문답이 있는데, "극(克)
은 악정자의 이름이다(克, 樂正子名)"라고 하였다.

등 쪽은 붉은색이고, 배 쪽은 흰색이다. 네 개 모두 붉은 쪽이면 모(牡)라 하고, 두 개는 붉은 쪽, 두 개는 흰 쪽이면 개[狗]라 하는데 구(狗)의 속음이 개(介)이다. 대과(大科)에 합격하면 홍패(紅牌)를 하사하고, 소과(小科)에 합격하면 백패(白牌)를 하사한다. 어떤 사람이 소과의 두 시험과 대과의 중시(重試)에 모두 합격해 유가(遊街)했는데, 앞에 붉은 싸개로 싸인 네 개의 패를 진열해 실로 장관이었다. 어떤 사람이 장난삼아 짝이 되는 말을 했는데 "앞에 네 개의 붉은색을 늘어놓아 모 같아 보이지만, 속에는 두 개의 흰색이 있으니 사실은 개로구나!"라고 하였다. 재미있는 이야기로 전해진다.

정승 여성제(呂聖齊)가 과거에 급제했을 때 시험관이 신래(新來)를 희롱해 "도함(倒啣)을 물위(勿爲)하라!"라고 하였다. '도함'은 성명을 뒤집어 부르는 것이고, '물위'는 '말하라'[11]는 것이니 '물위'라고 말한 것은 반어이다. 여성제가 "제(齊)나라의 성(姓)은 여(呂)입니다"[12]라고 하자, 시험관이 다시 "제나라의 성은 강(姜)이니라"라고 하였다. 여성제가 웃으면서 "실제로는 여씨(呂氏)입니다"[13]라고 하였다.

---

11 원문은 '勿爲'로 '하지 말라'이지만, '勿'은 '말 물' 자이므로 여기서는 '말하라'는 반대의 뜻이 된다.

12 원문은 '齊姓呂'이다. '呂聖齊', 즉 성(聖)을 발음이 같은 성(姓)으로 보아 "여(呂)의 성은 제(齊)입니다"라는 것을 거꾸로 말했다고 한 시험관의 희롱에 대한 답으로 '齊姓呂', 즉 "제(齊)의 성이 여(呂)입니다"라고 답한 것이다.

13 제(齊)나라의 시조는 무왕을 도와 주(周)나라를 건국하는 데 힘쓴 강태공(姜太公), 즉 강상(姜尙)이다. 《사략》에 "여(呂)는 씨(氏)요, 상(尙)은 명(名)이며, 강(姜)은 성(姓)이다"라고 기록되어 있다.

근세에 대사간 조하망(曺夏望)이 정승 조현명(趙顯命)을 찾아갔
는데 마루에 올라가다가 넘어지고 말았다. 조현명이 "다친 곳은
없으십니까?"[14]라고 묻자, 조하망이 바로 "승상이 잘못 아셨소"[15]
라고 하였다. 각각 상대방의 성(姓)을 가지고 자호(字號)와 이름으
로 희롱한 것이니 말도 이치도 딱 맞는다.

연객(烟客) 허필(許佖)이 어떤 친구와 함께 노닐었는데 돌아다보
며 말하고 걸음을 빨리 걸었다. 친구가 "말도 많고 걸음도 빠르니,
어찌 그리 조급한가?"라고 하니, 허필이 답하였다. "《중용》에 이
르지 않았소! '말은 행동을 돌아보고 행동은 말을 돌아보니 군자
가 어찌 부지런히 힘쓰지 않겠는가!'라고 말이오."[16]

일찍이 도봉산을 유람하다가 냇가를 건널 때 친구에게 말하기를
"자네가 나를 업어다주면 돌아올 때 내가 꼭 자네를 업어주겠네"
라고 하니 친구가 좋다고 하였다. 돌아올 때 허필이 돌아보지도 않

---

14 원문은 '無傷乎'이다. 《삼국지연의》에 조조가 장안으로 천도하는 동탁을 쫓아가다가 패주해 쫓
길 때 다음과 같은 장면이 기술되어 있다. 내용을 요약하면 서영(徐榮)이 조조(曹操)를 추격할
때 하후돈과 하후연이 수십 기병을 이끌고 와서 서영에게 크게 소리치기를 "'서영은 우리 주군
을 상하게 하지 말라'라고 하였다." 본문에서 조하망의 성이 조조와 같은 '조(曹)'이고 '하망(夏
望)', 즉 '하후돈(夏侯惇)의 바람'이라는 의미에서 '무상호(無傷乎)'라고 한 것이다.

15 원문은 '丞相誤耶'이다. 이 말은 《사기》〈진이세기(秦二世紀)〉에서 '지록위마(指鹿爲馬)'의 고
사로 유명한 부분에 나온다. 조현명의 성이 조고(趙高)와 같은 '조(趙)'이고, 조현명의 호가 '귀
록(歸鹿)' 혹은 '녹옹(鹿翁)'인 것을 가지고 위와 같이 말한 것이다.

16 '조급해 하다'는 의미의 '조조(燥燥)'와 '부지런히 힘쓴다'는 의미의 '조조(慥慥)'의 음이 같으
므로 위와 같이 대답한 것이다.

17 원문은 '寧人負我, 無我負人'이다. 《삼국지》에 조조가 진궁과 함께 도망가다가 여백사의 식솔
들을 오해해 모두 죽이고, 여백사까지 죽인 후 진궁에게 "내가 남을 저버릴지언정 남이 나를 저
버리게 할 수는 없네(寧我負人, 毋人負我)"라고 한 기록이 있다. 허필은 비정하다는 평을 받는
이 말을 '人'과 '我'의 위치를 바꾸어 반대로 말하면서, '負'자가 지닌 '업어주다'와 '저버린다'
는 이중적인 의미를 가지고 친구를 희롱하였다.

고 건너가버리자 친구가 허필을 꾸짖었다. 허필이 손을 휘저으면서 "남이 나를 저버릴지언정(업을지언정) 나는 남을 저버릴 수(업을 수) 없네"[17]라고 하였다.

조원명(趙遠命)은 화려한 것을 좋아하지 않는 성격이라서 함경도 관찰사가 되었을 때 기녀와 다모를 두지 않고 남자 종으로 대신하게 하였다. 낙민루(樂民樓)에서 놀 때 기생들에게 수고비로 대구 두 마리씩을 주었다. 조현명이 "형님께서 돌아가시면 시호는 분명 정간(貞簡)이겠군요"라고 하자, 조원명이 "과분하네, 과분해!"라고 하였다. 조현명이 "남자 다모를 두셨으니 '정숙하다(貞)'라고 할 만하고, 대구 두 마리를 주셨으니 '간소하다(簡)'라고 할 만하지 않겠습니까?"라고 하였다.

나의 족조(族祖)인 참판공 심발(沈墢) 어른이 일찍이 이런 말씀을 하셨다.

"내가 요행히 품계가 한 등급 오른다면 죽은 후에 '충간(忠簡)'이라 바꿔도 부끄럽지 않을 텐데. 제관(祭官)을 피하지 않았으니 '충(忠)'이요, 아랫사람에게 빌리지 않았으니 '간(簡)'이라 하거니와 이는 내가 실제로 행한 것이라 어찌 사양하리요!"

자저실기

도깨비 골

•

소론 무리 름의 노론 한 사람	群少叢中一老論
수심이 가득하나 입을 떼려 하지 않네	憂心悄悄欲無言
내 갈 길 찾아서 푸른 강으로 가려다가	將尋吾道滄洲去
성 동쪽 도깨비 골로 잘못 들어갔네	誤入城東魍魎村

이 시는 직장(直長)을 지낸 신광직(申光直)이 지은 것이다. 동촌의 김씨 여럿이 잣골(栢洞)[18] 산기슭에 모여 놀고 있었는데, 마침 신광직이 지나다가 인척이 되는 김씨 한 사람에게 이끌려 그 자리에 앉게 되었다. 이치상으로는 바로 일어서야 했으나 일부러 술자리에서 머뭇거리며 거드름을 피웠다. 좌중이 매우 싫어하는 기색을 보이자 신광직은 모임에서 정한 운에 차운해 시를 짓고는 바로 자리를 떴다. 시에서 '도깨비 골'이라고 한 것은 세상에서 김씨 성 가진 사람을 도깨비라 하기 때문이다. 이 일은 계묘년(1783) 봄에 있었는데, 그때 나는 강동현 책방에서 그 소문을 들었다. 뒤에 신광직의 아들 대중(大中) 신재정(申在正)을 만나 그런 일이 있었는지 물어보니, 과연 그런 일이 있었다고 하였다.

---

18 지금의 동숭동 일대를 넓게 아우르는 지역으로 백동(栢洞), 백자동(栢子洞)으로 불렀다.

악인이 악인을 논하다

•

남곤이 〈유자광전(柳子光傳)〉을 지었는데, 문장의 내면과 글의 조리가 매우 적절하고 자세하였다. 사화(士禍)를 서술한 대목은 그림처럼 묘사되어 있다. 어떤 이가 그 전기의 끝에 이런 시를 적었다.

결국에는 폐부와 간담이 누군가와 닮았는데 　　畢竟肺肝誰得似
자신이 그 전기 속의 인물임을 몰랐구나 　　　不知身作傳中人

이는 천고의 정론이다. 근세에 어떤 사람의 죄상을 논하는 일에 참여한 자가 있었는데, 그 말이 날카롭게 터럭 끝까지 파고들었다. 세상에서는 그 말이 어떤 사람의 초상화 찬문(贊文)과 같다고 일컬었다. 그 뒤 어떤 사람은 조사를 받고 나서 장살(杖殺)을 당하였다. 그의 죄상을 논한 자는 나날이 고위직으로 올라가 수십 년 동안 부귀를 누렸다. 그런데 그가 한 짓을 추적해보니 죽임당한 사람보다 훨씬 심하였다. 세상에서는 또 "이는 남의 초상화에 대한 찬문이 아니라 자신에 대한 찬문이다"라고 하였다.

이준휘가 이정필의 원한을 풀다

•

무신년(1728) 영남에서 이인좌의 변란이 일어났을 때 합천군수 이정필(李廷弼)이 역적 조정좌(曺鼎佐)를 군의 옥사에 잡아넣고 증원군을 요청하기 위해 진주로 향하였다. 그런데 역적이 틈을 타 달아나 합천에서 반란을 일으켰다. 이정필이 합천 경계에 머무르며 군교(郡校) 김게(金垍) 등에게 몰래 격문을 보내 함정을 만들어 역당을 유인한 후 기습해 죽였다. 마침 성주목사 이보혁(李普赫)의 군대가 근처를 지나다가 그 시체를 취해 자기 공으로 만들고는 감영에 "이정필이 처음에는 군을 버리고 떠나더니 끝내는 제멋대로 죽였다"라고 보고하였다. 변란이 평정되자 이보혁은 인평군(仁平君)에 봉해졌고, 이정필은 문책을 당하였다. 뒤에 조정의 신하들이 억울하게 여겨 영조 임금께서 경상감사에게 조사하고 그때의 문서를 봉해 들이라고 명하셨으나 의금부에서 미뤄두고 즉시 조사하지 않았다.

이정필이 죽고 나서 판서 이철보(李喆輔)가 만사를 지었다.

군막에서 세 역적의 머리[19]를 가져오긴 쉬워도	幕府輸來三馘易
의금부에서 봉함을 한 번 열기는 어렵다네	金吾開得一緘難

---

19 조성좌(曺聖佐)·조정좌(曺鼎佐)·허택(許澤)을 가리키는 것으로 보인다.

부제학 오수채(吳遂采)도 만사를 지었다.

가야산 아래에서 세운 전공은 의심스러운데　　　伽倻山下戰功疑

밝히지 못한 마음을 임금님만이 아시네　　　　　未白心惟聖主知

기린각에 공신 상을 그리는 시대[20]에는　　　盛代猉獜圖畫日

각건(角巾) 쓰고 가림에 돌아가 누울 때라　　　嘉林歸臥角巾時

　　오수채는 이보혁과 인척간이었는데도 이렇게 말하였다. 이정필
이 죽고 나서 그 아들 이준휘(李儁徽)가 과거에 급제해 주서(注書)
를 임시로 맡았는데, 상소를 올려 아비의 원한을 밝히고자 하였다.
그러나 승정원에서 상소가 거부되었다. 이준휘가 상소문을 들고
연영문(延英門)에 서서 사흘 동안 눈물을 흘렸다. 궁 안 사람들이
보고는 모두 눈물을 흘렸다. 영조께서 그 사실을 듣고 상소를 가져
다 보셨다. 의금부에 봉해놓은 문서를 처음으로 꺼내니 궤 속에 묵
혀둔 지 벌써 10여 년이 흐른 뒤였다. 의금부에서의 실화(失火)로
다른 문건은 다 타버렸으나 합천 일에 대한 문건만은 대충 타서 양
쪽 끄트머리의 글자를 태우지는 않았다. 사람들 모두가 "이정필의
원한이 맺히고, 이준휘의 효성에 감동한 것이다"라고 하였다. 임금
께서도 자주 이준휘가 효자라고 칭찬하셨다.

---

20 기린각(麒麟閣)은 한(漢)나라 무제(武帝)가 기린을 얻고서 이를 기념하기 위해 건립한 것인데,
선제(宣帝)가 이곳에다 공신(功臣) 11명의 화상(畫像)을 그려서 걸어두었다. 여기서는 공신의
자리에 오르는 뜻으로 쓰였다.

서계 박세당의 문장

•

문장에는 본래 정해진 값이 있어 부모와 자식이 아무리 가깝다고
해도 사사로이 값을 매길 수 없다. 외재(畏齋) 이단하(李端夏)는
그 아버지 택당(澤堂) 이식(李植)의 문장을 반고(班固)와 사마천의
문장이라 일컬었으니 이는 식견이 모자란 것이고, 정재(定齋) 박
태보(朴泰輔)는 그 아버지 서계(西溪) 박세당(朴世堂)을 명재 윤증
(尹拯)과 약천(藥泉) 남구만의 아래라고 폄하했으니 이 또한 식견
이 모자란 것이다.

서계가 정재에게 "내 문장이 명재나 약천과 비교해 어떠하냐?"
라고 묻자, 정재가 "명재 삼촌의 문장은 도(道)를 실은 문장이고,
약천 삼촌의 문장은 나라의 사업까지 갖추고 있어서 둘 다 오래도
록 전해질 것입니다. 아버지의 문장은 당연히 미치지 못하지요"라
고 답하였다. 서계가 "너는 나를 너무 가벼이 본다"라고 하였다.
이 이야기는 저들 편에서 지금도 회자되고 있다.

내가 보자면 정재는 남구만과 윤증의 문장도 모르고, 그 아버지
의 문장도 모른다. 윤증의 문장은 본래 주소체(註疏體, 경전의 주석
에 쓰는 문장)에서 나와 쓸데없이 길기만 하고 한 가닥의 활기도 없
이 잡스럽다. 남구만의 문장은 지천(遲川) 최명길(崔鳴吉)의 문장
을 모범으로 삼아 그 말이 정밀하고 곡진한 듯하나 실제로는 아전
배들의 문서와 같다. 두 사람의 문장은 모두 속하문장(俗下文章,

세속적 실용에 쓰는 문장)에서 벗어나지 못한다. '도를 실었다', '사업을 겸비했다'는 평가는 말도 안 되고, 너무 상대가 되지 않는다고만 하면 된다.

서계의 문장은 간결하고 엄중하며 정밀하고 심오해 당송팔대가(唐宋八大家) 가운데 왕안석과 유종원의 멋이 있다. 나는 일찍이 현종과 숙종 임금 이후의 고문(古文)은 마땅히 서계의 문장을 최상으로 삼아야 한다고 생각했는데, 선친께서도 일찍이 옳다고 인정하셨다.

시(詩)와 문장은 어느 것은 잘하고 어느 것은 못하는 차이가 있기는 하나 문장은 잘하는데 시는 잘하지 못하는 사람은 없다. 남구만과 윤증은 시를 잘 알지 못하나 서계는 시가 그 문장과 똑같거나 문장보다 낫기도 하다. 서계가 남구만과 윤증보다 못하다고 한 것은 서계가 말한 것처럼 너무 가벼이 본 것이 아니라 식견이 모자란 것이다. 정재의 시와 문장을 보면 잘 알 수 있다.

김창협과 김춘택

•

농암(農巖) 김창협(金昌協)이 죽천(竹泉) 김진규(金鎭圭)에게 준 서찰에서 북헌(北軒) 김춘택(金春澤)의 일을 논하며 "법도 있는 가문에서 이런 왕방(王雱) 같은 사람이 나올 줄은 생각도 하지 못하였다"[21]라고 하는 말까지 하였다. 《농암집》이 간행될 때 그 편지를 넣을지의 여부를 북헌에게 상의하자 북헌이 "농암의 문집 가운데 이 편지가 가장 뛰어난 작품입니다. 그 편지를 빼버리면 전체에서 볼 만한 것이 없소. 꼭 넣으시오"라고 하였다.

---

21 왕방은 왕안석(王安石)의 아들로, "한기(韓琦)와 부필(富弼)을 저자에서 효수(梟首)해야만 법이 시행될 것이다"라는 말까지 하여 착한 무리로부터 미움을 샀다.

남몰래 송취행을 도운 홍봉한

•

영조 중엽은 지금으로부터 100년 전인데도 사람을 고무시킬 만한 옛날의 풍류와 본보기를 여전히 볼 수 있다. 소북(少北) 출신 대관(臺官) 송취행(宋聚行)은 너무 가난해 도성 남쪽 외곽의 도저동(桃渚洞) 밭두둑 사이 세 칸 초가집에서 살았다. 마침 연말이 되어 집 주위에 눈이 쌓이는 바람에 저녁밥을 굶고 새벽에는 추워서 자리에 누운 채 일어나지 못하였다. 그때 문득 창밖에서 사람과 말〔馬〕 소리가 들리더니 편지 한 통이 넘어왔다. 봉투를 열어보니 시가 적혀 있었다.

곳곳의 부잣집들은 추위를 모르고	朱門處處不知寒
맛좋은 술에 담비옷 입고 밤새도록 즐기는데	桂醑貂裘竟夜歡
연말이라 성 남쪽 눈이 높이 쌓인 곳에	歲暮城南三尺雪
문 닫고 누운 원안을 동정할 이 뉘 있을고	誰憐閉戶臥袁安

창을 열고서 보니 쌀·돈·땔감·숯·꿩·물고기·술·고기 등이 땅바닥에 어지러이 흩어져 있을 뿐 사람은 가고 없었다. 끝내 누가 한 일인지 알 수 없었는데, 정승 홍봉한이라고도 한다.

신의를 지킨 기생들

•

의기투합이 남녀 사이에 많이 보이고, 매서운 협객의 풍모가 천한 기생에서 가끔 나오니 참으로 기이하다. 홍원(洪原) 기생 홍랑(洪娘)[22]은 고죽(孤竹) 최경창(崔慶昌)이 북평사(北評事, 병마절도사의 보좌관)로 있을 때 사랑한 기생인데, 서울로 돌아올 때 뒤따라와 쌍성(雙城, 지금의 영흥)에 이르러 이별하였다. 고죽이 함관령(咸關嶺)에 이르러 날이 저물고 비가 뿌옇게 내리자 노래 한 곡을 지어 홍랑에게 보냈다. 그 뒤 홍랑은 고죽이 서울에서 병들었다는 소식을 듣고 서울로 달려왔으나 북관 사람의 서울 출입을 금하는 법령이 있어 머물 수 없었다. 고죽이 홍랑을 떠나보내며 시를 지어주었다.

서로 말없이 바라보다가 난초를 주노니	相看脉脉贈幽蘭
이제 하늘 끝으로 떠나면 언제나 돌아오랴	此去天涯幾日還
함관령의 옛날 노래는 부르지 말지어다	莫唱咸關舊時曲
지금도 비구름에 청산이 어둡나니	至今雲雨暗青山

홍랑은 끝내 고죽을 좇았다. 고죽이 죽자 스스로 머리를 풀어헤

---

22 조선 중기 홍원 출신의 기생이다. 홍랑에 대한 자세한 내용은 남학명(南鶴鳴)의 《회은집(晦隱集)》 권5, 〈잡설(雜說)·사한(詞翰)〉에 보인다.

치고 파주의 여막에서 묘소를 지켰다. 임진왜란 때에는 고죽이 지은 시의 원고를 등짐에 지고 다녀 병화를 면할 수 있었다. 홍랑은 죽어서 고죽의 묘소 아래에 묻혔는데, 아들 하나를 두었다. 고죽의 묘는 우리 집에서 10리 떨어진 곳에 있다. 내가 일찍이 고죽의 묘소 아래에 분묘 하나가 있는 것을 보았는데, 홍랑의 묘였다. 내 친척인 최승헌(崔承憲)이 고죽의 후손인데 나에게 이야기해주었다.

심필(沈鉍)이 안음(安陰, 지금의 함양)현감이 되어 기생 취섬(翠蟾)²³을 가까이하였다. 심필은 본래 제멋에 사는 사람이라 그다지 좋아하지 않았다. 훗날 취섬이 서울로 와 때때로 찾아왔지만, 심필은 취섬을 돌보지 않았다. 심필이 그의 형에게 연좌되어 함경도 변방으로 유배되자²⁴ 취섬이 "나는 사대부를 많이 겪어보았다. 그런데 심씨 한 사람만 보인다. 벼슬길에서 곤경에 처했으니 그를 따르리라"고 하더니 모든 재산을 처분하고는 산 넘고 물 건너 수천 리 길을 쫓아 심필의 귀양지에 이르렀다. 옷가지와 밥을 대주며 몇 년 동안 한결같이 정성을 기울였다. 심필이 죽자 관을 마련하고 염을 해 돌아와 선산에 묻고는 그의 무덤 곁에 구덩이를 파고 뒷일을 부

---

23 함양 출신 기생으로 선상기(選上妓)로 뽑혔다. 성대중의 《청성잡기(靑城雜記)》 권3, 〈성언(醒言)〉에서 취섬은 심약(沈鑰)이 총애한 소실로 기록되어 있다. 취섬의 사연에 대해서는 안대회, 《조선을 사로잡은 꾼들》(한겨레출판, 2010)의 〈한양 유흥가의 정사사건─기생 금성월〉(166~180쪽) 참조. 심약은 심필의 형으로, 함경도 갑산(甲山)부에 유배되었다가 1762년 흑산도로 이배되었다.

24 심필의 형은 심확(沈鑊, ?~1755)으로 자는 언로(彦魯), 호는 동리(東里), 본관은 청송(靑松)인데 이 책의 '농객 유수원'(485쪽)에 행적이 보인다.

25 이규경(李圭景)을 말한다. 이규경은 송덕상의 문인으로, 1781년(정조 5) 연덕윤(延德潤)과 호서지방 유생들이 함께 송덕상의 신원을 위해 서산 향교에 모여 통문을 보낸 일이 옥사로 이어져 추국을 당했고, 1789년(정조 13) 진산군(珍山郡)에 유배되었다.

탁한다고 하며 따라 죽었다.

용궁현(龍宮縣)의 기생 이화(梨花)는 내 셋째 외숙[25]의 진산(珍山) 귀양지까지 따라갔다가 외숙이 돌아가신 뒤 고향으로 돌아갔다. 이화가 외숙을 가까이에서 모신 것은 30년 전 외조부께서 용궁현을 다스릴 때였다.[26] 외숙이 유배되었다는 소식을 듣자마자 전 재산을 처분하고 행장을 꾸려 수백 리 길이 되는 영남과 호서 길을 쫓아와 몇 년 동안 모셨다. 그 의로움이 진실로 사람을 감동케 하였다. 이화가 고향으로 돌아갈 때 충청감사 권암(權襹)이 노잣돈을 마련해주었다. 공주 정계촌(淨溪村) 앞의 큰길은 영남으로 뻗은 길인데, 이화가 지나가다가 그곳에 이르러 서서 한참을 바라보며 차마 떠나지 못하였다. 이화가 외숙을 따랐으나 공주에서 지내지는 않았다. 외숙의 집이 그곳에 있다고 해서 그랬을 것이다.

큰 외숙 일몽 선생[27]께서 이화에게는 슬픔을 표하고, 감사에게는 의리에 감동하는 시를 지어 이화에게 부쳐주었다. 내 아우도 그 시에 차운하였다. 일몽 선생은 시에서 이렇게 썼다.

산도 멀고 물도 먼 영남과 호서 끝에서	山長水遠嶺湖陲
나고 죽는 인간 세상 영영 이별했구나	生死人間永別離
남북으로 오가는 십자로에서	南去北來十字路
말 세우고 머리를 돌려보니 가련하다	可憐立馬頭回時

---

26 심노숭의 외조부인 이사질은 1759년(영조 35)에 용궁현령으로 있다가 그해 고양군수(高陽郡守)로 제수되었다(《일몽고(一夢稿)》〈묘지명〉).

27 이규상(李奎象, 1727~1799)을 말한다. 자는 상지(像之), 호는 일몽(一夢)·유유재(悠悠齋), 본관은 한산(韓山)이다.

또 이렇게 썼다.

충청감사가 청동 칠백 전을 주어서	靑銅七百捐湖藩
고향으로 돌아가는 시든 꽃을 잘 보냈네	好遣殘花返故園
남쪽에서 사온 실로 감사 위해 수를 놓을까	買得南絲能繡否
지금 사람 이런 행위 평원군[28]이 했던 일일세	今人此是古平原

내 아우는 이렇게 시를 썼다.

이름난 꽃 쓸쓸히 남녘땅에 사노니	名花落落在南陲
젊은 때도 중년에도 이별을 원망하네	少日中年怨別離
반년 동안 잠깐 살다 통곡하고 이별하니	半載僑居仍一哭
돌아가는 마음은 오기 전과 어떠하던가	歸心何似未來時

또 이렇게 썼다.

재물을 준 감사에게 감사함도 있건마는	不獨捐財感湖藩

---

28 사마천(司馬遷)의 《사기》 〈평원군·우경열전〉에 나오는 조승(趙勝)을 일컫는다. 조승은 조나라 혜문왕과 효성왕 때 재상을 지낸 인물로, 어질고 다른 사람의 간언을 잘 받아들이며 나라에 충성을 다한다는 평이 있어 항상 그의 곁에는 많은 빈객이 찾아들었다. 어느 날 그의 애첩이 이웃의 절름발이를 비웃었는데, 모욕을 느낀 절름발이가 조승을 찾아와 자신을 비웃은 애첩을 죽여달라고 하였다. 조승은 그렇게 하겠노라 약속하고는 지키지 않았는데, 1년 남짓한 사이에 그를 찾던 빈객이 절반 이상 떠났다. 그때서야 사태를 파악한 조승은 절름발이를 비웃은 애첩을 죽이고 절름발이에게 사과하였다. 이규상이 시에서 평원군을 인용한 것은 평원군이 의리를 지킨 점을 높이 평가했기 때문인 듯하다.

고향 가는 이에게 시를 준 분은 또 누구이던가 得誰詩句返鄕園

꽃다운 넋이 되어 임을 따르는 날에는   芳魂若有相隨日

지하에서 이 작품을 먼저 읊어주리라   此作先應誦九原

이화와 취섬이 한 일은 똑같다. 이화가 따라죽지 않았다고 흠을 잡는 것은 잘못이다.

택당 집안이 번창한 이유

•

나는 예전에 계곡(溪谷) 장유(張維)와 택당 이식 두 분의 글을 두고 계곡의 글은 여유 있고 담백하며, 택당의 글은 치밀하고 막혀 있는데 글이 성품에서 나와 두 분의 인품이 글과 똑같다고 평한 적이 있다. 여유 있고 담백하다는 것은 무욕에 가깝고, 치밀하고 막혀 있다는 것은 각박함에 가깝다. 이것으로 그 뒷날을 살펴볼 수 있는데, 장씨 가문은 점차 쇠퇴하고 이씨 가문은 크게 번성해 그 이치가 마치 반대로 된 듯한 것은 어째서인가?

택당의 부친 찰방(察訪) 이안성(李安性)은 일찍이 택당에게 "내가 선배들에게 들은 말에 따르면 우리나라는 필시 붕당 탓에 망할 것이라고 한다. 네가 다행히 조정에 출사하더라도 명사들과 교제해 세상의 지목을 받는 일이 없도록 하여라. 내직으로는 성균관 전적(典籍), 외직으로는 현령이면 충분하다"고 주의를 주었다. 이는 택당 가문이 대대로 복을 누리는 지침이었으리라! 택당이 평생 마음에 간직하고 행했던 것은 "겸손하고 아낄 따름이다"라는 말뿐이었다. 지극하구나! 《노자》 5천 글자의 취지여!

왕명을 쓰는 문서

•

국왕의 비답과 교서(敎書)를 쓰는 문신들이 대개 실상보다 지나친 말을 더 많이 써서 국왕의 말씀을 삼가고 엄숙하게 쓰는 도리를 크게 잃었는데, 이는 예로부터 없애지 못한 폐단이다. 이서우(李瑞雨)가 지은 미수(眉叟) 허목(許穆)의 사직 상소에 대한 비답에 "눈썹과 수염을 반갑게 쳐다보니 상산사호(商山四皓)인 기리계(綺里季)와 동원공(東園公)의 초상화를 보는 듯하고, 상주문을 찬찬히 읽어보니 선진(先秦)과 전한(前漢)의 글을 읽는 것 같다"라는 말이 보이는데, 내용이 실상에 맞고 글도 예스러워 읊조릴 만하다.

우리나라 문장의 경향

•

우리 조선의 문장은 중엽을 전후해 차이가 있다. 명종과 선조 이전에는 엄격한 틀에 맞추지 않고 넓고 두터운 기본 능력을 다지기에 힘써서 초창기의 질박한 맛과 큰 쓰임새가 있었다. 그러나 이후로는 조금씩 자기만의 법도를 세워 원기가 날로 깎이고 참된 기풍이 날로 위축되었다. 이는 만력(萬曆)·천계(天啓)²⁹ 연간의 중국 문사들이 만든 분위기인데 우리나라 사람들이 사모하고 흉내내서 한꺼번에 바뀌어버렸다. 그때 월정(月汀) 윤근수(尹根壽)와 상촌(象村) 신흠(申欽) 두 분이 그 일에 앞장섰다.

동회(東淮) 신익성(申翊聖)이 엄주(弇州) 왕세정(王世貞)³⁰의 시문을 매우 좋아해 자나깨나 몸에 지니고 다니며 곁에서 떼어놓은 적이 없었다. 그의 아버지 신흠이 일찍이 말하기를 "이 아이가 태어날 때 내가 붉은 보자기에 싸인 책이 하늘에서 내려오는 꿈을 꾸었는데, 이는 문장에 뛰어날 조짐이리라!"라고 하였다. 손님이 "보

---

29 만력(萬曆)은 명나라 신종(神宗, 재위 1573~1619)의 연호이며, 천계(天啓)는 명나라 희종(熹宗, 재위 1621~1627)의 연호이다.

30 왕세정(王世貞, 1526~1590)의 자는 원미(元美), 호는 봉주(鳳州)·엄주산인(弇州山人), 강소성(江蘇省) 태창(太倉) 사람이다. 후칠자(後七子)의 한 사람으로 이반룡과 함께 이왕(李王)이라 불리며 명대 후기 고문사(古文辭)파의 지도자가 되었으며, 이반룡이 죽은 뒤에는 그 지위를 독점하였다. 저서로《엄주산인사부고(弇州山人四部稿)》등이 있다.

자기 속의 책은 틀림없이 《왕엄주집(王弇州集)》이겠지요"라고 하였다. 당시 사람들이 웃었다.

근세에 괴상한 귀신 무리의 문학이 우리나라에 전해져 두루 퍼졌는데 그 소리가 마치 악공·기녀의 시조와 잡곡, 도깨비나 귀신을 쫓는 푸닥거리 또는 주문과 같다. 풍습과 기풍이 앞으로 어떤 세계를 만들어낼지 알 수 없다.

남구만의 문벌

•

문벌과 지체가 남보다 못하다며 스스로 위축되는 자와 남보다 뛰어나다며 으스대는 자는 똑같이 못났다. 이 두 부류에서 벗어나야 그 사람됨을 논할 수 있다. 우리나라는 오로지 벼슬이 얼마나 높이 올랐는지를 기준으로 집안의 품격을 판단하는 풍속이 있다. 내가 언젠가 한 가지 비유를 한 적이 있다. 서울에서 멀리 떨어진 도(道)의 시골 고을에는 사대부가 없어서 토착민들이 고을 아전에서 마을 보정(保正, 이장)까지 맡아 하는데 그 자리를 얻어서 자손에게 물려줄 계책으로 삼는다. 이것으로 미루어보면 청나라 도광(道光) 황제[31]의 조정이 우리나라를 볼 때 마치 우리들이 평안도나 함경도 지방 관아의 아전을 보는 것과 거의 똑같으리라. 그 자리를 얻으면 으스대고, 얻지 못하면 스스로 위축되니 참으로 슬프다.

약천 남구만이 승정원의 공무에 참여하고 있을 때 마침 서천(舒川)의 만호(萬戶, 무관)가 들어와 알현하였다. 남구만이 본진(本陣)의 일을 매우 상세하게 질문하였다. 손님이 "어쩜 그렇게 자세하게 아십니까?"라고 묻자, 남구만이 "증조부께서 만호 자리를 거치셔서 집안에 전해지는 것을 절로 익숙하게 들었다"고 답하였다. 문곡(文谷) 김수항(金壽恒)이 이조참의로 그 자리에 있다가 이야

---

31 1821년부터 1850년간 사용되던 중국 청나라 선종 때의 연호이다.

기를 듣고 나와 "남운로(南雲路, 南九萬)에 대해 누가 감히 문벌이 한미하다는 이유로 벼슬자리 주기를 따질 수 있겠느냐? 저자는 우리를 무시한다"고 남에게 말하였다. 마침내 부제학에 추천하였다. 김수항은 스스로 으스대지 않고, 남구만은 스스로 위축되지 않은 풍속을 오늘날 세상에서 다시 볼 수 있을까!

외척의 처신

•

왕실과의 혼인을 사대부들은 멀리 피하고, 외척의 등용을 국가는 꺼리고 두려워한다. 지난 역사에서 훤히 볼 수 있으니 화복의 방향을 잃을 이치가 어디 있겠는가? 그러나 사적인 마음이 습관으로 굳게 박혀서 결국에는 주고 뺏기를 도리에 맞게 하지 못한다. 그래서 점차 흉한 재난에 이르러도 알아차리지 못한다. 어진 외척은 국가의 복이라는 말이 있는데, 어짊이란 다른 기술이 아니다. 요컨대, 낮은 곳에 처하고 겸손히 물러나, 비록 왕을 보좌할 재주를 가졌더라도 부녀나 시종꾼의 역할을 자진해 맡아 하는 것일 뿐이다. 이렇게 하면 도리와 이치가 매우 밝고 명확해 어느 누구도 그 사이에 끼어들 수 없다.

판서 김좌명(金佐明)은 명성왕후의 백부이다. 문학이든 정치든 총명하고 기억력이 좋아 관직을 맡으면 직분을 다하였다. 일을 맡으면 신속히 처리해 조정이 중시하고 의지했으며, 사림은 그를 우러러보았으니 참으로 한 시대의 재주 있는 신하이다. 도정(都正) 이초로(李楚老)가 일찍이 이렇게 이야기하였다.

"이 사람은 요순의 태평성대에 살아도 틀림없이 가난한 집안에 사는 천한 사람이 아니다. 보잘것없는 들창문과 쪽문에서 훌쩍 벗어나 단연코 조정과 옥당에서 쓰일 사람이니, 이 사람이 이 시대에서 무엇을 한들 부족하겠는가? 다만, 훗날 이 사람의 위치에 있는 사람이 이 사람의 재능과 의지 없이 이 사람이 한 일을 하려고 한다면 그 시대에 도움도 주지 못하고 미래에는 갖가지 폐해를 끼칠 것이다. 이 점이 염려된다."

참으로 경험이 많은 사람의 멀리까지 내다본 생각이다. 그 사례를 멀리서 찾을 필요도 없이 가까운 일에서 살펴볼 수 있다.

김좌명의 아들인 청성부원군 김석주(金錫胄)는 왕실을 보위한 공로가 크기는 하지만 남들을 죽이고 처벌한 화가 심하였다. 당시에도 물의를 일으켜 불평했고, 후대에도 논쟁이 갈수록 증폭되었다. 끝내 스스로 대가 끊기는 화를 면치 못하였다. 그를 어진 외척이라고 할 수는 있어도 국가의 복이라고는 하지 못한다.

경은부원군(慶恩府院君) 김주신(金柱臣)은 임금께 안부를 묻는 자리에 나갈 때마다 작은 가마를 타고 종 몇 명을 거느리고 좁은 길로 다녔다. 누가 그 이유를 묻자 "큰길로 다니면 남들에게 손가락질당할까 부끄럽다"라고 하였다. 이렇듯이 삼가고 두려워해 자손들의 목숨이 길어지고 복록을 오래도록 누렸다. 외척들은 마땅히 김주신을 모범으로 삼아야 한다.

또 안탄대(安坦大)라는 분이 있는데, 중종의 후궁인 창빈(昌嬪)의 아버지이다. 몸가짐이 겸손하고 조심스러워서 이웃에 사는 어린아이가 문 앞에 와서 힐책해도 잘못을 인정하고 겸손히 사과할 뿐이었다. 창빈이 아들을 낳자 두문불출하고 남들이 혹시라도 왕자의 외가라고 부를까 두려워하였다. 창빈의 둘째 아들 덕흥대원군이 우리 선조대왕을 낳으시고 선조가 왕위를 계승하자 지위가 존귀해졌지만 비천할 때의 태도와 변함이 없었다. 만년에 실명하자 선조께서 담비 가죽옷을 하사하셨다. 안탄대는 "천한 사람이

담비 가죽옷을 입는 것도 죽을죄이고, 임금의 명을 어기는 것도 죽을죄이다. 똑같이 죽을죄라면 분수를 지키다 죽는 것이 더 낫다"라고 하였다. 선조는 그의 뜻을 꺾지 못함을 알고 강아지 가죽이라고 속여서 올리게 하였다. 그는 손으로 어루만져보고 "궁궐 창고의 개가죽 가운데 별종이 있구나. 어쩌면 이렇게 부드럽고 고운가!"라고 하였다고 한다.

옛날 나는 〈심의겸의 묘를 지나다 장구(長句)를 짓다〉라는 시에서 이렇게 읊었다.

아버지가 복수하면 아들이 살인한다는	其父復讎子殺人
예로부터 전하는 말 참으로 정확하네	古來傳說眞確論
또 그 시절에 안탄대란 분이 있어	又有同時安同知
담비 가죽옷 어루만지며 조심스러워하였네	居寵若驚貂裘捫

정인홍도 스승과 제자가 있다

•

천고의 윤리는 휘원의 붓으로 지켜졌고   千古綱常輝遠筆

백년의 종묘사직은 이이첨의 손아귀에 날아갔다   百年宗社爾瞻拳

이사가 진나라를 속였으니[32] 만번 죽어

마땅한데   丞相欺秦當萬死

그 아들 이유는 왜 또 삼천태수가 되었던가[33]   李由何事又三川

이것은 무명씨의 시이다. 정인홍(鄭仁弘)은 경상도 합천에 살았
던 선비로 한 시대에 명망이 높았다. 이이첨(李爾瞻)이 폐모론(廢
母論)을 힘써 주장하자, 문인인 동계 정온이 상소를 올려 따졌으나
정인홍은 도리어 이이첨에게 붙었다. 정인홍의 아들이 부모를 편
히 모시고자 성주(星州)목사로 재직할 때 누군가가 이 시를 지어
서 그의 집 문에 걸어두었다. 휘원(輝遠)은 동계의 자이다. 그가

---

32 진나라에서 승상을 지낸 이사(李斯)를 말한다. 진시황을 도와 진나라를 통일시켰다. 분서갱유
(焚書坑儒)에 앞장섰고, 또 조고(趙高)의 음모에 휘말려 진시황이 남긴 조서를 고쳐서 2세 황제
가 가혹한 정치를 펼치는 데 일조하였다.

33 이유(李由)는 진나라 승상인 이사의 아들로, 삼천(三川)의 태수였으나 오광 등 도적의 무리가 서
쪽을 침략하며 날뛰는데도 막지 못하였다. 이 사건으로 이사를 문책하자 이사는 벼슬과 봉록을
소중하게 여겨 2세 황제의 비위를 맞추는 글을 지어 용서를 빌었다.

이 시를 보고 탄식하며 "내가 어디서 죽을지 모르겠구나!"라고 하였다. 인조반정이 성공하자 그는 나이 팔십에 도성 저자거리에서 참형에 처해졌다. 동계가 상복을 입고 시신을 거두어 장례를 치르면서 "나는 임금을 바로잡지도 못했고, 또 스승을 배신하지도 못하는구나!"라고 하였다.

나는 그에 대한 나름의 관점이 있다. 명나라 전겸익(錢謙益)[34]에게는 손승종(孫承宗)[35]이라는 스승이 있었고, 구식거(瞿式耜)[36]라는 문생이 있었는데, 그가 비슷하다. 그는 일찍이 조남명(曺南溟)을 스승으로 섬겼다.

죄를 지어 죽임을 당한 우리 일가인 심상운(沈翔雲)이 합천군수가 되었을 때 정인홍의 자손 집안에 그의 초상이 있다는 소문을 듣고 가져다가 관아의 문 앞에서 불태웠는데, 온 거리에 연기가 하루 밤낮 동안 흩어지지 않았다고 한다. 그 또한 매우 기이하다.

---

34 전겸익(錢謙益, 1582~1664)은 명말청초(明末淸初)의 저명한 문인이자 정치가로, 자는 수지(受之), 호는 목재(牧齋). 명나라가 멸망했을 때 명의 황족 주유숭(朱由崧, 福王)이 남경(南京)에 세운 조정에서 예부상서(禮部尙書)가 되었으나 이듬해 남경이 함락되자 항복하였다. 청조에서는 예부우시랑에 임명되어《명사(明史)》의 편집을 맡았다.

35 손승종(孫承宗)은 중국 고양(高陽) 사람으로, 자는 치승(稚繩)이다. 지략이 뛰어나 천계(天啓) 초 여러 차례 병부상서(兵部尙書)·동각태학사(東閣太學士)를 지냈다. 명나라 말에 고향인 고양에서 청(淸)에 대항해 끝까지 싸우다가 성이 함락되자 투신자살하였다.

36 구식거(瞿式耜)는 명나라 말의 인물로, 자는 기전(起田)이다. 전겸익과 함께 동림당에서 활동하였다. 1644년 주유숭이 남경에 세운 조정에서 병부우시랑(兵部右侍郞)을 지냈으며, 청에 대항해 싸우다가 성안에서 피살되었다.

세태를 풍자한 권필 형제

•

대궐 버들은 푸르고 꾀꼬리는 어지러이 우는데	宮柳靑靑鶯亂啼
온 성안의 벼슬아치는 봄빛에 아양떠네	滿城冠盖媚春輝
조정에서 태평성대를 축하하는 마당에	朝廷共賀昇平樂
포의에게 곧은 말을 시키는 이는 누구인가	誰遣危言出布衣

이 시는 석주(石洲) 권필(權韠)이 소암(疎庵) 임숙영(任叔英)을
위해 지었다. 결국 이 시의 내용 때문에 곤장을 맞고 유배 가는 길
에 죽었다. 선배들이 300년 동안 이구동성으로 그의 죽음을 슬피
여겼다. 석주의 죽음이 슬프지 않다고 말한다면 잘못이나 이런 시
를 지은 시인에게 죄를 줄 수 없다고 말하는 것도 잘못이다.

시인이 사물에 의미를 부여해 풍자한 것은 예부터 있어왔다. 그
러나 존엄한 왕비—광해군의 처가가 유씨(柳氏)—를 배척해 "대
궐 버들에 꾀꼬리가 운다"라고 말하는 지경에 이르렀다. 도리상
감히 할 수 없고, 이치상 절대 없어야 한다. 그 당시는 그래도 제법
먼 과거에 속하는지라 정권을 잡은 이들이 공론(公論)을 두려워해
곤장을 쳐서 유배 보내는 데 그쳤다. 이 일을 나는 이렇게 보는데
뒷날 반드시 바로잡는 사람이 있을 것이다.

석주가 죽은 뒤 그의 형인 초루(草樓) 권겹(權韐)이 서호(西湖)에
살았다. 대북(大北)에 속한 몇 명의 선비들이 배를 타고 집 아래로

지나가면서 같이 노닐자고 청하였다. 초루가 따라가더니 그 자리에 있던 떡과 과일을 한 움큼 집어 따라온 아이 종에게 주면서 "이놈이 나이는 어려도 제 어미를 봉양할 줄 압니다"라고 하였다. 자리를 함께한 이들이 폐모론을 풍자하는 뜻임을 알아채고 초루를 벌하고자 하였다. 초루를 구원하려고 한 사람이 "아우를 죽였는데 형까지 죽인다면 후세 사람들이 우리를 어떻게 보겠느냐?"라고 하여 일이 무마되었다. 초루의 말은 완곡하게 표현하는 춘추(春秋)의 취지와 부합하고, 간곡하고 도타운 시인의 의리를 갖추었다. 석주보다 더 낫다.

정휘량이 대제학의 자리에 오른 솜씨

•

재기발랄하고 뛰어난 재주로 한때 승기를 잡을 수는 있어도 남을 속이는 술책으로는 평생을 그르치는 패망을 모면하기 어렵다. 평범하고 사소한 일에서 그 핵심과 줄거리를 미루어 짐작할 수 있다.

정휘량(鄭翬良)은 재기와 문장력, 그리고 과거시험의 능란한 솜씨는 있으나 세상을 빛내고 일컬을 만한 지위가 없어서 조문명(趙文命)이나 윤순(尹淳) 등 여러 사람과 견주어보면 그에 전혀 미치지 못한다. 대제학의 물망에 오른 적이 없었고 그 자신도 감히 언감생심 꿈도 꾸지 않았는데, 서당(西堂) 이덕수(李德壽)의 추천과 장려로 그 자리를 거머쥐었다.

이덕수는 근래 소론 가운데 문장의 명가였다. 그러나 문장을 번번이 늦게 써내는 탓에 급한 요구에 부응하는 수완이 없었다. 정휘량이 홍문관에 근무하면서 며칠 뒤 왕명 반포를 위한 문장을 지으라는 명령이 내려올 것을 정탐해 알아냈다. 밤마다 몰래 글을 얽어서 머리를 짜고 힘을 다해 그에 어울리는 작품을 만들어냈다. 그날이 되자 이덕수가 대제학으로서 부름을 받고 빈청(賓廳)에 앉았다. 창졸간이라 허둥지둥할까 봐 걱정하며 정휘량을 불러 상의하였다. 정휘량이 처음에는 핑계를 대며 사양하다가 이내 붓을 들고 바로 써내었다. 이덕수가 탄복하며 "옛날에 늙은이가 한 걸음 물러서는 격[37] 이상일세!"라고 하였다. 그러고는 한결같은 말로 "대제학 자리는 정휘량이 아니면 안 된다"라고 하며 마침내 그를 천거하였다. 정휘량이 조정에 서게 된 과정이 대충 이렇다.

정언 이중해(李重海)는 글솜씨가 뛰어나 그 이름이 세상에 널리 알려졌다. 정휘량을 찾아가 글을 두고 논하다가 요강 그릇을 잡고 오줌을 눈 다음 바로 자리를 떴다. 정휘량이 "내 문장이 제 오줌과 같다는 거로군"이라고 하였다.

---

37 《송사(宋史)》 권338, 〈소식열전(蘇軾列傳)〉에 구양수(歐陽脩)가 소동파의 글을 읽고는 매성유(梅聖兪)에게 편지를 보내 "이 늙은이가 그를 위해 길을 피해 한 걸음 뒤로 물러서야겠다"라고 했다는 고사가 있다.

남구만이 어린 시절에 지은 시

•

약천 남구만이 어린 시절에 다음 시를 지었다.

| 흰 고양이가 문 앞에서 우니 | 白猫當門哭 |
| 우리 집에 재앙이 생기겠네 | 吾家必有殃 |

   시를 본 사람들이 상서롭지 못하다고 했는데, 시를 풀이한 어떤
이는 걱정이 깊고 장래의 일까지 생각해 훗날 재상이 될 것이라고
하였다. 아들인 남학명(南鶴鳴)이 《회은잡기(晦隱雜記)》에 기록한
말이다. 이른바 걱정이 깊고 장래의 일까지 생각한다는 것은 소론
들이 하는 이야깃거리이다. 이 구절은 신사년(1701)의 그 사람 모
습을 완벽하게 묘사해냈으니 진찬(眞贊, 초상에 붙인 찬)이라고 해
도 좋을 것이다.

인재를 문벌로 선택하다

•

우리나라에서는 인재를 등용할 때 오직 문벌만을 중히 여긴다. 이는 출신 배경을 따지지 않고 현자를 등용한다는 원칙[38]과 대를 이어 고위직에 기용하지 않는다는 원칙에 어긋난다. 당쟁이 성행한 이후로는 이 현상이 더욱 심해졌다. 충신을 기용하고 간신을 물러나게 한다는 자들도 대부분 친하면 벼슬을 주고 원한이 있으면 벼슬을 빼앗는 행동에서 벗어나지 못하였다.

서인이 정권을 잡은 지가 거의 200년에 가깝다. 서인 가운데에서도 노론이 주도했고, 노론 가운데에서는 국왕의 인척이 주도하였다. 이들은 유학을 중시해 무리를 위협하는 계책으로 이용했고, 의리를 널리 전파한다면서 기어코 옛일을 끌어다가 주장을 펼쳤다. 김귀주가 홍양해(洪量海)와 김한록(金漢祿)을 끌어들인 계략이나, 홍국영이 송덕상과 송환억을 끌어들인 계략이 그 극한에 이른 사례이다.

사람들이 노론을 배척한 이유가 여기에 있으나 노론은 자신들을 변호할 길이 없다. 판서 엄숙(嚴璹)이 "태평성대라 군자가 많은 것은 잘 알겠으나, 선비와 현자가 모두 명가에서 나오다니 너무 괴이

---

38 인재를 등용할 때 친소나 귀천, 지역 등에 구애받지 않음을 말한다. 《맹자》 〈이루(離婁) 하〉에 보인다.

자저실기

하다"라는 시를 지었다. 그 말이 틀린 것은 아니다.

엄숙이 일찍이 승지 서명천(徐命天)과 함께 대화를 하던 중에 서명천이 이런 말을 하였다.

"내게는 세 가지 행복이 있다. 동방에서 태어난 것이 첫 번째요, 가문이 양반인 것이 두 번째요, 집안이 노론인 것이 세 번째이다."

그러자 엄숙이 바로 말을 이었다.

"나는 그와는 반대로 세 가지 불행이 있다. 궁벽한 변방에서 태어나 중국을 차지한 오랑캐만도 못한 것이 첫 번째요, 양반이 되어서 평민과 천민처럼 마음껏 생계를 꾸리지 못하는 것이 두 번째요, 소북(小北)으로서 노론처럼 탐욕과 쾌락을 즐기지 못하는 것이 세 번째이다." 그 말을 듣고 서명천은 버럭 화를 내며 "우리 노론을 오랑캐나 평민, 천민과 견주어 말하다니?"라고 하였다. 이 대화가 우스운 이야깃거리로 지금까지 전해지고 있다.

서명천의 세 가지 행복과 엄숙의 세 가지 불행은 한 사람은 호의호식하는 것을 제 자랑하듯이 말하는 것이고, 또 한 사람은 원망하고 탄식해 분통스럽게 여기는 말이다. 이것을 보면 저쪽과 이쪽의 분위기를 짐작할 수 있다.

이성구의 와신상담

•

밭의 씀바귀는 쓸개를 맛보는 걸로 하고   田中苦菜猶嘗膽
성곽 밖 띠집은 섶에 누운 걸로 친다   郭外茅齋當臥薪

　이는 분사 이성구가 정축년(1637) 후에 심양에서 돌아와 동대문 밖에 물러나 살던 때 지은 시이다. 남한산성에서 청나라 군대에 포위되었을 때 분사가 행한 일은 민심을 불만스럽게 한 것이 많은데도 시는 이렇게 지었다. 이를 통해 당시의 일을 미루어 짐작할 수 있다.

비천한 예술가도 명예와 지조를 중시한다

•

하찮은 기예를 가진 천한 무리들도 명예와 지조를 중히 여긴다. 이태(李泰)[39]는 이복해(李福海)의 천민 동생으로 판서 이만성(李晩成)의 종인데, 한 시대에 뛰어난 글씨 솜씨를 가지고 있었다.

청나라 사람 김상명(金尙明)은 본디 우리나라 사람으로 선조가 오랑캐 땅에 잡혀갔다. 김상명은 문학적 재능으로 옹정제의 스승까지 되었지만 근본을 잊지 않고 우리나라 사람이 쓴 병풍을 구해서 제사를 지낼 때 쓰고자 하였다. 임금이 병풍을 내놓았으나 글씨로 이름난 백하(白下) 윤순은 글씨를 쓰려고 하지 않았다. 조정에서 의논해 이태에게 쓰게 하였다. 판서들이 둘러앉아 있는 가운데 이태가 한참을 응시하다가 붓을 들고 글을 쓰기를 "평생 동안 숭정(崇禎)이라는 글자를 늘 써왔으니, 차마 붓을 잡고서 오랑캐 병풍을 쓰지 못하겠네"라고 하였다. 모두 깜짝 놀라서 태형으로 다스리려고 하였다. 조현명이 "필부라도 의지를 굽히기 어려우니 차라리 제 뜻대로 내버려두자"며 사자관(寫字官)에게 쓰도록 하였다.

---

39 이태(李泰)의 자는 자산(子山), 본명은 이태해(李泰海)이다.

글씨는 노력해도 잘 쓸 수 없다

•

문장과 글씨는 모두 타고난 능력이라 노력해서 이룰 수 있는 것이 아니다. 어떤 사람은 문장은 배워서 잘할 수 있으나 글씨는 연습한다고 해서 잘 쓸 수 있는 것이 아니라고 한다. 이 말에도 일리가 있다.

지천 최명길은 문장에는 뛰어났지만 글씨는 잘 쓰지 못하였다. 젊은 나이로 과거에 급제해 임시로 주서(注書)의 일을 대리하면서 대궐에 입시해 기록을 맡았다. 선조 임금이 화를 내며 꾸짖기를 "글은 꼭 쥐똥 같고, 글씨는 꼭 새 발자국 같구나! 이따위 주서를 어디에서 데려왔나!" 하고는 내쫓아버렸다. 지천은 문장을 짓고 글씨 연습하는 일에 더욱 힘을 쏟았는데, 글씨는 나아지지 않고 문장은 나날이 좋아졌다. 노년이 되어 글씨를 잘 쓰는 일이 문장을 잘 짓는 일보다 어렵다며 스스로 탄식했다고 한다.

악필 윤양래가 글씨로 유명해지다

•

어린아이가 남을 이기려는 마음이 있고 남보다 뒤처지는 것을 부끄러워하는 성품이 있으면 공부가 크게 앞서 나간다. 이는 굳세고 씩씩한 태도에서 나왔으니 끝내 자립하지 않겠는가?

판서 윤양래(尹陽來)는 열서너 살 때 문장에는 익숙하고 성취가 있었으나 필적이 아직 수준에 이르지 못하였다. 여러 형들이 성균관에서 공부하며 명성이 높은 것을 보고, 그도 형들과 어깨를 나란히 하고 싶었다. 그 뜻을 아버지에게 말씀드렸더니 아버지가 "네가 글씨를 못 쓰는 것을 어쩌겠느냐?"라고 하였다. 그는 밤에 서루(書樓)에서 조맹부(趙孟頫)의 서첩(書帖)을 가져다 아침까지 베껴 쓴 뒤 날이 밝아오자 내보였다. 아버지가 갑자기 글씨가 좋아진 것을 의아하게 여겨 직접 시험해보았는데 정말 글씨가 좋아져 허락하였다. 과거시험에 응시해 즉시 초안을 잡고 써서 여러 형들보다 먼저 내고 우등으로 합격하였다. 후에 필적으로 명성을 얻었다.

역사에서 사라져서는 안 될 임천상과 윤영희

•

한 획이 팔뚝보다 크고	一畫大於臂
한 글자가 몸통보다 크다	一字大於軀
다리 쭉 뻗고 앉아 손으로 매만지며	盤坐手摩挲
허리가 끊어지게 웃고 펄쩍 뛰며 소리친다	大笑絶倒跳且呼

이는 교리(校理) 임천상(任天常)이 금강산 만폭동(萬瀑洞)의 양사언(楊士彦)이 쓴 큰 글자를 보고 지은 시이다. 시상이 매우 풍치가 있어 시원스럽게 읊조릴 만하다. 나는 임천상과 젊어서는 알고 지내지 않았다. 예전에 의금부에서 함께 형리를 마주한 적이 있었는데 하루 밤낮을 익살을 떨며 지냈다. 그 사람은 아주 기발해 세속에 얽매이지 않는 사람이었고, 문장도 비범했는데 결국에는 곤궁하게 굶주리다 죽었다. 그의 친구인 참의 윤영희(尹永僖)도 문장이 화사해 동년배들을 굴복시켰으나 끝내 불우하게 살다가 떨쳐 일어나지 못하였다. 두 사람 모두 역사에서 사라져서는 안 될 인물이다.

자저실기

황염조가 시 때문에 죽다

•

필마 타고 찾아온 한양, 만감이 교차하네!	匹馬長安百感新
그동안 세상사는 상전벽해 되었구나!	伊來世事海生塵
날은 추운데 나그네는 어느 집에 투숙하랴?	天寒客子投何處
대갓집들 하나같이 주인이 바뀐 것을	甲第皆非舊主人

이것은 평양의 시인 황염조(黃念祖)의 시로, 황염조는 집암(執庵) 황순승(黃順承)의 손자이다. 집암은 본디 서울 사람으로 참의 벼슬을 지냈는데, 고집이 세고 자신을 굽히지 않는 성격이라서 세상 사람들이 황고집(黃固執)이라고 불렀다.

황염조는 평양의 외성에 살았다. 집안의 행세가 평안도 사람보다 월등하고 재주와 기상이 매우 뛰어나서 어릴 때부터 관서지방에서 명성을 떨쳤다. 서울의 사대부들이 그와 교유하는 것을 좋아하였다. 성격이 뻣뻣해 남을 잘 인정하지 않았기에 어른들이 더 그를 존중하였다. 병신년(1776) 이후에 이 시를 짓자 어사 심염조(沈念祖)가 그를 붙잡아 가서는 반역의 무리들을 불쌍히 여기고 조정을 원망한다는 죄목으로 매우 혹독하게 심문하였다. 홍낙순(洪樂純)이 평안감사가 되었을 때 앞의 일을 다시 들춰내어 끝내 장살시켰다. 황염조가 늘 홍국영에게 "날뛰고 되바라져 조심함이 없다"고 하며 상당히 깔보아 홍국영이 심하게 미워했는데 끝내 시

때문에 목숨을 잃었다. 평안도 사람들은 이 일을 두고 "염조가 염조를 죽였다"고 하였다.

4부

선인의 일화로부터 배운다

- 들은 것에서 나온 통찰

최영 바람

•

고려시대 최영(崔瑩) 장군이 제주도를 토벌해 항복을 받은 일[1]은 공민왕 갑인년(1374) 8월 19일에 일어났다. 《탐라지(耽羅誌)》[2]에서 그 사실을 찾아 밤에 아버지께 말씀을 드렸는데 다음 날이 바로 그날이었다.

망경루(望京樓)에서 아버지를 모시고 자던 중 설핏 잠이 들었을 때 문득 천지가 묶여 있지 않은 배처럼 요란스럽게 흔들리는 느낌이 들었다. 그래서 촛불을 켜라고 했으나 가까운 거리임에도 말이 전달되지 않았다. 다들 낯빛이 공포에 질려 있어 누각에 있기가 더욱 무서웠다. 견여(肩輿)에 아버지를 모시고 밀실로 가자 하고 그 뒤를 따랐다.

날이 밝아 확인해보니 관아 정문 대여섯 칸이 돌기둥과 함께 뽑혀 넘어져 있었고, 지름이 한 자나 되는 석류나무 수십 그루가 뿌리째 뽑혀서 어디로 갔는지 알 수가 없었다. 망경루 기왓장이 낙엽

---

1 최영(崔瑩)이 목호(牧胡, 몽골의 牧子)들의 반란을 토벌한 일을 말한다. 원나라는 삼별초군을 진압한 뒤 탐라에 목마장을 만들어 말을 길렀는데, 1294년 탐라를 되돌려받은 뒤에도 고려는 목호들에게 종마를 공물로 바쳤다. 1374년 명나라가 북원(北元)을 물리치기 위해 제주의 말 2,000필을 요구해오자 한방언(韓邦彥)을 제주에 보내 말을 취하게 하였다. 목호들은 말의 공출을 거부하고 명에서는 계속 말을 요구하자 공민왕은 최영 등을 파견해 목호를 토벌하였다.

2 1653년(효종 4) 제주목사 이원진(李元鎭, 1594~1665)이 《동국여지승람(東國輿地勝覽)》과 김정(金淨)의 《제주풍토록(濟州風土錄)》을 참고해 편찬한 읍지이다.

처럼 어지럽게 날리고, 사람들은 감히 문밖으로 나와 홀로 다니지 못하였다. 바람은 유시(酉時, 오후 5시부터 7시)가 되어 그쳤다. 제주 섬 수백 리를 둘러싼 바닷가의 모든 곡식이 소금에 절여진 김치처럼 되었으니 해일이 덮쳤기 때문이다.

어제 좁쌀 한 섬에 100전(錢) 하던 것이 오늘은 1,000전을 준다고 해도 얻을 수가 없었다. 제주 성에 울부짖고 통곡하는 소리가 사방에서 들려오자 아버지께서 "이것이 최영의 바람이다"라고 하셨다.

훗날 들으니 바람은 직항로(直港路)를 따라 미시(未時, 오후 1시부터 3시)에 서울에 이르렀고, 개성을 지나 금천(金川, 황해도 금천군)에 이르러서야 멈추었다고 한다. 최영이 억울하게 죽기야 했지만 제주 토벌이 그의 죽음과 무슨 관계가 있단 말인가? 수백 년이 지난 뒤 기어코 이날 이런 고약한 기량을 드러냈어야 하였을까? 개성을 거쳐 멈춘 것은 또 무슨 뜻인가? 《유괴지(幽怪志)》의 일사(逸事) 항목에 갖추어 실어도 좋을 일이다. 바람이 최영 바람이 아니라면 제주 성주(星主)³의 바람인가? 자세히는 모르겠다.

---

3 신라부터 조선 초까지 제주의 최상위 토호(土豪)에게 준 작호이다. 왕자(王子)와 함께 탐라의 실질적인 지배자의 지위를 누렸으나 1153년(의종 7) 이후 중앙에서 지방관을 파견하자 상징적인 존재로 전락하였다. 1404년(태종 4)에 좌도지관(左都知管)으로 개칭되었다가 1445년(세종 27)에 폐지되었다.

항렬자를 바꾼 심씨들

•

나의 5대조 형제 세 분의 후손으로는 우리 집안과 집안 할아버지 교리공(校理公) 심흥영(沈興永)의 아들 한 사람뿐이다.[4] 그 사람이 흉론(凶論)을 펼치며 친척들과 관계를 끊고 역적에게 아첨할 요량으로 심환지를 찾아가 이름과 항렬자를 바꾸는 것이 어떤지를 물었다. 심환지가 "정말 그렇게 한다면 나도 이름을 바꾸겠소만 굳이 그렇게 해야겠소?"라고 답하였다. 심이지 공이 한 일을 지적한 것이다. 흉인(凶人)이 마침내 이름을 바꾸자 심래영(沈來永)과 심문영(沈文永)의 아들들도 모두 따라 바꾸었다. 집안 아저씨 심낙구(沈樂耉)만은 휩쓸리지 않았으니 그 사람됨을 알 수 있다. 그분은 문학을 잘했으나 끝내 곤궁하게 살다 요절했는데 아들 둘을 두었다고 한다.

---

4 심노숭의 5대조는 심정기(沈廷耆)이다. 심노숭의 5대조 이하 직계는 '심정기-심사만(沈師晚)-심동진-심형운-심낙수-심노숭'으로 내려온다. 본문에서 '삼방(三房)'이라 한 것은 심정기·심정로(沈廷老)·심정구(沈廷耈) 삼형제를 가리키는 것으로 보인다. 심흥영(沈興永, 1739~?)은 심정구의 증손자로, 심희영(沈喜永)의 동생이며 심성진(沈星鎭)의 양자가 되어 대를 이었다.

김이도의 후덕함

•

송원(松園) 김이도(金履度)가 승지 이제만(李濟萬)과 유배를 함께 떠나게 되었는데⁵ 전주에 이르러 서로 갈 길이 달랐다. 김이도가 "우리들은 요행히 이쯤에서 그치지만 심노숭은 필시 더 멀리 갈 테니 참으로 안타깝다"라고 하였다. 당시의 분위기를 김이도가 걸맞게 이야기하였다. 김이도가 전주를 지나는데 역적 김달순(金達淳)이 관찰사로 있으면서 나와 보지도 않았다. 그 후 병인년(1806)에 김달순이 역적으로 처단되어 유배를 가자 김이도가 성 밖까지 나와서 전송하였다. 온 세상이 김이도를 '이덕보원(以德報怨, 덕으로 원한 산 이에게 보답함)'하였다고 일컬었다. 나만은 다음과 같이 말하였다.

"이덕보원이란 사람과 사람 사이에서 할 일이다. 한 집안 친척 사이에는 '이직보원(以直報怨, 솔직한 태도로 원한 산 이에게 보답함)'해도 후덕함을 잃지 않는다."

---

5 순조가 즉위하자 김이도는 시파(時派)로 몰려 전라도 영암에, 이제만은 안동 김씨의 세도정치를 논척하다가 광양에 유배되었다.

송익필의 학문과 행실

•

우리나라 500년 동안 신분이 천한데도 큰 명성을 얻은 이로 학문에서는 구봉(龜峯) 송익필(宋翼弼)을, 문장에서는 간이(簡易) 최립(崔岦)을 일컫는다. 두 사람은 모두 호걸의 자질을 지니고 문명이 펼쳐지는 시대를 만나, 한 시대의 큰 선비들과 교유하고 중국의 명사들에게까지 이름을 드날렸다. 한 시대의 이인(異人)이라 부를 만하다. 그러나 나는 구봉에 대한 의문이 끝내 해소되지 않는다.

기축년(1589) 옥사는 사적인 원한을 앙갚음하기 위해 구봉이 날조했다고 주장하는 이들이 있다. 그 진실 여부는 알 수 없으나 대충 살펴보면 구봉은 제대로 된 학자가 아니다. 태어난 처지가 비천한 것은 돌아보지도 않고 스스로를 높이고 남에게 오만하게 굴어 천하에 어려워할 일이 없다고 했으니 군자로서 그럴 수가 있을까?

선조 임금께서 특지(特旨)로 송익필을 하옥시키라 하고 "사노(私奴) 송익필은 조정에 원한을 품고 기필코 일을 만들려고 하였다. 조헌(趙憲)의 상소는 모두 이자가 사주하였다"라고 하셨다. 그러자 송익필은 "저는 성혼(成渾)·이이(李珥)와 함께 스승이 되어 학자들이 우계(牛溪) 선생, 율곡(栗谷) 선생, 구봉 선생이라고 합니다"라고 억울함을 하소연하였다. 우계가 그 말을 듣고서 "그자가 죽음이 두려워 이처럼 가소로운 말을 하는구나"라고 비웃었다. 그 말이 가소롭다고 한 우계의 말도 알 수 없다. 뱃속 가득히 세상을 흘겨보는 거만한 기운을 담고서 낮간지러운 말을 꺼내 임금 앞에 늘어놓다니!

　구봉이 옥중에서 지은 시에 "한평생 몸에는 옛사람의 의로움을 걸쳤건만, 사흘 동안 머리에는 군자의 갓을 쓰지 못하였네"라는 대목이 있는데, 기고만장하다가 끝내는 원망하였다. 현자가 이런 말을 할 줄은 일찍이 예상하지 못하였다. 심지어는 율곡에게 혼사를 청하며 "숙헌(叔獻, 율곡의 자)은 속됨을 면치 말아야지"라고 하였다. 이산해(李山海)에게도 편지를 보내 "여수(汝受, 이산해의 자)에게 절하며 올린다"라고 하였다. 그것에 비하면 '우상(右相) 하사(下史)에게 보낸다'라는 표현은 아무것도 아니다.

　박세채(朴世采)의 문집에 "율곡이 구봉의 아비인 송사련(宋祀連)을 장사 지낼 때 그의 신주를 써주었다"라는 말이 있다.[6] 그는 어디에서 이런 말을 들은 것일까? 율곡이 구봉과 벗으로 친하게 지냈더라도 송사련의 신주를 써주었을까? 팔뚝을 자르는 한이 있어도 결코 쓰지 않았으리라. 누군가는 "송사련의 신주가 아니라 구봉 어머니의 신주이다"라고 하지만 모를 일이다. 구봉이 일찍이 《국조오례의(國朝五禮儀)》는 신숙주(申叔舟)가 만든 것이라서 나는 취하지 않는다"라고 말하자, 누군가가 "그렇다면 송사련으로부터 나온 송익필은 취할 만한가?"라고 비꼬았다. 이 말은 김하담(金荷潭, 김시양)의 《부계기문(涪溪記聞)》에 보인다. 김하담은 구봉을 배척한 사람으로 이는 매우 적절한 말이다.

　내가 일찍이 시를 논하면서 조선의 성리학자 가운데 점필재(佔畢齋, 김종직)·퇴계·구봉만을 추켜세웠다. 구봉의 시는 전문 시인

6　본문의 내용은 《남계집》 권57, 〈어릴 적에 들은 것을 기록한다(記少時所聞)〉에 나온다.

　　　　　　　　　　　　　　　자저실기

들도 미치기 어려운 데가 있다. 그렇지만 그의 학문은 모르겠고, 간이의 문장과는 결코 함께 논할 수 없다.

이몽리와 난봉꾼 개금

•

예전에 이몽리(李夢鯉)라는 위항인(委巷人)이 있었다. 과정을 준수해 독실하게 공부했고, 몸가짐이 바르고 흐트러짐이 없었다. 언젠가 길을 걸어가는데 소나기가 쏟아졌다. 남들은 다들 헐레벌떡 뛰어 비를 피했으나 그만은 홀로 단정하게 걸어가며 조금도 흐트러짐이 없었다. 갓과 도포가 모두 젖어도 끄떡도 하지 않았다.

김취로(金取魯) 집안의 노비 개금(介金)은 호걸스럽고 사나우며 제멋대로 행동하였다. 도성 내의 불량배들과 어울리며 사람들을 잘 때리는 자로 유명하였다. 개금은 몽리의 행동을 보고는 소매를 걷어붙이며 "해괴하구나! 이건 뭐하는 놈이냐?"라며 발로 차서 도랑물 속에 처박았다.

몽리는 천천히 일어나 쳐다보지도 않고 가던 길을 계속 걸어갔다. 개금이 다시 발로 찼으나 몽리는 또 처음처럼 행동하였다. 개금은 괴이하게 여겨 그의 뒤를 쫓아갔다. 몽리의 집에 이르렀는데 비좁은 골목의 작은 오두막이었다. 몽리는 사립문을 열고 들어가 갓과 옷을 털지도 않고 무릎 꿇고 앉아 길게 소리를 빼어 책을 읽었다. 개금이 다가가 절하고 방바닥에 엎드려 "소인이 방자한 미친놈이라 존엄하신 분을 함부로 대하였습니다. 죽이시든 살리시든 어르신 처분에 맡기겠습니다"라고 하였다. 몽리가 웃으며 "젊은이가 나를 처음 보았다면 해괴하게 여기는 것이 당연하지. 한때의 일로 이리 과하게 사과할 것이 있는가?"라고 하였다. 말투가 온화한 것이 불편한 기색이 없었다. 개금이 울면서 "어르신도 사람이고 소인도 사람인데, 소인이 이런 짓을 했는데도 이렇게 말씀하십니까? 지금부터 어르신의 노복이 되겠습니다"라고 하였다. 몽리는 웃으며 사양하였다.

그로부터 개금은 해가 뜨기만 하면 몽리의 집으로 달려가 창밖에서 문안을 드렸다. 떡이나 생선, 과일 등의 먹을 것을 얻으면 가져다 바쳤다. 오랜 시일이 지나자 몽리도 그의 마음씀에 감동해 가르치기도 하고 타이르기도 하였다. 개금은 진심으로 따르며 소홀히 여기지 않았다. 지난날 함께 어울리던 패거리들이 다들 개금을 비웃었지만 신경 쓰지 않았고, 끝내 어질고 착한 성품을 지니게 되었다.

몽리는 정승 조현명(趙顯命)에게 천거되어 벼슬길에 올라 찰방(察訪)을 지냈다. 몽리 같은 자는 우연한 기회에 한 번의 행동으로 성질이 더러운 자를 선량하게 변화시켰다. 진실한 덕성에 진실한 행동이 없다면 가능하겠는가? 몽리의 학문은 내면의 수양에 전념하고 외적인 명예를 추구하지 않았으니 구봉과는 다르다. 시를 잘 짓는 홍세태(洪世泰)를 문장과 학문에 능한 최립과 비교할 수 없는 것과 똑같다.

천정배필

•

"남녀의 혼사는 하늘이 정해준 인연이라 인력으로 어찌 할 수 없다"고 말한다. 맞는 말인 듯하지만 그렇지 않다. 온 천하의 한 사람 한 사람에게 인연을 맺어주려면 그 고생을 하늘이 무슨 수로 감당하겠는가? 불가능한 인연이 맺어지거나 흔하지 않은 인연이 어쩌다 맺어진 것이라면 하늘이 주관했다고 말할 수 있다.

최립이 지은 판서 이몽량(李夢亮)의 묘비문에 다음과 같은 글이 쓰여 있다.

"공의 후취(後娶)는 전주 최씨 현감 최륜(崔崙)의 딸이다. 최씨 부인의 외조부는 판서 눌헌(訥軒) 이사균(李思鈞)이다. 눌헌이 명경과(明經科)를 주관하고 집에 돌아와 부인 황씨(黃氏)에게 '내가 오늘 포천 사는 이(李) 아무개란 뛰어난 선비를 얻었는데 뒷날 나라의 훌륭한 그릇이 되리라'라고 하였다. 그 말을 황씨 부인이 마음속에 기억해두었다. 그 뒤 수십 년이 흘러 눌헌이 세상을 떠나고 최씨 부인도 장성하였다. 때마침 이몽량이 첫 부인을 잃었는데, 황씨 집안의 서족(庶族)이 지나가는 말로 그 사실을 이야기하였다. 황씨 부인이 그 말을 듣고는 기뻐하며 '돌아가신 어른이 기이하다고 말한 사람이로구나! 내 손녀도 현숙하니 꼭 그에게 주어야겠다'라고 하였다. 일가친척들이 서로 격이 맞지 않는다고 모두 반대했으나 황씨 부인은 듣지 않았다. 이몽량도 소실이 있어서 다시 아내를 얻을 뜻이 없었다. 그런데 형님이 '명가(名家)의 어진 처자를 놓칠 수 없다'고 하면서 강권해 마침내 혼사가 이루어졌다."

이 부인이 바로 백사(白沙, 李恒福)의 어머니이다. 눌헌이 과거 시험장에서 얻은 선비를 황씨 부인이 재상의 후취로 혼사를 맺게 하여 이씨 가문에서 백사를 태어나게 하였다.

병사(兵使) 이진경(李眞卿)은 해풍군(海豊君) 정효준(鄭孝俊)과 같은 마을에 살았다. 궁한 처지의 정효준은 아내를 셋이나 잃었고, 매우 가난하였다. 이진경의 집을 오가며 날마다 장기 내기하며 소일하였다. 이진경에게는 시집보내지 않은 딸이 있었다. 딸이 아버지에게 "소녀가 괴상한 꿈을 꾸었어요. 장기 두기를 좋아하는 정 노인이 소녀에게 알 다섯 개를 주기에 소녀가 치마폭으로 받았더니 모두 용으로 변하였습니다"라고 하였다. 이진경이 기이하게 여겨 정효준에게 네 번째 아내로 맞이하라고 하며 "자네 우리 같은 집에서 아내를 얻으면 어떻겠는가?"라고 물었다. 정효준이 "오십 먹은 궁한 선비가 자네 집안과 혼인할 수 있겠는가?"라고 하였다. 이진경이 꿈 이야기를 들려주고는 딸을 시집보냈다. 아들 다섯을 낳았는데 모두 문과에 급제하였다. 그 자식 가운데 백사만한 인물은 없었으나 나이 오십에 얻은 네 번째 부인에게서 다섯 아들을 얻어 모두 문과에 올랐다. "하늘이 꿈으로 계시해주었다"고 하지 않을 수 있겠는가?

허적과 이인의 충고

•

예로부터 이인(異人)과 신선은 곧잘 산과 들에 머무는 탓에 잘 만날 수 없다. 요행히 만난다 해도 그들을 신뢰하거나 그들이 한 말을 수긍하는 사람은 드물다. 그래서 저들은 자신을 숨기려는 의지가 한층 강해져 끝내 보통 사람과는 멀어진다.

영의정 허적(許積)이 휴가를 받아 충주의 시골집에 머물 때 어느날 문득 손님이 찾아왔다. 8척의 키에 생김새가 큼직하고 우람하였다. 머리에는 패랭이를 썼고, 허리에는 큰 칼을 찼으며, 슬갑을 발등까지 매고 있었다. 인사도 하지 않고 곧장 자리에 앉더니 한참 동안 그를 노려보았다. 기가 꺾인 허적은 아무 말도 못하고 단지 "임금의 은혜가 망극해 감히 말씀대로 하지 못하겠네"라고 하더니 손에 있던 부채와 선향(扇香)을 그에게 내밀며 "이것으로 후의에 보답하겠소"라고 하였다. 손님은 긴 한숨을 지으며 탄식을 토해내더니 아무 말도 하지 않고 어디론가 떠나갔다.

허적의 아들과 조카가 연유를 물어보자 허적이 이야기해주었다.

"젊은 시절 절에서 이 사람을 만났지. 내 앞길을 대충 말해주면서 '그대는 끝내 큰 화를 당하게 될 텐데 내 반드시 알려주겠다'고 하더니 지금 정말 찾아왔구나. 슬갑을 매어 아래까지 가린 것은 세상살이가 험난하다는 것이고, 패랭이는 하늘의 태양은 믿지 못한다는 것이며, 칼을 찬 것은 큰 형벌이 목전에 있다는 뜻이다. 내게 화가 닥쳐올 것이다. 어찌할꼬! 나라의 은혜를 아직 갚지 못해 물러나기가 어려우니."

그는 오랫동안 한탄만 하였다.

허적은 젊어서 과거에 급제해 첫 벼슬이 사헌부의 관직이었다. 천민들이 무늬가 있는 비단옷을 입지 못하게끔 금지시키되 금령을 엄격하고도 혹독하게 집행하였다. 여염집 여성으로 갓 결혼한 여자가 사헌부에 잡혀와 신문을 당하는데, 문밖에서 허적의 이름을 함부로 부르면서 추악하게 욕하는 소리가 들려왔다. 여자의 남편으로 약관의 나이였다. 그를 잡아다 혹독하게 곤장을 쳐서 죽였다.

그날 밤 잠을 자는데 붉은 비단 도포를 입은 사람이 하늘에서 내려와 그를 불러 이야기하였다.

"아무리 금령을 어겼다고 해도 죽음에 이르게 할 사안은 아니다. 약관의 남녀를 곤장으로 목숨을 함께 잃게 한 것은 사사로운 분노이다. 상제께서 미워해 너에게 아들 하나를 주어 집안을 몰락시키리라."

얼마 지나지 않아 역적 허견(許堅)이 태어났다. 허적이 그 어미에게 키우지 말고 죽이라고 했으나 어미가 몰래 숨겼다. 장성한 허견은 재능이 매우 뛰어났는데 특히 손재주가 좋았다. 허적은 말린 전복을 씹어먹기를 즐겼으나 늙어서 이가 빠진지라 생각만 간절하였다. 허견이 전복을 널판에 놓고 두들겨 가루로 만들어서 이를 찍어서 올렸다. 허적이 첩에게 "괜히 먹고 싶게 전복을 왜 올렸는가?"라고 묻자, 첩이 "그냥 드셔보세요"라고 대답하였다. 먹어보니 과연 딱딱하지 않은 전복이었다. 허적이 매우 기뻐하며 이유를 묻자 첩이 그제야 사실대로 이야기하였다. 허적은 그를 아들로 받아들였다. 꿈이란 믿을 것이 못 되고 그 재주가 아깝다고 여겼기 때문이다.

그 뒤로 허견은 성의를 다해 부친을 받들었다. 허적도 그를 매우 사랑해 결국에는 화가 미치게 되었다. 이인의 간곡한 충고와 천관 (天官)의 분명한 지시로도 사랑과 욕심에 빠지는 것을 어쩌지 못 하였다. 어쩌겠는가? 숙종 경신년(1680)에 허견은 대역죄로 죽고 처자는 노비가 되고, 재산은 몰수되었다.

허적도 연좌되어야 했으나 원상(院相)[7]의 옛 공로를 참작한 임 금께서 처벌을 요구하는 합계(合啓)를 윤허하지 않으셨다. 허적은 가산이 몰수되어 동대문 밖 시골에서 걸식하며 남을 위해 참새를 몰며 살다가 다음 해 사사(賜死)되었다.

염구(斂具)를 가지고 온 사대부가 17명으로 모두 서인들이었는 데, 이세장(李世長)도 그중 한 명이었다. 이세장의 아버지 이시술 (李時術)이 의주부윤으로 있을 때 의주 백성이 국경을 넘어간 일이 있었다. 이시술이 연좌되어 중국에 인도되어 처형될 처지에 놓였 을 때 허적이 중국에 사신으로 가서 그를 빼내왔다. 이세장은 일찍 부터 은인으로 여겼으나 집이 가난해 마음을 다 표현하지 못하고 운구에다 비단 한 필을 넣어주고는 평생토록 한스러워하였다. 정 조 임금 때 허적은 복관되었다.

---

7 조선시대에 임금이 죽은 뒤 어린 임금을 보좌해 정무를 맡아보던 임시 벼슬. 졸곡(卒哭)까지 스무 엿새 동안 인망이 높은 원로 정승이나 원임 대신이 맡았다.

윤증이 산송을 판결하다

•

호서지방에서 묘 하나를 두고 송사가 벌어졌는데, 두 집안이 서로 자신의 조상 무덤이라고 주장하였다. 감사 윤행교(尹行敎)가 판결을 내리지 못해 부친인 명재(明齋, 윤증의 호)에게 여쭈었다. 명재가 "양가에서 함께 돌보는 것이 나을 듯하다"라고 답했는데, 그 편지가 그의 문집에 실려 있다. 나는 일찍이 소론의 여러 사람들과 이 이야기를 하며 웃은 적이 있다. 두 가문이 하나의 묘를 모시는 이치가 어디에 있단 말인가!

근래에 들으니 양근(楊根, 지금의 양평)의 어떤 무덤을 그 지방 사람들이 '여정총(呂鄭塚)'이라 부른다고 한다. 참판 여이징(呂爾徵)의 부인과 감사 정백창(鄭百昌)의 부인은 모두 서평부원군(西平府院君) 한준겸(韓浚謙)의 딸이다. 강화도가 함락될 때 두 부인이 한날한시에 순절하자 거적에 함께 싸서 장사 지냈다. 전란이 끝난 뒤 무덤을 파보니 신체가 모두 훼손되어 구분할 수 없었다. 부득이 함께 묻고 돌아가며 제사를 지낸다고 한다. 명재가 말한 사례를 여기서 볼 수 있을까?

원수의 병을 치료하다

•

아무리 서로를 죽여야 할 상황에 놓여 있어도 서로를 깊이 인정하
는 사람은 반드시 있게 마련이다. 양호(羊祜)가 자신을 독살하지
않으리라는 것을 육항(陸抗)이 안 까닭이[8] 바로 여기에 있다. 허목
(許穆)이 이질에 걸려 귀한 약도 효력이 없자 아들에게 "내 병은
김석주(金錫胄)가 아니고는 치료할 수 없으니 가서 물어보아라"라
고 하였다. 아들이 "흉인이 좋은 약을 지어주겠습니까?"라고 말했
으나 허목이 채근하자 가서 물어보았다. 김석주는 당비상(唐砒霜)
3돈을 소주에 타서 복용하라고 처방해주었다. 허목의 아들이 돌아
와서 아버지에게 "이래서 제가 물어보지 않으려고 한 것입니다"라
고 말하였다. 허목이 "어서 약을 지어와라. 네가 무얼 아느냐?"라
며 거듭 다그치자 마지못해 약을 절반 분량으로 줄여서 드렸는데,
과연 병이 나았다.

　다시 김석주를 찾아가 사실대로 말하자 그가 "이런! 왜 그랬는
가? 처방대로 복용했다면 뒤탈이 없을 터인데. 재발하면 치료하
기 어렵다"라고 하였다. 과연 허목은 이질로 사망하였다.

---

8 진(晉)나라 장수 양호(羊祜)가 강릉(江陵)에서 오(吳)나라 육항(陸抗)과 대치하였다. 육항이 병이
들었을 때 양호가 약을 보냈는데, 사람들이 적이 보낸 약을 먹지 말라고 하였다. 육항은 "양호가
사람을 독살할 위인이겠는가?"라며 약을 먹고 나았다.

공적인 모임에서 김석주가 정승 윤지완(尹趾完)을 보고는 "공은 3년 내로 반드시 불구자가 될 것이니 미리 치료해야 하지 않겠는가?"라고 하자, 윤지완이 "병이 없는데도 약을 먹는 일은 내 하지 않소."

　그 뒤 해를 넘겨서 윤지완이 밤에 자다가 돌아누웠는데 갑자기 한쪽 다리가 떨어져나갔다. 급히 김석주에게 알리자 그가 "내가 병이 나기 전에 치료하라고 했을 때는 생각도 않더니. 병이 난 뒤에 낸들 무슨 수로 치료하겠소?"라고 하였다.

　윤지완은 일찍이 이렇게 말하였다.

　"내가 일본에 갈 때 바다 한가운데 배 안에서 개인적으로 인삼을 소지한 자는 참형에 처할 것이라고 명령하였다. 고개를 잠깐 돌린 사이에 인삼 자루가 바다를 가득 덮더군. 한 마디 말로 그 비싼 재물을 버렸으니, 이것이 그 앙갚음인가보다."

박승종의 자결

•

살아서는 큰 뜻을 품었고, 죽어서는 큰 명성을 누렸으며, 그 마음
은 큰 슬픔을 자아내고, 그 몸은 큰 불행을 당하였다. 그럼에도 불
구하고 끝내 명분과 의리상 죄를 얻은 인물이 바로 박승종(朴承宗)
이다. 인목대비를 폐위시키려는 논의가 거세게 일어나자 의리로
서 대항해 준엄하게 꺾은 점에서는 오성(鰲城)과 한음(漢陰)[9]에 미
치지 못하였다. 다만, 흉악한 대북(大北) 당인들을 배척하고 은밀
한 말로 길을 달리해 정인홍·이이첨과 동조하지 않았다. 읍백당
(挹白堂, 朴自凝)의 시에도 보이고 후세에 유전된 그의 시 가운데
"오래도록 닫혀 있던 문이 열렸으니, 노처녀는 시집을 물리고자
하면 물리고 가려면 간다"는 구절이 있다. 그것을 보면 대강 알 수
있다.

광해군이 세자로서 일찍이 평안도 성천(成川)에서 국정을 볼 때
그곳의 산수를 좋아해 오래도록 잊지 못하였다. 박승종이 의중을
파악하고 평안도 관찰사 박엽(朴燁)에게 강선루(降仙樓)를 짓게 하
였다. 선정전(宣政殿)을 모방해 지었는데, 광해군에게 관서로 행차

---

9 오성은 이항복(李恒福, 1556~1618)이고, 한음은 이덕형(李德馨, 1561~1613)이다. 1613년
(광해군 5) 이이첨의 사주를 받은 삼사에서 영창대군(永昌大君)의 처형과 폐모론을 들고 나오자
둘은 함께 결사 반대하였다. 이에 삼사가 그를 고변해 처형할 것을 주장했으나, 광해군은 관직을
삭탈함으로써 이를 수습하였다.

자저실기

하도록 요청하고 동궁에게 왕위를 물려주도록 할 생각이었다. 강선루가 완성되기도 전에 광해군은 폐위되었고 박승종도 죽었다.

반정의 거사가 일어난 날 밤에 박승종은 수상(首相, 영의정)의 신분으로 성문을 넘어 달아나다가 아들인 경기도 관찰사 박자홍(朴自應)과 함께 서로 마주보고 목매어 자결하였다. 죽을 당시 옷에다 "임금을 바로잡지 못해 오늘의 사태를 불러들였도다. 한번 죽음으로써 조금이나마 신령께 사죄한다"라고 썼다. 그러므로 옛 임금을 위해서 죽었다고 해도 옳다. 이름 있는 훌륭한 분들이 그의 죽음을 원통하게 여겼고, 우리 선조 만사공(晚沙公, 沈之源)도 그의 재산을 몰수한 처사는 지나치다고 말씀하셨다. 박승종의 후손 가운데에는 임천(林川)에 거주한 사람이 상당히 많다. 군적에 10여 명이 들어 있어서 내가 모두 빼주었다.

북벌론

•

병자호란과 정묘호란 이후 청나라에 대한 복수와 설욕의 주장이 반드시 실현될 성질의 것은 아니다. 그러나 반드시 실현될 것이 아니라고 판단해서 아예 그만두어버린다면, 입으로 말하고 싶지 않다는 차원을 넘어 애초에 시도할 의욕까지도 잊었다는 것을 뜻한다. 도리어 복수와 설욕을 주장하는 사람을 "속으로는 반드시 실현되지 않는다는 것을 잘 알면서도 입으로는 반드시 실현할 수 있다고 말하는데, 이는 자신을 속이고 임금을 속이는 짓이다"라며 배척한다. 심지어는 그 주장을 빌미로 대중을 위협하고 임금의 관심을 끌어 자신들의 세력을 확장하는 계책으로 삼는다고 말하기까지 한다.

마음이 선량하지 않고 말이 선량하지 않기가 이 지경에까지 이르렀다. 어쩌면 그다지 연민의 정을 보이거나 차마 하지 못하는 마음이 없을까? 일찍이 나는 생각을 이렇게 정리하였다.

'반드시 실현할 성질의 것이 아님을 알면서도 반드시 실현할 수 있다고 말하는 자가 군자이다. 실현할 가능성이 있음을 알면서도 절대 실현하지 못한다고 단정짓는 자는 소인이다.'

정조 임금 때 한림 오태증(吳泰曾)이 대보단(大報壇)에서 제사를 올리면서 왕명으로 시를 지었다. 그중에 "오랑캐 땅에서 살신성인한 이는 진정 삼학사(三學士)인데[10] 속빈 말로 의로움을 내세운 이는 정녕 한 영웅일세"라고 한 구절이 있다. 시는 은밀히 우암(宋時烈)을 가리키고 있는데, 정말 참혹할 정도로 비웃고 놀리며 꾸짖었다. 속빈 말이라고 한 것은 저들이 다반사로 하는 말이기는 하나, 한 영웅이라는 말은 그쪽 사람들이 쓰지 않는 것이다.

오태증과 나는 젊었을 때 과장(科場)에서 서로 알게 되었다. 글솜씨가 있다고 생각해 만나면 반갑게 지냈다. 사람됨이 소탈하고 해맑다고 알고 있었는데, 마음이 각박하고 입이 독살맞기가 이 지경인 줄은 생각도 하지 못하였다. 이 시를 보고도 어느 누구 하나 말을 꺼내지 않았다. 우리 당파가 헛된 명성에만 힘쓰고 실제로 사모하지 않는 꼴이 이렇다.

---

10 병자호란 때 청과의 화의(和議)를 반대하고 척화(斥和)를 주장한 홍익한(洪翼漢)·윤집(尹集)·오달제(吳達濟)를 일컫는다. 병자호란이 일어난 뒤 청의 군대에 잡혀 심양(瀋陽)으로 끌려갔다. 이들은 청나라의 회유와 협박에도 굴하지 않고 척화의 대의를 끝까지 밝히다가 모두 심양 서문(西門) 밖에서 처형당하였다. 이후 조정에서는 이들의 충절을 기리기 위해 정문(旌門)을 세웠으며, 홍익한에게는 충정(忠正), 오달제에게는 충렬(忠烈), 윤집에게는 충정(忠貞)이라는 시호를 내렸고, 모두 영의정으로 추증하였다.

최명길의 평가

•

"사직을 안정시키는 것으로 기쁨을 삼는다"[11]라는 말이 있는데, 지천 최명길이 그런 사람이다. 화의(和議)를 주장한 것을 두고 하는 말이 아니다. 지천이 없었더라도 화의는 행해졌을 것이며, 성은 함락되었을 것이다. 지천은 자신이 한 일이 공이 될지 죄가 될지는 안중에 없었고 오로지 사직을 안정시키는 것만 알았다.

청음(淸陰) 김상헌(金尙憲)은 지천이 쓴 문서를 찢었고, 동계 정온은 자기 배를 칼로 찔렀으니[12] 천지에 드높고 해와 달처럼 빛나는 큰 절개이다. 그러나 지천 한 사람이 아니었으면 사직은 폐허가 되었을 것이다. 폐허가 될 사직을 보존했으니 지천의 공이 무엇보다 크다. 그러나 이것을 두고 공적이라고 한다면 지천은 부끄러워 죽을 것이다. 청음과 동계에게는 죄인임을 모면할 길이 없어서이

---

11 《맹자》〈진심(盡心) 상〉 19장에 내용이 보인다.

12 〈문간공동계선생연보(文簡公桐溪先生年譜)〉에 따르면, 1637년 1월 무진일 새벽에 동계가 자결해 거의 죽을 지경이 되었으나 목숨은 끊어지지 않았다고 한다. 동계는 청에 항복이 결정되자 분개해 의대찬(衣帶贊)과 아들에게 유서를 남기고 새벽에 홀로 일어나 통곡하고 이불과 베개를 정돈한 뒤 누워서 패도(佩刀)로 자결하였다. 시자(侍者)가 알아차리고 이불을 걷어 살펴보니 칼이 뱃속으로 두 치 남짓 박혀 있었다. 놀라 부르짖으며 칼을 뽑아내자 선혈이 뿜어져 나왔고, 혼수상태로 기운이 끊어진 지 오래되었다. 온 성안이 크게 놀라며 그의 의로움을 슬퍼하지 않는 사람이 없었다. 평소에 알던 조정 신하가 달려와서 구원했고, 임금도 즉시 어의로 하여금 약물을 가지고 가 구제하게 하여 며칠 만에 소생하였다. 한편, 1637년 1월 19일에 정온은 이조판서로서 '최명길이 나라를 팔아넘겼다'는 내용으로 차자를 올렸다.

다. 지천을 인정하는 자라면 지천에게 공적이 있다고 해서는 안 된다. 내 평소 정설은 이와 같다.

청나라 군대가 도성 문밖에 이르자 창졸간에 조정은 어찌할 바를 몰랐다. 최명길이 필마로 청나라 군문(軍門)에 이르러 담판이 조금 지체되자 어가(御駕)가 사잇길을 통해 남한산성으로 들어갔다. 어가가 남한산성에서 내려오기로 하여 서문(西門)을 나왔는데 철갑을 입은 청나라 기병 수백이 도착해 있었다. 최명길이 앞으로 나아가 "전하를 맞이하러 온 기병입니다"라고 아뢰자, 임금의 얼굴빛이 비로소 가라앉았다. 그의 담대한 국량이 이러하였다.

최명길을 배척해 삼학사의 죽음이 그가 한 짓이라고 주장하기도 한다. 나는 또 "그렇지 않다. 그는 시에서 '내 비록 삼학사를 죽이지 않았으되 한밤중에 생각하니 마음 절로 놀라네'[13]라고 하였다. 이것으로 그의 마음을 알 수 있다"라고 하였다. 전례(典禮)를 논한 차자(箚子)는 문장과 이치가 모두 뛰어나고,[14] 의주에서 사직한다는 뜻을 올린 차자는 지극한 정성이 간절해[15] 우리나라 상소문에서는 흔히 볼 수 없다. 이런 사람을 사직을 안정시킨 대신이 아니라고 한다면 사람을 알아보는 자가 아니다.

최명길이 호조판서로 재직할 때 소속 관서에서 진영을 보수하기 위해 기와 500장을 요청하였다. 최명길이 문서에 "500장은 너무

---

13 이 시는 송시열의 《송자대전(宋子大全)》 권213, 〈삼학사전(三學士傳)〉에 최명길의 시라 하여 인용되어 있다. 현존하는 최명길의 《지천집(遲川集)》에는 보이지 않는다.

14 병인년(丙寅年)과 무진년(戊辰年)에 각각 올린 〈전례를 논한 차자(論典禮箚)〉가 《지천집》에 실려 있다.

15 〈의주에서 사직을 청하는 차자(在龍灣辭職箚)〉가 《지천집》에 실려 있다.

많으니 1눌(訥)만 준다"라고 썼다. 우리나라 말에 기와 1,000장을 1눌이라고 하는데, 최명길이 100장을 1눌이라 잘못 알았던 것이다. 어떤 손님이 나귀를 타고 왔는데, 최명길이 "자네가 타고 온 말의 귀는 어찌 그리 긴가?"라고 물었다. 나귀와 말을 분간하지도 못하면서 말의 귀가 길지 않다는 것은 어떻게 알았을까? 근세에 정승감으로 칭송받는 이들은 명목과 수량을 가릴 때 털끝만큼도 빠짐없이 잘 살핀다고 자부하지만 그와 비교해보면 어떨까?

최명길이 기평군(杞平君) 유백증(兪伯曾)을 방문한 적이 있었다. 유백증이 자신이 지은 상소의 초고를 보여주며 "내가 곧 공을 논박하려던 참인데 숨길 수가 없구려"라고 하였다. 최명길이 웃으며 "그대의 말이 옳소. 내가 고치긴 해야겠구려"라고 답하였다. 온화한 낯빛으로 끝까지 함께 지내다가 느긋하게 돌아갔다. 이 일 역시 남보다 훨씬 뛰어난 점이다. 남에게 자기를 공격하도록 허락했던 제갈공(諸葛公)도 이보다 더하겠는가?

윤선도의 방술

•

점술 같은 잡기나 보잘것없는 기능과 기예라도 깊고도 오묘한 솜씨를 발휘해 기이한 효과를 보려면, 호걸스런 자세와 뛰어난 식견이 없으면 불가능하다. 나는 예전에 윤선도(尹善道)가 보길도에 살 곳을 정한 사실을 두고서 이치에 어긋나고 도리에 반한다고 배척한 적이 있다. 당파의 관점에서 한 말은 아니나 그가 다시 살아난다면 내 말에 무엇이라고 할까?

물론 윤선도는 한 시대의 기이한 인물이다. 운명을 잘 예측해 적중하지 않은 예언이 없었다. 판서 심단(沈檀)의 아비 심광면(沈光沔)은 그의 사위이다. 심광면이 일찍이 해남으로 장인을 찾아가 문안하였다. 며칠이 지나서 윤선도가 갑자기 심광면에게 "자네는 서둘러 집으로 돌아가게. 돌아가서 안방에서 자면 귀한 자식을 낳을 것이다"라고 하며, 노비에게 빠른 배를 띄우게 하고 "반드시 이틀 내로 서울에 도착하여라!"라고 명령하였다. 과연 이틀 만에 수천 리를 달려가 도성에 도착하였다. 안방에서 잠을 자고 그 다음 날 사위가 죽었는데 판서가 바로 그 유복자이다. 윤선도의 방술은 어찌 그리 오묘한가!

임제의 호방함

•

술자리에서 벗들이 모여 이야기하다 초(楚)나라와 한(漢)나라의 우열에 대화가 이르렀다. 뭇사람들이 다투어 따지면서 아무도 물러서지 않았다. 백호(白湖) 임제(林悌)가 나서서 이렇게 말하였다.

"네놈들이 뭘 아느냐? 초나라 한나라가 이야깃거리가 되겠느냐? 진시황 전성기 때 만리장성 뒷담장 안 함곡관(函谷關) 중대문 아방궁(阿房宮) 큰 사랑에서 몸에는 황색 곤룡포를 걸치고 손에는 옥도장을 매만지며 명령을 내리면 여섯 나라의 우두머리들이 문밖에서 머리를 땅바닥에 한 치 정도 떨어지도록 조아린다. 이때 한나라 유권농(劉勸農) 댁 서방님과 항내금위(項內禁衛) 댁 도령님이 감히 그 앞을 기웃거리기나 하였겠느냐?"

그러자 좌중이 크게 웃었다. 후인들이 그의 말을 국문 노래로 만들어 지금까지 전한다. 백호의 호걸스런 행동과 웅장한 언변을 지금도 상상해볼 수 있다.

백호가 북평사(北評事)로 함경도에 부임했을 때 관사에 붙은 시들을 보고 혀를 끌끌 차며 마음에 들어 하지 않았다. 수행하던 아전에게 "지나가는 관리가 시를 짓지 않으면 벌을 주느냐?"라고 물었다. 아전이 "시를 짓고 안 짓고는 자기 마음에 달려 있으니 무슨 벌을 내리겠습니까?"라고 답하였다. 그러자 백호가 "그렇다면 나는 짓지 않겠다"라고 하였다. 백호는 함경도에 머무는 동안 시를 짓지 않았다.

　동악(東岳) 이안눌(李安訥)이 함경도 관찰사로 있을 때 원수대(元帥臺)를 읊은 백호의 시를 현판에 걸어놓고 "이 노인이 시를 걸어놓지 않은 오만한 태도가 얄밉다. 내가 그의 태도를 꺾어버리겠다"고 하였다. 백호의 시는 다음과 같다.

원수대 앞 바다는 하늘로 이어지고	元帥臺前海接天
책과 검을 가지고 보료에서 취하네	曾將書劍醉戎氈
음산은 팔월에도 늘 눈이 휘날려서	陰山八月恒飛雪
긴 바람에 휘날려 춤추는 자리에 떨어지네	時逐長風落舞筵

이것은 백호가 함경도에서 돌아온 뒤 지은 시이다.

남의 물건은 함부로 받지 않는다

•

옛사람들은 물건을 거절하거나 받을 때 아무리 작은 물건이나 대수롭지 않은 예절이라도 한결같이 의로움을 기준으로 따져서 조심하고 삼갔다. 용주(龍州) 조경(趙絅)이 왜국에 사신으로 갔을 때 주는 물건을 받지 않고 오직 칼 하나만을 받았다. 돌아오는 길에 군관 홍우량(洪宇亮)에게 "우리들의 이번 사행에는 부끄러운 일이 없다고 하겠지?"라고 하였다. 홍우량이 "사또의 허리춤에는 아직 칼이 하나 있습니다"라고 대꾸하자 조경은 바로 낯빛이 변하더니 칼을 바다 속에 던져버렸다. 그 뒤 조경과 홍우량 모두 청백리에 뽑혔다. 홍우량은 판서 홍우원(洪宇遠)의 형이다.[16]

참판 김시진(金始振)은 서계 박세당과 이웃에 살면서 아침저녁으로 어울렸다. 김시진은 박세당의 가죽신이 낡은 것을 보고 자기가 옛날에 신던 가죽신을 주었는데 그가 끝내 사양하였다. 김시진이 "자네는 나를 조정지(趙挺之)[17]로 여기나?"라고 했으나 박세당은 끝내 받지 않았다.

---

16 홍우량은 홍우원의 형이 아니라 동생이다.
17 《송사(宋史)》 권444, 〈진사도전(陳師道傳)〉에 "조정지(趙挺之)는 송나라 사람으로 진사도와 동서간이었는데, 진사도는 조정지가 탐욕스럽다 하여 미워하였다. 하루는 진사도가 휘종을 따라 교사(郊祀)에 참여했는데 날씨가 갑자기 추워졌다. 그의 아내가 조정지의 집에 가서 갖옷을 얻어다가 입으라고 했으나 진사도는 거절하고 입지 않다가 한질(寒疾)에 걸려 죽었다"는 기록이 있다.

유성룡의 뒤늦은 후회

•

가르치는 방법은 다양하므로 사람의 그릇됨을 헤아려 가르쳐야 한다. 선생이나 어른들은 후학이나 젊은 사람을 가르칠 때 반드시 먼저 그 사람의 그릇됨과 재주를 미리 파악하고 이끌어가야 한다. 그런 뒤에야 적합하게 쓰이고 공을 쉽게 이룰 수 있다.

서애 유성룡이 과거에 막 급제하고 퇴계 선생을 찾아가 "무슨 책을 읽어야 합니까?"라고 물었다. 퇴계 선생이 소동파의 책론(策論) 몇 권을 주면서 "이것을 천 번 읽게나"라고 하였다. 유성룡이 물러나와 한탄하며 "선생께서 나를 가르치시되, 임금을 성인으로 만들고 백성을 잘 살게 하는 방법에 대해서 말씀하시기는커녕 겨우 이따위 속된 문장이나 익히라고 하시는구나. 어째서 나를 가벼이 보시지?"라고 하고는 가르침을 어기고 절반만 읽었다. 임진년 이후 서애는 밖으로는 장수가 되고, 안으로는 정승이 되어 표(表)·계(啓)·격(檄)·판(判)의 글이 날마다 갖가지로 밀려들었다. 입으로 부르고 손으로 쓰자니 생각이 막혀 괴로웠다. 그제야 탄식하면서 "퇴계 선생의 가르침은 까닭이 있었구나"라고 하며 천 번을 채우지 못한 것을 후회하였다.

조복양이 세자의 잘못을 바로잡다

•

세자의 교육에는 삼대(三代)의 법이 제대로 갖추어져 있다. 전후
좌우에 올바른 사람만을 두기가 쉽지는 않으나 세자의 잘못을 바
로잡아 학문에 진척이 있게끔 이끌어줄 강직하고 올바른 사람을
한둘이라도 꼭 찾아서 보좌하게 해야 한다. 세자가 덕망을 쌓고 학
문을 성취하는 길은 여기에 달려 있다.

숙종은 어릴 때 송곡(松谷) 조복양(趙復陽)에게 배웠는데 암송을
통과하지 못하면 현종이 번번이 회초리로 때렸다. 어느 날 또 암송
을 통과할 수 없게 되었다. 숙종이 그에게 부탁해 "내가 어제 참새
새끼를 가지고 노느라 읽지를 못해 이 지경에 이르렀소. 대감께서
나를 위해 이 사실을 숨겨준다면 대감이 연로하시니 돌아가신 뒤
에 꼭 장생전(長生殿)[18]의 판재(板材)를 내어주겠소"라고 부탁하였
다. 조복양은 듣지 않고 '암송하지 못함(不通)'이라고 보고해 회초
리를 맞게 하였다. 숙종이 임금의 자리에 오른 후 대신들에게 이
이야기를 하며 공경하고 놀라워하였다.

---

18 왕실용 또는 대신에게 내리던 관재(棺材)를 갖추어 두던 곳이다.

자저실기

벼슬자리 얻기가 힘들다

•

음정(蔭正)[19] 벼슬은 통청(通淸)[20]을 거친 뒤에 품계가 올라 해당 관청의 좌랑 참의나 승지가 되고, 가선대부(嘉善大夫)[21]의 품계에 올라 참판·좌윤(左尹)·우윤(右尹)·동지돈녕부사(同知敦寧府 事)·총관(摠管)이 되는 것이 인사의 관례였다. 그래서 음정 벼슬 로 통청을 거치는 것은 음관들에게는 최고의 승진이다.

동지중추부사 김광찬(金光燦)은 청음 김상헌의 아들이자 퇴우 (退憂) 김수흥(金壽興)과 문곡(文谷) 김수항(金壽恒)의 아버지로서 음정 벼슬로 통청을 거치지 못하였다. 가선대부 품계에 오른 뒤에 퇴우가 이조판서인 노봉(老峯) 민정중(閔鼎重)에게 부탁해 동지돈 녕부사 자리를 얻고자 하였다. 그때 문곡이 "아마도 받아들여지지

---

19 음관(蔭官)으로서 맡는 '정(正)' 벼슬을 가리킨다. 당하 정3품 벼슬로, 사복시정(司僕寺正), 예빈 시정(禮賓寺正), 군자감정(軍資監正), 장악원정(掌樂院正) 등이 있다.

20 학식과 문벌이 높은 사람을 양사(兩司)·전랑(銓郎)·경연(經筵)·춘방(春坊)의 후보자로 천거 하는 일 또는 후보자로 천거된 사람을 뜻한다. 그런데 본문의 '통청(通淸)'은 '통의(通擬)'와 동 일한 뜻으로 보인다. '통의'는 벼슬아치를 뽑을 때 천거된 후보자의 이름을 모두 적어놓고 뽑을 사람들이 한자리에 모여 의논해 적임자를 뽑는 것이다. 그 근거로 《속대전(續大典)》에 "음관 당 상 이상으로서 제조(諸曹)의 좌이(佐貳) 및 좌윤(左尹), 우윤(右尹), 판결사(判決事), 당하 사복시 정은 통청하는 예에 따라 정사에 참석해야 할 인원이 모두 참석한 가운데 통의한다'라고 한 규 정을 들 수 있다.

21 조선시대 종이품(從二品) 동서반(東西班) 문무관(文武官)에게 주던 품계이다. 종2품의 하계(下 階)로서, 가정대부(嘉靖大夫)나 가의대부(嘉義大夫)보다 아래 자리이다.

않을 듯합니다"라고 하였다. 퇴우가 그래도 말이나 해보라고 하였다. 아니나 다를까 노봉은 "동지돈녕부사는 정승 자리입니다"라고 거절하자 두 사람은 다시는 말을 꺼내지 않았다.

이처럼 옛사람들은 벼슬자리를 중시하였다. 오늘날에는 음정 벼슬로 통청을 거친 자도 아닌데 버젓이 동지돈녕부사나 총관 자리에 비집고 들어간 자들이 많다. 여기서 세상 질서의 변화를 볼 수 있다.

정온의 뻣뻣함과 기개

●

나라 제도에 예문관(藝文館)·승문원(承文院)·성균관(成均館)·교서관(校書館)을 사관(四館)이라고 한다. 사관의 참외(參外)[22]가 과장(科場)을 주관하는데 합격자 명단을 방에 붙이고 이름을 부르는 일까지 날마다 모여서 진행한다. 사관의 관원을 선생(先生)이라 하고, 과거에 처음 합격한 사람을 신래(新來)라 부르며 오르락내리락 나아갔다 물러나게 하며 놀리고 골탕 먹이는 짓을 이른바 고풍(古風)이라고 한다.

　동계 정온이 과거에 급제했을 때 백강(白江) 이경여(李敬輿)가 선생으로서 고풍을 주관하였다. 동계는 힘든 기색 없이 시키는 대로 따라 하였다. 자리 앞의 책상을 가리키며 머리를 굽혀 그 밑으로 지나가라고 하자 다른 신래는 모두 따랐다. 그러나 동계는 뒤로 물러나 따르지 않고 "선비가 과거를 치르고 조정에 들어왔는데, 이 몸을 구부려 저 작은 책상 밑을 지나가야 합니까!"라고 하였다. 동계의 드높은 절개는 이미 이 행동에서 볼 수 있다. 백강은 항상 이 일을 이야기하며 "당시에는 그저 뻣뻣한 사람이라 생각하고 말았는데 이렇듯이 절개를 세웠구나!"라고 감탄하고는 하였다.

---

22 칠품(七品) 이하의 관원을 부르는 말이다.

기개와 국량은 천부적으로 타고난다

•

세상에는 배워서 터득하지 못할 일과 노력해서 이루지 못할 일이 없다. 그러나 기개와 국량만은 천부적으로 남보다 우월한 사람이 아니면 아무리 배우고 노력한다고 해도 얻을 수 없다. 문익공(文翼公) 정광필(鄭光弼)이 김해 유배지에 있을 때 어떤 사자(使者)가 김해부 관아로 들어갔다. 그러자 문익공에게 사약이 내려져 금오랑(金吾郎)이 당도했다고 와전되었다. 집안사람이 황급히 달려와 이 사실을 알리자 문익공이 막 잠들려다가 "그러냐?"라고 대꾸하고는 그대로 잠을 잤다. 얼마 지나지 않아 금오랑이 아니라 사관(史官)이라는 전갈이 왔다. 반정(反正)이 성공한 뒤 거듭 정승에 천거되었을 때도 문익공은 "그러냐?" 하고는 전처럼 잠을 자며 코를 골았다.

도원수 권율(權慄)이 행주산성 전투가 있기 하루 전에 군관 정충신(鄭忠信), 표하군(標下軍)[23] 수십 명과 함께 진지를 정찰하러 나가 주위를 둘러보았다. 그때 바로 앞에서 왜군 한 부대가 사방을 에워쌌다. 권율이 정충신을 시켜 왜장에게 "의리상 이래서는 안

---

23 대장(大將) 이하 각 장관에게 전속된 수병(手兵)을 이른다.
24 한기(韓琦, 1008~1075)는 중국 안양(安陽) 사람으로 자는 치규(稚圭), 호는 공수(贛叟), 시호는 충헌(忠獻)이다. 약관의 나이에 진사가 되어 추밀원직학사(樞密院直學士) 등을 역임했으며, 범중엄(范仲淹), 부필과 함께 명망이 높았다.

된다"라고 말을 전하자 왜장이 웃으며 길을 열어주었다. 좌우에서 시퍼런 칼날을 겨누고 있었지만 권율은 말고삐를 잡고 지나가면서 태연자약하였다. 정광필과 권율 두 공의 일은 정승으로는 한기(韓琦)[24]와 부필(富弼),[25] 장수로는 관우와 장비 같은 인물이라도 배우고 노력해서는 할 수 없다.

---

25 부필(富弼, 1004~1083)은 북송(北宋)의 명신으로 자는 언국(彦國), 시호는 문충(文忠)이다. 동중서문하평장사(同中書門下平章事)를 거쳐 문언박(文彦博)과 함께 대신이 되니 세상 사람들이 부문(富文)이라고 일컬었다.

조상의 신령

•

자손은 선조로부터 기운과 피를 물려받기에 심령이 서로 통한다. 생사의 갈림길이나 꿈을 꾸는 사이에 심령이 통해서 복을 얻고 화를 피하라는 훈계를 하여 친밀함을 드러낸다. 이것을 허황하고 망령되다고 배척하는 태도가 올바르기는 하지만 이치상 그럴 수도 있다는 점을 전혀 모른다. 그런 말이 모두 허무맹랑한 것은 아니다. 사람마다 모두 그런 일을 겪는 것도 아니고 일마다 훈계를 해주는 것도 아니다. 살아 있을 때 일반 사람보다 신령한 식견을 지녔던 자가 죽어서 바로 사라지지 않고 있다가, 특별한 일이 일어나면 마치 앞길을 일러주어 이끌어주듯 한다. 요컨대, 제사를 지내는 이치와 똑같으니 이는 조상의 넋과 정성을 통해 감응하는 것일 뿐이다.

종사(從事) 이경류(李慶流)가 임진왜란 당시 전사했을 때 고향집 마루창 너머로 그의 목소리가 들려왔다. 모친을 향해 자신에게 일어난 일을 아주 자세히 이야기하였다. 그 뒤로 무슨 일이 있을 때마다 번번이 알려주었다. 한 번은 모친이 병을 앓았을 때 하늘에서 귤이 떨어지는 기이한 일도 있었는데, 그 집안 기록에 이 일이 실려 있다. 나는 그 사연을 자손으로부터 들은 적이 있다.

---

26 지금 남대문 외곽 서울역 일대이다.

선비 박서(朴瑞)는 도성의 남쪽 도저동(桃渚洞)²⁶에 집이 있었는데, 선조인 참판 박로(朴簥)가 살던 옛집이다. 박서가 이 집을 예전보다 상당히 크고 사치스럽게 증축하였다. 어느 날 밤, 박서의 꿈에 어떤 노인이 나타나 "선비가 집을 왜 그리 크게 짓는가! 줄여라!"라고 말하였다. 잠에서 깨어 서둘러 규모를 줄였다. 그 뒤 박서가 황해도 구월산(九月山)에 들어가 망해암(望海庵)²⁷에서 참판공의 초상화를 보았는데, 얼굴 모습이 꿈속에서 본 노인과 똑같았다.

---

27 박로(朴簥)가 세운 집으로, 이 책 '이덕형의 꿈에 박이서가 나타나다'에(570쪽) 자세한 사연이 나온다.

아버지의 이름

•

사소한 일이라도 갑작스럽게 맞닥뜨리면 적절하게 처리하기가 참으로 어렵다. 대사헌 유철(兪㯙)이 호조참판으로 관청에 출근해서 창고에 보관된 물품을 검열하였다. 담당 아전이 물건 이름을 아뢰었는데, 그것이 관례였다. 그런데 놋쇠 유철(鍮鐵)이 유철의 이름과 발음이 같은데도 아전이 호명하였다. 곁에 있던 사람이 눈을 깜박이며 말렸으나 여전히 알아차리지 못하였다. 유철이 돌아보고 웃으며 "저 사람이 모르고 실수하는 것인데 네가 어째서 구태여 말리는가?"라고 하였다.

선혜청 아전 가운데 황징(黃澄)이라는 이름을 가진 자가 있었다. 적신(賊臣) 김상로(金尙魯)가 정승이 되었을 때 아전들이 황징에게 개명하라고 타이르며 "자네 이름이 김상로의 조부 김징(金澄)과 똑같네"라고 하였다. 어느 날 김상로가 황징에게 이름을 묻자 김징이라고 대답하였다. 황징은 매우 어리숙해 당황하고 겁이 나서 실수로 그리 답한 것이다. 김상로가 노하여 그를 파면하였다.

근세에 정승 이시수(李時秀)가 관청 뜰에 앉아 구식(救食)[28]의 의례를 행했는데, 아전이 큰 소리로 "복원(復圓)!"[29]이라고 불렀

---

28 일식(日食)이나 월식(月食)이 있을 때 임금이 각사의 당상관과 낭관(郞官)을 거느리고 월대(月臺)에서 기도를 드리던 일이다.

자저실기

다. 그런데 복원은 이시수의 선친 이복원(李福源)과 발음이 같았다. 이시수는 외치는 소리를 듣자마자 눈물을 흘렸다.

내가 관직에 재직할 때 아전과 노복이 낙숫물이라고 말해 귀를 거슬리게 하면 반드시 엄하게 매를 쳤다.[30] 하인배로서 상관이 꺼리는 말을 살피지 못했으니 벌을 받는 것이 마땅하다. 그러나 유철은 잘못을 묻지 않았고, 이시수는 눈물을 흘리면서 벌하지 않았다. 보통 사람보다 매우 훌륭한 점이 있다.

---

29 다시 둥근 해가 되라는 뜻이다.
30 심노숭이 화를 낸 이유는 부친의 이름인 '심낙수'의 '낙수'와 발음이 같아서이다.

이명의 선견지명

•

속으로 주도면밀하게 계획하고 멀리 내다보며 일을 고민하는 옛 사람이 있다. 이는 일반 사람이 미칠 수 있는 경지가 아니다.

청나라 장수 용골대(龍骨大)가 질 좋은 일본도를 우리에게 요구하였다. 호조판서 이명(李溟)은 아주 좋은 일본도 한 자루를 구해 집 안에 보관해두었다. 그는 다시 한 자루를 더 구해 "이것이 그 다음 가는 칼이다"라고 하였다. 그는 뒤에 구한 일본도를 용골대에게 주었다. 그 뒤 청나라 황제가 일본도를 요구하자 그제야 이전에 보관해두었던 칼을 주면서 "제일 좋은 것을 임금이 가지고, 신하는 그 다음 가는 것을 가져야 옳겠지?"라고 하였다.

자저실기

큰 뜻을 품은 사람

•

큰 뜻을 품은 사람은 사소한 예절에 구애받지 않는다. 이것은 큰 예절과 작은 예절의 논리[31]에서 나왔다. 한 자를 굽혀서 여덟 자를 펴는 행위인데[32] 성인께서 분명하게 가르침을 내리셨다. 작은 예절을 무시하고 큰 뜻을 이루자는 것은 패도(霸道)와 공리(功利)만 따지는 주장이다. 모두 속된 무리들이 주장하는 것으로 처음부터 끝까지 명분과 절도의 분수를 지키지 못한다. 이치가 그러하다.

판서 서필원(徐必遠)은 젊어서 매우 가난하였다. 그의 아내가 굶주림을 견디지 못하고 조두(澡豆)[33]를 먹었다. 서필원이 이를 보고 눈물을 흘리며 곧장 일어나 이조판서에게 가서 이야기하였다.

"대감께서는 서필원이란 자가 있다는 것을 아십니까? 장차 국사를 맡을 사람인데 애석하게도 굶어 죽게 생겼습니다. 몇 말의 적

---

31 《논어》〈자장(子張)〉편에 "큰 덕이 한계를 넘지 않으면 작은 덕은 한계를 넘나들어도 괜찮다(大德不踰閑, 小德出入可也)"라는 구절이 나온다. 사람이 큰 뜻을 먼저 세우면 작은 일은 이치에 다 부합되지 않아도 무방하다는 말이다. 주자는 "대덕과 소덕은 대절과 소절이라는 말과 같다(大德小德, 猶言大節小節)"고 하였다.

32 작은 일을 참고 견디어 큰 일을 이루는 것을 뜻한다. 《맹자》〈등문공 하(滕文公下)〉에 나오는 말이다. 진대(陳代)가 맹자에게 제후를 만나보기를 청하며 "전하는 말에 '한 자를 굽혀 한 길을 편다'고 했으니, 마땅히 해볼 만합니다"라고 하였다. 맹자가 왕량(王良)의 이야기를 들며 "한 자를 굽혀 한 길을 편다는 것은 이익으로 말한 것이다. 만일 이익으로 한다면 한 길을 굽혀 한 자를 곧게 펴서 이익이 되더라도 하겠는가?"라고 대답하였다.

33 녹두나 팥 등을 갈아서 만든 가루비누.

은 녹봉으로 구제하지 않으시렵니까?"

판서가 그러마고 허락하였다. 좌중의 손님들이 괴이하게 여겨 그 까닭을 묻자 판서가 "이 일은 평범한 사람이 할 수 있는 게 아니오"라고 답하였다. 얼마 지나지 않아 서필원은 정말 참봉에 제수되었다. 서필원은 참봉으로 있으면서 고과(考課)가 있을 때 일부러 참석하지 않았고, 중간 등급을 받아 다시 임명되지 못하다가 7년 만에 드디어 과거에 급제하였다.

정승 송인명(宋寅明)이 이조판서 송상기(宋相琦)를 찾아가서 서필원이 한 말과 똑같이 하여 참봉 벼슬을 얻었다. 그 뒤 그는 과거에 급제해 높은 관직을 두루 역임하였다. 송상기의 아들인 나주목사 송필환(宋必煥)은 정승 송인명이 힘써 추천해 여러 군과 현을 다스렸다.

영조 중엽에 정승을 지낸 소론 인물[34]이 아직 과거에 급제하지 못했을 때 너무 가난해 여러 날 동안 밥을 짓지 못하였다. 그의 아내가 쌀겨 부스러기를 먹다가 감추기에 따져 묻고는 서로 부둥켜안고 눈물을 흘렸다. 친구의 집에 가서 돈을 빌리고자 했는데 주인이 없어 발길을 돌려 정승으로 있는 친구의 아버지 방으로 찾아갔으나 그마저도 없었다. 주위를 둘러보니 한 사람도 없었다. 서대(犀帶)[35] 하나가 벽에 걸려 있는 것을 보고 가져다가 도포 안에 두

---

34 난외에 "소론의 한 정승은 이수항이 아닐까? 이 설은 선인들의 저작에 보인다(少論一宰臣, 非李壽沆乎. 說見先人所著)"라는 주석이 달려 있다. 이수항(李壽沆, 1685~?)의 자는 숙겸(叔謙), 호는 삼신재(三愼齋), 본관은 여흥(驪興). 초명은 이수익(李壽益)이다. 1723년(경종 3) 참봉으로 증광 문과에 병과급제하고, 1727년(영조 3) 사과(司果)로서 문과 중시에 병과로 급제하였다. 의주부윤, 전라도 관찰사, 형조참판, 함경감사 등을 지냈다.

르고서 돌아와 저자에 팔아 돈 200냥을 얻었다.

반을 나누어 부인에게 주며 "나는 산사에 가서 학업에 정진할 테니 당신은 아이들과 이것으로 목숨을 부지하시오. 과거에 급제하지 못하면 당신을 보지 않을 것이오"라고 하였다. 3년 후 감과(柑科)[36]에 합격해 찰방에 제수되었다. 찰방에서 체직되어 돌아와 400냥을 친구에게 주고 그때의 일을 이야기하며 "자네가 받지 않는다면 이야말로 진정 나를 도둑놈으로 만드는 것일세"라고 하였다. 친구가 웃으며 그 돈을 받았다. 후에 남북 큰 도(道)의 감사가 되어 큰돈을 벌었다. 그들 사이에서는 지금도 그를 칭송한다.

서필원과 송인명이 판서와 정승이 된 것이나 소론 정승이 감과에 급제해 찰방 벼슬을 얻은 것은 모두 꼭 그렇게 되리라고 보장할수 없는 일이다. 만약 그렇게 되지 못했다면 결국에는 관직을 구걸한 천한 사내, 물건을 훔친 조무래기가 되고 말 뿐이다. 이런 일을 두고 큰 뜻을 품은 사람은 사소한 예절에 구애받지 않는다고 이야기해서는 안 된다.

---

35 조선시대에 1품의 벼슬아치가 의장을 갖출 때 허리에 두른 띠. 무소뿔로 장식을 했으며, 조복(朝服)·제복(祭服)·공복(公服)·상복(常服)의 백관복에 갖추어 둘렀다.

36 해마다 제주도에서 진상하는 황감(黃柑)을 성균관과 사학(四學), 유생(儒生)들에게 내리고 거행하는 과거.

남강로의 억울한 죽음

•

을미년(1775) 봄에 흰 무지개가 해를 관통하자 영조께서 속으로 못마땅하게 여기셨다. 대간(臺諫)들이 탐라어사 홍상성(洪相聖)이 기녀를 데리고 바다를 건넌 탓이라고 탄핵하였다. 임금께서는 나졸에게 체포하라고 명하여 극형에 처하려고 하다가 홍상성의 부인이 하소연하자 풀어주셨다.

수찬(修撰) 남강로(南絳老)가 이담(李潭)이 정후겸(鄭厚謙)에게 붙었다고 상소를 올렸다. 임금께서 진노하시어 그날로 남강로를 죽였다. 어느 날 온 성에 우레가 진동해 사람들이 우왕좌왕 소란스러운 것이 마치 급한 변고를 당한 듯하였다. 남강로의 시신을 실은 수레가 나오자 시정에서 사람들이 달려나와 구경하느라 수레가 앞으로 나갈 수가 없었다. 서대문 돌길을 지날 때 많은 사람들이 수레를 들어올렸는데 수레바퀴가 돌에 부딪쳐 흔들릴까 봐 염려해서였다. 그가 죽은 뒤 불현듯 선비 차림을 한 두 사람이 나타나 시신이 있는 곳에 이르러 손으로 쓰다듬으며 크게 통곡하였다. 그러고는 천천히 걸어가다 사라졌는데 그 이름은 끝내 알 수 없었다.

여러 달 뒤에 이담이 병들어 죽었다. 병에 걸렸을 때 문득 일어나 관을 찾고는 자리를 마련하라고 하며 "남 교리가 찾아왔다"고 하였다. 제(齊)나라 화제(和帝) 때 심약(沈約)[37]의 사연도 아마 이

자저실기

런 부류였으리라. 얼마 지나지 않아 선친께서 지으신 대책문이 나
왔는데,[38] 그중에 '귀양 보내고 죽였다'라는 구절을 사람들이 전하
며 외웠다. 그때 내 나이가 열네 살이었는데 아직도 그때의 일이
떠오른다.

---

37 심약(沈約, 441~513)의 자는 휴문(休文). 제(齊)나라의 신하로 소연이 제나라의 제위를 빼앗
아 국호를 양(梁)으로 고쳤을 때 이를 도운 공으로 건창현후(建昌縣侯)에 봉해졌다. 당시 임방
(任昉)의 문장, 심약의 시는 세밀한 연정을 노래하는 데 뛰어나 '궁체시(宮體詩)'의 선구가 되었
다. 만년에 소연과 사이가 벌어졌다.

38 심노숭의 부친 심낙수는 영조 51년(1775) 정시(庭試)에서 갑과(甲科) 1등으로 장원을 차지하
였다.

난을 평정할 인재가 없음을 한탄하다

•

사안석(謝安石)이 바둑을 두다가 나막신 굽을 끊어버린 일[39]이 있다. 자기감정을 숨기고 백성의 두려움을 다독거리는 이 일은 사안석이 아니어도 못 할 것이 없다.

정자(正字)를 지낸 박태한(朴泰漢)이 이광좌(李光佐)의 이웃집에 살고 있었다. 함께 과거에 급제했는데 합격자 방이 걸렸다는 말을 듣고 이광좌가 바로 박태한을 찾아갔다. 박태한이 책을 앞에 두고 글을 읽다가 그를 책망하며 "한 번 급제한 것이 무슨 마음을 움직일 일이라고 자제하지 못하는가?"라고 하였다. 이광좌가 부끄러워하며 사과하였다. 박태한의 말이 맞기는 하지만 너무 감정을 꾸민 것에 가깝다.

이광좌는 영의정으로 병조판서를 겸직하였다. 무신년(1728) 도적의 변란[40]을 당해 군사 문서가 날마다 몰려들어 도성의 인심이 흉흉하였다. 그러나 조정에서 조회를 마치면 바로 사국(史局)으로 가 실록 편찬을 주재하였다. 평소와 똑같이 태연하게 행동해 백성

---

39 진(晉)나라 사안석(謝安石)은 동산(東山)에서 20여 년 동안 한가로이 은거할 때 "안석이 나오려 하지 않으니 장차 창생을 어찌할꼬?"라는 평을 들었다. 마침내 나이 40에 출사해 삼공(三公)의 지위에까지 이르렀다. 전진(前秦)의 왕 부견(苻堅)이 100만 대군을 이끌고 회비(淮肥)까지 진군하자 모두 두려움에 떨고 있을 때 정토대도독(征討大都督)에 임명된 사안석이 조카인 사현(謝玄)을 보내 치게 하였다. 사안석 자신은 손님과 담소하며 태연히 바둑을 두어 흉흉한 인심을 진정시키면서 승첩의 보고를 기다렸다《진서(晉書)》권79, 〈사안전(謝安傳)〉참조).

들을 진정시키는 그의 국량에 사람들이 탄복하였다.

최근 신미년(1811) 관서 지역의 변란(홍경래의 난)에 서울과 지방에서 보고 들은 상황 탓에 모두들 넋이 빠지고 간담이 떨어져 우왕좌왕 어쩔 줄을 몰랐다. 이광좌 같은 이는 한 사람도 없었다. 위아래 100년간이 이처럼 서로 차이가 난단 말인가! 당시 비변사에서 도성문을 닫자는 논의가 진행되고 있었는데, 금위대장 이득제(李得濟)⁴¹가 소매를 걷어붙이고 "이놈을 죽이고 나서 성문을 닫읍시다!"라고 소리쳤다. 지금은 이 대장처럼 말할 자도 없을 테니 장차 어찌한단 말인가?

---

40 이인좌(李麟佐)의 난을 말한다. 무신란(戊申亂)이라고도 한다. 소론은 경종 연간에 왕위 계승을 둘러싼 노론과의 대립에서 일단 승리했으나, 노론이 지지한 영조가 즉위하자 위협을 느끼게 되었다. 이에 박필현(朴弼顯) 등 소론의 과격파들은 영조가 숙종의 아들이 아니며 경종의 죽음에 관련이 있다고 주장하면서 영조와 노론을 제거하고 밀풍군(密豊君) 탄(坦)을 왕으로 추대하고자 하였다. 여기에는 남인들도 일부 가담하였다. 이인좌는 1728년(영조 4) 3월 15일 청주성을 함락하고 경종의 원수를 갚는다는 점을 널리 선전하면서 서울로 북상했으나 24일 안성과 죽산에서 관군에 격파되었고, 청주성에 남은 세력도 박민웅(朴敏雄) 등의 창의군에게 무너졌다. 난이 진압된 이후 노론의 권력 장악이 가속화되었고, 소론은 재기불능의 상태가 되었다.

41 이득제(李得濟, 1743~1819)는 순조 때의 무인으로, 1811년 금위대장을 거쳐 1812년 홍경래의 난이 진압된 뒤 품계가 올라갔다.

음식 타박

•

음식 대접을 잘못했다고 남을 책망하는 것은 잘못된 일로, 선배들은 대부분 이를 부끄럽게 여겼다. 조현명(趙顯命)이 경상도 관찰사가 되어 여러 곳을 돌며 첫 시찰하다가 합천에 이르렀다. 대령한 음식이 매우 간소해 저녁 밥상에 단지 젓갈과 마른 포, 푸성귀뿐이라 주막집에서 파는 음식 같았다. 조현명은 본래 제멋에 사는 사람이라 한 번도 음식 타박을 하지 않았다. 그런데 너무나 해괴망측해서 담당 아전을 힐문하였다. 그랬더니 아전이 이렇게 답하였다.

"소인도 왜 모르겠습니까마는, 원님의 명령이라 감히 어기지 못하오니 그저 죽여주십시오. 관아에서 내올 음식이 아직 남아 있으니 부디 살펴주십시오."

조현명이 들이라 하여 보니 형편없기가 더 심하였다. 잠시 뒤 군수가 뵙기를 청했는데 외직에 임명되어 부임한 지 겨우 며칠 지난 문청공(文清公) 이병태(李秉泰)였다. 그가 부임한 줄을 전혀 알아채지 못한 조현명은 크게 부끄러워 낯빛을 붉히며 "영감께서는 몇 년을 산다고 이렇게 자신에게 박하게 하십니까?"라며 사과하였다. 그러자 이병태가 "사또께서는 몇 년이나 산다고 이렇게 자신에게 후하게 하십니까?"라고 대꾸하였다. 서로 껄껄 웃으며 담소를 나누었다.

훗날 문청공이 죽었을 때 조현명이 "모친이 굶주려 곡소리도 나

자저실기

오지 않네"라는 만시(輓詩)를 지었고, 이는 지금까지도 미담으로 전해진다.

승지 이양정(李養鼎)이 왕명을 받들어 제사를 올리기 위해 경주의 옥산서원(玉山書院)에 이르렀을 때 근방의 유생들이 모두 모였다. 제물을 올리려는데 이양정이 보기에 제물이 형편없어 옷깃을 떨치고 일어나자, 참판 이헌묵(李憲默)이 손으로 만류하면서 "부실한 제물은 우리들의 책임이고, 영감께서는 왕명을 받들어 오셨습니다. 음식과 같은 작은 예법에 가볍게 움직이십니까?"라고 하자 이양정이 부끄러워하며 사죄하였다.

예전에 나는 영릉(永陵) 헌관(獻官)으로 파견된 적이 있다. 헌관인 대장(大將) 장현택(張鉉宅)이 제물이 부실하다며 화를 내고 아전을 매질하기에 내가 만류하며 제지했으나 듣지 않았다. 이양정은 조현명에게 미치지 못하고, 장현택은 또 이양정에게 미치지 못한다.

박문수의 풍류

•

해학과 말재주는 점잖은 선비가 끼어들 능력이 아니다. 하지만 그 풍류와 기상이 사람들을 넉넉히 움직이므로 악착같고 천박한 자들과 견주어 논할 것이 못 된다. 근세의 판서 박문수(朴文秀)가 바로 그런 분이다. 박문수는 어려서 일찍 부모를 여의고 외삼촌인 정승 이태좌(李台佐)의 집에서 컸는데, 이 정승은 그를 큰 그릇으로 여겨 아꼈다.

이 정승이 일찍이 관아에 나갔다가 돌아와보니 다락 창고의 자물쇠가 풀려 있었다. 살펴보니 지필묵과 부채 따위는 거의 찾아볼 수 없고, 당본(唐本) 서책 몇 권만이 흩어져 있었는데 책마다 제호탕(醍醐湯)이 엎질러져 있었다. 이 정승은 "학(鶴)이 놈이 한 짓이다"라고 하였다. 학은 박문수의 아명이었다. 불러서 캐물으니 돌아온 대답이 이랬다.

"지필묵이나 부채를 이처럼 쌓아두고 이웃들에게 하나도 나누어준 적이 없습니다. 제가 숙부의 분부라 하고 동네 아이들에게 두루 나누어주었습니다."

이 정승이 "그러면 당본 서책에 제호탕을 엎지른 이유는 무엇이냐?"라고 물었더니 이렇게 대꾸하였다.

"숙부께서는 한 권도 꺼내 펼쳐본 적이 없으시잖아요? 이렇게 더운 날 다락 안에 갇혀 있으니 책 속의 뭇 현인들이 답답하고 목

말라 죽을 지경일 겁니다. 제호탕 한 잔 가지고는 충분히 해결되지 않았을 겁니다."

이 정승이 웃으며 "희한한 놈이다! 희한한 놈이야!"라고 하였다. 관례를 올리고 혼인한 뒤 형 박민수(朴民秀)와 "형은 글을 잘하고, 나는 글을 잘하지 못하니 형은 학업에 힘써 과거를 하는 것이 좋겠고, 나는 농사를 지어 생계를 꾸리는 것이 좋겠수"라며 약속하였다. 그래서 아내의 조부인 참판 김석연(金錫衍)의 부임지로 찾아가 3,000꿰미의 돈을 빌려달라고 하였다. 김 참판은 완강하게 주지 않으려고 했으나 억지를 써서 얻어내었다. 공주(公州)의 시골집에 살면서 역전(驛田)을 사서 일구어 4, 5년 만에 수천 냥을 벌어 부자가 되었다. 빌린 돈을 갚고도 돈이 남아 한 해 동안 식량 걱정을 하지 않아도 되었다.

그런데 박민수는 또 과거에 붙지 못하였다. 박문수는 "과거를 보는 일도 형을 믿지 못하겠다"고 하며 드디어 나서서 친구들과 어울렸다. 과거장에 나가기만 하면 천한 일을 도맡아 하며 한결같이 게으름을 피우지 않고 정성껏 시중을 들었다. 친구들이 힘을 모아 그를 위해 글을 짓고 글씨를 써주어 지은 글이 친구들보다 나았다. 과거에 급제하고 나서 곧잘 글자를 모른다고 스스로 밝히고 다녔다. 임금께서 "글씨를 모르는 자가 대책(對策)으로 출신할 수 있는가?"라고 물으셨다. 박문수가 "유엄(柳儼)이 허두(虛頭)를, 심규진(沈奎鎭)이 중두(中頭) 아래를 써주면 책문 한 편이야 어려울 것

---

42 대책문(對策文)에서 사용하는 투식이다. 허두는 형식적으로 서두를 장식하는 것을 말하며, 중두는 중간에 논지를 바꾸어 다른 논지를 전개해가는 것을 말한다.

이 없습니다"라고 답하니 임금께서 웃으셨다. 허두와 중두는 대책문의 법식이다.[42]

박문수의 성격과 기질

•

참의 이흡(李潝)은 박문수를 매우 혹독하게 탄핵하였다. 박문수가
어영대장이었을 때(1745) 이흡이 친구들을 모아 탄핵을 모의한다
는 사실을 정탐해 알아냈다. 그날이 되어 박문수가 이흡을 찾아갔
는데, 어영청에서 물품을 장만해 뒤따르게 하였다. 앞에 선 수행원
이 이흡의 집 문으로 들어가 어영대장이 왔다고 알리자 주객이 모
두 깜짝 놀랐다. 박문수가 자리에 앉으면서 "오늘 여러 분들이 모
인다니 내가 빠질 수 없지요. 어영청에서 물품을 준비했으니 함께
술이나 마시며 취하는 게 좋겠군요"라고 하였다. 좌중이 모두 담
소하고 파하였다.

일찍이 두릉(斗陵, 지금 남양주시)의 강가 정자에 머문 적이 있는
데, 판서 김진상(金鎭商)이 배를 타고 정자 앞을 지난다는 말을 들
었다. 그를 찾아가 이렇게 말하였다.

"우리들이 조정에 있을 때 저자는 죽일 놈이고, 이자는 살릴 놈
이라며 다투기만 하니 집안과 나라에 무슨 도움이 되었겠습니까?
드넓고 한가로운 이런 곳에서 만났으니 이른바 강호에서 서로 잊
은 격이라[43] 좋지 않습니까?"

---

43 《장자》〈대종사(大宗師)〉에서 "물고기는 강호에서 서로 잊고, 사람은 도술(道術)에서 서로 잊는
다"고 한 것에서 온 말이다.

그러고는 다정하게 "영감께서 근래 산수간에 많이 머무시는데 틀림없이 자호(自號)가 있을 테지요"라고 물었다. 김 공이 "호숫가로 물러난지라 퇴어자(退漁子)라 합니다"라고 답하였다. 그러자 박문수가 웃으면서 "거참 기이하군요. 저도 퇴어옹(退漁翁)이라 자칭하고 있지요"라고 하였다. 자(子)에 대해 옹(翁)이라 답한 것은 그를 몰아세운 심한 장난이다.

판서 이익보(李益輔)는 젊어서 과거에 급제하였다. 잘생긴 용모에 성격이 오만해 동년배들도 그를 건드리는 장난을 친 적이 없었다. 승정원에 여럿이 모였는데, 멀찍이 이익보가 앉아 있는 것을 박문수가 보고는 손짓해 부르면서 "내가 할 말이 있네"라고 하였다. 거듭 재촉하자 이익보가 어쩔 수 없이 가까이 다가갔다. 박문수가 다짜고짜 그의 목을 껴안고 입을 맞추고는 "잘생겼다, 이 교리(校理)!"라고 하며 크게 웃었다. 이익보는 어안이 벙벙하고 발끈해 화를 냈으나 어쩔 도리가 없었다. 박문수의 행동이 대개 이와 같았다.

회헌(悔軒) 조관빈(趙觀彬)이 체포되어 궁궐 뜰에서 친국을 당하자 박문수가 앞으로 나와 간쟁해 일이 원만히 해결되었다.[44] 물러나와 사람들에게 "노론에는 사람이 없다"라고 말하였다.

을해옥사(1755) 때 역당(소론)이 죄도 없는 그를 무고해 박문수가 체포되었다. 그 뒤 방면되기는 했으나 원통하고 분해 얼마 지나지 않아 병들어 죽었다.

----

44 노론 조태채에 대해 강경한 입장이던 박문수였으나, 조태채의 아들 조관빈이 극형받을 상황에 처하자 국왕을 알현해 관대하게 처벌해달라고 요청하였다. 조관빈은 사면되었다.

자저실기

일찍이 박문수는 고종사촌인 정승 이종성(李宗城)과 가문을 비교해 이야기한 적이 있었다. 이종성이 "자넨 오성(李恒福) 같은 조상님이 있나?"라고 묻자, 박문수가 "오성 대감이야 내가 감당할 수 있지. 자네는 구당(久堂, 朴長遠) 같은 조상님이 있나?"라며 따졌다. 박문수의 성격과 기질은 정말 오성 대감과 닮은 점이 있으니 외손도 대대로 닮는 것이 아닐까? 알 수 없는 노릇이다.

혼약을 지키는 풍속

•

선배들은 혼사를 맺을 때 신중하게 허락한 뒤에는 쉽게 바꾸지 않았다. 명예와 행실을 생각하고 두려워한데다가 인륜의 시작이라 신의를 소중하게 여겨야 자녀에게 복을 쌓는 터전이 된다고 여겼다. 그 이치가 그렇다. 근세의 풍습 가운데 어떤 일이 선배 세대에 부끄럽지 않겠는가마는 혼인 풍습은 가장 상반된다. 이른바 뱃속의 아이를 두고 약속한 오래된 혼약도 입에서 나오는 대로 가벼이 물린다. 큰 사고가 있어서가 아니라 자그마한 이익 탓이다. 내친 사람은 어려워하지 않고 내쳐진 사람도 그다지 한스러워하지 않는다. 이 또한 큰 세상 변화 가운데 하나이다.

옛적에 한 정승이 다른 정승과 혼사를 맺기로 하였다. 사윗감을 보고 난 후 기대에 미치지 못하자 돌아와 문을 닫아걸은 채 누워서 손가락으로 벽을 두드리며 "딸 하나를 버리는 것이 나을까? 친구 하나를 버리는 것이 나을까?"라고 혼자 중얼거리며 끝없이 되뇌었다. 마침내 "차라리 딸을 버릴지언정 친구는 버릴 수 없다"라 하고 드디어 혼사를 맺었다. 사위는 끝내 곤궁하게 늙었지만, 사위의 자손은 번창해 세상에 알려진 집안이 되었다.

조현명이 윤동원(尹東源)의 딸자식을 며느리로 맞기로 약속하였다. 윤동원이 죽은 후 그 딸이 천연두를 앓아 한쪽 눈을 잃게 되었다. 윤동원의 아들이 실상을 알리며 혼인을 사양하려고 하였다. 조현명이 "생사의 갈림길에서 이미 약속을 하였네. 실명했다 해도 할 수 없거늘 한쪽 눈이 없어진 것이 무슨 해가 되겠나"라고 하며 혼인을 성사시켰다. 사납고 못돼먹은 조현명이 이렇듯 일을 처리했으니 그 시대를 넉넉히 짐작할 수 있다.

견여를 타는 무관

•

무관(武官)으로서 판서의 반열에 오른 이들이 국법으로 금지하지는 않으나 감히 견여를 타지 않는 이유는 활 쏘고 말 타는 무예로 입신한 이들이 그 근본을 망각하고 제도를 벗어나서는 안 된다고 생각해서이다. 좌윤 장태소(張泰紹)가 견여를 타고 한성부에 출근했을 때 회헌 조관빈이 그 견여를 깨부수라고 명하였다. 장태소가 밖으로 나가자 마부가 사실을 아뢰었더니 장태소가 묵묵히 한참을 있다가 "조관빈이 아니라면 누가 감히 그리 하랴?"라고 말하였다.

판서이자 훈련대장인 서유대(徐有大)가 견여를 타고 내 선친을 방문하였다. 선친께서 "근래 풍속에는 옛 법도가 없습니다. 형님은 왜 구태여 이를 본받으십니까?"라고 하였다. 서유대는 돌아가 견여를 물리치고 다시는 타지 않았다. 판서는 선친의 외사촌 형이다.

자저실기

과거시험장의 인정

•

합격과 불합격이 갈리는 과거시험장에서 답안지를 먼저 내려고 다투는 행동은 시험공부를 같이 한 동무는 물론이고, 친척 사이에서도 마찬가지이다. 근세에는 그 작태가 더욱 각박해졌으나 옛날에는 그렇지 않았다. 풍릉군(豊陵君) 조문명(趙文命)과 백하(白下) 윤순(尹淳)은 사륙변려문(四六騈儷文)을 잘 지어 명성이 높았는데, 우열을 가릴 수 없었다. 숙종 신묘년(1711)에 감과가 열려 시험장에 함께 들어갔다. 윤순이 조문명이 지은 글을 보고 "오늘은 너에게 장원급제를 양보하고 내가 네 시권(詩券)을 써주겠다"라고 하였다. 윤순은 글씨를 잘 쓰는 사람이라 조문명이 과연 급제하였다.

지난 갑인년(1794) 춘도기(春到記)[45] 때 나는 대궐의 시험장에서 두 사람이 내 옆에 같이 앉아 있는 것을 보았다. 갑은 문장이 제법 좋았고 을은 그렇지 못했는데, 을이 주위에서 노복처럼 시중을 들고 있었다. 갑이 답안을 다 쓰고 일어나 제출하려고 하자 을이 "자네 시권은 내가 제출할 테니 자네는 나를 위해 내 시권을 마저 써서 제출해주게나!"라고 하였다. 시권을 제출하면 바로 나가는 것이 규칙이었기 때문이다. 갑은 을의 말을 무시하고 자리를 둘둘 말아 홀홀 털고 나가버렸다. 을은 겸연쩍어 어찌할 바를 모른 채 앉

---

45 조선시대에 성균관과 사학에서 공부하는 유생들이 출석 일수를 채운 뒤 봄에 보던 시험이다.

아 있었다. 마침 나는 시권을 거의 다 썼기에 "급한 불을 끄는 데 친소를 따질 것 있나요? 내 시권을 제출하시오. 내가 그대를 위해 힘을 써보겠소"라고 하였다. 그러자 을은 크게 기뻐하면서 시권을 가지고 나갔다. 내가 그의 시권을 마저 써서 제출하고 나가니 을이 문밖에 있기에 초본을 넘겨주었다.

두 사람 모두 소론 명문가 사람으로 서로 매우 가까운 인척인데도 소행이 이와 같았다. 뒷날 갑은 급제했으나 크게 성공하지는 못했고, 을은 음관으로 벼슬길에 나섰다. 내가 참봉으로 근무할 때 가까운 곳에서 능관(陵官)[46]으로 근무한 을과 함께 어울렸는데 그때 일을 이야기하며 웃고는 했다.

---

46 능을 지키는 벼슬아치로, 곧 능령(陵令), 별검(別檢), 직장(直長), 봉사(奉事), 참봉(參奉) 등을 말한다.

자저실기

이만원의 임기응변

•

권모술수와 임기응변으로 어려운 일을 해결할 수 있는 사람은 남보다 뛰어난 천분(天分)이 본래 있어서이지 배워서 잘하는 것이 아니다. 또한 미리 준비하거나 오래전에 생각해놓은 것이 아니라 다급하고 당황한 순간 행하는 것이 아니겠는가!

연릉군(延陵君) 이만원(李萬元)이 평양감사가 되었는데 평안도 출신 서윤(庶尹)과 사이가 좋지 않았다. 하루는 차고 있던 병부를 까닭 없이 잃어버렸다. 그러자 어머니께 "제가 병부를 잃어버렸는데 법률로는 사형죄에 해당합니다. 반드시 제가 말씀드리는 대로 따라주십시오"라고 말하였다. 다음 날 도사(都事) 서윤과 함께 잔치를 열어 연광정에서 놀고 있는데, 갑자기 감영의 내아(內衙, 어머니가 계신 곳)에 불이 났다는 보고가 들어왔다. 이 감사가 병부 주머니를 풀어 서윤에게 맡기며 "나는 불을 끄고 어머니를 구하러 가네. 이것을 가지고 가지 못하니 자네에게 맡기겠네" 하고는 말을 마치자마자 일어나는 바람에 서윤은 거절할 틈이 없었다. 잠시 후 이 감사가 불을 끄고 돌아왔다. 일부러 불을 내고는 불을 끄러 갔다 온 것이었다. 서윤에게 병부 주머니를 찾아 담당 관리를 불러 병부를 꺼내고는 다시 봉하며 말하였다.

"이 물건을 허투루 보아서는 안 돼!"

서윤의 얼굴은 흙빛이 되었다. 병부를 훔친 것은 서윤의 짓이었던 것이다.

부마 집안의 올바른 가법

•

가법이 똑바로 세워진 부마 집안은 많지 않다. 내가 보고 들은 바로는 대개 곽애(郭曖)의 사건[47]을 모면하지 못한다. 오로지 월성위 (月城尉) 김한신(金漢藎) 집안은 칭찬할 만한 점이 있다. 월성위는 영의정 김흥경(金興慶)의 아들이다. 화순옹주(和順翁主)가 혼사를 치르고 사당에 예를 올리는데, 시녀가 겨드랑이를 부축하자 김흥경이 그것을 금지시켰다. 시녀가 "나이가 어리고 귀하신 몸이라 혼자 하지 못하십니다"라고 했으나 그래도 허락하지 않았다. 그래서 옹주가 혼자 힘으로 배례를 행하니 당시 사람들이 김흥경이 예를 안다고 칭찬하였다.

옹주는 효순한 성품이었다. 월성위의 병세가 위독해지자 옹주가 임종을 지키면서 "피치 못할 일이 생기면 따라 죽겠다!"고 하였고, 월성위가 죽자 옹주는 음식을 끊었다. 영조 임금께서 친히 찾아가 미음을 권했지만 옹주는 미음을 받아 입에 가까이 가져갔으나 실은 옷깃 사이로 흘려버렸다. 임금께서 알아차리시고 다시는 찾아

---

47 곽애는 당나라 명신(名臣) 곽자의(郭子儀)의 여섯째 아들로, 대종(代宗)의 딸 승평공주(昇平公主)에게 장가들었는데 말다툼을 하다가 "당신의 아버지가 천자(天子)인 것을 믿고 그러는가? 우리 아버지는 천자 같은 것은 하지 않는다"라고 하자 공주가 화가 나 달려가서 황제에게 고해 바쳤다. 황제가 공주를 타일러 돌려보냈다. 그 일로 곽자의가 사죄하자 대종은 "속담에 '바보가 아니고 귀머거리가 아니면 가장 노릇을 할 수 없다'라는 말이 있지 않소. 아녀자들이 규방에서 하는 말에 신경 쓸 필요 있겠소!"라며 아무렇지도 않게 말하였다.

가지 않았다. 옹주는 결국 죽고 말았다. 정조께서 즉위하시어 정려
문을 내려주셨다.

다복함은 자기 자신이 만든다

•

다복함이란 덕망이 만드는 것이다. 각박하고 편협한 사람이 도탑고 오래가는 복록을 누리는 것은 고금 천하에 있을 수 없다. 희디희게 깨끗한 자는 각박하기가 쉽고, 비천하고 아둔한 자는 충직하기가 쉽다. 하늘이 넉넉하게 보답하거나 인색하게 베풀어주는 갈림길은 이것을 보면 틀리지 않을 것이다.

영의정 김흥경은 약관의 나이에 과거에 급제했으나 문장 솜씨가 없고 논쟁하기를 즐기지 않았다. 자신을 인정해주는 군주를 만나 두루 좋은 벼슬을 하다가 정승의 자리에 올랐는데 두려워하고 신중하며 삼가고 소탈해서 일찍이 각박하게 화를 내거나 명예를 좇는 행동을 한 적이 없었다. 당론이 처음 갈라져 사람들이 이쪽으로 들어가지 않으면 저쪽으로 가면서 명예와 이익을 추구하였다. 그러나 김 공은 뒤로 물러나 관계가 없는 듯 처신하였다.

친구들이 비난을 해도 개의치 않았다. 윤리와 의리에는 돈독해면 친척도 마치 친형제처럼 여겨서 시골 사는 늙은이조차 모두 석모(蓆帽)를 쓰고 지방관 자리를 얻어주었다. 매번 초사(初仕) 자리에 결원이 생기면 이불을 싸 짊어지고 이조판서 집으로 가 죽치고 자면서 벼슬을 구걸하였다. 그래서 이조판서가 인사를 앞에 두면 먼저 "김흥경 집안에는 몇 사람이나 남았는가?"라고 물었으니 그의 구걸을 견딜 수 없었기 때문이다. 이렇듯이 정성스럽고 독실하였다. 천성이 검소하고 인색해 자물쇠를 차고 다닌 옛사람이라는 비난이 있었다.

말년에 부제학 이석표(李錫杓)에게 탄핵을 당했는데, 그 내용 가운데에 "광흥창(廣興倉)의 나라 곡식을 직접 말(斗)질을 하여 헤아렸다"는 대목이 있었다. 훗날 이석표가 전라도 관찰사에 임명되어 집에 찾아와 하직 인사를 올렸다. 마침 아침 전이라 창밖에서 계집종이 아침 반찬으로 사야 할 생선과 고기, 젓갈의 명목과 수량, 값을 세세하게 한바탕 아뢰었다. 공이 다 듣고 나서 "아무 물건은 긴요치 않고, 아무 것은 값이 너무 비싸다. 긴요치 않은 것은 물리고, 비싼 것은 깎아라"라고 하였다. 태연하게 말하는 품새가 조금도 변함이 없었다. 이석표가 속으로 탄복하고 돌아와 "공의 뱃속에는 우리 같은 소인배가 수십 명이나 들어 있다. 이원익(李元翼) 대감이 오음(梧陰) 윤두수(尹斗壽)를 탄핵하고 후회한 것도 이런 이유였으리라"라고 하였다. 이 말이 아직도 미담으로 전해진다. 김 공은 자손들이 번창해 고관들이 줄지어 나와 지금껏 휘황하게 대갓집을 이루고 있다. 누가 하늘을 알기 어렵다고 하는가? 모든 것은 제 스스로 만드는 것이다.

무관을 천대하다

•

무관이 교만하고 뻣뻣한 것은 악습이기는 하나 지금은 이조차도 다시 볼 수 없다. 방어사와 절도사는 모두 왕명을 받들어 행하는지라 조정의 예우 또한 무겁다. 그런데 정승 판서의 문지방을 드나들고 겸종과 노복 사이에서 뒤섞여 지낸다. 간혹 조금이라도 다르게 처신하면 같은 무리들이 떼지어 비꼬고, 정승 판서들도 배척하며 이상하게 여겼다. 무관의 형편상 그런 행태를 하지 않을 수 없다.

청원부원군(淸原府院君) 김시묵(金時默)이 병조판서가 되어 병마절도사 장지풍(張志豊)을 불러 금군장(禁軍將)으로 발탁했는데, 찾아가 인사하는 것이 매우 늦었다. 김 공이 그 사실을 보고하자 임금이 병조가 알아서 다스리라고 명령하였다. 김 공이 병조에 앉아 곤장을 잡고서 "곤장을 스스로 자초했으니 부끄럽지 않은가?"라고 하자, 장지풍이 머리를 쳐들고서 "무관의 볼기짝은 개 볼기짝과 다를 게 있나요?"라고 하였다. 김시묵도 무관의 아들임을 지적한 것이었다.

판서 장지항(張志恒)이 호남의 절도사로 나갔을 때 판서가 죽렴(竹簾)을 보내달라고 청탁했는데 한 해가 다 가도록 보내지 않았다. 편지를 보내 재촉하자 자기가 거처하는 집의 발을 둘둘 말아 보내주었다.

회헌 조관빈이 빈청(賓廳, 궁궐 내 고관의 회의실) 회의에서 "나는

북병사(北兵使) 홍원익(洪元益)으로부터 황간지(黃簡紙) 쉰 장과
청솔모 붓 서른 자루를 얻었다"라고 말하니, 마치 자기 자랑하는
꼴이었다. 홍원익은 누굴 찾아가거나 선물하지 않기로 세상에 소
문이 났는데도 조 공은 이렇게 말하였다.

투전의 귀재 원인손

•

잡기 가운데 이른바 투전(鬪牋)[48]은 귀신같은 기술이 있는 듯하다. 우의정 원인손(元仁孫)은 젊었을 때 투전의 국수(國手)로 유명하였다. 그의 아버지 판서 원경하(元景夏)가 금지해도 그만두지 않자 화가 몹시 나서 그를 마당에 끌어냈다. 판서가 여덟 개 목(目) 가운데 인장(人將)을 손에 쥐어 숨기고서 인장을 뽑아보라고 하며 "맞히지 못하면 매질하리라!"라고 하였다. 원인손이 한참을 고민하더니 "어! 인장은 빠져 있는데요"라고 말하였다. 판서가 투전을 내던지며 "네놈은 어쩔 도리가 없구나. 너 하고 싶은 대로 하거라!"라고 하였다. 그러고는 손님들에게 말하였다.

"아들놈이 어렸을 때부터 기름 먹인 종잇조각을 보기만 하면 꼭 섞어 던지곤 했는데, 투전에 빠질 조짐이었나 봅니다!"

---

48 여러 가지 그림이나 문자 따위를 넣어 끗수를 표시한 종잇조각을 가지고 하는 노름이다. 유득공의 《경도잡지(京都雜誌)》에 의하면 인장(人將)을 황(皇), 어장(魚將)을 용(龍), 조장(鳥將)을 봉(鳳), 치장(雉將)을 응(鷹), 성장(星將)을 극(極), 마장(馬將)을 승(乘), 장장(獐將)을 호(虎), 토장(兎將)을 취(鷲)라 하며, 사람·물고기·새·꿩은 노(老)로 사용되고, 별·말·노루·토끼는 소(少)로 사용된다고 했는데 그 구체적인 의미는 알 수 없다. 투전목에는 손을 타도 훼손되지 않게 기름을 먹였다.

세 살 적 버릇이 여든 간다

·

사람의 한평생은 어린아이 때 하는 짓을 보면 잘 알 수 있는데 이치가 정말 그러하다. 아이 때 풍릉군 조문명, 풍원군(豊原君) 조현명, 좌의정 송인명, 백하 윤순 등 여럿이 모여서 책을 읽다가 담을 넘어 복숭아를 훔친 적이 있다. 그런데 담 아래 똥구덩이가 있어서 먼저 담을 넘은 세 사람이 차례로 떨어져 빠졌는데 빠진 것을 숨기고 이야기하지 않았다. 뒤에 담을 넘는 아이가 놀라 흩어져서 더이상 똥구덩이에 빠지지 않을까 염려해서였다. 반면, 백하는 빠지자마자 "똥구덩이가 있다!"고 소리쳤다.

세 사람은 크게 될 기상을 지녔고, 윤순은 세 사람에게 미치지 못하는 것이 당연하다고 소론 사람들은 말한다. 하지만 내가 생각하기에 윤순은 그래도 사군자(士君子)의 마음을 지녔다. 빠질 수밖에 없는 곳이 있음을 숨기고서 친구들을 다 끌어들여 빠뜨리는 꾀를 부린 저런 자들은 정녕 도적의 마음을 가졌다고 하지 않을 수 없다. 똥구덩이가 있는 줄 모르고 빠지자 뒷사람에게 알려주어 자신을 경계로 삼으라고 한 윤순이야말로 사군자의 마음이 아니겠는가? 그 사건으로 네 사람의 한평생까지 판단할 수 있으니, 어렸을 때 하는 짓으로 훗날의 사람됨까지 알 수 있다.

조문명의 아들 정승 조재호(趙載浩)는 열 살 때 어머니를 따라 외가인 가재(稼齋) 김창업(金昌業)의 한양 동교(東郊) 돌곶이 마을[49]

에 간 적이 있다. 시절이 마침 곡식을 타작할 무렵이라 조재호가 자기가 가서 수확하는 것을 감독하겠노라고 하자 김 공이 그리 해보라고 허락하였다. 타작 마당에 간 조재호는 소작농들에게 이렇게 약속하였다.

"내가 아는 게 없지만 너희들이 차마 나를 속이겠는가? 꼼꼼하게 수확해 고르게 나누는 일은 너희들에게 다 맡기고, 나는 밤이나 털러 가겠다."

저물녘이 되어 돌아와서 보니 쌀가마를 좌우로 나눠 쌓아놓았다. 조재호가 "어느 쪽이 누구 것이냐?"라고 묻자 소작농들이 대답하였다. 그러자 조재호가 이렇게 말하였다.

"내가 직접 살펴보지 않았으나 너희들은 필시 자기한테는 박하고 내게는 후하게 나눴으리라. 그렇다고 내가 그것을 편히 받을 수 있겠는가? 할 수 없으니 바꿔 갖도록 하자!"

소작농들이 그 말을 감히 어기지 못하였다. 돌아와 헤아려보니 전보다 곱절이나 수확량이 많아졌다. 김 공이 괴이하게 여겨 실상을 묻고는 웃으며 말하였다.

"어린아이의 임기응변하는 재주가 이와 같으나 그 사람됨은 내 모르겠다."

---

49 서울시 성북구 석관동(石串洞)에 있던 마을로, 인근 천장산(天藏山)의 한 맥이 수수팥떡이나 경단을 꽂이(꼬챙이)에 꽂아 놓은 것처럼 검은 돌이 박혀 있던 것에서 마을 이름이 유래되었다. 돌꽂이말·돌꽂이능마을·돌꽂이능말·석관동으로도 불렸다(서울특별시사편찬위원회, 《서울지명사전》, 2009 참조). 김창업은 1681년 진사시에 합격했으나 벼슬길에 나아가지 않고 동교 송계(松溪, 지금의 서울시 성북구 장위동)에 은거하였다.

자저실기

신광하와 노론 모욕

•

선현을 높이는 데에도 분수가 있다. 어느 하나라도 분수에 넘치면 선현을 모욕하는 자들에게 구실거리를 제공하기만 한다. 이는 내 편에서 선현을 모욕하는 것과 다름이 없다.

반촌(泮村) 송동(宋洞)은 우암이 예전에 살았던 마을로, 그 때문에 동네를 송동이라 이름지었다. 반인(泮人) 정학수(鄭學洙)[50]가 이곳에 집을 짓고 반인 자제들을 가르쳤다. 남인인 진사 신광하(申光河)가 성균관에 있을 때 정학수의 집에 놀러가 시를 지었는데 "송동(宋洞)을 이제는 정곡(鄭谷)이라 불러도 되겠네"라고 하였다. 서재(西齋)의 노론 유생이 이 말을 듣고 우암을 모욕했다 하여 성토해 내쫓았다.

신광하가 고향으로 돌아가는 길에 나루터에서 사공을 송(宋)가라 부르는 소리를 듣고 사공에게 "네 성이 무엇이냐"라고 물었다. 사공이 "송가입니다"라고 하자 신광하가 버럭 성을 내며 "내가 시에 '송' 자를 썼다가 성균관에서 쫓겨났는데 네놈이 감히 우암의 성씨를 네놈 성이라고 하느냐!"라고 하였다. 그때 배 안에는 노론 진사도 함께 타고 있었다.

---

50 송동에서 학생을 가르친 유명한 서당 훈장이다. 안대회, 《조선을 사로잡은 꾼들》 〈노비, 한양의 스타 강사 되다—서당 선생 정학수〉(한겨레출판, 2010) 235~250쪽 참조.

이른바 송동이니 정곡이니 하는 것은 지명을 고사로 쓴 것에 불과하다. 시인이 자유분방하게 읊은 말에 선현을 모욕하려는 의도가 굳이 있었겠는가! 그런데도 소문을 얽어 말을 만들고, 문제를 일으켜 벌을 내려 마침내 뱃사공과 수작하면서 고약한 주둥아리를 속 시원히 놀리도록 빌미를 만들어주었다. 우리 당이 선현을 높인다는 짓이 모두 이런 식이다.

농객 유수원

•

소론들이 말하는 농객(聾客)은 바로 을해년(1755)의 역신 유수원
(柳壽垣)을 말한다. 본래 처지가 한미하고 문장도 잘하지 못했으나
국량과 지식만은 남보다 월등히 뛰어났다. 영조 갑진년(1724) 이
후로 소론에게 일이 있을 때면 반드시 그를 찾아가 결정하였다. 그
는 귀머거리라 남들과 말을 주고받지 못했으나 누워서 허공에 글
씨를 쓰면 알아듣지 못하는 것이 없었다. 혹은 입을 벌려 웃기도
하고, 혹은 이마를 찌푸리며 걱정하기도 했으나 남들은 그 이유를
알지 못하였다.

불우한 시절을 보내던 수년간 너무나 궁핍해 옷가지와 음식은 지
우들이 도와주어 해결하였다. 이종성이 평양감사를 지낼 때 한 해
가 저물어갈 무렵, 펄펄 날리는 눈으로 뒤덮인 꽁꽁 언 강가의 숲을
보며 오랫동안 관사를 배회하였다. 그러다가 유수원에게 편지를
써서 "눈이 내리는 것을 보고 굶주린 채 누워 있는 원안(袁安)[51]이
떠올랐다"며 은자 200냥을 보내 굶주림을 면하게 해주었다.

이광좌가 내의원 도제조(都提調)를 맡고 있을 때 종기를 담당하

---

51 후한의 현사(賢士)이다. 폭설이 내려 집집마다 사람들이 눈을 치우러 나오고, 먹을 것이 없어 구
걸하러 나와 낙양 거리에 사람들로 북적였다. 원안(袁安)이 홀로 불기운도 없는 찬 방 안에 누워
있었다. 낙양령(洛陽令)이 그 까닭을 물으니 "큰 눈이 내려 사람들이 굶어 죽는 판인데 사람을
찾아다니는 것은 옳지 않다"고 하였다《후한서(後漢書)》 권75, 〈원안열전(袁安列傳)〉).

는 의원 백광현(白光玹)을 불러 남소동(南小洞)에 살고 있는 유헌납(柳獻納, 유수원)의 종기를 살펴본 후 보고하라고 하였다. 광현이 남소동 윗 골목에 이르니 대여섯 칸 되는 작은 초가집이 있었다. 한 늙은이가 방 안에 누워서 등창을 앓고 있었는데 헐떡거리는 모습이 매우 다급해 보였다. 주인이 병의 경중과 약을 써도 되는지를 물었다. 광현이 "종기는 어떻게 할 방법이 없습니다"라고 답하였다. 주인이 "쓸 수 있는 약이 없단 말인가?"라고 묻자, 광현이 "어찌 쓸 약이 없겠습니까? 다만, 어른의 집안 형편이 이러하니 무슨 수로 약을 마련하겠습니까?"라고 하였다. 주인이 "그냥 말이나 해보게!"라고 하니, 광현이 "우황 몇 근을 물과 함께 마시고 등에 발라주십시오. 내일 정오를 넘기면 약도 소용이 없습니다"라고 하였다. 돌아와서 이광좌에게 보고하자 다음 날 또 찾아가서 살펴보라고 하였다.

다음 날 광현이 다시 찾아갔더니 사립문 밖에 화려한 수레가 줄지어 서 있었다. 들어가서 보니 유수원은 몇 개의 동이에 우황과 물을 섞어 마시기도 하고 등에 바르기도 했는데, 종기가 누그러져 거의 뿌리가 뽑힌 상태였다. 좌객들은 모두 당대의 명사들이었다. 유수원은 광현에게 "약은 걱정할 필요 없고 병이나 치료하게"라고 말하였다. 단 며칠 만에 종기는 완전히 나았다. 종기 치료에 필요한 우황 서너 근의 값은 몇천 냥이나 되는데, 낮밤 하루 만에 혀만 끌끌 차고서 구한 것이었다. 광현이 늘그막까지 이 일을 이야기하며 혀를 찼다. 을해옥사가 일어났을 때 역신 심확(沈鏄)이 처형을 당하면서 유수원과 함께 죽으니 여한이 없다고 하였다. 지금까지도 소론들은 배척하지 않고 걸핏하면 농객을 입에 올린다.

자저실기

김용겸의 익살과 소탈함

•

장난끼 어린 태도는 멋스러움에 가깝고, 소탈한 행동은 꾸미는 것
보다 훨씬 낫다. 효효재(嘐嘐齋) 김용겸(金用謙)이 평안도 삼등현
(三登縣) 수령이 되어 감영으로 갈 때 관인(官印)을 맡은 어린아이
가 뒤로 처져서 따라오지 않았다. 김용겸이 까닭을 물으니 옆에 있
던 아전이 "수령이 상관을 뵐 때는 관인을 맡은 아이를 대동하지
않는 것이 관례입니다"라고 답하였다. 김용겸이 "이것을 어찌 잠
시라도 떼어놓으랴?"[52]라고 하며 끌러서 자신이 찼다. 그것을 보
고 감사가 웃으면서 "이후로는 삼등현의 지인(知印)은 수령을 따
라 들어오게 하라"고 하였다.

현릉령(顯陵令)에 재직할 때 재실 앞으로 수십 걸음이면 다른 능
(陵)과의 경계선인데, 그는 근무하며 바라보기만 할 뿐 개울 밖으
로는 한 걸음도 나서지 않았다.

떡을 좋아하는 식성이라 시장을 지나다가 갓 쪄낸 무떡을 보면
바로 시장으로 들어가 먹고 갔다. 달밤에 말총 두건에 편한 옷을
입고 옛 궁궐의 문밖까지 걸어가 한참을 배회하였다. 나졸이 다가
와 붙잡고 누구냐고 묻기에 "김익위(金翊衛)요!"라고 대답했는데,

---

52 원문은 '此豈可須臾離也'이다. 《중용장구(中庸章句)》 1장(章)에 "도라는 것은 잠시도 떠날 수
없는 것이다(道也者 不可須臾離也)"라는 말을 흉내내어 익살스럽게 표현한 것이다.

나졸이 '익위'를 이름이라 판단해 상당히 곤경에 처하기도 하였다. 다행히 상황을 모면하였다.[53]

송덕상이 이조판서가 되었을 때 김용겸이 총관(摠管)으로 함께 어전에 나가 임금을 뵙고는 "이조판서는 저의 옛 벗이라 그 사람을 제가 일찍부터 잘 알고 있습니다. 이조판서 직무의 수행은 필시 신보다 못할 것입니다"라고 하였다. 임금이 "망발일세, 망발이야! 유현(儒賢)을 업신여기고 억눌러서는 안 되네"라고 하였다. 김용겸이 "저런 이가 유현 축에나 들겠습니까? 정말 신보다 못합니다"라고 대답하자, 임금께서 웃었다. 송덕상도 크게 언짢아하지 않았다.

을미년(1775) 선친께서 과거에 합격하셨을 때 공이 우리 집에 들러 아버지의 과거 합격 답안지를 꺼내 읽었다. 글 읽는 소리의 마디와 높낮이가 마치 다라니경을 외우는 것 같았다. 그때 내가 한 귀퉁이에 앉아 있다가 웃음을 터뜨렸다. 그러자 공이 "너 왜 웃니?"라고 묻고는 다시 내 나이를 물었다. 내가 대답을 하자 손가락으로 헤아리고서 "임오생이면 나와 띠 동갑이군! 내가 내 나이를 너에게 주겠다"라고 하였다. 그 말하는 모습이 시원스럽고 소탈해 풍류가 넘쳤다. 당시 어린아이였던 나조차도 오히려 공의 덕 있는 모습을 보고 속으로 빠져드는 것을 느꼈다. 지금 어디서 이런 사람을 다시 볼 수 있겠는가? 《삼연집(三淵集)》[54]에는 공에게 준 편지가 있는데 창피한 지경에 이르지 말라고 한 대목이 있다. 혹시 저런 행동을 말한 것일까?

---

53 난외의 주석에 "항간의 떠도는 말에 효효재가 달밤에 광화문 밖에 이르러 술에 취해 통곡하였다고 한다. 지금 이 글에서 '한참을 배회했다'고 했으니, 통곡했던 일이 그때 있었던 듯하다(俗傳, "嘐嘐齋, 嘗月夜至光化門外, 乘醉痛哭." 今讀是說, 謂徘徊久之, 則痛哭或在此時歟)"라고 달려 있다.

54 김창흡(金昌翕, 1653~1722)의 시문집(詩文集).

여성제와 채제공의 격언

•

"친구들과 밤에 대화를 나누는 것은 종이 친 뒤 따뜻한 방에 이불을 덮고 편안히 잠을 자는 것만 못하고, 큰 상을 차려놓고 잔치를 벌이는 것은 입에 맞는 아침밥과 저녁밥을 실컷 먹는 것만 못하며, 이름난 산과 물을 구경하는 것은 좋은 집에서 편안히 지내는 것만 못하다"라는 말이 있다. 이는 정승 여성제(呂聖齊)가 한 말로, 말의 취지가 온당하고 적절해 겉치레만 중시하는 경향이 전혀 없다.

근세의 정승 채제공(蔡濟恭)이 "제 마누라는 버려두고 꼭 남의 마누라를 간음하며, 떡을 먹지 않고 술 마시기를 좋아하는 것은 모두 이치에 맞지 않다"라고 한 적이 있다. 채제공의 말은 여성제의 말과 같은 듯하면서도 다른 데가 있다.

성호이익의 망언

•

나는 일찍이 남인 성호(星湖) 이익(李瀷)의 《성호사설(星湖僿說)》과 경서 및 예절에 관한 저작을 보고서 뜻이 굳고 널리 배운 선비라고 생각하였다. 근래 어떤 글에서 일찍이 이익이 후배에게 "우리나라는 거슬러서는 안 될 두 가지가 있다. 청나라 황제를 거스르면 나라가 반드시 망하고, 송우암(宋尤庵)을 거스르면 집안이 반드시 망한다"라고 한 말을 본 적이 있다.

이 말은 그 사람의 말버릇에 지나지 않는다. 말의 맥락과 뜻이 크게 모질고 사나워서 올바르지 못한 자신을 드러낼 뿐이니 우암에게 무슨 해악을 끼치랴! 청나라는 대국이므로, 소국이 대국을 거스르면 어찌 망하지 않겠는가! 그리고 우암은 큰 현인인데, 소인이 큰 현인을 거스르면 집안이 망하지 않겠는가! 실제로 이치가 이와 같으므로 성호의 말은 굳이 필요치 않다. 비꼬고 꾸짖어서 몹시 준엄하고 잘 공격했다고 스스로 생각하겠지만 사리가 이렇게 맞아떨어지지 않는다.

한쪽 당파에서 되지도 않는 이야기를 하는 자들이 "기사년(1689)에 우암이 죽지 않았다면 반드시 지금까지 살아 있으리라. 지금 그가 죽은 지 200년이 지났는데도 그 권위와 위세는 살아 있을 때보다 더 무겁다"라고 하였다. 이는 이익이 한 말과 비슷하다.

형제간에도 군자와 소인으로 나뉜다

•

형제가 유하혜(柳下惠)와 도척(盜跖)[55]의 선인과 악인으로 갈린 일은 예부터 있었다. 고려조에 이자겸(李資謙)과 이자현(李資玄), 가까운 과거에는 조태억(趙泰億)과 조태만(趙泰萬)이 있었다. 조태만은 성품이 기이하고 식견이 매우 높아서 그의 아우를 몹시 걱정하였다. 임창(任敞)이 죽임을 당했을 때 조태만이 염습해주었는데 조태억이 "역적 놈이 죽임을 당했는데 형님은 무엇 때문에 염을 해줍니까?"라고 따졌다. 그러자 조태만이 "아우님이 역적이라고 한 임창은 그 피가 향기로워"라고 대꾸하였다.

일찍이 거지꼴을 하고서 일부러 밤길을 다니다가 나졸에게 붙잡혀 갔다. 아우의 집 문밖에 이르러 나졸에게 "내 아우 태억이가 여기 행랑에 있으니 불러서 나오게 해주시오"라고 부탁하였다. 나졸이 "태억아! 네 형이 나졸한테 붙잡혀 여기에 왔다"라고 하였다. 조태억이 허겁지겁 나와 손을 잡고 "형님! 이게 무슨 일입니까?"라고 하자 나졸이 놀라 꽁무니를 내뺐다. 조태만이 "나는 병조판서 아우가 있어서 잡혀도 바로 풀려나지만 훗날 아우님이 체포되

---

55 유하혜(柳下惠)는 노(魯)나라의 현자(賢者)로, 맹자가 그를 성인 가운데 화(和)한 사람이라고 평하였다. 도척(盜跖)은 유하혜의 아우로 9,000명의 졸개를 거느리고 천하를 횡행하면서 약탈을 일삼은 대도(大盜)로 유명하다. 형제간에 현인과 악인이 있을 때 이들에 비유하였다.

면 누구의 힘을 빌려 벗어날까?"라고 하였다.

　화공을 만나서는 바닷가 절벽의 외로운 소나무 가지 끝에 어린
아이가 앉아 있는 그림을 그려달라고 부탁해서는 벽에 걸어두고
한탄을 멈추지 않았다. 아우가 "좋은 구석이 뭐가 있습니까?"라고
따지자, 조태만이 "아우님은 이 아이를 아시오?"라고 되물었다.
조태억이 "모릅니다"라고 하자, 조태만이 "아우님이야"라고 답하
였다.

　들고날 때 소를 많이 타고 다녔다. 과거시험장에 가면서 유건(儒
巾)을 둘러쓰고 소를 타고 가니 사람들이 다들 조태만임을 알았
다. 학제(學製)[56] 시험장 문이 이미 닫혔는데도 소 등에서 "조태만
이 왔다!"고 크게 외치니 사학교수(四學敎授)가 문을 열어 들여보
내주었다.

56　성균관 대사성이 매년 사계절마다 사학(四學)의 유생들에게 보이던 시험. 제술(製述)과 강서(講
　　書)를 시험 보고 성적이 우수한 자에게는 바로 생원시와 진사시의 복시(覆試)에 응시할 수 있는
　　자격을 주었다.

후손과 조상의 악행

•

악인이라는 이름을 얻고 나면 제아무리 효성스러운 아들과 손자라도 그 악행을 가릴 수 없다. 맹자께서 그렇게 가르치셨다.[57] 그 악행을 가리기는커녕 못된 조상의 이름을 드러내놓고 말하거나 악행을 폭로하기도 하는데, 이는 조상의 이름을 꺼려서 말하지 않는 《춘추(春秋)》의 의리를 잃어버린 행위이다.

동명(東溟) 정두경(鄭斗卿)이 정순붕(鄭順朋)에 대해서, 오출(五黜) 김백련(金百鍊)이 김경징(金慶徵)에 대해서 꺼리지 않고 이름을 마구 불렀는데 그렇게 해서 안 될 것이 없다고 보는 자도 있다. 그런데 이는 장점으로 허물을 가리는 것보다 나쁘다.

동명은 자기 할아버지 이름을 순붕 할아버지라고 직접 거론하였다. 자제들 가운데 자기 뜻에 맞지 않는 짓을 하는 아이에게 "요사스럽고 간악한 짓이 어찌 그리 순붕 할아버지 같으냐"라고 꾸짖었다. 또 "우리 할아버지 순붕 씨는 불행히도 군자가 많은 시대에 태어나 소인배가 되었다. 만약 지금 세상에 태어났다면 군자가 되지 않았겠는가?"라고 하였다.

노봉 민정중 같은 명사들과 시사(時事)를 논할 때 누군가 "지금이 쇠퇴한 세상이지만 공자 같은 분이 나온다면 반드시 세상을 돌

---

57 《맹자》 〈이루 상(離婁上)〉 편에 나오는 말이다.

이켜놓을 것이다"라고 말하자, 동명이 "그렇지 않네, 그렇지 않아"라고 하였다. 노봉이 "왜 그렇습니까?"라고 묻자, 동명이 "비록 공자가 나타난다고 해도 민정중이 탄핵해 제거하는 것을 어떻게 견디겠는가?"라고 답하였다. 동명이 노봉에게 탄핵당한 바로 뒤였다.

교하(交河)군수 김백련은 승평부원군(昇平府院君) 김류(金瑬)의 후손으로 오출이라는 자호(自號)를 썼는데, 지방 수령에서 다섯 번 쫓겨났음을 일컬은 것이다. 경징 할아버지라는 이름을 드러내 놓고 말했는데, 재산을 잃고 나서도 조금도 한스러워하지 않고 "경징 할아버지가 못된 짓으로 불린 재산이니 잃은들 무엇이 아까우랴?"라고 하였다.

일찍이 다른 사람에게 이렇게 말한 적이 있다.

"유자는 불자보다 못하고 불자는 도척보다 못하다. 유자가 공자를 높이는 것은 불자가 조사(祖師)를 높이는 것보다 못하다. 유가의 13경과 불가의 팔만대장경은 선한 행동을 하도록 인도하지만 사람들은 선을 행한 적이 없었다. 도척은 글 한 자도 남기지 않았지만 오히려 그 도를 천하 후세에 넉넉히 남겼다."

안산에 살면서 소를 타고 밤에 표암 강세황을 찾아갔다. 표암이 "밤길에 범이 무섭지 않은가?"라고 묻자, "걱정할 것 없습니다. 설령 범을 만나더라도 소가 있잖습니까? 범이 살찐 소를 버리고 비쩍 마른 저를 잡아먹겠습니까?"라고 답하였다. 그의 말투가 이와 같았다.

정두경과 김백련 두 사람은 모두 헌걸차고 뛰어난 사람들인데도 할아버지의 이름을 꺼리지 않고 드러내어 말했으니 사람의 도리를 크게 잃었다. 청천(聽天) 심수경(沈守慶)이 백사 이항복(李恒福)을 비롯한 여러 사람과 신무문(神武門)[58] 앞을 지나갔다. 백사가 문을 가리키며 "청천은 이 문을 아시죠?"라고 했는데, 기묘사화를 거론한 것이었다. 말을 마치자마자 청천의 두 눈에서 눈물이 철철 흘렀다. 백사의 기세와 뻣뻣함으로도 낯빛이 붉어져 감히 다시 그런 말을 하지 못하였다. 이 일은 마땅히 청천의 처사가 옳다.

또 정말 가소로운 일이 있다. 미수 허목이 노봉에게 편지를 보내 집안 대대로 교분이 있다고 했는데, 허자(許磁)와 민제인(閔齊仁)의 사이가 좋았음을 가리킨다.

---

58 경복궁의 북문으로, 평소에는 닫아두었다가 임금이 경무대에서 거행되는 과거장에 행차할 때나 회맹단(會盟壇)에서 열리는 회맹제에 참석할 때 등 특수한 경우에만 열었다. 1519년 기묘사화 때 청천의 할아버지인 심정(沈貞) 등이 신무문으로 몰래 들어가 중종을 알현한 뒤 조광조 일파를 몰아냈으므로 기묘사화를 '신무의 난'이라고도 일컫는다.

노론의 공격을 소론들이 풍자하다

•

영조 무신년(1728) 이후 소론들 가운데 역적이 많았다. 문충공(文忠公) 민진원(閔鎭遠)이 비변사에 앉아 "근래 소론에서 역적이 많이 나옵니다"라고 말하자, 영성군(靈城君) 박문수가 맞받아 "그렇습니다. 대감께서는 신참을 혼내고 싶으신 것이로군요?"라고 하였다. 역적에도 옛 역적과 새 역적이 있음을 말한 것이다.[59]

을해년(1755)에 이르러 소론 명문가들 가운데 역적으로 몰리지 않은 집안이 드물었다.[60] 공적인 자리에서 노론 명관(名官)이 박문수에게 "공의 얼굴이 요즈음 어째 바짝 야위었소?"라고 묻자 박문수가 웃으며 대꾸하였다.

"속담에도 있지 않소. 도깨비도 수풀이 있어야 재주를 피운다고요. 높으신 분들께서 제 수풀(소론)을 모두 베어버려서 제가 기댈 곳을 잃었으니 어떻게 야위지 않겠소이까?"

---

59 과거 민진원이 인현왕후 유폐 시절에 역적으로 몰렸던 적이 있음을 빗댄 표현이다.
60 나주 괘서사건이라 불리는 을해옥사(乙亥獄事)를 말한다. '윤지(尹志)의 난'이라고도 일컫는다. 윤지는 아들 광철(光哲)과 함께 서울과 지방 각지의 소론을 모으고, 벼슬에 나아가지 못한 불평분자들을 끌어들여 점차 기반을 구축하며 1755년 1월에 나주 객사(客舍)에 나라를 비방하는 괘서를 붙였는데, 거사 전 괘서가 발각되어 모의는 실패로 돌아갔다. 이와 같은 일련의 사건들로 인해 남아 있던 소론파 인물들도 대부분 연루되어 소론은 재기가 불가능하게 되었다.
61 구선복(具善復, 1718~1786)은 조선 후기의 무신이다. 관직은 어영대장에까지 올랐다. 1786년에 조카인 명겸(明謙)과 함께 역적으로 처벌되었다.

근래 구선복(具善復) 옥사[61] 때 정승 이재협(李在協)이 노론의 여러 고관들에게 "선복의 역모를 공들은 알고 있었잖소"라고 말하였다. 좌중이 깜짝 놀라 "공께서는 어찌 그런 위험한 말씀을 내뱉으시오?"라고 하였다. 그러자 이재협이 "공들은 무신년과 을해년의 옥사 때 우리 소론들이 미리 다 알고 있었다고 말하지 않았던가요?"라고 말하였다. 좌중이 또 한바탕 웃었다.

참판 이숭호(李崇祜) 집에 불이 났는데 불이 매화 화분까지 옮겨 붙었다. 그때 이재협이 이렇게 말하였다.

"숙부님은 좋은 매화를 가지고 계시면서 술상을 준비해 조카를 불러 시를 짓게 한 적이 없으셨지요. 다만, 날마다 매화 곁에서 저속한 일만 하셨으니 매화가 어찌 부끄럽지 않겠습니까? 관계를 끊으려고 스스로 불살라 죽은 것이니 그 불은 매화 탓에 난 것입니다."

정태화의 며느리 숙정공주

•

시아버지는 며느리를 은애(恩愛)로는 자식처럼 대해야 하나 체모
(體貌)로는 남의 부녀자이므로 내복을 입고 보아서는 안 되고, 부
부간 사적인 일로 책망해서도 안 된다. 예를 앞세우고 사랑하는 감
정은 뒤로 하는 것이 도리상 옳다.

양파(陽坡) 정태화(鄭太和)는 아들 동평위(東平尉, 鄭載崙)의 아
내인 숙정공주(淑靜公主)[62]를 일반 며느리처럼 똑같이 대하였다.
마루에 누운 양파 곁에서 공주가 무릎 꿇고 앉아 머릿니를 잡아주
었다. 나인〔內人〕이 입궐해 일러바치자 임금께서 노해 "너무 심하
다. 너무 심해"라고 하더니 조금 지나서는 "이미 남의 며느리가 되
었으니 어떡하겠나!"라고 하셨다. 예전부터 이런 이야기가 전해
내려오지만, 며느리에게 머릿니를 잡게 하는 것부터가 예법상 크
게 옳지 않은데 더욱이 존귀한 공주에게 설마 그리하였으랴! 양파
가 어찌 그런 짓을 하였으랴! 나는 근거 없는 소문이라고 본다.

---

62 숙정공주(淑靜公主, 1645~1668)는 효종의 넷째 딸로, 어머니는 인선왕후(仁宣王后)이다. 동
평위 정재륜(鄭載崙)에게 시집갔다. 스물네 살의 젊은 나이로 세상을 떠났다.

도끼 들고 상소하는 행위

•

간언하는 상소를 올릴 때 도끼를 들고 대궐문에 엎드리는 행위가 어느 시대, 어떤 사람에게서 비롯되었는지는 알 수 없다. 그렇지만 죽음으로써 간하는 의리와는 다르기도 하고, 임금을 협박하는 것에 가까워 분명히 충신과 올바른 선비가 할 짓이 아니다.

세상에는 이런 이야기가 전해온다. 중봉(重峰) 조헌이 도끼를 들고 상소하는데, 지나다가 본 사람이 "조헌아! 조정에서 널 죽이는데 도끼 한 자루 없을까 봐 직접 가져오느냐!"라고 외쳤다. 그 소리를 들은 이들이 크게 웃었다. 근세에 한유(韓鍮)라는 자가 똑같이 했다가 끝내 난잡한 말을 했다는 죄명으로 사형되었다.[63]

---

63 영조 46년(1770) 3월 21일에 청주 사람 한유가 도끼를 들고 궐문에 엎드려 홍봉한을 참하라는 소장을 올려 체포되었는데, 다음 날 영조가 상소의 내용을 친히 신문하였다. 이후 한유와 친분이 있다고 알려진 심의지도 체포당해 친국을 받았다. 영조 47년(1771) 2월 8일에 한유와 심의지를 석방하라는 하교가 있었으나, 같은 해 8월 3일에 영조가 의금부에 친림해 두 사람의 사형을 결정하였다.

정혁선의 관리 노릇

•

아전을 다스리는 방법은 별다른 것이 없다. 규정을 정해 지키고 법
의 적용을 엄하게 행하면 될 뿐이다. 청주목사를 지낸 정혁선(鄭赫
先)이 처음 연풍현감이 되어 마침 서울에 갔다. 감사가 순행하다
가 현에 들어와 동헌에 머물렀다. 감사가 동헌 앞의 배나무 열매가
잘 익은 것을 보고는 통인 아이에게 배 한 덩이를 따오게 했는데,
통인 아이는 죽어도 감히 할 수 없다고 대답하였다. 감사가 이상하
게 여겨 섬돌에 서 있는 관노에게 명했는데, 관노도 똑같이 대답하
였다. 더욱 이상하게 여겨 아전들을 불렀더니 그들도 똑같은 말을
하였다. 감사가 이유를 묻자 아전이 "소인들의 원님께서 떠나실
때 하나도 따지 말고 남겨두라고 하셔서 감히 어길 수 없습니다"
라고 하였다. 감사가 탄식하며 "관리는 이렇게 해야 옳지 않은가!"
라고 하였다.[64]

---

64 이 글의 난외 두주(頭注)에는 다음 내용이 적혀 있다. "허노재가 '배나무에 주인이 없다고 해서
내 마음도 주인이 없겠는가!'라고 했는데, 감사에게 이 말을 들려주었다면 반드시 속으로 부끄
러워했을 것이다. 노재의 집 마당에는 과수가 있었는데, 잘 익어 땅에 떨어지더라도 동자들은
지나치면서 곁눈질하지 않았으니 주인에게 감화를 받아서 그랬다. 청주목사가 그에 가깝지 않
겠는가!(頭注: 許魯齋曰: '梨無主, 吾心無主乎!' 使巡使聞之, 必愧于心, 魯齋庭有果, 熟爛墮地,
童子過之不眄, 蓋其感化如此, 無或鄭淸州近之耶!)."

자저실기

벼슬살이의 부침

•

벼슬살이의 부침은 알 수 없다. 부제학 윤심형(尹心衡)이 일찍이 홍문관 응교(應敎)로서 의금부에 가서 대질하고 나와 남에게 이렇게 말하였다.

"의금부의 주재관을 바라보았더니 내가 처음 주서(注書)가 되었을 때 보았던 감찰(監察) 김시형(金始炯)이었다. 이래서야 내 어찌 벼슬살이를 하겠는가!"

지사(知事) 윤광소(尹光紹)가 김상철(金尙喆)과 옥당(玉堂)에서 함께 숙직을 하였다. 꿈에 병조판서에 제수되어 입궐했더니 김상철은 정승이 되어 있었다. 잠에서 깨어난 뒤 괴이하게 여겼는데, 윤광소는 김상철보다 처지와 명망이 월등히 나았기 때문이다. 윤광소가 몇 년 동안 유폐되어 있다가 영조 말엽 병조참의에 제수되었는데, 김상철은 벌써 영의정이 되어 있었다.

근년에는 응교 정만시(鄭萬始)가 교수(敎授)로서 상제(庠製)[65]를 실시했는데, 영의정이 된 남공철(南公轍)이 장원급제하였다. 남공철이 뒤에 이조판서가 되자 정만시의 자급(資級)을 올려 직책을 제수하였다. 당시 사람들이 장원으로 뽑아준 빚이라고 하였다.

---

65 성균관에서 보이는 제술 시험을 말한다.

이원익의 유훈

•

"공자(公子)께서 남에게 베푼 은혜는 잊으셔야 하고, 남이 공자께 베푼 은혜는 잊어서는 안 됩니다"라는 말이 있는데, 위(魏)나라 식객의 말[66]이다. 공자는 이 말을 푸줏간 백정이나 성문 문지기에게 전해들은 하찮은 말로 여겼을까?

완평부원군(完平府院君) 이원익은 일찍이 훈계하는 말을 지어 자손에게 전하였다.

"남에게 원망받을 일을 하지 말고 자신을 악하게 만들지 말며, 포부와 행실은 윗사람들과 견주고 분수와 복은 아랫사람과 비기라."

이 말은 도의 근원과 일치한다. 수몽(守夢) 정엽(鄭曄)은 "완평부원군은 정말 훌륭한 분이지만 독서하지 못하신 것이 흠이다"라고 했으나 그 말이 이렇듯 훌륭하다. 뒤에 자신을 독서인이라고 자부하면서 지금토록 천하국가에 화를 입힌 자들은 모두 이 짧은 훈계의 의미를 알지 못한다.

---

66 전국시대의 위(魏)나라 공자 신릉군(信陵君)은 진(秦)나라로부터 조(趙)나라를 구원해주었다. 이 일로 조나라가 그를 융숭하게 대접하자 신릉군은 교만해졌다. 이때 식객 가운데 한 사람이 "일에는 잊어서는 안 되는 것도 있고, 꼭 잊어야 하는 것도 있습니다. 남이 공자께 은혜를 베푼 것은 잊어서는 안 되고, 공자께서 남에게 은혜를 베푸신 것은 잊으시길 바랍니다"라고 충고하자 신릉군은 바로 자신의 교만을 뉘우쳤다.

민정중이 정승 임명을 두고 밤새 고민하다

•

옛사람들은 국사를 처리할 때 신중하고 엄정해 매우 정확하더라
도 감히 바로 결정하거나 시원스럽게 판단하지 못하였다. 실수가
있어도 남들로부터 성의는 인정받은 것은 이 때문이리라!

문충공(文忠公) 노봉 민정중이 영의정이었을 때, 저녁에 집에 돌
아오자 아들 문효공(文孝公) 민진장(閔鎭長)이 이부자리를 폈다.
문충공은 자리에 누워 아무 말도 하지 않았으나 거듭 곰곰 생각하
면서 잠을 이루지 못하는 듯하였다. 문효공이 창밖의 마루 끝에 앉
아 있다가 닭이 울자 일부러 잔기침을 해 아직 주무시고 계신지를
확인하였다. 문충공이 "너 아직 거기 있느냐. 들어오거라!"라고 하
였다. 문효공이 들어가자 문충공이 "너는 내가 잠을 이루지 못하
고 있는 이유를 아느냐?"라고 물었다. 문효공이 "잠자리가 불편하
신 것이 아니라면 분명 정승 뽑는 일 때문일 것입니다"라고 대답
하였다. "내일 정승을 뽑아야 하는데 내 마음속에는 이단하(李端
夏)와 남구만(南九萬) 두 사람이 오락가락해 새벽이 되도록 정하
지 못하였구나. 네 생각에는 누가 좋겠느냐?"라고 묻자, "소자가
어떻게 알겠습니까? 다만, 남구만보다 나은 자가 없을 듯합니다"
라고 대답하였다. 문충공이 "내 생각도 그렇다"고 하며 다음 날 도
당(都堂, 의정부)에 가서 남구만을 단독으로 정승에 추천하였다.

문충공이 먼동이 틀 때까지 잠을 못 이뤄가며 노심초사 나라를

위해 정성을 기울인 결과는 겨우 소론의 우두머리 한 사람을 얻는 데 불과하였다. 그래도 문충공이 영의정에서 물러날 때까지 남 정승이 감히 어그러진 주장을 하지 못했으니, 알 만하지 않은가?

무능한 지방관의 계보

•

문인들이 백성을 다스리는 관료의 업무를 잘하지 못하는 것은 능력이 부족해서가 아니라 마음을 정치에 두지 않아서이다. 관료로서 사람을 다스리는 데 특별한 기술이 있겠는가? 정성을 다하고 직분을 다해 그날 해야 할 책무를 다하면 그뿐이다. 선비가 세상에 태어나 임금과 백성을 위한 일 가운데 이보다 더 중요한 것이 무엇이 있겠는가? 고상한 취미에 도취되어 낮은 일은 가까이하지 않고 오로지 낭만적으로 시를 읊조리기만 하고 할 일을 남에게 떠맡겨 기한 내에 하지 못한다. 이것이 임금의 명을 받아 백성의 근심을 해결하는 도리이겠는가? 이런 작태에서 벗어나지 못한 옛사람이 많은데 당시에는 그다지 비난하지 않았고, 후세 사람들도 간혹 칭송하였다. 어째서인가?

뇌계(瀨溪) 유호인(兪好仁)이 경연(經筵)에서 지방관이 되기를 애걸해 합천군수에 제수되었다. 성종께서 경상도 감사에게 명을 내려 "이 사람은 내 벗과 같은 신하이니 잘 보살펴주시오"라고 유시하였다. 그리고 내시에게 명해 도중에서 지은 시권을 가져오게 하였다. 그중 "북쪽을 바라보니 군신 사이는 멀어졌어도, 남쪽으로 내려오니 모자간은 함께 지내네"라는 구절이 있었다. 성종께서 매우 감탄하며 "이 사람은 충효를 모두 갖추고 있구나"라고 하셨다. 임지에 도착한 후 날마다 시나 짓고 공무는 돌보지 않아서 공문서가 여러 달 동안 쌓여만 있었다. 백성 하나가 관아에 소장을 냈는데 판결을 기다릴 수 없어 소장을 돌려달라고 하였다. 그런데 유호인이 끙끙대면서 답을 하지 못하였다. 곁에 어린 통인 아이가 앞으로 나와 언성을 높여 꾸짖으며 "부임하셨을 당시의 소장도 여태껏 여기 있는데, 네 소장은 열흘도 되지 않았다. 냉큼 물러가라!"라고 하였다. 유호인이 크게 기뻐하며 "이 아이 정말 똑똑하군"이라고 하였다.

기재(企齋) 신광한(申光漢)이 관직에 있을 때 패지(牌旨)의 문장에도 시어(詩語)를 써서 "관청의 위세로 잡아오는 것이 어렵지는 않으나, 모름지기 봄바람을 따라 2월에 오너라"라고 하였다.

남창(南牕) 김현성(金玄成)이 관직에 있을 때 누군가 글을 써서 그를 조롱해 "백성을 자식처럼 사랑했는데도 온 고을이 시끌벅적하고, 관아의 재물을 추호도 건드리지 않았는데 창고가 텅 비어 있네"라고 하였다. 김현성이 웃으면서 "이야말로 내 실적이다"라고 하였다.

동계 정온이 남원부사를 지낼 때 백성을 착실하게 다스리고 부모를 성심껏 봉양하였다. 계곡(谿谷) 장유(張維)가 "이분이 남원에 오래 계시면 좋아하지 않는 자가 분명히 죄를 날조할 것이다"라고 하며 이조에 부탁해 부제학으로 불러들였다.

근래에 사간 송질(宋瓆)이 삼척부사를 지낼 때 참판 이정작(李庭綽)이 강원도를 유람하는 길에 그를 방문하였다. 송질과 이정작은 글벗이면서 서로 지려고 하지 않는 사이였다. 마침 빚쟁이에게 솥을 빼앗겼다고 소송한 백성이 있었다. 송질은 이맛살을 찌푸리고 콧수염을 쥐어뜯으며 한참 생각하더니 '부정자(夫鼎者, 저 솥이란 높은)'라는 세 글자만 말하고 다시 끙끙댔다. 이정작이 뒷짐을 지고 걷다가 혀를 끌끌 차면서 "추문(推問)하기 위해 잡아오는 것이 마땅하다"라고 하였다. 송질이 벌떡 일어나 손을 맞잡으며 "그대의 문장이 이렇듯 쓸모 있을 줄은 몰랐네"라고 하였다.

참판 유건기(兪健基)가 삼척부사를 지낼 때이다. 무더위에 벌거벗고 동헌에 누워 어린 기녀에게 술을 따르게 하며 시도 짓고 술도 마시고 있었다. 소송하러 온 백성에게 대뜸 "마실래?"라고 하자, 백성이 "마시지요"라고 답하였다. 한 잔을 주더니 "술이나 마시게! 소송을 뭐 하러 하는가!"라고 하였다.

승지 유술(柳述)이 안주목사를 지낼 때 가벼운 죄로 한 아전에게 곤장을 치며 손님과 바둑을 두었다. 바둑알을 한 번 놓을 때마다 "매우 쳐라!"라고 하며 멈추지 않았다. 바둑 한 판을 마치고 보니 아전이 초죽음이라 후회해도 소용이 없었다. 바로 풀어주었으나 끝내 일어나지 못하였다. 당시에 그 일을 두고 "바둑이 사람을 죽였다"라고 하였다. 유술은 마침내 관직을 버리고 돌아갔다.

조태억이 여주목사를 지낼 때 달 밝은 밤에 크게 취해 청심루(淸心樓)에 앉아 호장(戶長)에게 곤장을 쳤다. 호장이 죄명을 묻자 조태억이 성을 내며 "경치가 이렇게 좋은데 어찌 기생이 없는 것이냐!"라고 하였다.

해좌(海左) 정범조(丁範祖)가 양양부사가 되어 임소로 부임할 때 싸리로 만든 농 두 짝만 가지고 갔다. 한 짝에는 시 짓기와 관련된 책이 들어 있었고, 한 짝에는 침구류가 들어 있었다. 날마다 하는 일이라고는 시를 짓는 것뿐이라, 멍하니 허공만 바라보거나 중얼거리며 문지방을 두드렸다. 문서를 내오면 수결(手決)만 할 뿐 관직에 있는 동안 어린 통인 아이의 이름도 몰랐다.

　이 사람들은 이른바 속되지 않은 풍류객이자 아취가 있는 고상한 분들이라 먼지 구덩이 현실의 악착같고 천박한 일체의 무리와는 다르다. 그러나 관직을 맡아서는 자신이 할 일에 최선을 다하고 온 마음으로 열심히 일해서 백성과 나라 이외의 일은 모른 체하는 사람과 비교해보면 어느 편이 더 나을까? 이원익은 지방관으로 나가 있을 때 단 한 권의 책도 보지 않고 밤낮으로 창고와 장부를 수시로 살펴보면서 "이것이 관리의 도리이다"라고 하였다.

경관과 외관의 예법

•

경관(京官)과 외관(外官)이 서로를 대하는 예의범절은 나라의 법에 실려 있다. 어명을 받든 관리는 지방관보다 체면이 특히 더 엄중하다. 어명을 받든 이는 지위가 낮아도 서열을 제후 위에 두는 것이 법이다. 계곡 장유가 이조판서에서 나주목사로 좌천되었을 때 무관 금부도사가 공적인 일로 나주에 들른 적이 있었다. 계곡이 관대(冠帶)를 갖추고 말을 타고 나아가 맞이하자 금부도사가 엎드린 채 땀을 뻘뻘 흘렸다. 계곡이 웃으면서 "지방관이 어명을 받든 분을 대할 때 그렇게 해야 하네"라고 하였다. 누군가 너무 지나치다고 말하자 계곡이 "내 어찌 모르겠는가? 다만, 말속(末俗)에서는 상관이 하관에게 교만하게 굴고 하관은 상관을 능멸하는 일이 날이 갈수록 더 심해지네. 내가 이렇게 하는 것은 후배들에게 옛날의 관례를 알려주고자 함이네"라고 하였다.

옛날에 무관인 홍계수(洪啓壽)가 금부도사의 신분으로 나주에 들른 적이 있었다. 당시 부제학 김시찬(金時粲)이 장성에 유배와 있던 터라 홍계수가 그를 찾아뵈었다. 나주목사 유언술(兪彦述)이 함께 자리에 있었는데 그에게 예를 표하지 않았다. 홍계수가 노여워하며 자리에서 일어나 관사로 가 장계(狀啓)를 올려 매몰접대(埋沒接待)한 사유로 유언술을 파직할 것을 주장하였다. 매몰접대란 나라 법전에 "어명을 받든 관원이 각 고을의 수령을 파직시켜 내

쫓는다"는 조항 가운데 하나이다. 장계를 발송하고 난 뒤 김 공이 소식을 듣고 홍계수에게 장계를 거두어줄 것을 여러 차례 간청하며 강권하자 홍계수가 따랐다. 그때 홍계수의 나이가 스무여 살이었다. 그 처사가 지나치기는 하지만 풍습은 오히려 볼 만한 점이 있다.

예전에 내가 광주통판(廣州通判)으로 있을 때 풍고(楓皐) 김조순(金祖淳) 공께서 성묘하러 가는 길에 광주에 들렀다. 본관(本官, 고을 수령) 사또가 경계 지역으로 나아가 맞이하는 것이 관례이기에 내가 강가의 작은 주막에 나가 앉아 있었다. 풍고가 지나다가 보고는 말에서 내려 나를 잡아끌고서 편한 옷차림에 작은 지팡이만 들고 강가에서 산보를 하며 풍경을 구경하였다. 풍고가 먼저 출발해 관아에 이르렀는데, 내가 뒤따라 도착해 문서를 올리고 관대를 갖추고 뵙기를 청하였다. 풍고가 "왜 그러나?"라고 하기에, 내가 "옛 풍습이 지금 하나도 남아 있는 것이 없고, 그나마 남은 것이라고 해봐야 이뿐입니다. 공께서는 이마저도 없애려 하십니까?"라고 대답하였다. 풍고가 웃으면서 내가 너무 해괴하고 법에 얽매인 짓을 한다고 하였다.

문인은 세상 물정에 어둡다

•

문인들 가운데에는 세상 물정에 어두운 사람이 많고, 통달한 선비 가운데에는 세상사 작은 일을 소홀히 하는 사람이 있다. 그러나 너무 황당하고 진짜 물정 모르는 사람은 바보 아니면 멍청이이다.

양근(楊根)에 사는 선비 민진환(閔震煥)은 홀아비인데 계집종에게 옷을 빨게 하였다. 계집종이 좁쌀 여섯 말을 달라고 하자 민진환은 "너 말이면 충분하다"고 하였다. 후에 그 아우에게 "홀아비는 정말 살아가기 힘들어 재산을 다 탕진할 걸세. 계집종이 나를 속이고 좁쌀 여섯 말을 달라고 해서 내가 너 말만 주기는 했는데, 조금 부족하지는 않을까?"라고 하였다. 아우가 "형님, 너무 허술하셨어요. 한 말만 줘도 부족하지 않아요"라고 하였다. 그러자 민진환이 "너는 한 말도 충분하다 하지만 분명 너무 적을 거야"라고 하였다.

해좌 정범조가 시골에 살 때 집 앞에 몇 섬지기의 밭이 있었다. 한 손님이 "밭에 담배를 심는 것이 좋겠소"라고 말하자, 정범조가 "나도 담배를 심으려고 하는데 담배 씨는 참으로 구하기 어렵소"라고 하였다. 그러자 손님이 "담배 씨가 왜 구하기 어렵나요?"라고 물었다. 정범조가 "사람들은 몇 섬지기라고 하는데, 몇 섬의 담배 씨를 무슨 수로 구한단 말이요?"라고 대꾸해 사람들이 모두 비

---

67 1약(龠)은 1홉의 10분의 1이다.

웃었다. 담배 씨 1약(籥)⁶⁷이면 충분한 줄을 모르고, 몇 섬의 담배
씨를 구하기 어려운 줄은 알았으니 참으로 특이한 일이다.

신광하와 이광려가 황당하고 우활한 행동을 하다

•

승지 신광하가 말 위에서 담배를 피우다가 실수로 솜바지에 불이 붙는 바람에 살이 데어 크게 곤욕을 치른 적이 있었다. 그 후 다시 말을 타고 가는데 종이 "나으리 옷에 불이 붙었습니다!"라고 하였다. 신광하가 재빨리 말에서 내려 도랑물로 들어가 데굴데굴 굴러서 온몸에 진흙이 묻었다. 길옆에 있는 친구의 집으로 들어가 자초지종을 이야기하면서 "내가 제갈량(諸葛亮)의 화공(火攻)에 맞섰네"[68]라고 하였다. 친구가 놀라 "불이 어디까지 붙었는가?"라고 물었다. 신광하가 옷을 샅샅이 살펴보니 도포 뒷자락에 동전만하게 불에 탄 흔적이 있어 친구와 마주보고 크게 웃었다.

신광하가 길을 가다가 바람을 만나 갓끈이 끊어졌다. 자기 수염을 뽑아 꼬아서 연결하고는 자기 딴에는 급한 상황에 잘 대처했다고 생각하였다. 돌아와 조카들에게 "길을 가다가 갓끈이 끊어졌다면 무엇을 대신 써야지?"라고 물었더니, "말갈기로 대신 묶으면 됩니다"라고 대답하였다. 신광하가 속으로 그렇겠다고 생각하면서도 "몸 가까운 데서 찾는다면 무엇이 좋으냐?"라고 다시 묻자, "망건에 매인 끈이 좋을 것입니다"라고 하였다. 신광하는 망연자

---

68 제갈량이 신야(新野)에서 조조 휘하의 장군 하후돈(夏侯惇)을 유인해 화공으로 승리를 거두었고, 적벽대전에서 조조를 대파할 때도 화공을 사용하였다. 이를 염두에 두고 한 말이다.

실하였다.

참봉 이광려(李匡呂)가 길을 가다가 뒷간에 들어갔는데, 복건(幅巾)과 갓을 벗어 뒷간 뒤 작은 울타리에 걸어두었다. 일을 다 본 뒤 갓만 쓰고 복건은 그대로 두고 집으로 돌아와 종을 보내 찾아오게 하였다. 그러자 종이 "이미 시간이 흘러서 분명 남아 있지 않을 것입니다"라고 하였다. 이광려가 "그렇지 않다. 복건은 양반이 쓰는 것인데 양반은 길에서 물건을 줍는 법이 없으며, 평민과 천민은 복건을 쓰지 않으니 가지고 간들 어디에 쓰겠느냐? 이치가 그러하니 분명 그대로 있을 것이다"라고 하였다. 종이 가서 살펴보고 돌아와 없다고 아뢰었다. 이광려가 "천하의 일을 이치로 헤아릴 수 없음이 이렇구나!"라고 하였다. 좌중이 모두 웃었다.

자저실기

땔감 장수가 꿩 털을 보고 미래를 점치다

•

땔감 장수 몇 명이 겨울에 혜화문(惠化門)에 들어와 잣골 앞길을 지나다가 집집마다 문 앞에 꿩 털이 수북이 쌓여 있는 것을 보았다. 늙은 장수 하나가 젊은 장수에게 "꿩 털에는 독이 있지. 이 늙은이가 지금껏 꿩 털이 많이 쌓여 있는 집안이 3년 동안 편안히 지나가는 꼴을 본 적이 없어"라고 하였다.

이듬해 김우진(金宇鎭)의 사건[69]이 터져서 온 동네가 끝내 쇠락하고 말았다. 나의 외숙 일몽(一夢) 선생은 일찍이 "천하에 사람을 죽이는 날카로운 물건에는 세 가지가 있다. 첫째는 좋은 벼슬이고, 둘째는 아름다운 여인이며, 셋째는 돈이다"라고 말씀하셨다. 땔감 장수의 말이 선생의 말과 똑같다.[70]

---

69 김우진(金宇鎭, 1754~?)의 자는 성래(聖來)이고, 본관은 강릉. 1779년에 세도가 홍국영은 정조가 후사가 없자 정조의 동생 은언군(恩彦君) 인(䄄)의 아들 완풍군(完豊君) 담(湛)을 후사로 삼으려 마음에 들지 않는다 하여 반역죄로 몰아 살해하게 했는데, 평소 완풍군과 친해 그의 혼인 때 혼수를 보내 도운 사실이 뒤늦게 문제가 되어 역모와 관련, 추국을 받고 제주도에 위리안치되었다.

70 두주(頭註)에 "문목공(文穆公) 여몽정(呂蒙正)이 귀한 신분이 되자 계설탕(鷄舌湯)을 즐겨 먹었는데, 어느 날 닭털이 산더미처럼 쌓여 있는 것을 보고는 스스로 뉘우치고 다시는 먹지 않았다. 만일 김우진이 뉘우치고 꿩을 잡아먹지 않았다면 아마 화를 면할 수 있었을 것이다(呂文穆比貴, 喜食鷄舌湯, 見鷄毛如山, 自悔不復食. 使金悔止食雉, 幾得免夫)"라는 주석이 달려 있다. 여몽정은 송나라 태종 때 양대에 걸쳐 세 번이나 재상이 되었던 인물이다.

김석주 집안이 화를 입다

•

혼령이나 귀신에 빙의하는 일은 살인을 좋아하고, 재앙을 즐긴 사람들에게 많이 나타난다. 원한은 틀림없이 되갚는다는 것을 말하는 것이 아니라 은밀한 문책은 반드시 있다는 점을 말하는 것이다.

청성부원군(淸城府院君) 김석주가 죽은 지 여러 해 뒤에 관서지방의 무인이 청성의 혼령이라고 자칭하면서 평생의 행적과 지은 작품, 저술을 이야기하는데 조금도 틀리지 않았다. 청성의 집에서 그를 맞이해 이웃집에 모셔놓고 그가 말하는 대로 따라 했는데, 그 집에 해를 끼치지 않는 말이 없었다. 그런데도 그 집에서는 깨닫지 못하고 끝내 기사년(1689)에 후사가 끊기는 재앙이 생겼다. 사람들은 경신년(1680) 환국 때 원한을 산 집안의 귀신이 재앙의 빌미가 되었다고 보았다.

청성의 저택이 있는 골목 상인이 새벽에 시장에 앉아 있는데, 대장 유혁연(柳赫然)이 호위병들을 거느리고 횃불로 길을 비추며 청성의 집 문을 나서는 것을 보았다. 상인은 속으로 괴이하게 여기면서 "저 대장은 죽은 지 이미 몇 년이 지났는데 왜 지금 저 집에서 나오는 거지?"라고 생각하였다. 얼마 있다가 청성이 죽었다는 소식이 들려와 청성이 유혁연에게 죽임을 당했다고 여겼다.

임경업이 죽임을 당하다

•

병자년(1636) 난리 이후 조정에서는 명나라 조정에 사신을 보내이 사실을 알리자고 논의를 통해 의견을 모았다. 임경업(林慶業) 장군이 승려 독보(獨步)[71]를 불러 바닷길로 북경에 이르렀는데, 숭정제(崇禎帝)가 그 정성을 가상히 여겨 여충(麗忠)이라는 이름을 하사하였다. 청나라 사람들이 그 사실을 정탐해 알아내고는 임경업을 포박해 수레에 태워서 보내라고 위협하였다. 임경업은 호송되는 길에 몸을 빼내 바다를 건너 남명(南明) 왕조로 들어갔다. 남명 왕조가 패하자 청나라가 그를 잡아 우리나라로 돌려보냈다. 임금께서는 그를 불쌍히 여기셨지만 금지당하고 구속을 받는 형편이라 옥에 가두고 고문해 죽였다. 사람들이 모두 장군의 처지를 슬퍼하였다. 숙종조에 그 손자가 억울함을 호소해 관직을 회복시켜주고 제사를 지내주었다.

임경업은 처음에 남도의 수령이었는데 쌀 100섬으로 준마 한 마리를 샀다. 그 말은 발로 차고 물어뜯는 성질이 있어 온 고을이 괴로워하였다. 임경업이 궁수 부대로 하여금 재주를 겨루게 하고는

---

71 조선 중기의 승려. 병자호란 후 명나라에 사신으로 건너가 청나라 군사의 한양(漢陽) 함락을 전하였다. 임경업 밑에 있다가 명나라가 멸망하자 그와 함께 북경으로 잡혀가 옥고를 치렀는데, 귀국 후에도 모함을 받아 울산에 유배되었다.

말에 안장을 씌워 화살터 옆에 묶어 특등 사수에게 말을 상으로 주었다. 이 일로 장군의 명성이 크게 높아졌지만, 식자들은 "장군의 행동을 보면 손은 대단히 크지만 그 끝을 보전하기는 분명 어려울 것이다"라고 하였다.

인조 임금의 집안 단속

•

역대 임금께서 집안을 다스리는 엄한 태도는 수백 년 뒤에도 얼추 짐작할 수 있다. 인조 임금 때 조귀인(趙貴人)이 파견한 노비가 전라 감영에 이르러 일을 청탁하였다. 감사인 허적(許積)이 들어주지 않자 노비가 "제 말을 따르지 않고 영감께서 견디시겠습니까?"라고 하였다. 허적은 성품이 본래 난폭해 그 자리에서 곤장을 쳐 죽이고 시체를 길가에 버렸다. 조귀인이 그 사실을 듣고는 노비들의 입을 단속하며 "만약 주상께서 이 사실을 아신다면 문책이 반드시 내게까지 미칠 것이니 함부로 누설치 말라!"고 하였다. 조귀인은 가장 총애받는 후궁이었는데도 임금을 이렇게 두려워하였다.

스승은 매우 엄중하다

•

스승은 매우 엄중한 것이라 함부로 스승으로 자처할 수 없는데, 그
런 의리를 옛사람들은 더욱 엄히 지켰다. 여헌(旅軒) 장현광(張顯
光)은 한강(寒岡) 정구(鄭逑)의 조카사위인 동시에 제자이기도 하
였다. 한강의 상을 당했을 때 여헌이 매우 열심히 호상하였다. 그
런데 상복을 입는 날 상복을 받아서는 옆에 둔 채 입지 않고 또 그
까닭을 말하지 않았다. 아마도 사제(師弟)로 자처하고 싶지 않아
서 그랬으리라.

김득신의 어리숙함

•

많은 노력을 기울이면 그리 총명하지 않다고 해도 한자리를 차지하고 남의 본보기가 되는 데 부족하지 않다. 백곡(栢谷) 김득신(金得臣)이 그렇다.

전해오는 이야기에 의하면 김득신은 《사기(史記)》〈백이전(伯夷傳)〉을 만 번이나 읽었지만 그 첫 구절인 '재적극박(載籍極博, 서적이 아무리 많아도)'을 기억하지 못했다고 한다. 총명함이 그 정도였으나 백곡이 지은 시문(詩文)은 다른 이들보다 뛰어나다.

김득신은 구당(久堂) 박장원(朴長遠)과 성품과 기질이 똑같아서 친한 벗으로 지냈다. 박장원이 김득신의 늙은 부모를 위해 관을 만들어 보내주었는데 여러 달 뒤 장마가 들었다. 박장원이 아들에게 "자공(子公)은 필시 판자를 갈라서 불을 땔 것이니 네가 가서 살펴보거라"라고 하였다. 자공은 김득신의 자이다. 도착하니 김득신이 먼저 이야기하였다.

"자네 부친이 관을 보내주지 않았다면 이번 비에 늙으신 부모님께서 필경 여러 번 굶으셨을 뻔하였네."

"관을 찍어 밥을 해먹느니 차라리 관을 땔나무와 바꾸시지 그랬습니까?"

"시정잡배들이나 하는 짓을 해서는 안 되지."

박장원은 예전에 김득신의 부친 감사 김치(金緻)에게 학문을 배웠다. 감사가 죽고 소상(小祥)이 되어 상복을 갈아입을 때도 김득신은 비품을 갖추지 않고 박장원이 보내주기만을 기다렸다. 당시 박장원은 강원도 감사였는데, 출상은 점차 다가오고 게다가 장마가 져서 사방이 물로 막혔는데도 김득신은 걱정하지 않았다. 출상일이 되자 여러 가지 물건이 정말 도착했는데, 크고 작은 물품들이 고루 갖추어져 있었다. 그들 사이에는 이처럼 믿음이 있었다.

명문가의 후손이라고 거짓말하지 말라

•

곽숭도(郭崇韜)가 분양왕(汾陽王) 곽자의(郭子儀)의 후손임을 자처하지 않은 일을 두고[72] 후세 사람들이 칭송하였다. 백사 이항복은 익재(益齋) 이제현(李齊賢)의 후손이 아닌데도 백사의 묘지 문장에는 익재를 조상이라고 하였다. 월사(月沙)·계곡(谿谷)·간이(簡易) 등 여러 분들이 그렇게 했는데, 익재가 중국에서 명성이 있기에 묘지 문장을 중국 사람들에게 보여주기 위해 거짓으로 끌어 쓴 것이다. 그런데 간이가 지은 백사 부친의 묘지 문장에도 왜 익재를 선조라 하였을까? 여러 분들이 백사를 대우한 것이 곽숭도에게도 미치지 못한다. 백사가 무덤에서 일어난다면 그렇게 할까? 이는 조선 사람들의 누추한 습속을 벗지 못한 행위이다. 이렇게 하고서도 시골의 천한 이들이 명문가의 계파에 가탁하는 짓을 어떻게 꾸짖겠는가?

---

72 곽숭도(郭崇韜)는 후당(後唐) 사람으로 권력을 쥐었다. 그에게 "분양왕(汾陽王) 곽자의(郭子儀)는 본래 태원(太原) 출신으로 화음(華陰)에 이주했고, 공(公)은 대대로 안문(雁門)에 살았는데 어떻게 분양왕의 지파(枝派)가 되는가?"라고 묻자, 그는 "난리를 만나 족보를 잃었다. 선인(先人)의 말에 의하면, 본인은 분양왕의 4대손이다"라고 하였다(《구오대사(舊五代史)》권57).

웃으면서도 풍자한다

•

옛사람들은 남들과 교제하면서 자연스럽게 해학과 우스갯소리를 할 때에도 풍자하는 의로움이 있었다. 현석(玄石) 박세채가 새로 정승에 임명되자 쌍백(雙栢) 이세화(李世華)가 가서 하례하였다. 무릎을 어루만지면서 "지금에야 이 무릎이 귀한 줄 알았습니다"라고 하자, 현석이 "무슨 말이오?"라고 물었다. 그러자 쌍백이 "소인은 무릎에 매를 맞고서 겨우 이조판서가 되었고, 대감께서는 무릎을 꿇어서 정승이 되셨으니 무릎이 귀하지 않나요?"라고 말하자 현석이 웃었다.

하담 김시양의 처신

•

허물을 잘 고치는 것은 허물이 없는 것보다 낫다. 다만, 허물에 크고 작은 정도가 있듯이 고치는 것에도 무겁고 가벼운 정도가 있다. 하담(荷潭) 김시양(金時讓) 같은 이는 작은 허물을 무겁게 고친 사람이리라!

하담이 종성(鍾城)으로 귀양을 갔는데 관기와 관계해 아들이 생겼다. 귀양살이에서 풀려나 돌아올 때 아들과 어미를 함께 데리고 와서 아들을 정병(正兵)에 소속시키고 해마다 군포를 냈다. "재상의 아들이므로 법률상 군포를 거두는 것이 마땅치 않다"라고 누군가 말하자, 김시양이 "함경도 기생은 함경도를 떠날 수 없다는 법도 있는데, 내가 법을 범하고서 군포를 내지 않겠는가? 이는 내가 지은 죄를 속죄하는 것이다"라고 하였다.

옛날 갑관요(蓋寬饒)[73]가 사예교위(司隷校尉)로 있었는데 아들이 늘 걸어서 다녔고, 북쪽 국경을 지키는 수(戍) 자리에서 복무를 직접 하였다. 사람들이 그를 공정하고 청렴하다고 칭송하였다. 오직 하담이 그와 비슷한 일을 했으니 하기 어려운 일이다.

---

73 한(漢)나라 선제(宣帝) 때 사람으로, 사예교위(司隷校尉)를 지낸 인물이다. 강직하고 청렴한 성격 때문에 임금의 뜻을 거스르고 원망과 비방을 사 사직하고 자살하였다.

꿈에서 제사를 받은 사람

•

서방 불교의 삼생(三生, 전생·현생·후생)설은 제사 지내는 이치와 꿈의 세계를 가지고 입증할 수 있다. 참판 유심(柳淰)은 어렸을 때부터 꿈속에서 제사를 받는데, 정해진 장소와 고정된 날에 해마다 빠짐없이 보아서 골목과 집, 제사상, 병풍, 그릇들이 또렷하게 눈과 마음에 익었다. 처음에는 할아버지와 할머니가 나타나 곡을 하더니 한참 지나서는 할아버지는 보이지 않고 할머니만 보였다. 마음속으로 기이하게 여겼으나 그 이야기를 꺼내지 않았다. 평안도 관찰사가 되어 그날이 되자 약속한 것처럼 꿈을 꾸었는데, 그 길이 감영 문밖으로 이어져 있었다. 그 즉시 잠에서 깨어 관동(官僮)을 시켜 찾아보게 했더니 한 할머니가 제상을 차리고 곡을 하고 있기에 불러서 묻자 할머니가 대답하였다.

"첩에게는 아들이 있었는데, 타고난 자질이 걸출하고 총명해 글을 일찍이 터득하였습니다. 열 살 때 사또가 부임해오신 것을 보고는 '글을 많이 읽으면 저도 사또가 되나요?'라고 묻더군요. 부모가 '너는 타고난 신분이 천해서 될 수 없단다'라고 했더니, 아이가 '저처럼 될 수 없다면 살아서 무엇 하겠어요?' 하고는 그때부터 먹지 않다가 죽었답니다. 얼마 후에 그 아비마저 죽었습니다. 이 늙은 것만 남고 다른 아들이 없어서 매우 애통해하면서도 산목숨을 끊지 못하였습니다."

526   자저실기

유심이 매우 기이하게 여겨 그 집을 직접 살펴보니 꿈속에서 보았던 것과 똑같았다. 할머니에게 그 사연을 이야기하고 쌀과 돈을 아주 후하게 주었다. 감사에서 교체되어 돌아온 뒤 바로 유심이 죽었는데, 두 생에 걸친 소원을 이루자 죽은 것이 아닐까?

심욱진(沈郁鎭)이라는 집안 할아버지가 계시는데, 그분도 꿈에서 제사를 받은 기이한 일이 있었다. 그날이 되면 일부러 잠을 자지 않고 버티었으나, 끝내 버티지 못하고 문득 제사를 받으러 갔다. 참배하는 남녀가 매우 많고 마련된 제수가 풍성한 것이 높은 벼슬한 집안으로 보였다. 할아버지의 집이 내 고향 이웃에 있었다. 내가 그날을 기억해두고 있다가 가서 물어보면 언제나 틀림없이 꿈을 꾸었다. 내가 유심의 일을 말씀드리며 "어른께서는 전생에 고귀한 사람이더니, 현생에서는 궁벽한 늙은이네요?"라고 하며 서로 웃었다.

명분 없는 음식을 먹지 않은 조석윤

•

음식을 먹고 잔치를 하는 것은 사람이 살아가는 이치이므로 갑자기 그만둘 수 없는 일이다. 그러나 옛사람들은 자신을 엄격하게 단속해 음식을 주고받는 것을 엄중하게 생각하였다. 명분 없이 경비를 쓰는 것은 의리상 옳지 않거나 법도를 무너뜨린다고 보았으니 그런 생각이 쓸데없이 나왔겠는가?

낙정(樂靜) 조석윤(趙錫胤)이 친구의 초대를 받아 갔더니 술과 음식을 매우 성대히 차려놓았다. 주인이 "친동생이 지방관인데 늙은 형에게 관에서 장만한 음식을 보내주었습니다"라고 하였다. 조석윤이 낯빛을 바꾸며 "생일잔치나 환갑잔치도 아니고 먼 길 떠나는 전송 자리도 아닙니다. 잔치할 때도 아니고 명분도 없는 일에 관아의 물건을 사사로이 보냈다면 부형으로서 책망하는 것이 옳습니다. 그런데 그것을 받았으니 저는 노형의 허물을 부추길 수 없습니다"라고 말하며 벌떡 일어났다. 좌중이 만류했으나 어쩔 수 없었다. 낙정의 이 같은 행동은 너무 고지식한 처사이기는 하지만 그 시절 풍습을 짐작할 수 있다.

귀한 자리에 있는 자식에게 더 엄한 사람

•

귀하고 높은 자리에 오른 자제를 부형이 단속해 마치 '내사(內史)는 귀한 분이라'[74]고 자식을 꾸중한 만석군(萬石君)처럼 하는 경우는 많지 않다. 사대부의 가법이 어그러지자 조정의 풍습까지 바뀌어 젊은이를 귀하게 여기고 늙은이를 천하게 여기며, 아랫사람이 능멸하고 윗사람을 교체해 오직 벼슬길에 높이 오르고 명성과 이익이 많은 것만을 아는 세상이니 오랑캐의 길을 가지 않는 이가 몇이나 되겠는가! 옛사람들은 자제들을 가르칠 때 귀하고 높이 된 자에게 한결 엄격하였다. 그 뜻이 단지 한 사람이나 한 집안을 위하는 데 있지 않았다.

장악원정(掌樂院正) 이후기(李厚基)의 두 아들인 참판 이행진(李行進)과 부제학 이행우(李行遇)는 모두 일찍부터 높은 벼슬에 올랐으나, 이후기는 엄하게 단속해 조금도 용서하지 않았다. 일찍이 두

---

74 만석군이 내사(內史)가 된 작은 아들 경(慶)을 꾸짖으며 한 말이다. 《한서(漢書)》 〈만석군열전(萬石君列傳)〉에 다음과 같은 이야기가 전한다. '내사인 경이 술에 취해 돌아왔는데 바깥문에 들어서면서 수레에서 내리지 않았다. 만석군이 이 말을 듣고 밥을 먹지 않자, 경은 두려워 웃옷을 벗고 사죄했지만 용서하지 않았다. 온 집안사람들과 형인 건이 웃옷을 벗고 빌자 만석군이 경을 꾸짖으며 '내사는 존귀한 사람이라서 마을에 들어오면 마을 어른들도 모두 달아나 숨는다. 그러니 내사가 수레 안에 앉아서 태연하게 집으로 들어오는 것은 너무나 당연한 일일 것이다' 라고 말한 뒤 경을 돌아가게 하였다. 이때부터 경과 여러 자식들은 마을의 문에 들어서면 종종걸음으로 집에 이르렀다."

아들에게 술 마시는 것을 경계해 두 아들은 감히 마음껏 마시지 못하였다. 그런데 현직 재상으로 있던 친구가 술을 부제학의 집으로 가져와 함께 마셨다. 이후기가 부제학을 불러 그가 오자마자 곧바로 머리채를 휘어잡고 들어가 매질하려고 하였다. 이때 손님이 그를 구하려고 뒤따라와 문에 이르렀다. 종이 그 사실을 아뢰자 이후기가 꾸짖으며 "내 아들이 내 말을 어겨서 내가 매질하려고 하는데 객은 아비도 없소!"라고 하자 재상 친구는 몹시 놀라서 감히 보지도 못하고 물러갔다.

근자에 한 늙은 정승이 지방관으로 부임한 아들에게 봉양을 받았는데, 관청이 감영 소재지에 있었다. 감사도 늙은 정승의 옛 친구의 아들이라 오가며 정승에게 문안을 드렸다. 정승의 시중을 들던 어린 통인들이 병풍 뒤에서 "아무개 기생이 어젯밤에는 부사(府使)님 방에서 자더니 오늘은 감사님 방에서 잤어"라고 수군거렸다. 아이들이 하는 말을 늙은 정승이 모두 듣고는 이튿날 감영 아전들을 불러서 "내 행차가 오늘 떠날 것이니 노문(路文)[75]을 속히 전하라" 하고, 고을 아전을 불러서는 "부인의 행차와 신주와 부마(夫馬)를 즉시 대령하라" 하고는 출발하였다. 정승의 아들이 허겁지겁 달려와 이유를 물어도 대꾸하지 않았고, 감사가 깜짝 놀라서 친한 비장(裨將)을 보내 이유를 물어도 대꾸하지 않았다. 늙은 정승이 막 가마에 타자 감사가 가마 옆에 섰고 부사가 가마 뒤에

---

75 조선시대 고위 관원이 왕명을 받거나 휴가를 받아 여행할 때 편의를 위해 발급하던 문서이다. 여행자의 지위 고하에 따라 차비(差備)에 차이가 있었다. 노문은 여행 일정에 따라 연도(沿道)의 각 읍·역·참에 차례로 전하게 되며, 이에 따라 각 읍·역·참에서는 숙식 제공은 물론 모든 편의를 준비해 제공하였다.

섰다. 늙은 정승이 그제야 "내 새끼도 개새끼인데 아무개 새끼도 개새끼이다"라고 하였다. 아무개는 감사 아버지의 자였다. 마침내 말을 채찍질하여 떠났다. 감사와 부사가 감히 맡은 직책에 있지 못하고 앞서거니 뒤서거니 사직하고 돌아갔다. 이 일에 대해 그렇게까지 내칠 필요가 있느냐고 말하며 늙은 정승이 너무 과하다고 허물하는 사람도 있다. 그러나 명예와 행실을 무겁게 여긴 옛사람들의 자세를 볼 수 있다.

가까운 사이라도 물건에 손을 대면 안 된다

·

가까운 친척이나 친구 사이에는 일용품과 의복 따위의 물건을 잡다하게 바꾸거나 아예 빼앗기도 하는데, 이는 천하의 천한 품성이자 못된 풍습이다. 나는 어려서부터 이런 짓을 몹시 싫어하였다.

선조 만사공(沈之源)께서 홍문관 동료를 찾아갔다가 책상 위에 새 달력이 놓인 것을 보고는 몇 권을 소매에 넣어 가져오며 "마을 사람들이 달라고 할 테니 줘야겠네"라고 하였다. 주인은 태도가 썰렁해지고 얼굴이 벌겋게 달아올랐지만, 뺏자니 안 될 것 같고 그냥 주자니 아까웠다. 만사공도 그냥 놓아두자니 안 될 것 같고 갖고 가자니 그것도 어려웠다. 이러지도 저러지도 못하고 후회가 끝이 없었다. 그 뒤 이 일을 들어 자제들을 훈계하셨다. 집안에 그 사연이 내려온다.

만사공의 새 달력 몇 권은 별것 아닌 물건이므로 내 편에서 염치를 손상시키거나 남의 입장에서 그다지 인색하게 굴 것이겠는가? 또 친구의 태도가 썰렁해지고 얼굴이 벌겋게 달아오르게 한 행위가 사람마다 다 그러하겠는가? 그런데 선조께서 이 일을 들어 후손들을 훈계한 뜻이 없겠는가? 나는 천성이 그래서 이런 것에 애쓰지 않아도 좋으나 자손과 후인들은 몰라서는 안 된다.

스스로를 단속한 이상의

•

경솔함을 바로잡고 게으름을 고치려는 노력은 경험이 많은 사람
도 하기 어려운 일이다. 어린아이가 그렇게 했다면 타고난 자질이
훌륭하고 심지가 굳지 않고서야 가능하겠는가! 장수를 누리고 높
은 벼슬에 이르러 큰 집안의 이름난 선조가 되는 사람은 아무래도
남과는 다른 점이 있는가 보다!

　찬성(贊成) 이상의(李尙毅)는 어릴 때 성품이 경솔했고 앉아 있
으면 오래 견디지 못했으며, 입만 열면 번번이 망발을 하므로 집안
어른들이 걱정해 준엄하게 꾸짖곤 하였다. 찬성은 자진해 작은 방
울을 찼다. 방울에서 소리가 나면 놀라서 스스로를 단속했는데 앉
을 때나 누울 때, 움직일 때 방울을 내려놓은 적이 없었다. 중년 이
후로는 너무 느슨하다고 놀림을 당하기도 하였다.

상중에 출사한 계곡 장유

•

정축년(1637) 남한산성에서 한양으로 돌아온 인조 임금이 상중에
있는 계곡 장유를 출사시키고자 우의정을 제수하였다.[76] 계곡은
시묘살이를 하고 있다며 여러 차례 사양하고는 나오지 않았다. 임
금께서 승지 김육(金堉)을 파견해 타이르고 의리와 본분으로 질책
하셨다. 김육이 왕명을 전달한 뒤 사사로이 이렇게 말하였다.

"주상의 명을 받아 공을 부추겨 나오게 하는 것이 저의 직분입
니다. 전쟁이 없는데 상복을 벗고 나오는 것은 예법상 이보다 더한
대우는 없습니다. 이 말은 저의 개인적인 생각입니다."

옛사람은 이처럼 덕으로 남을 사랑하였다.

---

76 장유(張維, 1587~1638)는 1637년 환도(還都)한 뒤 모친이 강화에서 사망했고, 벌써 장례를 마
쳤다는 소식을 듣고 안산(安山)으로 달려갔다. 7월에 출사시켜 우의정에 제수했으나 18차례 상
소를 올려 사직하였다.

눈이 없어도 내 아내이다

•

"눈이 있어도 내 아내요, 눈이 없어도 내 아내이다." 이것이 두수량(杜遂良)이 두기공(杜祁公)[77]의 아버지가 된 까닭이다. 그리 오래지 않은 옛날, 판서 박서(朴遾)가 아이였을 때 약혼을 맺었으나 아직 혼사를 치르지 않았다. 그런데 처녀가 천연두를 앓아 두 눈이 모두 실명했다는 말이 들려왔다. 그 형이 다른 집으로 혼처를 바꾸려고 하자 박서가 "실명한 여인도 사람 구실을 할 수 있습니다. 약속을 배반해서는 안 됩니다"라고 말하였다. 그 말을 기특하게 여긴 형이 그대로 따랐다. 사실 처녀는 실명하지 않았으나 원수 집안에서 허위로 소문낸 거짓말이었다. 하지만 박서의 후손 가운데 두기공 같은 인물이 나왔다는 소문은 듣지 못하였다. 왜 그럴까?

---

77 중국 북송(北宋)의 정치가 두연(杜衍, 978~1057)의 봉호이다. 자는 세창(世昌), 시호는 정헌(正獻). 옥사를 잘 처리했고, 관리의 부정을 용납하지 않는 청렴한 정치가였다. 조서를 10여 차례나 다시 봉해 황제 앞에 바친 일이 있다. 임금의 과실을 바로잡은 신하의 표본으로 알려졌다. 두연의 아버지는 두수량(杜遂良)이다.

조경과 남이웅의 교우

•

친구끼리 사이좋게 지내는 것은 대부분 기질과 성품이 서로 비슷해서인데, 간혹 매우 상반되는데도 사이가 아주 좋은 이들이 있다. 이른바 '같음 속의 다름'과 '다름 속의 같음'이란 깊이 아는 사이가 아니면 이루어질 수 없다.

　용주 조경과 정승 남이웅(南以雄)은 평생 매우 친밀하게 지냈다. 조경은 깔끔하고 까칠하며, 남이웅은 헌걸차고 대범해서 둥근 구멍에 네모난 자루가 들어가지 않듯이 서로 달랐으나, 거의 아교와 옻이 찰싹 달라붙는 것처럼 잘 맞았다. 괴이하게 여긴 누군가가 묻자 조경은 이렇게 답하였다.

　"내가 속이 좁은 편이기에 적만(敵萬)의 너그러움을 좋아하고, 적만은 너무 태평하기에 내 까칠함을 받아주지. 이치가 본디 그러하니 괴이하게 여길 것 없네."

　서로의 장단점을 보완해주는 옛사람의 친구 사귐이 이러하였다. 적만은 남이웅의 자이다.

인정이 두터워야 후손이 번창한다

•

부형이 자제를 가르칠 때 각박한 태도를 버리고 후덕한 태도를 지향하게 해야 후손이 번창한다. 계림부원군(鷄林府院君) 이수일(李守一)의 아들 정승 이완(李浣)이 "무관 아무개가 총애하는 기생을 위해 직접 울타리를 치는 천한 일을 합니다. 사대부는 그런 자와 어깨를 나란히 할 수 없습니다"라고 하였다. 부원군이 "남들은 그런 말을 해도 괜찮지만 너는 해서는 안 되느니라. 나 역시 젊은 시절에 그랬다"라고 하자 정승이 감히 다시는 말을 꺼내지 못하였다.

옛 제도에 국상(國喪)이 나면 조정의 벼슬하는 사대부는 말총갓을 쓰지 않았다. 노봉 민정중 형제가 삼사(三司)에 있으면서 동료들과 함께 "음관 아무개가 말총갓을 썼으니 탄핵하는 것이 옳다"라고 하였다. 노봉의 부친 참판 민광훈(閔光勳)이 보관하고 있던 말총갓을 꺼내 쓰고서 앞에 나와 이렇게 말하였다.

"너희는 요행히 타고난 운명이 좋아 과거에 급제해 벼슬을 잘 하고 있고, 아침에 자리를 잃어도 저녁이면 다시 얻을 수 있다. 그러나 저 음관은 한 번 내쫓기면 평생 회복하지 못한다. 그가 견문이 적어 관례에 어둡거나 궁핍해서 모자를 갖추지 못했을 것이다. 잠깐 예법을 잃었기로 수년간 공들여 얻은 관직에서 내쫓다니 차마 할 짓이냐! 정말로 용서하지 못하겠다면 나부터 먼저 탄핵하거라!"

노봉 형제가 움츠러들어 동료들과 함께 물러났다.

제가 만든 형벌에 제가 걸려든다

•

위리안치(圍籬安置)의 법을 만든 연산군은 스스로가 그 법에 따라 처벌되었다. 이 같은 사례는 먼 옛날은 말할 것도 없고 가까운 옛날에서도 찾아볼 수 있다. 김자점(金自點)이 심기원(沈器遠)을 처벌하고, 김일경(金一鏡)이 홍충간(洪忠簡, 洪致中)을 다스릴 때 형법을 새로 만들었는데, 돌아서 나오기도 전에 자신이 그 법에 걸려들었다. 내준신(來俊臣)이 만든 숯불이 타는 옹기로 들어가는 형벌[78]은 옛사람이 보복을 두려워해서가 아니라 천하의 후세 사람들이 본받을까 근심해서였다.

서천(西川) 정곤수(鄭崑壽)와 수죽(水竹) 정창연(鄭昌衍)이 의금부 당상관으로 재직할 때 뇌물죄에 걸린 무관 지방관에게 곤장을 치는데, 의금부의 한 관료가 곤장이 가볍다고 따지면서 "의금부의 곤장은 이렇습니까?"라고 하였다. 그러자 서천이 "그대의 말도 옳다. 탐욕을 징계하려고 무겁게 매질하면 시원하긴 시원하다. 그러나 의금부는 사대부의 옥이다. 한 번 관례가 되면 우리들도 면하지 못할까 봐 걱정이다"라고 답하였다.

---

78 내준신(來俊臣, 651~697)은 당(唐)나라 측천무후 때의 권신으로 밀고의 일인자였다. 측천무후가 주흥(周興)의 역모 여부를 캐내라고 명령하자 주흥을 집으로 초청해 범인에게 자백받는 법을 물었다. 주흥이 항아리에 범인을 넣고 불을 때라고 했는데 내준신이 "그대가 항아리로 들어가셔야 겠소"라고 하여 그의 자백을 받아냈다. 이 고사는 자신이 정한 잔혹한 법에 자신이 당할 때 쓴다.

남에게 베푸는 도리

•

옛사람이 "녹봉 천 종(鍾)을 받으면 열에 아홉은 밖에다 쓰고 열에 하나는 안에서 쓴다"(《자치통감(資治通鑑)》권1)라고 한 말은 그가 얻은 천 종을 나누되 남에게는 많이 주고 자신은 적게 가진다는 말이다. 궁한 사람을 보살피고 힘든 사람을 급히 도와준다고 하면서 번번이 이치를 거스르고 위법 행위를 하는 자는 제 몫은 하나도 쓰지 않고 관가에는 여러 가지로 폐단을 끼친다. 이것이 바로 정승 이완이 허적은 반드시 패망하리라고 본 이유이다. 근래 풍속에서 이른바 의기(義氣)를 지녀 베풀기 좋아한다는 자들이 하는 짓들이다. 스스로 떠벌리고 남들도 칭송하지만 패망한 허적 집안 꼴을 면치 못한다. 그나마 다행이다.

전창위(全昌尉) 유정량(柳廷亮)은 물정을 파악하는 재능이 뛰어나 싸게 사서 비싸게 파는 거래를 할 때 미리 예상하고 추정하는 기술이 좋았다. 그가 손을 대면 얻지 못하는 것이 없고, 이익은 남보다 곱절을 남겨서 별도로 쌓아두고 궁핍한 친척과 벗들을 도와주었다. 이러한 행동은 허적과는 다르나 그렇다고 올바른 도리는 아니다.

우리 선친께서 지방관으로 계셨을 때 청탁하거나 구걸하러 오는 사람이 있었다. 그러면 그가 얻고자 하는 수량을 물어보시고 대충 "네가 많이 얻어가서 내게 누를 끼치느니 차라리 조금 가져서 네 마음이 편한 것이 낫겠다"라고 하셨는데, 구걸하러 온 이도 그 말에 수

긍하였다. 나는 늘 그 말씀을 받들어 귀감으로 삼았으나 확고하게 실천하지 못한 때가 있다. 그때마다 오랫동안 언짢은 기분이 들었다.

관직의 청탁

•

이조에 친척의 임용을 청탁하는 일은 고금을 막론하고 늘 있어왔다. 청탁이 간곡한지 헐렁한지 따지지 않고 오직 대상자의 가부만을 보고 진퇴를 결정해, 청탁하는 자도 겸연쩍어하는 기색이 없고 청탁받은 자도 부끄럽지 않았다. 이것이 옛날의 법도이다. 지금은 그와 반대여서 전혀 적합하지 않은 사람이라도 청탁을 무겁게 하면 감히 물리치지 못한다. 조금이라도 정중하게 대처하면 바로 노여워하고 책망을 퍼붓는다. 사대부의 풍습이 날로 그릇되고 백성과 국가의 위망(危亡)이 날로 닥쳐오는 이유가 여기에 있다.

양파 정태화가 음관인 고모부를 위해 이조판서 지천 최명길에게 현감 자리를 구하였다. 지천이 "제가 전후로 관리들을 추천할 때 감히 직분에 맞는 사람을 다 얻었다고는 말할 수 없어도 스스로 부끄럽지는 않았습니다. 이 사람이 이 직분을 감당할 수 있는지요?"라고 말하고 끝내 들어주지 않았다. 양파가 매번 이 일을 자제들에게 말하며 "최 정승은 내 말을 늘 따랐지만 하지 말아야 할 일은 이처럼 명확하였다. 미치기 어려운 점이다"라고 하였다.

부마가 되기를 피하라

●

부마(駙馬)는 왕가의 인척이 아니지만 옛사람들은 여전히 기피하였다. 동평위 정재륜(鄭載崙)의 부인 숙정공주가 죽자 우암이 시아버지 정태화에게 "공주의 초상은 그대 집안의 복이군요"라고 하였다. 정승 정유성(鄭維城)이 며느리 인평공주(寅平公主)[79]에게 "아들은 우리 집의 독자입니다. 제발 의복이나 음식을 간소하게 하여 복을 아끼기 바랍니다. 그래서 아직 죽지 못한 늙은 아비의 마음을 안심시켜주신다면 공주마마의 은혜가 클 것입니다"라고 하였다.

현종이 부마를 간택할 때 우리 현조(玄祖)이신 군수공(郡守公, 沈廷耆)께서 처음으로 간택되셨다. 부사공(府使公, 沈益善)께서 크게 근심하시며 "한미한 가문에 숙부와 조카[80]가 나란히 부마가 된다면 화가 미치지 않겠는가?"라고 하셨다. 나랏일을 점치는 점쟁이 가운데 집안을 왕래하는 자가 있었는데 부사공께서 불러 단단히 타일러 "대궐에서 반드시 자네에게 운명을 점칠 테니 자네는 요절할 상이라고 대답하게. 그렇지 않으면 내가 자네를 용서하지

---

79 효종의 넷째 딸인 숙휘공주(淑徽公主, 1642~1696)로 우의정을 지낸 정유성(鄭維城)의 손자인 평위(寅平尉) 정제현(鄭齊賢, 1642~1662)과 혼인하였다. 정제현이 젊은 나이에 죽자 이후 홀로 지냈다.

80 심익선(沈益善)의 아우인 심익현(沈翼顯, 1641~1683)은 열 살 때 효종의 부마로 뽑혀서 1652년 효종의 둘째 딸 숙명공주(淑明公主)에 장가들어 청평위(青平尉)에 봉해졌다.

않을 게야"라고 하셨다. 점쟁이는 시키는 대로 대답해 혼사가 마침내 틀어졌다. 후에 공주는 요절해 끝내 후손이 없었다.

훌륭한 역관들

•

옛날에는 인재가 많아 신분이 낮은 역관들 가운데에서도 재주와
지혜가 특출나고 임기응변과 기지가 뛰어나 나라의 안녕을 반석
에 올려놓고 나라의 위세를 드높인 인물들이 있었다. 당은군(唐恩
君) 홍순언(洪純彦)과 같은 인물은 의리가 남달랐으며 많은 공을
세웠는데, 보은단(報恩緞)에 얽힌 사연[81]은 지금도 사람들의 입에
회자되고 있다.

지중추부사 표헌(表憲) 부자는 역관들 가운데에서도 뛰어난 인
물이다. 선조 임금이 중국 사신을 접견할 때 표헌이 통역을 맡았
다. 선조께서 연회석으로 나아갈 때 사신에게 읍(揖)하고서 "천자
의 사신은 지위가 낮아도 서열이 제후의 위에 있다고 하니 먼저 자
리에 앉으시오"라고 하였다. 중국 사신이 선조의 말을 어렴풋이
알아듣고는 언짢은 기색을 보이자, 표헌이 바로 한 구절의 말을 보
태어 "경전에 이르기를, '천자의 사신은 지위가 낮아도 서열이 제
후의 위에 있다'고 하였거늘 더군다나 대인이야 어떻겠습니까!"라

---

81 역관 홍순언의 고사를 말한다. 선조 때 홍순언이 중국으로 사신가는 길에 통주(通州)의 청루(靑
樓)에 들러 부모의 장례비를 마련하고자 청루에 나온 어느 고관의 딸을 300금으로 구해주었다.
그 여자가 나중에 예부시랑 석성(石星)의 부인이 되어 자신을 구해준 은혜의 보답으로 손수 짠
비단 끝에 '보은(報恩)'이라는 글자를 수놓아서 은인인 홍순언에게 주었다. 홍순언이 귀국하자
사람들이 비단을 사러 그의 집에 모여드니 그가 살던 동네를 '보은단동(報恩緞洞, 지금의 을지
로 일대)'이라고 하였다.

고 하였다. 사신의 성난 얼굴빛이 마침내 누그러들었다.

　중국 사신은 원래 술을 잘 마시기로 소문이 자자하던 터라 선조 임금이 그와의 대작에서 견디지 못할까 염려해 술 대신 꿀물을 진상했는데, 사신은 취하고 선조 임금은 취하지 않았다. 사신이 이를 눈치채고 선조에게 잔을 바꾸어 마시자고 하였다. 너무나 갑작스러운 상황이라 어쩔 줄 몰라 할 때 표헌이 임금의 술잔을 받들고 사신 쪽으로 가다가 일부러 넘어져서 잔을 엎어버렸다. 선조는 사신에게 실례를 범했다고 질책하며 표헌을 옥에 가두어 죄를 다스리라고 명하였다. 사신이 한사코 말리는 바람에 명을 거두었다. 그는 이렇게 임기응변에 능하였다.

　그의 아들 표정로(表廷老)가 의주에서 중국 사신을 영접하는데, 사신이 매우 거만하였다. 사신은 은행을 씹으면서 "은행 껍질 속에 파란 옥이 숨어 있네(銀杏甲中藏碧玉)"라는 대구(對句) 한 구절을 읊어서 원접사(遠接使)에게 바로 이어서 지어보라고 하였다. 표정로가 즉석에서 "석류 껍질 속에는 주사(朱砂)가 알알이 박혔네(石榴皮裏點朱砂)"라고 대꾸하였다. 중국 사신이 크게 놀라며 "통역관이 이 정도이니 원접사가 어떤 수준일지 알 만하다"라고 하였다.

　근세의 이추(李樞)도 이름난 역관이다. 중국에서는 그를 두고 "서른여섯 번 연경을 오갔지만 은자를 손에 쥐어본 일이 없다"라고 하였다. 그의 손자 이수극(李洙克)은 할아버지를 닮아서 용모가 훤칠하고 태도가 의젓하였다. 어릴 적에 나는 그를 본 적이 있다.

간지로 운명을 예측하는 어리석음

•

"오행가(五行家, 오행설로 우주의 운행이나 사람의 운수를 판단하는 사람)는 해와 달의 간지(干支)로 운명을 판단한다. 간지는 본래 인위적으로 만들어서 오행을 억지로 조합한 것이다. 이것으로 길흉(吉凶)을 점치는 것은 올바른 이치가 아니다. 들어맞은 것은 우연일 뿐이다."

이는 명곡(明谷) 최석정(崔錫鼎)의 말인데, 내 생각도 마찬가지이다.

점술가뿐만 아니라 풍수가도 방위를 판단할 때 간지를 매우 중하게 여긴다. 산에서 간지는 사람의 성명(姓名)과 같은데, 성명만 가지고 무슨 수로 그 사람의 선악을 알아맞힌단 말인가! 굳이 운명을 판정하고자 한다면 타고난 기질의 본래 그런 면을 놓고 오행의 형체로 배분하고, 그 상생(相生)·상극(相克)·상쇠(相衰)·상왕(衰旺)의 이치를 논하는 것이 간지보다는 훨씬 더 낫다.

문자는 사람이 만든 것으로서 하늘이 간여하지 않는 것이기에 하늘의 운명으로 판단할 수 없다. 그러므로 사람의 운명을 예측하는 것은 관상을 논하는 것만 못하고, 산의 방향을 따지는 것은 산의 형세를 보는 것만 못하다는 것이 나의 정론이다.

자저실기

퇴계의 독실한 성찰

•

망언하지 않도록 스스로 노력해야 비로소 학문의 과정을 밟아갈 수 있다. 누군들 망언을 하고 싶어서 하겠는가? 말을 하다보면 자신이 망언한 줄도 모른다. 따라서 깊이 성찰하려는 자는 반드시 망언을 하지 않는 것을 앞세워야 한다.

퇴계의 문인이 "시골 사람들이 '선생께서는 남의 혼사에 이간하기를 좋아한다'고 말하는데 어찌 된 일입니까?"라고 물었다. 퇴계가 이렇게 답하였다.

"그렇지. 정말 그런 일이 있었네. 혼사를 앞둔 집안이 내게 묻지 않으면 다행인데, 내게 물으면 솔직하게 말하지 않을 수 없네. 솔직하게 말해서 혼사가 이루어지지 않았으니, 이간하는 말을 했다고 하는 것도 이상할 것이 없지."

이것을 보면 선생의 실제 독실한 공부 방법이 큰 현인으로 일컬어지는 사마광(司馬光)의 수준 이상임을 알 수 있다.

사람을 보는 감식안은 타고난다

•

밝은 감식안은 구차하게 술수를 배워서 얻어지는 것이 아니다. 남들은 모르지만 자신은 절로 아는 것이 있다. 이것은 아버지가 아들에게도 전해주지 못하는 능력이다.

동고(東皐) 이준경(李浚慶)이 소재 노수신(盧守愼)을 조카사위로 삼았고, 토정 이지함(李之菡)이 한음 이덕형을 조카 손자사위로 삼았으며,[82] 임당 정유길(鄭惟吉)이 시골의 수재(秀才)를 알아보아 두 현인의 외조부가 되었고,[83] 지천 최명길이 어린 처자를 알아보아 두 정승의 모친이 되게 하였다.[84] 이것이 배워서 할 수 있는 일이겠는가? 근세의 정승 진암(晉庵) 이천보(李天輔)는 아들 하나와 사위 셋[85]을 남에게서 데려왔는데, 모두가 정승 판서의 지위에 이르렀다.

---

82 이지함은 이덕형이 정승감임을 알아보고서 조카 이산해에게 사위를 삼으라고 하여 이산해가 둘째 딸을 시집보냈다.

83 정유길은 김극효(金克孝, 1542~1618)의 인물됨을 알아보고 딸을 시집보냈는데, 후에 딸이 김상용(金尙容)과 김상헌(金尙憲)을 낳았다. 《동상기찬(東廂記纂)》에도 이 내용이 보인다.

84 '어린 처자'는 최명길의 며느리이다. 최명길의 막내아들인 최후량은 관찰사를 지낸 안헌징(安獻徵)의 딸과 혼인해 영의정을 지낸 최석정(崔錫鼎)과 좌의정을 지낸 최석항(崔錫恒)을 낳았다.

85 《진암집(晉菴集)》 권8의 〈선부군묘갈(先府君墓碣)〉에 의하면 이천보의 아들은 이문원(李文源)이며, 세 사위는 조준(趙玫), 오재순(吳載純), 서유방(徐有防)이다.

홍익한은과연처형당했을까?

•

"홍익한(洪翼漢) · 윤집(尹集) · 오달제(吳達濟) 삼학사(三學士)는 청나라 사람이 잡아가 죽였다. 그런데 죽지 않았다고 하는 이도 있어서 사람들이 그 진실을 분명하게 알지 못한다. 홍익한의 외손 심(沈) 아무개가 나[86]에게 이런 말을 한 적이 있다.

'우리나라 병조 서리(書吏)의 아들이 청나라에 포로로 잡혀갔다가 도망쳐 돌아오는 길에 산골로 들어갔네. 그곳에 집이 한 채 있었는데, 흰 살쾡이 털 갓옷을 입은 세 사람이 함께 앉아 이야기하는 것을 보았네. 그 사람은 평소 홍익한과 안면이 있어 다가가서 학사께서 어째서 여기에 계십니까?라고 묻자, 우리 셋은 청나라에 붙잡혀 있소라고 하였네. 방에 좁쌀 항아리 세 개가 있어서 어디에서 구했냐고 물으니, 학사가 의복과 좁쌀을 가리키며 모두 청나라에서 지급한 것이라고 하였네. 홍익한이 그 사람이 조선으로 돌아갈 줄 알고 집에 편지를 보내려고 했으나 종이와 붓이 없었네. 그리하여 땔나무를 태워 그을음을 만들어 옷자락을 찢어서 글을 써서 주었는데 그자가 귀국해 천안군에 이르러 그 편지를 숨기고 전하지 않았네. 후에 그 말이 새어나가 홍익한의 아들이 찾아가 구

---

86 임상원(任相元, 1638~1697)을 가리킨다. 자는 공보(公輔), 호는 염헌(恬軒), 본관은 풍천(豊川)이다. 저서로《염헌집》과《교거쇄편(郊居瑣篇)》이 있다.

하고자 했으나 끝내 구하지 못하였다네.'

홍익한의 자손들은 그가 죽임을 당하지 않았다는 사실을 모두 모르고 있었던 것이다."

이것은 제학 임상원(任相元)의 《교거쇄편(郊居瑣篇)》에 보이는 글이다. 그중에 '홍익한의 외손 심 아무개'라고 하는 이는 바로 내 5대조 군수공(沈廷耆)을 가리킨다. 그런데 이런 말이 정말 있었다면 군수공이 어찌 임상원에게만 말하고 사실을 기록해 집안에서 믿고 전하게 하지 않았을까? 군수공은 홍익한의 뒷일에 정성과 노력을 아끼지 않았다. 문집의 서문과 묘지명은 우암이 지었는데 군수공이 부탁한 결과로서 모두 본문에 보인다.

이 말은 홍익한의 생사에 관한 구체적 물증이자 죽은 뒤의 큰 절개와 관련되므로 꺼리고 숨길 일은 아닐 것이다. 그런데도 임상원과는 말을 주고받으면서 마치 남의 집안일을 전해들은 것인 양 없애버렸으니 절대 그럴 리가 없다. 또한 조선으로 돌아온 사람이 귀국해서 편지를 전하지 않은 것은 더욱 인심과 사리(事理)에서 벗어난 일이다. 편지에는 전해주어야 하는 것이 있고 전해주지 않아도 되는 것이 있다. 이 편지를 전하지 않았다면 어찌 사람이라고 할 수 있겠는가? 이는 허황된 말에 불과하다. 임상원이 사실인 것처럼 보이려고 우리 5대조를 끌어다 지어낸 말이다. 책을 믿을 수 없음이 이와 같다!

윤두서가 꿈속에서 공자를 보고 초상을 그리다

·

공자의 진상(眞像)이 노성(魯城) 궐리사(闕里祠)[87]에 있는데, 내가 일찍이 봉심(奉審)하면서 우러러 본 적이 있다. 세상 사람들은 여러 초상 가운데 이것이 진짜에 가장 가깝다고 한다.

선비 윤두서(尹斗緖)는 일찍이《공자가어(孔子家語)》에 실린 공자의 초상이 사실과 다르다고 여겨 고쳐 모사하고자 하였다. 자나 깨나 공자를 생각하다가 어느 날 밤 꿈에 홀연히 공자를 보고서 비로소 붓을 잡고 초상을 그렸다. 그런데《공자가어》에 실린 것과 확연히 달라 여전히 확신할 수 없었다.

후에 이를 중국에 보내 유구(琉球)의 초상과 대조해보니 조금도 차이가 없어서 마침내 정본으로 삼았다. 어떤 친구가 그 그림을 가져가 집안 들보 위에 두었는데, 때마침 집에 불이나 온 집이 다 불에 탔으나 들보에 이르러 바로 꺼졌다. 사람들이 모두 기이하게 여기고 마침내 이 초상을 공씨(孔氏)에게 맡겨 궐리사에 봉안하게 하였다.

---

87 현 충남 논산시 노성면 교촌리에 있다. 궐리사(闕里祠)는 공자를 제사하는 사당이다.

막객과 문생의 의리

•

막객(幕客)과 문생(門生)에게는 군신과 부자의 의리가 있어서 죽고 사는 일이나 화복이 걸린 일이 발생할 경우 불쑥 배반하지 못하였다. 예전에는 그랬으나 지금은 완전히 반대가 되어 이해가 얽히면 은혜도 원수도 모두 잊어버린다. 아침에는 몸을 맡겨 섬기다가 저녁에는 팔을 끊고 떠나는 자들이 계속 이어지나 누구 하나 놀라지도 않고 그런 짓을 한 자는 부끄러워하지도 않는다. 이런 무리들을 굳이 책망할 필요가 있으랴마는 이 지경에 이른 것을 이들에게만 책임지울 수도 없다.

진도에서 문곡 김수항이 사약을 받아 죽고 상을 치를 때 문곡의 막객이었던 병마절도사 남두병(南斗柄)이 마침 근처 고을의 수령으로 있으면서 직접 입관하고 염하는 일을 주관하였다. 그때 그를 벌하자는 논의가 있었는데 판서 이의징(李義徵)이 "이 사람을 벌한 뒤에 우리들이 또 불행하게 패망한다면 어느 누가 이 사람처럼 하겠는가?"라고 하였다. 그래서 논의가 중단되었다.

내의(內醫) 김응삼(金應三)은 몽와(夢窩) 김창집(金昌集)의 문생이었다. 몽와에게 후명(後命, 유배 보낸 뒤 내려오는 왕명으로 사약)이 내려지자 휴가를 얻어 분상(奔喪)하고자 하였다. 내의원 도제조 조태구(趙泰耈)가 허락하였다. 이광좌가 동작강(銅雀江, 지금의 한강)에 있을 때 전유(傳諭)가 계속해서 이어지고 여러 고을에서 음식을 공급하였다. 김응삼이 풍덕부사가 한 말을 보고해 "전유하는 것을 끝내든지, 풍덕을 없애든지 양단간에 결정을 해주십시오"라고 하였다. 이광좌가 그 말을 듣고서도 그에게 죄를 내리지 않았다.

막객과 문생뿐만 아니라 사대부도 재앙을 겪고, 죽고 사는 난리 속에서는 지인을 도와주는 경우가 드물다. 한 가지라도 도와주는 일이 있으면 사람들은 마음으로 존경하고 사모하니 이것이 이치이다.

참판 유강(柳�)은 조로진(趙潞鎭)과 친하였다. 제주어사 유강이 제주도에서 돌아오며 육지에 도착했을 때 조로진이 숙부의 사건에 연좌되어 귀양 가느라 길옆에 있다는 소식을 듣고 직접 가서 만났다. 조로진이 "왕명을 받들고 가는 사람이 죄인을 직접 찾아와 보아서는 안 되네. 게다가 앞뒤로 사람을 데리고 와서 남들 눈에 띄게 하는가?"라고 하였다. 그러자 유강이 "내가 이곳을 지나면서 그대를 찾아보지 않는다면 인정이 아니다. 수행원을 물리치면 도리어 의심을 사지 않겠는가?"라고 대답하였다. 유강이 가끔 선친을 찾아와서 내가 한 번 뵌 적이 있는데, 정갈하고 올곧아서 남이 함부로 대하지 못하게 하는 점이 있었다.

선조가 차천로를 길러내다

•

사람 사이에 영재가 있는 것은 식물에 기이한 꽃과 풀이 있는 것과
같아서 북돋우는 올바른 방법과 기르는 좋은 방도가 아니면 얻을
수가 없다. 임금이 인재를 잘 양성하는 교화는 그렇게 이루어진다.

우리나라 선조 임금 시대는 인재가 가장 많았다고 일컬어진다.
오산(五山) 차천로(車天輅)가 정시(庭試) 차비관(差備官)이 되었을
때 시험 제목이 '당나라 이필이 형산으로 돌아가기를 빌다(唐李泌
乞還衡山)'였는데, 차천로가 한 편을 지어서 과장에 던졌다. 시험
을 보던 여계선(呂繼先)이란 자가 그것을 주워 베껴 제출했는데 과
연 장원으로 급제하였다.

얼마 뒤에 일이 탄로나서 임금이 노해 그를 죽이려고 하였다. 차
천로가 "세 번 부채를 두드리고 한 번 붓을 휘두르자 글이 벌써 완
성되었습니다"라며 죄를 자복하였다. 임금이 웃으면서 사형은 면
해주고 함경도 변방으로 유배를 보냈다. 뒤에 북병사(北兵使)가 하
직 인사를 할 때 임금이 "차천로의 죄가 무겁지만 재주가 아까우
니 잘 대우하라!"라고 당부하셨다. 북병사가 임지에 도착해 차천
로를 매우 융숭하게 대우하였다. 날마다 연회를 베풀고 거처와 음
식을 자신과 똑같이 제공하였다. 차천로가 이상하게 여기며 사양
하자 북병사가 "정승 판서의 관례적인 부탁도 우리들이 감히 어기
지 못하는데, 이것이 어떤 명령인가?"라며 그 까닭을 이야기하였

다. 차천로가 듣고 목놓아 통곡하였다.

차천로가 일찍이 "만리장성 길이만큼 종이를 걸어놓고 내게 글을 쓰게 하면 종이는 끝이 나도 글은 끝나지 않을 것이다"라고 말한 적이 있다. 그 자부심과 호방함이 이와 같았는데, 임금이 잘 북돋우고 보살펴준 덕분이다.

김수항과 송진명의 부인은 감식안이 뛰어나다

•

부인의 감식안이 이따금 대장부보다 나은 경우가 있는데 이는 총명한 기질이 있어서이다. 문곡 김수항의 부인 나씨(羅氏)가 젊었을 때 손수 무명 세 필을 짜서 하나는 문곡의 단령(團領, 관복의 일종)을 만들고 두 개는 상자에 넣어두었는데, 아들 농암(農巖)이 과거에 급제했을 때에는 내어주지 않다가 몽와 김창집이 음관으로 늦은 나이에 급제하자 한 개를 내주었다.[88]

풍릉군 조문명은 나씨 부인의 손녀사위이다. 초례청에서 조문명을 보고는 나머지 무명 하나를 그에게 내주었다. 부인은 "잘 보관해두고 기다려라"라고 했으니 정승감이 아니면 주지 않았다.

판서 송진명(宋眞明)의 부인도 감식안이 밝았다. 송진명은 일찍이 이름이 널리 알려졌지만 그의 사촌 동생인 송인명은 나이 서른이 넘도록 급제하지 못해 그 축에 끼지도 못하였다. 그러나 부인만은 그의 재주와 기량을 인정하였다.

---

88 김수항의 부인 안정 나씨(安定羅氏, 1630~1703)는 해주목사 나성두(羅星斗)의 딸이다. 김창집(1648~1722)은 김수항의 장남으로, 1672년 진사시에 합격했으나 1675년 김수항이 화를 입고 귀양 가자 과거 응시를 미루었다. 1684년(숙종 10) 정시 문과에 을과로 급제한 뒤 1717년 영의정에 올랐다. 김창협(1651~1708)은 김창집의 아우로, 1682년 증광문과에 장원으로 급제해 벼슬했으나 아버지가 사사된 후 학문에만 전념하였다. 나씨는 정승이 될 사람에게만 무명을 내주었다.

부인이 사위에게 주려고 말총갓을 샀는데 송인명의 갓이 해진 것을 보고 갓을 그에게 주었다. 송인명은 살펴보지도 않고 갓을 쓰고는 기뻐하는 낯빛도 없고 고마워하지도 않았다. 부인이 몰래 지켜보고서 송진명에게 말하기를 "이 서방님의 귀함은 당신도 미치지 못할 것입니다"라고 하였다. 이후에 과연 정승의 자리에 올랐다. 송인명은 부인이 자신을 알아준 것에 감사한다고 항상 이야기하였다.

권력의 부침과 사대부의 처신

•

엎치락뒤치락하며 친하게 지내다가 배반하는 변화무쌍한 정계에
서 악에 물든 과거를 숨기고 새 권력에 달라붙어 아첨해 제멋대로
죄를 사면하고 자신의 이익을 꾀하는 자들이 있다. 이들은 비분강
개해 남을 용서하지 않는 자를 만나면 본색이 탄로나지 않을 수 없
다. 예나 지금이나 똑같다.

심기원과 김자점이 권력을 잃은 뒤, 어떤 집 술자리에서 한 이름
난 벼슬아치가 제 스스로 "두 역적 놈의 흉악한 행적을 미리 알았
더라면 그들 문에는 드나들지 않았을 텐데"라고 하였다. 참판 이
행진이 냅다 소리쳐 그를 꾸짖으며 "당신이 두 집안과 친하게 잘
지낸 것은 온 세상이 다 아네. 간악함을 일찍 파악하지 못했다 쳐
도 역모에는 왜 굳이 동참하려 하였는가? 마땅히 가슴을 치며 스
스로 부끄러워해야 하거늘 입을 열어 자기변명을 하는가? 손바닥
으로 천하의 눈과 귀를 가리려고 애는 쓴다만 사대부의 언행이 이
래서는 안 되지"라고 하였다. 그 이름난 벼슬아치가 대꾸는 못하
고 "영감께서 취하셨습니다"라고만 할 뿐이었다.

참봉 임선(任選)은 이진유(李眞儒)·홍치중(洪致中)과는 성이 다
른 사촌 형제였다. 신임사화(1721~1722)가 일어나 노론의 네 충
신이 화를 당한 뒤, 이진유가 있는 자리에서 한 장수가 네 충신의
이름을 그대로 부르며 한없이 비방하는 것을 보았다. 을사년

　　　　　　　　　　　　　　　　　　　　　　　　자저실기

(1725) 이후에는 반대로 정승 홍치중이 있는 자리에서 그 장수가 이진유의 죄를 이야기하는 것을 또 보았다. 임선이 분개해 "형님! 근래 탕평(蕩平)한다는 이름을 얻으시더니 그래, 저 같은 놈을 즐겨 만나시는군요. 임인년(1722)에 이진유 형님 좌중에서 그런 말을 하더니 오늘은 이렇듯이 이진유 형님을 욕하는군요"라고 하였다. 그 장수가 쥐새끼처럼 숨어서 달아났다.

서유대가 집안을 일으키다

•

크게 성공해 공훈을 세우고 높은 지위를 얻어 쇠락한 집안을 일으키는 중시조가 되는 사람이 있다. 그가 뜻을 세워 일을 할 때의 강인함과 근면함은 남들이 미치기 어렵다. 그것은 빈천한 젊은 때에 저절로 드러나는데 재능과는 상관이 없고 오로지 정성과 노력 하나에 달려 있을 뿐이다.

판서 서유대는 젊어서 고아로 곤궁하였다. 충청도 덕산(德山, 지금의 예산)에 살았는데 가난해서 끼니를 해결할 수 없자 손수 남초(담배) 밭을 일구었다. 얼음이 녹기 시작하면 볕이 잘 드는 땅에 씨를 뿌렸다. 남초가 땅에서 나오면 밤에 서리가 내릴까 염려되어 저녁마다 마을을 돌아다니며 사기그릇 수백 개를 빌려다 남초를 덮었다. 아침이 되어 돌려줄 때 조금도 그릇을 훼손하거나 잃어버리지 않았으므로 이웃들이 꺼리지 않고 빌려주었다.

5월 초 남초가 크게 잘 자라서 내다 팔 수 있었다. 다른 품종보다 몇 달 앞선 시기라 곱절의 값으로 팔렸다. 해마다 그렇게 준비해 밭을 갈고 농사지어 재산에 조금 여유가 생겼다. 그는 문장으로는 과거에 합격하지 못한다고 판단해 경서를 읽었으나 얼마 못 가 그만두고 마침내 활쏘기를 배웠다. 여러 해 지나는 동안 솜씨가 크게 늘었다.

과거를 보러 갈 때 덕산을 출발해 사천(沙川) 주막에 도착했는데

자저실기

해가 아직도 높이 떠 있고 길가에 누울 만한 큰 바위가 있어서 갓으로 얼굴을 덮고 누워 잠을 잤다. 자고 일어나 도성에 들어갔는데도 저녁밥을 먹을 수 있었다. 과거를 볼 때마다 똑같이 하였다. 귀한 몸이 된 뒤 훈련대장 신분으로 화성 행차를 따라갈 때 병마(兵馬)를 거느리고 호위병을 벌려 세우고서 사천을 지나다가 예전에 누웠던 길가의 바위를 보고는 속으로 "바위야! 너는 나를 알아보겠느냐?"라고 하였다. 판서가 예전에 내게 직접 이야기해주었다.

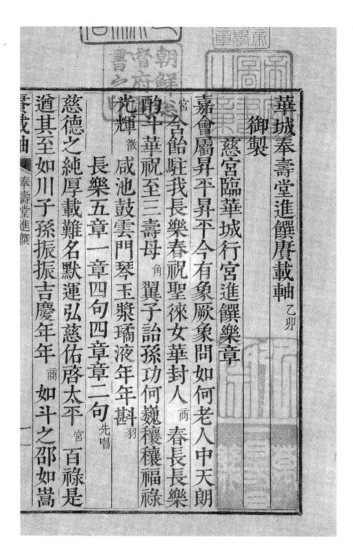

《화성봉수당진찬갱재축(華城奉壽堂進饌賡載軸)》, 1책 활자본, 규장각 소장. 1795년 화성 행궁에서 정조가 혜경궁 홍씨의 회갑 잔치를 열었을 때 신하들과 주고받은 시를 편집한 책이다. 정조가 먼저 짓고 신하 146명이 따라서 지었다. 책에는 홍재(弘齋)라는 정조의 호를 새긴 도장과 일일이일만기(一日二日萬機)'라는 국왕을 상징하는 문구를 새긴 장서인이 찍혀 있다.

윤헌주가 노비와 합심해 집안을 일으키다

•

집안은 국가와 똑같이 크게 발전시키는 주인이 일어날 때에는 그 기운에 부응하는 노비가 나타나 열심히 공을 쌓아서 집안을 안정시키고 부유하게 만드는 업적을 달성한다. 함께 힘을 합하지 않고 홀로 움직여 우연히 얻어지는 천하의 사업은 있을 수 없다. 그러나 이것은 구한다고 얻어지는 것도 아니고, 구하지 않는다고 사라지는 것도 아니다. 이른바 하늘이 내려준 것이지 사람의 힘은 아니라는 격이니 참으로 얻기 어렵다.

판서 윤헌주(尹憲柱)는 젊어서 외롭고 가난해 스스로 먹고살 길이 없었다. 식구는 남편과 부인, 노비와 그 아내뿐이었다. 네 식구가 배를 곯은 날이 먹는 날보다 많았다. 그러자 노비가 윤헌주에게 이렇게 말하였다.

"이렇게 하다가는 주인댁과 우리도 곧 죽을 것입니다. 사람이 가만히 앉아서 죽어야 되겠습니까? 각자 죽지 않을 방법을 도모해야 합니다. 안주인 어른과 우리 부부는 힘을 합쳐 주인어른을 배곯지 않도록 모실 테니 주인어른께서는 책을 읽어 과거 공부에만 힘쓰십시오. 그러다 보면 좋은 때를 만날 것입니다. 맹세코 약속을 지켜 감히 어겨서는 안 될 것입니다."

이날부터 노비 부부는 남을 위해 삯일을 하거나 방아를 찧어주었고, 윤헌주의 아내는 남의 바느질을 해주었다. 그 시간에 윤헌주는 책을 읽고 글을 지었다. 밤마다 윤헌주는 아내를 보고, 아내는 윤헌주를 보며, 노비는 윤헌주 부부를 보면서 각자 하던 일을 먼저 멈추지 않았다. 노비 부부는 머리에 서리를 뒤집어썼고, 윤헌주의 방에서는 저녁에 켠 등불이 아침까지 꺼지지 않았다. 날마다 이렇게 하자 1년 만에 재산이 조금 넉넉해져 비로소 얼마만큼 여유가 생겼다.

얼마 지나지 않아 윤헌주는 과거에 급제해서 이름난 도회지와 큰 지방의 수령을 여러 번 맡았다. 벼슬아치로서 이룬 업적이 매우 뛰어났는데, 노비도 여기에 기여하였다. 노비가 땅을 살펴서 토산(兎山, 황해도 금천 지역)의 수리(水利)가 좋은 땅을 얻었다. 윤헌주를 위해 제방을 쌓아서 해마다 곡식 1,000섬을 거두었다. 노비가 "이 정도면 주인어른께 충분히 보답하겠군. 주인어른의 관직 생활로 이룬 업적보다 나을 듯하다"라고 하였다. 노비의 종손(從孫)이 내 계집종의 남편이어서 그 사연을 꽤 상세히 들려주었다.

지나치게 삼가고 교묘하게 영합하는 짓

•

작은 것까지 챙겨도 반드시 궁지에 몰릴 때가 생기고, 세심하게 삼가도 도리어 패하는 때가 많다. 도리에 따라 움직이고, 이치에 맞게 멈추어야 한다. 군자가 할 일은 그것뿐이다. 우연하게 찾아들고 뜻밖에 닥치는 일은 지혜로 모면하거나 교묘하게 도망가려고 해서는 안 된다.

기해년(1779) 가을에 김우진이 평안도의 시험 감독관이 되었다. 길을 떠나려고 할 때 아버지 김상철이 두려워하고 삼가며 억누르고 덜어내라는 도리를 밤낮으로 훈계하였다. 아들이 출발한 뒤 한가로이 앉아 있던 김상철이 갑자기 놀라 외치며 "저런! 내가 미처 말하지 못한 것이 있구나!"라고 하였다. 곧 편지를 한 통 써서 급주(急走)를 뽑아 뒤쫓게 하였다. 중화(中和, 지금의 평안남도 중화군)의 수령 구순(具純)을 잘 대우하라는 내용의 편지였는데, 임금이 총애한 구순을 김우진이 무관이라며 홀대할까 염려한 것이었다.

구순이 임금을 가까이 모시는 신하이지만 김우진도 가까운 신하인데 두려워하기를 이 지경까지 한단 말인가? 게다가 세심하게 삼가고 교묘하게 영합하는 마음씀을 대신(大臣)이 자제에게 가르쳐서야 되겠는가? 마음을 이렇게 소심하게 썼어도 재앙은 그렇듯이 갑작스럽게 일어났다. 도리를 따르고 이치에 맞게 살지 못한 것이 그의 한평생 심사이다.

임영의 인사청탁

•

아무리 사소한 일과 작은 문제라도 한마음으로 나라를 위하고, 사사로운 욕심을 조금도 개입시키지 않은 이가 옛사람들 가운데에는 제법 많았다. 그러하니 나라가 편안하고 조용하지 않겠는가? 사람들이 충성스럽고 어질지 않겠는가? 지금 시대는 이와는 반대라서 큰 의론이 있거나 큰 변동이 있을 때에도 한 토막의 공정한 마음을 볼 수 없다. 그러고서도 핑계를 대어 "이는 공정한 것이지 사적인 것이 아니다!"라고 하며 천하와 후세를 속일 수 있다고 생각하니 어찌 된 일인가!

남구만이 병조판서로 있을 때 창계(滄溪) 임영(林泳)이 그의 아들 남학명(南鶴鳴)에게 편지를 보내 무사 한 명을 천거하였다. 며칠이 지나 다시 편지를 띄워 "아무리 생각해보아도 지난번에 추천한 일은 공정한 마음이 부족하고 사적인 마음이 많았으니 그만두는 게 좋겠소"라고 하였다. 아! 임영과 같은 사람은 나라를 저버리지 않았다고 하겠다.

폐단이 없는 학문

•

남명(南冥)의 기(氣)를 중시하는 학문을 직접 배운 선비들 가운데 이를테면 수우당(守愚堂) 최영경(崔永慶)과 대소헌(大笑軒) 조종도(趙宗道)의 무리는 기이하고 매서운 사람들이다. 그러나 행동하고 말하는 것이 지나치게 괴팍하고 사나워서 끝내 죽음을 면치 못하게 되었다. 옛날에 이른바 퇴계의 학문이 가장 폐단이 없다고 하는 말은 조금 폄하하고 가볍게 보는 어감을 가지고 있다. 그러나 이는 폐단이 없는 것이 배우기 어려운 학문이고, 폐단이 있으면 학문이 아님을 모르는 것이다.

수우당이 한강 정구의 백매원(百梅園)을 찾아갔는데, 봄철이라 매화가 한창 꽃망울을 터뜨려서 모든 좌객이 멋지다고 칭찬하였다. 그런데 수우당이 종에게 명해 도끼로 찍어버리라고 하자 좌객들이 다투어 만류해 그만두게 하였다. 그러자 수우당이 비웃으며 종을 시켜 큰 소리로 매화를 이렇게 혼냈다.

"너를 귀히 여기는 까닭은 눈 속의 골짜기에서 외로운 절개를 바꾸지 않아서이다. 그런데 네가 버들과 봄빛을 다투고 있으니 그 죄는 마땅히 죽어야 한다. 사람의 도움으로 베이는 것을 면했으니 이후로는 경계해야 하리라!"

장난과 농담에서도 사람됨을 알 수 있다. 이로 볼 때 그의 학문은 폐단이 있는가, 없는가?

박세당부자의 집요한 성격

•

집요한 성격은 아버지와 아들이 대를 이어 비슷해 그들 사이에도 서로 양보하지 않을 때가 있다. 어쩌면 그리 심할까? 서계 박세당과 그 아들 정재(定齋) 박태보(朴泰輔)는 사사건건 의견이 맞지 않아 서로가 자신의 의견을 내세우느라 서로 져주는 법이 없었다.

충청도 소사(素沙)에 있는 비석이 길의 동쪽에 있는지 서쪽에 있는지를 가리기 위해 사람을 따로 보내 알아보게 한 일도 있다.[89]

이웃 사람이 죽어 상제(祥祭)날이 가까워오자 제수로 쓸 초를 주기로 약속하였다. 그때 서계는 아무 날이라고 주장하고, 정재는 다른 날이라고 주장해 의견의 일치를 보지 못하였다. 망자의 아들을 불러 물었더니 대답이 정재의 주장과 일치하였다. 그러자 서계가 "무릇 사람이 불초한 자식을 두면 죽은 날 제삿밥 얻어먹기도 힘들다!"라고 말하였다.

정재가 아이였을 때 서계가 외출했다가 돌아와보니 방 안에 깔아놓은 장판(세속에서 구들장에 바른 기름종이를 일러 장판이라고 한

---

89 소사에 있는 비석은 곧 고려 초엽에 세운 홍경사비(弘慶寺碑)로 큰길 옆에 있었다. 《동국여지승람》 직산현(稷山縣) 역원(驛院) 홍경원(弘慶院)조에 따르면, 고려 현종 때 갈림길이 있던 이 지역이 도둑이 출몰하고 황폐해졌다고 하여 조정에서 큰 여관을 지어 여행객들을 유숙하게 하고 절을 지어 봉선홍경사(奉先弘慶寺)라고 하였다. 한림학사 최충(崔沖)에게 비문을 짓게 하였다. 그 당시의 절은 황폐해지고 비석만 길가에 남아 있었다.

다-원주)이 송곳 자국으로 뒤덮여 있었다. 사연을 캐묻자 정재는 "송곳으로 벼룩을 찔러 잡으려고 그런 것인데 결국 잡았습니다"라고 대답하였다.

부자가 모두 숫자 알아맞히기를 잘하였다. 정재가 마당에 있는 살구나무에 달린 살구를 손가락으로 가리키며 "몇 개가 달렸다"고 말하자, 서계는 "아니다! 몇 개가 달렸다"며 정재가 말한 숫자보다 수를 줄여 말하였다. 살구를 모두 따서 계산을 해보자 서계가 말한 숫자가 맞았다. 서계가 화를 내며 억지로 아는 체하며 이기려고만 드는 정재의 태도를 꾸짖었다. 정재가 바로 나무를 타고 올라가 가지 끝 잎사귀 밑에 숨어 있는 병든 살구를 따가지고 내려오자 정재가 말한 개수와 딱 맞아떨어졌다.

정재가 파주목사가 되어 전답을 다투는 송사를 판결해 갑이 이기고 을이 졌다. 판결하고 난 다음 "송사의 이치로는 을이 마땅히 이겨야 하나 을의 도장이 장단의 관인이 찍혀 있으므로 분명히 간특한 짓을 한 것으로 보인다. 그래서 갑이 이긴 것이다"라고 말하였다. 을이 몹시 억울해하며 서계에게 가서 하소연하였다. 서계는 이렇게 말하였다.

"사용된 인장이 장단의 것인 줄은 파악하면서 당시 파주에서 인장을 잃어버려 임시방편으로 장단의 인장을 사용한 것을 모르다니! 이렇게 멍청해서야 어떻게 관리 노릇을 한단 말이냐!"

조사해보니 과연 그 말과 같았다. 그 말에 정재는 더 이상 따지지 못하였다.

이덕형의 꿈에 박이서가 나타나다

•

산 자의 꿈속에 죽은 자가 나타나는 괴이하고 비상한 일은 마음으로 짐작하고 이치로 따질 수 없다. 이는 억울함이 쌓이고 원한이 맺힌 경우에 많이 발생하는데 기가 바로 흩어지지 못하고 인정과 도리가 서로 감응한 탓이다.

참판 박이서(朴彝敍)가 왕명을 받들어 북경에 사신으로 갔다가 돌아오는 길에 청나라 군대에 막혀 영원위(寧遠衛)에서부터 해로(海路)를 경유하였다. 사공이 "여순(旅順) 길목으로 간다면 아무 걱정이 없습니다"라고 했으나, 박이서는 "여순은 지금 청나라에 속한다. 왕명을 욕되게 할 수 없다"라고 하였다. 배 안의 사람들이 모두 다른 길로 가기를 원해 허락하였다. 막객 정기(鄭豈)만은 떠나지 않았다. 잠시 후 큰 바람이 불어 대낮인데도 컴컴해져 일행이 어디서 죽었는지도 알 수 없었다.

후에 정기의 아들이 꿈을 꾸었는데 그 부친이 나타나 "내가 사또를 모시고 갈 테니 내가 죽은 날 반드시 신위 하나를 차려놓고 각기 제사를 지내다오!"라고 하였다. 그 자손들이 지금까지도 그렇게 하고 있다.

죽천(竹泉) 이덕형(李德泂)은 평소 박이서와 친하였다. 박이서가 죽은 뒤 이덕형이 또 수로로 연경에 가게 되었는데, 역풍이 불어 배 안의 사람들이 두려움에 벌벌 떨었다. 이덕형이 홀연 꿈을 꾸었는데 박이서가 나타나 손으로 자기 옷을 들어 보여주며 "온몸이 물에 젖어 괴롭네!"라고 하였다. 이덕형이 "우리가 가는 길은 어찌 될 것 같나?"라고 묻자 박이서가 이덕형의 손바닥에 '안길(安吉)'이라고 써주었다. 이덕형은 잠에서 깬 뒤 마음속으로 기이하게 여겨 당도한 곳을 물어보니 박이서가 익사한 장소인 철산취(鐵山嘴)였다. 마침내 옷 한 벌을 가져와 글을 지어 제사 지냈다. 박이서의 아들인 참판 박노(朴簩)는 장연(長淵) 바닷가에 집을 지어 망해암(望海庵)이라는 편액을 걸고, 박이서의 영정을 봉안해두고 아침저녁으로 음식을 차려 제사를 지냈다고 한다.

왕릉 관리의 생활

•

능관으로 왕릉을 지키며 지내는 괴로움을 잘 견디는 사람은 없다. 한양 동쪽과 서쪽에 있는 여러 왕릉의 관리들은 밤낮으로 서로 모여서 장기바둑을 두거나 술을 추렴해 마시느라 시끌벅적한 집이된다. 세상에는 이런 말이 떠돈다. "각각의 능관이 새로 임명되어내려오면, 나이의 많고 적음과 색목(色目)의 같고 다름을 능 입구나뭇가지 끝에 걸어두고 재실(齋室)로 들어간다." 관습과 형세가그렇게 하지 않을 수 없다.

내가 겪은 두 왕릉의 참봉은 동쪽과 서쪽에 있는 여러 왕릉의 시끌벅적한 분위기와는 달랐다. 게다가 책 상자를 가지고 가 조용하고 운치 있게 지낼 수 있어 온갖 업무가 기한이 정해져 있어 마음이 편치 않은 지방 수령보다 나았다.

정언(正言) 정철조(鄭喆祚)가 능관이 되었을 때 누군가가 "무엇으로 소일하시렵니까?"라고 묻자 그가 이렇게 대답했다고 한다.

"이는 어려운 일이 아닐세. 나무 그늘을 찾아서 돗자리를 깔고목침을 베고 누워 나무 잎사귀마다 서로 어우러진 것을 보면 절로한없는 의취(意趣)가 있네."

나도 이렇게 말하겠다.

"정철조가 '절로 한없는 의취가 있다'고 말한 것은 사람들마다터득할 수 있는 것이 아니다."

음식에 사치하다

•

풍속이 대단히 사치스러운데 음식이 유독 심하다. 연회를 벌이거나 유람할 때 명승지를 찾아가며 가져가는 도시락은 더 말할 것도 없다. 조정에서 근무하면 식사를 집에서 가져오는데, 아침 점심으로 보내오는 음식은 한 그릇에 100여 전의 값을 들여 대여섯 그릇을 만든다. 그 진기한 요리와 귀한 반찬은 남의 눈을 휘둥그레지게 만든다. 하인들까지 배불리 먹고도 남아 추울 때에는 얼고 더울 때에는 부패한다. 비용의 낭비는 말할 것도 없고, 음식을 만드느라 들인 노력이 아깝다. 그런데도 이기려고 애쓰고 질까 봐 부끄러워한다. 백성들이 곤궁하고 재물이 고갈된 것은 여기에 그 뿌리가 있다.

예전부터 그랬으나, 내가 젊었을 때 선배 어른들이 밤에 술을 마시거나 낮에 음식을 먹을 때면 미음 죽과 마른 포에 불과하였다. 아버지께서 홍문관에 근무하실 때 식사를 날라다 드셨는데 참판 엄사만(嚴思晚)이 장난삼아 교서(敎書) 단구를 지어 "10년간 옥당에 있으면서 삼동(三冬)에도 거친 밥을 먹었다"라고 했는데, 그 구절을 조정의 여러 사람 입에서 입으로 전하여 읊었다.

풍고(金祖淳)가 언젠가 이런 말을 하였다.

"내각에서 회의할 때 김종수(金鍾秀)가 거친 자기 병에 술을 마시고, 새끼줄로 묶은 그을음에 까맣게 된 버들가지 고리짝에 시장에서 파는 엿과 마른 북어를 찢은 조각을 담아와 안주로 먹었다.
어찌 어렵고도 어려운 일이 아니겠는가?"

　김종수가 남보다 뛰어난 맑은 덕을 지녔다는 말도 아니고, 그렇
다고 속내를 숨기고 가식적인 행동을 했다는 말도 아니다. 당시 풍
습이다.

당파 간의 금기

•

근세에 이른바 집안 간에 혐의가 있어 회피한다는 것은 사리에 너무 맞지 않는다. 마땅히 피해야 할 경우는 피하지 않고, 피하지 않아야 할 경우에는 피하고 있다. 세력이 강한가, 약한가에 따라 회피하기를 오락가락하기도 하니 말할 수 없는 점이 있다.

대관(臺官) 박계영(朴啓榮)이 일찍이 청음 김상현을 논박한 일이 있었다. 청음의 손자 퇴우 김수흥이 호조판서로 있을 때 박계영의 아들 박신규(朴信圭)가 낭관(郞官)이 되었다. 박신규는 퇴우가 집안 간의 혐의가 있어 반드시 자신을 피하리라고 예상하고 병을 핑계로 관직에 나아가지 않았다. 그러자 퇴우가 "사적인 이유로 사이좋게 지내지 못한다고 해도 공적인 벼슬을 어찌 배척한단 말인가?"라며 출사하도록 권해 결국 그와 함께 정무를 보았다.

단암(丹巖) 민진원은 이광좌와 함께 정승이 되었는데, 빈청에 좌정할 때 병풍을 치고 떨어져 앉았다. 근년에 판부사 이명식(李命植) 공이 채제공과 신구 화성유수로서 인장을 교환할 때에도 이러한 예를 썼다. 집안 간의 혐의와는 다르지만 선배들은 당파 간의 금기에 이처럼 엄격하였다.

성공하려면 서울 사는 벗이 끌어주어야 한다

•

학업을 익히고 기예를 겨루는 나이 젊은 선비가 능력을 인정해주고 학업을 장려해주는 세상에 산다고 해도, 한미한 집안의 인재나 시골의 수재로 뛰어난 재능을 지닌 자라면 반드시 서울의 벗이 이끌어주어야 자립할 수 있다. 예컨대 옛날에 한유(韓愈)와 황보식(皇甫湜)이 우승유(牛僧孺)를 찾아가서 대문에 글씨를 써준 것과 같은 일이 필요하다.[90]

개령(開寧, 지금의 김천)현감 송위(宋煒)는 전라도 익산 사람인데, 노총각으로 책 보따리를 짊어지고 서울에 공부하러 왔다. 당시에 풍릉군 조문명과 백하 윤순을 비롯한 여러 사람이 관아에 모여 시를 지어 품평하면서 과거시험 공부를 하였다. 송위가 그 자리에 끼어들었는데 촌티가 물씬 풍겨서 좌중이 그를 대접하지 않았다. 시제(詩題)는 '도중에 누런 보자기를 풀어보다'[91]였다. 송위가 대번에 "천왕이 밤에 여지도(興地圖)를 살펴보고, 절동(浙東)에선 옛날

---

90 《설부(說郛)》에 다음과 같은 고사가 있다. "한유와 황보식은 한 시대의 명망가였다. 우승유가 문장을 들고 찾아가 뵈었는데, 첫 번째 작품이 〈음악을 말하다〉였다. 한유가 제목을 보고 바로 책을 덮고 묻기를 '박판(拍板)으로 무얼 하려는가?' 하니, 승유가 '악구(樂句)입니다'라고 답하였다. 두 공이 매우 칭찬하였다. 우승유가 출타했을 때 그의 집을 찾아가서 그 문에 '한유와 황보식이 함께 방문하다'라고 써놓았다. 다음 날 습유와 보궐 이하 관원들이 모두 와서 명함을 두고 갔고, 이로 인해 명성을 떨쳤다."

에 장요미(長腰米)를 바쳤네"라고 하자, 조문명과 윤순이 비웃으며 "이게 무슨 뜻이냐? 혹시 익산의 쌀장수 자식 놈 아니냐?"라고 하였다. 그러나 그가 차례차례 시구를 지어나가는 것을 보고는 자신도 모르게 혀를 내둘렀다. "서울에서 멀어짐을 점차 느끼고, 진나라 나무는 아스라이 냉이처럼 보이네"라는 시구에 이르러서는 모두 무릎을 치며 감탄하였다. 조문명이 "'냉이처럼 보이네'라고 한 압운(押韻)은 내가 고심하며 생각해낸 것인데 빼앗겼구나"라며 그를 추켜세워 시회의 일인자로 삼자 서울에 그의 명성이 떨쳐졌다.

---

91 이와 관련해 《속자치통감강목(續資治通鑑綱目)》에 다음과 같은 고사가 있다. "황제(宋 太祖)가 오월(吳越)의 사자에게 '원수(元帥)가 비릉(毘陵)을 정벌해 큰 공을 세웠다. 강남이 평정되면 잠시 와서 짐과 한 번 만나 그리워하는 마음을 위로하고 다시 돌아가도 좋다. 짐은 세 번 규폐(圭幣)를 집행해 상제(上帝)를 뵈었으니 어찌 식언하겠는가?'라고 말하였다. 이에 이르러 오월왕 전숙(錢俶)이 아내 손씨(孫氏), 아들 유준(惟濬)과 함께 입조(入朝)하였다. 황제가 저택을 하사해 머무르게 했고, 몸소 거둥해 연회를 베풀어주며 상으로 하사한 물품이 대단히 융숭하였다. 전숙에게는 검리상전(劍履上殿, 신하가 검을 차고 신을 신은 채로 전(殿)에 오르는 특혜)과 서조불명(書詔不名, 조서에 이름을 쓰지 않는 것)의 대우를 내려주고 진왕(晉王)과 형제의 예를 맺도록 하였다. 그러나 전숙이 한사코 사양하자 그만두었다. 2개월을 머물다가 돌아갔다. 돌아갈 때 황제가 누런 보자기 하나를 하사했는데 아주 단단하게 봉하였다. 전숙에게 '도중에 은밀히 볼지어다'라고 경계하였다. 보자기를 풀어보니 모두 뭇 신하들이 전숙을 억류해야 한다고 올린 상소문이었다. 전숙이 더욱 감격하고 두려워하였다."

황제총에서 채경의 기물을 얻다

•

송나라 휘종(徽宗)과 흠종(欽宗) 두 황제가 천고의 용렬한 사람이
란 것은 그 생애에 잘 나타나 있다. 죽은 뒤의 정기는 즉시 연기나
안개처럼 흩어지고 사라져 순간도 머물지 않는다. 그런데 이른바
황제총은 지금까지 천여 년이 되었는데도 이따금 이상한 일이 생
기고 기이한 소문도 들린다.

황제총은 회령(會寧) 고령진(高嶺鎭) 동쪽 산골짜기에 있다. 윤
광신(尹光莘)이 북병사가 되어 밤에 술을 마시고 "홀로 말을 타고
황제총에 달려가서 그 위에 기를 꽂는 자에게 상을 내리겠다"는
명을 내렸다. 한 용맹한 군사가 명을 듣고 즉시 난막(欄幕)으로 달
려갔는데, 등불이 환하고 북소리가 한창이어서 크게 소리치며 들
어가자 음악 소리가 사라지고 좌중도 텅 비어 있었다. 구리 술독
하나와 소뿔 잔 하나를 얻어 돌아왔다. 그릇에 새겨진 글을 살펴보
니 "신 경(京)이 만들다"라고 되어 있었는데, 경(京)은 곧 채경(蔡
京)[92]을 말한다. 두 물건 모두 윤광신이 가지고 있었는데 뒤에 이
리저리 팔려서 단릉(丹陵) 이윤영(李胤永)이 간직했다고 한다.

---

92 채경(蔡京, 1047~1126)은 중국 북송(北宋) 말기에 16년간 재상 자리에 있으면서 숙적 요(遼)를
멸망시켰으나, 휘종에게 사치를 권하고 재정을 궁핍에 몰아넣었다.

인장으로 만리 밖 지기를 얻다

•

하찮고 작은 기예도 알아주는 사람이 있다. 한 조각 돌에 새겨진
몇 글자를 만 리나 떨어진 사람이 마음을 쏟아 감상하기도 한다.
남들이 모르는 것을 알아보았기 때문이다.

개주(盖州)의 임본유(林本裕)는 본래 무림(武林) 사람으로 화정
(和靖)[93]의 후손이다. 젊어서 오삼계(吳三桂)[94]의 서기가 되었다가
청나라에 잡혀가서 개주에 억류되었다. 작은 누각에 머물며 독서
를 즐겨 욕옹(辱翁)이라 자호하였다. 그가 새긴 도장은 천하에 으
뜸이라고 일컬어졌다. 정승 도곡(陶谷) 이의현(李宜顯)이 연경에
갔을 때 예물을 갖추어 그에게 인장을 새겨주기를 청하였다. 임본
유가 조선 사람이 새긴 것을 보고 싶어해 유약(柳約)이 새긴 인장
을 보여주었다. 임본유가 유약이 새긴 인장을 보고 경탄하며 "이
런 각(刻)이 있는데 무엇 하러 저에게 새겨달라고 하십니까? 저는
이 사람보다 솜씨가 못합니다"라고 하였다. 편지와 예물을 마련해
오히려 유약에게 부탁하고 해내지기(海內知己)라 일컫기까지 하

---

93 송대(宋代) 임포(林逋, 967~1028)로 자는 군복(君復)이고, 사후에 화정선생(和靖先生)이라는
시호를 하사받았다.

94 오삼계(吳三桂, 1612~1678)는 청나라 무장으로, 자는 장백(長白)이다. 북경을 점령한 이자성
을 청군의 원조로 토벌했으며, 뒤에 운남(雲南)지방을 근거지로 하여 삼번(三藩)의 난을 일으켰
으나 실패하였다.

였다.

유약은 전각을 잘했지만 우리나라에서는 그다지 인정받지 못했는데, 임본유의 칭찬을 들은 뒤 명성이 날로 높아져 이후 사대부들은 유약의 도장을 갖지 못하면 부끄럽게 여기기까지 하였다.

박태보의 자존심

·

군영의 막료로 부름 받는것을 부끄럽게 여기는 사대부가 많았다. 정재 박태보가 옥당에서 근무할 때 군영의 막료로 제수하자 무관에게 모욕을 당했다며 상소를 올린 뒤 즉시 나가버렸다. 여기에서 옛날의 풍습을 볼 수 있다. 근래에는 이와 반대가 되어 그 자리를 얻지 못하면 부끄러워하고, 청탁을 넣어 자리를 차지하기도 하여 청요직(淸要職)에 뽑히는 것과 다르지 않게 되었다. 정말 모욕을 당하면서도 부끄러워할 줄 모르는 지경에까지 이르렀으니 어쩔 도리가 없다.

영조의 정성에 하늘이 감동하다

•

영조 재위 50년간은 더할 나위 없이 잘 다스려진 시대로서 백성들의 먹을 것을 중히 여기고 천시(天時)를 공경해 정성껏 천지 신령에 제사를 지내 천심(天心)에 부합하고자 하였다. 해마다 풍년이 드는 경사는 임금의 마음가짐으로부터 얻어진 경우가 많았다.

병자년(1756) 정초에 풍년을 기원하는 제사를 지냈는데, 제사 지내는 차례를 막 부르려고 할 때 영조 임금께서 갑자기 현기증을 일으키며 자리에서 쓰러지셨다. 재실로 부축해 가서 약을 진상하자 한참 뒤에 말씀하시기를 "사흘 동안 목욕재계한 탓에 증상이 생겼으니 늙은이의 처지가 개탄스럽구나"라고 하셨다. 이때 임금의 나이는 예순세 살이었다. 대신들이 대신해 제사를 드리겠다고 청하자 임금께서 고개를 끄덕이시다가 바로 말씀하시기를 "백성을 위해 나왔는데 숨 하나는 아직 사라지지 않았다. 일을 마치지 않고 서둘러 돌아갈 수는 없다"라고 하시고는 갑자기 일어나 문밖으로 나가셔서 의례대로 제사를 지냈다. 이해에 흉년이 조금 들기는 했지만 그리 심하지는 않았고, 이듬해부터는 크게 풍년이 들기 시작해서 수십 년 동안 한 번도 흉년이 들지 않았다. 아, 위대하도다!

신참길들이기

•

나라의 풍속에 문과에 급제하는 것을 대과(大科)라 하고, 생원시험과 진사시험을 소과(小科)라고 한다. 사관의 선배들이 새로 급제한 신래들을 마전교(馬前橋)[95]로 불러 오라가라하며 장난거리로 삼는다. 이름을 거꾸로 부르게 하여 '도함(倒啣)'이라 하고, 더러운 도랑으로 걸어 들어가게 하고 '게잡이〔捉蟹〕'라 하며, 땅바닥에 누워 구르게 하고 '멍석말이〔捲席〕'라 하고, 하늘로 펄쩍펄쩍 뛰게 하고 '별따기〔摘星〕'라고 하였다. 박수치면서 하늘을 바라보며 크게 웃기도 하고, 땅바닥에서 한 치 떨어지게 고개를 숙이게 하며, 얼굴에 먹물을 칠하기도 하고, 담을 타넘거나 춤을 추거나 한 발을 들고 껑충껑충 뛰면서 가기도 한다. 우스꽝스럽고 괴이한 일을 하나도 빠짐없이 모두 하였다. 어떤 이는 "고려 말에 권세가의 젖비린내 나는 자제들이 죄다 과거에 급제했을 때 이들을 '홍분방(紅紛榜)'[96]이라고 불렀다. 이에 이러한 장난거리를 만들어 그 오만방자한 기세를 꺾으려고 하였다"고 한다.

---

95 마전교(馬廛橋)라고도 한다. 지금의 서울특별시 종로구 종로 5가와 을지로 사이 청계천에 있던 다리를 가리킨다.

96 '분홍방(紛紅榜)'이라고도 한다. 나이가 어린 권문자제가 과거에 급제한 일을 놀림조로 이르던 말이다. 고려 우왕 11년(1385)의 감시(監試)에서 시원(試員) 윤취(尹就)가 뽑은 99명 가운데 권세가의 자제들이 많았는데, 분홍 저고리를 입고 입에서는 젖내가 날 정도였다는 것에서 생긴 말이다.

이웅징이 율곡을 비난하다

•

동고 이준경의 유소(遺疏)와 그에 대한 율곡의 논의[97]는 피차 누가 옳고 그른지 확정할 수 없다. 당론의 조짐이 드러나 나라의 우환이 점점 커지자 늙은 신하가 의리를 다하고자 하는 충심으로 어찌 한 마디 말을 임금께 아뢰지 않았겠는가? 붕당에 대한 의혹은 사림(士林)이 화를 당해 패하는 근본이라 배척하는 것이 당연하다. 다만, 말이 지나치게 과격했을 뿐이다. 두 분의 말은 모두 진실된 마음과 우국충정에서 나온 것으로 사사로움이 조금이라도 있었으랴? 그런데 후세에서는 각기 따르는 당론이 있어서 서로 헐뜯고 흉보기에 이르렀으니, 두 분의 본래 뜻이 아니다.

동고의 후손 이웅징(李熊徵)은 《검주지림(黔洲志林)》에서 이렇게 기록하였다.

"《석담야사(石潭野史)》[98]에서 전후의 이름난 공경과 어진 선비들을 두루 헐뜯었다. 그로부터 매도를 당해 온전한 사람이 거의 없는데 칭송받은 이로는 오로지 박순(朴淳)과 정철(鄭澈)을 비롯한 몇 사람뿐이었다. 또 자긍심을 내세우고 스스로를 높이는 말이 많아 그 사람됨을 알고자 한다면 이것만 보아도 충분하다."

---

97 《선조실록》 5년 임신년(1572) 7월 7일조와 《선조수정실록》 같은 해 7월 1일조에 자세한 내용이 보인다. 이 책 '이이와 이준경'(322쪽)의 내용 참조.
98 율곡의 《경연일기(經筵日記)》를 가리킨다.

이 말은 틈을 벌려서 앙갚음을 하거나 자기 허물을 감추고 남의
결점을 들추어내려는 의도가 있는 듯하다. 그러나 《춘추》에서 인
물을 포폄하고 은근하게 에둘러 의중을 표현하는 의리마저 온전
히 갖춘 사람이 거의 없다고 말할 정도이니 천하에 어찌 이럴 수가
있겠는가? 한수(漢水)로 씻고 가을볕으로 쪼인 듯[99] 순수해 지적
할 하자가 없는 율곡을 번번이 이 《석담야사》 한 가지 일을 가지고
기필코 폄하하고자 하니 제 역량도 잘 모른다. 내가 일찍이 병조판
서 남인 한치응(韓致應)과 그 안건을 두고 이야기했는데 그는 끝까
지 고집을 부렸다.

---

99 《맹자》〈등문공 상〉에 증자가 공자의 도덕과 인품이 환하고 깨끗함을 표현해 "한수로 씻고 가을
볕으로 쪼인 듯하다(江漢以濯之, 秋陽以曝之)"라고 하였다.

해진 이불과 소박한 밥상

•

다 떨어진 솜옷을 입고서 여우 가죽, 담비 가죽 옷을 입은 사람과 함께 서 있어도 부끄러워하지 않을 사람으로 공자의 제자 가운데 유독 자로(子路) 한 사람만 인정을 받는다. 이것은 인정상 매우 하기 힘든 일이다. 내 성격은 이와 반대이다. 멋진 새 옷을 입고 해진 옷을 입은 사람과 마주치면 나도 모르게 얼굴이 붉어지고 움츠러들어 그 자리에서 몸둘 바를 몰라한다. 지나치게 옹졸한 자라고 말하면 될까?

월사(月沙) 이정구(李廷龜)가 정승 이원익과 왕릉을 살피러 갔다. 정승의 이불이 다 해져서 솜이 너덜너덜한 것을 보고 월사는 마음속으로 너무나 부끄러워 감히 자신의 이불은 펴보지도 못하고 이불 상자에 기대어 잠을 잤다. 그 뒤로 매번 부끄러웠던 일을 말할 적에 제일 먼저 이 이야기를 꺼냈다.

정승 이상진(李尙眞)이 연로해 전주로 돌아가는 길에 노성(魯城, 지금의 논산)에 있던 명재 윤증을 방문하였다. 윤증이 "우리가 죽기 전에 다시 만날 수 있을지 기약하기가 어려우니, 밥상을 마주하고 이야기나 나눕시다. 준비해오신 것은 놔두시고 제가 음식을 차려내오겠습니다"라 하고는 보리밥, 아욱국, 소금 간한 생선, 고추장을 내와 먹으면서 거듭 손님에게 많이 드시라고 권하였다. 이상진은 단지 몇 숟가락만 뜨고 더 이상 먹지 못하고 물러나와 말하기를 "내가 이제껏 그릇되게 입과 몸을 봉양하였구나. 지금 시장에서 매질당하는 것보다 더 부끄럽다"라고 하였다.

다락원 박씨의 성품

•

사람을 쓸 때 반드시 선대를 살펴보는 이유는 그들이 비슷한 점이 있어서이다. 군자와 소인의 후손이 꼭 모두 군자이거나 소인인 것은 아니다. 그러나 한 가닥의 혈기가 대물림되어 생김새의 유사함을 넘어서 성향까지 닮는 것은 이치상 속일 수 없다.

다락원 박씨(朴氏)[100]는 대대로 직언을 잘하기로 소문이 났다. 금주군(錦洲君) 박정(朴炡)이 사헌부에 근무할 때 승평부원군 김류가 "그대가 논박하려는 안건이 어떤 일인가?"라고 묻자, 박정이 "듣자하니 공의 자제가 사람을 죽이고 시체를 은닉했다고 하는데, 내일 마땅히 탄핵할 것입니다"라고 하였다. 김류의 안색이 흙빛으로 변하고 어떻게 대답해야 할지 몰랐다. 박정이 새로 나주목사로 임명되었다.[101] 아전이 박정을 맞이하기 위해 서울로 올라와서 나주 관아에 있는 아전에게 글을 썼는데 "젊고 이름난 관리가 꼿꼿하게 앉아서 말도 하지 않고 웃지도 않아 그 속마음을 알 수 없다"

---

100 반남(潘南) 박씨(朴氏)를 말하며, 특히 다락원[樓院] 일대에 세거한 서계 박세당 집안을 말한다. 서계 선생이 살던 곳은 수락산 석촌동인데, 지금은 의정부시 장암동으로 석천계곡을 따라 서향(西向)한 사랑채와 영당(影堂)이 남아 있다.

101 원문에 의거해 '나목(羅牧)'을 나주목사로 풀이했으나 실제 연보를 살펴보면 박정은 나주목사를 지낸 적이 없고 '남원부사'를 역임한 적이 있다. 심노숭이 '남원부사'를 '나주목사'로 착각한 것으로 보인다.

라고 하였다.

박정의 아들 서계 박세당이 사헌부에 재직할 때 탄핵하고 논박하는 데 조금의 사정도 두지 않아 당시 의론이 그를 꺼려하였다. 참판 이민적(李敏迪)이 서계가 작성한 계문(啓文)을 보더니 "아! 너무 심하구려! 선생의 말이여"라고 웃으며 말하였다. 양파 정태화가 손님에게 "박세당은 그 아비의 풍모를 갖고 있다"라고 하였다.

서계의 아들인 정재 박태보는 결국 직언을 하다가 죽었다. 이로 볼 때 한 집안의 인물들은 성향이 유사하다는 것을 속일 수 없다.

이덕수의 욕망 다스리기

•

명예와 이익에 대한 욕심은 식욕이나 성욕보다 더 심하다. 식욕과 성욕은 늙으면 잦아들지만, 명예와 이익에 대한 욕심은 관 뚜껑을 덮은 후에라야 그친다. 사람들이 두려워해야 할 욕망 가운데 대단히 중요한 것임이 분명하다.

서당(西堂) 이덕수(李德壽)는 젊었을 때 부친 이징명(李徵明)을 따라 황해도 감영의 관사에서 살면서 한 기생을 사랑했으나 부친이 혹독하게 떼어놓았다. 그러나 이덕수는 기생을 계속 그리워해, 밤이면 번번이 문지기가 입는 검은 옷과 가죽 두건으로 변장하고 나갔다. 자신의 신분을 감추기 위해서였다. 어느 날 기생을 만나고 집으로 돌아왔는데, 촛불 아래 펼쳐진 책을 보고는 흥이 나 책 읽기에 빠지는 바람에 자신이 검은 옷과 가죽 두건을 걸치고 있는 줄도 몰랐다.

부친이 관아의 종을 시켜 부르자 이덕수가 급히 일어나 달려갔다. 부친이 자리에 앉게 하고는 "내가 금지한 일을 네가 정녕 끊었느냐?"라고 물으니, 이덕수가 "그렇습니다!"라고 대답하였다. 부친이 "네 말대로라면 그 꼴이 뭐냐?"라고 하자 이덕수가 비로소 깨닫고 놀라 바닥에 엎드렸다. 부친이 막료에게 "아들놈이 이 지경이니 어찌 본성이 아니겠소. 내가 떼어놓은 것이 도리어 빠지게 만들었군"이라 하고 그날 밤부터 기생에게 아들 옆을 떠나지 말고 보살피도록 하였다. 이덕수는 곁에 있는 기생을 맹수와 도깨비처럼 여겨 잠시도 가까이하지 못했는데, 간절히 빌어서야 떼어놓을 수 있었다.

그로부터 이덕수는 일체의 풍정(風情)이 담담하게 사그라졌다. 늘그막에 내의원의 제조(提調)가 되었을 때는 의녀(醫女)가 앞에 이르면 얼굴이 벌겋게 달아오르고 이마에서는 땀이 송글송글 맺혀 떨어졌다. 부끄러워하는 그의 마음은 보통 사람보다 지나친 점이 있었나 보다.

만년에 관직에서 물러나 양근(楊根) 강가에 살았는데, 누군가에게 이런 사연을 털어놓았다.

"때때로 마루와 방을 거닐다가 서울길에 서울 관아의 관노가 오는 것을 보면 혹시나 임명장을 가지고 오는 것이 아닐까 하는 생각이 들면서 마음이 자연스럽게 동요되더군요. 지금 내가 어찌 벼슬하려는 뜻이 있겠는가마는 마음에서 깨끗하게 사라지지 않았으니 두려워할 만한 것이 아니겠소?"

이덕수는 본래 담박한 사람으로 속류가 아닌데도 이렇게 말하였다. 이를 통해서 사람의 욕망을 잘 알 수 있다.

공금 유용하는 관리들

•

공금을 멋대로 쓰고서 아전에게 돈을 꾸는 것은 관직에 있는 사대부가 해서는 안 될 중대한 규범이다. 지방 고을의 관리도 이를 지켜야 하거니와 서울 관리라면 더욱 엄격하게 지켜야 한다.

예전 내가 처음 벼슬에 나갔을 때 여러 사람들이 장악원 관리 자격으로 공금을 멋대로 사용하자 선혜청이 즉시 창고지기에게 돈을 꿔달라고 요구했다는 말을 들은 적이 있다. 이른바 '도중조(徒中條)'라는 것으로서, 선혜청 아전들이 돈을 추렴해 이자놀이를 하여 관원의 요구에 대응한 것이다. 이 일로 잗단 비방과 온갖 원망이 쏟아져 온 세상이 소란하였다.

요사이 들으니 여러 관청에서 이를 범하지 않는 관원이 없고, 아전들도 익숙해져서 태연히 따르고 있다고 한다. 30, 40년 사이에 세상이 변했음을 또한 알 수 있다.

선친께서 일찍이 제사를 맡은 관리로 목욕재계할 때 평시서(平市署)[102] 직장(直長)인 박지원(朴志源)이 숙직하고 있었다. 아침밥이 다 되었을 때 시골에 사는 친척이 마침 찾아오자 박지원은 밥을 내오지 않았다. 평시서의 노비를 잣골 집으로 보내 술을 사오게 하였다. 노비가 정오가 지나 돌아왔으나 술을 사오지 못하였다. 박지

---

[102] 조선시대 시전(市廛)과 도량형(度量衡) · 물가 등에 관한 일을 관장한 관청이다.

원이 혀를 차며 "그렇다면 밥을 나눠 들지요"라고 하였다. 손님이 "어째서 평시서의 노비에게 술을 사오라 하고 구채(丘債)¹⁰³가 나오면 갚지 않으시오?"라고 하였다. 박지원은 "의리상 그렇게 할 수 없습니다"라고 하였다.

　선친께서 돌아오셔서 "사대부는 벼슬살이를 마땅히 이렇게 해야 한다"라고 내게 말씀하셨다. 만년에 이르도록 이 일을 말씀하시면서 깊이 훈계하셨다. 나는 벼슬살이하면서 늘 이 말씀을 생각하며 잠시도 허투루 넘긴 적이 없었다. 박지원이 잠깐 사이에 행한 작은 지조가 사람들에게 평생의 귀감이 되었다. 선을 행하는 이로움이 넓다.

---

103 구종채(驅從債)이다. 관인(官人)이 말을 타고 갈 때 고삐를 잡고 앞에서 끌거나 뒤에서 따르던 하인에게 주는 전곡(錢穀)인데, 관청에서는 그 구종채를 관인에게 주어서 마음대로 쓰게 하였다.

옛사람의 언행 조심

•

옛사람들은 명예와 절개를 중히 여겨 일상적인 언행에도 조심하고 두려워해 감히 함부로 하지 않았다. 사대부들이 지조를 굳세게 가지고 있고 국가가 오래도록 큰 복을 누린 것은 이 때문이리라!

숙종 임진년(1712) 정시(廷試)에서 표(表)로 출제된 문제의 제목은 '한(漢)나라 왕생(王生)이 수형도위(水衡都尉)에 임명된 것을 사례하다'[104]였는데, 양정호(梁廷虎)가 장원을 차지하였다. 조태억이 그 작품을 보다가 "조심스레 어전에 나아가 황제께서 치적이 어떠한가를 물으시면, 황제에게 공적을 돌려 성상의 덕이 미친 결과라고 말하라!"라고 한 대목에 이르렀다. 조태억은 시권을 구겨서 내던지며 "사대부가 할 언사가 아니다. 이따위 사람을 얻은들 어디에 쓰겠는가?"라고 하였다. 조태억이 남보다 뛰어난 식견이 높아서가 아니라 당시의 기풍이 그러하였다.

---

104 전한(前漢)의 공수(龔遂)가 발해(渤海)의 태수가 되어 발해를 잘 다스리자, 황제가 수형도위로 임명하였다. 공수가 사은숙배하러 갈 때 의조(議曹)로 있던 왕생이 황제가 발해를 어떻게 잘 다스렸냐고 물으면 "모두 성상의 덕택이고 소신의 능력이 아닙니다"라고 대답하라고 충고하였다. 공수가 그 말을 따랐더니 황제는 그 겸손함을 가상히 여겨 공수를 수형도위에 임명했고, 왕생을 수형승(水衡丞)에 임명해 공수를 포상했다고 한다. 《전한서(前漢書)》〈순리열전(循吏列傳)〉에 보인다.

글을 잘 모르는 영웅도 있다

•

'천하에 글을 모르는 영웅은 없다'라고 한 옛말이 확고한 것이겠
는가! 영웅은 대개 글을 알지만, 글을 모른다고 하여 영웅이 아니
라고 한다면 이는 잘못된 것이다. 평성군(平城君) 신경진(申景禛)
이 젊어서 공부하지 못했으나 인조반정에 참여하게 되어 삼정승
의 지위에 올랐다. 그가 아우에게 보낸 편지에 "지관(地官)이 우리
집안 산을 보면 응당 정승이 나올 자리라고 하겠지"라고 썼다. 남
한산성에서 항복하던 날 임금이 신하들을 돌아보며 "내 이번 걸음
이 휘종·흠종과 같겠는가?"라고 하자, 신경진이 "휘종·흠종이
뭔데요?"라고 물었다.

일찍이 시를 지어 "나무여 나무여 느티나무여! 시원한 바람 많
도다!"라고 하였다. 어떤 이가 그의 시에 대구를 맞춰서 "정승이여
정승이여 신정승이여! 연구가 훌륭하도다!"라고 하였다. 그는 이
렇듯이 글을 몰랐다.

정묘년(1627)과 병자년(1636)에 두 나라 사이에 분쟁이 한창일
때 지천 최명길과 계곡 장유 같은 대문장가들이 상의해 외교 문서
를 지어 신경진에게 올렸다. 신경진이 그 문서를 풀어서 읽어보게
한 다음 "아무 단락은 아무 뜻으로 고치고, 아무 구절은 아무 말로
고쳐라"라고 하였다. 여러 사람이 지시에 따라 글을 고쳐 지으면
열에 여덟이 꼭 맞는 말이므로 모두들 감탄하며 도저히 따라가지

못하겠다고 하였다. 구구하게 문자나 아는 이들이 그런 능력을 얻을 수 있으랴! 석륵(石勒)이 한서(漢書)를 이해했다는 것[105]도 이런 것이다

---

105 석륵은 중국 후조(後趙)의 고조(高祖)이다. 글을 배우지 않아 사람을 시켜서 《한서》를 읽게 했는데, 한(漢)나라 고조(高祖)가 태자를 바꾸려 한다는 내용을 듣고는 소스라치게 놀랐고, 장량이 젓가락을 빌려달라고 하는 대목에 이르자 "이 덕분에 무사히 넘어갔다" 라고 하였다.

옛사람들은 검약을 좋아하고 사치를 미워하였다

•

옛사람이 다들 검약을 좋아하고 사치를 미워한 남다른 이유가 무엇일까? 낭비는 하늘에게 벌을 청하는 짓이고, 겸손하게 비우는 복은 자신이 찾아가기 때문이다. 이 사실을 분명하게 깨닫고 견고하게 지키면 방종해 패망하지 않고 오랜 안녕을 보전할 수 있다.

판서 서필원이 딸을 시집보낼 때 부인이 혼수를 걱정하자 "호조 판서의 딸이 혼수가 없겠소? 벌써 장만해놓았소"라고 하였다. 혼삿날이 되자 베개 하나와 이불 하나만 내어놓았다. 부인이 깜짝 놀라 화를 내면서 "그걸로 어떻게 혼사를 치른단 말입니까?"라고 하자, 서필원이 웃으면서 말하였다. "내가 젊었을 때 그대와 언제 이불 두 채를 가지고 각방을 썼소?"

절개를 지키는 것이 가장 중요하다

•

"굶어 죽는 일은 사소하고 절개를 잃는 일은 중대하다"는 이천(伊川) 선생의 말에 대해 내가 무슨 말을 덧붙이겠는가? 절개를 잃는 것이 굶어 죽는 것보다 중요하기는 하지만, 《맹자》에서의 이른바 예(禮)와 색(色)의 경중[106]은 한 가지 기준으로만 잘라 말할 수 없다. 그러나 작은 예절이니까 한계를 넘어도 된다고 인정하면 큰 예절에서도 한계를 넘어서게 된다.[107] 그 경계선을 잘 살피지 않을 수 없다.

그렇지 않으면 일의 경중과 대소를 따질 것 없이 지켜야 할 일은 반드시 목숨을 걸고 지킨 뒤에라야 방종하지 않고 패망하지 않는다. 사람마다 그렇게 하라고 요구하겠는가? 학문의 힘이 없다면 얻을 수 없고, 이치를 깊이 살피지 않는다면 할 수 없다.

우리 집안 어른인 심사동(沈師東) 어른은 매우 가난해 백문(白門, 서대문) 밖 몇 칸짜리 집에 살았다. 며칠 동안 먹지 못했지만 의관을 정제하고 책상에 앉아서 독서했는데 남들은 어른의 얼굴에서 굶주린 기색을 엿보지 못하였다. 정승 김희(金熹)가 경행(經行,

---

106 《맹자》〈고자 하(告子下)〉 편에 나오는 내용으로, 기본적으로는 예가 중하지만 경우에 따라 색이 예보다 더 중할 수도 있다고 말하였다.

107 앞의 주 31번 참조.

경서에 밝고 행실이 바름)으로 천거했으나 임금의 재가를 받지 못해 끝내 이름도 남기지 못하고 죽었다.

언젠가 시골에 사는 친한 벗이 100꿰미의 돈을 맡기고는 기한을 정해놓고 돌아갔다. 벗이 수년 만에 찾아와서 광 안에 보관해두었던 돈을 꺼냈더니 먼지가 동전 위에 몇 치쯤 쌓여 있었다. 돈 주인이 이상하게 여겨 묻자 "먹어서 안 될 것을 먹는다면 무엇인들 먹지 못하겠으며, 무슨 일인들 하지 못하겠는가?"라고 대답하였다. 돈 주인이 몇 꿰미를 주어 술과 밥을 장만해 마주앉아 먹었으니, 이런 일은 사람마다 할 수 있는 것이 아니다.

"한양 5부(五部)의 하인 조막동(趙莫同)이 일찍이 다음과 같이 말하였다. '관리와 함께 길을 닦는데, 골목 주민에게 술과 밥을 장만하게 하여 취하게 마시고 배불리 먹고는 남은 음식을 남겨두었다. 날이 저물어 관리가 배고프기를 기다렸다가 남겨놓은 음식을 바치자 기뻐하면서 먹지 않는 사람이 없었다. 먹지 않은 사람은 수십 년 동안 겨우 한두 명뿐이었다. 내 밥을 나누어 먹은 사람은 대개 정당하지 않은 방법으로 관직을 얻은 자들이다.'"

이것은 동평위 정재륜의 《공사견문록(公私見聞錄)》에 나오는 이야기이다. 광 속에 100꿰미의 돈을 놓아두고도 여러 해 동안 먹지 않았는데 조막동이 먹다 남긴 것을 먹을까? 크고 작은 것을 따질 것 없이 절개를 잃지 않은 점은 똑같다.

남태회의 기지

•

재빠르고 영리하며 갑작스러운 일에 대처하는 능력을 사대부들이 그다지 귀하게 여기지는 않지만 그렇다고 그런 능력이 없어서도 안 된다. 대처하기 어려운 때 임기응변해 적절하게 잘 대응하는 것에는 남과 응수를 잘하는 말솜씨가 있는데, 이를 가볍게 볼 수 있으랴!

영조 임금께서 모화관(慕華館)에서 청나라 사신을 접견하는데 청나라 통역관인 서종맹(徐宗孟)[108]이 임금 앞으로 나와 한쪽 무릎만을 꿇고는 말할 때마다 번번이 '나〔我〕'라고 지칭하였다. 홍문관의 남태회(南泰會)가 앞으로 나와서 "너는 일개 통역관인데 감히 이리도 무례할 수 있느냐!"라고 꾸짖었다. 서종맹이 다른 무릎마저 꿇고는 "나라고 하지 않으면 뭐라고 합니까?"라고 되묻자 남태회가 "소인(小人)이라고 해라"라고 하였다. 서종맹이 황공해 소인이라고 하자 임금께서 대단히 통쾌해하셨다. 이로부터 나날이 남태회를 크게 알아주고 융성하게 대우하셨다.

---

108 청나라의 통역관. 그는 끝없는 탐욕으로 조선 사람의 고혈을 빨아 거부가 되었는데 그 뒤에 일이 발각되어 북경에 있던 큰 집이 몰수당하였다. 그는 성질이 사납고 탐욕스러웠다고 전해지며, 조선말을 잘하고 일을 기민하게 처리해 모든 통역관들에게는 공포의 대상이었다고 한다.

소북 선비의 불우한 삶

•

의지가 굳고 실천에 힘쓰는 선비는 좋은 기회를 잃고 외롭고 쓸쓸하게 살아가는 사람들에서 찾아볼 수 있다. 결국에는 쓸쓸하고 불우함을 벗어나지 못해 살아서는 뜻을 제대로 펼치지 못하고, 죽어서는 자연스럽게 존재가 사라져 식자들의 안타까움을 사지만 슬퍼한들 무슨 소용이 있겠는가?

선비 이식(李栻)은 집이 가난하였다. 어려서 과천의 청계산 밑에서 살며 밤에는 책을 읽고 낮에는 땔감을 모아 도성으로 들어왔다. 근력이 남들보다 좋아 등에 진 나뭇짐이 곱절이었고, 한 입으로 값을 다르게 부르지 않아 사람들도 값을 깎지 않았다. 모두들 과천이 생원의 땔나무는 양도 많고 질도 좋다고 칭찬하였다.

이식은 땔감 판 돈을 쌀과 고기로 바꾸어 집으로 돌아와서는 부모님을 봉양하였다. 비바람이 심하게 부는 날에도 평상시와 똑같이 하였다. 부모님이 돌아가시자 더 이상 옷가지와 먹을 것에는 뜻을 두지 않았다.

집사람들이 놋그릇을 잃어버렸는데 이식은 말없이 오래도록 앉아 있다가 《주역》의 정괘(鼎卦)를 뽑아보고는 "볏짚더미 아래를 한번 찾아보아라!"라고 하였다. 찾아보았더니 과연 그릇이 나왔는데, 어떻게 된 일인지는 말하지 않았다. 평상시 그가 괘를 뽑아 점치는 것을 자제들은 본 적이 없었다. 학문을 논할 적에는 수화상제

(水火相濟)를 근거로 "마음을 다스리려면 먼저 신장(腎臟)부터 보호한다"라고 말했는데, 그 말의 의미가 깊고 절실하게 보였다. 나이 일흔여 살에 죽었다. 자신의 호를 외암(畏庵)이라 하고 호의 뜻처럼 실천했으니 그 사람됨을 알 수 있다. 평범하지 않은 능력을 갖추었으니 어디에 그만한 사람이 있으랴! 오호라, 슬프다! 이식은 당색이 소북(小北)이라고 한다.

공천하의 마음이 있으면 하늘도 돕는다

•

나를 알아주고 잘 대우해준 은혜를 짧은 순간의 장난스러운 일에서 갚고, 내게 베풀어준 덕을 죽고 사는 것을 잊은 결정적인 때에 갚기도 한다. 이것은 사람의 힘으로 되는 것이 아니므로 사람이 어떻게 알겠는가? 하늘이 한 일이라고 하자니 하늘은 참으로 절묘하기도 하다. 하는 수 없이 "마음에 감응하는 이치에 따라 이루어진 것이다"라고 결론을 내릴 수밖에 없다. 하늘이고 사람이고 그런 일에 간여하지 않는다.

근세의 한 정승은 문학과 명망이 높아 혁혁한 관직을 두루 역임하였다. 정승에게는 아들 하나가 있어 그가 죽은 뒤 그의 친구 딸에게 장가들었다. 그 친구도 당시의 정승이었다. 장인은 사위를 매우 사랑했으나, 사위의 재능과 학문이 어느 정도인지는 사실 전혀 알지 못하였다. 사위는 본래 귀한 집 자식이라 응석받이로 자라서 충실하게 독서를 한 적이 없었다. 글씨와 편지는 잘 썼고 사람들과 어울리는 것만 배웠다. 성품이 약아서 자기 자랑을 잘했고, 남들에게 뒤처지는 것을 부끄럽게 여겼다. 사람들도 집안에서 전해오는 문학적 재능이 있을 것이라고 여겨 그를 소년재사라고 불렀으나, 과거시험 문장은 사실 전혀 몰랐다. 이런 탓에 과거에 응시할 때에는 혼자 가서 홀로 앉아 남들과는 가까이 어울리지 않았다. 남들이 자신의 실상을 알게 되어 명성을 잃게 될까 봐 겁이 나서였다. 그러나 사실 그는 과거 때마다 백지를 제출하였다.

증광시(增廣試)의 시험 제목이 그의 부친이 예전에 미리 써놓은 글의 제목과 같아 베껴 써서 제출해 초시(初試)에는 합격하였다. 장인이 몹시 기뻐하며 사위에게 "회시(會試)는 초시와 다르네. 맹장(猛將)이라도 도와주는 원병이 꼭 있어야 하네. 내 자네를 위해 책문 잘 짓는 사람을 구해 돕도록 하겠네"라고 하였다. 사위가 "붙고 떨어지는 것은 운명에 달렸을 뿐, 제 마음에 부끄러운 짓은 할 수 없습니다"라고 하였다. 장인이 그 말을 기특하게 여겼다.

시험장에 들어가 이틀 동안 한결같이 백지를 제출하였다. 장인이 시권을 보여달라고 하자 "방(榜)을 붙이기 전에 시권 초고를 보는 것은 이롭지 못합니다"라고 둘러대었다.

방이 붙는 날이 되자 장인은 사위의 집에 가서 기다리고 있었다. 양쪽 집안의 오랜 친구와 친척들, 문하생과 옛 부하 관리들도 떠들썩하게 모여들어 서서 기다리고 있었다. 사위는 안방에 드러누워 나와 보지도 않았다. 얼마 뒤 방이 도착해 외치는 소리가 골짜기에 쩌렁쩌렁하게 울렸다. 장인이 사위를 불러 나오라고 하니 느릿느릿 나와서는 "급제 한 번 한 것을 가지고 왜 이리 소란스럽습니까?"라고 하였다. 장인이 더욱 기특하게 여겼다.

축하하러 온 손님들의 수레와 말들이 골목을 가득 메웠다. 장인이 시권을 가지고 오라고 하여 살펴보았다. 책문이 격식에 맞아떨어졌고, 글의 기세가 웅장하며 문체가 화려하고 넘쳐나 공부가 깊은 유생과 큰 선비라도 지을 수 없는 수준이어서 모든 사람이 혀를 차며 "옛 재상이 돌아가시지 않은 듯하다"라고 감탄하였다. 시험에 붙은 뒤 곧 선배들의 추천을 받아 한림(翰林)의 직책을 받고 규정에 따라 승진하였다.

홍문관에서는 당직할 때 겸춘추관(兼春秋館) 한 명과 함께 당직을 서는 것이 관례였다. 며칠이 지난 뒤 밤이 깊어 물시계 소리마저 조용하고 청지기와 하인들도 모두 물러나 등불만 환하게 침상을 비추고 있었다. 겸춘추관이 몸을 곧추 세우고 와서는 목소리를 낮추고 다음 이야기를 꺼냈다.

"공께서는 공이 합격하게 된 글을 누가 지었는지 아십니까? 세상에 이렇게 기이한 일도 있으니 제가 말씀해드리지요. 저는 시권을 거두어가는 관리로, 춘당대 위 시험장을 둘러친 장막의 병풍 속에 앉아 있었습니다. 밤이 깊어 시권 제출도 거의 끝나가는데, 시권 하나가 장막 틈 사이로 들어와 열어보니 백지라 속으로 괴이하게 여겼습니다.

종일토록 시권을 받아서 보았으나 마음에 드는 글이 드물었지요. 글을 쓰고 싶은 마음과 붓을 들어 글을 짓고 싶은 욕구가 진작부터 가슴속을 메워서 글 한 편을 구상하고 있었습니다. 장난을 좀 치고 싶은 생각이 들었는데 마침 곁에 아무도 없어서 붓과 벼루를 끌어다 순식간에 글을 써 내려가 마치 전장에서 격문을 쓸 때 글자를 채우듯이 하였습니다. 그리고 사동관(査同官)[109]을 불러 건네주었는데 며칠 동안이나 가슴이 계속 두근거렸습니다. 과거의 등수를 결정하는 자리에서 이름을 확인해보니 바로 공의 이름이었습니다. 천하에 이처럼 기이한 일이 있겠습니까?

---

109 시험에 관한 사무를 담당한 관원. 응시자가 제출한 시험 답안과 이를 등록관이 베껴 쓴 답안과 오차가 있는지를 조사하는 임무를 맡았다.

자저실기

저는 영남 영천(榮川) 사람입니다. 어려서부터 재주가 남보다 뛰어나고 독서를 좋아해 시골 글방에 명성이 자자하였습니다. 하지만 출신이 한미해 같은 고을의 선비들과 어깨를 나란히 하지 못해 속으로 울적해하며 슬퍼하였습니다.

열아홉 살에 갈래머리를 따고 감영의 시험에 응시해 칠십 고을에서 장원이 되니 영남에 명성을 떨치게 되었습니다. 반년 동안 부학(府學)에서 학업을 닦았는데, 글을 지으면 번번이 일등을 하여 보조비를 남달리 받았고 포상을 이례적으로 받았습니다.

그해에 향시(鄕試)에 합격했는데, 감사가 바로 공의 선친이셨습니다. 몇 년 뒤에 진사시에 응시했는데 선친께서 주관하셨습니다. 제 글을 보시고는 '이는 영남 유생 아무개가 지은 글인데 진사가 되겠구나'라고 하셨습니다. 그리고 몇 년 뒤에 증광시가 있어 향시 합격자로서 응시하러 왔는데 선친께서 또 시험을 주관하셔서 제 글을 진사시 때처럼 뽑아주시어 마침내 급제하였습니다.

감영의 시험을 볼 때부터 문과에 급제할 때까지 10년이 채 걸리지 않았는데 모두 선친께서 손을 써주신 덕분이었습니다. 급제하고 난 뒤 비로소 문하에 명함을 드리고 찾아뵈었습니다.

그러나 얼마 지나지 않아 선친께서는 세상을 떠나시어 저는 영락해 이곳에 이르렀습니다. 정승과 같은 귀한 분께 인정을 받아서 문장이나 짓는 작은 기예로 평생 영예로운 명성을 세웠습니다. 쑥대 우거진 멀고 궁벽한 곳의 사람을 인재로 인정해 촌학구(村學究)를 탈바꿈시켜 수재가 되도록 이끌어주셨습니다. 인정으로 보나 사리로 보나 저에게는 필시 사사로운 감응이 있었고, 선친께서는 필시 사사로운 호감이 있었을 것입니다.

그런데도 불구하고 선친의 문하에 발을 조금도 들여놓지 못해 마치 마음속으로는 벌써 잊어버린 꼴입니다. 다만, 문하생과 시험관의 예로 한 번 뵈었을 뿐입니다. 이는 오로지 둘 다 공천하(公天下)의 마음에서 나온 것입니다. 오늘의 일도 이 마음으로부터 이루어진 것입니다. 우리 두 사람이 모두 선친의 마음가짐을 가진다면 하늘도 결국 도와줄 것입니다."

한림은 그의 말을 듣고 눈물이 흘러 닦아내도 소용이 없었다. 이로부터 두 사람은 문경지교(刎頸之交)를 맺었다. 한림은 높은 문벌과 세력 있는 당의 일원이라 날마다 세력 있는 자리로 승진했고, 겸춘추관은 그 입김에 힘입어 내직으로는 낭서(郎署)와 대성(臺省), 외직으로는 군부(郡府)와 주목(州牧)의 벼슬아치가 되어 집에서 밥을 먹을 때가 드물었다. 한림은 판서에까지 올랐고, 겸춘추관은 아윤(亞尹)에까지 올랐다.

우리 집안의 옛 빈객인 찰방 김굉(金浤)이 일찍이 내게 이 사연을 이야기해주었다. 세상에서 말하는 고담(古談, 옛이야기)인데, 진짜 있었던 일 같지는 않다. 만약 있었다고 한다면 분명 현종이나 숙종의 시대였으리라. 그 선친이라는 분은 필시 현종이나 숙종 이후 사람은 아닐 것이다. 이른바 공천하의 마음에서 나왔다는 것은 그 말이 참으로 옳다고 하겠다.

자저실기

박문수가 집안사람의 벼슬자리를 얻어주다

•

명예를 좋아하는 사람이 남을 속이고자 하면 남에게 먼저 속임을 당한다. 이치가 본래 그러하다. 조현명이 이조판서로 재직할 때 일을 공정하게 처리한다고 자부해 사람들이 감히 사사로이 청탁하지 못하였다. 박문수가 시골에 진사인 집안사람이 있어 관직을 주고 싶었으나 줄 길이 없었다. 그리하여 진사와 이렇게 약속하였다.

"아무 날에 우리 집에 이르러 내가 조현명과 이야기하는 것을 보고 곧바로 작별 인사를 하고 가게. 다만, 낮은 목소리로 말하고 느릿하게 걸어야 하네."

그날이 되어 박문수가 조현명과 대면하고 있는데, 문지기가 아무개 진사가 왔다고 알렸다. 박문수가 급하게 갓과 도포를 걸치고는 서둘러 마루에서 내려와 그를 맞이하였다. 손님이 자리에 앉아 몇 마디 하고는 곧바로 일어나자 박문수가 대문까지 나가 배웅하였다. 처음처럼 극진히 공경하고 예우하였다.

조현명이 내심 이상하게 여겨 그 이름을 물었다. 박문수가 "이처럼 고매한 선비를 자네가 뭣 하러 알려고 하나?"라고 하였다. 조현명이 누차 캐묻자 그제야 그 이름을 말해주었다. 조현명이 "초사(初仕)를 시키면 딱 맞겠군"이라고 하자 박문수가 크게 놀라며 "이 집안사람은 10리 떨어진 근교에 있으면서 3, 4년에 한 번 한양으로 들어와 나만 만나고 돌아가네. 자네는 이 사람을 다시는 못 보게 할 참인가?"라고 하였다. 며칠 후에 조현명이 인사를 실시했는데 진사가 과연 참봉에 제수되었다. 그런데 그가 곧바로 나아가 사은숙배하였다. 조현명이 "고상한 선비가 어째서 출사(出仕)하였나?"라고 묻자, 박문수가 "집안이 가난하고 어버이가 늙으셨으니 고상한 선비인들 출사하지 않으리오?"라고 하였다. 조현명이 박문수에게 속임을 당한 줄 알아차리고 혀를 차며 한탄하였다.

사람마다 다른 식성과 취향

•

"사람들이 금강산 비로봉에 오르기를 좋아하는 것은 당귀나물을 좋아하는 것과 똑같아서 모두 명성을 좋아하는 것이다. 사람의 시력에는 한계가 있어서 비로봉에 올라도 멀리 볼 수 없다. 그들이 어떤 땅, 어떤 산이라고 가리키는 것은 단지 중이 손가락으로 가리킨 것을 따라한 것일 뿐이다."

이는 감사 임규(任奎)가 한 말이다. 농암(農巖, 金昌協)의 〈동유기(東遊記)〉에 실려 있는데, 임규가 당귀나물을 먹지 않았기에 한 말이었다. 임규의 말은 어쩜 그리도 꽉 막혔을까? 시력의 한계도 원래 멀리 보고 가까이 보는 것이 사람마다 각기 다르고, 식성의 편벽됨도 좋아하고 싫어하는 것이 사람마다 서로 다르다. 내가 먹고 싶지 않고, 보고 싶지 않다고 해서 천하 사람들의 입과 눈을 똑같게 만들려고 해서야 되겠는가? 당귀나물은 내가 매우 좋아하는 음식이나 쉽게 얻을 수 없고, 비로봉은 내가 보고 싶은 곳이나 매번 오를 수 없는 곳이다. 마침 임규의 글을 보게 되어 이렇게 따져본다.

윤심재가 남유용을 대제학으로 추천하다

•

자제는 부형을 심각하게 속이지 않아야 좋다. 옛날에 있었던 석치
(石癡)의 일은 말할 것도 없고, 내가 듣고 본 바로는 부형을 속인
이들이 수두룩하다. 그렇다면 인천부사 윤심재(尹心宰)는 아들로
서의 도리를 다했다고 할 수 있겠구나!

아버지인 포암(圃巖) 윤봉조(尹鳳朝)는 나이 여든이 되면서 병으
로 누워 정신이 흐릿해 아무 일도 처리할 수 없었다. 조정에서 대
제학의 추천을 논의할 때 윤봉조는 전임 대제학 자격으로 직접 대
제학을 추천해야 하였다. 그때 적신(賊臣) 홍계희(洪啓禧)가 세상
의 명성을 독차지하고 있던 때라 문예의 능력과 역임한 벼슬이 그
보다 나은 사람이 없었다. 조정과 재야의 대제학 후보가 하나같이
그에게로 쏠렸다. 홍계희의 여러 아들은 모두 윤심재와 친숙한 사
이라서 밤낮으로 윤심재에게 추천을 구걸하였다. 추천을 받으면
과거 급제로 보답하겠다는 말까지 하였다.

윤심재는 아버지 덕에 벼슬을 하다가 예천현감에서 파직되어 아
직도 과거에 응시하는 처지였다. 윤심재가 한결같이 거절하고 마
침내 아버지를 대신해 뇌연(雷淵) 남유용(南有容)을 상소로 추천
했고, 그 때문에 홍계희는 대제학이 되는 길이 막혀버렸다. 윤심재
는 명예와 이익을 얻기 위해 부형을 속여서는 안 된다는 것을 알고
있었다. 사람들이 다들 윤심재와 같다면 집안과 나라에 끔찍한 재

앙이 왜 일어나겠는가! "황하의 탁한 물결을 한 치의 갓풀로는 맑게 하지 못한다"고 했는데, 그때는 그랬다.

윤심재가 예닐곱 살 무렵 동네 아이들과 장난을 치며 놀다가 한 아이가 쏜 화살에 맞아 한쪽 눈을 잃었다. 아버지는 몹시 화가 나서 활을 쏜 아이를 잡아다가 그 눈을 뽑아버리려고 하였다. 윤심재가 눈물을 흘리며 애원하면서 "저 아이는 아무 생각 없이 나를 맞추어 다치게 한 것뿐인데, 내가 분이 치밀어 고의로 눈을 뽑으려고 하는 것은 올바른 도리가 아닙니다. 게다가 눈이 빠지는 고통을 제가 알고 있는데 또 어떻게 남의 눈을 뺄 수 있겠습니까?"라고 하였다. 아버지가 그의 말을 기특하게 여겨 그만 멈추었다. 이 어찌 나이 어린 소년의 식견이며 말이라고 할 수 있겠는가! 홍계희를 대제학에 추천하지 않은 것은 벌써 이 일에서 싹이 보였다. 이러한 사람이 마침내 아들을 두지 못했으니 하늘의 이치는 도무지 알 수가 없다.

선배들 행동의 멋스러움

•

선배들의 처사는 일상적으로 응수하는 때에도 명확한 기준이 있어서 행동이 멋스러웠다. 정승 조경(趙璥)이 강화유수로 있을 때 정언 허담(許霮)이 마니산으로 놀러가 읍내를 거쳐 지나간다는 소식을 들었다. 아전을 보내어 돈과 쌀, 술과 안주를 보내주고는 "알고 지낸 적은 없으나 여행 도구를 거칠게나마 보탭니다"라고 하였다. 허담이 받아들이고 아전을 보냈다. 허담에게 직접 찾아가서 사례하라고 권하는 이가 있었다. 그러나 허담은 "내가 직접 가서 사례한다면 이 일은 멋지지 않다"라고 하였다.

뇌물의 성행

•

실과 비단을 바치면 가죽신을 주는 데 이르고, 가죽신 받기를 그치지 않으면 정성을 다 바쳐 눈과 귀를 즐겁게 하려고 먼 곳의 진기한 물건과 기이한 재주와 지나친 솜씨까지 바치게 된다.[110] 바치는 물건의 좋고 나쁨에 따라 관직에 승진시키고 발탁하는 높낮이를 정한다. 이는 맑고 공평한 세상에서는 있을 수 없는 일이나 쇠락하고 어지러워지는 조짐이 이 일에서부터 시작된다.

처음에는 무관 신분으로 지방의 수령과 절도사가 된 이들이 뇌물을 바치기 시작해 빚진 장수처럼 행하더니 음관들이 그것을 본받아 옛날의 이른바 명절 문안이나 친구 간의 정 표시라고 하였다. 외방의 아전들이나 남쪽과 북쪽의 역관들까지도 경쟁적으로 서로 앞다투어 남보다 못할까 봐 부끄러워하였다.

심지어 일체의 먹는 것 가운데 3분의 1은 내 차지가 아니라는 말까지 나왔다. 이것으로 재갈을 물리므로 질서와 권위가 무너지고, 이것으로 보답을 구하므로 청탁이 공공연히 일어난다. 넓은 양탄자와 아로새긴 난간에서 머리를 맞대고 귀를 붙이며 어울리는

---

110 당나라 덕종(德宗)이 육지(陸贄)가 지나치게 청렴해 모든 뇌물을 물리치자 육지에게 가죽신 정도는 받아도 괜찮다고 하였다. 그러자 육지는 상주문을 올려 가죽신을 작은 것이라 하여 받기 시작하면 뇌물이 점차 커져 황금과 옥에까지 이를 것이라고 하였다.

상대가 선비와 친구가 아니라 이런 무리가 되었다. 이른바 3분의 1은 내 차지가 아니라는 말이 어떻게 나올 수 있을까! 자신이 먹을 것 외에 따로 먹을 것을 마련하기 위한 방법을 강구해 그들과 이익을 나눈다면, 나라의 살림살이와 백성의 재산에 손을 대지 않는다면 어디다가 그 기술을 쓰겠는가! 역관들의 이런 일이 내가 젊었을 때에는 듣도 보도 못 했는데 40, 50년 이래로 극성해졌다.

경진(景眞) 정성우(鄭性愚, 鄭民始의 아들)가 일찍이 내게 이런 말을 하였다.

"전주에 있을 때 손님을 만나러 나가 한 아전 집에 이르렀는데 대청과 방 안에 있는 술병과 술잔, 병풍과 휘장, 정원의 꽃과 돌, 누대와 연못은 서울의 귀한 집에도 많지 않은 것이었네. 벽 위에 종이를 걸어놓고서 아무 집의 생일과 아무 집의 기일, 아무 집의 혼사, 아무 집의 장례를 죽 적어놓았는데, 이조참의나 성균관 대사성도 그 명단에 끼지 못하였네. 다른 사람을 통해서 그가 보낸 물건이 무엇인지를 넌지시 물어보았더니 한 번 바치는 양이 백금이어도 그리 많은 것이 아니며, 대개 연통과 담뱃대 하나를 100전이 아니면 얻을 수 없다고 하였네. 이것으로 미루어 짐작할 만하니 변방 고을에서는 그렇게 하지 못하네."

내가 임천군수로 있을 때(1815) 전주 본읍 사람에게 들었다. 1,000여 금 정도를 쓸 수 있는 아전 자리가 수십 개인데, 정해진 방식대로 순리를 따르고 서울에 가서 청탁하지 않은 사람은 50년 이래로 전주부윤 박종대(朴宗大) 한 사람뿐이라고 하였다.

정승 도곡 이의현 문하에 연경에서 돌아온 의관이 있었다. 그가 얼룩무늬 물소 뿔 술잔을 바치자 도곡은 아름답다고 극찬하면서

자저실기

술을 따라 마시고는 탁자 사이에 두라고 하였다. 한 달 남짓 지난 후 술잔을 바친 자가 와서 술잔이 원래 자리에 그대로 있으면서 먼지가 앉아 있는 것을 보았다. 도곡에게 "근래에 술을 드시지 않았습니까? 술잔을 어째서 쓰지 않으셨는지요?"라고 묻자, 도곡이 "내가 깜빡하였다"고 하더니 술잔을 꺼내어 술을 따르라 하고 마셨다. 그러고는 이런 말을 하였다.

"처음 봤을 때는 제법 좋더니만 오래되자 잊어버리더군. 물소 뿔잔에 마시나 도자기 잔에 마시나 똑같네. 내 성질이 그러하니 자네가 가져다 쓰는 게 좋겠어. 아니면 오랫동안 좋아할 사람에게 주게나."

나는 이 일을 술잔을 바친 사람의 후손에게서 들었다.

우리 집의 옛 청지기 이사안(李師顏)의 가까운 피붙이 가운데 북경에서 달력을 가지고 돌아온 역관이 있었다. 당시 재상에게 이 청지기의 집안에서 흘러나온 연경의 기묘한 물건을 바친 목록을 기록했는데 수백 금어치나 되었다고 한다.

하늘이 미워하면 후사가 없다

•

옛사람들 가운데에서도 노래하고 춤추는 기생과 어울리고 잔치 벌이기를 좋아하는 사람이 많았다. 자신을 엄격하게 절제하는 사람과는 다르지만 큰 악덕을 저지른 것은 아니다. 그래도 한평생 유난히 즐기는 버릇을 늙어서까지 버리지 못하는 자는 재산을 탕진할 뿐만 아니라, 대부분 후사가 끊어지는 재앙을 입어 법을 냉혹하게 시행하거나 악업을 자행한 자들과 다를 바 없다고 한다. 왜 그런지는 알 수 없다.

풍고가 이런 말을 하였다.

"자네는 어째 이리도 꽉 막혔나? 눈과 귀와 마음을 즐겁게 하려는 행동은 하늘이 매우 미워하는 것일세. 재물을 마구 써대는 것이 첫 번째요, 방종하는 것이 두 번째요, 선행을 가로막는 것이 세 번째일세. 하늘에게 미움받는 이 세 가지를 갖추고 있는데 하늘이 그를 용서하겠는가? 그 해독이 이른바 냉혹한 법 시행이나 악업보다 많을 것일세."

이 말이 분명 하늘을 잘 아는 것이 아닐까?

내가 보고 들은 바로는 판서 이정보(李鼎輔)와 합천군수 심용(沈鏞)이 근세의 풍류주인(風流主人)으로 일컬어진다. 이정보는 내가 미처 보지 못했고, 심용은 이웃 마을에 살고 있어 그 아들, 손자와 친하게 지내며 이웃 간에 왕래하는 사이라 자연스럽게 사연을 듣게 되었다. 심용은 참으로 어른답고 좋은 사람이고, 자손들은 모두 효성스럽고 우애가 있으며 언행을 조심하고 삼가서 경박한 습속에 뒹구는 사람들이 아니다. 그런데 심용이 세상을 떠난 지 50년이 지나지도 않았는데 제사를 받들 사람이 없다. 어쩌면 그리도 혹독하게 당하는가?

심용은 바로 청양군(靑陽君) 심의겸(沈義謙)의 봉사손(奉祀孫)이다. 청양군 이후로 과거에 급제한 사람이 없으나 친척들 모두가 권세를 누리는 세력가여서 대대로 음직으로 벼슬해 지방 수령을 지냈고, 집안의 재산이 넉넉하였다. 살고 있는 집은 도성 서대문 밖의 신교(新橋, 새다리)에 있고, 시골집은 파주 시곡촌(柴谷村)에 있는데 모두 연못과 누각의 경치가 빼어났다. 어린 계집종 대여섯 명에게 거문고와 피리를 연주하고 가무를 행하게 했으며, 늘 집안에서 모시고 시중들게 하였다.

교외로 나갈 때면 말에 실은 교자에 앉아서 짧은 두건을 쓰고 편안한 옷차림으로 두어 명 어린 계집종을 따르게 하고는 녹번동 고개를 넘었다. 언젠가 가을과 겨울 사이라 들녘이 휑하니 썰렁해 즐길 거리가 없었다. 길옆 소나무 숲에서 한 무리의 생황과 대금 부는 기생과 팔에 매를 얹은 매잡이가 앞으로 나와 절을 하였다. 심용이 이유를 물어보니 "아드님이 이곳에서 준비하고 기다리라고 하였습니다"라고 대답하였다. 심용이 교자 안에서 두 팔을 들고 소맷자락을 펄럭이며 춤추면서 "우리 아들은 효자야!"라고 하였다. 심용의 아들 이름이 양지(養之)였으니, 세상에서 이름을 헛되이 짓지 않았다고 말하였다. 지(之)와 지(志)가 동음(同音)이기 때문에 이른 말이다.

심용은 젊은 시절 기생집에서 노닐면서 한 기생을 사랑하였다. 하루는 그 기생집에서 자고 있다가 기생의 서방인 액정례(掖庭隷)[111]가 문을 열고 들어서자 심용이 불타고 있는 화로를 들어 그의 머리에 뒤집어씌우고 기생을 낚아채 도망쳤다. 그 기세가 회오리바람처럼 빨랐는데 심용에게는 남보다 월등한 힘이 있었다. 수십 년이 지난 뒤 심용은 여러 지방의 수령을 거치고 나이 또한 들었다. 꽃피는 계절에 산놀이를 갔다가 한 거지가 앞으로 다가와 술한 잔 마시자고 구걸하였다. 바라보니 누더기 옷에 찌그러진 벙거지를 쓰고 있었다. 솜옷은 터져 팔꿈치가 보이고, 신발은 바닥이 빠지고 얼굴은 전부 얽고 오그라졌으며, 눈은 작아서 콩알만하고 입술은 말려 올라가 코를 향한 꼬락서니가 하나의 괴물이었다. 심용이 왜 그 모양이냐고 묻자 다음과 같이 대답하였다.

"젊었을 때 기생을 데리고 살았는데, 밤에 방에 들어가자 어떤 놈이 숯이 타는 화로를 던지는 바람에 이 꼴이 되었습니다. 그놈과 기생은 어디로 갔는지 모릅니다. 이미 모든 것을 잃고 곤궁한 처지가 되어서 이 몸뚱이만 지난날 함께 노닐던 친구의 집에 빌붙어 살면서 이렇게 구걸하고 있습니다."

심용이 술과 먹을 것을 매우 후하게 주고 돌아갈 때가 되자 그에게 따라오라고 하였다. 첩의 집에 이르러 거지를 데리고 함께 안방으로 들어가려고 하니 거지가 피하면서 사양하였다. 심용이 "괜찮

---

111 조선시대 왕명 전달과 알현 및 왕이 쓰는 붓과 벼루 등을 공급하는 일, 궐문 자물쇠와 열쇠의 관리, 궐문 안에 있는 정원 설비 등의 일을 맡아하였다. 또한 왕의 시위(侍衛)·배종(陪從)과 각종 의식 때의 향안(香案)·표안(表案)·보안(寶案) 등의 일을 담당하였다.

네"라 하고, 첩을 보고는 "너는 이 손님을 알아보겠느냐?"라고 물었다. "모릅니다"라고 대답하자 또 거지에게 "너는 이 여인을 알겠느냐?"라고 묻자, "모릅니다"라고 대답하였다.

그때 심용이 말하였다.

"둘이 모르는 것도 당연하지. 내 이제 말해주마. 그날 너에게 화로를 뒤집어씌운 건 나이고, 저 사람은 바로 그 기생이다. 내가 너에게서 기생을 빼앗아 아들딸을 낳았고, 기생 또한 호의호식하며 산 지 이제 수십 년이 되었다. 네가 이곳에 이르러 오늘 만나게 된 것은 하늘의 뜻이다. 하늘의 뜻을 사람이 어찌 어기겠느냐? 너에게 기생을 돌려보내겠다."

거지가 벌벌 떨면서 어찌할 바를 몰라 했고, 첩도 놀라서 울음을 멈추지 않았다. 심용이 말하였다.

"왜 우느냐? 집과 재산과 살림살이는 네가 다 가져가거라! 아들딸은 나를 따를 것이로되 도리상 어미와 절연할 수 없으니 때때로 만나도 좋다."

그러고는 옷자락을 털고 떠났다.

이 일은 사람이라고 해서 누구나 할 수 있는 일은 아니다. 내 일찍이 심용의 당질인 자성(子省) 심존지(沈存之)에게 물어보았더니 과연 사실이었다. 아! 참 어려운 일이다. 이런 어진 마음과 덕을 베푸는 뜻이라면 얼마쯤은 세상에서 더 이어갈 수도 있으련만 그와는 반대가 되었다. 풍고가 말한 하늘에게 미움받는 일을 한 자는 작은 선행으로는 속죄가 불가능한가 보다. 참으로 두려워할 일이다. 이 판서도 후사가 없다고 한다.

정홍순의 일처리

•

정도를 지켜 확고하게 일을 처리하고, 집안을 주도면밀하게 다스리는 일에서는 으레 정승 정홍순(鄭弘淳)을 근세에 으뜸가는 이로 꼽는다. 그 평가가 틀렸다고 할 수는 없으나 내가 생각하기에 나라에서는 실무 관료의 능력에 불과하고 집안에서는 단지 내조 잘하는 것일 뿐이다. 빈틈없이 세심해 지나치게 꼼꼼하고 물샐틈없이 단속해 지나치다. 세상을 잘 다스리고 백성을 구제하는 옛날 대신의 풍모나 풍속의 모범이 되고 법을 잘 지키게 하는 사대부의 태도와는 같은 수준으로 볼 수 없다.

남별궁(南別宮)[112]의 남쪽 담장이 수년간 진흙 구덩이에 있어서 몇 년에 한 번씩 쌓아도 무너지기를 반복하였다. 정홍순이 호조판서가 되어 담장을 쌓은 뒤로는 지금까지 60여 년이 흘렀으나 돌한 조각도 어긋나지 않았다. 임오년(1762) 사도세자의 상(喪)에 호조판서 겸 혼궁(魂宮)[113] 제조로서 일체의 장례 도구를 마련하였다. 한 조각 한 치의 비단부터 재실(梓室, 왕세자의 관)의 자투리 조각까지 모두 싸서 봉해 표지를 남겨 호조 창고에 잘 보관해두라고

---

112 서울시 중구 소공동에 있었던 조선시대의 궁궐로, 국왕이 중국 사신을 접견하는 장소로 사용하였다.

113 세자의 국장(國葬) 뒤에 3년 동안 신위(神位)를 모시던 궁전.

단단히 일러두었다.

병신년(1776)에 임금께서 친히 죄수를 신문하시며 "아무 죄수는 세게 때리지 마라!"라고 말씀하시자 홍국영이 눈짓으로 판의금부사(判義禁府事)를 불러 하명을 전달하였다. 정홍순이 반열의 앞머리로 나와 서서 큰 소리로 "아무개 죄수는 가볍게 쳐라!"라고 말하였다. 홍국영이 깜짝 놀라며 "어째서 큰 소리로 말하시오?"라고 묻자, 정홍순이 "공께서는 대간들이 정홍순을 탄핵하게 만들 참이오?"라고 말하였다. 신중히 살피고 기지가 있으며 영민함이 이와 같았다.

시골에 사는 친척이 과거시험에 쓸 붓을 달라고 하자 정홍순의 아들이 사적으로 붓 한 자루를 내어주었다. 정홍순은 붓 상자를 다 태워버리고 "내가 붓 한 자루를 아껴서가 아니다. 내가 정해놓은 법도를 어긴 게 싫어서이다"라고 말하였다.

자식의 천연두에 쓰려고 인삼을 구걸한 자가 있었는데 "없다"고 답하였다. 구걸한 자가 한 달여가 지나 다시 찾아왔는데, 정홍순이 아이의 천연두가 어찌 되었느냐고 물었다. "다 나았습니다"라고 대답하자 인삼 한 냥을 내어주며 이렇게 말하였다.

"천연두로 죽고 사는 것은 인삼에 달려 있는 건 아니라네. 가난뱅이가 바로 인삼을 쓰는 것은 좋은 일이 아니지. 천연두를 앓은 뒤에는 몸조리를 잘해야 할 터, 이것을 팔면 며칠은 견딜 수 있을 걸세."

정홍순은 경자년(1780)에 회갑을 맞이하였다. 내 장모인 권(權)씨 부인이 정홍순과 내외종 사촌이라서 회갑연에 참석했는데, 친척 부녀자들이 많이들 모였다. 점심밥에 그럭저럭 몇 가지 비품을 내어놓았는데 밥상 아래에 종이로 싼 물건을 각자 하나씩 놓아두었다. 밥을 먹고 나자 돌아가기를 재촉하며 "부녀자가 집을 오래 떠나 있어서는 안 된다"고 하였다. 그래서 날이 저물기 전에 모두 헤어졌다. 집에 돌아와 종이로 싼 것을 뜯어보니 명주와 무명이 각각 한 필씩이었다. 요긴하게 쓸 물건을 주고 비용은 절약한 잔치였다. 정홍순은 모두 이런 식으로 일을 처리하였다.

열네 살에 요절한 천재 소년

•

충청도 사람들은 윤성동(尹聖童)의 일을 자주 이야기한다. 아이는 지사 윤광소의 먼 친척으로, 세 살 때에는 꿇어앉아 젖을 먹었다. 아홉 살 때 아버지를 따라 밭에 갔는데 아버지가 물꼬를 터놓았다. 아이가 그 까닭을 묻자 아버지가 "우리 밭에 물을 대려는 것이다"라고 답하였다. 아이가 "그렇다면 다른 사람 밭에는 이롭지 않겠네요?" 하니 아버지가 "그렇겠지"라고 답하였다. 그러자 아이가 즉시 돌로 터놓은 물꼬를 막고서 "나 좋자고 남에게 해로운 짓을 해서는 안 됩니다"라고 하였다. 아버지가 웃으며 다시 물꼬를 트자 아이가 울면서 막아섰다. 고을 사람들이 '성인 같은 아이〔聖童〕'라고 하였다.

윤광소가 아이의 집을 찾아가 경서의 내용을 물었더니 아주 상세하게 대답을 하였다. 윤광소가 "너는 밤마다 가지런히 손을 모으고 꼿꼿이 앉아 새벽까지 글만 읽는구나. 어린아이가 어째서 조금도 쉬지를 않는 것이냐?"라고 물었다. 그러자 아이가 "그럼 어른 말씀대로 앞으로는 사지를 편하게 할까요?"라고 답하였다. 윤광소가 "사지를 편하게 하라고까지는 하지 않았다. 때때로 혼자 지내는 것도 수양하는 것이지"라고 하자, 아이가 《대학(大學)》에 '홀로 있을 때 삼가라〔愼獨〕'고 한 것은 무슨 말인가요?"라고 답하자 윤광소가 말문이 막혔다. 아이는 열네 살에 요절하였다. 아, 이것이 무슨 하늘의 이치인가!

관직을 거부한 윤심형의 결기

·

영조 임금이 등극한 을사년(1725) 이후 많은 노론들은 역적들에게 죄를 주지 않았다는 이유로 도리를 고집하며 벼슬에 나서지 않았다. 부제학 윤심형이 한강 압구정에 잠시 거처할 때 집안에는 음식이 자주 떨어지는데 먹는 양은 남보다 많았다. 이웃 노인이 불쌍히 여겨 사평(沙坪, 지금의 강남구 신사동) 저자에 가서 도루묵〔還目〕 말린 생선을 사왔다. 이것을 장에 담가 끓여 막걸리와 맨밥 한 동이를 주었는데 음식을 몽땅 다 비웠다.

그가 청풍(淸風)부사에 제수되었는데도 부임하지 않자, 부인이 작은아버지 포암 윤봉조에게 하소연하며 부임하게 권해달라고 부탁하였다. 포암이 몇 번이고 강권하자 부제학이 집에 돌아가 문을 닫아걸고 누워 곡을 하였다. 부인이 이상해서 물어보니 부제학이 이렇게 대답하였다.

"작은아버지의 말씀은 따르지 않을 수 없으나 말씀을 듣고 부임하면 괴로움을 견디지 못하고 반드시 지랄병이 들 것이고, 병에 걸

---

114 윤양후(尹養厚, 1729~1776)를 말한다. 자는 유직(幼直). 본관은 파평(坡平). 윤심형의 둘째 아들로서 작은아버지 윤심헌(尹心憲)에게 입양되었다. 관직은 승지에 이르렀다. 1775년 정조가 대리청정하게 되자 홍인한과 함께 극력하게 반대해 세손을 보호하는 홍국영을 배척하였다. 정조가 즉위한 1776년 정후겸과 더불어 해남에 유배되었다가 의금부에 끌려와 심문을 받던 중 고문으로 장사(杖死)하였다.

리면 죽을 테지요. 그러니 곡을 할 수밖에요."

　부인이 도리가 없다고 체념하고는 다시 포암에게 가서 자신의
뜻대로 하게 두자고 하였다. 부제학은 곤궁하면서도 이처럼 바른
길을 지켰다. 그런데 그 아들[114]은 사악한 무리에 붙어 세력가에
아부하다 끝내는 패망해 죽임을 당했으니 어째서일까?

조현명의 무식한 바보티

•

갑자년(1624)에 이괄이 난을 일으켰을 때 인조 임금의 거둥이 동작나루에 이르렀다. 인목대비의 행렬은 더디게 출발하였다. 완평부원군 이원익이 영안위(永安尉) 홍주원(洪柱元)을 잡아들여 책망하자 대비가 행렬을 재촉했다고 한다. 세상에 전해오는 전설이다.

금성위(錦城尉)의 부인 화평옹주(和平翁主)[115]의 장례에 영조 임금께서 직접 오셔서 염하고 입관하는 것을 지켜보겠노라고 하셨다. 뭇 신하들이 번갈아 간청했지만 따르지 않으시고, 조정의 신하들을 들이지 말라고 명하셨다. 영의정 조현명이 문밖에 서서 큰소리로 박명원(朴明源)의 이름을 부르며 "어가가 돌아가지 않는다면 너를 효수시키리라!"라고 호통을 치자 임금께서 환궁하자고 하셨다.

조현명의 행동은 이원익을 본받아 한 것으로 보이는데, 시기와 일의 정황이 다름을 모르고서 행동하였다. 전쟁이나 급박한 변고가 생긴 것도 아닌데 대신이 부마에게 너라고 막말을 하고 효수 운운하며 꾸짖었다. 조정의 예법이 어찌 이와 같단 말인가? 조현명이란 자는 온몸에 무식한 바보티로 가득 차 있다.

---

115 금성위(錦城尉)는 박명원(朴明源, 1725~1790)을 가리키며, 화평옹주(和平翁主, 1727~1748)는 영조와 영빈이씨(暎嬪李氏) 사이에서 태어났다.

자저실기

이지광이 아전을 잘 다스리다

•

근래에 아전을 잘 다스려 신명(神明)한 관료로 충주목사 이지광(李
趾光)을 꼽는다. 이지광이 충청도 고을을 다스릴 때 어떤 유민이
고을 읍내를 지나다가 아내를 잃어버리고 찾아달라고 하였다. 이
지광은 이청(吏廳)에 명해 아전 가운데 처가 둘이 있는 자가 몇 명
인지 조사해서 올리라고 하였다. 그들을 불러들여서 "너희들은 처
가 둘이나 있으나 백성은 하나 있던 아내마저 잃어버렸다. 관에서
누구라고 꼭 지목할 수는 없으니, 너희들끼리 상의해서 아내 한 명
을 내어 백성과 짝지어주거라. 내일 아침까지 기한을 줄 텐데 명대
로 하지 않으면 곤장을 쳐서 죽이리라"라고 하였다. 아전들은 겁
이 나서 모두 제 아내들과 함께 고을 읍내를 샅샅이 뒤졌다. 마침
내 그 백성의 아내를 찾아내어 아뢰자 그 백성을 불러 돌려보냈다.
아전과 백성들은 모두 그 지혜에 탄복하였다.

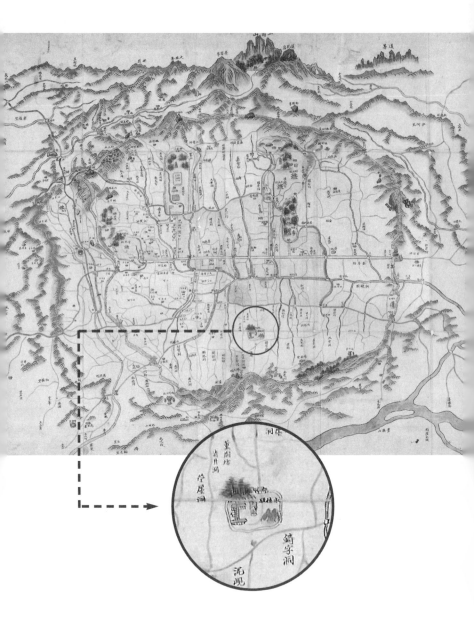

《여지도(輿地圖)》 중 〈도성도(都城圖)〉. 규장각 소장. 18세기 중엽. 남산 아래 심노숭의 집이 있었던 주자동(鑄字洞)과 그 아래쪽으로 심노숭이 참봉으로 재직한 영희전(永禧殿) 또는 남전(南殿)이 보인다.

원문

自著實紀

용모

一毫不似, 便非其人, 畵猶然也, 記安盡之? 然而畵之所不到, 記或得之. 如
白皙, 疏眉目, 美鬚髯, 想見博陸侯, 千載如一日, 此豈區區丹靑之可能哉?
余自少日喜寫眞, 遇有工者, 輒乞之. 閱幾人, 易累十本, 無一似, 卒意倦而
止. 畵之旣不得, 不得不記之, 記之不必須人, 不如自記之, 使後人信之. 子
瞻論寫眞, 得其意思所在, 其餘可以增減. 取似畵, 或取似記, 但據實則記有
勝於畵者, 亦審矣. 己丑二月十二日, 泰登書.

나의 생김새

顴圓而偃, 腦平而廣, 額骨對聳. 眉散而稜或過眼, 眼大而眶不掩睛. 準高
於輔, 其端下垂, 齃房團實如附殼. 耳出髩上, 郭厚珠懸. 顴勢相包, 不突不
衍. 頷若上朝, 頤不下殺. 口小脣敦, 其色含硃. 髭不蔽口, 鬚勒至耳, 疏或
見肥, 長纔及頷. 準額上痘斑可數. 面色深白淺黃, 口音似揚而沈. 金土局,
金水聲, 相家之說, 非誣也. 眉眼之間, 森然有難蓄易發之氣, 模寫之所不
及, 評品之所難狀. 跡論平生, 乖多契寡, 歡輒苦奪者此也.

나의 몸

身材瘦削脆弱, 其長劣過中人, 背團而竦, 腹闊而垂. 幼少若不勝衣, 議親家
見之, 退其議, 謂具妖相也.

성격과 기질

卽貌像而驗性氣, 十得八九, 不但眸之焉瘦, 此其理也. 任疏縱於密塞之中,
韜峭介於泛蕩之內, 知者謂之身心二科, 不知者謂之貌性一致, 吾於是何
哉? 子弟而狀其父兄, 尙難保其不失眞詮者多矣, 況有須於人而謂之得之
可乎? 未死自爲之言, 謙不至夸, 約無沒實則幾矣.

결벽증

幼年喜澡浴梳櫛, 不待長者督責. 衣帶緊紐, 一有散漫, 若不能堪, 必修飾而
齊整之. 在侍側, 拖架 · 刀尺 · 琴書 · 几案, 朝起輒整理汎掃, 不令留一塵.
長者或呵其潔過, 及窮而不恤也. 先夫人嘗敎: "使汝爲女子子居室, 事無不
治, 男子不須此也".

급한 성격

惆急有甚, 遇有梗眼拂心之事, 若不得頃刻自按, 僮御遊伴之近而往往手格
之不饒. 族祖判書公諱星鎭嘗敎: "此吾童年事. 不害其爲名列耆社, 莫謂
是妖法也." 仍笑不已.

아내의 보필

暴發之不中節者, 多被李孺人救正. 方其時, 未嘗有一言, 旣過而懇懇勤勤,
如不得已, 有使人感心, 余亦受而爲過. 嘗戲言 '閨門强輔', 實狀然也.

부족한 담력

出意似乎踏厲, 當事過於拙弱, 進取嗜慾之地, 意未嘗不到, 而排格爭奪之際, 氣有所自沮. 要之, 心計有餘, 膽力不足. 此其爲終窮之相歟!

중년 전후가 딴판인 사람

喪難憂患之中, 若可以以理自遣, 似若有大過人者, 人見謂然, 自驗亦然. 而此非有所謂詢忍之工, 專於內修; 操存之力, 勝其外至也. 卽是低弱而自狃, 未免柔靭而苟安. 觀於中歲前後, 殆若截作兩人, 而可知也.

낭비벽

平生無巾衍局鐍之藏, 紙墨茶丸之需, 隨有而用, 乏則已之. 或言: "與其輕用而易窘, 曷若節蓄而自給?" 此言誠然, 而亦不能從之.

장부를 보기 싫어한다

錢穀簿籍之銖兩升籥, 無多少緊漫, 將眼閱心計, 則頭涔涔背淅淅, 若卽地發出狂. 家居則然, 外邑私錄, 署尾而已. 鄭湖陰指言: "經筵牌, 藏得幾直瘇?[1]" 吾亦曰: "官下記, 藏得幾直瘇?" 然而公簿不得不强意繙繹, 不失其密察. 此非不能, 卽不欲也. 人有言: "若是則奸不可勝防, 用不可勝耗矣." 此義豈不知之? 而一心煩惱之, 若有重於千金, 奸耗之害, 吾於此何哉?

번잡함에 염증을 내다

喜寂而惡喧, 守貞而厭煩, 郊邨僑居, 終日無剝啄之音, 而心界自適. 曹局寓直, 暫時有坌滾之役, 則神氣輒奪. 世所稱遊宦榮觀·騶辟應諾之一切繁衆, 眞情厭苦. 外邑有甚, 門卒長聲, 廳童群對, 欲幷已之而不得者, 謂其官例不可廢, 而拂情極矣. 趙悔軒守禦使遞免數月, 輒曰: "門外無應聲, 難矣!" 非

---

1 원문의 '直瘇'은 '唐瘇'의 잘못으로 보인다.

但此公, 古人亦有車前八騶之說. 此夫人之常情, 而余則反之, 何也?

모질지 못하다
爲笞榜呵罵之苦, 視甚於被其笞榜呵罵者. 中歲以後, 家居未嘗笞一小婢,
鄉隣未嘗呵一小童. 在官, 遇有當笞棍, 笞則重者, 準大典, 自斷之半數, 棍不
過十數. 或言: "若是, 强梁者, 何以勝伏?" 吾答: "古所謂象刑, 象之言, 示也.
但示之而已, 刑豈必過酷而後可懲哉?" 此固吾方便之說, 而其實欲學爲酷
而不可得也.

말년의 탄식
三敎之中, 五千言夙有契心者. 居家而石奮, 治官而曹參, 平生一心慕之, 而
不能得其糠粃, 老將死矣, 只有窮廬之歎而已.

혐오하는 것
矜莊之色, 緣飾之辭, 機詐之術, 夸大之說, 有一於此, 最所切惡而深厭, 若有
脂膩之近汚, 不啻袒裼之相浼. 造次之間, 或有辭氣之不自掩者. 情愛之論,
爲之病之, 自知亦然. 老來或異於少時, 而卒無以改之, 此殆得之天分者歟?

지나친 친절
應接酬對之際, 周旋容與之地, 或有過於款厚, 輒失簡重者. 先君嘗責之, 弟
田亦深非之, 至曰: "古所謂待人一團和氣者, 未必如此. 無已則只見其流俗
而及於汚下也." 此言誠然, 而亦不得改之.

부귀를 바라거나 곤궁함을 원망하지 않다
富貴而艶慕之心, 未嘗篤至; 阨窮而怨嗟之意, 未嘗深切. 此言似若非情, 平
生夙有自驗. 一斷之曰: 踈慢而蓄發之氣本少, 緩弱而恬惔之習居多, 緣失
而有得, 由短而爲長, 亦其理歟?

잔인하지 못하다

殘忍刻深之事, 磯激逼切之言, 心不忍行, 口不忍發. 見人之所爲如此, 慽慽
如魚之中鉤, 心達於貌. 或有見怪而爲之叩之者多矣.

남을 대하는 태도

嘉善而矜不能, 好凌上而不忍犯下. 科圍同伴, 班聯僚案, 以至京外橡吏之
屬, 一以此待之, 遂爲一副成規. 或有矯過之偏, 而自不能已之.

은인과 원수

"冤親俱是妄, 魔佛兩成平." 題柱一聯, 豈徒然哉? "恩讐分明, 非有德者之
言." 古語則然. 而不可明而明, 傷於自私; 不可不明而不明, 傷於自狃, 惟
義是視而已. 平生所閱靑白眼, 多矣, 此而應之不同, 亦勞矣. 禍患震盪之
餘, 世道反覆之際, 一責之以歲寒不變之義, 天下之愚人騃子. 不變者固惑
之, 變者何可憾之? 應辱以笑, 人情所無; 匿怨而友, 聖訓攸戒. 人有以此議
之而不恤, 此非可勉而得之, 亦非本稟之良然. 古人所謂"七情之發, 惟怒難
制." 幼少之有甚者, 中歲以後, 一反之. 至此, 吾亦所不能自知也.

뇌물 공여

取與之一裁以義, 古人之所難能, 喜取而厭與, 亦人之常情. 取有厭於與, 與
有喜於取, 斯高一等人耳. 介介而不能安於苟冒, 妁妁而不忍果於絶物, 往
往至廉惠兩傷之歸則何也? 平生食貧, 多資假貸之用, 而非理之索·强顔
之乞, 不敢輒爲. 晚來宦業, 或有應酬之費, 而無義之饋·過情之贈, 不能必
無, 此無學問之力也.

글짓기 병

平生無嗜癖. 少時, 文字之好·進取之計·情慾之累三者, 情慾有甚. 旣老
皆泊然退聽, 獨文字夙念不能輒已. 而識且進, 知其必不可得, 則意遂倦. 至

今一切世法, 做道爲僧, 兩無所當. 居家而嗔惱日積, 無一事之適情; 出門而
踽涼歲加, 無一人之契心. 窮年盡日, 忽忽依依, 不得不反而求之於佔畢尋
數之間. 而非爲實得也, 新悟也. 只爲耐日計, 如棋博骰牌. 從此未死幾年,
亦若是而已耶?

옷과 음식

衣服, 喜穩適而惡華美; 飮食, 取瀹頓而厭膏旨. 伊來最苦, 冬月之綿布袴挾
纊重者, 身不能支, 輒思帛袴之輕煖. 而非無材也, 非畏人之議之也. 自然
心不安, 則不省體之適, 議屢及而卒罷之. 非肉之食, 非但不飽, 殆若不食,
而肉之不嗜, 視甚於少時. 魚·雉·鹽鮓·乾脩·蔬葷, 得其調勻之芳潔,
則可以安之.

감에 미친 바보

嗜啗果品, 如病之偏. 童時, 啗未熟果子幾數升, 旣熟倍之. 夏月苽屬, 亦食
兼數人. 棗·栗·梨·枾, 最其尤者, 枾有甚焉. 五十歲以後, 尙一食六七
十顆, 人謂之枾癖. 權綱好常慎以果癖聞, 嘗相對較說而笑之.

술

少時, 頗喜酒. 酒之趣, 不在縱而在節. 壬子喪慽後, 在西郡, 頗失戒, 尙少
也, 故不病. 海上六年, 忽生左目瞤動之症, 風土之惡, 飮爲之引也. 恐爲廢
疾, 恩歸一斷之. 始苦戀, 漸安之, 至今欲飮而不可得也.

저택

"生居華屋, 死葬名山." 古人所言. 名山固不可輒得, 而華屋尙可以力致. 余
果夙有意在此, 而其亦異乎人之所好. 非奇技巧制, 跨陌連巷, 如沈氏松峴
之舍也. 城第·郊舍·密宇·凉軒, 駘暢心志, 便適身體, 生世之樂, 此莫尙
焉, 樓居最好. 少日嘗自號神樓, 謂以神起樓也, 卒不得償其志, 每念恨之.

정원

池臺堦庭·名花嘉木, 可以使人養性靈, 謂之玩物喪志, 則非也. 少日有意,
及老甚焉, 而不得者, 無財也.

책 수집

近俗蓄書, 非爲資誦讀而博攷據也. 如器什玩好資裝侈觀, 庋在室中, 埃塌
其上, 蠹蝕其中, 但耗費財錢. 所謂書者至寶也, 至寶不可多積者, 尙屬古
語. 書不必蓄, 余意本然, 而俗習有書不借, 則凡係最緊如日用茶飯之類, 不
可不自我備藏. 此計未甞不切, 事力未周, 非但不能及購, 雖見購者, 亦典賣
居多, 此爲深恨也.

물건에 무심하다

車服鞍馬之用·器什屛帳之屬, 未甞無心, 亦未甞役心. 始若寓情而爲, 卒
乃倦意而止, 此其無深好之故也. 子瞻所謂 '可以寓意於物, 而不可以留意
於物' 者, 若有所竊自符契, 有時自笑.

기생집 출입

情慾有過於人. 始自十四五歲, 至三十五六歲, 殆似顚癡, 幾及縱敗. 甚至
狹斜之遊, 不擇逕竇之行, 人所指笑, 自亦刻責, 而卒不得自已. 若是, 則凡
在托情之過, 宜有蠱心之累, 而始若浸浸不返, 卒乃落落無戀. 平康薄倖之
名, 所不能免, 此非有可以剛制. 其柔倒者, 卽不過曰: 情之寓, 而心之不輒
動也.

기억력

記性最出人下. 幼時課讀數三十過, 〈禹貢〉·〈離騷經〉百過, 不成誦. 二十
二三歲, 以庠任生治《詩經》, 赴殿講, 數年不得一優牲, 此殆天分之偏也.

산수 유람

棋博之好·聲樂之嗜, 泊然無嬰情. 管配窮寂之中, 苟爲耐遣之計, 意倦而
止, 宦遊讌會之際, 勉作應酬之狀, 興沒輒已. 少也則然, 老而有甚. 惟是山
水之觀, 有過嗜慾之想. 方其境與神會, 眼隨心融之時, 忽不省此身之坐在,
個中所取尙, 未必皆在名區勝地. 雖城郊之近一邱一澗, 有可以適意怡情
者, 眞有坐忘之樂, 若得性靈之養, 此又不可得以襲取者歟!

예술

科擧詞章之學, 二塗而一致. 或有嗜癖之偏, 自致趨尙之殊. 要之, 有相長
而不相奪, 此而造妙·彼則迷方者, 未之有也. 少有志如此, 謂可以竝治而
兼臻, 卒而兩無所成, 至今且鮑落矣. 悼初程之不專, 慨夙志之永負, 略費敍
次以識之.

외조부의 훈계

戊子春, 外王考府使李公解府紱, 僑居于西江之伏波亭. 余隨先夫人歸寧,
始受《千字文》. 外王考常敎: "此兒才性處, 在上智下愚之間, 勤可躋進, 怠
則敗退, 惟在其立志也." 先夫人, 至晩歲, 常誦戒如此. 今余所自驗, 此敎
卽余平生可一蔽之, 勤怠進退之間, 但坐志不立. 嗚呼! 尙何可追也.

동몽시 한 구절

己丑春, 讀唐人小詩, 寄權姊兄一句: "黃江一日發, 千里如波來." 長者亟稱
之謂有雋永遹逸之思致. 此不但爲衆蕪中良苗, 而旱且枯矣, 奈何?

공부의 시작

是年冬, 先君守制于坡山墳菴, 受讀《史略》, 日五六行. 至庚寅冬, 始續受第二

卷, 文理稍通. 弟田年纔五歲, 夙悟異常, 相與伴學遊藝, 自此不煩長者敎督.

공부 방법

先君課訓程法, 未嘗一切嚴迫, 但要游泳涵養, 使自得之, 蒙學無以承受此旨. 而吾兄弟學性, 固未能刻厲內守, 亦未嘗奔逸外鶩. 日課雖或間斷, 月計常多優餘. 然而資之專篤之讀少, 而得之涉獵之觀多. 此其所以始若裒然, 卒輒枵然, 有游聲而無實得者. 至今窮廬之歎, 將沒身而不能自贖者此也.

글동무

吾家舊客鄭忠夏之子, 兒名七童者, 與余同甲, 才稟超拔, 課學夙就. 先君命之爲余學伴. 洪稚登俊謨居鄰, 長余一歲, 所作藻思, 優余幾倍, 余自視欿然而已. 幼情亦自知恥, 程讀必欲自奮, 有年所就, 幾相與跂及. 旣而鄭童未冠而歿, 稚登亦無所進. 近年余對稚登言: "君爲吾倡則有餘耶?" 相與劇笑.

독서 과정

數年讀《史略》·《小學》盡秩. 馬遷史數十傳, 如四君·范蔡·游俠·貨殖傳, 幾四五百過, 傍及〈離騷經〉·《左傳》, 或多連誦. 詩家如〈遺響〉長篇, 亦成誦. 此在癸巳甲午兩年間. 課讀外, 如唐·宋·明·諸子書·國朝文集, 左右閱覽, 詩而近古體, 文而敍·論·傳·記, 模效作家, 究見意法. 時先君會士友, 治表·箋·策文, 將赴增廣試, 余傍侍, 或有效模, 頗知科程逕路, 長者或稱之.

과시

科詩童習, 必自俗稱古風始, 而不作古風, 輒押韻爲詩, 蓋先爲近古體, 頗習也. 丁酉春, 始赴泮試, 不借援自爲, 一篇間數句疊押得被抄, 不無自多之心. 自是數年赴泮庠, 所得不過三下第. 己亥煥賊主庠試, 余爲排律三十韻, 以三下見黜. 翌年庚子春, 夏賊主泮, 抄得全篇, 批三中, 頗聳然自喜. 至今思之少時事, 甚可笑也.

이광려의 작품을 좋아하다
治科詩, 厭爲腐軟語, 最喜李參奉匡呂之作, 裒集成卷而讀誦之. 泮庠所作,
一模擬, 得其似者, 沾沾喜不已. 同伴多譏之, 長者或戒之. 每作輒見黜而
不悔, 可見其誠心篤好, 不可輒移.

내 뜻대로 쓰다
應試文字, 不欲苟合時好, 惟事自主己見. 詩必爲古體, 表箋多竝引, 不計程
限, 惟求盡意. 所以失之多而得之絶少, 猶不知變, 此亦性之偏也.

글쓰기의 선배
表箋學爲林象德・李日躋之作, 以下不論. 雖如尹志泰・朴道翔者, 亦無取
焉. 惟柳東賓可以殿林・李之後. 以此作爲四六之學之程, 積費力有倍於
詩文, 卒不得有成, 此爲甚恨也.

과체의 성과
科體諸作, 才性優於詩, 工力篤於表. 才性之優也, 故未嘗攻苦, 而或得深
造; 工力之篤也, 故雖無警拔, 而亦頗練實. 詩雖小成, 而恨不得泮庠一魁.
得進士, 意先之, 此後爲人代搆, 或居魁, 心喜之, 此固所謂伎倆所使. 表之
庭試・初試・節製・應製得之或多, 而卒未有成, 此不可以專責命塗. 自謂
工力之篤至, 而實未篤至之故也.

부와 책문
賦策俱無實下之夙工, 臨場應副, 患不嫺習, 策或驅使, 賦輒生害. 小科後,
節製御試, 或以賦得選, 遂略費鉛槧爲百餘篇. 愈出而愈知其難, 科體中最
難者, 賦也. 策文雖無積累之工程, 苟有蓄發之文氣, 可以立就而猝應, 文體

則然也. 乙巳秋, 對御試策, 黃三登仁熹傍坐, 見余作, 出語人頗稱之. 黃是士友中策手之良者, 得其言, 頗心喜之. 至今思之, 儘可笑也.

짓기보다 평을 잘하다
科體諸作, 鑑別之才, 有勝於所自爲. 嘗言:"使余主科試, 如古之知貢舉, 不出十年, 可使文風丕變." 聞者笑之, 而實知然也.

문장 취미
十五六歲, 夙有詞章之好, 古人所謂'以父爲師, 以弟爲友, 閨門之歡.' 自謂得人所不得. 出而與士友遊, 往往有聲稱, 心欣然樂之, 誠有過於科圍之得捷, 殆若酒博之癖, 不能自反. 先君有憂之敎, 以識進自悔, 可惜好光陰也. 丁寧敎語, 至今在耳, 窮廬之歡, 有不可追矣.

독서 취향
喜讀莊老諸子書班馬史, 傍及八家文·四奇書·《西廂記》·歷代叢書稗說. 弟田責之甚切, 而不能捨從, 殆窮年兀兀. 中歲以後, 忽厭棄之, 至今尙有中其毒者, 術不可不愼, 有如是矣.

젊은 시절의 취향
經禮, 學之本也. 少時爲雜好所奪, 捨粱肉而取樝橘, 未有不病者. 樝橘之厭而粱肉之思, 晚悟無補於早失, 噫其悲夫!

우환을 겪은 후
文之子瞻, 詩之微之, 平生之篤好在此, 而才性不逮, 工力未到, 不啻所謂望而未見. 禍患流離, 意倦志退, 所爲者不過輪寫應副, 自謂折衷於雅俗之間, 而要不免墜在下乘. 弟田喪後, 益無意此事, 茫然如前身夢界. 且五六年, 仍而喪禍憂病, 吏事奔遑, 遂至今荒放耗散, 無可以藉手而死矣. 有時自檢,是誠何人? 所謂 '做道爲僧, 俱無所當.' 中夜之眠, 安得不屢興也?

공문서의 병폐

京外官司, 一應狀牒, 卽所謂吏文. 其爲用也, 條達明切, 易喩輒曉, 要在旨
暢而辭懇, 斯爲吏文之至也. 近世百術鹵莽, 文字有甚, 文字之中, 吏文又有
甚, 得免爲邸書燕說者, 幾稀矣. 古人刑獄之簿, 下一字鄭重, 意豈徒然. 而
外而居藩郡者, 凡係辭令, 上而奏狀, 下而題判, 一委之幕客吏屬, 塗抹按行
而已. 不能者固無論, 能者亦然. 向在秋曹, 見各該道檢狀問招跋判, 俱不
知爲何事何言者, 十居八九, 此其爲敗天下國家之事, 豈小故也! 任一日之
責, 了一時之事, 惟有盡心力於此也. 獄事之發問捧供 · 訟案之判決報聞,
不令吏屬容一筆, 至於雨暘課狀 · 坊里傳令, 亦無不出自手中. 滾劇時, 勞
惱有甚, 而不如是, 心不自釋. 人或笑之, 自不能已, 其亦所謂過而及弊者
耶! 余詩所謂 '蕭瑟文章簿領間'者, 此也. 有《吏牘》四卷, 可按覕也.

문견잡기

耳目所及, 裒輯爲書, 古人多有之, 傳奇[2]叢書是已. 事實謬舛, 辭令浮夸, 未
必杞文之足懲, 不免齊諧之無稽, 無古今一也. 雖係先生長者之言, 未見其
爲一切敦信之書, 書之難有如是矣. 所謂 '讀其書而知其人'者, 亦末矣. 言
不可不信, 言而書, 而使後人不信, 是不如無書也. 讀此書者, 將謂余何哉?

김귀주의 상소

龜柱壬辰疏出, 某年處分以下數句, 先君讀之, 憤極而涕. 不肖稚蒙, 尙怪而
請敎. 先君爲訓其義, 使聽之曰: "爲此說者, 將北面於吾君之祖孫乎?" 我

---

2 원문에는 '寄'로 되어 있으나, '奇'로 바로잡았다.

先君三十年所秉執, 炳然大義, 討龜柱有甚者, 其本在此, 諸賊所以捨龜柱不得, 與先君立敵者, 又其本在此. 而事或涉於忌諱, 說未盡於微婉, 不得一歷言洞陳, 至有治命時所敎. 嗚呼! 尙忍言哉!

이규위가 홍봉한을 규탄하다

吾家鑄洞第, 與仲舅約山亭對門, 外堂高臨洞衢, 往來可以數知. 甲午夏, 先君會士友肄儆, 李公度文 · 沈公繼之 · 其從弟煒之亦與焉. 見有一名官入仲舅門, 煒之曰: "怪哉! 彼金文淳, 何以入平瑞家." 平瑞, 仲舅字也. 旣而, 金歸後, 煒之往仲舅家. 先君問沈公繼之, 沈公曰: "近間傳說, 平瑞使任焴疏討洪鳳漢, 吾從氏在謫主張, 其言藉甚. 金文淳, 洪人, 訪平瑞, 必有所以, 叔章所以踵往而探聞." 叔章, 煒之字, 煥之弟也. 時煥之因事謫北, 先君與沈公憂歎. 後數日見數三人, 或騎或步, 昏後携燈入仲舅家. 先君命余往審之, 金勉柱 · 華柱 · 洪九瑞, 而金龜柱夜深亦來會. 先君友金公魯直, 洪之近戚, 洪語金: "李某妹壻, 居其對門, 亦與其議." 金公爲卞之甚悉. 先君招李兄定載, 備言而憂歎. 其年秋, 仲舅盡室歸湖鄕, 先君爲詩送之, 詩載集中.

심낙수가 권진응을 만나 세상을 논하다

先君率姊氏, 行舟泝入黃江, 與山水權公遊, 有傷時憂道之論, 詳載語錄. 此在甲午春也.

심낙수가 책문으로 자신의 견해를 보이다

乙未春, 南絳老死, 李迪輔竄, 人心悲憤, 一世遑遑, 不敢言. 先君策 "竄逐刑戮, 率多過中." 朝野一辭聳聽. 賊臣鄭厚謙, 送其黨覘之. 嘐嘐齋金公用謙過訪, 出策券讀之, 慷慨不自已. 時余隅坐, 尙知其事. 前輩典刑, 至今像想, 其風流韻致, 非叔季人也.

심낙수가 홍문록에 오르지 못하였다

先君旣唱名, 館錄當行, 副學鄭尙淳言: "雖參下錄, 此人當選." 時族祖參判公諱有鎭, 屬尊年老, 諸議持之. 族祖判書公諱星鎭言: "公選無與私屬, 退年老而進年少, 錄規則然." 旣而錄行, 參判公得之.

심낙수가 장원을 놓치다

沈參判履之, 己卯歲爲庠官. 課試題: "舟中遇蘇呂二學士, 語別後生涯." 先君作三上, 爲副魁. 第二句曰: "故人自致青雲上, 老我獨吟黄蘆洲." 用翠軒詩, 略改押韻也. 初居魁, 以族祖司諫公諱重奎爲賦魁, 謂試官兩魁俱沈姓, 避之降爲副也. 丙申, 先君以東縣歷辭, 沈方爲亞銓, 逢場輒誦其詩句, 沈亦所謂有心人耶!

심낙수의 과거 합격

先君科程之工, 詩義表策, 多出曹偶. 宗中長老, 詩如奉事公諱英鎭, 表如罪死人翔雲, 皆極一時之名, 而每見先君作, 自謂不敢上之. 癸巳·甲午兩年, 增廣試小科, 兩中初試, 會試不利, 大科竝初試不得. 乙未自春初日爲表, 課程嚴篤. 每朝起, 進服自己溺一匏子, 占壁上所疏列表題, 爲一篇. 五六月, 幾屢百篇. 六月十九日, 有命設賢良科. 適大雨注下, 御木屐油衫, 進赴. 進士姜公大鎭·朴生㴐從之. 到闕下, 門已閉, 小遲, 命納追至者. 先君纔入門, 門卽閉. 旣坐定, 無試紙, 題揭策, 多自退者, 得知舊中一紙, 不停筆. 書訖, 使朴生呈之, 朴辭以策說多觸忌, 先君笑之, 遂自呈. 夜深揭榜, 居魁. 命明日再策. 再策, 命入侍誦所對數行. 御手鼓闔敎: "辭旨慷慨! 漢武得仲舒幾千年, 余得此人." 命直赴殿試. 仍敎: "今日得人, 湯劑可進." 從前有激惱, 停湯劑也. 戊子小科會試前日, 先君夢入侍, 上賜詩一句曰: "求得賢良第一人." 乙未春始有賢良科名, 試製先君頗自負, 李東馨得之. 至是, 間以數月, 又有是科名, 大闡. 先君嘗敎: "夢亦不可一歸之虛無也."

심낙수의 첫 벼슬

九月, 行九日製, 命新舊製殿試. 旣唱名, 例授典籍. 至翌年丙申正月, 始除
郎署. 時兩黨立據南北, 忌先君孤直敢言也. 三月臺通, 未經六月, 除湖西
掌試都事. 首擬尹參判尙東, 末擬洪主簿疇泳, 洪蔭官外臺極選, 吏判徐命
善也. 上敎: "此人文士, 必善考試." 遂除之. 試還, 臘月忽除東縣, 吏判李
公徽之, 承國榮旨黜之. 歷辭不赴見, 國榮益慊之, 數月棄歸.

심낙수의 풍자시

"淨洗靑天萬里長, 新晴月色劇蒼凉. 無端一片雲猶在, 何處迢迢望帝鄕."
又: "簷上蛛絲小網開, 曉來沾濕露珠堆. 主人把麈樓頭立, 揮却飛蛾撲撲
回." 先君此詩, 在丁酉夏秋之間, 時國榮專顓, 鍾秀主之. 先君傷時憂世寓
物托諷之意, 藹然有感人者.

이의윤의 인물됨

敎官李公義胤, 少負才氣, 急功名. 旣歷落無所成, 一寓之酒, 酒酣, 不饒人.
南麓看花, 逢李斯文顯模, 笑曰: "君是雌守使之父耶? 雄守使之父, 吾不畏
之, 況君乎?" 一座辟易畏懼. 是年冬課, 禮判蔡濟恭書考目: "仔觀來效."
上命敎官, 率童蒙入侍, 令敎官先讀, 汰職. 徐相命善妻喪, 李公赴慰言: "凡
人妻喪, 無所聞, 大監妻喪, 何所聞之多也?" 徐笑曰: "其於狂病何? 君之大
老家, 亦有似此事." 徐之妻, 溺死橋氷間也.

임육과 다투다

戊戌歲初, 爲拜外曾祖祠宇, 往安洞李正言洪載家. 任焴在座, 向余言: "君
之聘翁何人? 知舊中主士論者落薦, 此其心謂士論不可耶!" 余答: "士論之
可不可, 吾所不知, 而但聞其人酒博之徒, 謂此人不可落薦, 則所可羞者, 賢
關也." 焴頹然怒曰: "年少輩議論, 皆如此耶?" 聘公落賊璪齋薦, 煥賊謂先
君指使, 焴之言如此.

노론 벽파의 인물

李奎南·任焴, 金鍾厚門徒, 賊瑛, 龜柱死士, 皆自許以陳東·翁合之忠. 丙申討洪之論, 鍾厚主之, 疏本出其手. 焴·奎南爲泮庠齋任, 瑛爲疏頭, 旣上疏, 議將會哭於洪之私第, 依薄昭故事. 會龜柱處分下, 此輩皆竄若鳥鼠. 尋有後翼疏機事機心之說, 鍾秀筵奏稱名疏. 此時所謂士論, 皆出於鍾秀兄弟, 鍾秀挾國榮爲援. 鍾秀·國榮, 皆洪之族戚之近, 而鍾厚抄選, 國榮父初仕, 皆爲洪沮敗, 至是相與出死力報之, 所謂怨毒之於人甚矣者非耶?

김종후 형제의 못된 짓

北郊山寺僧徒, 舁佛入彰義門, 行過金鍾厚門外. 鍾厚兄弟皆少年, 發奴屬毆逐僧徒, 打碎佛軀. 或有稱其剛正者, 其祖金參判希魯憂歎之. 其後鍾厚家, 祠屋軒窓, 有自起火, 隨撲隨燃, 屢日不息, 將及祠版, 移舍避去, 邨隣指謂佛火. 鍾厚死, 旣葬數日, 霆擊塚封, 火入其中者數四, 此亦其所謂佛火耶? 金溫陽履鉉, 朝報日錄, 庚子十月條, 大書: "是月也霆擊金鍾厚墓", 有若書法者, 儘可笑也.

정이환과 홍봉한의 인물됨

庶類李公謙, 吾家庶族之女壻. 以神校服事龜柱, 爲龜柱倚任, 龜柱家事, 無不知之. 嘗爲余言: "龜柱客, 惟鄭校理一人, 自鄕來, 定館舍於其隣, 供帳·僕御, 視龜柱有勝. 日四時綺食瓊盤, 量費屢百錢, 一童婢薦枕. 鄭未嘗輒至龜柱家, 龜柱朝夕來候, 爲人客, 當如是矣." 鄭, 卽履煥也. 履煥初得科, 以其爲丈巖之孫, 一黨無不傾嚮. 洪鳳漢赴見之, 歸語人: "丈巖孫無論, 雖孔子孫, 如此像貌, 何處用之? 口旣哨矣, 吹螺正, 亦何知也?" 履煥有喎斜疾, 洪言如此. 人有傳之者, 履煥大嗛之, 龜柱遂招納爲奇貨. 洪之貌取之說, 非長者敦重之口業, 郭令公見盧杞, 不令姬侍在傍之見, 何望於洪也!

김귀주의 인물됨

李承旨濟萬, 嘗爲余言: "吾以恩津李佐郎入京, 僑居鍾峴, 與龜柱有朝班面分, 龜柱輒先來訪. 居近相往還, 逢場輒有酒食, 時節不絶饋餉. 吾有未嫁女子, 忽暴病死, 在鄕雖不食貧, 新寓京, 喪事無可顧議. 龜柱送伻慰問, 棺斂治具籍錄而去, 不移時備送. 此時吾心不但傾感而已, 其得人死力, 皆此類也." 李言如此, 龜柱之心, 非但爲李急難, 將以此動一世耳. 然其視生貴家, 不惜帷房鉅萬費者, 尙有勝也.

김이인과 김귀주의 작당

金斯文履寅居東郊石處村, 過訪城中友生家, 龜柱適過. 金謂主人曰: "吾不可復訪君, 君乃與戚里遊耶?" 遂拂起. 翌朝, 金睡未起, 奴告金參議來候, 金不得已迎入. 龜柱言: "夙有一識之願, 昨日逢場, 若有天借之便. 以吾之地, 士友孰肯遊從? 所敎誠然, 旣相逢矣, 不可自外, 爲此踵門之請, 得免在墙之揮幸矣." 仍傾心托交曰: "吾家過訪, 非但老兄所不欲, 吾亦不願, 欲見時, 吾且源源來矣." 自後數往還. 金坐殺獄囚繫, 龜柱日赴獄門外, 用千貲, 卒無事. 旣而丙申金之弟金公履翼, 以疏頭討洪鳳漢, 上命入侍, 嚴敎改攛疏中句語, 人多笑之.

김종후의 좁은 성품

先君外從佐郎金公致和母夫人喪, 會葬先君赴之. 歸而敎不肖輩曰: "吾外氏, 沙川鄕人, 尙以積累之故, 不無眞厚之風. 今見其宗黨之會, 靡文繁飾, 一反其舊, 一鍾厚之故耳. 矜莊曲謹, 態色可厭. 見吾進烟具, 有不悅色, 至令開窓出烟. 吾愈進之, 卒起去. 雖造次小節, 尙見其隘性褊心." 時戊戌夏間也.

송덕상의 한양 입성

德相膺召至京, 一世奔波候謁, 刺紙爭先後, 如場圍納券, 國榮按錄考之. 先君晚後赴見, 歸而敎曰: "今日之事, 人孰不爲彼深憂. 而卽其狀, 益知其爲必無幸也. 彼卽眊然一邨中老生, 左右起居呪呪如邪魔者. 煥億擧措如此, 未有不敗也."

김종후의 악취

余第三舅李公, 爲戚里兩斥之論, 與先君相合. 金鍾厚兄弟斥之有甚, 公從弟奎南·姪子李兄定載·內從之子任焴, 師事鍾厚. 公性喜詼諧, 譏嘲笑罵, 有使人不能堪. 焴·奎南亦嘗斥公爲妄人, 公不少屈. 嘗曰: "吾見鍾厚, 喉氣自逆, 如惡臭之近人. 人性不同, 昔人有嗜瘡痂者, 汝輩亦此類耶!"

김종후의 위선적인 태도

公嘗謂余曰: "吾昔年與從弟同赴京, 從弟迤至廣州官村鍾厚家. 吾亦同至其村中, 止坐於門外溪上小亭, 待從弟出. 見鍾厚方冠周衣, 手持杖, 蹭蹬行庭除. 少頃送伻言: '尊駕近止, 禮當出迎, 病不可風. 旣近止矣, 可以入臨.' 吾聞之, 不覺胸氣自上. 旣不欲屈禮出見, 但當曰: '何不直入? 須卽入來.'云爾, 則吾可入見, 而徘徊庭除而曰: '病不可風.' 造次之間, 尙見其不誠矯僞, 此胡大事, 設機數至此! 益知其非吉人. 吾遂報之曰: '吾亦跋涉遠來, 憊不能進.' 促從弟同歸. 每想其時事, 往往獨笑." 公之平日趣尙, 大率類此.

송덕상과 외삼촌의 알력

己亥春, 仲舅盡室至京, 三舅陪外王母至, 余往省于三淸之第. 時德相纔赴召, 恩禮過隆, 氣勢視亞於國榮, 一世爭候謁, 得其一言以爲榮. 仲舅戚好往還, 書疏頻繁. 余告公曰: "公往見何遲也?" 公笑呵呵拊掌而曰: "宋德相, 汝何以知之? 今其位尊勢成至此, 汝輩少兒, 眞知爲儒林賢者耶? 吾且言之, 先正之孫, 皆與吾家有戚誼, 至先人兄弟, 相稱呼排行, 無不親好, 獨此人, 未嘗識面. 昔年吾在季父白門第肄業, 見有一客破衣冠貌寢陋步蹩躄來, 卽狀一乞客. 時余年少, 視甚簡, 不起接, 坐待之. 其人曰: '主人何在?' 吾應之曰:‘不在家.’彼遂起去而曰:‘主人歸, 須言宋洗馬虛過.’吾始知其爲宋德相, 而始旣不禮, 卒乃唯唯而送. 至今其狀宛在吾眼, 所謂心廣體胖, 容貌動人無論, 卽其外, 可知其中全無所存. 吾少時坐而待之之一乞客, 至今老白首, 何忍區區爲屈禮其前? 且無實得而虛辱上禮, 吾知必無幸也. 啓能雖狂縱悖厲, 視此人, 文辭才氣, 尙有動人, 而嗜利沾沾附勢塗, 卒陷大惡. 此人此世, 吾不知其將何所屆也!” 余曰:“仲舅主待以大老, 舅主謂之乞客耶?” 公噓唏不已. 公嘗以華陽院事, 爲院儒之爲公同宗者, 有通文往復之事, 及湖中亂民, 自稱儒生, 爲德相訟冤, 其人與焉, 誣引公, 公實不知也. 按覈使李秉模, 奉命治獄, 獄體不輕, 而所株連皆寒畯, 欲得名家以實之, 及得公與金愛意文, 致桁楊且酷, 公庭供自卞曰:“沈某妹壻, 言議相同, 豈有是也?” 按使曰:“汝兄與沈某, 爭議相失, 一世所知, 汝則與汝兄異論?” 公語遂屈, 不復對獄, 竟島配. 先君曰:“天下寧有是也. 方德相勢盛, 一世趨謁之時, 獨曰:‘少時坐而待之之一乞客, 老白首不忍屈禮,’ 重憂其必敗, 可謂卓然有先見, 卒陷於爲之訟冤之科耶?” 懋歎不已.

김종후 형제의 간계에 놀아난 홍국영

有國權奸, 史不絶書, 書契以後, 未有如國榮者. 以狹斜浮浪之悖類, 得溫室蜜昵之殊遇, 刀鉅視爲鼓吹, 苞苴重於供賦, 調戲官家大綱, 任他眼下; 叱罵卿相, 死命制其手中. 則四年之間, 八域之內, 父子兄弟私室燕語, 不敢斥言其名, 若有物傍伺而竊聽. 人人者喪魄奪心, 不自知其何以致然也. 吾隣進士張公志憲, 博洽多識, 喜談天下事, 嘗曰:“本朝元無九錫之典, 而設有之, 行之久矣.” 張公又曰:“宣廟己丑, 肅廟庚申, 英廟乙亥, 東南人少論, 不無枉罹冤死者, 國榮卽其再世還魂, 快心一償於所謂老論如此.” 此言似而非也. 國榮何以爲此. 楔子於國榮, 繩索於國榮, 國榮盛而肆其凶, 國榮敗而殿其毒, 使國榮爲此事者, 金鍾厚兄弟錦囊之訣, 是已. 南少之再世償冤, 在鍾厚兄弟, 不在國榮, 審矣.

처음 본 홍국영의 인상

國榮, 余未嘗見之. 己亥夏秋之交, 余拜外王母于齋洞仲舅第, 在內舍下房, 聞國榮來. 少頃, 仲舅與國榮同入內, 歷過下房後窓, 至上房北退軒, 設席而坐. 蓋仲舅具夫人與國榮父, 內外從甥妹也. 余從窓間見之, 國榮身材不及中人, 體幹頗磅礴, 面方而輔狹, 常有火色, 眼燦燦有光, 步輒投足, 語輒揎臂, 近之若有氣螫, 造次之間, 令人不能定視. 至今想見, 尙覺其心氣自慴也.

홍국영의 못된 짓

國榮以都承旨宿衛大將, 常處禁中. 一學士春帖子: '頗牧禁中管鎖鑰, 鍾馗何必畵天門.' 一世傳誦. 移廚院, 戶判具允鈺兼管直宿, 朝夕上供, 國榮所食立監進. 國榮所居室北牖, 通臥內無十步, 以紫的狹袖, 紅縐兒頂帽, 出入無時. 室中排高足平床, 寢處其上, 門族尊屬. 公朝大臣, 皆接於床下. 一耆堂坐說少時風情事, 國榮臥聽之曰: "台安得有是? 不過爲吾一解頤, 如古所謂妄說鬼耶!" 每政, 銓官先就問議, 例也. 一亞銓赴政, 至其室前, 軒窓皆閉, 不敢入, 坐其外太, 久政望遲滯, 甚悶, 不得已開戶而入. 國榮方與其所狎妓名可珮者, 恣行媟昵, 見客至, 男女捲退, 面頳爾, 勃勃不自定. 客旣入矣, 出亦不可, 不得已止坐. 語及政望, 國榮奮臂唭嘰曰: "政望問者狗兒, 政望對者狗兒." 一辭連聲, 往復不已. 客忽此遭値, 非人所堪, 乃强言曰: "令公醉乎?" 國榮曰: "謂我醉者狗兒, 我若醉者亦狗兒!" 客坐不得起不得, 欲鑽地而入而又不得. 客本機警者, 引紙筆, 題小帖子, 給可珮曰: "吾在完營, 欲帖給未果. 汝須索用某神家帖數五百緡." 國榮始堆下一笑, 略及政望事, 客纔遞還完伯也. 洪樂純赴闕, 歷過宿衛所. 見其入門, 國榮語儕輩: "彼公膠糊粘臀, 坐不卽起, 吾不能堪, 汝須爲逐去方." 逐去方者, 俗所爲立箒箕上拜之竈間也. 與李相坐, 令優人黃一淸, 爲李相口吃狀, 座中絶腰, 李亦笑之. 嶺伯書開緘, 出小夾紙, 投與傍坐之可珮曰: "錢千緡進封, 亦不草草耶!" 年長幾倍與其父平交者, 皆爾汝之. 旣納符而退闔外, 手披袍帶間出雙乳, 指謂大臣諸公曰: "吾今謝事, 何與朝體. 君輩能無戀舊飮之此乳

乎?"金鍾秀遞箕伯歸, 赴國榮北營. 會國榮令一傔行酒, 問鍾秀曰:"吾新
得此妙傔, 旣謝事無力及之. 台且諦視其爲人姸媸而進退之." 鍾秀曰:"好
矣." 國榮笑呵呵道其實, 鍾秀所狎箕城妓粉伊, 國榮以內賜丘史, 籍來扮作
傔服爲此戲也, 鍾秀大笑. 國榮呼鍾秀婢夫趙德弼, 國榮傔人. 常以草笠靑
袍騎小驢, 隨其徒御之後, 日夜左右給事, 事無不與知者. 國榮敗, 德弼畜巫
女, 居西郊之磚石店. 吾鄕過路, 或下馬坐與語, 凡此皆德弼爲余道者也.

홍국영이 취은루로 이사하다

國榮旣退, 賜第闕門外. 時當大冬, 土木塗墍之役湯水熾炭而成之. 名醉恩
樓, 賜宴落之, 滿朝畢赴. 衛所舊藏搬就新第, 丁夫數三十人, 負任咫尺之
地, 十餘日不絶. 錢爲五萬兩, 珮刀三千柄, 摺疊扇萬餘柄, 此其大略. 其視
郿鄔之籍, 何如也!

홍국영의 손님 사절

榜門謝客, 而金鍾秀·沈煥之·李義翊之徒, 日夜相會, 北城觀雪之遊, 該營
供帳, 紫衣赫蹄, 道路相望. 溢世之言, 行且復入, 人心危懼, 有甚於未退之
前矣.

김종수가 홍국영을 성토하다

鍾秀以守禦使巡審南城, 過訪國榮東郊, 炊飯酌酒, 終日叙話而歸, 翌日上
箚討之. 國榮待命金吾, 使人傳語鍾秀:"昨日所言如何, 而今日爲此?" 李
義翊對人言:"定夫氏, 不可信如此! 如欲爲此, 從前何以止吾論洪樂純, 今
又不與吾聯名上箚." 鍾秀聞之曰:"君弼終是迷劣矣."

홍국영이 이겸환에게 부채를 부탁하다

李承旨謙煥, 除順天倅, 歷辭, 國榮托求扇子三千柄. 李赴任宿果川店, 夜半
一店鬧甚, 索問順天倅居止, 納書竝一大籠, 發之, 臙藥盈. 賚書言'忘過跋

送.' 李到官備紙竹工手, 準數送之, 未幾國榮敗. 李笑言:"工手少遲者, 吾
不失三千緡錢." 蓋一柄量一緡, 一籠藥十不償一也.

심낙수가 진사가 된 이수연을 축하하지 않다

庚子春榜, 李義翊之子壽淵爲進士, 傾朝赴賀, 先君獨不赴. 隣居張進士志
憲丈屢强, 不應. 先君曰:"非謂其爲國榮效死, 謂其爲鍾秀所賣, 殆匪人
矣." 後壽淵以進士爲山陵忠義云.

홍국영의 세상

識之有中, 言與詩一耳. 發以心靈, 得之口語, 必在翻忽之頃, 若有指使者
然, 此其理何哉? 國榮常居禁中宿衛所, 歸家絶少. 一日適公退, 賓客伺候
者, 塡巷盈庭. 國榮行且赴闕, 召客至前曰:"何乃君輩來如驟雨." 一弁應
聲, 對:"秪緣令公去若飄風." 國榮稱善屬對. 所謂驟雨飄風, 可以一蔽國
榮之世, 何其神也!

심낙수가 채제공의 일을 말하다

庚子二月, 先君退自講筵, 敎不肖輩:"今日, 吾見可觀事矣. 講訖, 知事蔡濟
恭奏言:'殿下歷觀前史, 權奸之世, 其君何如主也? 今之權奸雖黜, 與權奸
同功一體者, 使不至復爲權奸, 則所謂臣主俱泰, 此在殿下.' 上曰:'一則不
穀, 二則不穀, 尙何言也.' 濟恭曰:'知之非難, 行之爲難, 古人之言, 臣又仰
勉矣.' 退至閣外, 蔡忽就余問曰:'俄筵賤臣所奏, 公意謂何如?' 睨眄響音
傲然得色. 吾對:'公奏, 公自知之, 何問人爲?' 蔡且笑曰:'公也故問之.'"
時國榮之黜, 纔有日矣. 所謂同功一體, 指徐命善・鄭民始也. 未幾, 蔡遭
參, 一世攻之, 十年起廢, 十年秉軸, 卒與鍾秀立的, 爲凶黨所陷害, 雖謂之
晩節, 可也.

벼슬 청탁

銓地檢擧士友公誦, 古今之所不免, 而古易今難者, 古以公而今以私也. 族祖郡守公諱喜永, 年過五十, 家貧親老, 先君心悶之. 吏判李公衍祥行政, 先君使申察訪景雲致意, 得除弘陵寢郎, 此在庚子春間. 先君與李公無宿契, 因人一言, 言下卽施. 乙巳夏間, 閔仁川百準丈求爲惠郎, 先君書及徐公有隣, 卽得之. 觀於今之世, 所謂初仕惠郎, 當路者屢乞不得, 卽此可以知世變矣.

홍국영의 최후

國榮旣黜, 奔走四郊之山寺村店, 遑遑不定, 汲汲如狂. 常自獨語: "某可殺, 某可刑." 指疏啓諸人. 五月全家捲往江陵, 築屋於江之邑後, 出紙扇丸香, 易魚酒爲食. 每京書至, 覽過, 手扯投地, 臥向壁啼哭. 往來浦溘間, 遇村傖野客, 歷說其遭逢榮寵, 人有爲之慰之者, 手擊地, 哭不已. 監司巡部過, 登原麓, 遙見揎臂言: "彼漢不見我去耶?" 一年感病死, 牛車歸葬, 題旌恩麻道士. 瘞在高陽, 塚如覆鉢, 至今不知處云.

김종수의 무소불위

所謂南北之爭, 至國榮之世, 始大結果. 主其事而專之者, 金鍾秀兄弟. 北邊無遺類, 南邊龜柱雖勘逆, 而其黨一歸於鍾秀, 遂有己亥德相之疏. 國榮敗, 鍾秀自居樹立, 號令一世. 其言曰: "國榮之罪, 專擅而已, 少論欲殺老論以宋疏言, 是禍心也." 一世不敢言. 先君論煥億, 鍾秀杮宿趼. 德相事發, 先君疏論其自來禍源, 琢賊購兪岳柱, 鍾秀自出殿之. 旣而告琢變自贖, 以討趙時偉復入, 起其叔致仁導之, 聲勢大振. 先君歷討尙魯以下諸賊, 鍾秀曰: "是殺我也." 使尹蓍東杭罰, 介徐公有隣乞合, 先君斥之, 卒外調編管. 趙鎭井憯誣先君, 煥之受鍾秀旨. 嶺儒李塤等疏討魯禧諸賊, 上命入侍. 筵本出, 鍾秀爲跋語, 後詞連尹九宗凶言, 朴宗岳討之, 鍾秀使其孫鳴閧. 旣致仕, 與蔡濟恭爭論, 各自謂義理, 上兩解之. 穆陵四十年, 一進一退, 終始專之者, 李山海也, 終始爲山海忌嫉者, 鄭文淸也; 先朝三十年, 一進一退, 終始專之者, 金鍾秀也, 終始爲鍾秀忌嫉者, 先君也. 山海不過爲患得失而止, 鍾秀遂至於無所不爲, 後世必有定論也.

김종후 형제가 죄받기를 청하다

洪鳳漢爲御將, 朝退歸家, 見門外纓服二人伏藁席, 叩之, 金鍾厚兄弟. 洪前執手言: "此何事也." 對曰: "家奴迷甚, 犯斫該營屬山之松, 家主豈無罪? 惟乞上聞卽勘律." 洪屢解之, 始勉歸. 洪對子弟言: "吾不知此人等卒如何也."

조경이 사돈인 이의익을 성토하다

辛丑三月初三日弟田婚日也. 趙相國㻬以沁留在醮席, 靑袍紅綬戴浩然巾, 儀觀甚偉, 余視尊嚴. 致余言曰: "向者朝紙見相臣不允批答, 讀數句, 吾知爲尊公作. 竟之, 至製進姓名, 果然. 傍觀異之, 吾曰: '豈有異哉? 此所謂暗中摸索而得者也.'" 此固趙公之自張其鑑識, 而今之世如此說, 亦安可得聞也? 後趙公討李義翊疏有曰: "食肉寢皮", 先君覽之, 蹙頞而薄之曰: "曾謂趙不如金伯安不論洪樂純耶?" 李·趙親查.

나의 과거시험 보기

陞學課試, 士大夫年少子弟進業成名之場, 其弊遂及於逐利喪操之歸. 弟田之不屑, 余之漫應, 各有所主之見也. 自丁酉歲始赴, 不得一優第, 數年業稍進. 辛丑冬, 庠官鄭東浚題: "上元觀燈, 令城門洞開", 余與南相國公轍·閔斯文聖能克大同坐. 余作一二句曰: "使敵不來吾無憂, 使敵必來吾可制. 將軍大醉看明月, 一塵不動天光霽." 南遽曰: "一爲二, 二爲一, 何不順排也." 余且笑之. 券旣呈, 大抹之, 就二句以硃筆爲上下狀. 余笑語南曰: "閣臣之見與君同, 君可得閣臣耶?" 壬寅徐國子有防·金國子憙迭主泮試. 未嘗有托及, 輒得優第, 七八抄畫計爲七八分矣. 時先君主庠試, 後數日金敎授載瓚設試, 蕭韻製呈長律百句付榜末. 券行館閣諸家, 朴齊家言於沈提學念祖: "雖是皮雜穀垃, 尙稱爲實才." 申察訪景雲傳之如此, 恥如撻市, 欲不赴合製, 亦以其有計畫也. 金國子遞, 李國子時秀主之, 連三抄第不進, 不得已赴合製, 得之. 此亦無片言相及也. 時先君在西縣, 族祖參判公諱有鎭有書先君言: "吾家有時體者." 語意似若自吾求得. 蓋公之子來永同赴, 余得而彼失也. 癸卯夏, 在西縣子舍, 與縣士李秉亮攻業, 截紙如券樣, 作一篇寫一紙, 準百數. 及秋赴試, 意必得. 試日大雨, 倚券于傘, 立寫之, 點墨不洸, 主試鄭昌聖疑爲場外作, 黜之. 榜出, 憤憤不自勝, 日縱飮, 翌年春, 病幾殆. 少時事, 至今自笑. 甲辰冬, 徐公又主泮試, 敎余赴之, 時有兪岳柱憯誣辭之, 徐公謂之過甚. 丙午以二十韻長律, 被選於沈敎授晉賢合製, 洪國子檢主之, 三句批, 三下黜之. 榜中多閣臣子弟, 臺論罷之. 自此遂不赴陞學, 近十年得一解亦幸矣. 而小科後所恨, 不得一魁元, 至今思之, 重可笑也. 其後或爲人作得魁, 頗自喜之, 此所謂習氣者非耶?

어용겸의 객기

壬寅合製, 余與洪秤和致榮同坐, 題旣揭, 忽聞一儒生大喝: "如此科, 士子豈可赴之." 提篋席起出. 過余又大喝: "如君年少者亦冒赴耶?" 審之, 魚用謙也. 余曰: "何故?" 魚曰: "夢窩之孫赴李正臣之孫之庭耶?" 余答: "彼自彼, 我自我也." 魚曰: "君亦出此言, 世道可謂痛哭之不已也." 遂望望而去. 其言指金居昌麟淳也. 金之赴試, 固未知自家之所裁定如何, 而魚之擧措, 純是客氣, 至今思之, 往往獨笑. 魚數年後登第, 聲光隆赫, 至有魚龍窟之稱, 客氣猶勝於無氣耶!

벽패의 도가

賊琛家, 在泥峴前路, 聘君李公對門. 余嘗往來, 見其門外多鞍馬. 甲辰八月望間, 余赴李公第, 忽大雨, 未歸. 日且暮, 見一朝士入琛家, 卽放還奴馬下隷. 聘君曰: "必投錢軍夜會者." 探之, 金履容也. 後數日, 李善如敎中適來余家, 奴告善如有客尋至在門外. 善如出少遲, 忽大聲如惡狗, 呼善如: "汝在彼何所謀議不出見?" 余且驚怪, 從窓隙窺見之, 厥人縮身出, 門外又大聲: "大丈夫男子, 見則見之, 窺見何也? 以吾如此之故, 出玉堂牌, 捉囚吾耶?" 頭勢絶悖, 余急令善如出見, 叩之, 璨之子也. 時煥之起廢, 自龍仁來, 接苧洞沈綏之家. 苧於泥無百步, 雨雪煥之木屐往來, 夜輒會璨家, 泥峴酒舍, 不能寐. 未幾, 兪岳柱疏出, 皁隷之屬, 皆指璨家謂僻牌都家. 都家者, 貢市人醵買之舍也.

이단전의 과음사

李亶佃, 京師賤人, 善飮酒, 有詩才. 自號疋漢, 取疋之從下從人以自識也. 從四檢書遊, 學爲詩, 往往有慧語. 時時過訪余, 對飮賦詩. 乙巳冬, 余在園亭, 適大雪, 閣梅開數花, 悄悄無懷. 忽見亶佃來, 亟出酒飮之. 日且夕, 留與爲語, 辭曰: "夜與人約遊, 不可負也." 不得已許之, 殊沒趣思. 翌朝聞, 亶佃死於洞隣任斯文夏常家. 蓋與任約飮, 飮過暴絶也. 若使不放遣者, 不死. 至今思之, 錯愕不能已也.

한용귀와 서유린의 절교

丙午三四月間, 在徐公有隣座上, 傔人報韓正言來, 卽韓用龜也. 客入戶, 主人起索冠. 客拜, 主人答拜. 客問候, 主人答. 自後, 主人不但無一言, 一眄不及客. 客且身搖搖, 眼望遠, 指書空. 如是幾麥數餉, 主人但與余言娓娓, 余誠爲之代悶. 或謂韓有所言而忌余也. 余且告辭, 主人曰: "少遲之. 吾有欲與君言者甚緊切, 須出坐兒子所, 少待更來也." 余遂起出, 至穉秀之室, 稍久更進, 主客相對如初. 主人又與余言不已. 長日且及夕, 客乃辭起, 主人答拜送之. 旣去, 余亟叩其故. 公曰: "有如此事, 從後君可知之." 余曰: "本事吾所不知, 韓之爲政丞, 吾可知之." 公曰: "何也?" 余曰: "鼻吸三斗醋, 堪作宰相, 古語也. 韓之俄者事, 豈比三斗醋臭吸之難乎? 如是安得不爲宰相?" 公曰: "宰相宰相! 後天地或爲之." 余因問之曰: "大非公平生規模, 豈其有甚不得已耶?" 公笑曰: "君言儘然." 後聞徐公曾以容與韓, 上責切嚴. 未幾, 韓長書於徐公而絶之.

한용귀의 벼슬길을 막은 김종수

先君嘗誦言: "韓用龜, 久枳之不可." 韓頗德之, 過訪先君言: "金鍾秀戒其孫曰: '汝於韓淸州家, 見其弟韓正言, 必回避.'" 韓淸州者, 韓之兄用和, 鍾秀之姊夫也. 韓於壬寅參論鍾秀故也. 韓之以此說, 擧似於先君, 其意亦可知也.

김이소의 사람됨

先君嘗敎不肖輩: "吾儕中, 剛確有氣力, 可以當大事, 決大疑, 無如金伯安. 如徐元德諸人, 不可及也." 伯安, 金公履素字也, 元德, 徐公有隣字也. 金公拜箕伯, 歷辭金鍾秀. 鍾秀曰: "金復淳公, 何不檢戢, 得罪大義?" 金公曰: "何也?" 鍾秀曰: "趙時偉納萬金慈宮, 反其案副尉之路, 復淳介之, 此豈非得罪大義乎?" 副尉鄭在和與復淳, 中表從兄弟也. 金公曰: "居止旣遠, 逢場未易, 果未之聞." 鍾秀曰: "旣聞之, 可戢之?" 金公但唯唯, 此說遍行一世. 先君曰: "吾失之伯安矣. 彼視伯安藐甚, 敢發此言. 但當復之曰: '公旣說與吾, 吾不可但聞而止.' 遂上疏請覈, 事理之所不可已, 而澳然而止, 所謂靡哲不愚者. 使彼凶適以長其氣也." 爲金公慨歎不已之.

서리의 폐단

曹南冥所謂必亡於胥吏之手者, 豈其無見而言也? 在營邑, 民之虎狼; 在京司, 國之鼠蠹, 此而不得矯正之道, 眞正至於亡而不可救也. 矯正之道, 先自京司始. 經用衙門胥徒之長子孫其局, 猶謂不足, 退而與其子孫者, 十居其半. 以蚤穿之奸竇至在得之老慈, 觀於惠局地部, 可指計也. 無已, 則營邑減額數, 京司定瓜限, 一視京外官例, 可以絶其久據恣行之奸弊也. 余之所論如此, 嘗言之於徐公有隣, 公頗可之. 醫官安在運言, 鄭公民始擧余此言, 謂之救藥良方, 鄭公似聞於徐公也. 時兩公者, 皆在經國之任, 知此說之可用而不用, 則膠固仍襲之久, 不可以輒得正之也. 近年李相存秀爲惠堂, 定制吏屬所掌每年換定, 此亦所謂望而未至者歟?

정홍순의 경계

先君以武科試官進, 臨場試記草本中不中, 試官手書, 例也. 擧子幾人名下一圈, 統書一不字, 亦例也. 命官鄭相國弘淳曰: "各名下各書一不字, 有何所難? 莫曰例也, 蓋是倦意. 雖如此小事, 國事有倦意, 非誠臣也." 先君愧謝之. 每擧此說, 教不肖輩曰: "爲國事者, 不可不知鄭相此意也."

시파와 벽파의 분파

所謂時僻之說, 始起於甲辰冬兪岳柱·李魯春之時. 朴靈巖命球爲言之, 余始聞, 不覺絶倒. 先君教曰: "汝何笑之? 吾欲哭之. 黨名之出而又出, 未有不亡者. 亡固不忍, 禍將何歸? 此豈一時嬉笑之事?" 仰覸辭氣之間, 不豫者屢日, 不肖輩不敢輒擧此爲說. 旣而有骨僻·肉僻·心僻·口僻·天地皆僻之說, 至於辛酉·丙寅而極矣. 我先君炳幾燭微·傷時憂世之意, 天神可以質之, 謂先君坐在這裏, 不知先君者也.

심환지 사촌 심형지의 광증

璪賊河東之謀, 沈煥之炯之詞連, 上勿問, 案藏金吾. 獄竟, 炯之驚悐發狂, 疾手提刃, 殺其及笄之女, 曰: "此狐也." 環屛掩尸, 坐哭曰: "人而忍殺子!" 旣又開屛而笑曰: "狐則狐矣." 煥之自京馳還瘞之. 余對李善汝敦中, 輒呼君之舅犯, 謂犯姓狐, 而善如, 炯之甥姪也. 煥之從兄弟, 皆治科學, 炯之自視不能, 稱理學, 與金日柱·金鍾健之徒交結, 逆龜死士賊璪密友, 至與河東之謀. 旣而煥之勢盛, 議將抄選, 未幾, 炯之死. 其徒依節孝故事, 私謚曰正誼先生, 書其旐, 一世笑之.

즐거웠던 파주 시절

坡山墳庵之小亭, 成於丙午秋. 丁未冬, 余與弟田讀書亭中, 逼除而還. 至今思之, 平生樂事, 無尙於此. 時城郊信息, 朝夕相續, 村隣從遊, 日夜不絶, 餠酒淋灕, 芋栗狼藉, 夜雪密宇, 書聲相較, 朝日晴窓, 詩章雜出. 余所爲書

事十二絶, 可按知也, 不自知其爲樂, 而樂無窮已. 孰謂石火之光, 居然桑海
之變? 至今只有歸死之願而已耶!

아내의 조언

戊申夏, 先君在謫, 先夫人有疾患, 菽水藥餌, 計旣窮. 時當漕節, 漕船分倉,
情債包米數十. 時徐公有隣判度支, 一言可得. 議及李孺人, 孺人曰: "不可.
數十包米, 不過支數三月. 年少士子, 向宰相行請托, 其視數朔米, 輕重得
失, 何如?" 余乃愧謝而已之. 至今或有見得之思, 心先之此, 孺人雖謂之余
之拂士强輔, 可也.

종적을 감춘 의원 정충주

醫人鄭忠周, 余家舊客, 業頗精, 投劑十應七八. 戊申七月, 先夫人患泄候直
下, 試藥向差. 忠周日夜在吾家幾十餘日, 請暫歸家卽還, 余許之. 至其翌,
過午不還, 余躬進其家而問之, 爲副尉鄭在和所招去. 余踵至副尉家, 尉之
兄鄭義城在中, 與忠周同出其門. 余且執之, 忠周固乞暫捨. 余不得已申托
卽來而送之, 自後仍不知所去. 忠周之兄忠殷, 來見余, 余道其事. 忠殷往
叩鄭義城, 答: "其日路中一豪奴, 勒一駿馬, 要忠周騎之去." 其後事, 鄭亦
不知云. 其日七月二十五日. 三年不至, 妻子發喪持服, 以其日爲亡日, 可
謂天下之怪事. 忠周之子名信敎, 至今往來吾家.

김종수의 청을 거절한 이규위

當論吳益煥, 鍾秀要仲舅上疏, 仲舅答: "吾閱屢劫風霜, 今老白首, 不欲言
也." 鍾秀艴然形色, 遂令李洪載論之, 洪載聲光赫然. 余嘗言: "論吳未必
甚非, 乃拂其意何也?" 公笑曰: "吾爲此者, 寧不愧見汝乎?" 余以此書報先
君謫中, 答敎: "某友將死乎? 何其言之善也?" 數月公下世.

박제당을 읊은 시

余嘗過朴西溪世堂故居, 有詩曰: "教子能爲孔道輔, 辭官仍作錢淡成. 終知白鹿洞中主, 勝似伊川門下生." 又曰: "金陵曲學秀才變, 莊叟遺文賤註新. 不必更論思卜錄, 自家要是讀書人." 此在乙巳秋間, 轉傳爲少論諸人所知. 成校理德雨, 對先君言: "少輩口氣不當爾也." 先君笑之. 余於少論前輩, 最好西溪, 其議論之執拗詿謬, 固無論, 文章恬節, 可以冠冕叔世, 砥礪汚俗. 嘗讀其集中與子書: "近日食道艱甚, 摘送園中半青櫻桃一斗, 城市換米以送." 苦節淸風, 百歲之下, 可使人鄙吝不萌, 此人何可毀之. 詩意自有可觀, 而一以黨議蔽之, 奈何?

불행하게 요절한 이정재 형

居喪盡禮, 吾於李兄止卿定載見之, 顏色哭泣, 不但使弔者悅而已. 自袒括至朞祥如一日, 淚不勝拭, 非天性之至, 而能如是乎? 本有病, 重毁傷, 未終制而歿, 至今思之, 有使人不能忘者. 仲舅喪後, 家計益旁落. 余嘗言: "兄何不治科學? 得寸祿, 祭死養生, 古人亦多行之." 對言: "吾亦不得無此意, 汝先獲之. 但科學豈遽成者?" 余曰: "策疑義, 兄必有得人之所未得者." 相與笑之. 其爲學之實, 見理之正如此. 至辛酉, 若使此兄在者, 必不至辛酉之爲辛酉也. 徐公有隣嘗言: "健陵燕間之敎, '吾有友臣李定載.'" 是已九臯之徹有足徵者耶?

부친이 쓴 제문

先君祭仲舅文, 自謫中至, 李兄要余未讀告先見之. 或謂: "歷叙平日相難處, 激不得平, 則不可無合裁量也." 見之而曰: "古人誄語, 亦多此類也." 其平心正見如此.

달력을 쌓아둔 김종후

李兄嘗言: "吾以師門敎, 藏中出新曆, 屢年舊曆, 見在者多. 吾請其故, 敎

曰: '此雖小事, 亦有分數. 豈必不當與而與之, 所以舊曆之多也.' 吾意則當
與而不與之故也. 曆雖多, 當與者盡與之, 豈有舊曆之多乎?" 余曰: "兄言
是也. 何不盡言如此?" 兄曰: "嚴不敢也." 師門, 金鍾厚也.

외사촌 형 이영재

李兄長卿寧載, 爲人疎亮, 見識頗正, 詩文雖稗流小品, 往往有精思玅解. 與
吾兄弟以文字相好, 言議亦有異中之同, 而歸則謔笑而止. 余在海上, 長卿
有書深致意, 余復之. 及歸, 逢場傾倒, 詩文往還, 一意相歡.《志事錄》出,
季舅發引義之論, 長卿雖不敢自貳, 其實心知其爲過甚也. 癸亥除監役, 戶
判趙鎭寬辟倉官, 數年罷. 未幾, 感病歿, 無子, 僑葬高陽. 寒食麥飯亦無灑
之者, 每念爲之傷情.

외숙 이규남과 의절하다

先夫人季父參奉李公諱思彬, 篤於人倫, 忠厚長者. 余兄病, 公必臨視, 屢日
不倦, 期重吾君頗異. 有一子名奎南, 嘗命與先君遊, 旣又托之於金鍾厚
爲弟子. 奎南嘗自湖鄕訪鍾厚, 至京, 告辭於外王考. 公贈詩曰: "汝家形勢
漸難支, 纔過數年爲乞兒. 千里尋師何所益, 勉渠農務不違時." 卽此可以
知公之意也. 奎南性挑妄淺薄, 事鍾厚, 自許士論, 討洪鳳漢有甚. 丙申與
李璪 · 任焞等, 受鍾秀旨, 爲洪鳳漢殺論. 先夫人謂奎南曰: "洪汝師之從
舅, 此論汝師可之. 吾兒輩以汝爲如此論, 吾其堪之?" 奎南曰: "滅親之義,
婦人何知?" 先君在西縣, 參奉公忌祀必助需, 奎南有乞, 亦副施優厚. 甲辰
兪岳柱疏, 奎南與璪 · 焞 · 炯連謀, 其跡狼藉, 先夫人引義絶之. 璪獄後, 奎
南驚怯, 不至京屢年. 與其再從嫂孀婦隣居, 有帷薄之醜. 事頗露, 孀婦發
書聲言, 毁奎南屋舍. 奎南抱祠版, 奔歸伯舅第, 伯舅不納之. 孀婦男弟亟
至京, 見鍾秀, 請卞其事. 鍾秀曰: "這間事, 他人何知而卞之?" 聞者以爲名
談. 自後, 奎南不得自容於京鄕. 河西從享議發, 奎南上疏, 除監役, 不與洪
氏爲僚引義, 其徒一誚之. 庚辛之際, 聲勢張甚, 屢遷至松禾縣監, 尋罷. 丙

寅後, 往來京鄕, 行乞而食. 有書李書九完營乞錢, 書九不見書逐之. 韓用龜 或扇曆記問. 余嘗於銅峴前路見之, 冬月破冠弊布袍, 拱雙手至肩, 趺跼而 去. 年八十得僉知, 死於京, 不得歸葬云.

식객 정수완의 집안

鄭守完委巷人, 少孤窮, 不自食, 客托人家. 治觀象監, 學業旣精, 無攀援不 得. 鄭判書尙淳, 行監中試甚公, 守完得之. 唱名, 就候主試監, 例也. 守完 候鄭之門下, 十日不得見, 朝進夕歸, 幾一月. 始召入, 責言: "主人不見客, 斯去矣, 何困之? 今見之, 爲後不復來也." 守完恭聽而退, 候在中門外終日, 月餘又召至: "吾旣言不復來, 必抗吾, 何也?" 守完遂自陳願托跡, 鄭不答. 自後進至軒窓間, 一如空門禮, 來參去不參. 旣數年, 當穡節, 鄭以庄田租 籍, 付守完. 竟事, 還進所籍, 視前倍量. 守完不言, 鄭亦不問. 租舶至京, 劃 所增之米而與之, 歲視常. 監中三曆官最要, 廩給終其世, 每缺, 干囑有甚. 官職鄭行公道, 守完雖不欲得, 不可得也. 主客無一言及之. 鄭爲箕伯, 守 完從之, 旣老亦日候, 鄭無所言相視而已. 鄭卒, 守完悲之, 如天顯. 屢年不 衰主客事. 噫, 其異哉! 守完之子顯佐, 自童時, 從余學書藝, 有絶人之才. 戊申夏, 在余家肄書, 謁姜豹庵, 數月得其法. 豹庵曰: "吾授人書法多矣, 速 就無如鄭生者." 吾兄弟科券散稿, 皆其書, 天性樸厚忠直, 事余兄弟至誠. 余有海上之行, 痛哭送之, 弟田喪, 哀不自勝. 喪事, 皆自任, 旣葬數月, 生 感病歿. 歿時, 語其妻曰: "願見南洞伯公." 以其病有忌, 不赴見, 至今恨之. 其子三人, 長娶妻有子, 其次在余家給事, 第三爲人傭自資.

의리 없는 노론

戊申冬兪彦鎬處分, 全由激惱. 在聖德, 未必非發不中節, 廷臣莫敢言. 金 鍾秀筵退過臺廳, 大憲李洪載問: "兪事何以爲之?" 鍾秀揚袂答曰: "謂之 逆賊, 則無頉矣." 勃慢凶厲, 其言絶悖. 彦鎬以煖寒酒一壺自隨就囚. 鍾秀 以判金吾飭府隷, 南間罪人不可私持酒, 歐奪之. 乙未鍾秀謫還, 在廣州沙川, 喪其子. 乞畿伯尹蓍東, 葬用糶米數石, 不許之. 此輩所爲, 皆此類也.

정이환의 속마음

遷園輓詞製述官, 起廢鄭履煥差啓, 鍾秀所爲也. 履煥作四韻一篇, 但稱誕聖之功, 人無不知其心者. 及有泮儒兪憲柱等服制之論, 其言未必非正, 而其心蓋有所受也.

사악한 김종수와 심환지

鍾秀乞合之說, 三易人, 四閱歲, 乃有趙鎭井之慣誣. 鍾秀之旨, 煥之奉行, 卒自殿之. 如兪岳柱之後, 鍾秀自出也. 庚戌秋, 小科榜後, 煥之送伻, 致賀於先君. 噫! 其凶矣.

나의 소과 합격기

余與弟田爲小科, 學詩之才性, 余似較長, 而程式弟田優勝, 經義余與弟田, 俱不閒, 輒臨場取辦. 屢赴監試, 余無一得, 而弟田輒得之. 庚戌慶科, 余請弟田換所作. 始若持之, 卒不得不許, 果又余得而弟田失之. 會試弟田兩赴, 皆不得以經義得之, 余則兩赴, 一危得而一得之, 所謂初會試詩性之利不利有異者, 然耶. 旣得初試, 會試迫近. 前日之失, 謂坐書拙, 必欲得善手. 湖南富人, 願以錢買納書手, 乞得副作. 先君切責之, 從泮吏得一手書之. 余之詩性, 題無方隅做不得, 題揭則然, 自知必失之, 草定寫了. 徐稚秀持券來示, 讀之不覺自喪. 余言: "君其又占魁元耶!" 蓋稚秀初試魁元也. 弟田在圍門外, 索草本, 見之曰: "又失之." 余尤無以自恃. 歸家, 先君敎曰: "此得之有餘也. 會試之作, 一氣驅去如是而不得者, 未之有也." 亦不敢奉而篤信. 九月初六日, 余生朝也. 上御春塘臺, 設菊製, 命會試儒生來待. 卽地臚名揭榜, 稚秀果得魁, 余以三下, 爲該所第三名, 先君之敎, 卒有符焉.

과거시험 포기

小科後, 赴泮試到記應製, 頗有聲稱. 人之謝之, 自所期之, 若可以朝夕得之. 及筮仕, 意亦不屑, 在南殿直中, 歲得表百數, 尙謂天下事可爲. 仍而家國喪難禍釁流離, 乃斷送平生矣. 恩歸, 爲弟田所強, 或赴之. 弟田喪後, 罷縣歸, 一赴至戊寅春到記後, 遂永謝之.

김윤삼과 차태관의 관상술

平壤人金潤三, 有相人術. 至京, 必以余家歸, 會試前, 謂余得壯元進士. 一日自外還言: "壯元有人, 公其得第二三耶!" 叩之, 指在徐稚秀. 余笑言: "初試壯元, 仍而認之." 潤三曰: "非也. 別有新氣色, 合做." 其言果驗. 魁元尙有所謂氣色, 而第二三, 何以硬定取必? 亦怪矣. 是年冬, 先君自坡山至京, 將還, 未得徒御之費. 時箕伯沈公瀜之, 約送錢, 久待. 慈山盲人車泰觀, 夜適來, 問錢至遲速, 筮之曰: "何必待人之送? 所自有屢万錢, 明日子刻前, 得之. 事理之所必無, 而爻辭則然矣." 鷄纔鳴, 熙川郡守特除除書至, 不覺爲之喫驚叫奇. 余平生不信方術, 若金生車盲之言, 十五六如此. 唐郭何以加之? 術之中不中, 亦各有其時, 不可以容得人力也.

비장 심관진의 인물됨

庶族沈寬鎭, 以名幕稱, 居藩者, 不得寬鎭, 恥之. 余未曾見之, 辛亥西郡覲行, 過箕營. 寬鎭在沈公瀜之幕, 出見余自言: "營邑稱沈使道沈神將, 此最悶矣." 余不省其語意, 順口對: "實狀何爲最悶?" 寬鎭曰: "謂神將爲使道使道, 神將安得不悶?" 余笑答: "所幸姓字同耶." 自張如此, 其人可知, 所以有稱何故也? 名實相副之難, 此類亦然耶! 近日沈彛鎭亦有名, 往年余於錦營權巡使常愼幕下見之, 其人頗安詳, 勝似寬鎭矣.

박정한 사람

老人愛小艾, 夫人之常情. 洪箕伯良浩, 平生但知文字之好者, 游香山, 睠熙川妓十六歲者, 携至營. 半年送歸, 香珥錢帛, 資送頗厚. 余叩問: "其實有情?" 妓答無之. 無情之情, 乃至此耶! 余自少時, 已有薄倖之名, 老而有甚. 人或謂矯情而非也. 金孟如嘗聞余言, 謂自家亦然, 所謂性相近者耶!

상소문의 언사

南學疏, 有關大義, 所不可已, 而三十年無一人一言. 嶺儒疏出, 殿其後, 紛然而起, 恥孰大焉! 余見如此, 時李孺人病篤, 余與移寓. 掌議閔斯文致福, 擧余疏任, 余辭以室病, 洪公戒志燮切責余. 南學疏出, 余謂公戒: "辭令貴得平正. 所謂僞劣者, 刻豈可僞! 日後君輩必得對此之目." 辛酉臺論公戒謂假哭. 余言有若燭照, 與公戒語此相笑.

벽파들의 솜씨

朴相國宗岳疏出, 賊情若可究發, 國勢或謂倚恃. 而凶徒之譸張誑惑者, 一辭稱柳星漢之危言奇禍. 朝議傅之於金鍾秀, 朴疏豈其自爲! 竊議之不足, 顯言之. 星漢之疏, 鍾秀雖不與之, 九宗之凶, 鍾秀所卵育. 九宗旣自貳於星漢之討, 則豈非與鍾秀一脈相貫乎! 稱美歸怨, 卽此輩伎倆然也.

아내 잃은 슬픔

李孺人喪旣葬, 奉先夫人, 盡室出郊舍. 悼傷過甚, 忽忽無以自生. 先君自西郡書敎來覲, 十月赴侍, 縱酒色, 按心不得. 香山僧聖機, 年老能文詩習經法. 館在余所居對香樓, 日夜論禪旨, 若可有新悟塞悲. 其時事, 至今思之, 儘可笑也.

심낙수의 상소

先君上疏歷叙, 見惡黨人之本末, 上命封還, 飭院中洩一句者一律, 凶徒尙播傳. 煥之謂沈公繼之: "某疏君必見之." 沈公自傷不已. 先君小識疏封下, 文載集中. 及喪, 以疏封用棺內補空, 禮所無而情切苦. 子孫後人, 不可不知也.

성균관 유생으로서 임금을 알현하다

先君以耽羅御史登筵, 退至院中, 與煥之歷說前後事, 一世譁然, 至上徹. 辭朝入侍, 上教: "御史之去, 亦不從容, 何也?" 後奏狀至, 承旨讀奏, 上命取親覽, 教: "予之世, 有如此文, 予不能用, 何也?" 李參判魯述, 親承傳之. 御史行後, 臣以泮齋生, 殿講入侍, 上問行信: "陽至, 近候輒有東南風, 舟行不難, 水泉無祟, 瘴氛亦少. 幾何居, 明歲三四月可還也." 辭旨溫諄, 撫存過隆. 又及柑貢消息: "貢未至, 代頒魚設試之例, 似非." 及於臣者, 不敢對, 申教: "有問不答, 何也?" 臣始仰對, 於戱之思, 至今不能忘也.

부친을 모시고 제주도에서 돌아오다

耽羅勤行, 發五月入六月, 患痁瘧百餘日. 至月先君遞還, 侍歸. 夜發船, 中流遇大風雨, 船幾敗, 兩時刻到岸. 後筵臣有及此, 謂先君不持重輕發, 上教: "難處, 亦在此也."

어린 소녀의 연모를 저버리다

'看花病眼厭支離, 海上稚香揀得奇. 多惜古人遲見事, 十年那不子生枝.' 此余作贈靈巖梨津城中小女子詩也. 甲寅六月, 余赴觀島中, 在梨津數十日候風, 演劇優戱, 邨隣聚觀. 一小女子約年十三四, 常服瘁容, 雜坐峒獠嶼鬟之間, 眉眼若有光氣動人. 余招與之語, 饋以餌糖魚果, 叩之其父係, 本鎭校屬, 酬對顧眄, 傁倰可喜. 自後無戱觀, 女子日來, 忽裙帶間, 出小紙幅乞詩. 余問: "詩何爲也?" 對: "藏之好耳." 立草與之. 旣入島, 歸路由海月樓, 不復至梨津, 仍而忘之. 戊午夏, 余在南殿直中, 稱靈巖人崔成岳候見. 召問, 進詩幅, 自言女子之男兄與女子至. 余若爲之動情, 抑念 '浦陋小女子乞詩, 待四年千里赴之, 天下之有心者, 得之固難矣. 旣得而堪之, 又難於得之, 無寧不自累謝送. 旣謝送, 不須見也.' 裁定如此, 遂不見之, 具盤資送之. 先君聞而教曰: "汝所謂裁定, 吾豈必非之, 而汝事太傷於薄耶!" 後知此事者, 謂余負心人, 至言窮老無成, 一坐此, 如所謂女怨, 此固淺俗之見, 而余亦至今思之, 往往不能無悔意, 誠可笑也.

최영 바람

麗朝崔瑩,[3] 討耽羅受降, 在恭愍王甲寅八月十九日, 得於州誌之文. 不肯
夜語此, 明日卽是日也. 侍寢望京樓中, 夜半睡, 忽覺天地搖搖如不繫之蓬.
遂呼燭, 咫尺不通語, 相顧無人色, 樓居尤可怖. 肩輿奉先君就密室, 余從
之. 天及明, 衙門五六架, 幷石柱拔倒, 石榴樹徑尺者, 數十拔去不知處. 樓
瓦紛飛如落葉, 人不敢出戶外獨行. 至酉刻乃定. 環一島數百里, 穀粟一變
爲鹽菹被海溢也. 昨日量粟米一石百錢者, 今日千錢不得. 城府之間, 號哭
相聞, 先君曰:"此崔瑩風也." 後聞, 風由直路, 未刻到京, 過松都, 至金川而
止. 崔瑩誠冤矣, 耽羅之討, 何與其死? 幾十甲之後, 必於是日逞怪至此? 過
松都而止, 又何義也? 足備幽怪志逸事. 風, 非崔瑩之風, 是耽羅星主之風
耶? 未可知也.

홍병철의 행적과 사람됨

甲寅春間, 余與弟田聯袂過鑄洞西巷, 見小草屋揭門祝'寧受無妄之災, 不
願匪分之福.' 余指謂弟田:"此意未必非好, 其言何太不祥! 在他文尙可, 在
門祝不可. 其主必非常索怪之徒." 相與笑之. 叩其隣, 洪秉喆家也. 洪公戒
志燮所, 見其家乘序文, 頗優長有典刑, 謂秉喆之作. 雖小技之能, 得之故家
之人, 余心爲喜之. 不無一識之意, 而門祝題語, 常往來心中, 不欲輒自就
見. 後聞李黃載輩盛稱之, 可知爲一邊所引納也. 秉喆居驪上, 爲觀柱密客,
得辛酉科翰薦, 時望藉甚. 乙丑大妃喪輓詞:'海謫經十霜, 忠魂哭阿兄.' 卽
此可知其立心托跡之所由來矣. 丙寅關西御史, 有醜聲, 僇敗坐錮. 乙亥秋
享, 秉喆與李象謙差大祝, 吏判朴宗慶爲之起廢也. 余亦以享官進. 余與象
謙有少時面分, 逢場致言, 洪亦同坐竝及之, 仍言家乘序文, 頗喜之. 其爲人

---

3 원문에는 '瑩'으로 되어 있으나, '瑩'으로 바로잡았다.

短拙昏弱, 有沾沾自好之色. 宜其有門祝之題, 而觀柱之所期詡推拔也. 未幾死, 其兄秉直, 筮仕當除縣, 坐其弟不得, 卒罷去, 銓議過矣.

서준보가 임금의 인정을 받다

東浚敗而煥之特擢, 所謂'僻邊雀躍, 時邊龜縮.'有天地皆僻之說. 旣而朴長卨·李安默疏論徐公兄弟, 一邊惴惴, 若不保終日. 徐稚秀燕見言:"臣家兄弟父子之生成至此, 何莫非造化之力, 臣若有懷不陳, 負聖德也. 李安默之疏, 必有先及於聖聰, 而不使臣家知, 臣雖欲無憾於天地之仁, 不可得也."天笑爲一新敎曰:"予安得曰不先聞知? 而旣不能使彼輩止之, 又何必使爾家聞之? 予意自有裁量, 而爾之能說此, 勝似爾兩父, 多矣."後以稚秀言, 敎及徐公, 獎詡不已, 稚秀嘗涕泣道此事.

과거에 급제하지 못한 운명

余小科後, 弟田嘗言:"赴泮試三年, 不得第, 天下之庸手也."非但弟田之言, 余意亦然. 過三年不得, 余曰:"吾輩皆妄耳. 得第不可自必也."弟田亦笑之. 至今思之, 不有己庚家國之禍, 豈卒不得之? 此其所謂命者耶!

이명연의 실언

成德雨·鄭好仁處分之後, 黨人之聲勢益振. 李明淵汝亮妄有言, 卒自反之, 適資其凶焰. 余嘗對汝亮言:"君何嘗與彼好, 乃自敗而爲彼德如此?"相與笑之. 汝亮嘗有親病, 乞徐公蔘, 不給之. 金義淳乞之, 贈頗厚, 義淳論徐公極憎. 一世言:"雖蔘不贈者, 豈其言過於此也?"人皆笑之.

어용겸의 권력

魚龍窟之說, 藉甚於丙辰丁巳之間, 謂徐龍輔·魚用謙也. 煥之所引納, 龍輔本非煥之之人, 自謂奉承傳入去, 用謙人地無備數, 深托煥之狗監之路, 一朝與龍輔有李杜之齊. 乙卯以前, 李翊模嘗對余言:"金道而·魚士益, 吾儕中兩人而已." 道而達淳字, 士益用謙字也. 余言: "公所謂兩人者, 公且思之所以取之者. 文學耶? 才諝耶? 志節耶? 行義耶? 公亦必不曰四者有一, 而曰兩人而已, 則歷論一世便給善伺候, 無如此兩人. 此亦人人未必居兩人後也." 李笑曰: "謂此人近於當路, 子言如此." 乙卯後, 用謙一蹴至吏議嶺伯, 長在院中, 時望亞於煥之. 用謙本嫠子, 市井人牟同知者, 以錢事之. 屢千金買屋, 中門不容軺, 改構, 使人踞軺出入而量之, 謂: "不日乘軺也." 未幾, 用謙病痢, 座客傳視屎器而驗之, 片時屎盡. 旣死, 世言: "用謙之屎, 如衛叔寶之看殺."云.

이의술과 심환지의 절교

聘君李公素與煥之交厚, 自璟賊落薦, 煥之深惡之, 殆相絕, 同閈不往還. 公以社稷令, 刺謁提調煥之, 壁揭小眞, 煥之問: "肖否?" 李公對: "謂之肖者, 獻媚於公. 郞官之見, 太不肖矣." 煥之笑而嗛之. 李公當敍縣, 數年之久, 煥之持之, 以余家故也.

심능정이 뇌문을 돌려보내다

沈判府灝之, 赴燕路卒. 柩到揚山, 先君爲文, 送不肖致誄, 沈惟淸能直, 在座讀告. 沈公子能定, 始見若醇謹, 相與敍唔, 一宿而歸. 過五月, 能定爲書於余, 送還誄文, 謂: "誄文辭意, 與平日所聞於家庭者不同, 不得不還之." 本文不過歷敍, '己亥煥之聚龜黨, 爲德相疏, 先君對沈公憂歎.', '甲辰公在月出謫中, 憂世道, 貽書先君.' 撼說此兩段而已. 文出, 煥之咆哮, 謂能定: "不送還, 不相見." 所以爲此擧也. 文已出矣, 謝送無補於旣播; 讀且告矣, 擲還何益於自瀆? 煥與定事, 一是迷甚. 余答, 月出書亦當還之, 先君切責, 敎曰: "彼爲悖擧, 汝亦效之, 養吾不可曰有子, 吾亦將無同耶?" 己未壬申, 能定有禮書致唁, 庚辰余在天安, 能定以咸陽倅, 過宿郡店, 要官童乞借朝紙, 欲以此覘吾意也. 余深惡之, 托辭却之. 沈公之子而爲新增黨人, 天下豈有不可爲之事? 送還讀告之誄文, 猶謂總功之察也.

심노숭에게 원한을 품은 신씨

尤庵宋文正公祠版, 自懷德赴其祀孫欽書載寧郡衙. 士林諸人, 迎拜江頭. 余兄弟與李心一志淵, 任彦道履周, 洪多卿益聞, 作伴行止. 坐靑坡店市, 少憩, 見申家所謂八朝者, 驢馬聯翩出. 余言: "彼去者, 拜於今日江上, 又歸而拜其祖廟, 其賴得無泚乎? 與此輩同列, 義不可也. 吾兄弟, 自此歸矣." 諸人挽之, 不從. 後聞群申大嗛怒, 至辛酉誣案, 申龜朝持論益憯云.

정주 선비 한형일

丙辰至月, 余自京出郊, 過新院前路, 有人臥田塍上, 笠覆面. 使奴驗之, 謂死人. 余就按之, 喉息微存. 敎奴背負, 就店爐臥灌湯, 半餉而甦. 叩之, 本定州人, 文科, 前啣佐郎,[4] 姓名韓珩一. 屢年在京, 凍餓將死, 訪定州商在松京者, 乞錢, 不遇而歸. 不食二日, 止坐路上, 不自知其臥矣. 上下衣不挾纊, 布袍百結, 臥喘顫不自定. 余托店主, 不論幾日幾錢養病, 病可行, 送至吾家. 數日果來坡山, 留息有日, 贈弊衣袴. 與余同至京, 往來余家, 或宿食, 趙原明哲永贈袍衣袴. 會命訓院官權作文窠, 區處落仕久者, 韓得訓鍊判官. 數年歸鄕, 不復至. 後聞西變倡義, 討賊卒殉之, 無以得其詳, 可恨.

남전 참봉에 제수된 사연

丁巳夏政, 退行於七月十一日. 時吏判金相國載瓚, 天然亭草都目之說盛行, 純用當路旨也. 十日夜金遞, 鄭公民始代之, 余家在僻巷, 翌日午後始聞. 夜鍾後, 南殿除目至, 時適先君趁忌祀至京, 余告一邊喀鳴, 不拜可已, 答敎以此不拜恩命, 義不可也. 十二日朝, 自院中招殿僕, 以上敎問, 今日參奉不肅謝, 何也? 對在外. 十三日, 謝恩入侍, 上敎無以小得而倦科業, 恩言所及, 同列動色. 後聞政吏所言, 始余擬光陵, 趙子元學春擬南殿, 望筒旣入, 上命換擬, 吏所目見云. 除目出, 遍世之言, 初仕老論得半片, 謂余純非

---

4 원문에는 '卽'으로 되어 있으나, '郎'으로 바로잡았다.

4 원문에는 '卽'으로 되어 있으나, '郎'으로 바로잡았다.

老論, 子元半片也. 鍾秀之座人有言, 先君書往復政廳, 有親見而傳之者云. 鍾秀曰: "如此說, 適以資人之侮我也. 某豈乞於鄭? 鄭豈以某乞而除之? 是乃鄭之殺吾之意, 布示一世者也." 鍾秀已知其出自上意, 而凶悖之情, 言之如此.

서유린과 김종수의 화성 싸움

鍾秀五件事長書後, 托言游觀, 往湖中. 歸路過華城, 與留守徐公有隣逢場辭說遍一世, 謂徐公服罪納款. 公入城, 余往拜, 座中有客似是蔭官. 公目客少避, 客出, 公語余曰: "着帽後初見耶?" 答曰: "此時雖如公, 吾何以參尋往還?" 公曰: "吾見鄭會叔入銓, 謂兒子, 某君必得初仕. 兒子曰: '何也?' 吾曰: '以會叔平日秉執也.' 酬酢如此, 吾言果中矣." 余曰: "然則公秉銓, 亦可以除吾職乎?" 公笑曰: "然矣然矣." 吾曰: "此事固不足言, 近聞有好消息, 爲公賀矣." 公曰: "君亦有所聞乎?" 余曰: "大賓過華城, 公出迎盛供頓, 執手道舊, 歡然釋憾, 相許以爛熳同歸. 彼輩言某亦竪幡, 鼓掌相賀云, 今則可謂都無事善究竟耶!" 公曰: "吾於近日, 不勝昏舌, 君亦爲此言. 伊時酬酢, 吾未嘗一言於人, 只於鄭會叔略及之. 吾今對君可悉之. 大抵雖以外面言之, 今吾有何畏? 彼乃乞降, 會叔謂吾乞降, 至言從今相絶. 此皆彼輩虛張之說, 乃至於使吾受疑於不相疑之會叔, 吾將更見會叔, 悉暴吾心矣." 余曰: "公雖眞箇乞降, 鄭公何乃至於相絶? 君見則鄭公之言, 亦未必穩當." 公曰: "會叔言, 安得不然? 從前秉執, 一朝乞降, 則雖使吾易地, 當斥絶之不暇矣." 遂歷說華城相見事曰: "忽聞其行過去, 以吾情勢不宜出迎過客, 而蔡相過去時, 前已出接, 今若不出, 又不知做出何說, 不得已見. 彼果歡然, 要與巡城. 巡城歸後, 彼乃從容言曰: '吾輩中二字標號亡國之本. 吾不欲言, 而未知何爲而致此.' 吾答曰: '大監當知之, 小人何以知之, 反問於小人耶?' 彼曰: '無論如此如彼, 從今兩相無間, 惟國事惟義理是視, 豈不好哉? 人或有疵毁大監者, 而吾則嘗謂大監一疵不存, 萬善俱足, 但壬夏一疏, 爲南少輩所動, 此爲可惜. 今若知其非, 則尤好尤好.' 吾答曰: '小人平生無一可取, 至於壬子疏, 自謂所秉執, 九死靡悔, 有何所動於南少之論? 向年小人持制時, 省墓之路, 大監要見於長水院, 小人已備說此意. 其後李判教爲致大監所教, 以爲如知壬疏之非, 可以兩相釋然. 小人答云, 長水店中旣有面言明卞, 今雖欲屈意, 有不可得, 如古所謂恐負翼黑子矣. 此言必傳達於大監, 小人今無更言. 雖以南少言之, 聖明在上, 至精至微之義理, 孰敢有貳議於其間乎?' 彼曰: '然則吾枉疑人矣.'" 吾仍曰: "大監疑怒小人, 每在甲辰事, 小人何與焉? 公然出愈岳杜駁沈某, 仍出李魯春, 大監又因李亨逵疏繼起, 此何干於小人, 而竝與沈某李建仲氏而疑怒至今耶? 甲辰以後, 小人亦無別般得罪. 丁未間, 大監又如今番所教, 以吾輩分裂爲憂, 要與團聚, 如沈某必欲保合携手同歸, 小人果言沈不聽, 此皆大監所詳知, 到今有何新罪乎?' 吾故爲提起君家事, 欲觀其所答. 彼曰: '李建仲, 其時渠不過夤緣倖會, 得如干資級, 其後詳知, 則〈義理少無異於吾輩〉云云', 而君家言, 仍不復及. 吾又曰: '今逢大監, 小人言止此, 而但境過之後, 必致大辭說, 指無謂有, 紛然而起, 此則大監當調停之.' 吾之此言出於俗所謂煎根. 如丁未冬, 君家庭之使吾着保之. 彼曰: "大監言如此, 吾亦有此慮, 大監亦當保任." 彼此酬酢, 槪略如此, 外間之謂以乞降, 果何說乎? 日前李濟萬來言近日事曰: '華留新除之後, 彼必大生疑恟. 且以五件事長書之故, 欲爲鎭壓湖中, 托言游觀, 遍踏而歸. 歸路入華城, 其意外若爲釋憾德色者, 而亦欲以某也乞降, 爲張勢之語, 其計必出於此'云. 李說甚有意見矣." 公又曰: "行言謂吾贈遺過多云耶?" 答曰: "此則未聞." 曰: "吾無所遺, 蜜果五十, 酒五鐥, 脯數貼, 此外無之矣." 公曰: "吾欲扶助君改頹舍之役與從宦之具, 而此時華城之說藉藉, 又以給君錢曉曉, 則此不可不慮, 少俟鎭定而送之." 公又曰: "酬酢時, 彼又以無人爲歉. 故吾曰: '輝台當局, 何謂無人?' 彼卽左回頭不答, 顯示不豫之意, 必有生蠹之事. 前日則每言'吾與輝一而二矣.' 今其言如此, 未可知也." 公又曰: "彼輩以會叔謂之大北, 以此驅之, 豈非可怕?" 吾不覺驚瞠曰: "此何言耶? 何以謂之大北?" 公曰: "甲寅春疏, 謂之大北云矣." 吾曰: "爲此說, 則渠輩自有所歸, 渠輩亦人耳, 忍爲此說!"

公曰: "事理則然, 渠輩何嘗以事理言之乎?" 遂與相視噓噫, 酬酢一通, 歸告先君. 先君敎曰: "爲元德者, 亦難矣, 而此皆其所自取也. 鍾秀嘗奏言: '賤臣萬死餘生, 寄跡朝端, 蒙上恩, 得保危喘, 而近臣一隊終是視疏, 臣不敢一日忘死矣.'"

김종수가 서유린을 무함하다

上召徐有隣, 切責此言何爲而至也, 徐惶隘不敢對. 後鍾秀對人言: "徐有隣聞責敎, 涕泣自卞云, 而退而見吾, 其眼眶無淚跡, 怪哉!" 此說大播一世. 此是彼凶自來蓄發之機術, 用之於上下, 而必徐元德爲之孤注, 乞合於吾而使之介傳者, 元德也, 脅持於上而爲之證跡者, 元德也. 使元德挺然有不可犯之義形之色, 則彼凶敢爲此乎! 內荏而外亦不屬, 適以資彼之侮, 滋吾之誣. 今其言, 又何其過於忌畏也! 噫其憫矣.

첫 벼슬의 즐거움

吾家鑄園, 距南殿, 驢鳴相聞. 登殿後小塢, 見園亭軒窓, 往來便近. 直中無所事, 書卷自隨, 冬而了一經, 夏得表箋百篇. 時時爲文詩, 宦蹟初路, 果有趣思, 至今不能忘.

당직의 고달픔

兩官之三日直次, 且除出入, 只二日之間. 相遞稍晚, 且不可得, 以此世稱苦況. 李玉果普源, 恬雅有故家風, 僚席甚相得, 而稱老病, 遞直輒在申後夕前, 數月果不可堪之. 余直日次, 待赴殿門開, 李或寢未起. 止坐軒窓間候之, 李曰: "老者, 何迫之至此?" 相與笑之. 自後李亦不敢晚至, 曰: "墮在少友術中."

이익모와의 친분

李判書翊模汝幹, 年輩幾及先君, 而自少與余游. 性氣頗不齷齪, 詞藻蔚有型範, 余果深好之. 李亦謂余有文字嗜癖, 每一篇出, 不相示, 無以爲歡. 李家在南門之生祠洞, 相與踰岡麓往還, 盡日而歸. 乙卯正月後, 忽一切相絶, 謂任彦道: "可惜, 泰登不可復游從也." 余聞而笑之. 丙辰李赴燕歸, 余有書問之, 答言: "往來路出仙庄, 垣屋露見, 行忙失晤." 又曰: "至練光亭, 得一句曰: '長恨人心少平界, 請看鑑面大同波.' 盛見如何?" 余且笑之. 戊午秋夕殿享, 李以大祝至, 逢場歡如平生. 余言: "向日所示練光亭詩, 得古人寓物託諷之義, 儘好. 但所謂大同者, 公欲折而同我耶? 將使我同公耶?" 李笑詡詡: "無論彼此, 所望大同也." 余亦笑曰: "此所謂先生之志則大矣." 李言: "直中靜居, 爲我批論燕行詩文, 得如前日否?" 余曰: "所不敢請, 得之幸幸." 翌日果送示一大卷, 數日批還. 後於李召丈魯述座上見之, 彼先及詩評, 伊來見解勝前. 余答: "見解豈止詩評也?" 己未大故, 不唁問. 辛酉後, 李見彦道, 輒問余安否, 謫中所得必多, 不得見也. 丙寅恩歸, 李卽謫去. 戊辰余北行, 登樂民樓, 見題板有 '欲將曠野供遐矚, 遂有高樓當遠空.' 李作也. 旨趣優長, 可誦. 余爲一悵然歸, 而與李魯益語. 此時李謫還在東郊, 魯益傳余言, 李曰: "安得復相見也?'" 余往來泰寢齋直, 路出李居不遠, 欲一訪之. 弟田執不可, 徐穉大諸人亦言: "此係名節上, 何乃爲區區一小技, 不能忘乃爾耶?" 未幾李歿. 至今或有想到時, 此固人情之所不能已也.

이익모의 큰 집 욕심

李之自北藩歸, 求宅, 召南北邨舍儈, 謂曰: "無南北邨價多少, 必適吾意求之." 舍儈莫適所求. 李沈吟良久曰: "大小安洞之間南向門, 此舍可買否?" 諸舍儈面面顧頜認不得. 李曰: "其家黑色後門出大安洞路上, 有槐柳杉栢蔚然垂蔭, 此豈難知!" 一舍儈曰: "此王子宮也." 李不覺慊然. 旣而以七千兩, 買尙洞洪淸州善養故宅, 居未數年謫去, 歸東郊死. 李本振威邨兒, 生長席門. 祠洞舍外堂一間在門廊間, 隘不可居. 平生羨艶在大家屋, 有錢意先之, 所以問及王子宮. 人事之荒唐如此, 謂此人小人, 則非也.

전염병 창궐

戊午之臘, 天行之病, 自燕來, 三日至京, 十日遍八路, 其勢如項籍之軍. 余在蓁寺直中, 纔病起數日. 時己未元正, 聞[5]先君患候之報, 馳赴郊舍, 五日遭窮天之痛. 鄕隣皆病臥, 無人護視. 兄弟相與袒括治具, 遂失禮期, 此爲沒身之痛. 纔成服, 弟嫂趙氏歿. 旣葬, 庶母洪死, 數月之內, 喪變相仍. 全家出郊, 奉先夫人. 兄弟苟延時月而相依爲命. 尙亦有著書講學論天下事, 至今何可復得也.

오회연교─벽파의 발호

抄啓文臣金箕殷引義, 言不可與沈英錫同列. 英錫沈檀之孫, 檀主辛丑誣獄, 罪關大義者也. 上敎爲英錫拂拭, 折箕殷過甚. 旣而修撰金履載論吏判李晚秀辭疏句語之失, 上嚴敎竄履載. 遂有五月晦日筵敎千萬言, 消長往復之際・造化生殺之義, 天所命而物不得以知也. 乙卯以後, 局面若有偏倚, 黨人益張聲勢, 性與天道之不聞而自謂聞之. 筵敎旣下, 蜎起雀躍, 潮驅土崩之勢, 若將不待終日, 李書九之疏遂出矣. 始金箕殷嚴敎之後, 洪樂任上封書, 言摧折太過. 箕殷樂任戚屬, 上疑箕殷與樂任通. 旣又履載論晚秀, 晚秀本稱小論之僻黨者. 上於是謂所謂時僻之爭, 樂任爲其孤注. 聖衷益惱, 筵敎遂下, 天不悔禍, 人將盡劉. 中途之痛, 乃在一月之近. 一邊者奉筵敎謂事末命, 反大逆鐵案而曰: "修明筵敎." 陷舊臣一隊而曰: "奉行筵敎." 筵敎何嘗偏重! 凶論必欲矯誣, 謂先王無能, 沖辟不知國勢. 賊勢相與抗爭於不覩不聞之中, 而賴東朝大德至仁, 四百年宗社得有今日. 時凶黨之言曰: "慈聖過仁, 時事不可爲也." 至今思之, 心骨猶驚也. 所謂洪樂任者, 其死果非其罪, 其人宜其及也. 乃以其家之人, 又有自己之事, 雖對親黨近屬, 苟有人心, 豈或語到時事朝議, 而金箕殷嚴敎摧折, 何與乃事, 乃於咫尺書牘之間, 有如上下政法之論. 嚴畏之心全無, 縱恣之習尙存. 如此而不自戕其

---

5 원문에는 '間'으로 되어 있으나, '聞'으로 바로잡았다.

身者, 未之有也. 然而雖非樂任一書, 豈無五晦之敎, 雖非五晦之敎, 豈無辛酉之禍! 此不可以容得人力者也.

농사를 지으며 독서를 하다

庚申夏, 堂前種草蔬十餘畝, 余手鋤治之, 弟田讀孟子. 及秋, 余收草百把瓜瓠百顆, 弟田得孟子了帙百過. 相與較勝而笑之.

정조의 승하

先夫人在郊舍, 患瘧候, 爲醫藥就城中, 借寓筆橋季舅第, 弟田侍居. 六月望後, 聞上候癤患, 未必深慮. 廿九日蚤朝, 余手鋤庭前茄種. 隣家李老來話, 奴自堤外奔, 告大喪出. 眞是天崩, 卽地仆地不省, 李老救之, 飮湯而定. 告先君靈座, 卽朝赴京, 大雨如垂綆. 到寓, 與弟田執手相慟, 待成服受制而歸.

윤행임의 건릉지문

至月赴因山哭班入都, 始聞有賊臣尹行恁所爲陵誌攙入之凶誣. 任彦道言之頗詳, 余言: "引用旣非本文, 行語又無指的. 彼雖自謂用意, 我豈必出而自當? 趙綱崇陵誌文, 斥言尤翁禮說, 趙卒出庭享, 尤翁不失爲正論, 百世公議, 不可以陵誌而奪之." 彦道曰: "人有問及於作者, 指對甚悉, 不可以本文有異而不卞之也." 余曰: "非但無可卞之路, 吾意不欲卞也. 彼之與人言指說者, 行文而沒之, 何也? 卽其文理語勢, 可知其原篇旣成, 此段追入. 急於奉行, 自謂豕亥之相亂, 不恤郢燕之相反耶? 後山行過抱川, 松隅拜徐公. 公曰: "人言'君將以陵誌句語, 鳴聞自卞.' 吾答: '此君輩, 爲此擧, 不聞於吾, 無是理也. 是俗所謂火出家呼火耶云矣.'" 吾對: "所敎然矣. 凶徒之意, 辛丑處分, 必欲載之琬琰之刻. 而行恁不欲斥言指及, 所以塗改字句而亂之. 卽宣言自吾家鳴卞, 意至憯也."

김귀주가 충신으로 둔갑하다

山陵纔復土, 疏啓日騰, 竄削相續, 朝廷搶攘, 行路嗟傷. 時在庚臘辛正之
交, 徐龍輔之疏·李秉模之奏出, 而所謂天網人紀, 卽地滅絶, 他救不得矣.
爲人子而將其父旣骨之身截作兩段, 爲人臣而反其君嘗膽之案斷以一言,
卽惟曰: "金龜柱之亮忠大節瘦死南荒也." 金文淳之以其祖匹美配稱於龜
柱而賣之, 其視兩人者, 心愈苦而意愈刻, 彼有同得於天, 並列爲人者, 一朝
至此, 此豈理也. 天下後世, 可以想見其時矣. 余謫行過京, 有詩曰: '捲地
浮塵日欲微, 夕風吹雨落征衣. 但敎城郭長依舊, 莫恐令威去不歸.' 次李白
沙韻, 反其旨, 所恐城郭亦不得依舊, 此記實也.

항렬자를 바꾼 심씨들

我玄祖兄弟三房後承, 惟有余家與族祖校理公興永之子一人. 其人出凶論
爲絶親媚賊之計, 改名行, 就問煥之. 對曰: "誠然者, 吾亦改之, 寧有是也?"
謂有沈公頤之事也. 凶人卒改之, 來永·文永之子, 一從之. 惟族叔樂耉,
獨不撓, 其人可知, 能文學, 卒窮歿, 有二子云.

심사정의 아들 심욱진

族祖諱郁鎭, 玄齋公之子也. 坐世累廢居, 爲人眞確, 有幹才, 手致數千金,
農桑自資, 與先君心相好. 晩歲隣居, 相游從, 視吾兄弟, 無異親子姪, 先君
喪如哭同氣. 辛酉事變, 一心相憂念, 及余謫行, 送至堤外路上, 執手流涕
言: "六年而歸, 吾不可及見耳." 丙寅余歸, 公歿在乙丑, 公果有前知耶. 公
之子四人, 父歿後, 皆罹奇疾早亡, 二孫離鄕飄泊, 每念傷情而已.

김이도의 후덕함

金松園履度與李承旨濟萬同赴謫, 至全州分路, 金言: "吾輩幸而止此, 沈某
必有進於此, 是可傷念." 當下風色, 金說誠然矣. 金過全州, 賊臣金達淳
以巡使不出見. 後丙寅, 達淳勘逆謫行, 金出城外送之, 一世稱金以德報怨.

余獨曰:"以德報怨者, 人與人之謂也. 同堂親誼以直之報, 不失爲厚也."

벽파의 보복

庚辛之禍, 黨人之心豈止爲快恩讐而反忠逆而已! 前裕疏, 數年爲裕疏一計所不能一時暫忘者金氏諸人, 延及必欲及之地, 謂: '其計可成, 其志可得.' 金履度之謂之謀主而旁敲側擊, 金鑢之問其密逕而酷訊利誘, 俱是行不得之事, 謂可以行而得之. 天下之有推究而得其情者, 有卽發而斷其案者. 所謂金漢者遺疏, 不待推究, 卽其見發, 勘之以大逆之律, 天下無貳議也. 奢死, 卽時上之於先朝, 先朝覽而黜之, 黜之於先朝者, 上之於當日, 十餘年藏之, 所待者何時. 且置他情之盤詰, 但此單辭而推斷, 雖有千百喙自卞, 而不輸款得乎? 安默之本勘次案, 特置極律, 雖無明諭, 可認聖意也.

벽파의 흉계

凶徒之以遺疏進逞, 誣於先王, 嫁禍於一邊. 凡具人心, 孰不沫飮, 而旣不得明正罪案以告先王之靈, 昭布事實以理諸臣之枉. 先王處分, 無地可讀; 諸臣冤苦, 籲天不得, 居然五年之過矣. 乙丑沈判府追復, 諸人者次第伸宥, 不過恩赦例施而已. 顧其事關係如何, 乃其擧苟然若是, 將何以塞天下後世之議乎! 凶徒之計之言, 一出於驅君臣上下, 歸之不忍言之凶誣. 辛年之不得覈實, 其勢則然, 而所被之罪名, 將以一切伸免, 所勘之本案, 在所十分得理. 纔過三十年之久, 必有遺老之及見不止一二遭之事, 亦豈傳說之全無! 朝廷一使命差送與數三查官, 一兩日會同, 按推而得其實, 先王之誣, 可以卞之; 諸臣之冤, 可以直之. 凶徒之計之憯而言之狡, 可以暴之, 天下後世之疑之而議之, 可以釋之渙然. 此而不得, 不過曰慮之淺而識之短也.

노루 때린 몽둥이

黨人之自稱士類, 自居義理, 五十年窩窟, 千萬方醞釀. 畢竟得千古不幸之會, 逞千古所無之凶, 若可以建不援之基, 立不朽之名者. 所成就, 卽不過辛

卯漢者告變之實之也. 此何干於世道進退之機, 渠輩得失之關! 則只博取
凘殺之虛聲, 了無喫緊之實得. 渠輩亦豈不知, 而四顧無所藉手, 不得不重
尋其打獍之梃, 眞是天下可笑之事. 然而擁湛之計, 渠輩所爲償龜之命, 夫
人皆知, 尙可以掩天下後世之耳目乎! 討啓所謂: '任之高陽, 祕之江都, 一
帶之水響應', '任在東郊者, 祕不得相連乎?' 其言皆此類也. 洪之討啓垂準,
金孟如言於朴宗輔兄弟曰: "以主上內舅之親, 可笑事殺死而君輩不救之,
獨不爲君輩後日地乎?" 宗輔曰: "君言誠然, 吾輩亦安所容手?" 孟如曰:
"以君之地, 言於當路, 或可動得也." 宗輔頗有意, 其弟卒格之云.

청나라에 추문을 보고하다
北奏攙入祕湛妻邪獄干連, 宗臣西春君, 公座對衆言: "諸公門族, 有不可斥言
之事, 惟恐隣舍或知. 主上至親事, 聞之三千里外胡廷, 何義也?" 一座奪色.

심환지의 극적과 악역
煥之爲訓鍊都提調, 標下巡令手, 廷辱之窮天極地. 非從前有怨毒也, 非當
下爲醉酗也. 雍容地叱呵說, 但曰: "劇賊也, 惡逆也." 周流往復, 泉發風颷.
左右拉出之, 其人曰: "吾死則死矣, 快且快也!" 令該營杖殺之, 此在壬戌
夏間所謂劇賊惡逆. 但題目而沒註脚. 其言若有鬼呪之依附, 禰正平裸體
之罵, 段太尉擧笏之擊, 豈如此也? 亦云怪哉.

조상을 팔아먹은 김문순
箕伯金文淳, 歲時有饋趙黃州榮慶, 趙不受之曰: "彼祖卽吾祖, 彼賣其祖得
之, 吾不忍以吾祖之孫, 受彼賣祖之饋也." 聞者爲之快之. 余嘗從容問楓
公: "從祖兄弟至親, 金疏公不得辭其責耶." 公答: "疏旣呈, 示副本, 止之無
及. 雖未呈者, 性命自任, 從祖兄弟無論, 親兄弟, 何以止之?" 余言: "所敎
亦然, 謂其祖可賣, 何以止之於從祖兄弟之言乎?" 文淳弱冠登第, 其大人
金淸州履信, 賀席對洪相鳳漢言: "此非吾子, 公之子也." 其父旣敎其子謂

他人父, 其子安得不賣其祖乎? 申在明文淳中表義戚, 疏事在明介成, 雖無在明, 文淳豈不爲其疏也?

노비제도의 혁파

內奴卑一案, 固有異於宮府一體之義, 亦國家五百年舊典. 先王聖德, 謂其制之或濫, 悶其情之無告, 燕閒都兪之際, 或有議及於存罷, 而未嘗輒見於辭敎之間. 則鄭重難愼之聖意, 未必在於經用一事而已者, 亦有可以仰認也. 所謂尹行恁者, 一言而焚其案於春明之外, 謂先王遺意, 外謂歸美先王, 而實情爲之植私恩也. 焚案之日, 卽其生朝, 有如放生祈福, 尤係可笑. 未論他罪, 卽此, 已不容誅也.

윤행임의 죽음

楚獄多濫, 漢文薄恩, 行恁當日死案, 而使行恁終始守此一說, 雖謂之有辭後世, 可也. 心口不同, 情跡相懸, 朝而對此爲此說, 暮而對彼爲彼說. 以卞莊之意, 行隴斷之計, 陽名陰利, 兼有竝專. 此其心不但人不可欺, 天且厭之, 雖欲不喪其身, 得乎? 沈貞之死非其罪, 不可以非其罪而冤其死, 行恁有之.

서용보가 윤행임을 탄핵하다

行恁完伯辭朝, 趙德餘得永城外送別, 行恁執手流涕言:"君其爲我言汝中相公爲致願活之意." 汝中, 徐龍輔字也. 其言若有索報之計, 先是龍輔事, 行恁有力也. 德餘見龍輔, 龍輔之言已森嚴, 德餘遂不發之. 數日龍輔有三分疲弊之疏云, 德餘爲余言如此.

서용보와의 악연

余謂趙德餘:"台之論徐龍輔疏中, '惟龜柱官未復之日, 卽渠父目不瞑之時.' 君子辭令, 豈如是也?"德餘曰:"君言亦復可, 而此非吾言, 卽渠之言,吾不過引用而已." 仍及癸亥筵奏吾家慘誣曰: "因其子而及其父, 此亦豈人理可爲?" 吾答: "旣不得自知其父, 又何以知人之父? 台之責以人理, 何太厚也? 人或比論於李懷光‧璀, 郤鑒‧超之父子, 而亦不倫. 璀未嘗告懷光於旣死之後, 鑒未嘗知超於未死之前, 則未死一言出於其父之口, 旣死兩截作於其子之手, 此自有父子以來所未有也. 豈所謂崩渴薄蝕之變可比? 台之與之上下議論, 前後卞說, 吾意反爲台代羞." 相與笑之.

서용보와 한 조정에 서다

李鎭嵩‧李渭達疏出, 余言於金公履翼: "自是堂堂正論, 何苦而爲此乖反之說, 適資其自張?" 金公無以對之. 後龍輔重卜而出, 余甄叙除園官. 律以古人所自處之十分精義, 不可竝立一朝. 將旬呈棄官, 心口相議數日, 卒不得, 此爲余沒身之恨也.

병인경화 이후 세 가지 급선무

丙寅更化後, 有三大論當發而不發者, 島囚宥釋也, 龜柱移宗也, 李秉模徐龍輔金文淳三人勘處也. 擁湛之計, 榮德之謀, 鍾秀兄弟之所爲主, 夫孰不知? 而丙午以後, 鍾秀忽自張討禍之論. 我先王仁[6]心至德, 至有不反兵之讐之諭, 一心全保於擧國之討. 十五年山陵纔覆土, 戈戟輒如林, 傅之以邪學, 株連搆之以洪樂任謀獄, 與樂任幷戮之. 其此罪負先王大德至仁, 與反龜柱大案無異, 人心之所共憤, 天理之所不容也. 群凶旣黜, 國是大定之日, 明先王之志事, 討凶賊之情節, 義與恩行, 施由親始, 島囚宥釋, 不容不先於樂任伸理也. 先大妃陰功慈德, 國勢之累卵而盤泰, 臣隣之刀俎而袵席, 赫然國人之耳目. 而觀於龍柱之言: '東朝過仁, 國事不可爲.' 亦有可以想知者. 尺寸勳勞, 尙著世宥之典; 銖兩功德, 亦思稱報之道. 裵冕之尊, 昇雲未幾; 恩澤之家, 灑麥無人. 是誠舊惡旣稔, 新犯滋大, 固不可恩以掩義, 情或

---

6 원문에는 '因'으로 되어 있으나 오자로 보인다.

屈法. 而英廟處分沈維賢家故事, 聖人裁定之精義, 可以爲後世法. 黜龜柱而使龜柱之弟獱柱之子尸其祀, 如沈鍼之除懷仁縣監, 可以慰聖母孝思, 報聖母恩功, 而龜柱之親旣絶, 龜柱之討益嚴矣. 天叙之倫, 一有干者, 命討之義, 人得而誅. 君臣父子往居送事之際, 一言而反之, 曾飜手之不難, 則天下安有不可爲之事! 頌莽美新之詞, 何所求而不得! 其比稱必引其祖而配之, 然後謂可以滿賊望而讜賊歡, 則又何其慮之周而思之刻也! 凡此者, 不爲陳群·馮道之所爲, 嬰孩之不可慢也. 化理更新, 倫常扶明, 此輩皆依舊崇秩厚廩, 委蛇廟朝, 甚至有龜柱還置逆案之奏, 有曰: "臣於其時亦有所奏, 聖聽必記有此." 其言恐人之議之先發而制之, 所謂爾口亦肉, 不足以喩之矣. 似泄而視之, 澳泏而處之, 無一人一言之議到. 擧一廷胥淪於夷狄禽獸之歸, 無以自解. 雖以護惜三人之心, 須有勘過一番之擧, 如輕典薄讉, 付處投畀, 一二月而宥還. 朝廷處置, 尙可有辭, 此而不得, 其可曰其國有君臣父子乎! 惟此三大論者, 非余之言, 國人之言, 天下後世之言也.

세 가지 급선무의 처리

謫還之日, 與弟田曉枕臥語, 語及三大論, 犂然相契. 謂之目下第一義, 後見金公履翼·申公耆語此, 金公不槪聽, 申公亟稱好曰: "但移宗, 故有例可據?" 余以維賢家事告之, 甚有印可意. 申公不知有維賢家事, 近世人鹵陋如此. 未幾申公病卒, 使其在者, 或可以議成耶!

흉당이 나를 꺼렸다

凶黨之忌惡余有甚, 觀於觀柱癸亥筵奏所謂此人宥還大爲世道之害而可知. 恩歸後, 對金申兩公言: "如公輩之地, 恐不可遽當此目, 從今毋以故我視也." 相與笑之.

김노정 형제를 풀어주다

恩宥在乙丑七月, 以有臺啓未歸, 丙寅五月啓始停, 放謫營關到. 朝紙見漢祿依尙魯例追律, 漢祿子婦仲舅之女, 在支屬散配之中, 余心爲之深傷. 後聞婦女不論. 行過嶺, 觀柱之子魯鼎赴配機張. 就居余前寓, 謂與余爲近戚, 機人或傳之. 己卯夏, 余在顯園齋直, 聞有華城城門掛書之變, 詞連魯鼎兄弟, 發捕就逮, 設鞫推訊. 余脫直歸, 夜見楓公于玉壺山房, 槪聞獄情. 余言: "若是乎或至文致, 吾黨將無以有辭於後世." 公曰: "廷議有峻無緩, 如趙成卿主議甚嚴, 子何出此言?" 余曰: "趙言未知何見, 而吾也故所以爲此言, 使此獄蔓延者, 公不得辭其責矣." 公曰: "吾意本如此, 子言乃爾耶." 得之色辭之間, 眞心犁然相契, 獄旣竟, 魯鼎兄弟不一枚還配.

이노익이란 사람

辛亥春, 余始見李魯益於李翊模之座, 魯益先致言, 主人爲魯益頗張之. 其人沾沾以文字自好, 不能自蓄於色辭之間. 屢訪余, 余亦報謝. 居止相近, 往還或數. 有所爲詩文, 輒就余兄弟論之, 時節遊會, 篇章酬和, 月計屢遭. 乙卯翊模示疏, 魯益頗非笑之. 己未大故, 卽問弔. 辛酉以後, 遂相阻. 丙寅恩歸, 魯益已登第, 卽過訪敍舊. 丁卯後, 爲道其家庭事, 若有分疏者, 余言: "古人有初晚之異見, 至有善補過之稱, 則庸何傷乎?" 余言如此, 眞若撻市. 己巳弟田科事, 若有效力, 卒無實. 自後以其驟升, 往還不如前, 或有逢場, 輒歡然. 余在湖郡, 聞其死, 賻唁其子, 交際終始如此. 近日始見其父辛酉筵奏, 不至如徐龍輔之言之至憯, 而與其子交好, 義不可也. 雖非自我匿怨, 至今思之, 不覺額汗自出也.

김종수의 처벌이 준엄하지 못하다

鍾秀之積罪稔凶, 不發於龜榮德瑮之案, 始發於敬鎬之招, 不過是與敬鎬頌龜柱而已. 則所以聲其討而勘其案者, 到底緯論, 終始歷言, 如搏虎擊蛇之當其理而中其窾, 尙患其風聲習氣, 積痼深染, 悍不知服, 滋欲稱誣. 而所謂聲討之論, 孩兒之咿嚶, 瞽覡之呪誦, 其言則隔靴之爬, 其擧則朽索之御. 以此可以行斧鉞之莫嚴, 定金石之不刊, 則郢支之笑, 已在傍切切矣. 金孟如嘗曰:"自鍾秀而爲敬鎬, 可也. 自敬鎬而爲鍾秀, 天下安有是理? 不如毁鍾秀已勘之案, 免鍾秀旣施之律, 而後更勘其案, 更施其律, 尙可也." 其言固戲也, 而甚言其聲討之不嚴, 勘案之不成也. 此豈但孟如之言也! 所謂大定之國是, 已行之王討, 乃至此凌夷蔑劣, 則噫嘻, 尙何言哉!

김종수의 형제의 성토

鍾秀之爲鍾秀, 以有鍾厚也. 鍾厚之書所謂本庵續集, 丙戌丁亥間與其叔致仁書, 有曰:"八褒君父, 獨勞於上, 四百年宗社, 無寄於下." 此在元陵戊申以後乙卯以前則可也, 此時東宮寶籌, 已十五歲矣, 所謂無寄於下者, 此何言也! 漢祿凶言之證, 不在他而在此. 旣而有觀柱疏:'獨坐深山, 放虎自衛, 一榻之外, 無非賊邊'之說, 同一意旨也. 煥之叙其書, 謂之至今義理大明, 皆其緖餘, 一旨訣相授, 無前後遠近可知也. 千世在前, 百世在後, 余豈爲抉摘傅合之言也! 鍾秀成案, 鍾厚論啓, 不得首據此爲說, 所爲論請留國榮一事. 余語權季直否應:"請留國榮, 輒皆聲討, 其時在廷, 孰有免者!" 季直曰: "以其儒者故, 尤不可討." 余曰:"待鍾厚以儒者, 子言亦太厚矣."

김한록의 안건

祿賊一案, 上所秘之, 下不敢發之. 秘之誠過矣, 而不發之不得無罪. 至於金履成筵奏後, 仍而置之, 履成之罪, 尤有重於在廷諸臣. 少論諸人所謂知其事, 皆不免知情之罪. 其言固是不令之意, 而亦何以自卞也! 忠臣孝子, 沸血熱涕, 五十年一日, 旣發之後, 凡具人心, 孰有貳議! 而一種凶邪之徒, 舊瘢新染, 傍附側聯, 哀然成一黨色, 一辭稱祿案可疑. 至有權中緝與權季直出, 而至謂山水權公未嘗爲討祿之論, 先君所爲誌文皆誣也. 不得不爲權公卞之, 權公之討祿賊, 何歉於權公! 必爲之卞之! 則此其意豈止於指斥吾先君也! 謂祿案必反而爲權公地也. 非中緝一人之見, 自中之大議如此, 金基叙爲之介之也. 旣而祿孫上言, 跨歲如期燦七獄事. 按跡知情, 終始以一祿案反易爲其命脈. 祿案之反, 何與此輩, 而此輩之至於此者, 所不可知也. 燦七獄後, 十餘年之間, 若可以帖息自戢, 丁亥以後, 稍稍有形跡之自存·氣脉之滋張, 己丑夏政, 八九分自立. 遂有寅學之殿茅, 而不能得從此與國家相存亡者, 一祿案也. 元陵乙亥獄後, 開局纂書, 諸議將首據辛巳後南柳尹三相, 趙載浩言於元景夏. 景夏言: "若是大非聖上會歸之苦心, 不過一邊黨伐之痼習." 上嚴教局臣議遂格. 今之祿案有重於昭鑑之三相, 不啻懸截, 知此義者絶少. 而趙元之論潛滋顯行, 則吾未知爲如何究竟也.

이심도의 잔인한 짓

天下之至痴獃迷闇者, 李審度是已. 與余生同年, 進士同榜. 游泮齋講製之列, 其所謂賦表諸作, 依樣不得. 嘗喜爲詞章之論, 令人可厭, 性氣乖舛非常. 吾兄嘗言其非吉人, 而亦不能無故斥絶. 時時過從, 有或及近世黨議, 斥論凶徒不少饒. 往往有知人所不知者, 逢場輒相歡也. 後聞審度爲果川縣監, 治盜抉盜兩目, 盜不死而瞎. 每日祝天李審度及第, 謂"及第禍必及也." 未幾果登第. 嘗當祭蒸餅, 婢失撿, 狗餂及餠. 脫婢上下衣, 竝其狗縛在馬柱, 杖敺狗, 狗怒噬婢, 殆無完肉. 其虐毒如此. 登第資窮陞通政承旨, 不書洪樂任伸理傳旨. 以大司諫論洪鳳漢惡逆, 竝及金龜柱, 又及近世所謂時僻之目, 似兩斥而實偏護凶徒也. 島竄, 拿鞫親訊, 余以金吾郞參鞫. 鞫例刑房都事立罪人近地檢杖, 血濺袍, 一檢輒一仰視, 所不堪見也. 旣屢杖問指喙, 對供: "受此杖, 雖父叔敢隱?" 余不覺口出言: "汝亦人耳, 人而忍爲此言." 其劻虛又如此. 卒按法死, 論洪鳳漢惡逆者, 鑴·履·瑅以來幾何, 而坐此死者, 審度一人而已. 刑政未必得中, 人心或有不平, 而其實天所以殛之也. 今之世雖末矣, 豈任渠妄意, 欲濫商量, 掃兩邊而專一局, 爲其所驅勒乎? 一念之萌, 而天之惡之, 有重於人之忌之, 果烏得而免之也.

관리의 연좌법

監造官徐格修·部都事李輪祥, 法當敍六品職, 以邁修晦祥之從弟, 銓曹不撿擬, 且數年. 余言: "兩人之罪, 不至按法. 法亦無從弟延及. 國典應敍之

자저실기

例, 廢不行之, 大非事理." 屢言皆不省. 輪祥尋殁, 後聞格修頗德之, 吾豈私於渠哉! 儘可笑也. 金邁淳之父履鑣年七十, 法典從臣父當陞資, 以達淳親叔, 銓曹持之, 卒不得而死. 後邁淳甄敍春坊玉堂, 外調安邊赴之, 使古人處之, 其義亦如是耶? 近年大逆李魯近之親姪從弟, 皆敍職無拘. 有國關和, 亦有行不行, 吾所不敢知也.

윤광안이란 인물

'坡山松檜我家園, 公墓其中蓋有云.' 此余北行時侍中臺詩也. 所押謫客尹知敦光顔曰: "蓋有云者, 何也?" 余曰: "蓋輿眞之間, 兩家先輩未有定說, 且至五十年, 吾輩後生, 但當各尊所聞也." 相與笑之. 尹在自中有盛名, 其人蓋是碙介, 文學亦如之. 有往復書蹟可見. 其家在林川江上, 壚墓松楸, 陂池亭臺, 宛是仲長統所論. 本京之南巷貧家, 宦成之業, 乃如是耶!

홍경래 난의 허술한 대비

西賊之變, 不過潢池之弄. 積困於人事之剝割, 忽迫於天災之饑饉, 傑逆者一呼, 離散者四應. 未必皆有流寇闖王之志者. 得一時飽煖, 易性命而無悔. 觀於其所爲措施倡動, 捨山海邊裔, 而起於中央, 可知其無能爲也. 始聞變, 余之心籌如此. 旣而見其所謂凶檄之文, 不覺大笑. 朝廷雖不尊, 民志雖不固, 豈爲此邨陋中一紙稧通文所摧敗煽起! 蓋知其不足平人所憂惻, 余則安泰, 此豈余別有獨見, 知人所不知也! 此數事, 不啻反三而蔽一. 向後之五月, 師老兩路餉竭, 幾危而倖濟者, 朝廷處置之不得其宜, 鎭府節制之莫適所從, 都被一恫字壞了. 本司之守令單付, 該營之壯士陳衛, 足不着地, 眼皆浮空. 甚至有閉城門之廟議, 當日擧措, 後來像想, 尙可知. 其幸不至於眞有可憂者, 非朝廷制勝之有道, 卽賊虜稱變之遺策. 聞變卽時, 議發大軍, 古有是否! 一有草澤之狂呼, 輒發輦轂之重兵, 則方伯連帥何所用也? 逆适之變, 乘輿至於去邠, 大軍不曾渡臨津一步, 則其時廟朝諸公, 亦豈輕敵而玩寇也? 所重者國體也. 都中開府, 中軍出陣, 尤是法例之所未聞. 未知此議

出於何人也. 凡此所論, 皆就其大者而言之. 至若節目條例之十錯百誤, 觀
於朝紙所出, 聞於從征將士, 可以借悉. 而旣不能新一代之目, 適以解四方
之體者, 未有甚於不錄勳一事也.

논공행상을 잘못하다

鄭忠烈著之卓節偉烈, 可與戊申淸州之三忠匹美齊休. 而趙鍾永之坐鎭安
州, 颷鋒不敢投罵, 韓象默之入赴寧邊, 內應卽地授首, 雖謂之綽有古名將
之風, 可也. 最是管轄之地全失節制之義, 李近胄之棄城, 金處漢之不用命,
俱係律令之所不貸, 而金吾逮捕, 法義無據, 嶺沿徒配. 刑政太失如是, 而尙
安望其興疾討賊歛手削地乎! 當日之事, 朝廷處置, 無一得宜者, 皆此類也.

강화도 죄수 탈출사건

金吾郞上經歷無出使之例, 府中成典. 余方帶是任, 府隸奔告: "今當出使,
本司會議除朝辭稟啓允下." 時西報日急, 鞫事方張, 意謂西囚中儻逆者押
拿, 則事變之嚴急, 無異王庭湊軍中之行. 馳進本司, 路遇判堂沈象奎, 同至
其家. 判堂槪言: "東伯密啓: '金城縣報有自稱沁囚之跳出者, 係在營獄,'
本司覆啓, 請發遣府都事于沁中, 按驗必以上經歷.' 啓下, 重其事也." 余
言: "此是事理之所必無. 設有之, 島囚旣無容疤之成記, 府郞安有眞僞之適
知! 此而失實, 府郞亦豈無家族乎! 且當此之時, 有此之行, 事實未著, 聲聞
先播, 駭四方之聽, 不可不念. 所謂按驗一事, 自本司一紙秘關, 使守臣擧
行, 尙有勝於府郞之初當生疏. 此箇事理合入商量, 非爲規避, 所惜事面."
判堂答言: "秘關未爲不可, 稟啓旣下, 今不可改. 急速前往, 與守臣眼同擧
行." 卽時行發, 達曉馳到. 留守洪義浩·經歷李綱重, 同詣罪人棘外, 令從
行府隸與本營吏考驗封標訖, 留守言: "罪人有問, 對以實狀." 余曰: "賊情
何可論之於賊! 可以權辭而答之." 開門令三罪人出立門內, 罪人等果問:
"何故?" 余使府隸傳言: "封標旣近十年, 封內凡百, 自上軫念, 使府郞躬詣
驗視後回奏." 罪人等言: "恩念所及, 幸此生在. 但蓋屋年久, 雨雪爲悶."

余使府隸等就罪人前, 各出容疤一本後, 依前封標唧署訖. 還到營衙, 發令罪人棘外防守三年內校卒姓名, 按籍記一一招致, 數十人齊到, 分付: "今[7]日之事, 因朝令按驗歸報, 事體甚重. 惟有汝等朝夕相見, 年載且久, 非汝等所言, 何以憑信. 汝等雖係下屬, 亦有家族, 從實納招以備轉聞." 遂列名捧侤, 使留守竝侤記啓聞. 余則草成手本一通, 歸報判堂及大臣. 判堂言: "如此之故, 所以拔例送上經歷者也." 其言有若德色, 儘可笑也. 後自東營盤覈仁川民千姓人, 奸計冒稱, 拿鞫正法.

경직된 당론

乙亥四月, 余以秋曹郎肅謝詣闕, 金虎門外有一女轎放在路傍, 女奴環立, 一士人席藁伏轎後. 怪問之, 李魯春夫人, 以魯春父病重, 乞宥魯春, 當直上言, 該府不捧. 轎在此暮歸朝出已一朔, 卿宰往來, 自轎中有訴, 不省二品夫人. 當直上言, 國典所許, 捧納後, 若有宥命, 自該府執藝繳還, 可也. 而上言不捧, 闕外女轎籲訴, 法例旣失, 瞻聆尤駭. 余見府堂金台魯敬言之, 金答: "事理則然, 而魯春乞宥, 自吾輩豈可捧納乎?" 屢言卒不得. 旣知其事理則然, 但當從事理而已, 有何吾輩彼輩之可言! 此不可以黨議論, 卽惟曰風習之不淑也.

심환지의 당질을 천거하다

沈正言能恕登第, 當叙堂后假官, 數十望, 不擬擬. 末後西北人竝擬, 翰林金道喜也. 余見金唯一魯應爲言之, 唯一對: "此非吾兒所爲, 似是少論翰林主張." 余曰: "誰所爲且無論. 後出望釐正好矣." 其後果釐正. 沈之大人沈公繼之年八十, 陞資已久. 沈旣陞六, 得臺通, 則沈公當以從臣父加一資追榮貤贈, 吏判金台魯敬持之. 余屢言: "沈之臺通, 不可終枳, 沈公陞資時日之急, 九十老人卒不得之, 台豈不爲人作惡業耶!" 金答: "煥賊堂姪, 自吾手

---

7 원문에는 '슥'으로 되어 있으나, '쇽'으로 바로잡았다.

不可通擬." 余曰:"台之所不欲通擬, 吾且言之, 其亦異矣. 但討煥賊逾嚴
而用此人愈重, 然後得成爲義理. 王敦之導, 李資謙之資玄, 許穆之厚, 趙泰
億之泰萬, 相株累, 所未聞也." 余以廣判辭陞, 避雨入藝文館, 見翰林金正
喜, 又力言之, 幷卒不聽. 數月沈公歿, 自後余不復以政注事一及於金台.
沈旣免喪, 臺通甚潦倒, 弘錄無論, 春坊不得. 余言於楓公及沈維翰能岳, 竝
不省, 余每恨之. 兵曹軍色郎缺, 余力言判堂徐稚秀, 首擬得除. 一世譁然
言, '賊煥之堂姪, 某言於某而得官, 非理也.' 爲此言者, 皆煥賊舊徒, 人心
有如是也.

죽은 정승이 산 정승만 못하다

辛巳秋怪疾, 監役多窠缺. 金吏判魯敬之座, 李參判文會同坐. 主人問李:
"少論監役, 誰可先者?"李以數人者對之. 余曰:"吾當擧之. 台能用之, 神
人胥悅, 夷夏同稱, 而台之爲如此好事, 未可知也."主人曰:"誰也?"曰:
"崔遲川之祠版, 弔在魯城邨家二間屋之附壁架上, 閱歲一香火不得, 吾所
親見. 其祀孫崔大榮, 在先朝, 以庠生入侍, 屢勤聖褒, 此人得之, 台可與榮
也."主人曰:"儘好儘好."余曰:"銓家近俗, 不自爲地, 必爲人地. 台亦聊
不免之, 但稱儘好, 何益?"除目出, 林右相漢浩之子得之. 逢場, 余言:"死
政丞, 不如生政丞, 固其理也."相與大笑.

홍희택이 심노숭을 책망하다

余以秋曹郎納牌, 詣政院, 李台心一志淵·洪令義俊[8]對直. 適見箕伯李相
璜狀本到院, 該房李台見之, 龍岡縣令仍任請狀. 前縣令韓用儀, 在任屢年
內移, 該營請仍, 旣有年. 又前望內遷新縣令金蘭淳, 陞辭不日, 將行, 營啓
又到也. 余語李台:"一縣令兩請仍, 前所未聞. 該房理當措辭. 請推原狀啓
還下送, 可謂不負職矣."李台笑言:"吾何敢爲如此出模稜之事乎?"余亦

---

8 원문에는 '浚'으로 되어 있으나, '俊'으로 바로잡았다.

笑之. 數日洪僉正義宅丈, 過見言: "君之日前院中酬酢, 何其汏哉? 此豈吾輩蔭官所可言者? 長此不已, 吾恐君難乎免矣!" 余答: "所敎誠然而梗眼之事, 順口而發, 亦以李台之故, 言之如此." 洪公呭責不已. 後聞世之辭說, 頗藉甚, 此固余疏率之失, 而前輩謹愼之風, 後生警責之義, 洪公兩有之.

오치규의 쓸데없는 고집

栗谷稱子之爭, 亦一斯文之大鬧. 稱子, 未必加尊, 不稱, 亦未必不尊. 以此爭之, 譏切之, 不足, 詬罵之, 卒而若將有禍害之相迫, 是誠何故? 吳之子致奎爲秋曹僚官, 余語及之, 强下以對. 吳余所不知, 李有少時面分. 槪知其爲人性氣. 全是湖右風習無挾之特, 不欲輒屈於人, 所以爲此鬪氣之爭. 鞠獄被逮, 在獄中, 夜誦浩然章, 聲徹於外, 卽此其人, 可知也.

김기유 집안의 귀신

魅鬼降于金基有家, 至有言語文字之相及. 自稱勝朝淸虜將軍鄭姓人, 金家虛室而迎之. 人有就問者, 言吉凶, 往往奇中, 平邱渼陰之間士女超風. 金基敍主議築壇於江上, 祭以小牢, 金邁淳爲致酹之文, 洪遇燮行奠酹之禮. 時余通判廣州, 議發校卒毁壇逐之, 以地係所部之外, 不果. 尋有臺論, 基敍竄, 邁淳遇燮, 對吏勘放. 酹文行世, 余亦見之, 結搆精硏, 藻采溢發, 儘是佳作. 惜其爲非理不經之用也. 此在辛巳春間.

평생 겪은 네 가지 큰 변고

省事以來, 所遇四大變, 一曰甲辰夏賊之變. 夏賊之前, 亦有天海致雲, 而皆所由來漸矣. 若夫委蛇冠冕之服, 雍容殿陛之上, 寸紙數行, 千古所無. 片時一訊, 萬戮猶輕. 卽天地開闢所無, 非日月薄蝕可比者, 所討之詞誠得矣. 甲辰之七月晦日小報, 淳昌郡守金斗恭改差, 或謂淳昌有變. 不移時, 禁營親鞫, 夏賊伏法. 中外不知何事, 翌朝始見結案, 無不肉顫膽掉. 殆如噩夢奪魄. 凡具人心, 夫孰不然, 而一種之說謂夏賊病狂. 遂有翌年春逆賊, 亦

有公私之瑃招, 此其變豈一時凶言逆節而止哉! 求之書契以來, 搜之文軌所
同, 所必無也. 二曰己未辛巳流行之疾, 六沴時行, 五勞所感, 年運之或値?
氣數之不免? 瘟疫痘疹, 今古何限, 而始於戊午之臘念, 終於己未之正念,
一月之間, 遍八域不病者十之二三, 病而不死者又十之二三. 形症尙謂之感
冒, 亦有日限, 視驗於元陵丁亥之疾. 而辛巳之症, 自八月旬間出, 起止不過
一月, 死亡決於片時, 一泄不起, 或有客死於隣舍者. 其數有倍於己未, 飈
發潮迅, 不啻項籍軍所過, 醫方所無, 藥理不到, 則遂謂之怪疾. 前後兩年之
疾皆自西來, 又何故耶? 三曰辛酉徐龍輔李秉模之事, 吾所論之備矣. 統而
言之, 有天地生民君臣父子以後所未有也. 四曰丙寅金達淳之奏, 己丑愼宜
學之書. 兩言者, 一出於爲逆黨報仇屠戮國邊, 大義無論, 雖以私意言之, 何
厚於逆黨, 何薄於國邊! 達淳之計, 伏弩於骨肉之親黨, 宜學之言, 立的於卵
育之恩家, 天理人情之所必無. 二十五年之間, 前討失嚴, 遂有暗線之滋長,
後出愈厲, 任他伏案之不發. 治宜學之本, 反不嚴於治達淳, 則所謂國邊之
貼席安寢, 將無日矣. 而豺[9]狼當道之不問, 燕雀處堂之自安, 則吾所未知
也. 凡此四大變, 壬申西賊之亂不與者, 謂四者有大於賊難也.

문견잡기 외편

퇴계와 남명

國朝黨議, 出於朝廷之沈義謙 · 金孝元, 而殊不知朝廷之前已出於山林之
退溪 · 南冥. 退溪主理, 南冥主氣, 各尊其所知, 不私其所習. 但求實理之
相孚, 不務閒氣之相爭. 兩賢之學, 同體而異用, 要歸公天下之心而已. 及
門諸子, 亦不敢各相岐分, 未或有獨自崖異, 而兩賢之規模氣像遺風餘韻,
尙可驗知於嶺左右士大夫. 風聲習氣之不同, 三百年一日也, 有黨之形而無

---

9 원문에는 '狼'으로 되어 있으나, '豺'로 바로잡았다.

黨之禍者, 卽惟日有天理之純然, 無人慾之間之也. 盧蘇齋哭南冥詩曰: "一望知爲大丈夫, 能令鄙吝不萌于. 風神灑灑空餘子, 論議堂堂伏老儒. 身與箕瓢着邱壑, 志回天地入唐虞. 斯文再喪堪誰訴, 春晚皇都哭病盧." 退溪已逝, 故云: '斯文再喪.' 讀此詩, 至今可以想見南冥. 崔守愚永慶尙斥言蘇齋不言曰: "此公之唾, 可以療腫." 崔南冥門人, 而乃如此耶!

동고와 남명

東皐李相公, 少與南冥同學, 嘗以安社稷自許, 謂南冥曰: "君枯死巖穴." 及東皐爲相, 南冥以處士徵至, 東皐屢過訪. 後南冥以司紙膺召來, 東皐不赴見曰: "大臣不可先屈小官." 南冥還山, 東皐有書曰: "一言未洽, 雲翩翩翩, 壤虫霄鶴, 悲慕奈何?" 南冥在山天齋, 客自靑鶴歸者, 言: "赭山爲田, 山容濯盡." 南冥曰: "山所自取, 若嶷然截然, 人孰犯之?" 南冥乞藥於東皐, 旣而曰: "一身之病, 何關於世, 向人求官藥乎?" 遂已之.

남명의 인품과 학문

李貳相長坤, 己卯與南袞同事. 後見南冥, 自言北關賑饑之功. 南冥徐答曰: "活人誠多矣!" 李會其意, 擧手指天曰: "願死! 願死!" 南冥嘗曰: "吾於學者, 只警其昏睡而已. 開眼了, 自能見天地日月." 南冥曰: "吾文織錦, 未盈匹, 退溪文, 織絹必準尺, 用不用有異." 南冥有詩曰: "人之愛正士, 愛虎皮相似. 生前欲殺之, 死後皆稱美." 康陵初南冥疏有曰: "大妃深宮一寡婦, 殿下先王一孤嗣." 退溪曰: "此不過引用古人語, 今人不可爲此言也." 兩賢學問, 可驗於此矣.

송익필의 학문과 행실

國朝五百年, 卑地而有盛名, 學問稱宋龜峯翼弼, 文章稱崔簡易岦. 兩人俱以豪傑之姿, 得遇文明之會, 交遊傾一時之彦, 華聞遍上國之尊, 亦可謂一代之異人, 而余於龜峯終不能無疑. 一邊之論, 己丑獄卽龜峯所譸張, 爲其私怨之報, 此言固不可知, 而蓋論之, 龜峯之學非道也. 不顧生地之卑釁, 亢己傲物, 謂天下無難事, 君子而豈有是乎? 宣廟特旨下于獄, 教曰: "私奴宋翼弼, 畜怨朝廷, 期欲生事. 趙憲之疏, 皆其指嗾." 翼弼原情曰: "矣身與成渾·李珥, 爲學者師, 學者稱牛溪先生·栗谷先生·龜峯先生云云." 牛溪聞而笑曰: "渠有畏死之心, 乃有此可笑之言." 謂此言可笑, 牛溪說亦未敢知. 滿腔子畜得傲睨之氣, 發以猥雜之說, 陳之君父之前可乎? 其獄中詩曰: '百年身服古人義, 三日頭無君子冠.' 自以亢張, 從而怨望, 曾謂賢者之言乃如是乎. 若乃請婚於栗谷曰: "叔獻要不免俗." 折簡於李山海, 稱汝受拜上, 右相行史, 猶屬小節. 朴南溪集曰: "栗谷會龜峯父祀連之葬, 書其主." 南溪何所聞而爲此說也? 栗谷雖與龜峯友善, 豈書祀連之主? 雖斷腕, 必不爲也. 或云: "非祀連之主, 龜峯之母之主." 未可知也. 龜峯嘗謂: "五禮儀, 出自申叔舟, 吾不取也." 或曰: "出自宋祀連之翼弼, 可取乎?" 此說見於金荷潭涪溪記聞, 金斥龜峯者, 而其言可謂切談. 余嘗論詩, 國朝理學家中, 獨推佔畢·退溪·龜峯, 龜峯之詩, 詞章家所難及. 若其學問, 所不敢知, 其視簡易文章, 必不可并論也.

이몽리와 난봉꾼 개금

近古李夢鯉委巷人, 爲學工程篤實, 修飭嚴密. 行街上, 遇驟雨, 衆人皆奔避, 李獨規行矩步, 尺寸不失, 冠袍盡濕, 無所動. 金取魯家奴介金, 豪嚚自縱, 與城中惡少遊, 善毆人稱. 見夢鯉行, 揎臂言: "怪哉! 此何物?" 足蹴入溝流中. 夢鯉徐自起, 不顧亦行. 介金重蹴之, 夢鯉又如初. 介金怪踵之, 至其家, 偪側巷, 小矮屋, 開戶入, 不彈冠振衣, 跪對案, 長出聲讀書. 介金進而拜, 伏地曰: "小人狂縱, 冒觸尊嚴, 惟死生聽命." 夢鯉笑答: "少年初見吾, 怪之固也. 一時事, 何過引?" 辭氣溫順, 無幾微見. 介金泣且言: "公亦人, 小人亦人, 小人有此事, 公有此言耶? 從今願爲公役." 夢鯉笑謝之. 自後介金日出, 輒赴候夢鯉窓外, 視爲常. 或得餠餌魚果, 進饋之. 旣久, 夢鯉亦感其意, 有諭誡. 介金佩服不懈, 舊日遊伴皆笑之, 不顧卒爲良性. 夢鯉爲趙相顯命所擧, 登仕路, 官察訪. 若夢鯉者, 一擧措造次之間, 化强獷爲馴良, 無實德實行而能之乎! 夢鯉之學, 專內守而絕外慕, 其亦異乎龜峯者歟! 詞章之洪世泰, 不足與議於簡易也.

천정배필

'男女婚媾, 皆有天定緣契, 非人力可容.' 此言似而非也. 率天下而人人而命之, 天何堪其勞乎? 惟是不可得而得之, 必有不常有而有之, 此之謂天所管之也. 崔簡易所爲李判書夢亮墓文曰: "公後娶全州崔氏縣監崙之女也. 崔夫人外祖, 訥軒李判書思鈞. 主試明經, 歸謂其夫人黃氏曰: '吾今日得佳士抱川李某者, 異日國器.' 黃夫人心識之. 後數十年訥軒卒, 崔夫人長成. 會公喪初室, 黃門庶族泛以公爲言者, 黃夫人喜曰: '此先夫子所稱異者, 吾孫亦賢女, 必以與之.' 一家皆言年歲不侔, 黃夫人不聽. 公亦已畜偏房, 無再立意. 公兄謂: '名家賢子, 不可失.' 亟勸成之." 此白沙母也. 李訥軒得之於場圍之擧子, 黃夫人成之於宰相之繼室, 將以爲李家生白沙也. 李兵使眞卿, 與海豊君鄭孝俊居同里, 鄭窮時三喪室, 極貧困. 往來李家, 日爭博以自聊. 兵使有女未行, 告其父: "女有怪夢, 嗜博鄭老人, 授女五卵, 女以裙幅受之, 盡化爲龍." 兵使異之, 爲鄭語及四娶事, "君得娶如吾家者何如." 鄭曰: "五十窮儒, 安得此也." 李告以夢, 以女妻之, 生五子俱登第. 雖無如白沙者, 而一母五子科得之於五十歲四室, 則又安得不曰: "天以夢畀之也."

이계가 죽은 이유

俗諺所謂吞文書, 所由來遠矣. 丙子後, 椵島毛文龍乞糴, 宣川府使李烓報營, 許題輪送. 淸人聞之, 怒令行査, 烓曰: "題出營門, 吾知免夫." 監司陽坡鄭公聞之, 邀烓議. 陽坡曰: "吾果忘之, 題可見乎?" 烓出囊藏示之, 陽坡嚼而吞之曰: "與其君與吾俱死, 無寧一君死?" 烓雖失色, 無可奈何, 竟坐死. 改玉後, 有仁城君事, 西人功臣主當殺之論, 南人鄭愚伏經世主全恩之說. 李分沙聖求兄弟以南人附托西人, 黃漫浪㦿以西人附托南人, 烓有詩曰:“鷗鵬南去滄溟闊, 宛馬西來月窟空.”句法妙甚, 而其人之浮薄可知.

차천로의 문장
國朝五百年, 人才之盛, 最稱穆陵之世. 道學文章, 將材相業, 至於書畫琴碁
方技術數, 無不各造其精妙入神, 歷歷可數而知, 而詞章筆翰尤盛. 李提督
如松平壤大捷, 意得張甚, 令妙選露布手, 時才俊林立, 皆縮步, 車五山天輅
出應不辭, 拉韓石峰而前. 五山貌寢陋, 提督曰:“此子能之乎?” 投與文緞,
五山立呼如宿搆, 石峯疾書如飛. 提督就見之, 至‘班聲噎鵬背之風, 喜氣溢
牛目之雪’一句, 大驚曰:“天下奇才也.” 破城日適大雪, 故云. 五山振古俊
才, 華國之功又如此, 官不過奉常僉正, 祖宗朝重惜名器如此.

허적과 이인의 충고
往古來今, 異人仙客往往自屛山澤之間, 人自不遇. 幸而有遇之, 鮮能信其
人而服其言. 彼乃益堅其自晦之志, 卒與人相遠矣. 許相積得告, 在忠州村
舍, 忽有客, 身長八尺, 相貌魁偉, 戴蔽陽子, 帶長釖縛膝沒跗, 直就座不拜,
瞪視良久. 許色沮喪無言, 但曰:“國恩罔極, 未敢如命.” 卽以所把扇幷扇
香推與之, 曰:“以此謝厚意.” 客但長歎, 無言而去. 許之子姪問之, 許曰:
“余少日遇此人於山堂, 略言余前程, 曰:‘子終有大禍, 吾必有以告之.’今
果至矣. 其縛膝以下, 示世路險也, 蔽陽子, 謂天日不可恃也, 佩釖, 謂刀鉅
在前也, 吾禍其迫矣. 奈國恩未報, 此身難退何.” 歔欷久之. 許少登第, 及
初仕憲職, 禁賤人紋緞, 令行嚴急. 委巷閭女新嫁者, 就捉府坐推訊, 聞門外
斥呼許名而醜呵者, 女之夫弱冠者. 捽至前, 竝酷杖致命. 夜寢夢, 天中降
下絳袍官呼言:“雖係法禁, 未必至死. 弱男女一杖竝命, 私怒也. 上帝惡之,
生汝一子, 覆滅汝家.” 未幾逆堅生. 許令其母勿擧, 母匿之. 堅旣長, 才性
絶倫, 手技又巧甚. 許嗜啗乾鰒, 老無齒苦念之. 堅刻鰒板, 硏屑印之而進,
許謂妾曰:“徒動心, 鰒何設也.” 妾對:“第啗之.” 啗之, 果不硬之鰒. 許驚
喜問之, 妾始以實對. 許命納之, 謂夢不必信, 才可惜也. 自後堅曲意承事,

許且溺愛之, 卒及於禍. 異人之懇告·天官之明詔, 不免爲愛慾之所奪, 則奈何. 肅廟庚申, 堅大逆誅, 帑籍. 許當坐法, 上念院相舊勞, 合啓不允. 許旣無家産, 乞食東郊村中, 爲人敺雀, 踰年賜死. 士大夫以斂具至者, 十七家皆西人, 李世長其一也. 李之大人時術尹義州, 坐府民犯越, 逮入燕當死, 許以節使往脫之. 李嘗以爲恩, 家貧, 不能盡其情, 納一段錦於柩, 終身恨之. 正宗朝許復官.

윤증이 산송을 판결하다

湖西民有訟山一墓, 而兩姓者各謂其祖墳. 監司尹行敎不能決, 問於其大人尹明齋. 明齋答: "不如兩相收護之爲可", 其書載於本集. 余嘗對少論諸人, 爲語此笑之. 豈有兩姓而祖一墓之理乎! 近聞楊根有一塚, 土人謂之呂鄭塚. 呂參判爾徵夫人·鄭監司百昌夫人, 皆韓西平浚謙之女. 江都陷, 兩夫人一時死節, 同藁葬, 亂定, 開窆視之, 容體毀盡不可辨, 不得已同葬而輪祭. 尹明齋之禮, 此可得之耶!

원수의 병을 치료하다

雖在相殺之地, 必有相知之深, 所以知羊叔子之不鴆人也. 許眉叟病痢, 重藥不效, 語其子: "吾病非金錫胄無以治之, 就問之." 子對: "凶人豈命好藥?" 許迫之, 乃往問. 金命藥靑砒礪三戔, 調燒酒服之. 許之子復於其父, 曰: "如此也, 故所以不欲問矣." 許曰: "速調藥, 汝何知?" 屢促之, 不得已減半進, 病果愈. 復見金告以實, 金曰: "咄! 何乃爾! 準服則斷後慮, 再發難治." 許果以痢疾歿. 公會金見尹相趾完言: "公三年內, 必爲廢疾人, 盍蚤治?" 尹對: "無病服藥, 吾不爲也." 後踰年, 尹夜寢轉臥, 忽覺一脛落, 急報淸城. 答: "吾言治之於未病而不省, 旣病, 吾亦何以治之?" 尹嘗曰: "吾日本行, 碇在中洋, 令舟中私挾蔘者斬, 轉頭之頃, 蔘封蔽海. 一言而棄重貨如此, 此其報耶!"

박승종의 자결

其生也有志, 其死也有名, 其心絶可悲, 其身至不幸, 卒不免得罪名義之歸, 朴承宗是已. 凶論之颿發, 而抗義嚴折, 雖不及繁漢諸公, 凶黨之斥遠, 而婉辭相岐, 不欲與弘瞻幷歸. 觀於挹白堂詩及其所言流傳者, '久閉門開老處女, 嫁當退退當陞陞.' 此可知也. 光海嘗分朝成川, 愛其山水, 久不忘. 朴知其意, 令箕伯朴燁營作降仙樓於成川, 制倣宣政殿, 將請光海西行, 圖傳位東宮. 樓未成, 光海廢, 朴死. 擧義之夜, 朴以首相踰城門走, 與其子畿伯自興, 相對自經死. 死時, 書于衣曰; 不能正君, 致有今日, 惟將一死, 少謝神祇. 雖謂之爲舊主死, 可也. 名碩諸公多爲冤之, 吾先祖晩沙公, 亦言籍産之過. 朴之後孫居林川者, 頗蕃衆. 編軍籍十餘人, 余一除之.

북벌론

丙丁以後, 復雪之論, 固是不可必得者. 而謂其不可必得, 而遂已之, 非但口不欲言, 竝與其心而忘之. 反斥其說曰: "心知其不可必得, 而口言其必可得, 此自欺而欺君也." 甚者至謂之以此威衆要君, 爲之自張之計. 心之不令, 言之無良, 乃至於此, 何其無惻怛不忍之心也. 吾嘗爲之定論曰: "知其不可必得, 而謂之必可得者, 君子也. 雖知其或可得, 而斷之爲不可得者, 小人也." 正宗朝, 翰林吳泰曾, 從祀大報壇, 應製一句有曰: "成仁絶域眞三士, 假義空言固一雄!" 意旨有指, 譏切絶憯. 而謂空言之云, 固是自中茶飯之說, 而一雄云者, 前後爲此說者所未爲也. 余與吳少時場圍相知, 謂其有詞藻, 逢場輒相歡. 槪知其爲疏亮之人, 不謂其心與口之刻毒, 乃如此也. 見此而無一人爲之言者, 所謂吾黨之騖虛聲而無實慕, 有如是也.

최명길의 평가

安社稷爲悅, 崔遲川有之, 非和議之謂也. 雖無遲川者, 和不行而城不下乎. 遲川之心, 功與罪竝不知, 只知安社稷而已. 金淸陰之毁書, 鄭桐溪之刲腹, 軒天地耀日月之大節烈, 而非遲川一人, 社稷墟矣. 存將墟之社稷, 功莫大

矣, 而謂此爲功, 遲川將愧欲死, 無以免淸陰桐溪之罪人. 知遲川者, 不可以
功待遲川也. 余之平日定說如此. 北軍至都門外, 倉卒朝廷不知所爲. 崔匹
馬詣軍門, 語少遲, 上駕間道入山城. 上駕下城, 出西門, 見鐵騎數百來, 崔
前白:"此迎騎也." 玉色始降, 其膽量如此. 斥崔之論, 三學士之死, 崔所爲
也. 余又曰:"非也. 其詩所謂'我雖不殺三學士, 中夜思之心自驚.'卽此, 可
以知其心也. 典禮箚之辭理俱到, 龍灣箚之至誠惻怛, 國朝奏狀中, 不可多
得. 謂此人非安社稷大臣者, 非知人者也. 崔嘗爲戶判, 屬司爲修營, 請瓦
五百張. 題云:'五百張太多, 一衲給之.'方言瓦一千爲一衲, 崔誤認一百爲
一衲. 有客跨驪來, 崔曰:"君之馬耳, 何其長也." 不知驪馬之別, 而能知馬
耳之不長, 何也. 近世之以幹才稱者, 自謂名數之際, 不遺毫釐之察, 而其視
崔如何. 崔嘗過訪兪杞平伯曾, 兪示疏草, "吾將論公, 不可匿之." 崔笑曰:
"君言是也. 吾可改之." 顏色和易終席, 油油而歸. 此事亦大過人者. 諸葛
公之許人勒攻, 亦豈過此也.

윤선도의 방술
方技雜術曲藝小數而能盡其精微, 得以奇驗, 非豪傑之姿, 超悟之見, 不可
得也. 余嘗論尹善道寶吉島卜居, 斥其非理反道, 余言非出於黨議, 雖使尹
起, 其謂余言如何. 然而尹亦可謂一代之異人, 善推命, 發無不中. 沈判書
檀之父光沔, 尹之女壻. 沈嘗候尹于海南, 居數日, 尹忽謂沈曰:"汝須急歸.
歸之日, 寢于內, 生貴子." 命奴輕快船:"必二日, 抵京." 果二日, 行數千里,
入城. 寢于內, 翌日, 壻死, 判書卽其遺腹子也. 尹之術, 何其神也.

임제의 호방함
酒所朋會, 論及楚漢優劣, 群言爭卞, 不相下. 林白湖悌出而言曰:"爾輩何
知, 楚漢何足道. 秦始皇盛時, 萬里長城後墻內, 函谷關中大門阿房宮大舍
廊, 身掛黃色袍, 手弄玉套署, 傳令, 六國行首俯首門外, 去地一寸. 當是時,
劉勸農宅書房, 項內禁家都令, 安敢向前窺視." 座中大笑. 後人演之爲諺

歌, 至今傳之, 白湖之豪擧雄辯, 尙有可以想見者. 白湖以評事, 赴北關, 見館宇題詠, 噴噴無可意. 問從行吏: "使客過者, 不題詩, 罰乎?" 吏對: "題不題, 惟意, 何罰之有." 林曰: "然則吾不題." 北關一路, 無白湖詩. 李東岳安訥按北關, 取林作元帥臺詩, 揭之曰: "此老不題詩, 傲氣可憎. 吾爲此老折之." 詩曰: "元帥臺前海接天, 曾將書劍醉戎氈, 陰山八月恒飛雪, 時逐長風落舞筵." 此林之自北歸後所爲詩也.

남의 물건은 함부로 받지 않다
辭受之際, 雖微物小節, 一裁以義, 鄭重難愼, 古人多有之. 趙龍州絅使倭, 贈遺不受, 惟取一刀. 及歸, 語軍官洪宇亮曰: "吾輩此行, 可無所愧." 洪對: "使道腰間, 尙有一佩刀." 趙立變色, 投之海中. 後趙洪俱被淸白選. 洪判書宇遠兄. 金參判始振, 與朴西溪世堂隣居, 朝夕相從. 見朴靴弊, 以自所着舊靴贈之, 朴固辭. 金曰: "君以吾爲趙挺之耶?" 朴終不受.

유성룡의 뒤늦은 후회
敎亦多術, 量才授之. 先生長者之於後學少輩, 必先料定其人器才性而導而之之. 然後用必適而功易成也. 柳西涯成龍, 旣登第, 就問退溪先生: "讀何書?" 先生以蘇氏策論數卷授之曰: "讀此千過." 柳退而自恨曰: "先生敎我, 不及致澤之術, 乃以此俗下之用而當之, 何簡我也?" 重違所敎, 讀半數. 壬辰後, 出入將相, 表啓橯判, 一日百端, 口占手寫, 尙苦枯涸. 乃歎曰: "先生之敎, 有以也." 悔不盡千過.

조복양이 세자의 잘못을 바로잡다
敎儲嗣, 三代之法, 備矣. 前後左右, 罔非正人, 固不可易得, 而雖一二人, 必得剛方正直, 可以格非而誘進者, 爲之輔翊之. 德之成而學之就, 其在斯矣. 肅廟幼時, 學於趙松谷復陽, 誦不通, 顯廟輒撻之. 一日又誦不通, 肅廟爲之請曰: "吾昨日弄雀雛, 闕讀至此. 大監爲我諱之, 大監年老他日, 當贈長生殿板材." 趙公不聽, 書奏不通, 受撻. 肅廟御極後, 對筵臣道此, 敬歎不已.

벼슬자리 얻기가 힘들다

蔭正通淸然後, 陞資爲該曹[10]佐貳承旨, 嘉善爲參判左右尹同敦摠管, 政例也. 所以正通之爲蔭路極選也. 金同知光燦, 以淸陰之子·退憂文谷之父, 不得正通, 及階至嘉善, 退憂欲爲求同敦寧於吏判閔老峯, 文谷曰: "恐不見聽." 退憂第言之, 老峯曰: "同敦是宰相之職." 兩公不復言. 古人之愼重名器如此, 今世同敦摠管, 非正通而冒居者多, 亦可以觀世變也.

정온의 뻣뻣함과 기개

國制, 藝文承文成均校書, 謂之四舘, 四館參外, 主張科場, 自坼榜至唱名, 分日相聚. 四館稱先生, 新第稱新來, 上下進退, 調戲侵困, 卽所謂古風也. 鄭桐溪蘊登第, 白江李相國敬輿, 以先生行古風, 桐溪無苦色, 俯仰惟命. 指座前一案, 令屈首出其下, 諸新來皆從, 桐溪却立不應曰: "士之出身入朝, 將屈此身, 出彼小案下耶!" 其卓立之節, 已見於此. 白江常道此, 歎曰: "其時只謂一木强之人, 樹立乃如此也!"

기개와 국량은 천부적으로 타고난다

天下無學而不可得勉而不可能者, 而惟氣魄膽量, 非天分之絶於人者, 不可得而不可能也. 鄭文翼光弼, 在金海謫中, 使客入府, 訛傳: '公有後命, 金吾郎至'. 家人奔告, 公方寢答: "然乎?" 睡不已, 俄而又傳非金吾郎卽史官. 改玉後公重卜, 公曰: "然乎?" 睡如初, 鼾息不已. 權元帥慄當幸州戰前一日, 與軍官鄭忠信標下軍數十人, 往相陣地徘徊, 指顧之際, 倭軍一枝, 四匝圍之. 權命鄭往諭倭將, 以義不可, 倭將笑而許出路. 左右霜刀相比, 權按轡行, 神氣自若. 鄭權兩公事, 余則曰: "相而韓富將而關張之所不可得而不可能也."

---

10 원문에는 '曺'로 되어 있으나, 용어사전에 의거해 '曹'로 수정하였다.

조상의 신령

子孫之於祖考, 氣血傳禪, 情性流通. 得之於死生夢寐之際, 發之爲禍福趨
避之戒者, 斥之以誕妄不經, 未必非守正之論, 而殊不知理有或然. 言非皆
誣, 非人人而有之, 事事而告之. 平日有過人之靈識, 不卽銷散, 當時値非常
之事, 會若有指導. 要之, 如祭祀之理, 不過是感應之誠而已. 李從事慶流
之戰亡, 卽時有聲出其家軒窓, 對大夫人, 自道甚詳. 自後, 有事輒告. 大夫
人病, 有橘顆墜下之異, 載之家乘. 余嘗聞之於其子孫. 朴斯文瑞家, 在城
南之桃渚洞, 卽其先祖參判蒢之舊居. 朴重修, 視舊制頗崇餙, 夜夢老人告:
"儒士之室, 何太過乎! 且損之." 旣覺亟掇之. 後入九月山, 見望海庵參判
遺像, 顔髮宛是夢中老人.

아버지의 이름

事雖微小, 倉卒處變, 必得其當, 亦難矣. 兪大憲撤以戶參坐衙, 閱庫藏, 掌
吏告物名, 例也. 鍮鐵爲兪之嫌名, 擧呼之, 在傍者, 目止, 猶不省. 兪公顧
笑言: "彼旣迷錯, 爾胡苦禁." 惠廳吏有姓名黃澄者, 賊臣金尙魯入相, 吏屬
戒澄改名, 謂同尙魯祖名. 一日尙魯問澄姓名, 對金澄, 澄實駭甚, 惶怵錯對
也. 尙魯怒汰之. 近世李相時秀, 曹坐救食, 吏呼: "復圓!" 李之先公嫌名,
李聞聲卽泣下. 余在官, 吏隷或觸呼簿霤水, 必重杖之. 下屬而不省其官之
觸犯, 罪固當耳. 兪公之不問, 李相之泣下而不之罪, 亦有大過人者歟!

이명의 선견지명

古人之心計周詳, 慮事經遠, 有非人人可及. 淸將龍骨大, 求好品倭刃於我.
李判書溟爲戶判, 得一把甚良, 藏之, 更求得一把, 李曰: "此其次也." 卽與之.
淸帝求倭刃, 始以前所藏與之曰: "最良者其君有之, 其臣有其次, 不亦可乎."

큰 뜻을 품은 사람

大志不拘小節, 其說權輿於大小德之義, 而尋尺枉直, 聖訓斯明. 小節之略

而大志之成者, 雜伯功利之說, 其人皆下俗之流, 終始做不得名節分上, 其理則然也. 徐判書必遠少貧甚, 其妻不忍饑, 食澡豆. 徐見之泫然, 卽起詣銓家言: "大監知有徐必遠乎? 此人將做國事, 可惜餓死, 盍以斗祿救之?" 銓家許之, 座客怪問, 銓家曰: "此事非常人可爲." 未幾果擬除寢郎, 徐在寢郎, 每考故不參, 居中不調, 七年遂登第. 宋相寅明, 就見銓長宋公相琦, 所言一如徐言, 得齋郎, 旣登第歷敭. 宋公之子宋羅州必煥, 得宋相力吹噓, 調屢郡縣. 英廟中年, 少論一宰臣, 未第酷貧, 數日不炊. 其妻食糠, 襞掩諱之, 相持而泣. 赴其友生家, 將有求丐. 主人不在, 轉就其大人時宰之室, 又不在, 環顧無一人. 見犀帶一圍掛壁間, 摘取環在衣袍間, 歸而市售, 得錢二百兩, 半分與其妻. 約曰: "吾走山寺肄業, 卿與兒屬以此爲命, 不得科, 毋相見也." 三年得柑科, 除郵官. 遞還, 以四百兩贈其友生, 述其事曰: "君不受者, 是眞以我爲偸客." 友生笑受之. 後爲南北雄藩賫鉅萬, 自中之論, 至今稱之. 徐宋之爲判書政丞, 一宰臣之得柑科郵官, 皆不可自以固必, 則使不得之, 卒爲丐官之賤夫, 竊物之纖人而止. 謂此爲大志不拘小節, 則不可也.

남강로의 억울한 죽음

乙未春, 白虹貫日, 英廟心惡之. 臺諫論耽羅御使洪相聖載妓渡海. 上命緹騎逮捕, 將置極律, 尋以其妻鳴籲赦之. 修撰南絳老疏論李潭附麗鄭厚謙, 上震怒, 卽日殺之. 一城中, 一日忽雷轟, 波盪皇皇, 如遇急警, 南載車出, 市井行路奔走擁觀, 車不得行. 過西門石路, 衆就擡之, 恐車轍觸動. 旣死, 忽有二人, 以士服至尸所, 手撫大慟哭, 已徐步而去, 竟不知其名. 數月李潭病死. 病時忽起索冠, 令設席曰: "南校理至矣." 齊和帝之沈約, 蓋此類歟. 未幾先君對策出, 竄逐刑戮之句, 士林傳誦. 時余年十四, 尙想其時事.

난을 평정할 인재가 없음을 한탄하다

謝安石之圍棋折屐, 謂之矯情鎭物而非安石不可得之, 亦難矣. 朴正字泰漢與李光佐隣居, 同登第, 聞榜卽時光佐過訪. 朴對卷讀書, 責光佐: "一第何足動人, 乃不自按耶?" 光佐愧謝之, 朴言儘然, 大近矯情. 光佐以領相兼兵判. 當戊申賊變, 軍書日旁午, 都下人心波盪. 而每日罷朝, 輒赴史局撰載, 晏如常日, 時人服其鎭物之量. 近年辛未西警, 京外所覩聞, 皆魄褫膽墜, 皇皇不知所爲, 一光佐不可得, 上下百年之間, 乃若是相懸耶. 時備堂中有閉城門之議, 李大將得濟奮袂言: "李得濟斬之, 然後城門可閉!" 至今必無爲李大將之言者, 將奈何.

음식 타박

乾猴之失, 責人不可, 前輩多恥之. 趙顯命嶺伯行部, 至陜川, 供具至薄, 夕飯但醢鮓乾脩蔬薹, 如店壚賣床. 趙本自好, 未嘗以飮食察飭, 而所見駭甚, 庭詰掌吏. 吏對: "小人亦豈不知, 而官令不敢違, 有死而已. 官食留待, 乞賜取覽." 趙令入之, 冷薄有甚. 俄而郡官請謁, 李文淸秉泰外補, 到官纔數日. 趙實不省, 趙大愧, 叔謝之曰: "令公料幾年生, 乃自薄如此." 李公曰: "使道且料幾年生, 欲自厚乃爾." 相與笑語. 後文淸卒, 趙輓詩曰: '母饑不能成聲哭.' 至今傳爲美談. 李承旨養鼎承命致侑, 至玉山書院, 遠近章甫咸集. 及進饌, 李薄其具拂起, 李參判憲默手止之曰: "薄具吾輩責也, 令公奉命來, 以飮食小節, 何自輕也." 李愧謝. 往年余差享永陵, 獻官張大將鉉宅怒薄供杖邑吏, 余喩止之不聽. 李視趙不及, 張視李又不及耶.

박문수의 풍류

俳諧談辯, 非莊士所與, 而風流氣韻, 有足動人, 不可與齷齪卑劣者比論. 近古朴判書文秀, 卽其人也. 朴幼年蚤孤, 就養於內舅李相台佐, 李相器詡之. 李嘗赴公, 歸見樓藏漫局, 驗之筆墨紙扇幾蕩盡, 唐本書幾卷擺列, 各注醍醐漿殆遍. 李曰: "此鶴之所爲." 鶴朴乳名, 招問之, 對言: "筆墨紙扇如此之蓄, 曾不分與鄰里一人, 吾以舅氏言遍給洞中群兒." 李問: "唐書醍醐何意?" 朴對: "舅氏何曾出一卷開視? 如此暑日, 牢在樓中, 卷裏群英煩渴欲死. 一勺醐漿, 尙恐其救之不贍." 李笑曰: "怪生! 怪生!" 旣冠娶, 與其兄民秀約: "兄能文, 弟不能文, 兄可攻業决科, 弟可治農資生." 遂就其妻祖金參判錫衍官居, 乞三千緡錢. 金靳之, 屢强而得. 居公州鄕舍, 買耕驛田, 四五年, 致屢千貲, 償金錢自有錢, 足支一年食. 民秀且未得科, 朴曰: "科事, 亦不可恃兄." 遂出遊友生間, 每赴圍執鄙事, 一誠篤不怠. 衆醵力製寫, 治具出諸友生上. 旣登第, 輒自言不識字, 上問: "不識字者, 對策出身乎?" 朴對: "柳儼虛頭, 沈奎鎭中頭以下, 一篇策無難矣." 上笑之. 虛頭中頭, 策式也.

박문수의 성격과 기질

李參議潝論朴甚酷. 朴時爲御將, 偵知李會諸友議事. 至日訪李, 自營辦具隨之, 前導入李門報來, 主客皆喫驚. 朴就座笑曰: "今日諸公之會, 不可無吾. 吾來該營治具, 可相與一醉." 座中皆笑語而罷. 嘗居斗陵江亭, 聞金判書鎭商舟過亭下, 就見之曰: "吾輩在朝日, 所爭彼可殺此可生, 家國何所益. 得此寬閑地逢場, 所謂江湖相忘好耶!" 語款款問: "令公近日多在山水間, 必有自號." 金公曰: "退處湖上, 稱退漁子." 朴笑曰: "其亦異矣! 吾則自稱退漁翁矣." 曰子曰翁, 劇戲逼之. 李判書益輔少登第, 貌俏俊, 性亢傲, 儕友亦未嘗戲語犯之. 院中稠會, 朴見李坐稍間, 手招之曰: "吾有所欲言." 屢强, 李不得已近赴, 朴乃摟其項, 偎其口曰: "美哉, 李校理!" 乃大笑. 李雖錯愕勃怒而不可及矣. 朴事大率類此. 悔軒趙公逮係入庭, 朴出班爭之, 事得已. 退語人曰: "老論無人." 乙亥逆黨誣引, 朴被逮, 旣放, 寃憤未幾病卒. 朴嘗與其內從李相宗城較論家世, 李曰: "汝有鰲城祖乎?" 朴曰: "鰲城吾自當之, 汝有久堂祖乎?" 相與爭說. 朴之性氣風味, 果或有肖於鰲城者, 外裔有世類耶? 未可知也.

혼약을 지키는 풍속

先輩婚議重諾而不輕改. 不但顧畏名行, 人倫之始, 信義爲重, 爲子女基福, 其理則然. 近世風習, 何事不愧前輩, 而此習最相反, 所謂指腹而宿約者, 率多信口而輕斥, 非有大事故, 不過少利害, 斥之者無難, 被其斥之者亦不甚恨, 此亦世變之大者也. 近古有一宰, 相與一宰相約婚. 見壻材不叶, 歸而閉門臥, 手指敲壁, 獨呪呪: '棄一女何如棄一友.' 語反復不已. 卒曰: "女寧棄而友不可棄." 遂果行. 壻卒窮老, 壻之子孫蕃昌, 爲世聞族. 趙顯命約尹東源女子婦, 尹歿, 尹之女痘病, 損一目. 尹子告實狀辭婚, 趙曰: "死生之際, 旣成言矣. 雖失明不可恤, 偏視何傷?" 遂成婚. 趙之狼戾而處事如此, 尚有可以知其世也.

자식 단속
古人居官自律, 先自檢戢子弟始. 南參判泰溫爲靈光守, 其子造科, 具雨傘, 旣去, 奪還之. 近世朴豊基善浩在郡縣, 其子赴科, 必令徒行. 昔年, 余在西郡子舍, 取覽郡學所藏八大家鑄本, 潔紙甚可愛. 約典守校生給倍値, 使他備, 將携歸, 先君切責之, 計遂已. 至今思之, 往往可惜. 南朴事, 固過於分數, 尚有勝於不擽戢而及縱悖. 我先君一切防範, 子孫後人, 不可不知也.

견여를 타는 무관
武宰肩輿, 非有國制設禁, 而不敢輒犯者, 謂其弓馬拔跡, 不可忘本而踰制也. 張左尹泰紹擔輿赴衙, 悔軒趙公命碎之. 張出, 騶卒告, 張默然良久曰: "非趙觀彬, 敢爾?" 徐判書有大肩輿訪先君, 先君曰: "近俗不有故規, 兄何必效之?" 徐歸而屛之不復乘. 徐爲先君戚從兄也.

과거시험장의 인정
臨場得失之際, 呈券淹速之爭, 同伴無論, 親戚亦然. 近世此習盆迫隘, 古時則不然. 趙豊陵文命·尹白下淳, 治四六有盛名, 不相下. 肅廟辛卯, 柑科同入圍, 尹見趙作, 便曰: "今日讓爾作魁, 吾且寫爾券." 尹善書也, 趙果登第. 昔在甲寅春到記, 余赴殿庭, 見傍有兩人同坐. 甲頗能文, 乙不能, 乙左右給事如僕從. 甲旣寫券起將納, 乙曰: "君券吾納, 君可爲吾了吾券續納."

納券卽出, 程式然也. 甲不從, 捲席望望去. 乙坐憮然, 不知所爲. 時余券幾了, 余言: "救急何論親疏? 吾券呈納, 吾且爲尊效力." 乙大喜持券去. 余了其券納之, 出見乙在門外, 以草本授之. 兩人皆少論名家人, 相與爲至切姻親, 所爲乃如此. 後甲登第, 不遠到, 乙出蔭途. 余在園直, 以隣陵官相從, 語其時事相笑.

극에 달한 과거의 폐단

本朝科擧之弊, 極於昏朝, 親族黨友緊汲鉤引, 鄕外寒畯趁約應募, 其禍遂及於家國俱亡. 改玉後, 一初新化, 百度惟貞, 而惟科擧一事, 口討其人, 手襲其事. 勳戚爲其家計, 士林失其操執, 前後且泯然一色矣. 時則畸翁鄭公弘溟掌試, 語人: "奉君命, 試多士, 容着一私, 是其心足爲逆賊." 此言固未嘗非過而及激, 而實理亦然. 擧一世汲汲如狂, 一畸翁一言, 何以正之? 至今二百有餘年, 世愈降而科愈私, 黨色進退, 科名多少, 按榜可驗知. 畸翁所謂逆賊, 非但私之者不免, 被其私之者, 亦鮮能免之. 科擧之多而逆賊之衆, 近世一相臣, 臨科上疏, 誦畸翁語, 其心亦苦[11]矣.

이만원의 임기응변

權謀機變, 能濟其事者, 自有出人之天分, 非可以學而能之. 亦不可預講夙究, 只得於造次飜忽之頃也歟! 李延原萬元爲箕伯, 與西人庶尹不相能. 一日忽失所佩符, 告其大夫人: "兒失符, 律當死. 必從兒所告." 明日與都事庶尹設席, 遊練光亭, 忽報監營內衙失火. 李急解佩符囊, 付庶尹曰: "吾將赴火救母, 此不可與俱, 請以相付." 言訖卽起, 庶尹不敢辭. 未幾, 李救火卽還, 蓋故縱而故收之. 向庶尹索符囊, 召該吏發符, 更封曰: "此物不可尋常看." 庶尹面如土色. 竊符, 庶尹所爲也.

---

11 원문에는 '苦'으로 되어 있으나, 문맥상 '苦'로 바로잡았다.

부마 집안의 올바른 가법

禁臠家家道, 鮮能得正. 如郭曖故事, 余所覩聞, 蓋多不免. 獨月城金都尉漢藎家, 有足稱者. 都尉, 金領相興慶子也. 貴主見廟, 女侍扶掖, 金相禁之. 女侍告: "弱年貴體, 不能自持." 金相猶不許, 主自行拜禮, 時人稱金相知禮. 貴主孝順, 都尉病革, 主臨訣言: "有不諱, 當從殉." 尉卒, 主斷飮食, 英廟親臨勸粥, 主受而近口, 實注下衣領間. 上察之, 不復臨, 竟卒. 正宗卽阼, 命旌閭.

다복함은 자기 자신이 만든다

福力之所由生, 德量之所由致, 磯刻褊塞之人, 完厚久長之祿, 古今天下之所必無也. 皎潔者, 幾於鑱削; 卑鈍者, 近於忠實. 天之報施之豊嗇, 其視此而不忒歟! 金領相興慶, 弱冠決科, 少詞華, 不喜言議. 遭際歷敭, 致位三事, 畏愼謹約, 未嘗爲磯激近名之行. 黨議始分, 入此出彼, 聲利相尙. 金公退然若無與, 士友短之, 不恤也. 篤於倫義, 袒免之親, 如親兄弟, 鄕居老生, 皆蓆帽得郡縣. 每初仕窠缺, 襆被宿銓家乞之. 銓家臨政, 先問: "金家餘幾人?" 謂金乞不可堪也. 誠篤如此, 天性儉嗇, 有古人佩韣之譏. 晩歲, 被李副學錫杓參論, 有曰: "太倉之粟, 身自斗量." 後李以完伯就辭, 適朝前, 窓外女奴進告饌具所貿, 魚肉醢鮓, 名數價本, 細述一過. 公聽訖言: "某物不緊, 某價太過, 不緊者還之, 太過者減之." 辭氣晏如, 無少改. 李心服之, 歸語人曰: "吾儕小人, 容公腹中幾十輩. 李完平之悔論尹梧陰, 亦此類耶?" 此言尙傳之爲美談. 金公子孫蕃昌, 貂蟬輝暎, 至今蔚然, 成大家數. 孰謂天難諶, 斯莫非人自取之.

무관을 천대하다

武官驕蹇, 固是惡習, 而今時此亦不可復見. 防禦·節度, 俱係使命, 朝廷禮待之亦重矣. 候謁宰相之門, 混處儓僕之間, 或有稍自異者, 儕流衆咻之, 宰相斥怪之, 其勢不得不至此矣. 金淸原時默爲兵判, 辟除張兵使志豊禁軍將, 刺謁頗遲. 金公奏之, 上命本曹任治之. 金公衙坐拿棍曰: "自取受棍,

得無恥乎?"張仰首言: "武官之臀, 何異狗臀?" 謂金亦武將子也. 張判書志
恒, 赴湖南閫時, 宰托送竹簾, 周歲不施. 書促之, 卽掇所居堂蘆簾送之. 悔
軒趙公, 赴賓座言: "吾得北兵使洪元益, 黃簡五十幅, 靑筆三十柄." 若有自
張者. 然洪以不問遺, 聞於一世, 趙公之言如此.

투전의 귀재 원인손

雜技中所謂鬪牋, 其法若有神助. 元右相仁孫, 少時稱國手. 其父判書景夏,
止之不得, 怒甚, 捽下庭. 判書就八目中, 持人將匿之, 命射人將曰: "不中杖
之." 元沉吟良久曰: "咄! 人將漏矣." 判書擲散鬪牋曰: "無奈汝何, 汝自爲
之!" 仍語客曰: "兒幼時, 見油紙片, 必雜彈之, 此其鬪牋兆乎!"

세 살 적 버릇이 여든 간다

凡人平生多兆見於童習, 理固然也. 趙豊陵文命·豊原顯命·宋左相寅命·
尹白下淳諸人, 兒時會讀, 踰墻偸桃. 墙下糞坑, 先踰三人, 皆次第墜陷, 而
匿不言, 其意蓋恐後至者駭散不復入也. 白下至, 便呼有糞坑. 三人者大做
氣像, 尹不及三人宜矣. 此其自中之言, 而余見則尹尙有士君子之心. 彼諱
言必陷之地圖爲廣引之計者, 豈非眞箇盜心乎? 不知而自陷, 指示後人, 以
我爲戒, 又豈非士君子之心乎? 此其事可以斷四人者之平生, 不但兆見於
童習也. 豊陵之子趙相載浩, 十餘歲從其母夫人, 歸寧于稼齋金公昌業東郊
石處村. 時當滌場, 趙請自往監穫, 金公第許之. 趙至稻場, 約諸佃夫: "吾
無省識, 爾曹豈忍欺吾? 精穫平分, 任爾曹爲, 吾且剝栗去." 及暮歸見, 斜
分庤左右, 趙問: "彼此何居?" 佃夫對之, 趙曰: "以我不躬檢, 爾曹必自薄
而厚我, 我亦何以安之? 無已則換之." 佃夫不敢違, 歸而量之, 比初倍優,
金公怪叩之, 得實, 笑曰: "小兒機術如此, 其人吾不知也."

시참과 운명

詩讖亦有中不中·可知不可知. 鄭相弘淳, 夢得一句: '高蹄戰馬三千匹, 落

日平原萬木中.' 旣覺, 示鄭楊州景淳, 楊州笑曰: "得無爲軍門提調乎?" 翌
日, 鄭相暴卒, 此果何故也. 昔年余在西縣子舍, 侍先君赴隣縣三登, 見黃鶴
樓金相公熤題板詩一句: '萍蹤欲學魚龍蟄, 氷底寒江寂寞流.' 余告先君:
"此公必不久大做." 先君笑之, 數年果入閣.

신광하와 노론 모욕

尊賢亦有分數, 一有過者, 適資其侮賢者之口實, 是無異自我侮賢也. 泮村
宋洞, 尤庵宋文正公舊居, 洞仍而名. 泮人鄭學洙搆屋於此, 敎授泮人子弟.
申進士光河居齋, 遊鄭園, 有詩: '宋洞不妨呼鄭谷', 西齋生聞之, 謂侮辱尤
庵, 鳴鼓黜之. 申歸至津渡, 聞有呼篙工宋哥, 申問篙工: "汝姓云何?" 對曰:
"宋." 申便叱曰: "我作詩, 下一宋字, 尙遭黜齋, 爾何敢以尤庵姓爲姓." 時
舟中亦有老論進士云. 所謂宋洞鄭谷, 不過以地名而用故事, 詩人漫浪之
吟, 豈必侵侮先賢之意. 而捏傳成言, 橫挑施罰, 遂博得篙師酬酢, 快逞一惡
喙. 則所謂吾黨之尊先正, 皆此類也.

큰소리와 잘난 체

夸言易窮, 强知輒敗, 君子不可不愼之. 南相九萬, 字學自任. 一武官, 與其
僚私約: "吾將以字學窮相公." 同僚笑其癡. 武官謁曰: "小人偶見一難字,
質諸識者, 不知. 相公邃於字學, 不敢不仰問. 草頭下, 承以遇字之體, 此何
字也?" 南沈吟良久曰: "是釋蒜顚." 武官曰: "或云是萬字." 南笑曰: "吾爲
君賣." 李持平惕有文名, 嘗自言無書不讀. 或言: "某書好." 輒曰: "吾已讀
過." 人有言: "書名木子易心, 是奇文." 李曰: "吾讀之熟矣." 南李事, 可謂
天下無不對者耶.

재담, 말 속에 뼈가 있다

俗所謂才談, 古人如蘇子瞻·劉貢父, 頗喜之. 任輔臣爲樂正, 有子名克.
或謂: "克字不佳." 李洪男曰: "樂正子名克, 何不可之有!" 嶺人都永夏爲

海西都事, 戲一妓: "汝日經數夫, 生子何以定其姓?" 妓對: "合衆姓, 宜稱都哥." 國俗柶戲, 剖柹木爲四箇, 背紅腹白. 四紅者曰牡, 二紅二白者曰狗, 狗諺音介也. 大科賜紅牌, 小科白牌. 有人中小科兩場大科重試遊街, 前列四牌裹紅帕, 甚盛觀也. 人有戲爲侶語曰: "前列四紅, 雖似牡也, 中有二白, 其實狗乎!" 傳爲奇談. 呂相聖齊登科, 試官戲新來曰: "倒唧, 勿爲." 倒唧, 倒呼姓名, 勿爲, 稱爲, 曰勿爲, 反語也. 呂曰: "齊姓呂也." 試官復曰: "齊姓姜也." 呂笑曰: "實呂氏也." 近世如曹大諫夏望, 訪趙相顯命, 上堂而跌. 趙曰: "無傷乎!" 曹應聲對: "丞相誤耶!" 各就其姓, 字名戲之, 詞理俱到. 許烟客佖, 與客遊, 顧語, 行且疾. 客曰: "數言數步, 何燥燥." 許答: "中庸不云乎! 言顧行, 行顧言, 君子胡不慥慥爾!" 嘗遊道峰, 涉川謂客曰: "君負我, 歸時我當負君." 客許之. 及歸, 許不顧而去, 客罵之, 許揮手曰: "寧人負我, 無我負人." 趙遠命性不喜芬華, 爲北伯, 屏妓女茶母, 代男隷. 遊樂民樓, 工妓粘給大口魚二尾. 趙顯命曰: "兄卒, 當諡貞簡." 趙曰: "過矣! 過矣!" 顯命曰: "男茶母, 不曰貞乎, 二大口, 不曰簡乎?" 吾族祖參判公諱壎, 嘗曰: "吾幸陞一資, 死當易名忠簡公, 可無愧矣! 不避祭官曰忠, 不借下人曰簡, 此吾實行, 豈或自讓也!"

도깨비 골

'群少叢中一老論, 憂心悄悄欲無言. 將尋吾道滄洲去, 誤入城東魍魎村.' 此申直長光直詩也. 東村金氏諸人, 會遊栢洞山麓, 申適過, 見有金氏中戚分者, 爲其所邀坐. 理當卽起, 而故遲回偃蹇樽筵之間. 座中頗示苦, 申公次題會中韻, 卽起. 魍魎村俗稱金姓爲魍魎也. 此在癸卯春間, 余在西縣子舍聞之. 後逢申公之子大中在正, 叩之, 果有之.

농객 유수원

少論所謂聾客, 卽乙亥逆臣柳壽垣也. 處地本自寒微, 詞華亦無著稱, 氣局智慮有大過人者. 英廟甲辰以後, 自中有事, 必就決之. 耳聾無以語相對,臥書空, 無不領認. 或開口笑, 或蹙額憂, 他人不知也. 錮廢屢年, 窮甚, 衣食須知舊賙施. 李相宗城爲箕伯時, 當臘除, 見氷江上長林, 雪飄飄一色, 軒窓間徘徊久之, 爲書壽垣, 見雪下念饑臥袁安, 以銀二百兩送餉之. 李光佐以內局都相, 召腫醫白光玹, 言南小洞柳獻納腫病往視回告. 光玹尋到南小洞上巷, 五六間草蓋小屋, 一老者, 臥蝸室中, 病疽背, 喘喘急勢. 主人問病輕重, "藥當否?" 光玹曰: "病不可爲矣." 曰: "無藥可試耶?" 曰: "藥豈全無, 但觀公家, 藥何以爲之?" 曰: "但言之." 曰: "牛黃數斤餘水調, 口飮背塗. 明日過午, 藥不可及矣." 歸而告光佐, 光佐言明日又往見. 及明, 光玹復之, 柴門外輿軺縱橫. 入見, 數磁盆調牛黃水, 且飮且塗, 病挫銳, 幾拔本. 坐客皆一時名士, 語光玹, 藥不足憂, 病且治. 數日病得已. 量用牛黃三四斤, 爲錢屢千兩, 一晝夜咄嗟致之. 光玹至老, 說此事, 嘖嘖. 乙亥獄起, 逆臣沈鏽[12]供與壽垣同歸死, 亦無恨. 至今少論不斥, 言稱聾客.

김용겸의 익살과 소탈함

俳偕之擧, 多近風趣; 疏曠之行, 絶勝緣餙. 嘐嘐齋金公用謙爲三登倅, 詣營, 知印小童落後. 公問故, 吏對: "守令見上官, 不得携印, 例也." 公曰: "此豈可須臾離也." 取自佩之. 監司笑曰: "此後三登知印許隨入." 在顯陵令, 齋室前數十步他陵界, 終在直一望, 不踏溪外一步. 性嗜餠餌, 過市肆, 見新饙菁餠, 便入市, 吃乃去. 月夜, 驄幘便衣, 步至故宮門外, 徘徊久之. 邏卒就拉之, 問: "誰也?" 對: "金翊衛." 邏卒認翊衛爲名, 頗困之, 幸免. 宋德相爲吏判, 公以摠管同登對, 言: "吏判臣之舊要, 其人臣夙知之, 行吏判事, 必不如臣矣." 上教: "妄發妄發! 儒賢不可侮逼." 對曰: "渠何足爲儒賢, 實不如臣矣." 上笑之. 德相亦不深嗛之. 乙未先君登第, 公委訪, 出策券讀之, 讀聲韻節高下, 有如呪誦. 時余隅坐失笑, 公曰: "汝何笑?" 仍問余年. 對之, 指計之曰: "壬午生與吾同庚, 吾且以吾年贈爾." 語翩翩, 風流溢發.

---

12 원문에는 '鏽'으로 되어 있으나, 인명에 의거해 '鏽'으로 바로잡았다.

稚兒尙覺其爲覿德之醉. 至今, 何可復見如此人?《三淵集》有與公書, 稱昌被, 或近之耶?

여성제와 채제공의 격언

"與朋友夜話, 不如鐘後就煖屋蒙被穩眠. 大盤卓饌會, 不如適味進朝夕飯頗健. 登覽名山水, 不如在好居第安過." 此呂相國聖齊語, 語意穩適, 無外騖氣. 近世蔡相濟恭, 嘗言: "捨自己妻, 必奸他人妻, 不吃餅, 喜飮酒者, 皆非理也." 蔡言與呂說, 同而異也.

성호 이익의 망언

余嘗見午人李星湖瀷《僿說》與經禮諸記, 謂其人篤志博學之士. 近見一筆記, 載李說. 李嘗語後進曰: "吾東有二不可忭, 忭淸皇帝國必亡, 忭宋尤庵家必喪." 此言不免自家口氣. 語法辭致, 傯悖戾庋, 自見其不正而已, 於尤庵何有! 淸帝大國也, 以小國而忭大國, 安得不亡國! 尤庵大賢也, 以小人而忭大賢, 安得不喪家! 實理如此, 豈待其言. 而譏罵訕笑, 自以爲深切咄逼者, 乃辭理之不成如此. 一邊悖說或謂: "使尤庵不賜死於己巳者, 必見至今生在. 今其歿二百年, 權威勢力, 逾重於其生時." 此李瀷之說之類也.

형제간에도 군자와 소인으로 나뉜다

兄弟惠跖之別, 從古有之, 麗朝李資謙之李資玄, 近古趙泰億之趙泰萬是已. 趙性偶詭, 見識絶高, 以其弟深憂之. 任敞誅死, 趙爲斂之, 泰億曰: "敞賊之誅, 兄何故也?" 趙曰: "相公所謂敞賊, 其血香矣." 嘗自扮作丐子樣, 故夜行, 被邏卒拉去, 至其弟家門外, 謂邏卒曰: "吾弟泰億, 在此行廊, 乞呼出." 邏卒爲呼之, 曰: "泰億! 汝兄邏捉至此." 泰億顚倒出執手曰: "阿兄此何事?" 邏卒駭奔. 趙曰: "吾有兵判弟, 被捕得免, 他日相公見逮, 藉誰免也?" 遇畫工, 乞畫海上截壁孤松梢上坐着小兒, 掛壁, 歎賞不已. 其弟曰: "有何好處?" 趙曰: "相公知此兒?" 泰億曰: "不知." 趙曰: "相公也." 出入

多騎牛, 赴科圍戴儒巾跨牛, 人皆知其爲趙. 學製門已閉矣, 在牛背上大呼
趙泰萬來矣, 敎授開門入之.

후손과 조상의 악행

名之曰幽厲, 孝子慈孫不能掩其惡, 聖訓則然. 雖不能掩之, 反斥言暴揚, 有
失春秋爲諱之義. 鄭東溟斗卿之於順朋, 金五黜百鍊之於慶徵, 斥言不饒,
議者或有謂之無所不可, 反與其善蓋愆則過矣. 東溟嘗斥其祖曰順朋祖, 遇
有子弟不如意者, 輒叱曰: "何其妖惡似順朋祖." 又曰: "吾祖順朋氏, 不幸
生於多君子之時爲小人, 若生今之世, 豈不爲君子乎?" 與閔老峰諸名士論
時事, 或曰: "今雖衰世, 如有孔子者出, 必挽回世道." 東溟曰: "不然不然."
老峰曰: "何也?" 東溟曰: "雖有孔子, 其如閔鼎重駁去何哉?" 東溟纔被老
峰參論也. 金交河百鍊, 昇平篕之孫, 自號五黜, 謂郡縣五貶黜也. 嘗斥言
慶徵祖, 旣敗產, 無少恨曰: "慶徵祖悖入之產, 敗安所惜?" 嘗與人言: "儒
不如佛, 佛不如跖. 儒之尊孔子, 不及佛之尊其祖. 儒佛之十三經·八萬大
藏經, 所以導人爲善, 而人未嘗爲善. 跖無一字書, 尙行其道於天下後世有
餘矣." 居安山, 騎牛夜訪姜豹庵, 豹庵曰: "夜行得無畏虎乎?" 曰: "無慮.
設遇虎, 牛且在, 虎豈捨肥牛而吃瘠吾乎?" 其談辯如此. 鄭·金兩人者, 皆
未嘗非魁傑之人, 而獨其斥其祖不諱, 大非人道. 沈聽天守慶, 與李白沙恒
福諸人過神武門前, 白沙指謂: "聽天公知此門耶?" 謂己卯事也. 言下, 聽
天雙淚注下, 雖以白沙之氣岸, 面頳然不敢復言. 此事當以聽天爲正也. 又
有切可笑者, 許眉叟寄書閔老峰, 稱有世好, 謂許磁與閔齊仁爲好也.

노론의 공격을 소론들이 풍자하다

英廟戊申後, 小論多逆黨. 閔文忠公鎭遠備局衙坐言: "近來少論逆賊多
出." 朴靈城文秀卽應曰: "然矣. 大監欲呼新來乎!" 謂逆亦有新舊也. 及乙
亥, 少論名家鮮不免, 公會老論名官語朴曰: "公之神觀, 近日何遽瘦削?"
朴笑曰: "諺不云乎! 魑魅依林. 尊輩盡伐去吾林, 吾旣失所依, 安得不瘦?"

近來具善復獄時, 李相在協語老論諸宰曰:"善復之謀, 公輩知之."座中錯愕曰:"公何出此危言?"李曰:"公輩豈不謂戊申・乙亥之事吾輩莫不先知耶?"座中又大笑. 李參判崇祜家失火, 火及盆梅. 李曰:"叔蓄好梅, 未嘗一置酒不使倀賦詩, 但日做俗事於梅下, 梅豈不羞? 絶自焚死, 火崇梅也."

감식안이 뛰어난 시험관

主試鑑識, 古稱金思齋安國, 其後有金竹泉鎭圭. 主試屢年, 所得士如李眞望・趙文命・尹淳・李德壽, 皆典文衡. 肅廟辛卯菊製, 表題宋蘇軾進司馬光神道碑銘. 時午人實才姜楷者, 連魁節製有盛名, 所作精錬, 蚕呈將入選. 晚後一券初項(表式有初二項之稱)曰:"言念司馬爲人, 實是夔龍者匹."參考者, 大打之. 金覽至末句曰:"昔挹高風, 今無愧色."批點之曰:"是欲做大提學者,"遂置第一選, 卽李西堂德壽也. 英廟癸酉監試會試, 太學士南公有容主試, 題見"天無烈風, 海不揚波, 知中國有聖人."一券首句曰:"綠龜瑞籀筐篋古, 平陽聖人伊祈姓."試官一辭稱怪而黜之, 鄭承旨夏彦曰:"黜則黜矣. 吾欲將去爲兒曹觀也."南公更審之, 滌抹爲批, 置魁選, 拆名申史權也. 南公鑑別, 豈其讓於鄭? 至此而始黜之, 誠可怪. 則鄭之拔之旣黜之後者, 亦未必別有過人也.

악인이 악인을 논하다

南袞爲柳子光傳, 文心筆理, 深切曲盡, 士禍一段, 模寫如畫. 有人題詩傳末曰:"畢竟肺肝誰得似, 不知身作傳中人."此千古定詮. 近世有人參論人, 其言銳削, 剔入豪毛. 世謂之其人畵眞贊. 旣勘斃, 言者日隆顯, 富貴數十年. 跡其所爲, 不啻有甚於其人. 世又言:此非爲人眞贊, 卽其自贊云.

이준휘가 이정필의 원한을 풀다

戊申嶺變, 陜川守李承旨廷弼, 捕囚逆賊曺鼎佐於郡獄, 請援自赴晉州, 賊乘間逸出, 據陜叛. 廷弼回至陜界, 密檄郡校金垍等, 設機誘賊掩殺之. 會星州牧李普赫軍過境, 取而爲功, 報營言:"廷弼始棄郡終擅殺." 亂定普赫封仁平君, 廷弼抵罪. 後廷臣冤之, 英廟命嶺伯按查封納其時文案封上, 金吾推諉不卽發. 廷弼卒, 李判書喆輔輓曰:"幕府輪來三輒易, 金吾開得一緘難." 吳副學遂[13]釆輓曰:"伽倻山下戰功疑, 未白心惟聖主知. 盛代猊獜圖畵日, 嘉林歸臥角巾時." 吳普赫姻親而其言如此. 廷弼旣卒, 其子儁徽登第攝注書, 上疏白父冤, 阻院. 儁徽持疏立延英門, 三日流涕, 掖屬觀者, 皆感泣. 英廟聞之, 取覽之, 金吾封案始發槦藏, 已十餘年. 金吾失火, 他案皆燒, 陜川案略燒, 兩頭不犯字. 人皆謂:"廷弼冤結, 儁徽孝感." 上亦屢稱李儁徽孝子.

정태화의 며느리 숙정공주

舅之於子婦, 恩愛子媳也, 體貌他人婦女也, 不可以褻衣見, 不可以褻事責. 先禮而後情, 道理之所當然也. 陽坡鄭相公待東平尉公主, 如媳婦一例. 臥軒中, 主跪其側, 爲捫頭虱, 內人入告, 上怒曰:"過甚, 過甚." 旣而敎曰:"旣作他子婦, 奈何." 古來傳說如此, 子婦捫虱, 大是非禮, 況王姬之尊乎! 豈謂陽坡爲此. 余則曰:齊東之說.

도끼 들고 상소하는 행위

上諫疏持斧伏闕, 未知創於何代何人. 而義有異於尸諫, 事或近於脅君, 決知非忠臣正士之所爲也. 諺傳, 趙重峰持斧上疏, 人有過見者呼曰:"趙憲! 朝廷殺爾, 豈少一斧, 乃自持來!" 聞者大笑. 近世韓鍮者爲此事, 卒以亂言誅.

서계 박세당의 문장

文章自有定價, 父子之親而不可得以私之. 李畏齋之謂澤堂班馬文章, 識未到也, 若朴定齋泰輔之貶其父西溪於尹明齋 · 南藥泉之下, 亦識未到也. 西

---

13 원문에는 '爰'로 되어 있으나, '遂'로 바로잡았다.

溪問定齋: "吾文何如子仁・雲路?" 定齋對: "尹舅文載道之文, 南舅文兼事業, 竝傳之悠久, 大人文自不及." 西溪曰: "汝視我太輕." 此說自中人至今稱之. 以余見則, 定齋非但不知南・尹文, 其大人文亦不知. 尹文本出註家, 冗衍猥雜, 無一條活色, 南文以崔遲川爲範, 其言似精切曲當, 其實如胥徒文狀. 兩人文皆不免俗下, 所謂載道事業不可, 但曰太不倫也. 西溪文簡重精深, 有八家王・柳之意. 吾嘗謂顯・肅以後古文之學, 當以西溪爲歸, 先君嘗許之. 詩文固有相長短, 而未有能文而不能詩者, 南・尹未嘗知詩, 西溪詩一如其文, 而或過之. 謂西溪不及南・尹, 非西溪所謂視太輕, 卽其識未到. 觀於定齋詩文, 亦可知也.

남구만의 평가
自中稱南相九萬氣量. 後喪附葬, 議通穴以驗, 南苦止之. 錨過隙, 見水滔滔湧出, 南曰: "水由地[14]中行, 地中安得無水." 遂塞穴而附葬, 此人理人情之所必無. 南亦豈忍爲此, 使果爲者, 其人自是忍所不忍者耶. 後來人之稱之爲氣量, 不過曰黨議蔽之也.

남구만에게 보낸 김창협의 편지
甲戌南藥泉爲領相, 金農巖爲書, 乞復其父讐, 至有曰: "願以一言之重明教之." 其言惻怛, 仁人孝子所不忍聞. 南覽過, 擲其書曰: "不謂此子無識至此. 將使吾從其言報其讐, 設期先諾耶?" 遂不答之. 農巖曰: "此人狼愎不仁之人." 農巖之言, 豈其過乎? 一初方新, 群枉旣伸, 所可討者, 非一人之私讐, 則農巖之私書請教, 固失矣. 而此在事初, 不知南之立心主意, 已占自家地位, 乃謂同仇之義, 必有相傷之意. 所謂明教, 非爲先諾, 自暴寃苦之情. 願聞勘斷之議, 此在人情所不可已. 謂此無識, 吾不知其言之果有識也.

---

14 원문에는 '池'로 되어 있으나, '地'로 바로잡았다.

죽은 벗에게 관직을 주라고 상소한 남구만

文科直赴, 未唱名身死, 贈弘正或注書, 曾謂國典所載. 近見南藥泉疏請贈
其友人韓五相職, 有曰:"臣與五相少同筆硯, 哀其夭殞, 不及致用於世. 今
玆別試直赴當付, 獨悲泉下之鬼, 已隔作人之世, 枯魚有過河之泣, 落葉增
逢春之恨. 肆切向秀之情, 敢效令狐之請焉." 卽此, 可知其文也.

외골수 당론과 사치

偏論之禍, 急於奢侈. 今時則偏論已無, 奢侈極甚, 得失將如何? 竹泉金公
與尹判書趾仁同在禁省, 尹家傳午饍豆腐一塊調淸醬, 少頃, 金午饍亦至,
木麥餺飥加白鹽一匙. 竹泉且食且語曰:"吾輩宰相, 自奉如此, 國其不亡."
尹曰:"惟不爲偏論然後可."

이이와 이준경

栗谷先生之論東皐李相, 至謂之將死言惡, 未必非言之太迫, 而以此謂栗谷
調停之或偏, 則不知栗谷之心者也. 栗谷於調停之論, 赤心血誠, 卽其言, 可
知其心. 論東皐, 亦出於調停之或恐不成也, 此豈有一毫私好惡哉? 謂栗谷
有偏心者, 將長子孫不得也. 東皐後孫李頤晩爲鐵原倅, 栗谷書院求助通
文, 輪到頤晩, 爲書批其末曰:"有百代難忘之讎, 無一錢可助之義." 大署押
還之, 時人笑之. 謂之百世之讎者, 何其過也.

우암을 몰아세운 이응징

"人臣之不名, 殷有阿衡, 周有周公, 管仲曰仲父, 王莽曰宰衡, 狄仁傑曰國
老, 郭子儀曰尙父, 宋之賈似道謂之師相, 明之張居正謂之元輔, 高麗之崔忠
獻謂之恩門相國, 我朝宋尤庵謂之大老." 此東皐後孫李熊徵者所謂《黔湖
志林》語也. 列書歷代善惡, 而承之以尤庵, 將欲逼切尤庵, 其事儘可笑也.

김창협과 김춘택

金農巖與金竹泉書, 論金北軒春澤事, 至謂不意詩禮之門, 出此王雱.《農巖集》將刊, 議其存削於北軒. 北軒答曰: "公集中, 此書甲作, 削之, 全書無可觀, 必存之."

남몰래 송취행을 도운 홍봉한

英廟中年, 今爲近百年, 尙見其爲古之世風流典刑有可以鼓發人者. 少北臺官宋聚行貧甚, 居南城外桃渚洞, 數三架草屋在墟田中, 時當逼除, 積雪圍屋, 夕饑曉寒, 臥枕未起. 忽聞窓外有人馬聲, 納一簡, 發緘, 有詩曰: "朱門處處不知寒, 桂醑貂裘竟夜歡, 歲暮城南三尺雪, 誰憐閉戶臥袁[15]安." 推窓視之, 米錢柴炭雉魚酒肉, 狼藉委地, 人則去矣. 卒不知其誰所爲者, 或言洪相鳳漢云.

정혁선의 관리 노릇

吏治無他術, 定規而守之, 嚴令而行之, 斯已矣. 鄭淸州赫先, 初爲延豐縣, 適赴京, 巡行入縣, 處東軒. 巡使見軒前梨實爛熟, 命通引小童, 摘來一枚, 小童對死不敢. 巡使駭之, 命埒立官奴, 對如前. 益駭之, 召諸吏, 亦一辭. 巡使詢其故, 吏對曰: "小人官家去時, 勿令一摘留待, 所以不敢違." 巡使歎曰: "官不當若是耶!"

벼슬살이의 부침

宦蹟升沈, 所不可知. 尹副學心衡, 嘗以應敎對理, 出語人曰: "望見金吾主座, 卽吾始入堂后時所見金監察始炯也, 如此而吾安得從仕也!" 尹知事光紹, 與金尙喆同直玉堂, 夢拜兵判入闕, 見金爲相. 旣覺怪之, 尹與金地望不侔也. 尹枳錮屢年, 英廟末除兵參, 金已拜領相. 近年鄭應敎萬始, 以敎授

---

15 원문에는 '表'로 되어 있으나, '袁'의 오자이므로 수정하였다.

設庠製, 南領相公轍被魁選. 及南爲吏判, 除鄭鍾城陞資, 時人謂之庠魁債.

신의를 지킨 기생들

氣意之感, 多在男女之際; 烈俠之風, 或出娼妓之賤, 其亦異哉. 洪原妓洪
娘, 孤竹崔公慶昌北評事時所幸, 追別至雙城. 公到咸關, 日暮雨暗, 作一歌
寄娘. 後娘聞崔公病, 疾馳至京, 邦禁不得留. 公別詩曰: '相看脉脉贈幽蘭,
此去天涯幾日還, 莫唱咸關舊時曲, 至今雲雨暗青山.' 娘竟從孤竹. 孤竹
歿, 自毀其容, 守廬坡州. 壬辰之亂, 負孤竹詩, 得免兵火. 及死, 葬孤竹墓
下, 有一子. 孤竹墓, 在余家十里. 余嘗見公墓階下一墳, 卽洪娘藏. 崔戚承
憲, 孤竹後孫, 爲余言之. 沈鉍爲安陰倅, 狎妓翠蟾. 沈故自好者, 無甚歡.
後蟾遊京師, 時時來謁, 沈不顧也. 及沈坐其叔, 謫配北邊, 蟾曰: "吾閱士大
夫多矣. 但見一沈, 官家窮途, 可從之." 賣資裝家貲, 跋涉屢千里, 至沈所,
供給衣飯, 屢年一誠. 沈死具棺斂, 歸葬故山, 穿穴傍, 托後事, 遂殉之. 龍
宮妓梨花, 從余第三舅李公珍山謫居, 李公喪後, 歸其鄕. 梨花侍李公薦枕,
在三十年前外王考宰縣時也. 及聞李公謫, 傾資束裝, 從湖嶺屢百里, 相守
幾有年. 義固有動人者. 將歸, 湖西權觀察襯以錢資之. 公州之淨溪村前大
路出嶺南, 梨行至此, 立望良久, 意若不忍去. 梨之從李公, 未嘗在公州. 而
謂公家在此也. 伯舅一夢先生, 寓悲於梨花, 感義於觀察, 爲詩寄梨花. 余
弟弟田亦次之. 一夢詩曰: '山長水遠嶺湖陲, 生死人間永別離, 南去北來十
字路, 可憐立馬頭回時.' 曰: '靑銅七百捐湖藩, 好遣殘花返故園, 買得南絲
能繡否, 今人此是古平原.' 弟田詩曰: '名花落落在南陲, 少日中年怨別離,
半載僑居仍一哭, 歸心何似未來時.' 曰: '不獨捐財感湖藩, 得誰詩句返鄕
園, 芳魂若有相隨日, 此作先應誦九原.' 花與蟾一, 而欠花不從殉則過矣.

권이진의 행실

內外孫, 固有間焉, 而父之父母之父, 豈至懸別. 非外孫之視其祖不如父之
父也, 卽外祖之視其孫不如子之子也. 權判書以鎭, 尤庵宋文正公外孫. 尤

庵以其類己也, 絶愛之, 寢食不離. 權公在傍睡, 尤庵與客言時事. 客有及
機密, 尤庵指示曰: "此兒極凶." 以權是南人也. 權公轉側臥曰: "此祖極
凶." 尤庵笑之. 甲戌, 權公赴增廣會試. 時南人一敗, 揭榜不及見, 卽赴西
人宰相家, 乞見榜. 主人示之, 覽畢起去, 無幾微見, 主人不知爲誰. 座上有
知權公者曰: "是榜中魁元." 主人曰: "難矣." 爲嶺伯, 儒生有移模尤庵像,
請建院. 權奉入掛壁, 立視曰: "如此, 不似煤烟所汚." 取水洗之, 儒生爭之.
權怒曰: "獨爾敬先生, 偏吾不敬外祖." 促洗之, 逐儒生出之. 余嘗論權公
事頗詳. 權公, 尹明齋妻姪, 以其父命, 請學於明齋, 卽明齋擬書旣出之後.
閱幾年, 明齋歿, 祭文敍哀, 至謂之眷眷如子, 此倫義之所必無也. 謂擬書非
誣, 吾所不知, 謂誣, 誣其母之父者, 其子將師之乎? 謂之父命, 而命有治亂,
將一受之乎? 其母在者, 使其子委身而事其誣其父之人乎? 尹明齋之羈縻
於宋門, 權公之歸依於明齋, 均之爲忘父母之讎也. 師者道之所存也? 道者
倫之所由敍也. 倫之不敍而謂師謂道者, 何也? 權公科時, 參試者嘗論尤庵,
而權公赴試, 臺論駁之. 對疏言: "臣雖不肖, 不生於空桑, 得此題目, 寧欲鑽
地. 未知參試[16]者何人所論何說, 而必不過明齋擬書, 則荷券赴圍之可嫌,
而摳衣及門之不可嫌, 天下之所必無也." 權公才術操執, 蔚然一代之良臣,
而其有失於明理敍倫之地, 不得盡分者, 如此. 此其所謂黨議痼之耶. 權公
卽我六世祖外從弟之子, 於吾家, 戚屬旣近, 往還親好, 見於家中故紙. 後孫
至今講戚好, 余豈必斥論如此, 而適見其遺集, 不能無爲之歎惜者, 略言之.
使權公起者, 謂余言何哉?

이원익의 유훈

"公子有德於人, 公子忘之, 人有德於公子, 公子不忘之." 此魏客語也, 曾謂
此言得之於屠市監門之中乎? 完平李相公嘗作訓語, 貼子孫曰: "無怨於人,
無惡於己, 志行上方, 分福下比." 此言直契道原, 鄭守夢所謂: "完平誠可

---

16 원문에는 '論'으로 되어 있으나, 문맥상 '試'로 바로잡았다.

人, 但欠不讀書者." 其言乃如此乎? 後來人之自謂讀書, 至今禍天下國家
者, 皆不知此十六字訓義也.

택당 집안이 번창한 이유

余嘗論谿谷·澤堂兩公文, 谿谷閒淡, 澤堂密塞, 文出於性, 兩公之人, 一如
其文. 閒淡者, 幾於冲曠, 密塞者, 近於刻深, 此可以驗知其後, 而張氏浸衰,
李氏奕盛, 其理若相反者何也? 澤堂之父李察訪安性, 嘗戒澤堂: "吾聞先輩
言, 我國必以朋黨亡, 汝雖僥倖登朝, 勿交結名士, 爲世指目. 入則典籍, 出
則知縣足矣." 此其爲澤堂家閥屢世福履之倡歟! 澤堂平生所受用不盡, 卽
惟曰: "謙嗇而已." 至哉! 五千言之旨也.

왕명을 쓰는 문서

內制批答敎書, 槪多溢辭, 殊失代撰謹嚴之義, 此古來之所不免. 李瑞雨所
爲許眉叟辭批, "欣瞻眉鬚, 若對綺里·東園之畵, 玩閱章奏, 如讀先秦·西
漢之文." 撼說實狀, 文亦古雅可誦.

민정중이 정승 임명을 두고 밤새 고민하다

古人遇有國事, 難愼鄭重, 雖十分的確, 未敢輕自硬定快斷. 事雖失誤, 誠必
孚信者此歟! 老峰閔文忠公爲首相, 暮歸, 其子文孝公鎭長陳寢具, 文忠就
臥無所言, 若反復思索, 不成眠. 文孝坐窓外軒端, 鷄且鳴, 故微嗽驗之. 文
忠曰: "汝尙在, 入來." 旣入, 文忠曰: "汝知吾不寐意?" 對曰: "非有不安節,
定爲卜相事." 曰: "明日當卜相, 吾意中二人李端夏·南九萬相上下, 達曉
未定. 汝意誰可?" 對曰: "兒何知? 但似無出南右者." 文忠曰: "吾意也." 朝
赴都堂, 單卜南九萬. 閔文忠之明發不寐耿耿爲國之誠, 只博得歧論一魁,
而終文忠之世, 南相不敢爲乖戾之論, 則此可知也耶?

무능한 지방관의 계보

詞章家不閒吏治, 非才不能也, 卽心不着也. 吏治豈有他技? 盡心盡分, 效
一日之責而已. 士生斯世, 所謂君民之策, 孰有大於此者? 自謂高致, 不親
卑事, 專爲吟弄之漫浪, 任他期會之違失, 豈受君命而分民憂之義? 古人亦
多不免, 時議不甚非之, 後世亦或稱之, 何也? 兪潘溪好仁, 在經筵乞郡, 除
陜川. 下旨諭嶺伯, '此予友臣, 須護視.' 命中使取來道中詩卷, 有北望君臣
隔, 南來母子同之句. 上亟歎之曰: "此人忠孝俱備." 到官, 日爲詩不省事,
文牒淹月委積. 一民庭訴, 判決非望, 訴牒乞還, 兪沈吟無以答. 傍有通引
小童, 挺身抗聲, 叱曰: "上官初民訴, 至今在此, 爾訴未及一句, 斯速退去!"
兪大喜曰: "此童極穎悟." 申企齋光漢居官, 牌子文亦用詩語, '官威捉致非
難事, 須趁東風二月來.' 金南窓玄成在官, 人有以書嘲之曰: "愛民如子, 闔
境嗷嗷, 秋毫不犯, 官庫板蕩." 金笑曰: "是我實蹟也." 鄭桐谿蘊爲南原, 信
於治民, 謹於養親. 谿谷張公謂: "此公久在南原, 必爲不悅者構成." 托銓
曹, 副學內移. 近古宋司諫瓆爲三陟, 李參判庭綽, 東遊過之. 宋與李爲文
交, 未嘗相下. 會民有訴債主奪鼎, 宋蹙眉撚髭, 苦思久之, 但呼夫鼎者三字
而止. 仍復沈吟, 李負手行, 噴舌曰: "推問次捉來宜當." 宋起握手曰: "不
謂君文適用如此." 兪參判健基倅三陟, 盛暑裸體臥軒中, 使一小妓行杯, 且
吟且飮. 民有訴者, 便問: "飮否?" 對: "飮." 賜一盃曰: "可但飮酒何訟爲!"
柳承旨述在安州, 微罪杖一吏, 與客對碁. 一下子輒曰: "猛打!" 打不已. 至
了一局視之, 吏且垂斃, 悔無及. 卽釋之, 竟不起, 時謂之碁殺人. 柳遂棄官
歸. 趙泰億爲驪州, 月夜大醉, 坐淸心樓, 杖戶長吏. 吏請罪名, 泰億叱曰:
"風物如此, 妓生何無也!" 丁海左範祖爲襄陽赴官, 但携二柧籠, 一貯詩學
諸書, 一貯寢具. 日所爲詩句, 或脉脉看空, 或呪呪敲閾. 有以文牒進, 署尾
而已, 終在官, 不識通引小童名. 凡此者, 皆所謂風流不俗標致自高, 不比一
切塵臼中齷齪纖瑣之徒. 而其視當官盡職一心勤勵不知民國外他事者, 得
失何如? 李完平元翼居藩邑, 不以一卷書自隨, 日夜繙閱倉籍庫簿曰: "此是
道理然也."

경관과 외관의 예법

京外官相見禮, 國典所載, 奉命官於守土臣, 體貌尤嚴, 王人雖微, 序在諸侯
之上之義也. 谿谷張公以吏判黜補羅州, 金吾武郞, 公事至州, 公具冠帶乘
馬就見, 武郞頻伏汗流. 公笑曰: "外官之待王人, 不得不然." 或言太過, 公
曰: "吾豈不知? 但末俗尙驕下凌上, 替日加一日. 吾所以爲此者, 使後人知
古例耳." 近古武官洪啓壽, 以金吾郞過羅州, 時金副學時粲謫居長城. 洪
就謁, 羅牧兪參判彦述在座, 不禮之. 洪怒辭起, 至所館, 具狀論兪埋沒接待
罷黜. 所謂埋沒接待, 國典奉命使臣罷黜各官之條也. 狀旣發, 金公聞之,
招洪懇請追還, 屢强, 洪從之. 洪時年二十餘, 其事固過矣, 風習尙可觀也.
往年余在通判廣州, 楓皋金公省掃行過境, 本官出待路上例也, 余行坐江上
小店, 公過見下馬相携, 便衣小策, 散步眺望於江岸. 公先去至館, 余追到,
呈馳進牒, 具冠帶請謁, 公曰: "此何擧也?" 余對: "故事今無一存, 所殘餘
惟此而已, 公欲竝已之耶?" 公笑之, 謂余太詭拘也.

문인은 세상 물정에 어둡다

文人多昧世情, 達士或略瑣務. 若其太荒唐極迂闊者, 非愚則癡也. 楊根閔斯
文震煥鰥居, 使婢瀚衣, 婢請糊米六斗, 閔曰: "四斗足矣." 後謂其弟曰: "鰥
居儘難, 家産必耗. 婢屬瞞我, 請糊米六斗, 吾給四斗, 然而或不足不耶?" 弟曰:
"甚矣, 兄之疏也! 雖一斗, 非不足." 閔曰: "汝所謂一斗, 必太少也." 丁海左
範祖鄕居, 堂前有田, 量種數斗. 客有言: "田宜種草." 丁曰: "吾亦欲種草, 草
種苦不得." 客曰: "草種豈其難乎?" 丁曰: "人言量種數斗, 數斗草種, 何以得
之?" 人皆笑之. 不知草種之一篇亦可, 而能知草種之得數斗難, 其亦異矣.

신광하와 이광려가 황당하고 우활한 행동을 하다

申承旨光河, 嘗馬上進烟茶, 誤爇絮袴, 灼膚大困. 其後又跨馬行, 奴言: "主
衣燃火." 申亟下馬, 入渠流中滾轉, 渾身沾泥. 投路傍友生家, 告之故曰:
"我賽諸葛." 友生驚曰: "火及如何." 申遍閱衣袴, 着袍後裾, 火跡如錢, 主

客相視大噱. 申嘗在途中遇風, 笠纓絶, 拔髻綯之而係, 心自謂副急之能.
歸語子侄輩曰: "行者纓絶, 代用何物?" 對曰: "有馬鬣當之." 申心然之曰:
"近取諸身則如何?" 曰: "網巾係索好." 申乃茫然自失. 李參奉匡呂, 行路
登溷, 脫幅巾立笠, 掛溷後小藩. 旣而戴笠而遺幅巾歸, 送奴推還. 奴曰:
"旣有間矣, 必不見存." 李曰: "不然. 幅巾兩班所着, 兩班無道中拾遺之理,
常賤人非其所着, 持去何用. 事理如此, 此必見存." 奴走審歸, 告無之. 李
曰: "天下事不可理推乃爾耶!" 一座笑之.

땔감 장수가 꿩 털을 보고 미래를 점치다

柴商數輩, 冬月入東小門, 過栢子洞前路, 見家家門巷雉毛委積. 一老者謂
少者曰: "此物毛毒矣. 多積處, 其家三年安過, 吾老至今未見." 翌歲金宇
鎭事出, 一洞中卒零落. 吾舅一夢先生嘗曰: "天下有殺人之利物三, 好官一
也, 美女二也, 錢三也." 柴商之言與公之言同歟.

황희와 상진의 정치철학

三敎分配三才, 道爲天, 儒爲人, 佛爲地也. 人有爲之斥之者曰: "道者天下
之奸民, 安得配天也?" 皮相之說不足以下之, 但復之曰: "天之體沖虛, 天
之用謙嗇, 道皆有之. 天且不違, 安得不配之也? 歷論千古爲天下國家, 成
其久大之功者, 捨道無以爲歸, 吾豈諛夫道者也." 此吾平生定論. 就本朝
言之, 建立制作, 一出於翼成黃公. 公之一生所受用, 槩可見矣. 少時行路,
見耕夫駕二牛, 公問優劣, 耕者釋耕來, 附耳語牛優. 公曰: "何至附耳語?"
對曰: "物亦有心與人同, 使牛聞優劣, 能無不平心." 公大悟, 自是不復言人
長短, 耕者豈沮溺之類而深得道家之旨者歟. 尙相國成安公震, 未嘗言人過
失. 有人言某人短一脚, 尙曰: "不可言人短處, 何不曰一脚長乎?"

우리나라 문장의 경향

國朝詞章之學, 有中葉前後之異. 明宣以上, 不有刻劃之型範, 務立博厚之

基址, 尙有大戴之味·大帛之用. 以下稍稍以法度自好, 元氣日削, 眞風日
萎. 此是曆啓諸子爲之倡, 而東人艷慕模擬, 一變而至. 時則月汀·象村兩
公首其事也. 申東淮翊聖酷喜王弇洲詩文, 臥起自隨, 未嘗或捨. 其大人象
村嘗曰: "此兒始生, 吾夢紅袱裹書自天降下, 是其善爲文耶!" 客曰: "裹中
書必是王弇洲集." 一時笑之. 近世一種怪鬼輩之學, 東出遍之, 其音如伶
妓時調雜曲·魅魔符呪遺聲. 風氣所向, 將作何許世界, 未可知也.

남구만의 문벌

門地世閥之不及人而自歉, 與夫過人而自挾, 同其可醜. 有出於此二者, 然
後可以論其人也. 國俗全以宦達高下爲家數流品. 吾嘗設爲一切喩, 遠道
下邑無士大夫, 土人以功曹椽史, 至坊里保正, 視爲仕宦得失, 傾奪爲子孫
家計. 以此推之, 自道光朝廷視我國, 不至如吾輩之視西北郡府功曹椽史
者, 幾稀矣. 得此自挾, 不得此自歉, 誠哀哉! 南藥泉在院中公會, 適有舒川
萬戶入謁. 南問本鎭事甚悉. 客問: "何乃詳知如此?" 南曰: "曾祖經此職,
家傳自有熟聞." 金文谷以吏議在座聽之, 出語人: "南雲路誰敢謂門地寒微
而議其進塗? 彼視我輩若無." 遂通擬副學. 文谷之不自挾, 藥泉之不自歉,
今之世尙可得見耶.

김석주 집안이 화를 입다

神憑鬼怪, 多在於好殺樂禍之人. 非謂寃報之不忒, 蓋是陰譎之必至. 金淸
城卒後數年, 關西武人自稱淸城之靈, 能言平生事蹟, 篇章著述, 了了不錯.
金家邀置隣舍, 所言皆聽, 其言無非禍其家者. 猶不曉悟, 卒有己巳絶續之
禍. 人謂庚申寃家之鬼, 作爲禍崇. 淸城第洞中市人曉坐市, 見柳大將赫然
盛陳衛, 燈炬照路, 出淸城門. 市人心怪之, '彼大將歿已有年, 今何以自彼
家出來?' 少頃聞淸城卒, 謂淸城爲柳所殺云.

임경업이 죽임을 당하다

丙子後, 朝廷議送一价以聞於明朝. 林將軍慶業, 募僧獨步, 水道至京師, 烈
皇帝嘉其誠, 賜名麗忠. 淸人覘知之, 脅我械送林. 林中路脫身, 泛海入南
朝. 及南朝敗, 淸獲之, 還我國, 上雖憐之, 形禁勢拘, 梏死於獄中, 人皆悲
之. 肅廟朝, 其孫叫冤, 復官賜祭. 林初爲南邑倅, 以米百斛, 買一駿馬. 馬
有跟嚙之性, 一邑苦之. 林令射隊較藝, 羈馬繫射場之傍, 令優中賞馬, 聲譽
自此大振. 識者曰: "林之此擧手大闊. 其終必難保也."

인조 임금의 집안 단속

祖宗朝御家之嚴, 有可以想知於屢百載之下者. 長陵朝趙貴人差奴至完營
白事, 巡使許積持之. 奴言: "吾言不從, 令監堪之?" 許性本暴猛, 卽地杖戮
之, 棄尸道傍. 貴人聞之, 飭諸奴婢: "若上知此事, 責必及吾, 毋妄洩." 貴
人寵冠後宮, 畏上如此.

스승은 매우 엄중하다

師道之重, 不可輕托, 此義古人尤嚴. 張旅軒顯光爲鄭寒岡逑侄壻, 且嘗受
業. 寒岡喪旅軒護喪甚謹. 成服日, 有以吊服進者, 受之, 置不服, 亦不言其
故, 蓋不欲以師弟處之.

김득신의 어리숙함

篤實多而英明少, 不害爲自占一地, 自成一規, 金栢谷得臣是耳. 諺傳金讀
伯夷傳萬過, 不識載籍極博, 聰性如此, 卒所就詩詞有過人. 性氣亦然, 與朴
久堂長遠友善, 朴爲金老親, 備送壽板, 旣數月霖雨. 朴謂其子曰: "子公必
斲板爲炊, 汝且往問." 子公金之字也. 至則金先言: "非乃翁送板. 今雨老
親必屢空矣." 對言: "與其斲炊, 何不以板易薪?" 曰: "此市井之道, 不可爲
也." 朴嘗受業於金之大人監司緻, 監司歿, 及祥, 備品易服不備之, 待朴所
送. 時朴爲東伯, 日且迫, 又霖雨, 四方阻水, 金猶不慮. 及期, 果至諸品, 巨

細畢具. 其相孚信如此.

명문가의 후손이라고 거짓말하지 말라
郭崇韜之不附汾陽之系, 後人稱之. 白沙李公非益齋齊賢之後, 白沙墓文祖
益齋, 月沙·谿谷·簡易諸公所爲, 謂益齋有盛名中朝, 墓文將示華人而冒
之. 簡易所爲白沙大人墓文, 亦祖益齋者, 又何也? 諸公之待白沙, 不及郭
崇韜. 使白沙起者, 豈爲是也? 此不免東人陋習. 如是而尚何責鄉外賤流自
托於名家派系也?

웃으면서도 풍자한다
古人交際, 尋常譃笑之語, 不失托諷之義. 朴玄石世采新拜相, 李雙栢世華
赴賀, 自撫膝曰: "今而後, 乃知此膝之貴也." 玄石曰: "何謂也?" 雙栢曰:
"小人以杖膝兼爲吏兵判, 大監跪膝進位鼎席, 非膝之貴耶?" 玄石笑之.

하담 김시양의 처신
善補過賢於無過, 過有大小, 補亦輕重. 若金荷潭時讓者, 其小過而重補者
歟! 荷潭謫鍾城, 納官妓生子. 放還, 携子母來, 子屬正兵, 歲納布. 或言:
"宰相之子, 法不當收布." 金曰: "北妓之不得離土, 法也. 我旣犯之, 乃引
法不納布乎? 此所以贖吾罪也." 昔蓋寬饒身爲司隷, 子常行步, 自戍北邊,
人稱公廉. 惟公近之, 難矣哉!

이귀와 최명길의 공적인 마음
适變, 延平李公受上命檢察津渡, 至則守卒奔散, 賊已渡臨津. 副學張公維
請對, 言當行軍律, 上不允. 張公與延陽兄弟友善而不顧也. 延平戒二子曰:
"吾失誤軍機, 法當不免, 張維之言, 不負其職. 若輩嫌之, 重吾罪也." 兩公
不敢違, 交驩如舊. 丙子後, 上軫驛路凋弊, 禁使客傘轎. 崔完川來吉延慰行
犯之, 監司鄭陽坡請罪, 對吏重勘. 崔完城始怒, 旣而曰: "彼執法也, 我怒私

也. 以私怒公, 豈一心爲國者乎?" 不復介意. 李崔兩公事, 今之人必不爲也.

꿈에서 제사를 받은 사람

西教三生之說, 驗之於祭祀之理・夢寐之際者有之. 柳參判淰, 自兒時夢中
受享祭, 有定處恒日, 歲祝常, 門巷堂宇床屛盃盤歷歷, 眼慣而心習. 始有
翁媼哭之, 旣久無翁而但媼. 中心自怪之, 亦不輒發. 及爲箕伯, 至日, 夢如
期, 路出營門, 卽地旣覺, 使官僮訪之. 一老媼設祭而哭, 召叩之, 媼對: "妾
有兒子, 生質俊慧, 文翰夙就. 十歲見使道上任, 問: '多讀書, 兒亦爲使道?'
父母答: '汝生地卑, 不可得也.' 兒曰: '此不得之, 生何爲也?' 自是不食而
死, 旣而其父又死. 只有老身, 無他子, 至痛, 不能自死矣." 柳大異之, 自往
其家審之, 一如夢中而見. 遂語媼以故, 贈米錢甚厚. 旣遞還, 柳卽沒, 再世
冤業, 償則已之耶! 吾族祖諱郁鎭, 亦有夢享之異. 至日, 故耐睡不得, 輒赴
之, 參拜男婦衆盛, 備品侈腆, 意是宦達家云. 公家在吾鄕隣, 吾嘗識其日,
就叩之, 輒不失. 吾以柳事語之曰: "公前身貴人, 今生窮老耶?" 相與笑之.

명분 없는 음식을 먹지 않은 조석윤

飮食燕會, 生人之理, 所不可輒已. 而古人自治之嚴, 視重於辭受. 謂其無
名而有費, 非義則敗度也, 其意豈徒然哉? 趙樂靜錫胤, 赴友人邀, 酒饌頗
盛. 主人言: "家弟縣官, 餉老兄官備以送." 趙公作色而曰: "非生朝壽酌・
遠行別饌, 無時無名, 費公物爲私餉, 父兄責之, 可也. 乃受之, 吾不可助其
過也." 拂起, 座中留之不得. 趙公此事, 或近陋甚, 其時風習, 亦可想知也.

귀한 자리에 있는 자식에게 더 엄한 사람

子弟貴顯, 父兄管束, 如萬石君所謂內史貴人者, 鮮矣. 士夫家法旣乖, 朝廷
風習隨變, 貴小賤老, 下凌上替, 惟宦達聲利是知, 幾何不爲貊道乎! 古人之
敎子弟, 逾嚴於貴顯者, 其意不但爲一人一家之計也. 李正厚基二子參判行
進・副學行遇, 俱蚤顯, 正嚴束不少饒. 嘗戒二子飮, 二子不敢自縱. 其友

人時宰, 携酒飮副學家, 正招副學, 至則捽髮, 入將杖之. 客欲救之, 踵至門, 奴以告, 正叱曰: "吾子違吾戒, 吾杖之, 客獨無父乎?" 時宰驚駭, 不敢見, 退去. 近古一老宰赴其子官養, 官在營下. 監司亦老宰故友之子, 往來候見老宰所, 給事通引稚童, 屛後相與言: "某妓昨夜宿貳衙, 今日宿上營." 老宰旣聽悉, 翌朝, 召營吏分付: "吾行今日當發, 路文速傳." 召邑吏: "內行祠宇夫馬, 卽待行." 遂發. 其子奔赴請故, 不答, 監司驚甚, 送親神問故, 又不答. 老宰方乘轎, 監司來立轎傍, 本官在其後. 老宰乃曰: "吾兒狗兒, 某兒亦狗兒." 某者, 監司之父之字也. 乃策馬去. 營府不敢在任, 後先遞歸. 此事, 或謂不必斥言, 咎老宰過甚, 而可以見古人之重名行也.

가까운 사이라도 물건에 손을 대면 안 된다

親黨交友之間, 器用服御之物, 紛然換易, 甚或攘奪, 天下之賤品惡習也. 余自幼少深惡此有甚. 吾先祖晩沙公, 訪館僚, 案上見新曆幾卷, 取幾卷入袖, 言: "將應鄕人之求." 主人心動面赤, 奪還不可, 仍與可惜也. 公亦留之不可, 取之又難. 吾且罔措, 愧悔不已, 後擧此敎子弟. 家中舊聞如此, 晩沙公之新曆數卷, 不過尋常之事, 豈必自我傷廉, 爲人甚咎. 僚友之心動面赤, 又豈必人人皆然. 而公之擧此遺誡, 意豈徒然. 若余本性則然, 不必勉之, 子孫後人不可不知也.

스스로를 단속한 이상의

矯輕警惰, 老成所難, 而小兒能之, 非姿稟之本高·心力之自固, 得乎? 享[17] 遐齡而致崇秩, 爲大家顯祖者, 其有異於人耶! 李貳相尙毅, 兒時性輕率, 坐不耐久, 言輒妄發, 父兄憂之切責. 李自以意佩小鈴, 鈴有聲, 惕然自撿, 坐臥起居, 未嘗捨鈴. 中年以後, 或以太緩識之.

---

17 원문에는 '亨'으로 되어 있으나, 오자이므로 '享'으로 수정하였다.

외척의 처신

聯姻王室, 士夫避遠; 柄用戚里, 國家忌畏. 往蹟昭鑑, 豈禍福之迷方; 私心痼習, 遂與奪之非道. 浸浸及於凶害, 而且不自知. 所謂戚里之賢國家之福者, 賢非有他術. 要是卑牧謙退, 雖以王佐之才, 自居婦寺之役而已. 此其道與理, 較然明甚, 截然不可以間之也. 金判書佐明, 明聖聖母之伯父. 文學政事, 聰明强記, 當官盡職. 遇事風生, 朝廷倚重, 士林想望, 誠一代之材臣. 李都正楚老嘗言: "此人雖在唐虞之盛, 必非蓬蓽之賤, 遠出襲膞圭竇之中, 斷是金馬玉堂之用, 此人此世, 何試何歡? 而但後之處此人之地者, 無此人之才之志, 而爲此人之事, 則今日之裨益少而他日之毁劃多, 是可慮也." 此眞老成之人, 經遠之慮, 不必遠引, 卽其近驗. 金公之子淸城錫胄, 雖有捍衛之功之大, 而不無殺伐之禍之甚. 當日之物議不平, 後來之尙論滋多, 卒不免斬焉自絶, 謂之戚里之賢, 而國家之福則未也. 金慶恩柱臣, 每赴候班, 小便輿, 從數隷, 行由狹逕. 人有問者, 對: "通衢行, 羞見人指點也." 謹畏如此, 子孫令長, 福祿綿遠, 戚里當以金慶恩爲正也. 又有安坦大者, 中廟後宮昌嬪父也. 持身謙謹, 隣居小兒, 以門詰責, 引過遜謝而已. 及嬪生子, 安杜門不出, 恐人或以王子外家稱之. 嬪次子德興大院君, 誕我宣祖大王, 入承大統, 安所處尊貴, 不變賤時之樣. 晩年失明, 上賜貂裘, 安曰: "賤人着貂裘, 死罪. 違上命, 亦死罪. 等死, 無寧安分而死." 上知其意不可奪, 僞稱爲兒狗皮進之. 安手摩之曰: "尙方狗皮有別種, 何其柔細如此?" 昔年余詩過沈靑陽墓長句有曰: "其父復讐子殺人, 古來傳說眞確論. 又有同時安同知, 居寵若驚貂裘捫."

정인홍도 스승과 제자가 있다

"千古綱常輝遠筆, 百年宗社爾瞻拳. 丞相欺秦當萬死, 李由何事又三川." 此無名氏詩也. 仁弘以儒者居陜川, 望重一時. 李爾瞻力主廢母之論, 仁弘門人鄭桐溪蘊, 上疏爭之, 仁弘反附爾瞻. 仁弘之子, 便養宰星州, 有人爲此詩, 揭仁弘之門. 輝遠桐溪字也. 仁弘見而歎曰: "吾不知死所矣." 改玉, 仁弘年八十, 伏刑都市. 桐溪吊服收葬曰: "吾旣不能匡君, 又不忍背師也."

余有定論. 明朝錢謙益, 有師孫承宗, 有門生瞿式耜, 仁弘似之. 仁弘嘗師曹南溟者也. 吾宗罪死人翔雲, 爲陜川守, 聞仁弘子孫家藏遺像, 取燒之官門前. 通衢烟氣, 一晝夜不散云, 其亦甚怪矣.

세태를 풍자한 권필 형제

"宮柳靑靑鶯亂啼, 滿城冠蓋媚春輝, 朝廷共賀昇平樂, 誰遣危言出布衣." 此權石洲韠爲任疏庵叔英作也. 遂爲詩案, 杖流而死. 先輩一辭悲其死, 三百年如一日, 謂其死之不悲則非也, 謂其詩之不可罪則亦非也. 詩人之寓物托諷, 從古有之, 而斥言配體之尊, 至謂之宮柳鶯啼, 此義之所不敢出, 理之所必無也. 其時尙謂近古, 當路自畏公議, 所以止於杖流也. 余見如此, 後必有正之者矣. 石洲旣死, 其兄草樓輪居西湖, 大北諸人舟過舍下, 要與同遊. 草樓赴之, 手攫座中餠果, 授從來童奴曰: "此奴幼年, 能知養其母." 座客知其諷之意, 將罪之, 有救之者曰: "旣殺其弟, 又殺其兄, 後人謂吾輩如何?" 事得已. 草樓之言, 得春秋微婉之旨, 有詩人忠厚之義, 視石洲, 反復勝也.

상중에 출사한 계곡 장유

丁丑還都, 起復張谿谷爲相, 公在墓下, 屢辭不起. 上遣承旨金堉宣諭, 責以義分. 金旣宣旨, 私語曰: "受上命, 勉公起, 吾職也. 無兵革, 釋縗出, 大防不可踰過. 此言, 吾私情也." 古人之愛人以德如此.

눈이 없어도 내 아내이다

有目吾妻也, 無目亦吾妻也. 此其所以爲杜祁[18]公之父也. 近古朴判書濚, 兒時約婚未行, 聞處女痘疾, 兩目俱盲. 朴之兄將改求於他, 朴曰: "盲女尙可爲人道, 信不可負也." 兄奇其言, 從之. 目實不盲, 仇家誣傳. 朴之後, 未聞有祁公, 何也?

---

18 원문에는 '祈'로 되어 있으나, '祁'로 바로잡았다.

조경과 남이웅의 교우

交際相好, 多以氣意性靈之相近, 而或有大相反而甚相好者. 所謂同中之異·異中之同, 自非有相知之深者, 不可得也. 趙龍洲絅·南相國以雄, 平生交誼甚密. 趙淸修刻苦, 南俊逸倜儻, 不啻鑿枘之不相入, 而殆如膠漆之輒相合. 人有怪而問者, 趙曰: "吾之近隘, 而喜敵萬之寬, 敵萬之太和, 而取吾之刻, 理固然者, 無足怪也." 古人友道之短長相補, 有如是也. 敵萬, 南之字也.

인정이 두터워야 후손이 번창한다

父兄敎子弟, 黜磯刻而尙忠厚, 其後必昌. 李鷄林守一子相國浣言: "武官某, 爲嬖娼, 執鄙事, 自揷籬, 士夫不可與等伍." 鷄林曰: "他人尙爲此說, 汝不可爲. 吾亦少時爲此事." 相國不敢復言. 古制國恤, 朝士不戴騘帽. 閔老峰兄弟在三司, 與僚官言: "蔭官某戴騘帽, 可勘論." 老峰大人閔參判光勳, 發所藏騘帽戴之, 出而言曰: "汝輩幸而生命好, 登第做官, 朝或失而暮可得. 彼蔭官者, 一斥有終身不復, 或寡陋昧例, 或貧乏未備. 以一時失儀, 黜幾年積仕, 是可忍耶! 果不饒者, 先自我始." 老峰兄弟與僚官, 皆瑟縮而退.

친구의 청탁에 대처하기

"親舊求乞, 酬應誠難. 而一則濟人之術, 一則度阨之方. 有則給之, 無則不給而已, 勿視苦厭之色." 此鄭陽坡宰通津時, 其祖水竹相國之書也. 吾玄祖郡守公在官府, 府使公書大意亦如此. 書蹟至今見存, 余嘗移寫一本, 粘揭官居之壁, 常目之. 遇有煩惱, 一意降伏, 尙覺其自有所益也.

제가 만든 형벌에 제가 걸려든다

開棘之禍, 爲法自廢, 往昔無論, 近古亦然. 自點之於器遠, 一鏡之於洪忠簡, 按治之創用刑法, 不旋踵而自蹈之. 如來俊臣之炭甕, 則古人非畏其有報復也, 爲天下後世之憂也. 鄭西川崑壽·鄭水竹昌衍爲金吾堂上, 杖坐贓武倅,一僚官責其杖輕曰：“王府之杖如是乎?”西川曰：“卿言亦復可, 懲貪重杖, 快則快矣. 但王府士大夫之獄, 一爲成規, 恐不無吾輩亦不免之歎矣.”

남에게 베푸는 도리

古人所謂食祿千鍾, 什九在外, 什一在內者, 謂就其所得千鍾之中而分之, 與人多而自有少也. 自謂恤窮急難之義, 輒爲違理非法之事, 在己分, 不欲一費; 在公家, 遂貽百弊. 此李相國浣論許積必敗之說. 近俗所謂義氣好施者所爲也, 自所張之, 人亦稱之, 不免爲許家之敗者, 幸也. 全昌尉柳廷亮才性明於物情, 貴賤貿遷之際, 懸定逆斷之術, 發無不獲, 贏必倍利, 別蓄之, 以施窮親貧交. 此與許事有異, 亦非中正之道. 吾先君在郡府, 人有干囑求丐者, 叩其所得之數, 略應之曰：“與其優得而貽吾累, 無寧約有而安爾心.” 求者亦服之. 不肯常奉之爲額符, 而或不能確持者有之. 惕然久不已.

관직의 청탁

親黨屬托銓地, 擧似無古今一也. 未論其言之緊歇, 惟視其人之可否, 爲之進退, 求之者無歉色, 應之者無愧意, 此古之道也. 今時則反之, 萬不近似之類, 一有寄托之重, 不敢違越, 少或鄭重, 怒且隨之, 責又加焉. 士夫風習之日非, 民國危亡之日迫者, 此也. 陽坡鄭公爲姑夫蔭官, 求一縣於長銓崔遲川. 崔曰：“吾之前後除吏, 敢曰盡得其人, 而但不自愧心, 此人堪此職乎?” 竟不擬. 鄭公每擧此事, 語其子弟曰：“崔相於吾言, 無不從. 至於不可爲處, 確然如此, 此其所難及者也.”

이광좌가 노론 이조참판을 욕보이다

廟薦加望, 銓堂就時相家, 手執官案紙硯而進, 例也. 栗谷以銓堂進, 忘紙硯, 時相責其失, 囚陪吏. 人有爲栗谷嘯之者, 栗谷曰：“我自失儀, 彼乃據法, 此而憾之, 非理也.” 聞者敬服. 李光佐領相時, 老論時宰討光佐有甚者, 爲亞銓, 詣光佐受薦望. 薦望之法, 首副仍舊望, 末望單薦. 光佐呼舊望, 亞銓承書, 光佐呼未望以亞銓名, 亞銓吾且不卽書. 光佐聲色俱厲曰: "我雖不似, 旣呼之望, 亞銓何敢不書? 獨不顧事體乎?" 亞銓卒承書而出, 輩流爲笑之. 光佐之意, 重辱之也. 亞銓果未知何人, 而平日苟有見重於光佐, 光佐必不爲此. 雖爲彼者, 方其聲色之加, 但當曰: "大監雖以法例而脅之, 小人亦當以廉防而卞之. 今日之事, 有疏擧而無薦望矣." 仍卽辭出, 此爲面前道理, 而乃浟澀承書, 蹩蹩奉出. 其人如此, 所謂討光佐之論, 安得不爲光佐所侮也?

부마가 되기를 피하라

禁臠固非戚畹, 而古人尙避之. 東平尉公主喪, 尤庵宋文正公謂鄭陽坡曰: "公主喪, 公家之福也." 鄭相維城言于寅平主曰: "是兒吾之獨子. 衣服飲食, 乞爲之惜福, 以安老父未死之心, 主之惠大矣." 崇陵朝揀駙馬, 吾玄祖郡守公, 首入選. 府使公大憂之曰: "寒門叔侄尙主, 安所不敗?" 國卜有往來家中者, 公召至, 另餉之曰: "自內必推命於爾, 爾以夭短對. 否者, 吾不饒爾!" 卜如敎對, 議遂破. 後公主殀, 卒無續.

훌륭한 역관들

古時人才之盛, 雖象譯之賤, 亦有才智過人機穎出類, 有足以重國命而尊國勢者. 如洪唐恩純彦, 高義隆功, 報恩緞故事, 至今膾藉人口, 而表知事憲父子, 亦自中之翹楚. 宣廟宴天使, 表以通事行, 上將就座, 攝使讓曰: "王人雖微, 序在諸侯之上, 請先就椅." 使微解玉音, 有慍色, 表便添一句語曰: "傳曰, 王人雖微, 序在諸侯之上, 況大人乎!" 使色遂降. 使素稱善飮, 上對酌恐不勝, 代進蜜漿, 使醉, 上不醉. 使俔知之, 請上換盃, 倉卒不知爲計, 表奉上盃, 向使前, 跌覆之, 上責失儀, 命下理, 使固要而止, 其應變如此. 其子廷老, 迎使灣上, 使頗亢傲. 啗銀杏, 出一對, 使遠接使屬進曰: "銀杏匣中藏碧玉." 表卽席書對曰: "石榴皮裏點丹砂." 使大驚曰: "通官如此, 遠接使可知." 近世李樞亦名譯, 燕中爲之語曰: "三十六赴燕, 銀稱不入手." 其孫洙克肖其祖, 儀觀嶷然, 顧眄優如, 余於少時見之.

간지로 운명을 예측하는 어리석음

"五行家以年月日干支推數, 干支本出於人爲, 以五行强配而分屬之, 以此卜
吉凶, 非至數也, 中者適然耳." 此崔明谷錫鼎語, 余論嘗如此. 非但推命家,
山家方位, 亦歸重干支. 干支之於山, 如姓名之於人, 以姓名而何以知人之
善惡也! 無已, 不如就其定質之本然者, 而配以五行之形體, 論其生克衰旺,
尚有勝於干支. 文字之人所爲而天不干者, 不可責以天數也. 然則在人而
推命, 不如論相, 在山而圖法, 不如形局, 此吾之定論也.

퇴계의 독실한 성찰

先自不妄言, 始爲學之工程. 夫人者, 其心豈必欲妄言. 而言而不自知其至
於妄者, 或有之. 所以省察之篤, 必先於此. 退溪門人問: "鄕人有言, '先
生喜間人婚媾,' 何也?" 退溪曰: "然. 誠有之. 婚姻家不問於我, 則幸耳. 問
於我, 則不得不直言. 直言, 婚且不成, 無怪其謂我間言也." 卽此, 可以觀
先生實地篤程, 不但涑水九分人而已.

사람을 보는 감식안은 타고난다

鑑識之明, 非必得之於區區方術之學, 自有人所不知而知者. 此所謂父不得
以傳之子也. 李東皐之得盧蘇齋爲侄婿, 李土亭之得李漢陰爲侄孫婿, 鄭林
塘之知村秀才而爲二賢外祖, 崔遲川之見幼處子而定兩相母親, 此豈可以
學而能之乎? 近世晉庵李相一子三女婿, 皆得之於人, 致位卿相.

홍익한은 과연 처형당했을까?

洪吳尹三學士, 淸人執歸殺之. 或言不死, 人莫得明知也. 洪外孫沈某謂余
曰: "我國兵曹書吏之子, 爲淸所俘, 逃歸, 入山谷中, 有一室, 見三人白表貍
毛裘, 相坐而語. 其人素識洪面, 就問曰: '學士何故而在此?' 曰: '吾儕三
人, 被係於淸矣.' 室有粟米三甀, 問曰: '何從而得也?' 公指其衣冠及粟曰:
'皆淸之餉我也.' 洪知其人之東歸, 欲作家書, 無紙筆, 爇薪取煤, 裂衣裾而

書與之. 其人歸抵天安郡, 匿其書不傳, 其語後洩, 洪之子就求之, 竟不得也."蓋其子孫皆不知其初不被害也. 此任提學相元《恬軒瑣編》也. 其所稱洪之外孫沈某, 卽指吾玄祖郡守公也. 誠有是說者, 公豈言之於任而不錄之爲家中信聞乎. 公於洪公後事, 盡心力. 文集序墓文, 尤翁所作, 而公所請, 皆見於本文字. 此說爲洪公死生之實證, 後事之大節, 又未必可以忌諱. 則但與任酬酢, 如人家事傳聞, 而遂沒之, 必無是理. 且東還人之及歸不傳, 尤是人心事理之外. 書固有可傳不可傳, 而此書不傳, 其可謂之人乎. 此不過所謂齊東之語, 任欲實之, 引吾玄祖爲說也. 書不可信, 有如是夫!

윤두서가 꿈속에서 공자를 보고 초상을 그리다

大聖眞像, 在魯城闕里祠, 余嘗奉審仰瞻. 世言諸本中最不失眞. 尹斯文斗緖, 嘗疑家語本失眞, 欲改模, 寤寐思想. 忽一夜夢見夫子, 始乃下筆, 與家語本判異, 尙未斷信. 後送中國, 遇琉球本, 無毫髮相差, 遂爲定本. 一友生持去, 搨在屋樑上, 會失火, 一室遍燒, 火及樑卽滅, 人皆異之. 遂以本送付孔氏, 奉安闕里祠云.

막객과 문생의 의리

幕客門生, 有君臣父子之義, 死生禍福之際, 理不可輒相負之. 古時則然, 今也一反, 利害所關, 恩讐幷忘. 朝而委身而事之, 暮而斷腕而去者, 踵相尋, 而人皆不駭, 自亦無怩. 此輩何足責, 而所以至於此者, 不可專責此輩也. 金文谷珍島之喪, 南兵使斗柄, 以舊時幕裨, 適爲近邑倅, 躬執棺斂. 時議將罪之, 李判書義徵曰:"罪此人之後, 吾屬又不幸而敗, 人孰爲此人所爲."議乃止. 內醫金應三, 金夢窩家人. 夢窩後命下, 乞由奔赴, 都提調趙泰耉許之. 李光佐在銅雀江, 傳諭相續, 列邑支饋, 應三以豊德府使言:"傳諭罷還, 豊德革邑, 兩事中擇處."光佐聞之, 亦不罪之. 非但幕客門生, 士大夫交際之間, 亦鮮有相保於禍患喪難之中. 一有能得之者, 人心傾慕之, 此其理也. 柳參判焵, 與趙潞嶺親. 柳自濟州使還登陸, 聞趙坐其叔謫在路傍, 就見之,

趙曰:"奉命者, 臨見罪人, 不可. 前導後擁, 又何煩人." 柳曰:"吾過此, 不
見君, 非人情. 屏徒從, 不亦反起疑乎." 柳或過訪先君, 余嘗一見之, 修潔
貞固, 有使人不可狎者.

선조가 차천로를 길러내다

人之有英才, 猶植物之有奇花異卉, 非培封之有方・護養之有道, 不可得.
械樸菁莪之化, 所由致也. 國朝穆陵之世, 最稱人才之盛. 車五山天輅, 爲
庭試差備官, 表題唐李泌乞還衡山, 車作一篇, 投之場中. 擧子有呂繼先者,
獲之, 寫卷呈之, 果得魁選. 未幾, 事發, 上怒將殺之, 車對供言:"三叩扇, 一
揮筆, 篇已成矣." 遂自服罪, 上笑之免死, 配北邊. 後北兵使陛辭, 上敎:
"天輅罪重, 才可惜, 善遇之." 兵使至則待頗異, 日設宴, 居處飮食, 一如自
奉. 車怪謝之, 兵使道其故曰:"宰相例托, 吾輩不敢違, 此何等令也." 車聞
之, 失聲痛哭. 車嘗自言:"揭紙準萬里長城, 令吾爲文寫之, 紙有盡而文不
盡." 其自負雄肆如此, 而亦上之培封護養之功也.

내직이 가벼워지고 외직이 중시되다

內重之弊, 士夫傾奪; 外重之禍, 生民痛毒. 傾奪而至於戈戟, 痛毒而及於塗
炭, 均之爲凶害國家. 而假名托義, 猶謂言議之相爭; 忘廉喪恥, 惟事利慾之
是貪. 若是乎外逾重而內逾輕, 其視百年上下, 不啻如赴壑之湍, 莫可回返
也. 經筵・國子之臥占無難者, 寧邊・順天之行乞不得. 甚至俸廩之睒脊, 定
爲流品之高下, 此其禍將何至也? 元陵初中年, 尙有所謂中物望者爲監司・
留守, 大都名府, 家食常少, 而亞尹・摠管・春坊・亞長, 亦不得輒爲者也.
姜承旨一珪爲鳳山郡守時, 通擬弼善, 姜召首吏言:"汝知弼善何官? 東宮侍
講官也." 自張如此. 有盧掌令者, 居壯洞金文谷居第之隣. 路傍數架蝸屋,
屢空爲生, 喜讀書, 書聲出外, 文谷赴朝路, 輒識之. 數日不聞, 怪問之, 儓輩
對:"其家烟不起久矣, 必饑不能讀." 文谷心憐之. 吏判閔老峰適至, 道其事,
托除邑, 老峰答:"除之非難, 嗛之奈何?" 文谷曰:"救死, 何嗛?" 數日除成川,

除目至, 盧令小童婢送招政曹之吏嘖言: "汝堂上無端黜補, 我有何罪? 謂孤寒無勢援, 則待人不宜此薄, 卽速遞改." 李判書夏源, 玉堂乞郡, 謂槐山近其鄉忠州, 分付政吏. 銓曹以槐山有緊請, 除李成川. 李曰: "吾非求腴地." 不赴. 後改順興, 赴之. 此在肅宗中末年間. 時則朝廷之上, 尙知名行之顧惜; 坊里之間, 未聞愁歎之群起, 國祚延至于今矣. 英宗季年以後, 忽一變, 駸駸及此, 莫可回返. 一有命世之才, 出而救之, 或有其道, 而未可知也. 或言生進壯元翰林銓郞復舊制然後, 內自重而外可輕矣. 此說亦似近, 而實迂者矣.

김수항과 송진명의 부인은 감식안이 뛰어나다

婦人鑑識, 往往有勝於丈夫者, 以其有慧性也. 金文谷夫人羅氏少日手織綿布三端, 一爲文谷圍領, 二藏篋, 農巖登第, 不出, 夢窩從蔭途晚第, 出其一. 趙豊陵文命, 夫人孫婿, 醮席見之, 以其一授豊陵, 夫人曰: "好藏之以待." 蓋非作相不授也. 宋判書眞明夫人亦有明鑑. 宋蠹顯, 其從弟寅明年過三十, 尙沈屈不比數, 夫人獨器重之. 嘗爲其女婿買鬠冠, 見宋冠弊, 授之, 宋不視而着之, 無喜色, 不稱謝. 夫人竊視, 對判書言: "此叔之貴, 公不及." 後果入相, 宋相常言有知遇之感.

정휘량이 대제학의 자리에 오른 솜씨

機穎之才, 雖或一時之取勝; 欺詐之術, 難免平生之僇敗. 尋常微小之事, 可以推知其本末大體矣. 鄭翬良之才氣詞華 · 科場能手, 地亦無赫世可稱, 其視趙文命 · 尹淳諸人, 不啻不及. 文衡之望, 人未嘗議及, 自亦不敢生意, 以李西堂德壽推獎而得之. 李近古少論中詞章名家, 但出每遲, 副急無術. 鄭在館直, 覘知數日當有頒敎之詞, 每夜中竊搆之, 刻意窮力, 遂成合作. 至日, 李以文衡承牌, 坐賓廳, 倉卒患戞戞, 要鄭議. 鄭始推辭, 仍下筆立就. 李驚服曰: "豈但古所謂老夫放出一頭耶!" 一辭稱文衡非鄭不可, 卒薦之, 鄭之立朝本末多類此. 李正言重海盛有文名, 訪鄭論文, 挈溺器溲之, 卽去, 鄭曰: "謂吾文如渠溺也."

권력의 부침과 사대부의 처신

世道飜覆交誼向背之際, 匿舊染而媚新附, 自黷而自利者, 一遇忼慨不饒, 未有不敗露, 無古今一也. 沈器遠·金自點敗後, 人家酒席一名官自言: "先知兩賊之凶跡, 不及其門." 李參判行進厲聲責之曰: "君之親好兩家, 一世所知. 不過卞奸不蚩, 豈必謀逆同參? 但當怖心自愧, 何必開口自張? 隻手掩天下之耳目, 亦勞矣, 士大夫言行不如是矣." 名官不能對, 但稱: "令公醉矣." 任參奉選, 與李眞儒·洪致中, 俱爲異姓從兄弟. 辛壬四忠禍後, 眞儒座上, 見一武帥斥言四忠惡, 誣詆不已. 乙巳後, 洪相座, 又見其人言眞儒罪. 任公奮然曰: "兄近得蕩平名, 乃喜接如彼人耶. 壬寅李兄座所言如何, 今日乃斥李兄如此." 其人鼠竄而走.

그릇된 법의 집행

愼獄之報, 見於歐公阡表, 非言之夸, 實理則然. 爲吏者, 不可一日忘此心, 其幾甚可畏也. 一蔭倅在湖縣, 花郎訴與隣舍孀女有奸懷娠, 實誣也. 官傔與花郎親, 官以傔言立花郎, 孀女出門脫衣袴, 自剚腹以暴. 後官之家人有疾病, 病者見裸體女刃在腹, 血淋淋立傍, 輒不起, 數年續遂絶. 一宰相爲嶺伯, 所親京山僧, 宰相幼少時, 讀書山寺, 爲主人者. 來留營中屢朔, 昏夕機務之暇, 傔客晤言之時, 宰相問僧少日男女之事. 僧言: "無之." 屢强乃言: "行脚過居昌安義, 日暮店爐遠, 見山崖畬田之畔, 小屋燈火. 就敲之, 房一廚一, 一女人獨坐治繟, 乞宿許之. 臥廚間, 夜雪寒, 不堪波咤 女人許入房. 燈且盡, 女人取壁掛油, 缸高引臂, 雙乳露見. 火慾就捉之. 女人無色自若, 出牖去, 久不還. 怪甚, 踵審之, 刀割乳, 死仆地. 魄褫不顧走, 一夜百餘里. 此是五十年事, 來此道, 忽念到矣." 宰相曰: "唯唯." 翌朝, 令布政門衙坐. 營例政門衙坐, 非死囚不行. 一營中惴惴, 旣坐令逮拿僧, 至前, 諭曰: "以吾譴笑之故, 斷爾性命之擧, 誠絶傷. 旣在按法之地, 難沒殉節之蹟. 當盡闡烈之道, 豈逭償命之律? 吾聞不幸, 爾死無憾." 旣致命, 行關兩邑, 限日搜訪報來, 果得實狀, 請褒施. 宰相傔人, 以其所見爲余言如此. 莊周所謂'詩書發塚', 非此之謂歟! 女無可褒之節, 僧無可死之罪, 宰相之戲笑起端, 故舊斷死. 只爲所謂奉法無私略情伸義, 法與義者, 豈爲是哉! 深山獨夜, 以僧對女, 阿難亦毁戒體, 何間豈保貞心? 自廚而房, 非愚則昏, 女已自失之矣. 手或近到, 義無所汚, 乳之輒斷, 死又何遽? 恐有重罪之阨, 但可遠走而已. 不當死而死, 未必謂節, 手犯本非强劫, 乳斷又豈威逼? 律非當坐, 命無可償. 不當殺而殺, 不可謂法, 五十年情親, 單辭而斷之, 不可謂義. 宰相者, 於是乎, 法義之並失, 而所得者, 虛名浮譽. 人之可欺, 而天不可逃, 則其後遂斬絶. 湖縣女之冤死, 嶺營僧之枉殺, 同行異程, 天之所惡, 則一也. 或以決獄之道, 問於李完平, 公曰: "人之才分不同, 不當局而預指劃, 所不可爲. 但剖決之際, 必秉公正之心, 雖雷霆霹靂之時, 無所愧懼可也. 反求諸吾心而已." 誠哉, 言也.

서유대가 집안을 일으키다
能成就得自家一身年位事功, 爲人家起衰之祖者. 立志制事, 剛忍勤勵, 有人所不可及, 自見於少貧賤時. 才氣不與, 只有一心力也歟! 徐判書有大, 少孤窮, 居湖中之德山, 貧不能自食, 手治草田. 凍始解, 種之日向暄, 草出地, 畏夜霜臨, 夕遍村中, 借沙器鍾鉢屢百介以覆草, 朝還無毁失, 隣村不靳借. 五月初, 草蕃大可賣, 先他種數月, 價倍售. 歲視常, 備耕粮治農, 貲稍裕. 度製述不可得科, 爲明經業, 亦尋去之, 遂學射, 數年技大進. 赴擧, 發德山至沙川店, 日尙高, 路傍有大石可臥, 笠覆面臥睡. 睡起入城, 夕飯可趁, 每科以爲度. 及貴, 以訓將從華城幸行, 將兵馬陳儀衛, 過沙川, 路傍見舊臥石, 心中自語曰: '石! 汝知吾乎?' 判書嘗爲余道此.

윤헌주가 노비와 합심해 집안을 일으키다
人家如人國, 興發之主起, 則應期之奴出, 勞其積累之工, 成其安富之業. 天下事未有不成於共濟而或得於獨運也. 然而此不可以求而得之・不求而不得之, 有如所謂天授非人力, 則亦難矣. 尹判書憲柱, 少孤貧, 無以自資. 家衆只有男婦一奴與奴之妻而已, 四口尙饑多食少. 奴告尹曰: "若此, 奴主死

無日, 人而豈坐而死乎? 各治謀所以不死, 內主公與奴之夫妻並力, 奉主公
不饑, 主公但讀書治科業, 會有一時. 此言約誓, 不敢違也." 自是日, 奴之
夫妻爲人賃舂, 尹之妻傭刺縫, 尹讀書作文. 每夜, 尹視妻, 妻視尹, 奴視尹
夫妻, 所治事, 不先掇相下. 奴夫妻霜冒冒首, 尹室中夕燈承朝, 日以此爲度.
一年貲稍裕, 始少自暇. 未幾, 尹登第, 屢典名都大藩, 宦成之業甚優, 奴亦
與焉. 奴相地, 得兎山水利, 爲尹鑿渠堤, 歲收穀千石. 奴曰: "此足以報主
公, 勝似主公宦業也." 奴之侄孫, 爲余婢夫者, 道此頗詳.

정철은 최영경을 죽이려고 하지 않았다

己丑獄, 鄭松江以委官當鞫崔永慶, 醉甚, 以手自劃其頸曰: "彼公欲斷吾頭
如此." 東人之言, 至今以爲 '鄭雖外爲救解之論, 而此其言挾宿怨而逞淫
禍, 崔之死, 鄭所爲'者, 此兒童之見也. 吾則謂卽此言而松江之無害心不待
救解而知之. 欲殺其人, 而謂其人嘗欲殺我, 主獄訊囚, 對衆倡說, 自冒修隙
之嫌, 自博逞毒之名, 愚人騃子之所不爲. 謂松江爲之, 則適見其爲松江暴
其心也. 松江吾雖不見, 如見其人. 一肚皮都是聖, 琉璃洞徹, 無纖芥苞蓄,
其心眞知崔之冤甚, 將力救之. 故有如劇戲之言, 發之翩忽之頃, 如殺諸賊
取斗大印者. 伯仁若眞有殺茂弘之意, 則必不爲此言也. 自中所謂以白沙
爲證江陵本晉州本相反歸重者, 不如此劃頸一言之卽地可下也.

지나치게 삼가고 교묘하게 영합하는 짓

小數必有窮時, 曲謹反多敗處, 循道而行, 中理而止, 君子事斯已矣. 倘來外
至, 不可以智免而巧逃也. 己亥秋, 金宇鎭掌試關西, 當行, 其父尙喆日夜訓
諭以畏愼抑損之義. 行旣發, 尙喆閒坐, 忽一呌驚曰: 咄, 吾有未及言者."
卽一書, 急足追之. 書言中和倅具純善遇之, 具有上眷, 恐宇鎭謂武官簡之
也. 具雖近班, 宇鎭亦邇臣, 豈其甚畏至此? 而其曲謹巧迎之意, 豈大臣敎
子弟之言乎? 用心若是其謹畏, 挑禍又若是其飇勃. 坐不得循道中理, 卽其
平生心計也.

남구만이 어린 시절에 지은 시

南藥泉兒時作詩曰:"白猫當門哭, 吾家必有殃." 見者謂之不祥, 人有解之者, 憂深慮遠, 後當爲宰相. 南之子鶴鳴所爲《晦隱雜記》語也. 所謂憂深慮遠, 卽其自來話本, 而此句宛然寫出辛巳自家形像, 雖謂之眞贊可也.

임영의 인사 청탁

雖微事小節, 一心爲國, 未嘗有一分私意參錯其間者, 古人多有之. 國安得不寧謐, 人安得不忠良? 今時反是, 大議論大黜陟, 亦未見有一段公心. 從而爲之辭曰:"是公也, 非私也!" 謂天下後世之可欺, 則何也? 南藥泉判兵曹時, 林滄溪泳抵書南之子鶴鳴, 擧一武士, 後數日, 更書:"終始思之, 所薦者, 爲公分則少, 私分則多, 可已之." 嗚呼! 若林公, 可謂不負國矣.

폐단이 없는 학문

南冥主氣之學, 親炙之士, 如崔守愚永慶·趙大笑宗道之徒, 未嘗非奇偉峻正之人, 而制行出言, 激詭乖戾, 遂至於卒不免焉. 則古所謂退陶之學, 最爲無弊者, 若些帶得貶薄底意, 而殊不知所謂無弊卽是學之難及處, 有弊非學也. 崔守愚訪鄭寒崗百梅園中, 春梅方盛開, 座客嘖嘖稱奇. 守愚命奴取斧伐之, 客爭救止. 崔哂之, 令奴大聲喩梅曰:"所貴乎爾者, 雪裏嚴蟄, 孤節不改, 梅與[19]柳爭春, 罪當斬, 被人救免, 後可知戒." 劇戲善謔之間, 亦有可以知其人者. 此其學有弊耶, 無弊耶?

인재를 문벌로 선택하다

本朝用人, 專尙地閥, 已非立賢無方議用世卿之義, 而黨議出後, 又有甚焉. 自以爲忠邪進退者, 擧不免恩讐與奪. 西人當局, 且近二百年, 西人之中, 老論主之, 老論之中, 戚里主之. 藉重儒學, 遂作威衆之計; 橫傳義理, 必爲引古

---

19 원문에는 '與梅'로 되어 있으나, 문맥상 '梅與'로 바꾸었다.

之說. 乃至於龜柱之量祿·國榮之德億, 技至斯而亦窮矣. 人之斥老論以此, 老論無以自解. 嚴判書璹詩曰: "亦知盛代多君子, 頗怪儒賢盡世家", 其言未必非矣. 嚴嘗與徐承旨命天語, 徐曰: "吾有三幸, 生於東方一也, 氏族兩班二也, 家世老論三也." 嚴曰: "吾則反是, 三不幸, 生於偏隅, 不如兀良哈之據中國一也, 爲兩班不得如常賤無拘謀生二也, 以小北不與老論之貪樂三也." 徐怒曰: "以吾老論, 比稱於夷狄常賤乎?" 至今傳之爲笑談. 徐之三幸, 嚴之三不幸, 一是醋豪自多之意, 一是怨嗟自憤之辭. 卽此可以知彼此風氣也.

박세당 부자의 집요한 성격

執拗之性, 父子世類, 而父子不相下, 又何其甚也? 朴西溪世堂, 與其子定齋泰輔遇事爭議, 各主其見, 未嘗相奪. 素沙碑路東西之下, 而相與委往驗之. 鄉隣人死, 當祥祭, 議給祭燭. 西溪曰某日, 定齋曰某日, 無以歸一. 召其子問之, 所對果如定齋之說. 西溪曰: "凡人有子不肖, 死一受祭亦難矣." 定齋兒時, 西溪自外歸, 見室中所鋪長版【俗稱油紙塗埈曰長版】, 錐穴殆遍. 詰之, 定齋對以錐刺蝨, 卒得之. 父子俱解影籌, 定齋指庭樹杏子曰: "幾枚." 西溪曰: "幾枚." 減定齋數枚. 摘下計之, 如西溪數. 西溪怒責其强知務勝, 定齋走上捎取其葉底一病顆, 果符定齋數. 定齋爲坡牧, 判田訟, 甲勝乙屈. 旣決而曰: "訟理乙當勝, 乙之印文, 長湍印, 必有奸情, 所以甲勝也." 乙冤甚, 往訴于西溪. 西溪曰: "能解識其爲長湍文, 而不知其時坡州失印, 權用長湍印. 鹵莽如此, 何以官爲?" 驗之果然. 定齋不敢復難之.

이성구의 와신상담

"田中苦菜猶嘗膽, 郭外茅齋當臥薪." 此, 李汾沙聖求丁丑後自瀋歸退居東郊時詩也. 圍城中汾沙所爲, 多不厭人心, 而詩語尙如此, 當時事, 可以想知也.

이덕형의 꿈에 박이서가 나타나다

死生夢昧之際, 幽怪非常之事, 不可意推而理究. 蓋多在於鬱結煩冤之地,則氣不輒散, 理有相感也. 朴參判彝敍奉使赴京, 歸阻淸兵, 自寧遠衛由海途. 蒿師言: "若從旅順口, 無患." 朴謂: "旅順今屬建州, 君命不可辱也." 舟中人皆願他路, 許之, 獨幕客鄭荳不去. 已而大風晝晦, 不知所沒. 後鄭之子夢, 其父告曰: "吾陪使道而行, 吾死日, 必設一虛位, 各祭之!" 其子孫至今行之. 李竹泉德泂, 素與朴善. 朴歿後, 李又以水路赴京, 風逆, 舟中震恐. 李忽夢, 朴來手擧衣示之曰: "遍體沾水, 苦哉!" 李問: "吾行當如何?" 朴就李掌上書之曰: '安吉.' 李旣覺, 心異之, 問所到處, 卽鐵山嘴, 朴之所沒處也. 遂將衣一襲, 爲文祭之. 朴之子參判簹, 築室於長淵海上, 扁望海庵, 安朴之眞像, 朝夕饋奠于此云.

왕릉 관리의 생활

陵官寓直之苦, 無人耐遣. 東西諸陵齋官, 日夜相聚, 棋博醵飮, 成一閧堂. 諺稱: "各陵官新除之下, 年紀老少, 色目異同, 掛之陵洞口樹梢, 而入齋室." 習與勢, 不得不然也. 余所經兩陵官, 皆異於東西諸陵之紛沓, 亦有書帙相隨, 頗喜其靜居有趣, 勝於郡府之百事皆期, 一心不寧也. 鄭正言喆祚爲陵官, 人有問: "何以消日?" 對曰: "是不難. 就樹陰, 鋪茵席, 木枕臥, 看葉葉相交錯, 自有無限意趣." 余亦曰: "鄭之所言, 自有無限意趣, 非人人可以會得也."

음식에 사치하다

習俗侈汰, 飮食有甚. 讌集遊覽, 濟勝供具, 且無論, 公會傳餐, 朝晝饋食, 一器量費百餘錢, 爲五六器, 綺食瓊盤, 照耀耳目. 僕隸飫之, 寒凍暑敗, 靡費無論, 精力可惜. 競爲務勝, 恥不相下, 民窮財竭, 此其本也. 古時尙矣, 在余少日, 前輩諸公, 夜飮晝饍, 粥糜乾脩. 先君舘直傳餐, 嚴參判思晩戱爲敎書短句曰: "十年玉堂, 三冬砂飫." 省院爲之傳誦. 楓公嘗言: "閣中公會,

---

20 원문에는 '餂'으로 되어 있으나, 문맥상 '飴'로 바로잡았다.

金鍾秀索飲龘磁瓶, 繩繫煤黑柳棬, 貯市賣飴[20]糖乾北魚片切佐之. 豈非難乎難哉?" 此非鍾秀有過人之淸德, 亦未必是矯情餙詐. 其時風習然也.

의로운 행동과 자기 절제

以余所覩聞, 竝世名卿, 當推金文貞公煜, 爲稱首. 居家行義, 立朝本末, 在古人亦不多見. 自以耆老大臣, 事其伯公, 飮食起居, 朝夕左右, 跪起趨承, 如年少子弟. 每日赴朝, 屛徒御, 先就其伯公第寢室, 伯公睡覺, 入坐話, 未覺, 退自窓外, 朝歸亦如之. 伯公問朝事, 無大小, 細述不厭然後, 歸其家, 視日爲常. 伯公家與公家, 上下隔一墻, 小角門往來. 嘗與客坐話, 忽卽地喫驚, 急趨赴伯公家, 伯公下堂跌仆地. 公手扶起按摩, 返臥次. 伯公跌叫之聲, 人所未聞, 公獨聞之, 急赴救起也. 此非一心至誠, 周流無間, 而能得之乎? 金淸汝鎌以其所覩, 言之如此. 公嘗曰: "吾輩制行之嚴, 安得望先君一半分乎? 先君未嘗有枕席外好. 副使赴燕, 吾侍行至, 定州當寢, 命余別宿. 有頃復召侍寢. 朝起, 笑而敎幕客曰: '昨見一妓, 頗有意, 使兒子離宿. 詳叩之, 往年吾以祭官赴陵所, 與陵官語一晝夜, 此妓卽其陵官所狎. 旣知其人, 不可近此, 卽令出之. 吾事儘可笑耶!' 此是先君所敎, 而吾則尋常面言之地, 或有略其嫌, 而不能守其戒, 墜訓失操, 慚負良多." 公之所誦說如此. 蓋其先公自治之嚴, 誠有大過人者, 而公之言, 亦可見平日自守之不輒移也. 情慾之不能剛制, 輒患柔倒, 古人或不免之, 而此爲人道之大防. 一有踰過, 無異婦女之失行, 余之自來所見如此. 少日, 人有爲言公此說者. 余心欣然慕之, 作爲貼額之符, 造次不敢捨之. 昔年在西郡子舍, 雲山【妓名】春色濃艶, 有過人之姿貌. 余且喜之, 當夜問之, 沈參判念祖謫居本郡時侍者. 余於沈公, 嘗有床下之拜, 且係同宗一本之義, 遂謝遣之. 人有聞者, 或謂余過甚, 而非過也.

지방 수령과 기생

居郡邑者, 嚴防房妓私奸, 擧措駭怪, 刑威苛酷, 一境四方, 傳爲笑咄, 而不知恤者, 多矣. 此果何爲而然也? 少日顚痴之習, 不免縱放之歸, 往往有不能自持之時, 誠有過於人者. 而一切此事不經心, 雖卽席爲人拉去, 不顧也.
一官妓嘗爲余言: "人之刻責徑疑者, 猶謂其爲人類而情愛之切至也. 公之
反是者, 謂其非人類而情愛之本無也." 余笑答: "情愛無論, 伊屬果自居人
類耶?" 妓亦笑之. 妓頗慧, 所言如此, 果知余心者. 余又笑言: "伊是吾知
己, 安得無情愛也." 重爲之相與劇笑. 崔錫恒在箕營, 幕客告通引奸房妓,
崔不答. 翌日又告, 不答, 幕客告歸曰: "小人屢言, 使道不答, 信房妓而不信
小人, 何顔見使道?" 崔笑曰: "毋客氣爲也! 官僮奸官妓, 何與乃事?" 若崔
者, 其心亦與余同歟.

당파 간의 금기

近世所謂世嫌回避, 太沒分數. 當避不避, 不當避而避, 或有以勢力强弱而
爲低仰, 所不可言也. 臺官朴啓榮嘗論淸陰金公, 公之孫退憂金公壽興判度
支, 朴之子信圭爲郎官, 謂公必回避, 呈病不出. 公曰: "私義雖不交驩, 公爵
豈必斥退?" 勸令出仕, 遂與同事. 丹巖閔文忠公與李光佐爲僚相, 賓座設
屛隔之. 近年判府事李公命植與蔡濟恭華留交龜, 亦用此例. 此與世嫌有
異, 前輩之嚴於防閒, 乃如此也.

성공하려면 서울 사는 벗이 끌어주어야 한다

年少士子, 肆業遊藝之地, 推詡奬進之風, 寒畯村秀之懷握瑾瑜者, 必待京
洛士友爲之倡發而自立. 如古之韓愈·皇甫湜, 訪牛僧孺[21]榜門者也. 宋開
寧煒, 盆山人, 以老卅角擔簦遊學至京. 時趙豊陵·尹白下諸人, 聚接公廨
爲程詩課業. 宋輒投進, 鄕陋殊甚, 座中不禮之. 詩題途中啓黃袟, 宋輒題
首句'天王夜按輿地圖, 浙東舊貢長腰米.' 趙尹相笑曰: "此何意也? 無或是
盆山米商子?" 及見其取次排句, 不覺吐舌, 至'長安漸覺日邊遙, 秦樹迷茫
看似薺', 皆擊節歎賞. 趙曰: "看似薺押韻, 吾艱難念得, 乃爲所奪耶?" 遂推

---

21 원문에는 '儒'로 되어 있으나, 오자이므로 '孺'로 바로잡았다.

之爲會中雄長, 聲振都下.

비천한 예술가도 명예와 지조를 중시한다

賤流末藝, 亦自重惜名節. 李泰者, 李福海蘗族, 李判書晚成家奴, 書品傾一世. 淸人金尙明, 本我人, 其先俘入虜. 尙明以文學進, 爲雍正帝師, 自以不忘本, 求我人書屏, 爲其祭設屏. 出內下, 尹白下有書名而不可書, 朝議令李泰書之. 卿宰列坐, 泰孰視良久, 振筆書'平生慣寫崇禎字, 不忍提毫向虜屏', 擧坐吃驚, 將笞治之. 趙顯命曰: "匹夫之志難奪, 不如且成之." 令寫字官書之.

황제총에서 채경의 기물을 얻다

徽·欽二帝, 千古闇劣之人, 其生也然. 死後精識, 便如烟銷霧散, 曾碁刻之莫淹, 而所謂皇帝塚至今近千載, 往往有怪事異聞. 塚在會寧高嶺鎭東界山谷間. 尹光莘爲兵使, 夜飮下令, '有以單騎赴皇帝塚, 揷旂其上者賞之'. 一驍校聞令, 卽地馳進幋幕,[22] 燈燭頗盛, 鼓樂方作. 大呼而入, 樂寂座空, 得銅爐一兒舩一, 歸而驗其識文曰: '臣京製', 京者, 蔡京也. 二器竝歸於尹, 後轉賣李丹陵胤永蓄之云.

인장으로 만리 밖 지기를 얻다

曲藝小技, 亦有知契. 一片石數字刻劃, 萬里之人, 傾心相感, 以其有人所不知而知之也. 蓋州林本裕者, 本武林人, 和靖後裔也. 少爲吳三桂書記, 被獲於淸, 編管蓋州. 坐臥小樓, 書史自娛, 自號曰辱翁. 印文之刻, 爲天下稱首. 陶山李相公宜顯, 赴燕, 具贄乞刻, 林求見鮮人所刻, 以柳約刻示之. 林覽之, 叫驚曰: "有此刻, 何以求吾? 吾亦出其下." 爲書幣, 反乞於柳, 至稱海內知己. 柳雖有篆刻之工, 國人無甚稱之, 及得林言, 聲名日踊, 士大夫不蓄柳刻, 恥之.

---

22 원문에는 '募'로 되어 있으나, 문맥상 '幕'으로 바로잡았다.

자저실기

율곡의 동인 · 서인 조정론

穆陵癸甲之際, 栗谷李文成公爲東西調停之論. 或有問於梧里李公曰: "叔
獻爲調停之論, 而士論以主西推助咎之, 何也?" 梧里良久微哂曰: "今有衆
人平地角觝戲, 一人在高處看, 當遙語而兩止之, 不止, 且已之. 苟不耐得,
下去而身自救之, 不徒不能解, 卒亦與之爛熳而已." 菊圃姜樸曰: "公之此
言, 含渾不迫, 畫出當日光景, 眞善喩也. 使叔獻聞者, 將何辭而解也?" 梧
里之言, 未必當日的確之論, 姜樸之說, 多見後來黨議之痼. 兩說皆謂栗谷
聲言調停, 其實偏倚, 此全不識栗谷之心者. 栗谷而有偏倚之心, 何苦而爲
調停之論? 旣爲調停之論, 則同室之鬪, 雖不欲被髮纓冠而救之, 得乎? 被
髮纓冠之救, 謂之卒與爛熳之歸. 而高處遙語不止則止者, 此不過工謀塞
責, 要欲自遠者之所爲, 何有於滿腔血忱, 必欲救之之本心哉? 謂栗谷爲此,
完平淺之知也, 若乃所謂含渾不迫畫出光景, 不知何辭而解之者, 只知完平
之爲賢相, 不知栗谷之爲君子, 則其言安得不如此也. 黨議之出, 且三百年,
彼此得失多未定一, 而斥栗谷以非君子者, 眞小人也.

박태보의 자존심

軍門幕辟, 名官多恥之. 朴定齋泰輔, 直玉堂, 有辟除至, 謂見辱於介冑, 陳
疏徑出, 此可見古時風習. 挽近反是, 不得則恥之, 請托圖占, 無異淸選. 或
至於眞見侮辱而不之恤則奈何.

영조의 정성에 하늘이 감동하다

元陵五十年郅隆之治, 重民食, 敬天時, 一誠對越, 克享天心.[23] 屢豊之慶,
得之方寸之中者, 多矣. 丙子歲首, 社稷祈穀, 臚唱方始, 上遽暈倒于位. 挾

---

23 원문은 '克享于心'인데 전고에 맞게 수정하였다. 《서경(書經)》 〈함유일덕(咸有一德)〉에 "克享
天心 受天明命"이라는 구절이 있으니, '능히 천심(天心)에 합당해 하늘의 명명(明命)을 받았다
는 뜻이다. 그러므로 본문의 '于' 자는 '天' 자의 오자로 보인다.

侍扶就齋室, 進劑良久, 教曰: "齋三日沐浴, 致有此症, 老人事可歎." 時聖
年六十三, 大臣請替行, 上頷之, 旋教曰: "爲民而出, 一息未泯, 不可未卒事
徑還." 遽起出戶, 將事如儀. 是歲雖小歉, 不至甚. 自翌年大熟, 數十年遂
無一歉. 於戲, 盛哉!

신참 길들이기

國俗及第謂大科, 生進謂小科, 四館先生呼新來馬前, 進退爲劇戲. 或令倒
稱姓名曰倒啣, 步入汚溝曰捉蟹, 臥轉於地曰捲席, 騰身向天曰摘星. 或拍
手仰天大笑, 或俯首去地一寸, 或墨塗面目, 或跨墻, 或呈舞, 或擧一足, 黔
蹐而行, 可笑可怪之事, 無所不至. 或言: "前朝末, 權勢家亂臭子, 偉占科
第, 時謂紅紛榜. 於是創爲此戲, 折其驕傲之氣"云.

이응징이 율곡을 비난하다

東皐遺疏, 栗谷所論, 彼此是非, 無以確定. 黨議兆見, 國憂滋長, 老臣畢義
之忠, 安得不爲之一言而啓人主? 朋黨之疑, 爲士林禍敗之本, 則斥之, 固
也. 但言太迫耳. 兩公之言, 皆赤心憂國, 何嘗有一分私意? 而後來黨議, 各
有所尊, 至有毀詆相及, 非兩公本意也. 東皐後孫李熊徵者, 所謂《黔洲志
林》曰: "石潭野史, 歷詆前後一時名卿賢士, 被其斥罵, 殆無完人, 所稱詡
者, 惟朴淳. 鄭澈數人. 而且多矜己自高之辭, 欲識其爲人, 觀於此, 足矣."
此其言有若修隙報復洗瘢索疵者. 然陽秋一部袞鉞微婉之義, 亦將謂之殆
無完人, 天下安有是也? 漢濯陽曝, 純然無以指議, 則輒就此野史一事, 必
欲近近, 多見其不知量也. 余嘗與韓判書致應語此, 韓猶强執不已.

해진 이불과 소박한 밥상

衣弊縕袍, 與衣狐貉者, 立而不恥, 聖門諸子, 獨許子路一人. 此在人情, 未
嘗非至難及之事, 而余性則反是, 以新美之服見弊衣者, 自不覺懕赧瑟縮,
若卽地置身無地, 此不過曰過於拙者耶? 月沙李公與李相元翼, 奉審陵所,

見李相弊衾敗絮, 月沙自覺心栗, 不敢解其衾裯, 倚籠而寢. 其後每言羞愧事, 首擧此爲說. 李相尙眞, 旣老歸全州, 過訪魯城尹明齋, 尹曰: "吾輩未死, 更逢難期, 可以一對飯相敍, 行廚且置, 吾當供之." 麥飯葵湯鹽魚椒醬, 主人頓進, 輒勸客加飱, 李且不能食, 只啜數匙, 退而語曰: "吾誤養口體. 今日羞甚撻市."

글씨는 노력해도 잘 쓸 수 없다

文與書, 皆有天分之不可相奪. 或謂文可學而成, 書不可習而能, 此言亦然. 崔遲川, 優於文而短於書. 少登第, 以攝起居, 入侍紀事, 宣廟怒呵之曰: "文如鼠糞, 書如鳥足! 如此注書, 何處得來!" 斥出之. 崔益肆力爲文習字, 字不進而文日就. 晚歲嘗自歎其書難於文云.

다락원 박씨의 성품

用人必以其世, 爲其有類也. 君子小人之後, 未必皆君子小人, 而若其有一段與氣血相禪者, 不啻面貌之肖似, 理不可誣矣. 樓院朴氏世以直聲聞. 朴錦洲烓爲臺官, 金昇平瑬問: "君所欲論者, 何事?" 朴曰: "聞相公之子殺人匿尸, 明日當擧劾." 金面色如土, 不知所答. 朴新除羅牧, 吏至京, 書報在官吏言: "年少名官, 兀然端坐, 不言不笑, 其中未可知也." 朴之子西溪世堂在臺地, 所擧劾論列不少饒, 時議憚之, 李參判敏迪見其所爲啓語, 笑曰: "噫噫, 亦太甚矣! 先生之言也." 陽坡鄭相公語客曰: "朴世堂有乃父之風." 西溪之子定齋泰輔卒以直殉, 此其世類之不可誣也.

이덕수의 욕망 다스리기

名利之慾, 有甚於食色. 食色老而退聽, 名利蓋棺後已. 其爲人之所可畏, 不啻有輕重也, 審矣. 李西堂德壽, 少時從其大人徵明, 海營官居, 狎一妓, 大人絶禁之. 李思念不已, 夜輒以門卒皁衣皮巾出, 爲匿跡也. 一日出還, 見燭下陳書, 興到酣讀, 不省其衣巾之在身也. 大人使官僮召之, 急起赴之.

命坐與語曰:"吾所禁者, 汝果絕之?"對曰:"然矣."大人曰:"誠如言者, 彼何狀也?"李始覺之, 驚仆地. 大人謂幕客:"兒之至於此, 豈其性也. 吾之禁之, 適成之也."即夜令妓不離伏侍, 李見妓在傍, 如豺虎鬼魅, 不能晷刻相近, 懇乞出之. 自後, 一切風情, 泊然灰死. 旣老, 爲內局提調, 醫女至前, 面發騂, 額汗如漿, 羞惡之心, 李之得之有過人者歟. 晚歲辭官, 居楊根江上. 語人曰:"有時散步軒窓間, 見京來路, 若有京司皂隷者來, 或謂有除目至者, 心不能不動. 至今吾豈有宦情, 而淨淘盡不得, 可畏非耶."李本恬靜非俗類, 而所言如此, 亦有可以驗知也.

공금 유용하는 관리들

犯用公貨, 求貸吏屬, 士夫居官, 大係防範. 外邑猶然, 京司有甚. 昔余筮仕之初, 聞數人者, 以樂院官, 犯用公貨, 惠局卽求貸管庫. 所謂徒中條者, 惠廳吏屬, 釀錢殖之, 以應官求. 瑣謗叢怨, 一世駭之. 近聞諸司各員, 無不犯者, 下屬亦皆恬習而安之. 數三十年之間, 亦見其世變. 先君嘗以享官齋宿, 平市署朴直長志源在直. 朝飯至, 鄉居親客適來, 朴不進飯. 送其奴栢洞所寓, 托買酒來. 日過午奴還, 不得酒. 朴咄曰:"無已則分飱."客言:"何不令署隷得酒來, 待丘債償之?"朴曰:"義不可也."先君歸語不肖:"士夫居官, 當如是矣."至晚歲, 語此深戒之. 不肖從宦, 每念此敎, 不敢輒放過. 朴之造次之間咫尺之守, 能使人爲沒世之額符, 則爲善之利博哉.

옛사람의 언행 조심

古人之重名節, 雖尋常言行, 顧惜嚴畏, 不敢放倒. 士夫有風勵之操, 國家享久大之福者, 此歟! 明陵壬辰, 廷試表題'漢王生謝拜水衡都尉', 梁廷虎居魁. 趙泰億見其作, 至'從容前席, 倘詢治績之如何, 歸美上躬, 便稱聖德之攸曁', 捲而擲地曰:"非士夫口業, 如此人, 得之何用?"此非泰億有過人之見識, 當時風氣則然也.

폐고된 남인들의 처지

午人一黨, 自甲戌後近百年錮廢, 才地傑特之士, 擧不免枯黃之歸. 如李重
煥之詞翰氣局, 郎潛而止, 吳參判光運, 獨以文學言議進. 李判書之億, 少窮
貧, 治擧業. 乙亥獄, 株連就逮, 緹騎至, 李方食, 言: "此是三日一飯, 不食,
無以供對." 金吾郞許之, 卒盡器. 辭氣擧止, 有契上心, 上爲直之. 及菊製,
李名在第二, 特赴殿試. 自此躐遷, 至兵判. 居第在羅洞余家之隣, 余兒時
見踞韜列驪, 戴草笠, 麻帶縓服往來, 以有其長子喪也. 魁顔修幹, 巍然有偉
人, 意其甥侄蔡相肯之. 嘗以內局提調, 與都提調洪鳳漢對坐, 洪見科榜曰:
"南人及第出矣." 李曰: "及第出何爲? 錦衾裏蘭麝薰生出孩兒得科, 吏兵
判政丞爲之, 夕饑牛衣底禦寒調孩兒得科, 典籍都事, 及第何爲?" 洪不能
對. 憤悱肚氣, 驪屬口業, 卽言可知其人, 而錮廢太過分數, 擧措多不厭服,
則彼腸子裏, 另具一點血者, 雖欲不出此一言, 得乎? 古所謂兩分其過者,
此也.

당론은 부모형제도 갈라놓는다

黨議之禍, 親兄弟, 從父兄弟, 各相分離, 如北溪李公世白之於世膺, 忠翼趙
公泰采之於泰耈泰億, 睽阻如燕越, 廝殺如仇敵. 甚至韓淸原君聖輔與其子
配夏, 人紀極變, 千古所無, 詳在尤庵書. 北溪嘗留世膺宿, 固辭, 不得已送
之曰: "汝與吳道一趙持謙約會耶?" 趙判書啓遠嘗曰: "三孫宿吾被懷中,
自學語, 鬪鬨無已, 時使吾不能安寢. 怪哉!" 其眹見於兒時如此, 殆得之天
賦, 何也? 柑科, 夢窩金公爲命官, 提學泰億, 承旨悔軒趙公觀彬. 泰億得一
券, 稱賞不已, 未書第, 泰億便旋出, 悔軒低聲告夢窩, "此是提學血黨, 盍察
之?" 泰億過屛後聽之, 入而言曰: "不敢主試." 上章出去, 顧語悔軒曰: "提
學誰也? 爾父從弟也. 血黨血黨, 血黨何也?" 提其券, 手坼封彌, 卽老論名
下之人. 曰: "此吾血黨耶?" 悔軒無以對, 夢窩兩解之. 壬寅禍起, 泰耈之論
頗緩, 約泰億同力救之, 泰億曰: "吾祖之孫, 豈令血刃耶?"

엄숙의 거친 행동

自是任情疏坦之人, 雖有臨機觸犯之言, 多饒過而不深誅. 嚴判書璹, 以金吾堂上, 將求對請賜禩死, 歷過宿衛所語國榮曰: "吾輩之請, 分義也, 職責也. 姑靳允從, 上之盛德事也." 國榮眼瞠然大叫: "非公, 難乎免於臺啓耶!"

글을 잘 모르는 영웅도 있다

古所謂天下無不識字英雄, 豈確論也? 英雄蓋無不識字, 而以其不識字勘之爲非英雄, 則非也. 申平城景禛, 少失學, 遭際攀附, 致位三事, 與其弟書曰: "地師吾家山見應政丞出." 南漢下城日, 上顧語侍臣: "予之此行, 何如徽 · 欽?" 申曰: "徽 · 欽何物?" 嘗作詩曰: "木木槐木淸風多." 人有爲之屬對者曰: "相相申相聯句好." 其不識字如此. 丙丁兩國之間, 噴辨旁午, 詞垣諸公如遲川 · 谿谷, 相議爲奏咨文, 進覽申公, 令訓解而讀曰: "某段改以某意, 某句改以某言." 諸公依其敎撰綴之, 十停八當, 皆噴噴稱不可及此, 豈區區文字之能可得哉? 石勒漢書, 亦此類也.

인조반정의 공신들

"慈聖克享隆養, 人不間於宋皇; 昌邑得全天年, 事有難於漢帝." 此趙浦渚翼所爲長陵謚册文也. 模畫摭實, 文亦爾雅, 此一句可以見盛德至善度越千古, 勳貴諸公亦可以有辭於天下後世. 鄭桐溪蘊, 以司諫參廢祉按法之論, 上批: "廢朝骨肉之變, 殆無虛歲, 此豈美事?" 桐溪引避曰: "伏見聖批, 幾誤聖德之罪大矣." 都憲吳允謙 · 大諫朴東善 · 執義趙希逸等, 相繼引避: "將順之美, 臣等何敢獨後於人?" 玉堂陳箚出仕, 後議出金賊自點, 竟賜祉死, 衆善不能勝一惡, 有如是也. 仁城全恩之論, 出於東人, 西人多攻之, 淸陰金公 · 吾先祖晚沙公, 亦參之. 吾嘗與楓公言: "天下無主全恩之小人, 亦無斥全恩之君子, 吾輩兩先祖事, 終是歉德也耶?" 相與笑之.

소론 윤씨의 성품

永同縣有尹八松煌祠院, 尤庵宋文正公亦配焉. 尹知事光紹爲沃川倅, 歷謁而歸, 送諸位案卓油紙, 獨闕其一, 謂尤庵位無可送之義也. 其隘性如此. 逆臣申致雲過華陽洞有詩: '我自無心看月色, 傍人錯道愛姮娥.' 尹之意亦此也. 魯城五岡書院, 八松主享, 諸尹配焉, 便是尹家世祠. 縣官少論, 春秋官庀享需, 老論已之. 余在官當享, 院儒言享需之菱仁, 私辦²⁴艱甚, 乞得官貯. 余許之, 自謂處得其當, 未知如何.

옛사람들은 검약을 좋아하고 사치를 미워하였다

古人之一切好儉約而惡華侈, 豈有他哉? 暴殄之罪, 自逭於天; 謙益之福, 自求於己. 見得此分明, 執守此牢固, 所以不及於縱敗, 能得保有其久長也. 徐判書必遠將嫁女, 夫人憂婚具, 徐曰: "戶判之女, 豈無婚²⁵具? 已令辦待." 及期, 只進枕一衾一. 夫人驚恚曰: "將此, 那得成婚?" 徐笑曰: "我與卿少日何嘗兩衾各寢乎?"

절개를 지키는 것이 가장 중요하다

餓死小而失節大, 吾於此何說? 失節固大於餓死, 而亦有如孟子所謂禮色之重輕, 不可以一槪言也. 然而認之爲小德出入, 則未有不踰閑於大德矣. 其機不可不審, 無爾則無論輕重大小, 當執守處, 必以性命保之, 然後可不至於縱而敗, 度此何可以責之於人人乎? 無學問之力, 不可得也; 非察理之精, 不可能也. 吾宗老沈公諱師東, 窮窶有甚, 居白門外數間屋. 屢日不食, 衣服冠, 對案讀書, 人不見饑色. 金相公薏薦經行, 不報, 卒無聞而死. 嘗有鄕中親友, 以百緡錢寄托, 設期而去. 數年始來, 索出藏中, 塵積錢上寸許. 錢主怪問之, 對言: "不可食而食之, 何物不食, 何事不爲也?" 錢主以數緡

---

24 원문에는 '辨'으로 되어 있으나, 문맥상 '辦'의 오기로 보아 바로잡았다.

25 원문에는 '㛪'으로 되어 있으나, 문맥상 '婚'의 오기로 보아 바로잡았다.

贈之, 爲酒飯對食, 此不可得之於人人者也. "部隷趙莫同嘗言: '與官治道, 責酒食於坊民, 醉飽而遺其餘. 待日晩, 其官饑乏而進之, 無不心喜而口喫, 不食者數十年僅一二. 分吾食者, 大抵是曲逕得官者.'" 此東平尉聞見錄語也. 藏中百緡錢數年不食, 豈食隷餘? 無大小, 不失節則一也.

남태회의 기지

敏穎便給之才, 士大夫未必貴之, 亦不可無之. 機變難處之時, 酬對得宜之擧, 所謂辭令之善, 其可忽諸! 英廟見北使于館, 通官徐宗孟, 就上前, 只跪一膝, 言輒稱我. 玉堂南泰會出班叱曰: "汝一通官, 敢無禮如此." 宗孟竝屈膝曰: "不稱我, 將何稱?" 南曰: "稱小人." 宗孟惶恐稱小人, 上大快之. 自此知契日隆.

소북 선비의 불우한 삶

篤志力行之士, 多在於失時孤寒之地. 卒歷落坎壈, 生旣不能自施, 死乃仍而自沒, 只博得識者之悲, 悲何益也? 李斯文梯家貧, 少時居果川淸溪山下, 夜讀書晝負薪入城. 膂力過人, 所負倍之, 口不貳價, 人亦不爭, 皆稱 '果川李生員薪多且好'. 易米肉, 歸養親, 大風雨日視常. 親沒, 不復以衣食爲意. 家人失鑰器, 李默坐良久, 拈周易鼎卦看, 乃曰: "試於積秸底覓之!" 覓之果得, 不言其理, 平居雖子侄未嘗見卜卦. 論學以水火相濟, 謂治心先自補腎始, 其言亦見得深切. 年七十餘歿, 自號畏庵, 實行如此, 其人可知. 得備格外之用, 將誰之不如. 嗚呼, 悲夫! 李之名色小北云.

공천하의 마음이 있으면 하늘도 돕는다

知遇之恩, 酬之於造次劇戲之事; 樹德之報, 得之於死生相忘之地. 非人可能, 人何知也; 謂天所爲, 天亦巧矣. 不得不卒勘之日: "有感則應理而已." 天與人無與也. 近世一時宰文學地望, 踐歷隆赫. 旣歿, 有一子娶于其父友之家, 亦時宰也. 婦翁愛其婿甚, 而婿之所成就才學, 實不知. 婿本貴家子,長於嬌癡, 未嘗讀書爲實業. 但工筆札, 習酬對, 點性善自張, 恥居人下. 人亦謂其有家傳文學, 必稱少年才士, 而工程之文, 實不知也. 以故當赴科, 獨行獨坐, 不與人相近, 恐爲人所知, 敗其名, 其實每科納空券也. 增廣科揭題, 遇其父所爲宿構, 寫呈得初試. 婦翁大喜, 謂其婿曰: "會試異於初試, 猛將尙須援兵, 吾可爲汝得一策文良手助之." 婿曰: "得失命也. 不可自愧心." 婦翁奇其言. 及赴圍, 兩日一以空券納, 婦翁索見藁, 對言: "榜前出藁, 不利也." 榜日, 婦翁至婿家待之, 兩家之知舊親黨門生故吏, 坌集立望, 壻且臥婦室不出. 已而榜至呼聲振谷, 婦翁招壻出, 徐行言: "一第何關?" 婦翁益奇之. 赴賀之客輪蹄塡巷, 婦翁令索券來視之. 策問入格, 文氣雄長, 詞采溢發, 宿儒碩士所不可得. 一座嘖嘖言: "故宰相不死." 應榜卽翰薦付職, 循序進上. 番直本館, 兼春秋一員伴直例也. 數日更深漏靜傔隷皆退, 燈耿耿照枕, 兼春秋竦身就而低聲言曰: "公知公之入格之文誰所爲也. 世間有如此奇事, 吾且言之. 吾以收券官坐在臺上網圍內幕次屛間. 夜旣深, 券納垂訖, 一券從網隙入, 開視空券, 心怪之. 終日受券, 諸作少可意, 文心筆意, 早得胸中一篇. 思欲爲一劇戲, 左右適無人, 引筆硯立寫之, 如草檄塡字. 號授査同所, 幾日意憧憧不已. 旣科次會同, 坼名見其券, 卽公名也. 天下有如此奇事也. 吾嶺之榮川人, 幼少才性過人喜讀書, 有名鄕塾間藉甚. 地微不得與同郡士友比跡學校, 心鬱鬱自傷. 年十九以丱角赴營試, 冠七十州, 名振嶺以南. 半年在府學肄業, 有作輒嵬等, 支饋殊禮, 賞賚出例. 得當年解額, 營使先大爺也. 數年赴省試, 先大爺主之. 見吾作曰: '此嶺儒某之作也, 得進士.' 又數年增廣以鄕解來, 先大爺又主試, 拔吾作如進士時, 遂登第. 自營試至及第, 未十年, 皆出先大爺手下. 旣唱名, 始刺見門下, 未幾, 先大爺下世, 吾乃潦倒至此. 受知契於公相之貴, 以小枝而立終身之名, 試藻鑑於蓬蓽之遠, 變學究而爲秀才之用. 在於人情, 推以事理, 吾必有私感, 先大爺必有私好. 而曾足跡之不及, 若心思之已忘, 只有門座之禮, 一見而已." 卽惟曰: "兩相出於公天下之心也. 今日之事, 亦由此心得之. 吾輩兩人, 皆可以先大爺之心爲心, 天且宰佑之也." 翰林聽過, 涕不勝拭, 自此結爲死友. 翰林華地盛黨, 日推遷當路, 兼春秋被其吹噓, 內而郎署臺省, 外而郡府州牧, 家食常少. 翰林止判書, 兼春秋止亞尹. 吾家舊客察訪金泓嘗爲余道此. 此俗所謂古談, 未必眞有是事, 而使有之者, 必在顯·肅之世者耶! 其所謂先大爺者, 必非顯·肅以下之世之人也. 所謂公天下之心之所由者, 其說誠得矣.

박문수가 집안사람의 벼슬자리를 얻어주다

好名者, 自欲欺人, 未嘗不先被人欺, 理固然也. 趙顯命居銓, 自謂奉公, 人不敢干以私. 朴文秀有鄕族進士, 欲官之而不得, 約進士:"某日至吾家, 見吾與趙語, 卽辭去. 但語低聲步徐趨, 可也." 至日朴與趙對, 門卒報某進士來, 朴急索冠袍, 忙下堂迎之. 客纔就座, 數語卽起, 朴送至門, 如初敬禮備至. 趙心異之, 叩其姓名. 朴曰:"如此高士, 君何知爲?" 趙屢問, 乃道其姓名. 趙曰:"合做初仕." 朴大驚曰:"此族人在近郊十里, 三四年一入城, 但訪我而歸, 君欲使我不復見此族耶?" 後數日, 趙行政, 進士果除寢郞, 卽出謝. 趙問:"高士何出仕?" 朴答:"家貧親老, 雖高士安得不仕?" 趙知爲朴所賣, 咄恨不已.

악필 윤양래가 글씨로 유명해지다

小兒進學, 多得於性氣務勝恥或下人. 此是陽剛邊走作, 安得不卒有自立也. 尹判書陽來年十三四, 詞學熟就, 而筆跡未成. 見諸兄遊泮庠有聲望, 尹亦欲跂及之, 稟其父. 父曰:"奈汝不能書?" 尹夜入書樓中, 取松雪帖, 達朝臨寫, 及明出示. 父疑其驟進, 臨試之, 果然, 乃許之. 赴試, 立起草寫之, 呈先諸兄, 得嵬等. 後以筆名.

사람마다 다른 식성과 취향

"人之喜登毘盧峰, 如嗜當歸菜, 皆好名. 人之目力有限, 雖登毘盧, 不能遠視. 其云某地某山, 只憑僧手指而已." 此任監司奎之語也. 金農巖東遊記

有之, 任不食當歸菜故云. 任之說, 何其茅塞之甚也? 視力之限, 固有遠近
之人各不同; 食性之偏, 亦有嗜厭之人不相似. 以吾之不食不見, 欲齊天下
之口眼而得乎? 當歸菜, 余所絶嗜而不能輒得; 毘盧峰, 余所望見而不能輒
登者. 適見任說, 下之如此.

윤심재가 남유용을 대제학으로 추천하다

子弟之於父兄, 不至於甚欺, 則善矣. 石郊之事, 在古無論, 雖以余親聞所
及, 免不得此者, 殆遍焉. 若尹仁川心宰, 能盡人子之道者歟! 其大人尹圃
巖鳳朝, 年至八十, 病在床, 沈沈不省事. 朝廷將議薦文衡, 尹以前文衡, 薦
當出尹手. 時賊臣洪啓禧, 擅時名, 文藝踐歷, 無出啓禧右者, 朝野之望, 一
歸之啓禧. 諸子皆尹之所熟, 日夜乞於尹, 至言薦其得者科以償之. 尹蔭仕
罷郡, 尙赴擧也. 尹一謝之, 乃代其大人, 疏薦南雷淵有容, 啓禧格焉. 尹之
心, 只知父兄不可欺, 榮利不可欺父兄而得之. 人人而皆如尹者, 家國豈有
凶害之禍哉! 河之濁而不可以寸膠淸之, 其時則然也. 尹年七八歲, 與里兒
嬉遊, 爲兒蓬矢所中, 損一目. 大人怒甚, 取發矢兒, 將拔其目. 尹泣乞之曰:
"伊固無心而中傷, 我乃挾怒而故拔, 非正理也. 且知吾損目之爲痛, 又何以
損人之目乎?" 大人奇其言, 已之, 此豈嬰年小兒之識之言? 不薦啓禧文衡,
已苗見於此耶! 此人卒無子, 天理不可知也.

역사에서 사라져서는 안 될 임천상과 윤영희

"一畫大於臂, 一字大於軀. 盤坐手摩挲, 大笑絶倒跳且呼." 此任校理天常
所爲見萬瀑洞楊蓬萊大字詩也. 詩思劇有風致, 翩翩可誦. 余與任少不相
識. 往年同對吏圓扉中, 一畫夜劇談. 其人槪是弔詭不羈者, 文詞亦牢落可
觀, 卒窮餓而歿. 其友尹參議永僖, 亦詞華藻采, 屈曹偶, 竟坎壈不起. 兩人
者, 皆不可湮沒者也.

선배들 행동의 멋스러움

前輩處事, 尋常應酬之際, 亦有裁定, 動合風趣. 趙相國璥, 在江都留營, 聞
許正言霔遊摩尼山, 歷過府下, 送吏領錢米酒肴而遺之. 言: "未曾相識, 略
助行具." 許答送之. 人有勸許就謝, 許曰: "我若就謝, 此事便不好了."

뇌물의 성행

繭絲之獻, 而爲鞭靴之贈, 鞭靴之不已, 竭心力而供耳目, 遠方珍異, 奇技淫
巧. 視其贈遺之腠瘠, 爲之遷擢之高下, 淸平之世, 所必無; 衰亂之堦, 所由
作. 始出於武官之爲閫邑者, 如債帥之爲, 蔭吏效之, 尙或謂古所謂時節候
問 · 知舊情禮, 而外方之胥徒, 南北之象譯, 競與務勝, 恥或相下. 甚至言一
應所食, 三分一不能自有. 以此鉗制, 等威凌夷; 以此索報, 請托公行. 曲甋
雕龓之間, 聚首拊耳, 不在於士友, 在於此屬. 所謂三分一不自有者, 豈有是
也? 自食之外, 爲可食之道, 與之分其利, 不於國計民産中着手, 何所措其
術乎? 象胥此事, 吾少時所未聞見者, 四五十年來極盛. 鄭景眞性愚, 嘗爲
余言: "在全州, 爲見客出詣一人吏家, 軒窓之罇彛屛帷, 階庭之花石臺池,
京城貴家所不多有. 壁上揭紙, 疏列某家生日 · 某家忌日 · 某家婚事 · 某
家葬禮, 吏議國子者, 亦不得與焉. 因人竊叩其所送物, 一獻量百金, 不侈
觀, 槪言烟筒間竹一枚, 非百錢不得, 推可知之. 此藩閫郡邑之所不可得
也." 鄭說如此. 余在林川, 聞全州本邑人, 吏任役量食千餘金者, 數十窠,
定式循序而京托不行, 五十年來, 朴全州宗大一人云. 陶谷李相公宜顯門
下, 有醫官自燕歸者, 以斑犀酒盃進之, 公極稱美, 酌酒飮之, 令置案卓間.
旣月餘, 進盃者至, 則見盃在故處, 塵撲其中. 告公: "近不進酒, 盃何不用?"
公曰: "吾忘之." 出盃命酌而飮曰: "始見頗好, 久則仍忘, 飮之犀與磁一.
吾性則然, 君可自用之, 或與久而好者." 余聞之於進盃者之後孫. 吾家舊
傔李師顔之近族有譯官皇曆歸者, 獻時宰籍記, 自李傔家流來燕物奇巧, 量
數百金云.

하늘이 미워하면 후사가 없다

聲伎游議之好, 古人亦多不免. 雖有異於自治之嚴, 未必至於惡德之大. 而
平生嗜癖, 至老不已者, 非但財産之蕩殘, 多至後承之斬絶, 與行刻法而做
惡業者無異, 此不可知也. 楓公曰: "何子之茅塞之甚也? 爲耳目心志之娛
樂, 爲天之所惡有甚者. 暴殄一也, 縱放二也, 蠱蔽三也. 得此三所惡於天,
而天豈饒之乎? 其爲毒害, 多於所謂刻法惡業也." 此言其知天者耶? 以余
所覩聞, 李判書鼎輔·沈陝川鏞, 稱近世風流主人. 李余未及見, 沈居余鄕
隣, 與其子與孫親好, 村隣往還, 自有及聞. 沈誠長者善人, 子孫皆孝友修
飭, 非薄俗沾沾. 沈沒世未五十年, 尸祀無人, 何其酷也? 沈卽沈靑陽祀孫.
靑陽後無科甲, 而聯親皆當路盛族, 世爲蔭仕州牧, 家貲富厚. 居第在城西
門外新橋, 鄕舍在坡州柴谷村, 皆有臺池樓閣之勝. 小丫鬟五六人以備琴笛
歌舞之數, 常給事室中. 出郊舍, 馬轎上, 短幘便衣, 數丫鬟從, 踰綠樊峴.
秋冬之交, 川原曠漠, 怳然若無以爲意. 路傍松林中, 出一派笙笛數妓, 一獵
客臂鷹, 前拜. 叩之, 對: "自子舍備待在此." 沈轎中擧雙袖翩舞曰: "吾兒
孝子." 沈之子名養之, 世言名不虛得, 謂之與志同音也. 沈少時, 爲狹斜遊,
私一妓. 宿其家, 妓夫掖庭隷, 開門入. 沈擧熾爐冒其首, 拉妓去, 勢若飄風,
沈有絶人之力也. 後數十年, 沈歷屢州郡, 年且老. 花辰山遊, 見一花子前
乞飮, 聯縷拘笠, 綜縕見肘, 足屝無下, 一面子皆攣縛, 眼小如豆, 唇捲向鼻,
一鬼狀. 沈叩之, 對: "少日畜妓, 夜入室, 人有以熾爐被之, 爲此狀. 人與妓
立不知所去, 旣窮敗喪亡, 一身寄在舊日遊伴家, 所以爲此乞也." 沈饋酒
食頗厚, 及歸, 令從之. 至妾舍, 拉花子同入內室, 花子避辭. 沈曰: "無傷
也." 語其妾: "汝知此客乎?" 曰: "不知." 又語花子: "汝知此女乎?" 曰: "不
知." 沈曰: "兩不知固也. 吾且言之. 當日之蒙汝爐者, 吾也, 彼卽妓也. 吾
奪汝妓, 生男女, 妓亦好衣食, 今幾屢十年, 汝乃至於此, 今日之遇, 天所指
也. 天之所指, 人可違乎? 妓還於汝." 花子駭顫, 不省所爲, 妾亦驚泣不已.
沈曰: "何泣也? 屋産資裝, 皆汝所有, 子女從我, 義無絶母, 可時時見也."
拂衣而去. 此事非人人可爲. 余嘗問之於沈之堂侄沈子省存之, 果是實有.

噫! 其難矣. 卽此之仁心德意, 尙可以延世幾何, 而乃反之. 楓公所謂: '爲天所惡, 不可以少善自贖者耶?' 甚可畏也. 李判書亦無後云.

정홍순의 일처리

幹事貞固, 治家謹密, 近世稱首, 輒擧鄭相國弘淳. 此論未必不然, 而以余見則在國而不過有司之才, 在家而適爲內助之良, 周詳而及於苛察, 緊約而幾於刻薄, 其視古大臣建立經濟, 士君子範俗規法, 不可以與論也. 南別宮南墻處在沮洳中, 數年一築, 尙不勝其圮敗. 鄭爲戶判築之, 至今六十餘年, 一片石不錯. 壬午先世子喪, 以戶判兼魂宮提調, 一應治具, 片緞寸帛, 以至梓室裁截之餘, 竝包裹封識, 飭曹庫謹藏. 丙申親臨訊囚, 上敎: "某囚不必嚴杖." 洪國榮目招判義禁論之, 鄭出立班頭大聲言: "某囚輕杖." 國榮駭甚曰: "何大聲?" 鄭曰: "令公欲出臺啓鄭弘淳事乎?" 其謹察機頴如此. 鄕居族人乞科筆, 其子私以一筆與之, 鄭盡燒筆籠曰: "吾非愛一筆. 所惡違吾之定規." 有爲兒痘乞蔘者, 答: "無之." 乞者後月餘復至, 鄭問兒痘, 對: "良已." 出一兩蔘贈之曰: "痘之生死, 未必在蔘. 貧者輒用蔘, 非好事. 痘後全須調養, 賣此可支幾日." 鄭之回甲在庚子歲, 余聘姑權夫人, 與鄭爲內外從, 赴其會. 親黨婦女盛集, 只進午飯, 稍備品, 飯案下置紙裹封各一. 飯後促歸曰: "婦女不可久離家." 未暮皆散. 還發紙封, 紬綿各一端, 爲其用緊而費省也. 鄭之事皆此類.

열네 살에 요절한 천재 소년

湖中人多言尹聖童事. 童尹知事光紹遠族, 生三歲輒跪而乳. 九歲隨父之田間, 父決田水. 童問故, 父答: "導水入吾田." 童曰: "然則不利人田?" 父答: "然." 童便以石防其決曰: "害人利吾, 不可爲也." 父笑而復決之, 童泣止之, 邦人謂之聖童. 尹訪童論經旨, 酬對甚悉. 尹問: "爾每夜端拱危坐, 達曉讀書, 幼弱者何不少自暇?" 童曰: "如公言, 將惰其四肢?" 尹曰: "非謂至於惰肢, 有時獨居, 亦合頤養." 童曰: "傳曰愼獨, 何也?" 尹無以對. 童年十四殀. 嗚呼, 此何天之理也!

관직을 거부한 윤심형의 결기

英廟乙巳後, 諸公以賊不討, 秉義不仕. 尹副學心衡, 僑居漢江之狎鷗亭, 家食屢空, 而食量過人. 隣老爲憐, 之沙坪市, 買還目乾魚, 淬醬烹之, 濁酒白飯各一盆饋之, 食幾盡之. 除淸風府使, 不赴, 夫人訴于其季父圃巖鳳朝, 請勸之赴. 圃巖屢强不已, 副學歸家閉門臥哭. 夫人怪問之, 尹曰: "父命不敢不遵, 遵命而之官, 不堪苦, 必發狂疾, 疾必死. 是以哭也." 夫人知不可得, 復告圃巖任行其志. 副學之困窮守正如此, 而其子之傾邪附勢, 卒敗僇, 何哉?

조현명의 무식한 바보티

甲子适變, 車駕到銅雀津渡, 大妃儀衛遲發. 李完平拿入永安尉數之, 大妃促行, 此流傳諺語也. 錦城尉翁主喪, 英廟臨之, 將留視棺斂. 群臣更諫不從, 命勿納廷臣. 領相趙顯命, 立門外, 大聲呼朴明源曰: "駕不旋者, 汝則梟示." 上命還宮. 趙事擬學完平, 而不知時與事之各異, 所爲如此. 非有金革倉卒之變, 大臣爾汝駙馬, 叱之以梟首, 朝廷之禮, 豈如是乎? 趙之一身, 都是無識之愚氣也.

다섯 가지 형벌과 다섯 가지 즐거움

"人老五刑逼具, 視不分明曰目刑也, 嚼無强硬曰齒刑也, 行輒柔軟曰脚刑也, 聽失的確曰耳刑也, 曰宮刑也." 此呂承旨善德語也. 吾乃反之曰五樂也. 視不分明, 閉目而養神, 嚼無强硬, 啗軟而安胃, 行輒柔軟, 安坐而息力, 不聞惡聞之言, 心自不動, 自離必死之地, 命有可續. 此謂五樂.

황염조가 시 때문에 죽다

"匹馬長安百感新, 伊來世事海生塵. 天寒客子投何處, 甲第皆非舊主人." 此平壤詩人黃念祖詩也, 念祖執庵順承之孫也. 執庵本京人, 仕爲參議, 性有執不撓, 俗諺稱黃固執者也. 念祖居平壤之外城, 家世出西人等夷, 才氣絶高, 幼少名振關以西, 京師士大夫, 喜與之交, 性兀介少可, 諸公益重之. 丙申後, 爲此詩, 御史沈念祖執之, 顧惜逆流, 怨望朝廷, 推訊甚酷. 洪樂純爲監司, 重引前事, 竟杖殺之. 念祖常謂國榮: "挑達無行." 待頗簡, 國榮深恨之, 卒以詩死. 西人謂之念祖殺念祖.

이지광이 아전을 잘 다스리다

近世吏治神明, 稱李忠州趾光. 李爲湖邑, 有流民, 過邑底, 失其婦, 訴之. 李令吏廳錄進官吏中有二妻者幾人. 召謂曰: "汝等有二妻, 民一婦而失之. 官亦不必指言, 汝等相議, 出一妻以配民. 限以明朝, 不從杖殺." 吏等恐, 各與其妻遍索邑中, 果得民婦以告, 召民與之. 吏民服其智.

발문

余畸人, 平生百不遭, 幼少獨有子瞻所謂閨門之歡喜, 論古今天下事, 遇有相契, 相視而笑. 天下之樂, 無尙於此, 貧病喪難, 不得間之, 得人所未得. 弟田歿而遂失之, 自後余亦死人耳. 心有所思, 口不能言; 口或有言, 人不能知, 生人之理, 所不可堪. 旣而, 年載之間, 憂患世故, 奔走事務, 舊聞銷散, 新知鹵陋. 雖欲思之, 茫然不省, 不待人知, 自不能言. 起意爲《自著實記》, 略有疏目, 聞見內外編, 旣始未卒業, 忽被仇人之誣, 奉恩譴海上. 謂其禍端由文字之故, 情愛者爲止之, 送行執手而諭之, 旣行貽書而戒之, 皆深切感人. 余且不自省, 一意續成, 瘴氛暍病之中, 手一管, 終日矹矹, 不知匈誣之在身, 痼崇之墳骨, 其心亦太苦矣. 內編屬見, 外編屬聞, 要皆以實心敍實蹟, 一有或近於不實者, 黜之如農夫之去莠稂, 讀者知之. 死且無日, 若可以質之於弟田. 而爲余與弟田之子孫者, 不可不知此意也. 庚寅九月二十二日, 泰登書于扶安謫舍之雲半亭.

자저실기

글쓰기 병에 걸린 어느 선비의 일상

심노숭 지음
안대회 김보성 외 옮김

1판 1쇄 발행일 2014년 2월 3일
1판 3쇄 발행일 2016년 2월 1일

발행인 | 김학원
경영인 | 이상용
편집주간 | 위원석 황서현
편집장 | 강창훈
기획 | 문성환 박상경 임은선 최윤영 조은화 전두현 최인영 이혜인 정다이 이보람
디자인 | 김태형 임동렬 유주현 최우영 구현석 박인규
마케팅 | 이한주 하석진 김창규 이선희 이정인 이정원
저자 · 독자 서비스 | 조다영 채한을(humanist@humanistbooks.com)
스캔 · 출력 | 이희수 com.
조판 | 새일 기획
용지 | 화인페이퍼
인쇄 | 청아문화사
제본 | 정민문화사

발행처 | (주)휴머니스트 출판그룹
출판등록 | 제313-2007-000007호(2007년 1월 5일)
주소 | (121-869) 서울시 마포구 동교로23길 76(연남동)
전화 | 02-335-4422 팩스 | 02-334-3427
홈페이지 | www.humanistbooks.com

ⓒ 안대회, 2014

ISBN 978-89-5862-685-5 03900

만든 사람들

편집주간 | 황서현
기획 | 정다이(jdy2001@humanistbooks.com) 전두현
편집 | 박민애
디자인 | 임동렬